顾涛 著

礼治三千年

制作与因革中的法理

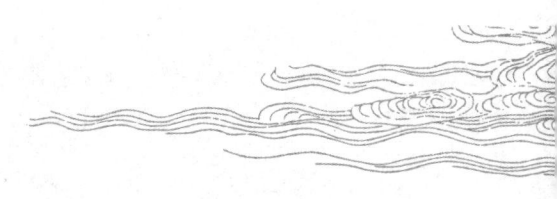

图书在版编目（CIP）数据

礼治三千年：制作与因革中的法理 / 顾涛著.
北京：商务印书馆，2025. — ISBN 978 – 7 – 100 – 24520 – 3
Ⅰ.B222.05；D920.4
中国国家版本馆CIP数据核字第2024MR4773号

权利保留，侵权必究。

礼治三千年
制作与因革中的法理
顾　涛　著

商　务　印　书　馆　出　版
（北京王府井大街36号　邮政编码 100710）
商　务　印　书　馆　发　行
北京盛通印刷股份有限公司印刷
ISBN 978 – 7 – 100 – 24520 – 3

2025年5月第1版　　开本 670×970　1/16
2025年5月第1次印刷　印张 35
定价：128.00元

中国总是一切规律的例外。
——［英］伯特兰·罗素《权力论》(1938)

在西方语言中没有"礼"的同义词。
——［美］邓尔麟记录钱穆《一堂中国文化课》(1983)

序

我与顾涛教授相识近十五年,顾涛教授在我心目中,占有崇高的地位。在我所认识的现代学者中,他对我能融入经学史的影响力莫大。识荆时,他诚挚热情、平易近人,协助我进入中国经学界。参加学术研讨会时,他古道热肠,帮我补述口译治经论点。他还为我五册系列的《中国经学史》第一册中文译本惠赐书评。

顾先生撰述多年,著作等身,其诸多精彩的学术论文及著作我都拜读过。《礼治三千年》系分析中国礼治这一主题的高峰,绝无其媲。此书洵为其已有作品中的杰作,并体现其一贯的写作风格:言之有物,言之有理,且言之有趣!民国时代大历史学家,北京大学、燕京大学历史系教授邓之诚先生,曾经给一对新婚学生赠送了一幅匾额,上面写道:"读经则刚,读史则柔。"就书写风格而言,"刚"即言之有物。顾先生于历史实例沛然丰富,出自不同历史背景,有其史源。"柔"乃言之有理。顾先生逻辑严谨、修辞有力、主线清晰。其研究方法囊括分析、解说、评议、描述、叙述、梳理、比较、对比、阐释、注释、训诂,各种解数。顾先生巧妙的措辞、赏心悦目的行文,又给著作添上了一抹文学的气质。还有一大特色,则是顾先生的汉语文献学基础。在他发表的论文中,有多篇涉及"三礼"版本、异体字,或衍文等小学问题。他文献学、诠释学兼备,证明他享有通儒的资格。顾先生好比清初隐逸经学家王夫之。众所周知,王夫之是知名思想家,以哲学为经,以文献学为纬。他的七卷《周易外传》至今尚有益于阐释《周易》,却很少有人提起其文献学上《周易考异》等"小作"。然,顾先生和经学家王夫之同样先采用文献学整理文本,再用诠释学抉出微言大义。

顾先生著作内容丰富多方,分为四卷:卷一礼法枢要,卷二问礼之本,卷三兴于礼义,卷四礼法接轨。各卷以引言冠之,卷中各载四种篇章,例如卷一:一、《礼与法的语源和"经礼为法"的观念形成》;二、《"六经皆礼"说及其延伸路径》;三、《〈周礼〉的赋税制度及其与法家的关系》;四、《制度史书写的〈通典〉模式》。各种篇章下设四五种小标题的论文。例如卷一中之二《"六经皆礼"说及其延伸路径》下,设有如下四篇小标题论文:《学说证成:刘师培—陈锺凡》《寻绎推理的三条思路》《思想史抉原:发轫于章学诚》《延伸路径及其所召唤的》。此书中诸文的小标题,全然证实顾先生别出心裁的创意以及丰盛的才思。

顾先生的著作已然如此精彩,然尚有商讨之处。我先提供一些背景。我的五册系列《中国经学史》各卷献词都写给一位西方经学大师。兹列于下:

(一)周代卷:鲁道夫·普法伊费尔(Rudolph Pfeiffer, 1889—1979),"西方经学史大师"。

(二)秦汉魏晋卷:维拉莫威兹(Ulrich von Wilamowitz-Moellendorff, 1848—1931),"西方经学界最后文献学、诠释学兼备的鸿儒"。

(三)南北朝、隋及初唐卷:休·劳埃德-琼斯(Hugh Lloyd-Jones, 1922—2009),"他关于西方经学家生平的研究著作,*Blood for the Ghosts*(1983)在主题和方法两方面都对我关于西方汉学家历史的著作 *Incense at the Altar*(2001)有所启迪"。

(四)清代I(清初至乾嘉中):N. G. 威尔逊(N. G. Wilson, 1932年生),"经过N. G. 威尔逊的同意,此书献给曾任牛津大学林肯学院研究员和补习老师的他。古风威尔逊先生是校勘学大师以及古昔希腊、拉丁文传承过程的历史学家。他全集当中的六部大著对此系列的编撰贡献莫大"。

(五)清代II(乾嘉中至清末):安东尼·格拉夫顿(Anthony Grafton, 1950年生),"专攻中世纪意大利文艺复兴时代的文献学研究,其为约瑟夫·尤斯图斯·斯卡利杰尔(Joseph Justus Scaliger, 1540—1609)所写的牛津大学出版社二卷学术评传信为经学界的治学楷范。其 *Defenders of the Text: The Traditions of Scholarship in an Age of Science, 1450—1800*(1994)充分体现跨学科、跨领域研究的重要性。其讽刺幽默悦目，其行文优雅古僻，激发脑海"。

以上献词之所以献给西方经学家，是因为其著作中所能借鉴的方法论丰富。兹举二三有时遵循、有时反遵循的例子。

（一）针对性的研究。鲁道夫·普法伊费尔对我的整个系列《中国经学史》影响颇大。例如，我之所以从第三卷初唐的孔颖达直接跳到第四卷清初的顾炎武，是遵循其前例。其 *History of Classical Scholarship* 从上卷古希腊化的亚历山大时代的经学史，直跳到下卷15世纪意大利文艺复兴的现代经学肇始，因为罗马的法律、黑暗时代的经院、亚里士多德的逻辑、拜占庭的历史记载等诸多领域与经学无关。我亦跳跃过与经学无关或比较偏向于诠释学的唐宋疑经运动、宋元道学、明代心学等。顾先生《礼治三千年》无疑也采纳鲁道夫·普法伊费尔的针对性研究方法，不囿于按照历代演进顺序而均衡取例。

（二）规模性的内容。鲁道夫·普法伊费尔另一种可借鉴之处是篇幅大小的灵活度。长达311页的卷一，围绕六位亚历山大时代的学者以及帕家马城（Pergamum）的学者，页数多却跨度小。长达213页的卷二，则页数少而跨度大，叙述范围从1300年到1850年。二卷细节颗粒度迥然不同。我刚付梓的《中国经学史》第四卷《清代Ⅰ（清初至乾嘉中）》，与正在编撰的第五卷亦殊异，即后者跨度大，细节少。原因是我实在老之将至，篇幅降小在所难免。顾先生的《礼治三千年》读起来，像一座山脉，地形崎岖不平，小径不直就弯曲，时而易读，时而难读，个别章节行文差互，细节密度纷歧。基于文选而集成的著作，文章文笔不均难免，且文章之间无转折连接。这或许是所有文选，不管是个人的也好，或是多人的也好，常发生的通病。

（三）评论人物框架。在 *Scholars of Byzantium* 中，N.G.威尔逊提供了五种断定学者高下的评论框架：（1）他是否保存可能佚失的古代文献？（2）他是否编辑或整理典籍？（3）他编撰什么注释体著作？（4）他的文学批评有何独特的地方？（5）还有哪些其他方面利用古典遗产？（6）（我的补充点）他创新、发挥，或完善何种研究方法？我撰写每一卷《中国经学史》时都会牢记这些指导原则。

就以上三项值得仿效的借鉴原则而言,(一)针对性的研究,《礼治三千年》具有一望无垠的历史视野,多方的历史人物,以及多样的研究方法。兹没有可指责的地方。(二)规模性的内容,这亦无批评的余地。虽然各篇章间体式不一,但似无伤大雅。(三)评论人物框架,这有些可商榷的空间。顾先生著作中涉及的历史人物众多,所有亮相的主人翁都享有一份小传肯定不现实,但选择性的深入介绍不妨尝试几下。

最后的一项参照点值得一提。在第五卷的献词中,我略提到安东尼·格拉夫顿的著作 Defenders of the Text,读后令人齿颊留香的印象,在此引用一言:"行文雅僻激发脑海。"这也是顾先生文笔最突出的特点之一。新知史实的收获,邃于礼治的掌握,固其宜也,然于我,或许脑海之激发、新思路敞开,更为贵也。

总而言之,顾先生既然学海无涯,此书诸篇值得反复玩味琢磨。但愿各位读者沾受各方面的益处良多!

韩大伟(David B. Honey)谨识

犹他州,普柔市,思齐斋

于2024年9月初美国劳动节

目 录

序　　　　　　　　　　　　　　　［美］韩大伟（David B. Honey）　I

卷一　礼法枢要

引　言　　　　　　　　　　　　　　　　　　　　　　　　　　3
一、礼与法的语源和"经礼为法"的观念形成　　　　　　　　　7
　　礼因于祭的同源词群系联　　　　　　　　　　　　　　　8
　　释"巫"的分派和礼分经、曲　　　　　　　　　　　　　13
　　兵刑合一和法的词义引申　　　　　　　　　　　　　　19
　　《管》《荀》《韩》的礼与法：外延伸缩和概念交错　　　　27
　　"经礼为法"的观念形成　　　　　　　　　　　　　　　33
二、"六经皆礼"说及其延伸路径　　　　　　　　　　　　　36
　　学说证成：刘师培—陈锺凡　　　　　　　　　　　　　37
　　寻绎推理的三条思路　　　　　　　　　　　　　　　　41
　　思想史抉原：发轫于章学诚　　　　　　　　　　　　　49
　　延伸路径及其所召唤的　　　　　　　　　　　　　　　55
三、《周礼》的赋税制度及其与法家的关系　　　　　　　　62
　　重审《周礼》作于法家说　　　　　　　　　　　　　　63

《周礼》"双重征税"说、"税率繁重"说的产生	73
《周礼》的赋税制度:《地官》官联三十职	80
田税轻重与口率均赋：论郑玄方案	91
《周礼》与"周家法度"：从法典的意义上重新展开	99

四、制度史书写的《通典》模式　　102

《通典·礼典》的定性与认识转变	102
"周制"建构：熔铸经传，约为法理	109
统括"故事"：主动脉、大关节和制度的分蘖	116
钞誊抑或新裁：从《大唐开元礼》到《开元礼纂类》	125
制度史书写的《通典》模式	134

卷二　问礼之本

引　言　　139

五、古典婚礼根植于人之情性　　142

古典婚礼仪节之三节段与二原则	143
古典婚礼所蕴含的核心观念："合体"与"孝顺"	147
由婚龄与婚期之聚讼透射出的情性观	153
婚礼改革当为人之情性张本	156
余论：礼学的一摊事务	159

六、射以观德的礼义生成　　162

"六艺"之射教于大学抑或小学	163
乡射会民乃礼化社会之有效途径	167
"持弓矢审固"的射法研求	171
揖让以"相人偶"见射礼之情性诉求	174
三番射渐趋渐进以臻和容之境	178

| 弓矢取挟与释获法所见威敬、乐群之道 | 181 |
| 射礼当归入五礼中的嘉礼 | 184 |

七、"祭为四本"说的结构与指向　186

唐文治的经学与礼学	188
何为"四本"	192
礼教为中国的宗教	198
祭礼洗心的心路历程	203
礼学经世的归宿	210

八、封禅礼的经学意旨　215

封禅"非古""不经"说检讨	215
纬学对封禅礼义的建构	222
从六经经文推导封禅之义	230
《封禅书》作为"八书"之一的制度设计	237
作为国家法的封禅及其蝉蜕化	244

卷三　兴于礼义

引　言　249

九、魏晋以降的礼俗与观念变迁　253

《北齐校书图》中的五人坐姿	253
踞食：一种坐姿成为政治事件	258
"跪坐""踞坐"的分水岭	264
裂变之口："礼教之反动"	269
社会与制度的结构性变迁	274

十、六朝人精于礼学：以何佟之为例　277

| 六朝经学：中衰乎？兴盛乎？ | 277 |

何佟之的修礼大业	282
何佟之议礼二十二则	289
庐江何氏之经学积成	299
回到汉唐经学的现场	304

十一、乡礼的礼义及其历史演变 307

《仪礼》所见乡饮酒礼的礼义	308
乡礼是周代乡治精神的结晶	316
汉唐以来乡饮酒礼的重建	324
乡礼"鸠占化"的两条路径	329
乡礼的再变质	334

十二、祭祖的礼仪层次及其与佛教的互渗 336

"祭拜祖先"作为佛耶分水岭	336
祭祖礼四段二十节中的"尸"	340
立尸之礼义内核所铺展的仪节	345
汉以后祭礼的谱系和佛教因素的渗入	352
儒佛弥散："落狗彘之下"还是"基层的活力"	361

卷四 礼法接轨

引 言 371

十三、百年来反礼教思潮的演生脉络 375

清末新修刑律误遭弹驳催使"礼教"被架上审判台	376
章太炎《尊荀》《订孔》之"刍狗"为反礼教凿开门户	383
衍成激流的"清道夫"吴虞之思想趋向解析	388
鼓吹反礼教之余波三迭与再度张扬	393
"列文森问题"的阴霾	399

十四、礼法断层的发生学谱系 　　404
　　礼法断裂的历史现场 　　404
　　礼法断层的一个标本：严复译《法意》 　　409
　　开闸者福泽谕吉的冲击波 　　418
　　黜"礼"的延续与礼法接轨的困境 　　427

十五、蒲士性别伦理观在中国的传播 　　435
　　妇女解放受质疑在中国的肇端 　　435
　　蒲士在妇女运动之积弊中辟一新境 　　438
　　从性际异质论到女性人格论的伦理逻辑 　　442
　　新贤良论战中的蒲士映像 　　449
　　性别伦理观之蝉蜕：潘光旦的"位育论" 　　453
　　一千件婚恋的微观史 　　458

十六、乡绅之治及其东山再起 　　465
　　呼唤新乡绅的背后 　　466
　　房国春和贺世普：两位新乡绅 　　470
　　陈庄长葬礼的礼意 　　476
　　韩丁问题：难以逾越的坎 　　481

余论　礼学研究与中国式现代化 　　487

主要参考书目 　　507

致　谢 　　543

卷一 礼法枢要

引　言

　　2011年读《饮冰室文集》，我被《中国法理学发达史论》(1904)一文所震慑，此文的视域界定了我至今的学术路向。

　　梁启超在该文的开头即指出："我国自三代以来，纯以礼治为尚。及春秋战国之间，社会之变迁极剧烈，然后法治思想乃始萌芽。"文章的结论是："法治主义虽极盛于战国之季，然不移时而遽就灭亡。"因此，"法治主义之学说，终为礼治主义之学说所征服"；"盖自汉以来，法治主义陵夷衰微，以迄于今日"。¹ 职是之故，我将中国制度史的主干确定为"礼治"。绵延三千年的起点，则以周初"大居正之制度"为龙头，此又取王国维《殷周制度论》(1917)之创辟。借助王先生的巨眸，"中国政治与文化之变革，莫剧于殷周之际"，西周是中国制度史截断众流之肇端，"观周之所以定天下，必自其制度始矣"，"其制度文物与其立制之本意，乃出于万世治安之大计，其心术与规摹，迥非后世帝王所能梦见也"。²

　　西周的制度、典礼，固非凭空而起。孔子之言曰："周监于二代，郁郁乎文哉。"(《论语·八佾》)钱穆注："文指礼乐制度文物。"³ 可见孔子所推崇，乃周公制礼作乐，损益夏、商，经纶世法，"三代之礼，至周大备"(朱熹《论语集注》引尹焞语)。章学诚谓何止夏、商，"周公集羲、轩、尧、舜以来之大成"，"集古圣之成，斯乃所谓集大成也"。⁴ 从"礼"的语源来看，其字从豐，

1　梁启超：《中国法理学发达史论》，《饮冰室合集》文集之十五，北京：中华书局，1989年，第2册42—43、93—94页。
2　王国维：《殷周制度论》，《观堂集林》卷十，北京：中华书局，1959年，第451—453页。
3　钱穆：《论语新解》，北京：生活·读书·新知三联书店，2002年，第70页。
4　叶瑛：《文史通义校注·原道上》，北京：中华书局，1985年，第121页。

由用玉装饰的贵重大鼓会意而来，正是礼乐原始场景的仪式标志。远古祭神之巫术礼仪的另外两项显性特征，则保留在"巫""舞"二字的形体中，发展演变至商周时代的大型礼典中，巫者一人已扩展为一支规模性的乐队和舞蹈助祭者的组合。同时，礼的概念也渐趋丰满，形成"经礼"和"曲礼"两条主干系列。"经礼"所指，乃蕴含着礼之大义的纲纪法则，即殷因于夏、周因于殷的群体共尊共守的典章制作，经由荀子"礼义"(内)—"法数"(外)这一对待范畴的强化，"经礼为法"的观念逐渐凝结，形成制度设计的儒家法传统。周礼作为制度史开场的意义在此。这一传统为秦汉以来儒者所发扬，从而被融入制度因革的框架结构中，成为中国制度史的法理之源。

孔子毕生所志，是在上接周公创制立法，至其晚年，叹"久矣，吾不复梦见周公"(《论语·述而》)，乃退而求其次，"布彰六籍，令人人知前世废兴，中夏所以创业垂统"[1]。故六经所蕴，乃三代之理想累积于西周礼乐政教、典章制度之精义绵延，若取广义制度层面的礼概念，刘师培、陈锺凡提出"六经皆礼"说，便富有卓识。所谓"六经皆古之典礼，百家者礼教之支与流裔也"[2]，此之"典礼""礼教"，即章学诚"大经大法，所以纲纪天人而敷张王道者"[3]。可知六经经义，根源在三代蕴积于西周之典章制作，历代通经致用，宗旨在贯通周人礼治的内在精神，为当世之制度因革做决策、做顾问。钱穆有见乎此，总结道："礼，兼指一切政治制度，社会风俗，人心之内在，以及日常生活之现于外表，而又为当时大群体所共尊共守者。故只提一礼字，而历史演变之种种重要事项，都可综括无遗，且已并成一体。"[4] 同样，诸子百家亦均赓续自修习《诗》、《书》、礼、乐四教之官学，只不过诸家各执一端，互有偏颇，故而西汉经百余年之沉积沙汰，最终回向六经，也即回向西

1　章太炎：《订孔》，汤志钧编：《章太炎政论选集》，北京：中华书局，1977年，第182页。
2　陈锺凡：《诸子通谊》，台北：商务印书馆，1977年，第1页。
3　〔清〕章学诚：《永清县志六书例议》，叶瑛：《文史通义校注·外篇二》，第746页。
4　钱穆：《论语新解》，第50页。

周以来的礼治之主干。

六经之外，集中体现周代国家典章制作原理之书，当属《周礼》，在朱子眼中，"《周礼》一书好看，广大精密，周家法度在里"[1]，直至孙诒让撰作《周礼正义》，言之依然凿凿。可惜，此书一度被卷入疑古的浪潮，对其成书年代和作者归属形成巨大争议，一百多年来研究周代历史者往往弃之犹如敝屣，避之唯恐不及，由此造成对早期中国制度与法理的研究只得绕道而行。尤其是当西方学术体系输入中国之后，周代礼治在其中没有找到自己的归属，没有形成自己的理论建构，在西方政法的概念和体系中被贴上"专制""皇权"等标签予以全盘否定，也就在所难免。法国汉学家汪德迈（Léon Vandermeersch，1928—2021）曾提示我们，"解释礼治的理想模型的经典是《周礼》"[2]，可惜汪著用法文写作，流传不广。我们必须直面《周礼》这部巨制，将之界定为中国制度史上最早最完备的一部成文法典，从法典的意义上对其中所载典制的精义做系统的开掘。其中所载财政开支、政务运行、基层管理、邦国礼典、军事国防、司法刑律乃至民间百工实业，国家与社会治理在制度设计初期所蕴含的逻辑架构、宗旨脉络，以及在众职联事协作中所呈现的纵横交错原理等，一定程度上构成礼治三千年的制度根基。

如果说周代是礼治传统的创制期，汉唐以来便是这一传统绵延、蕴积、蜕变、破茧的新生期。梁漱溟说："中国文化以周孔种其因，至秦汉收其果。"[3]这个收其果的因革历程，并非一往无前的平坦通途，同样是充满着荆棘与曲折的、一次又一次的脱胎换骨。其中融入了九百年来一代代儒者的覃思精蕴，复活了周礼的真精神，直至唐代中期迎来了中国制度史上的第二个高峰，《唐六典》《大唐开元礼》《唐律疏议》等可为标志。这一制度重建的履履印迹，通过《通典》这部制度史的经典著作可以见其大端。《通典》的研

---

[1] 〔宋〕黎靖德编：《朱子语类》卷八十六《礼三》，北京：中华书局，2020年，第6册2686页。
[2] 参见 Léon Vandermeersch, *Wangdao: ou La voieroyale: recherches sur l'esprit des institutions de la Chine archïque*, Vol.1, 1977; Vol.2, 1980. 引文见〔法〕汪德迈：《跨文化中国学》（下），北京：中国大百科全书出版社，2020年，第102页。
[3] 梁漱溟：《中国文化要义》第十章，上海：上海人民出版社，2011年，第205页。

究，应跳出"类书—百科全书"式的浅层定性，应将视野朝向其中"缉熙王猷，至精至纯"[1]的丰富与博大。《通典》的纲领与结构、义例与笔法，共同组成了制度史书写的《通典》模式，其中渗透着制度因革变迁的主动脉和大关节。杜佑"统括史志"，"卓然成一创作"[2]之经世的意义，体现在为唐代制度的施行和运作推寻制度渊源、先例资源及法理依据三项法源。

《周礼》与《通典》，中国制度史上的两部经典，多学科交叉融合研究的大幕如今刚刚开启。

---

[1] 〔唐〕李翰：《通典序》，〔唐〕杜佑：《通典》，北京：中华书局，1988年，卷首第2页。
[2] 梁启超：《中国历史研究法》第二章，上海：上海古籍出版社，2006年，第24页。

一、礼与法的语源和"经礼为法"的观念形成

礼与法，大概是历史上最不易辨析清晰的一对概念范畴之一。学者们论及两者的关系，可谓言人人殊，长期以来"学术界有不少人把'礼'与'法'看作是两个对立的东西"，之后又矫枉过正，不少学者认为"在许多情况下，法与礼是一个意思"。[1] 近二十多年来渐从两个极端回转，然而，认为"反映'法'的概念，最初是从礼里边分出来的"有之[2]，认为"古代社会中许多'礼'的内容"曾被纳入"中文'法'字的内涵"中亦有之[3]。学理上的模糊程度，我认为仍未摆脱萧公权（1897—1981）1945年的辨识："就其狭义言之，礼法之区别显然。若就其广义言之，则二者易于相混。"[4] 其实，即使是狭义的礼与法，混淆、误读与不求甚解之处也不在少数。概念的模糊与观念的偏误，也就造成了"我们对'法意'的误解"，就像马小红所指出的，对"古之礼字有今之法意，今之法字有古之礼意"认识不清，纯用固化的学科认知惯性，"就无法展现中国古代礼法结构的全貌，就难免会因为视角单一而割裂礼法的有机结合"。[5]

今从礼与法的训诂和语源入手，对两者的字形词义和概念演变等试做考辨，对礼与法在先秦由各自独立起源到发生概念交错的历程进行主线梳理，

---

[1] 刘泽华：《先秦政治思想史》，天津：南开大学出版社，1984年，第97、98页。陈剩勇也曾论证，在夏商周三代，"礼与法：一体异名，法即礼也"，参见《法、礼、刑的属性（上）——对中国"法律"史研究方法论的一个反思》，《浙江社会科学》2002年第5期。

[2] 邹昌林：《中国礼文化》，北京：社会科学文献出版社，2000年，第35页。

[3] 马小红：《礼与法：法的历史连接》，北京：北京大学出版社，2004年，第40页。

[4] 萧公权：《中国政治思想史》第三章，台北：联经出版事业有限公司，1982年，第110页。

[5] 马小红：《中国法史及法史学研究反思——兼论学术研究的规律》，《中国法学》2015年第2期，第231页。

由此抽绎出《荀子》所奠定的"经礼为法"观念确立了汉代以后儒家法传统一脉相承的制度主轴。

礼因于祭的同源词群系联

"礼"的原始意义，长期笼罩在许慎《说文解字》的阴影中。《说文·示部》："禮，履也，所以事神致福也。从示从豊，豊亦声。"又《豆部》："豊，行礼之器也。从豆象形。"

究竟作为"行礼之器"的豊，象何物之形？五代时徐锴（920—974）《系传》的解释是："豊者，礼器也，礼之秘也难睹，故陈笾豆，设簠簋，为之揖让、升降、趋翔以示之。"[1] 关心的重点在行礼的仪节，豆上凵中之物究竟是什么，徐氏以来很长时间内无人予以深究。清人徐灏《注笺》也只是笼统地说："俎豆之属，通谓之礼器，🙰象器中有物也。"[2] 只有桂馥（1736—1805）《义证》试图参证以经史文献所载祭礼，对器中所盛物品做出一些推测，他摘出贾谊《新书·道德说》篇所云："人心以为鬼神能兴于利害，是故具牺牲、俎豆、粢盛，斋戒而祭鬼神，欲以佐成福，故曰祭祀鬼神为此福者也。"[3] 也就是将从🙰从豆的"豊"看作是"俎豆、齍（粢）盛"之属，俎以载牲体，豆以盛穀物，据郑玄（127—200）注可知："齍盛，祭祀所用穀也。……在器曰盛。""齍读为粢，六粢谓六穀，黍、稷、稻、粱、麦、苽。"[4] 如此便将行礼之器的🙰，比附成在豆中盛装了穀物，用以享祭鬼神。桂氏引录《新书》之说，臆测《说文》豊的字形本义，在殷墟甲骨进入学者视野之前，应该说是清儒考证所能达到的最高峰。持豆祭神之说，至20世纪初又经刘师

1　〔南唐〕徐锴：《说文解字系传·通论上》，北京：中华书局，1987年影印，第307页。
2　〔清〕徐灏：《说文解字注笺》卷五上，《续修四库全书》影印本，第225册，第521页。
3　〔清〕桂馥：《说文解字义证·第一》，北京：中华书局，1987年影印，第6页。
4　《周礼·天官·甸师》"掌帅其属而耕耨王藉，以时入之，以供齍盛"及《春官·小宗伯》"辨六齍之名物与其用"郑玄注，见《周礼注疏》卷四、卷十九，〔清〕阮元校刻：《十三经注疏》，北京：中华书局，1980年，第663页上、第766页下。

培（1884—1919）大加发挥，"豊字从豆，则《诗》言'于豆于登'，复言'上帝居歆'，足证豆器为祀天之物。……观于礼字之从示从豊，益足证上古五礼之中仅有祭礼；若冠礼、昏礼、丧礼，咸为祭礼所该"，由此推导出"古代礼制悉该于祭礼之中"的著名论断。[1] 应该说，刘氏立论的字形基础完全仰赖于清儒的考释。

真正在形义上取得突破的，无疑当数王国维（1877—1927）。王先生《释礼》(1921)一文堪称字形考释的分水岭，其结论是：

> ……此诸字皆象二玉在器之形，古者行礼以玉，故《说文》曰"豊，行礼之器"，其说古矣。惟许君不知玨字即玨字，故但以从豆象形解之，实则豊从玨在凵中，从豆乃会意字而非象形字也。盛玉以奉神人之器谓之若豊，推之而奉神人之酒醴亦谓之醴，又推之而奉神人之事通谓之礼。[2]

王先生的杰出贡献乃是辅证之以甲骨文字形，确定在豊之凵中的"象二玉在器之形"，由此坐实了《说文》豊之本义"行礼之器"指的就是"盛玉以奉神人之器"。此说"已为后来多数研究古礼的学者所信奉"[3]，如杨向奎《宗周社会与礼乐文明》(1992)引述此说，称"王先生说已详备"[4]，何炳棣《原礼》(1992)甚至将王说作为常识，一开头即予以转述，并称"上述礼的字源，无疑是非常精确的"[5]。杨、何的看法，正可作为海内外史学界的代表。同样，"王国维所释'礼'字，也为1980年以后的法制史学界接受并广为引用"[6]。

---

1 刘师培：《古政原始论·礼俗原始论第十》(1906)，《刘申叔遗书》，南京：江苏古籍出版社，1997年影印，第678—679页。
2 王国维：《释礼》，《观堂集林·艺林六》，第291页。
3 陈来：《古代宗教与伦理：儒家思想的根源》，北京：生活·读书·新知三联书店，2009年，第244页。
4 杨向奎：《宗周社会与礼乐文明》，北京：人民出版社，1997年修订本，第337页。
5 何炳棣：《原礼》，《何炳棣思想制度史论》，北京：中华书局，2017年，第162页。
6 李力：《1904—2009年：百年来的殷墟甲骨文与商代法制史研究》，王沛主编：《出（转下页）

有必要指出的是，王国维之说并不完善，王先生殁后又经其弟子姜亮夫（1902—1995）推阐扩充。姜先生云：

> 奉玉以祭神，谓之礼，与以柴祭天谓之祡，以事类祭天谓之禷，其用意盖同。"王者所以礼天地四方。"（见《周礼》）"凡大祭祀，大旅及宾客之事，共其玉器而奉之。"（见《周礼》）玉必有孔，故或贯二三块为之。盖为一切奉神人必不可缺之品，为一切仪则之寓寄。[1]

姜先生的两句引文出自《周礼》，前一句见于《春官·大宗伯》，原文作"以玉作六器，以礼天地四方"，后一句见于《春官·典瑞》，由此可与王国维从古文字形所得的"象二玉在器之形"二重互证，奉玉以祭神之说益加丰满。可惜姜先生此说并未得到学术界的足够重视，其最早发表于《文字朴识·释礼》，此集是1929年姜先生任教大夏大学时讲授甲骨吉金文字课程的小笺，正式出版已到了1946年[2]。在姜先生晚年出版的《楚辞通故》(1985) 中又综合、强化了他的观点，进一步推测何以远古之人祭神要用玉：

> 豐者盖太初人民，以其猎耕之具，置簠簋盂豆之中，以上奉天人祭用之，会用之，享宾用之，而酒以成礼，遂于豐中加既实之爵禅，一以表其仪则（酒），一以达其悃款（玉）。后此遂为礼仪。[3]

（接上页）土文献与法律史研究》第1辑，上海：上海人民出版社，2012年，第14页。21世纪以来，王说依然影响极大，比如胡留元、冯卓慧《夏商西周法制史》（北京：商务印书馆，2006年，第351页）即引录王说，认为："王国维在《释礼》一文中对甲骨文礼字作过详尽而很有见地的说明。"

1　姜亮夫：《楚辞通故·文物部第七》"礼"条，《姜亮夫全集》三《楚辞通故》第三辑，昆明：云南人民出版社，2002年，第199页。

2　参见姜亮夫：《文字朴识》自序，《姜亮夫全集》十八《古汉语论文集》，昆明：云南人民出版社，2002年，第296页。

3　姜亮夫：《楚辞通故·文物部第七》"礼"条，《姜亮夫全集》三《楚辞通故》第三辑，第199页。

姜亮夫所说的"猎耕之具",指的实际上是石器,然后用玉石同源之理,推想用玉乃是"古以为纯朴之用者"的留存,其目的是为了"达其悃欸"。在王国维确定了豊之凵中的艹艹象二玉之形的基础上,推阐礼字从玉之缘起的历史逻辑,至姜先生之说已臻于精密无间。

然而王国维所依托的《说文》这一地基,恰恰是极不稳固的,质疑的声音来自20世纪80年代的古文字学界。1980年,裘锡圭在逐一排查了《甲骨文编》《金文编》相关字形后,认为甲骨文中被王国维释作"豊"的那些字,绝大部分应该释作"豐",即《说文·豐部》:"豐,豆之豐满者也。从豆象形。"裘先生初识:"'豐'字应该分析为从'丰丰'从'珏',与'豆'无关。它所从的丰丰跟'鼓'的初文'壴'十分相似。"[1] 由此矛头直接指向《说文》对豐字字形"从豆"的解读。既然豐字不从豆,那么与之形似的《豆部》豊(豊,禮之初文)字,是否也不当如《说文》般析为"从豆"呢?1985年,林沄的研究证实了这一点。林先生首先纠正了甲骨文中从珏从壴的字不当释作豐,而仍当依王国维释作豊,"豊字何以从珏从壴?这是因为古代行礼时常用玉和鼓","在造字之初,以玉鼓之形以表达'礼'这一概念"。[2] 经裘、林二位古文字学家的接力式研究,认识发生了革命性的突破。《说文》豊、豐二字下方"从豆"的解析可明确判定为许慎之误,应当均从壴(即鼓)。王国维未察许慎之误,然其析出豊之上方从二玉(即珏),则是确凿可信的,豊(豊)字从二玉从壴,会意"用玉装饰的贵重大鼓"[3];豐字的上方则不当如裘说从珏,应当依林说析豐为形声字,上方"从丰丰者,谓击鼓之声蓬蓬然,乃以丰为声符,可能因鼓声之宏大充盈故引申而有大、满等义"[4]

---

1 裘锡圭:《甲骨文中的几种乐器名称——释"庸""豐""鞀"》,《裘锡圭学术文集·甲骨文卷》,上海:复旦大学出版社,2012年,第41页。
2 林沄:《豊豐辨》,《古文字研究》第12辑,北京:中华书局,1985年,第183—184页。
3 裘锡圭:《甲骨文中的几种乐器名称——释"庸""豐""鞀"》,《裘锡圭学术文集·甲骨文卷》,第42页。按裘先生所云,豐"是用玉装饰的贵重大鼓",其实应是豊。参见董莲池:《说文解字考正》,北京:作家出版社,2005年,第192页。
4 林沄:《豊豐辨》,《古文字研究》第12辑,第183页。

如此,"礼"作为一个典型的会意字,造字之初的原始行礼场景得到了最大程度的还原:行礼伴随着奏乐,击鼓乃奏乐之必需,装饰以玉则与贵族大型典礼的礼秩身份对称,"用玉装饰的贵重大鼓"正是这一礼典的形式化标志。后世虽乐器品类增加,乐队益趋庞大,然而仍可看出其原型。如《礼记·乐记》所记:

> 圣人作为鞉、鼓、椌、楬、埙、篪。此六者德音之音也。然后钟、磬、竽、瑟以和之,干、戚、旄、狄以舞之。此所以祭先王之庙也,所以献、酬、酳、酢也,所以官序贵贱各得其宜也,所以示后世有尊卑、长幼之序也。

最初的礼,主要就是指"事神致福"的祭祀,此后祭礼也构成历代礼制的大宗,故《礼记·祭统》云"礼有五经,莫重于祭"。在祭先王之庙这一最贵重的礼典场合,伴随着献、酬、酳、酢等仪节推进的,必定奏乐,将设立包括钟、鼓在内的一支有组织的乐队,正所谓"礼乐皆得,谓之有德"。用鼓,正是大型祭礼场合的典礼标志。《乐记》记鼓的使用及其效果:"先鼓以警戒,三步以见方,再始以著往,复乱以饬归。"奏乐之起,乃先击鼓,据郑玄注:"先击鼓,以警戒众也。"紧接着是"三步",郑注:"三步,谓将舞,必先三举足,以见其舞之渐也。"由此缓缓拉开整部乐章。礼典除了奏乐者之外,"奋疾,谓舞者也;极幽,谓歌者也"。清孙希旦将此章坐实为《大武》乐章,剖析整个乐舞场面如下:(1)"先鼓以警戒者,《大武》将舞之先,击鼓以警戒其众。"(2)"三步以见方者,舞之初作,先三举足,以示其所往之方。"(3)"再始以著往者,舞者于二成之初,又再始举足,以著其所往。"(4)"乱,终也。复乱以饬归者,舞者之终,从末表复于第一表,以整饬其归。"[1] 据贾海生对《大武》乐的程式复原,"堂下鼓声响起,经久不停。六十四人的舞队再次进入堂下表演场地,舞者在各自的舞位上都手持红色的

---

[1] 〔清〕孙希旦:《礼记集解》卷三十八,北京:中华书局,1989年,第1007页。

盾牌和饰玉的大斧，头戴冕，像山一样屹立不动。……"¹ 由此，"礼"的造字本义与礼典乐章的涵义相互贯通。

自王国维《周大武乐章考》(1916) 以来，各家对宗庙之享用《大武》乐舞的考释，虽在细节上颇有出入，但核心问题是共同认可的，如孙作云（1912—1978）便充分认识到："《大武》乐章是配合《大武舞》的各节目而演唱的，它和跳舞有不可分性；不但用意一贯，即歌调的节奏，也随着跳舞的徐疾而有所不同。它们是唱歌、跳舞、音乐三位一体的东西。"² 阴法鲁的看法基本一致："古代所谓乐是指乐曲、舞蹈和歌词三者统一的整体而言。"³ 杨向奎（1910—2000）定性得更为明确："《颂》是舞容，是乐歌，也是史诗，舞盛德之形容，咏祖先之功烈，这规定了它是史诗的性质。"⁴ 以《大武》乐舞为例，可见周代天子礼典的行用，有礼必有乐，有乐必有舞，边舞边歌，诗乃歌乐之语言文本，礼—乐—舞—歌—诗，五者乃同一大型礼典的共同组成部分。礼乐之用钟鼓、干戚，乃其外在的显性特征，礼之造字从壴（即鼓），即是这一特征的观感体现。

释"巫"的分派和礼分经、曲

《大武》乐舞在西周已臻于圆融周洽，但在"礼"的造字之初绝不可能达到如此宏大之规模。若追踪礼乐歌舞之源头，周礼中所陈列的整支乐队将浓缩为一个舞者的代言人，李泽厚（1930—2021）认为即"巫"。李先生指出，礼乐歌舞的"一整套极其繁复的仪文礼节"，其源头可追踪到史前的"巫"，

---

1 贾海生：《周公所制乐舞通考》(2002)，《周代礼乐文明实证》，北京：中华书局，2010年，第157页。按：贾先生将鼓声的响起安置在第二场，恐欠妥。又王国维、高亨（1955）、孙作云、阴法鲁、杨向奎（1992）等均曾对《大武》舞六章歌诗做出复原，均未展示出何时用鼓。
2 孙作云：《周初大武乐章考实》(1958)，《诗经与周代社会研究》，北京：中华书局，1966年，第266页。
3 阴法鲁：《〈诗经〉中的舞蹈形象》(1982)，刘玉才编选：《阴法鲁文选》，北京：北京大学出版社，2010年，第152页。
4 杨向奎：《宗周社会与礼乐文明》，第342—347页。

他称之为"巫术礼仪"。[1]

这一历史渊源的推定，一定程度上依托于如何对"巫"字的形体进行释读。《说文·工部》："巫，以舞降神者也，象人两褎（袖）舞形。"许慎的解读，有《周礼·春官·司巫》"司巫掌群巫之政令，若国大旱，则帅巫而舞雩"作为支撑，故《说文》学家大多认为巫、舞相通，如段玉裁对巫字的注释："许［慎］云能以舞降神，故其字象舞褎（袖）。"[2] 但是，当唐兰从甲骨文中释读出✠即"巫"字之后，从古文字字形角度对"巫"的解读，一度形成两大流派。一派坚决否定《说文》的释读，如于省吾所指出的："契文、金文、《诅楚文》巫均作✠，汉印巫信平、巫马禹并作✠，与古文合。许所录非初形，故《说文》亦不可据也。"[3] 李零也认为："从古文字材料看，'巫'字并不是从'舞'字发展而来。"[4]

否定了《说文》的释读之后，这一派对巫之形体的解析并没有形成定论，而是出现了言人人殊的局面。李零认为，巫字与"方"字相通，二字上古读音接近，具有同源关系，"中国古文字中的'巫'，早期写法是像十字交叉而以短横加四方，表示方向"。[5] 此说实际上最早是陈梦家（1911—1966）在《殷虚卜辞综述》中所提出的猜想[6]，文献证据比较欠缺，存在有四方之巫、望祀四方的史实，并不等于"巫"的字形就表示四方。又如李孝定则认为："惟巫字何以作✠殊难索解，疑象当时巫者所用道具之形，然亦无由加以证

---

1 李泽厚：《说巫史传统》(1999)，《历史本体论·己卯五说（增订本）》，北京：生活·读书·新知三联书店，2008年，第163页。
2 ［清］段玉裁：《说文解字注》五篇上，上海：上海古籍出版社，1981年影印，第201页。
3 于省吾：《论俗书每合于古文》(1984)，于省吾主编：《甲骨文字诂林》，北京：中华书局，1996年，第4册2923页。
4 李零：《先秦两汉文字史料中的"巫"（上）》，《中国方术续考》，北京：中华书局，2006年，第32页。
5 李零：《先秦两汉文字史料中的"巫"（上）》，《中国方术续考》，第32、35页。
6 对此，李零已明确交代："过去陈梦家曾猜测，'巫帝'之'巫'象'四方之形'，若为动词，则与'方帝'相似。"李零：《先秦两汉文字史料中的"巫"（上）》，《中国方术续考》，第39页。陈梦家之后，艾兰（Sarah Allan）、范毓周、饶宗颐等均提出类似的观点，因此李零将巫的甲骨文形体确认为"象四方之形"。

明,亦惟不知盖阙耳。"¹巫表示道具的猜测,到了董莲池已言之凿凿:"从二'工'相叠,'工'为上古巫者用来指画方圆、掌握天地的一种法器。"²另外,尚有张日昇提出"窃疑字象布策为筮之形,乃筮之本字……筮为巫之道具"等观点³,兹不再详缕。黄德宽主编的《古文字谱系疏证》虽采纳李孝定之说,然明确界定为此字"构形不明"。⁴季旭昇《说文新证》并列出李孝定、张日昇及《汉语大字典》等几种说法,最后认为"诸说皆有理,难以定夺"。⁵

《汉语大字典》对"巫"字的解释,是在道具、法器说的基础上予以折中的结果:"甲、金文象两玉交错形。……古代巫师以玉为灵物,故以交错的玉形代表巫祝的巫。"⁶此说实际上已折回并吸纳了《说文》的释读思路,将田解读为两玉交错形,明显是受了《说文·玉部》"灵,巫也,以玉事神"的启发。最早提出这一解读的应当是罗振玉(1866—1940),罗氏在《殷虚书契考释》的圙字下说此字"象巫在神幄中,而两手奉玉以事神"。⁷罗氏之说经由其弟子马叙伦(1885—1970)补释之以甲骨文字形"从収从玉",象左右两手以奉玉,又补证之以传世典籍,"《周礼·大宗伯》'以苍璧礼天',《周礼》男女巫属大宗伯,大宗伯即《书·舜典》之秩宗,秩宗掌辨神祇尊卑之序,巫之以玉事神,此其证也"。⁸此后,周策纵(1916—2007)重拾旧题,在罗、马的基础上进一步补证"巫用玉舞蹈"之义,一方面可"认定甲骨文巫字实是从玉字整齐化而成",另一方面更可从史实和典籍记载来证明"玉应该是巫事

---

1 李孝定:《甲骨文字集释》卷五,台北:"中研院"历史语言研究所专刊,1970年,第1597页。
2 董莲池:《说文解字考正》,第184页。
3 周法高主编:《金文诂林》卷五"巫"字下引,香港:香港中文大学出版社,1975年,第6册2893页。
4 黄德宽主编:《古文字谱系疏证》,北京:商务印书馆,2007年,第2册1687页。
5 季旭昇:《说文新证》,福州:福建人民出版社,2010年,第394页。
6 徐中舒主编:《汉语大字典》卷一,武汉:湖北辞书出版社;成都:四川辞书出版社,1986年,第412—413页。
7 罗振玉:《殷虚书契考释》卷中,其说收入于省吾主编:《甲骨文诂林》,第4册2924页。
8 马叙伦:《说文解字六书疏证》卷九,上海:上海书店出版社,1985年影印,第59页。

神的主要道具，甚至可能用此道具发声作乐以昭告神祇"。[1]对巫字的这一释读，已全面回归《说文》"巫，以舞降神者也"的旧辙，由此形成风格鲜明的另一派。

将巫与舞的关系贯通起来，正是陈梦家着力论证的主题之一。陈先生在《商代的神话与巫术》(1936)详证"舞、巫既同出一形，故古音亦相同，义亦相合"，从字形上看，巫字"许氏既言象人两袖象形，则其字必象人形无疑，实乃卜辞之舞字。卜辞舞字作 染染，象人两袖秉旄而舞，讹变而为小篆之巫：染→夾→夾→巫→巫→巫→巫"。[2]陈先生巫、舞一字之说，尚未引起古文字学家们的重视。[3]应当说此说具有极大的启发性，借此甲骨文中一系列文辞均可贯通，就像李零所说的，"卜辞求雨还以'舞'，应即古书中的'舞雩'，并有'宁雨'之辞，估计也都是由'巫'来行事"[4]。我认为，将巫、舞定为一字固然尚不能作为定论，但将巫、舞二字视为同源关系，应该是没有什么问题的。舞字从舛，古文字形像手持两串牦牛尾（一种舞饰）以起舞；巫字从収，像两手奉玉以事神之形。远古祭神之巫术礼仪的两项最为显性的仪式特征，均保留在舞、巫二字形体的演进过程中。持尾起舞和奉玉祭神，在绝地天通之后很可能即由同一个人来承担，这个人便是天人之际的巫者，也就是周策纵所说的"巫祝舞玉"，或者如李泽厚所谓的"巫舞求雨"，后来逐渐分职为两个人，一主奉玉之礼，一主持尾之舞。从这个意义上说，陈梦家在归纳基础上的推论——"卜辞的'舞'完全应用于求雨，无一例外，而舞为巫者的特技，求雨是巫者的专业"[5]，就显得至为精

---

[1] 周策纵：《古巫医与"六诗"考：中国浪漫文学探源》中篇第一章《巫医舞玉与工祝神权（兼论"巫"字的初义）》，上海：上海古籍出版社，2009年，第47页。

[2] 陈梦家：《商代的神话与巫术》，《陈梦家学术论文集》，北京：中华书局，2016年，第92—93页。

[3] 《甲骨文字诂林》"舞"字条、《古文字诂林》"舞"字条等大型古文字工具书均只是简要摘录了陈梦家《殷虚卜辞综述》中"巫祝之巫乃'無'字所衍变"的说法，均未收录《商代的神话与巫术》中的详细论证。

[4] 李零：《先秦两汉文字史料中的"巫"（上）》，《中国方术续考》，第40页。

[5] 陈梦家：《商代的神话与巫术》，《陈梦家学术论文集》，第94页。

妙。反观王国维在1912年就曾提出如下的推测："歌舞之兴，其始于古之巫乎？巫之兴也，盖在上古之世。……巫之事神，必用歌舞。……是古代之巫，实以歌舞为职，以乐神者也。"[1] 其参证的文献包括《说文》、《书·伊训》"恒舞于宫，酣歌于室，时谓巫风"、《诗·陈风》两首及郑玄《诗谱》之语。[2] 尤其是孔颖达在《伊训》篇下的正义"巫以歌舞事神，故歌舞为巫觋之风俗也"[3]，应该说这对王说的提出产生了很大的启发。二十多年后，陈梦家据甲骨文进行地毯式研究，证实巫、舞二字具有同源关系，"所谓舞者乃巫者所擅长"。从这个意义上说，于省吾等前一派轻易否定《说文》，摆脱经史文献、另辟新说的做法，不如将甲、金与《说文》结合起来的二重证据式推论，显得更为圆通合理。

擅乐舞之巫者的形象，原本兼备事神、乐神等数项职能，此后逐渐分离。首先应当就是巫、舞的分离，这在上述文字形体的分化中便可看出端倪；然后是鼓乐与舞蹈的分离，礼、乐、歌、舞彼此渐趋分职，各司其职，参与礼典的人数大量增加，彼此应和。到商周以后，大型礼典的制作中，巫者一人已扩展为一支规模性的乐队和舞蹈助祭人员，从而制定为常职。这一过程同时也伴随着神异力量的弱化，以及理性精神的注入和制度建设的成型。如今留存于《周礼·春官》之大司乐、乐师、大胥、大师、典同、磬师、钟师、笙师、镈师、靺师、旄人、籥师、籥章、鞮鞻氏、典庸器、司干等乐官十六职，沈文倬（1917—2009）逐一系联考释之，认为此十六职"可信

---

[1] 王国维：《宋元戏曲史》，上海：华东师范大学出版社，1995年，第1页。

[2] 《毛诗·陈风》孔颖达正义载郑玄《诗谱》曰："大姬无子，好巫觋祷祈鬼神歌舞之乐，民俗化而为之。"《毛诗正义》卷六一四，〔清〕阮元校刻：《十三经注疏》，第375页下栏。按：王国维《宋元戏曲考》只是标出了郑玄《诗谱》之名，其实并未迻录其辞。后之学者竟将紧跟在"郑氏《诗谱》亦云"之后的王国维自己所下的结论"是古代之巫，实以歌舞为职"，错误地理解成了王先生称引《诗谱》之语。由是转引摘抄，陈陈相袭，均将王先生的话当成《诗谱》原文，造成大量错误。如宋兆麟：《巫与巫史》，成都：四川民族出版社，1989年，第338页；陈来：《古代宗教与伦理》，北京：生活·读书·新知三联书店，2009年，第38页；赵容俊：《殷商甲骨卜辞所见之巫术》，台北：文津出版社，2003年，第252页；等等。

[3] 《尚书正义》卷八，〔清〕阮元校刻：《十三经注疏》，第163页中。

为周初设官遗存"[1]。乐官主导的乐队已发展到如此规模，礼—乐—舞—歌—诗在同一大型礼典中的全面展开，可想其场面的宏大。正如李泽厚所指出的，"巫舞和巫术活动由求雨而并及其他种种祭祀活动（当时祭祀极为繁多，卜辞记载凡三、五日一祭）以及治病求药等等。它从而发展出一整套极其繁复的仪文礼节的形式规范"，"'礼'首先是从原巫术祭祀活动而来，但经由历史，它已繁衍为对有关重要行为、活动、语言等一整套的细密规范"，也就是"规范化了的各种秩序、过程、行为、规矩等种种细节"。[2]

借助"由巫到礼"的这一历史演进脉络，礼由祭神的具象指称逐渐"演化至天地人间的'不可易'的秩序、规范"，"下开人世秩序、政治体系，从而要求人们在此世的从政居家、待人接物、揖让进退、行为举止、语言容貌的现实生活中，来展现这天地的神圣"。[3]这也就是《礼记·礼器》所记载的"经礼三百，曲礼三千"的礼的规格。"经礼""曲礼"之别，向为礼学家所看重，历来也众说纷纭。郑玄注《礼器》谓经礼乃"《周礼》六篇，其官有三百六十"，曲礼即"今礼也，礼篇多亡，本数未闻，其中事仪三千"；朱熹则采晋人臣瓒的说法，以《仪礼》"冠婚丧祭、燕射朝聘，自为经礼大目"，曲礼"则皆礼之微文小节，如今《曲礼》《少仪》《内则》《玉藻》《弟子职》篇所记事亲事长、起居饮食、容貌辞气之法，制器备物、宗庙宫室、衣冠车旗之等，范所以行乎经礼之中者……条而析之，亦应不下三千有余矣"。[4]其实，不必强硬将经礼对应于《周礼》抑或《仪礼》，而取"经"之可训"常

---

1 沈文倬：《略论宗周王官之学》（1997），《菿闇文存——宗周礼乐文明与中国文化考论》，北京：商务印书馆，2006年，第463页。
2 李泽厚：《说巫史传统》，《历史本体论·己卯五说（增订本）》，第163、175页。
3 李泽厚：《说巫史传说》《"说巫史传说"补》，《历史本体论·己卯五说（增订本）》，第177、384页。
4 〔宋〕朱熹著，黄榦编：《仪礼经传通解正续编》卷首《仪礼经传目录》，北京：北京大学出版社，2012年影印，第2—3页。按：各家对经礼、曲礼的解释，秦蕙田曾予以罗列，参见《五礼通考》卷首第一《礼经作述源流》，北京：中华书局，2020年，第1册15—19页；李旭曾概括为郑玄、朱熹两大派别，参见《从"以政立教"到"以教导政"——从经曲之辨看汉、宋礼学的秩序理路嬗变》，《暨南学报》2019年第41卷第10期。

也""法也"之义，按照清人黄式三的解释，"经礼者，礼之大经"，也就是蕴含着礼之大义的纲纪法则，"'曲礼'者，礼经中委曲之数也"，也就是外化为具体而微之仪文节目的种种细节。[1] 那么，《周礼》分职之框架固然为经礼，但其中亦不乏曲礼之细处；《仪礼》所记的繁密仪注固然为曲礼，但礼典及其所蕴之原理无疑属经礼。换句话说，经礼乃殷因于夏、周因于殷的群体共尊共守的典章制作，曲礼则是因时因地损益变化的名物度数，如此相配而行，也就构成礼制演进的两大主干系列。

当巫、舞、歌、乐一体化的礼仪基体孕育出"礼有五经"的大型礼典制作，当不成文的礼数理性化为完备的成套礼制，乃至政教典章的体系构成时，"经礼"的概念已渐渐可以含括"观象授时、体国经野、设官分职、学校制度、巡狩朝觐"等一系列家国体制[2]，到了这个时候，"礼"在指称对象上与"法"的概念之相遇与相重，已然水到渠成了。

兵刑合一和法的词义引申

法的本义，学术界以许慎之解释大致不误。《说文·水部》："灋，刑也。平之如水，从水；廌，所以触不直者，去之，从去。法，今文省。"灋所从之廌，《说文》训："解廌，兽也，似山牛，一角。古者决讼，令触不直者。象形。"

关于"解廌"的释义，段玉裁注认为许慎原文当无"山"字，作"似牛，一角"，据《神异经》又作獬豸，段注又引《论衡·是应篇》，其原文为："獬豸者，一角之羊，性知有罪，皋陶治狱，其罪疑者令羊触之。有罪则触，无罪则不触。斯盖天生一角圣兽，助狱为验，故皋陶敬羊，起坐事

---

[1] 〔清〕黄式三：《经礼曲礼说》，见程继红辑笺：《黄式三黄以周礼学文献辑笺》，南京：凤凰出版社，2017年，第3页。
[2] 采章太炎之说，参见诸祖耿等记录：《章太炎国学讲演录·史学略说》，北京：中华书局，2013年，第225页。按：秦蕙田《五礼通考》将"朝礼""巡狩""观象授时""体国经野""设官分职"等隶入"嘉礼"，显然是为迁就五礼为纲的分类系统，章太炎斥之为"极可笑者也"。

之。"王充与许慎差不多同时人,其作"一角之羊",当别有所本,且不管此兽是一角之牛,还是一角之羊[1],其为神兽必矣,瞿同祖(1910—2008)称这是神判法在早期文献中遗留的痕迹。[2] 许慎何以训"平之如水",段注引《史记·张释之冯唐列传》"廷尉,天下之平也"以解之;蔡衡枢则认为"平之如水"四字"是后世浅人所妄增","灋"之所以从水,是因为"解廌触定,放在水上,随流飘去",也就是将此罪人驱逐之的意思。[3]《说文》对"灋(法)"采用后人会意的训解方案的阐释,虽略有一些异议,但大体上还是讲得通的,而且和"灋"字的古文字形也基本相合。只有那最关键的第一句"灋,刑也",许慎如此训释依据何在,学界争议比较大。蔡衡枢认为这"实际是春秋以后的新义",然而陈顾远(1896—1981)在《中国法制史概要》(1964)中则坚持"盖法之本义即为刑耳"[4]。下文便从刑与法的关系入手做些探讨。

将"法"字训义为"刑",《说文》之外,尚有《书·吕刑》"苗民弗用灵,制以刑,惟作五虐之刑曰法",《盐铁论·诏圣》"法者,刑罚也,所以禁强暴也",《国语·鲁语下》"不共有法"韦昭注:"法,刑也。"等等。反之,将"刑"字训义为"法",故训用例极夥,检《故训汇纂》即可得《书》《诗》《左传》及字书等文例近六十例。[5]《吕刑》苗民"作五虐之刑曰法"一例,渊源甚古。所谓"五虐之刑",即杀、劓、刵、椓、黥,这与《吕刑》后文所记西周确立的"墨、劓、剕、宫、大辟"五刑体系不尽相同。梁启超(1873—1929)的解释是:"此刑法之起原最可信据者(苗民,即异族之归化者)。由此观之,则所谓礼者,即治本族之法律;所谓刑者,即治异族之法律。其最初

---

1 武树臣追踪獬豸之形,还列有似鹿、似麟、似熊等前人各种说法,参见《法家法律文化通论》,北京:商务印书馆,2017年,第17页。
2 瞿同祖:《中国法律与中国社会》,北京:中华书局,2003年,第272—273页。
3 蔡衡枢:《中国刑法史》第十章,北京:中国法制出版社,2005年,第159页。按:苏力曾撰文质疑许慎训法字"平之如水"的解释不可信,但他同样认为蔡衡枢的解释"缺乏足够的资料支持,因此难以作为一个坚实的结论予以接受",参见《"法"的故事》(1998),《制度是如何形成的》,北京:北京大学出版社,2007年,第132—134、140页。
4 陈顾远:《中国法制史概要》第三编第一章,北京:商务印书馆,2011年,第319页。
5 宗福邦、陈世铙、萧海波主编:《故训汇纂》,北京:商务印书馆,2003年,第220页。

之区别实如是。"¹ 此后，法律史界普遍认为苗民五刑正是中国法产生的源头。如张晋藩《中国法制史》即指出："三苗早于中原华夏族，已经初步形成了五虐之刑，而三苗之祖蚩尤则是创建法制的始祖……在苗民劓、刵、椓、黥刑罚的基础上，进一步发展为夏商周三代通行的'墨、劓、刖、宫、辟'等五刑系统，一直沿用至汉初。"² 从这个意义上说，《说文》将"法"的本义训为"刑"是站得住的，体现了法源于刑的历史真实。其实法不仅产生于刑，后世中国法的发展也一直将刑法作为其重心。

苗民的"五虐之刑"，还透露出一项重要信息，那就是刑起于兵。《吕刑》所记"劓、刵、椓、黥"的"刵"，即断耳之刑，在《书·康诰》中同样有"非汝封又曰劓刵人，无或劓刵人"的记载，伪孔传"刵，截耳，刑之轻者"。这一"刵"字，王引之《经义述闻》推断乃"刖"字之讹³，若径改作"刖"，则可与周代以后明确记载的五刑体系彼此印合，也就是说，《吕刑》所记五刑体系包括断足的刖刑，均源于苗。孙星衍、王先谦等均从此说。然而段玉裁的观点却与王引之针锋相对，他在《古文尚书撰异》中明确驳斥刵乃刖字之误的观点，认为刵乃五刑之外的另一种刑罚，"不得云古无刵刑"。⁴ 王鸣盛（1722—1797）、章太炎（1869—1936）等均依从段说。今证之甲骨文，劓、刵、刖三字皆见于甲骨，甚至还出现在同一片甲骨上，如此看来，段说较为优胜，王说至今无铁证。⁵ 更为重要的证据是，刵刑与军战中所使用的"聝"有着千丝万缕的联系。《说文·刀部》："刵，断耳也。"段注："五刑之外有刵。军战，则不服者杀而献其左耳曰聝。"⁶ 段注无疑是将《说文·耳部》的"聝，军战断耳也"与"刵"互训。沈家本（1840—1913）《历代刑法考》

1　梁启超：《中国法理学发达史论》，《饮冰室合集》文集之十五，第 2 册 83 页。
2　张晋藩：《中国法制史》，北京：商务印书馆，2010 年，第 4 页。
3　〔清〕王引之：《经义述闻》卷四，南京：江苏古籍出版社，2000 年影印，第 93—94 页。
4　〔清〕段玉裁：《古文尚书撰异》卷十七，《清经解》第 80 种，收入〔清〕阮元、王先谦编：《清经解　清经解续编》，南京：凤凰出版社，2005 年，第 4 册 4812—4813 页。
5　关于刵、刖的段王之争，拙文《段王之学与专门史：以五刑与刵形为例》有详细梳理，参见顾涛：《耕读经史》，南京：凤凰出版社，2021 年。
6　〔清〕段玉裁：《说文解字注》四篇下，第 182 页。

在"刵"刑下先引段说，下接按语同样引《说文》"聝"字参证。[1] 可见苗民之有刵刑，恐即是军战中聝（或作馘）之形变，正如胡留元、冯卓慧的推测："聝刑，最初只是军法中之一种刑罚种类，后来，扩而大之，便成常刑中之一种轻刑刑罚了。"因此，在胡、冯伉俪看来，"聝，也可写作刵，取以刀割耳之意，主要用于惩罚轻微犯罪"[2]。三苗之君正是在蚩尤时代的习于军战中，将军法之"聝"移用为常刑之一，但中原之史家鄙斥之，仿"劓"字而造"刵"字来命名。由此，《尚书》中留下了这一兵刑合一时代的遗存。

刑法的起源，正是从兵刑合一的政治模式中分化出来的，历史文献中除了《尚书》刵刑这一例证之外，顾颉刚（1893—1980）曾撰写《古代兵刑无别》，前后举证汉以前书证共十则。[3] 尤其是其中《左传》两则史料的论著力度颇为显见。其一，《僖公二十五年》记阳樊人苍葛对晋师之言："德以柔中国，刑以威四夷。"杨伯峻注："兵者刑之一。此谓晋于阳樊宜柔以德，不宜威以兵，兵刑乃所以威四夷者也。"[4] 顾先生说："夫膺惩四夷者惟兵，何为曰'刑'？是则刑即兵可知。"其二，《宣公十二年》记晋大夫随武子士会之言："叛而伐之，服而舍之，德、刑成矣。伐叛，刑也；柔服，德也，二者立矣。"顾先生说，"以伐叛为刑，明即以军事为刑事"，此乃以征伐反叛之武力为"刑"。《左传》两条均是以"兵"为"刑"的典型用法。此外，《吕氏春秋·荡兵》篇在谈到古之圣王不可偃兵时，对举的三项为"家无怒笞则竖子婴儿之有过也立见，国无刑罚则百姓之悟相侵也立见，天下无诛伐则诸侯之相暴也立见。故怒笞不可偃于家，刑罚不可偃于国，诛伐不可偃于天下"[5]，家罚、国刑与用兵属同一类事，只是强弱有差等而已。这一思维方式与譬举习惯被司马迁吸收入《史记·律书》中，其中亦有"故教笞不可废于

---

[1] 沈家本：《历代刑法考》上册《刑法分考六》，北京：商务印书馆，2011年，第175—176页。
[2] 胡留元、冯卓慧：《夏商西周法制史》，第107、396页。
[3] 顾颉刚1940年发表《古代兵刑无别》补证《左传》《国语》《诗经》等五则史料，收入《浪口村随笔》；1963年又有《古代兵、刑无别》增订五则史料，收入《史林杂识初编》，两文均见《顾颉刚读书笔记》卷十六，北京：中华书局，2011年，第62—63、329—331页。
[4] 杨伯峻：《春秋左传注·僖公二十五年》，北京：中华书局，1990年，第434页。
[5] 许维遹：《吕氏春秋集释》卷七，北京：中华书局，2009年，第159页。

家，刑罚不可捐于国，诛伐不可偃于天下"之文句。钱锺书（1910—1998）有见于《史记》此条与《吕览》之因袭，在《管锥编》中专设一条考证"兵与刑乃一事之内外异用，其为暴力则同"，钱先生又发掘出数则顾颉刚未曾发现的文例，以见"兵之与刑，二而一也"。[1] 法律史界同样有陈顾远深明此源，举有不少实例以证"法的本义为'刑'而原于'兵'"，其中之一即是"司马迁极有识力，通达古今事变，在《史记·律书》即以兵事开始，班固撰《汉书·刑法志》引为同调，亦为'刑始于兵'留有一笔"。[2]

《史记·律书》以兵伐之事冠首，流露出在司马迁心目中兵与刑律归于同类的观念依然至深且巨。在《太史公自序》中，司马迁直说："非兵不强，非德不昌，黄帝、汤、武以兴，桀、纣、二世以崩，可不慎欤？司马法从来尚矣……作《律书》第三。"《索隐》解释说："此《律书》之赞而云'非兵不强'者，则此'律书'即'兵书'也。古者师出以律，则凡出军皆听律声。"《正义》坐实为："古者师出以律，凡军出皆吹律听声。"唐人用"师出以律"来注释，极佳，这里的"律"，指的不仅仅是声律，更为主要的是指法律。《易·师卦》"初六，师出以律，否臧凶"乃其出处，李鼎祚引《九家易》曰："坎为法律也。"[3] 朱熹《周易本义》："律，法也。……出师之道，当谨其始，以律则吉，不臧则凶，戒占者当谨始而守法也。"[4] 黄寿祺、张善文据此译注："兵众出发要用法律、号令来约束，军纪不良必有凶险。"[5] 李道平试图对声律、法律予以严格区分——"以坎为律者，乐律也，非法律也"[6]，其实完全没有必要。出兵节以乐律，正是严格约束号令的措施之一，吹律听声，不就是兵营集体行动一律化的节奏吗？

《史记·律书》之后，《汉书·刑法志》开刑法为专志的先河，然在讲述周之刑法前，同样铺叙黄帝以来立武足兵之道，同样复述了"鞭扑不可

---

1 钱锺书：《管锥编》之"《史记会注考证》九"，北京：中华书局，1986年，第285页。
2 陈顾远：《中国法制史概要》第三编第一章，第321页。
3 〔唐〕李鼎祚：《周易集解》卷三，成都：巴蜀书社，1991年，第49页。
4 〔宋〕朱熹：《周易本义》卷一，宋元人注《四书五经》，北京：中国书店，1985年，第11页。
5 黄寿祺、张善文：《周易译注》，上海：上海古籍出版社，1989年，第75页。
6 〔清〕李道平：《周易集解纂疏》卷二，北京：中华书局，1994年，第132页。

弛于家，刑罚不可废于国，征伐不可偃于天下"的类比。顾颉刚明确揭橥出："班固之作《汉书·刑法志》也，其前半篇皆论古代之军制、军赋、兵法，迄于武帝之平百粤，元帝之罢角抵；自'昔周之法，建三典以刑邦国'以下，乃述刑罚与律令：则兵与刑为一事，东汉初年人固犹知之。"[1] 兵刑合一的观念，一直影响到唐代以后的制度史撰作之中。比如著名的制度史经典著作《通典》，据杜佑在卷一《食货典》前的一段小序，在《食货》《选举》《职官》《礼》《乐》与《州郡》《边防》中间，乃是《刑典》，由此构成《通典》卷首所载李翰序所说的"凡有八门"，《刑典》之内即包括"大刑用甲兵，十五卷；其次五刑，八卷"。[2] 今本《通典》已分设《兵典》和《刑法典》两大门类，可见杜氏最终将《兵典》从《刑典》中抽出单列一门，是在李翰序言写成之后。不过今本《刑法典》开篇仍然保留了"黄帝以兵定天下，此刑之大者"之类的话[3]，可见兵刑合一的观念在杜佑心目中依然具有挥之不去的印记。

早期之"法"，自然也含有兵刑合一的因子。据沈家本的研究，"唐虞以前，刑法无闻。……《管子》言'黄帝置法'，《淮南》言'黄帝法令明'，则其时之法律必已详备"。[4]《汉书·胡建传》在胡建上奏中引录一条珍贵文献——《黄帝李法》，其他典籍不见，颜师古注引孟康曰："兵书之法也。"又曰："李者，法官之号也，总主征伐刑戮之事也，故称其书曰《李法》。"这正是《通典·刑法典》从"黄帝以兵定天下"发端的理据。"刑"何时与"征伐"相分离，而在概念上与"法"合，专指刑罚之事，顾颉刚说是要到东汉马融（79—166）之后，恐怕过于保守。宋人董琮曰："或言黄帝者之世，详于化而略于政，王者之世详于政而略于化，虞时兵刑之官合为一，而礼乐分为二，成周礼乐之官合为一，而兵刑分为二。"[5] 董氏所言在西周以后"兵

---

[1] 顾颉刚：《古代兵、刑无别》，《史林杂识初编》，收入《顾颉刚读书笔记》卷十六，第331页。
[2] 〔唐〕杜佑：《通典》卷一《食货典一》，北京：中华书局，1988年，第1页。
[3] 〔唐〕杜佑：《通典》卷一百六十三《刑法典一》，第4190页。
[4] 沈家本：《历代刑法考》下册《律令一》，北京：商务印书馆，2011年，第26页。
[5] 转引自〔明〕邱浚：《大学衍义补》卷一百二十《严武备》"本兵之柄"，《四部丛刊》本。按：陈顾远亦曾引董琮这一句话，然误作"姚琮"，《中国法制史概要》第三编第一章，第321页。

刑分为二"，指的大概主要是《周礼》中掌邦政、负责军事国防的夏官司马一系，与掌邦禁、负责司法刑狱的秋官司寇一系分离为两大系列。今观《周礼》行文用词，《秋官·大司寇》下有"县（悬）刑象之灋"，"凡卿大夫之狱讼，以邦灋断之"，《小司寇》下有"以八辟丽邦灋，附刑罚"，《司刑》下有"五刑之灋"，其他各职多次使用"群士司刑皆在，各丽其灋以议狱讼"等，可见"灋（法）"与"刑"已形成相对较为固定的组合搭配关系。然而在《夏官·大司马》下又说"以九伐之灋正邦国"，何谓"九伐之灋"，郑注："诸侯有违王命，则出兵以征伐之，所以正之也。"可见《夏官》之"灋（法）"，指的仍然是"伐叛"意义上的"刑"，也就是郑注多次引用的《司马法》所指的"军法"。所以，在《周礼》的叙述框架中，虽然军政与司法已明显分离成两大块，但行文用词中依然流露出灋（法）、刑与军战关系密切的遗存。《周礼》的成书年代，学界颇多争议，若依沈文倬的考证，"基本上取诸于两周实制（周初创建和晚周更制）"，"几经长时间的旋置旋废，反复实践，待主管机构研讨更动以至相对稳定后才有所记录……记录稿都藏于秘府"。[1] 从周官记存典章的角度看，因军政与司法渐晰为两大支脉，伴随周代前后八百年的发展历程，故保存于官府的职官文档，必为叠床架屋之态，其中留存有不少周初兵刑未尝完全分离时期的旧迹。

"法"从本义为刑开始，逐渐发生词义引申，由此造成在经史典籍中"法"的多种词义用法相互交织的现象。[2] 法由刑罚义可直接引申出禁止义，《大戴礼记·礼察》所谓"法者，禁于已然之后"，《盐铁论·诏圣》称"法者，刑罚也，所以禁强暴也"，《汉书·刑法志》称"法者，治之正，所以禁暴而卫善人也"。由禁止义可引申出准则、法则义，如《易·蒙

---

[1] 沈文倬：《略论宗周王官之学》，《菿闇文存——宗周礼乐文明与中国文化考论》，第498页。
[2] 周启荣曾对先秦文献中"礼""法"的用法进行过一定的举例分析，但尚未从词义引申视角予以考察，比如对"法"的主要涵义，从广到狭分为四项：（1）效法，（2）方法，（3）法度或法制，（4）刑法。参见《礼法儒家：从先秦文献论儒家政治思想中"法律"与"守法"的重要性》，杨华、薛梦潇主编：《经国序民：礼学与中国传统文化国际学术研讨会论文集》，上海：上海古籍出版社，2021年，第30—34页。

卦》"利用刑人,以正法也",王弼注:"以正法制,故刑人也。"尚秉和释曰:"言以法则示人,俾童蒙有所则效。"[1] 在《周礼》中或用"典",或用"则",或用"灋（法）",含义已颇为接近,《天官·大宰》郑注:"典,亦灋也。典、法、则,所用异,异其名也。"《春官·大史》郑注又曰:"典、则,亦法也。六典、八法、八则,冢宰所建,以治百官。"故而也就产生出诸如"法律"（首见于《庄子·徐无鬼》）、"法则"（首见于《荀子·王制》）、"法令"（首见于《商君书·定分》）、"法制"（首见于《国语·周语中》）等同义双音词。由准则义进一步扩大为常规、标准义,如《管子·七法》称:"尺寸也、绳墨也、规矩也、衡石也、斗斛也、角量也,谓之法。"《韩非子·难三》称:"法者,编著之图籍,设之于官府,而布之于百姓者也。"《尔雅·释诂》则将"典""彝""法""则""刑""范""矩""恒""律"等统训为"常也",郭璞注:"皆谓常法耳。"下一条又将"柯""宪""刑""范""辟""律""矩""则"统训为"法也",邢昺（932—1010）疏:"此亦谓常法,转互相训。"[2] 由常规义进而引申为动词"合法""遵守""效法"等含义,在后世就更为常见,不再举例。

当"法"的含义由刑罚推扩到广义的常规、标准时,法与制度之间就画上了等号,"礼"的范畴自然就被吸纳入其中。邢昺在疏解《尔雅》"典、彝、法、则、刑……法也"这一条时,已将郭璞的"皆谓常法耳"偷偷变换为"皆谓常礼法也"[3],可见"礼法"相合为制度的观念至唐宋时期已深入人心。《论语·尧曰》"审法度"下朱熹集注"法度,礼乐制度皆是也",亦可为明证。追溯其源,东汉郑玄时代这一概念已基本成型。《周礼·天官·大宰》郑注:"典,常也,经也,法也。王谓之礼经,常所秉以治天下也；邦国官府谓之礼法,常所守以为法式也。"在官府所守的典章这个层面,郑玄已将礼、法、经、典等概念等同,用词的差异只是概念的各有偏重而已。

---

1 尚秉和:《周易尚氏学》,北京:中华书局,1980年,第47页。
2 《尔雅注疏》卷一,〔清〕阮元校刻《十三经注疏》,第2569页中。
3 《尔雅注疏》卷一,〔清〕阮元校刻《十三经注疏》,第2569页中。

《管》《荀》《韩》的礼与法：外延伸缩和概念交错

礼与法在词义引申的过程中，因各自的外延时有伸缩，概念的所指发生交错，在实际使用中也就产生了各种混糅。发生的时代，正是诸子学说勃兴的战国时期。在孔子的语言体系中，还不怎么使用法的概念，《论语》中常见的只是"礼—刑"对举的话语结构。[1] 在诸子的语言体系中，则因各自在不同的学说体系中使用不同的礼、法概念，很容易出现两家在概念界定上不甚一致，甚至完全颠倒进而彼此攻讦的局面。下面，即以具有代表性的《管子》《荀子》和《韩非子》三家为例，略做一些解释。

《管子》一书，清人章学诚（1738—1801）认定为上继先王政典之书。章氏云："春秋之时，管子尝有书矣，然载一时之典章政教，则犹周公之有官礼也。记管子之言行，则习管氏法者所缀辑，而非管仲所著述也。"[2] 可见《管子》与周礼具有渊源关系。但是，《汉书·艺文志》将其归入道家，《隋书·经籍志》则将其归入法家。20世纪以来学者们对此书归属的判定，左右摇摆得更加厉害。比如胡适《中国哲学史大纲》（1919）就认为："《管子》这书，定非管仲所作，乃是后人把战国末年的一些法家的议论和一些儒家的议论和一些道家的议论，还有许多夹七夹八的话，并作一书。"[3] 罗根泽《管子探源》（1931）下大功夫逐篇考订，辨析精微，然终究还是将其中甲篇定性为儒家，乙篇定性为法家，间或还有某篇是"法家缘道家为之""调和儒道者作"之类的话[4]，因此罗著不过是胡适"夹七夹八"评语的具体落实而已。萧公权巧妙地将《管子》定位在"实上承封建之遗意，下开商韩之先河，内

---

[1] 参见周启荣：《"礼法儒家"：从先秦文献论儒家政治思想中"法律"与"守法"的重要性》，杨华、薛梦潇主编：《经国序民：礼学与中国传统文化国际学术研讨会论文集》，第41—44页。

[2] 〔清〕章学诚：《文史通义·诗教上》，叶瑛：《文史通义校注》卷一，第62页。按：章学诚尚认为今传本《管子》就是春秋时期齐国的管仲（前723—前645）所作，20世纪以来的学者已将两者明确区分开来。

[3] 胡适：《中国哲学史大纲·导言》，北京：商务印书馆，2011年，第11页。

[4] 罗根泽：《管子探源·叙目》，北京：中华书局，1931年，第6—11页。

容间杂，乃过渡思想之通例"[1]，如今看来似乎是比较折中的看法了。

问题的焦点之一恰恰出在对《管子》论礼、法的理解上。且看《枢言》曰："法出于礼，礼出于治。治、礼，道也。万物待治、礼而后定。"《任法》又曰："所谓仁义礼乐者，皆出于法，此先圣之所以一民者也。……法者，不可恒也，存亡治乱之所从出，圣君所以为天下大仪也。"[2] 前者云"法出于礼"，后者云"仁义礼乐者，皆出于法"，看似篇与篇之间存在矛盾，其实内在包含着由道外化为礼、由礼外化为法的基本逻辑，前者是指法由礼义外化而出，后者是指仁义礼义的内核在法中抽绎而出。"法"等同于"天下大仪"，是《管子》视域中对法的根本看法。再看《明法解》："法者，天下之程式也，万事之仪表也。"《形势解》："仪者，万物之程式也。法度者，万民之仪表也。"[3] 这均可进一步佐证《管子》是在民众所能触及的外在"仪表"、"程式"、规约这个意义上使用法的概念的。而礼，在《管子》书中恰恰指的是仪表所内蕴的礼义，故"制礼义可法于四方"（《小匡》），礼主内而法表于外，其所谓礼义，乃是指一系列实质性的法理——"远举贤人，慈爱百姓，外存亡国，继绝世，起诸孤，薄税敛，轻刑罚，此为国之大礼也"（《中匡》）。[4] 由治道而出礼义，由礼义而出法度，法度乃规范万事的准绳、约束民众的规矩，简而言之，即法从礼出。抓住这一学理线索，便可知学者们之所以无法将《管子》认定为正宗法家，而要左右摇摆的原因了。

荀子，学术界同样将其视为儒、法两家的中间人物，只不过大多数学者都认为"荀子论学论治，皆以礼为宗"[5]。不过，自唐韩愈发出"大醇而小疵"的叹息以来，攻讦荀子非纯儒者不乏其人，究其缘由，盖如萧公权所说，"荀子遂略变孔孟而接近申韩"，"荀子之礼治思想殆即表现此过渡时期之趋

1　萧公权：《中国政治思想史》第六章，第211页。
2　黎翔凤：《管子校注》卷四、卷十五，北京：中华书局，2004年，第246、902页。
3　黎翔凤：《管子校注》卷二十一、卷二十，第1213、1181页。
4　黎翔凤：《管子校注》卷八，第389、386页。
5　〔清〕王先谦：《荀子解解·序》，北京：中华书局，1988年，第1页。

势，故言礼而不为纯儒，近法而终不入申商之堂室也"。[1] 由此，荀子思想也便显示出与《管子》的交织和可比性来。

在《荀子》一书中，"礼法"已凝结为一个双音词，比如《王霸》："出若入若，天下莫不平均，莫不治辨，是百王之所同也，而礼法之大分也。""君臣上下，贵贱长幼，至于庶人，莫不以是为隆正；然后皆内自省，以谨于分，是百王之所以同也，而礼法之枢要也。然后农分田而耕，贾分货而贩，百工分事而劝，士大夫分职而听，建国诸侯之君分土而守，三公总方而议，则天子共己而止矣。……是百王之所同，而礼法之大分也。"[2] 由此再看《修身》："好法而行，士也。……礼者，所以正身也。师者，所以正礼也。……故学也者，礼法也。"[3] 此处"礼法"，宋台州本、浙西本作"法礼"，王天海《校释》本据之作"法礼"，当效法礼法之义解，且引日人久保爱之说"法礼，旧作礼法，言学者效师之礼也"为证。[4] 然"法礼"这个词，仅见于《礼论》篇："礼者，人道之极也。然而不法礼，不足礼，谓之无方之民；法礼，足礼，谓之有方之士。"[5] 此处显然是为了单方面突显礼的意义，而在《修身》篇则是法与礼并列、并重的，参诸《王霸》三见"礼法"的言语习惯，我认为当以"学也者，礼法也"为长，久保爱说的"旧作"之本应当更佳。

荀子固然言礼又言法，然而他明确提出"礼者，法之大分，类之纲纪也"(《劝学》)。唐杨倞注："礼，所以为典法之大分，统类之纲纪。类，谓礼法所无，触类而长者，犹律条之比附。"[6] 此句堪当荀子礼法思想的核心。荀子显然是两手并抓礼与法，其之所谓法，乃是"法则、度量、刑辟、图籍"(《荣辱》)层面有章可循的法律条文，而礼才是蕴含在法条背后的法义，是"法之大分"。因此在他看来"终日言成文典，反紃察之，则偶然无所归宿，不可

---

[1] 萧公权：《中国政治思想史》第三章，第109、110页。
[2] 〔清〕王先谦：《荀子集解》卷七，北京：中华书局，1988年，第214、220—221页。
[3] 〔清〕王先谦：《荀子集解》卷一，第33—34页。
[4] 王天海：《荀子校释》卷一，上海：上海古籍出版社，2005年，第74页。
[5] 〔清〕王先谦：《荀子集解》卷十三，第356页。
[6] 〔清〕王先谦：《荀子集解》卷一，第12页。

以经国定分"（《非十二子》），这是慎到、田骈之流所为，固化为文字形式的"成文典"，在荀子看来恰恰是法之小节。荀子是主张"法者，治之端也；君子者，法之原也"（《君道》）[1]，所谓"君子"，也就是当世的立法者，应当抽绎前代"成文典"中合理的法义，顺应时代而为之损益，触类推扩到原有的礼法所不能覆盖的领域。因此，李泽厚特别看重荀子的"类"，他说"荀子讲'群'、讲'分'、讲'礼''法'，其最高层次是'若夫总方略，齐言行，一统类'"，"'类'（统类）是'礼''法'之所以能为'万世则'的根本理由"。[2] 如果"不知其义，谨守其数，慎不敢损益也"（《荣辱》），那么就会走向"守法数之有司极而褫"（《非相》）。王先谦案："守法数之有司，即《荣辱》篇所谓'不知其义，谨守其数'之官人百吏也。"[3] 此处"极而褫"，意即走向律条的极致而背驰了法义，诸本皆作"极礼而褫"，俞樾校出"礼"字为衍文[4]，极是。

由此，也能看出荀子的思想确实与《管子》的"法出于礼"有一定的相似性，李泽厚说很"可能与荀子在齐国吸收了管仲思想（也开始从地域性国家的统治着眼）有关"。然而，荀子思想较《管子》更为精密，已打破了简单的二元分置，其核心是《君道》篇所提出的"隆礼至法"。荀子非常看重法，只是更把礼看作是法的内核和纲领，推崇的目标是"礼义生而制法度"（《性恶》）[5]，在隆礼的基础上外化为一种以法为治，才是其理想的社会表征。因此荀子一边讲"法者，治之端也"，一边讲"故非礼，是无法也"。王正指出荀子的"法是礼的成文化、制度化"[6]，大率得之。如果"不法先王，不是礼义"（《非十二子》），那么礼的精神已失，也就走向了死守"法数"，流于形式化的法条主义，用荀子的话说就叫"法法"。《王制》篇说："故法法而不议，则法之

---

1 〔清〕王先谦：《荀子集解》卷三、卷八，第93、230页。
2 李泽厚：《荀易庸记要》，《中国古代思想史论》，合肥：安徽文艺出版社，1994年，第112页。
3 〔清〕王先谦：《荀子集解》卷二、卷三，第59、79—80页。
4 〔清〕俞樾：《诸子平议》卷十二，上海：上海书店出版社，1988年，第236页。按：王先谦《荀子集解》卷三《非相》篇此句下转引俞说，第79—80页。
5 〔清〕王先谦：《荀子集解》卷十七，第438页。
6 王正：《"法儒"还是"儒法"？——荀子与法家关系重估》，《哲学研究》2017年第2期，第42页。

所不至者必废。……故有良法而乱者,有之矣,有君子而乱者,自古及今,未尝闻也。"日人安积信说:"徒守一定之法度,而不论辨法度之未载者,以通其类也。"[1] 也就是说,只有"法而议",才能吃透内在的法理,抓住不变的精神(即礼),才能因时代变化而变法,才能随时应对法所涵盖不到的"类","法法而不议"就走向了死守法数的教条主义。把握住"礼义—法数"这一相互对待的关系范畴,荀子思想的主线便可清晰地浮出水面。这个法数,当然包括"刍豢稻粱""椒兰芬苾""黼黻文章""钟鼓管磬""床笫几筵"等"礼义之法式"[2],也就是在"礼"的概念中同样有一部分属于法数的层面,而在"法"的概念中也同样有一部分属于"法之义"的层面。荀子的理想是"众人法而不知"(《法行》),其抓手正是"国之命在礼"(《强国》)[3],这是他上与《管子》,下与法家的本质差异。

法家若以《韩非子》为例,我认为其在思想上与《管子》、荀子可以说是一脉相承的,只是在所使用的语言体系上几乎将礼、法的概念颠倒过来。韩非子吸纳了老子的思想,将儒家的"礼"看作是道德仁义的外化,故而定性为"礼为情貌者也,文为质饰者也",《解老》曰:"礼者,所以貌情也,群义之文章也,君臣父子之交也,贵贱贤不肖所以别也。中心怀而不谕,故疾趋卑拜而明之;实心爱而不知,故好言繁辞以信之。礼者,外饰之所以谕内也。故曰礼以貌情也。"[4] 然后再经重内轻外的基本逻辑演绎,可直接导向"取情而去貌,好质而恶饰"。再经由内外不相称、人之情难免巧言令色之类的推导,也就很容易导向老子"礼者,忠信之薄也,而乱之首乎"的结论。王正说"韩非子的礼论,最终导向了老子的礼论,即认为礼是最末节的"[5],更为可能的应当是,韩非子为了与儒家立异,主动地采纳了老子的学说。在《五

---

[1] 转引自王天海:《荀子校释》卷五,第346页。
[2] 〔清〕王先谦:《荀子集解》卷十三,第346—347、372页。
[3] 〔清〕王先谦:《荀子集解》卷二十、卷十一,第533、291页。
[4] 周勋初修订:《韩非子校注》,南京:凤凰出版社,2009年,第152、151页。
[5] 王正:《"法儒"还是"儒法"?——荀子与法家关系重估》,《哲学研究》2017年第2期,第45页。

蠹》篇中，韩非子更是将"修文学，习言谈，则无耕之劳而有富之实"的一类人，贴上了"儒以文乱法"之蠹的标签。[1] 其实，我们抽绎韩非子立足于过度走向外饰的批判逻辑，在本质上恰恰与《管子》之所谓"程式""仪表"，与《荀子》之所谓"不知其义，谨守其数"，属于同一类，只是韩非子用词更为激烈，排斥之火力更猛烈而已。

值得注意的是，在内外区隔中归属于外饰一面者，在《管子》《荀子》中更多地用"法"的概念来指称。荀子在"礼"的概念中虽离析出"礼义之法式"这一层，但大概念上他还是倾向于采用"礼义"（内）—"法数"（外）这一对待范畴的。作为荀子弟子的韩非子，无疑是将荀子归属于礼之外饰的一面彰显出来，突显出其中的弊端，作为其批判的对象。韩非子这么做很可能是受了当时社会现实的刺激，战国时期儒家之一派正如《汉书·艺文志》描述的那样，"辟者又随时抑扬，违离道本，苟以哗众取宠"，这正是韩非子深恶痛绝的"盛容服而饰辩说"的满嘴仁义道德之流，其因强烈不满而走向与之完全对立。但是韩非子所界定的法，不管是"编著之图籍，设之于官府，而布之于百姓者也"（《难三》），还是"宪令著于官府，刑罚必于民心，赏存乎慎法，而罚加乎奸令者也"（《定法》）[2]，仍未能跳出《管子》的"程式"、《荀子》的"成文典"这一层面，他所要强调的无非是全民遵守，上下一律，无人例外。殊不知，再严格的法令同样会走向流于形式的一面，不仅"礼"会如此，"法"亦不能例外。之所以会出现"法家的法治之思路，只是要让人们按照干枯的法令办事，听命于官吏的指挥，这样的结果，就是人只成为统治者和强国这一'标签'下的听话的工具"[3]，正是因为韩非子的逻辑本质上依然堕入了荀子"法法而不议"的"法数"范畴。韩非子所看重的内在，应当是"术者，藏之于胸中，以偶众端而潜御群臣者也"，形式规约的"法"与统治方法的"术"两者相加，韩非子称之为"人主之大物"。[4] 韩非子重

1　周勋初修订：《韩非子校注》，第559、555页。
2　周勋初修订：《韩非子校注》，第454、484页。
3　王正：《礼与法：荀子与法家的根本区别》，《中国哲学史》2018年第4期，第36页。
4　周勋初修订：《韩非子校注》，第454页。

"术"，才是与荀子重"礼"，具有本质区别的思想特质，也是决定韩非子人生走向的关键。

综上，通过对《管子》《荀子》《韩非子》三家的比较与分析，可以看出礼与法两个概念彼此交错和外延伸缩的大致情况。抽绎三家的逻辑主线可知，荀子的礼法学说是在吸收了《管子》或相关理论学说的基础上，进行了体系化构建的结果，在诸子学说中确实可以称得上是集大成者；韩非子的思想乃是荀子学说的延伸，吸收了老子非礼论的成分，受了时势的刺激在重法的一面走向极化，但在逻辑框架上并未超出荀子的礼法体系，深度上也可以说基本涵盖在荀子学说之下。

"经礼为法"的观念形成

"二千年来之学，荀学也。"[1] 19世纪末，经谭嗣同（1865—1898）之口迸发出这一卓识。谭嗣同当然是抱着激烈批判传统、试图冲决罗网的心态，将皇权、专制流衍的深重积弊归咎到荀子这个秦汉以来制度设计的观念之源上。这一看法经过章太炎的校正，学界方才初识"尊荀"正反两方面的历史意义。章氏有谓"或益而宜，或损而宜，损益曰变，因之曰不变，仲尼、荀卿之于周法视此矣"，"后有改作者，虽百世可知也"，故影响垂及百世的荀子足以称作"后圣"，论其功绩，是在"彰明于人事，键牵六经，谟及后世"[2]，即将荀子视作连接周代礼法与汉以降制度变迁之机轴。

章太炎的"后圣"说，显然是承继章学诚而来。《文史通义》将周公定义为"前圣"，因"六艺皆周公之政典"，"义取经纶为世法耳"，荀子旨在"法前圣"，就是取法乎三代政典"立制而垂法"之精义。[3] 荀子的"法而议"，

---

1 谭嗣同：《仁学》，蔡尚思、方行编：《谭嗣同全集》，北京：中华书局，1981年，第337页。
2 章太炎：《尊荀》《后圣》，汤志钧编：《章太炎政论选集》，第117、37页。
3 〔清〕章学诚：《文史通义·原道上》《经解下》，叶瑛：《文史通义校注》卷二、卷一，第120、110页。

宗旨正是要寻绎经纶制作背后的"宪章",他所推崇的"礼法之枢要""礼法之大分",抓住了典章制度制作与损益的核心机理,这正是他上继周公、孔子的合法性所在。三代政典经纶制作之礼义,经由荀子这个"后圣"而传之于万世。若与《礼记》的话语体系相对接,用"经礼""曲礼"两分的基本框架,荀子的"隆礼至法",由"礼义生"走向"制法度",对应的正是属于典章制作层面的"经礼",而非名物度数层面的"曲礼"。"经礼"的概念,用章学诚的话说就是"经纶为世法",或者说"大经大法,所以纲纪天人而敷张王道者"。[1] 章太炎之说与之近似,其云"法者,制度之大名,周之六官,官别其守而陈其典,以扰乂天下,是之谓法","荀卿隆礼义而杀《诗》《书》,经礼三百,固周之大法也"[2],这个作为"制度之大名"的法,就是章学诚的"大经大法",有别于《韩非子》"布之于百姓者"的法,而可对应于儒家的"经礼"系统。

我们应当注意到,荀子到《礼记》一脉相承的"经礼"概念,到了章学诚、章太炎以来的话语体系中改换成了"世法""大经大法""周之大法"等名词。章学诚、章太炎的话语体系所代表的,恰恰是汉代以来的制度总汇,而荀子正是连接周、汉两大制度体系的理论关口。郭沫若曾说:"汉武以后学术思想虽统于一尊,儒家成为了百家的汇总,而荀子实开其先河。"[3] 李泽厚也认为,"可以说,没有荀子,就没有汉儒;没有汉儒,就很难想象中国文化会是什么样子",基于此,"汉以后的中国政治基本上是荀子蓝图的实施却是客观的事实"。[4] 这一看法,如今已得到学术界越来越多的认可,我把由荀子贯联起来的中国古代制度设计和变迁的路径称之为儒家法传统。

以荀子为机轴的这个儒家法传统,内在的法理可用"经礼为法"来概括之。注重"经礼",以之为礼之"经","礼之经是根本,是纲领,意味着

---

1 〔清〕章学诚:《永清县志六书例议》,叶瑛:《文史通义校注》卷七,第746页。
2 章太炎:《商鞅》《诸子学略说》,汤志钧编:《章太炎政论选集》,第68、298页。
3 郭沫若:《荀子的批判》,《十批判书》,北京:人民出版社,1954年,第218页。
4 李泽厚:《荀易庸记要》,《中国古代思想史论》,第121—122页;赵法生:《荀子的政制设计与学派归属》,《哲学研究》2016年第5期,第77页。

直正、精要"，此乃制度之宪章，这是"法"百世可知的不变的内核。由此区别于"曲礼"，即礼之"纬"，"礼之纬是枝叶，是网格，意味着曲蔓、细密"¹，可以因时损益、适时变迁，"礼，时为大"（《礼记·礼器》）即从这个意义上而言。"经礼为法"的观念，经由荀子的学术理路所转掇，为秦汉以来儒者所汲取，从而融入制度设计的框架结构中。荀子"礼义生而制法度"，反对死守法度，提倡理解制度损益背后的"礼义"的基本思想，可以说架起了周制与汉制之间的思想史桥梁。

从秦汉以来的历史演变不难看出，"法"的概念外延已逐渐超过了"礼"，难怪章太炎要说："法律者，模略、格令、仪注而为言，此则六典、通礼之流悉包之矣。"² 这也正是当年严复在翻译 laws 这个概念时，虽认识到"西人所谓法者，实兼中国之礼典"，"故如吾国《周礼》、《通典》及《大清会典》、《皇朝通典》诸书，正西人所谓劳士"³，但最终还是将孟德斯鸠著作的中译本定名为《法意》的深层原因。陈寅恪清晰地认识到"二千年来华夏民族所受儒家学说之影响，最深最巨者实在制度法律公私生活之方面"⁴，影响华夏"制度法律"者固非儒家所能独擅，然而儒家自周、孔至荀子、汉儒一脉相承的"经礼"观念，毫无疑问是对其影响"最深最巨者"。学术界长期以来将汉代以后的制度变迁定义为礼法合治、阳儒阴法或法律儒家化等，从礼与法概念和思想演进的历史来看，均显得对儒家法传统的内在一贯性认识不足，"经礼为法"的法理内涵未能得到充分的彰显。

---

1 祝中熹：《古语辩义（四则）》，《古史钩沉》，上海：上海古籍出版社，2018 年，第 456—457 页。
2 章太炎：《五朝法律索隐》，《太炎文录初编》，《章太炎全集》(四)，上海：上海人民出版社，1985 年，第 77 页。
3 ［法］孟德斯鸠：《法意》第一卷"复按"，严复译，北京：商务印书馆，1981 年，第 7 页。
4 陈寅恪：《冯友兰中国哲学史下册审查报告》(1934)，《金明馆丛稿二编》，北京：生活·读书·新知三联书店，2001 年，第 283 页。

二、"六经皆礼"说及其延伸路径

经学研究之一途，乃合归群经本原，或收束经义指向，即认为诸经殊途而能同归，故可借助求通而返本诸一。此研究路数，当年刘向、刘歆（？—23）父子即曾尝试过，其论六艺之文，有云乐、《诗》、礼、《书》、《春秋》，"盖五常之道，相须而备，而《易》为之原"（《汉书·艺文志》）。汉唐以来继之者虽往往而有，然未能引人注目，至清乾嘉时章学诚倡"六经皆史"，待百年后竟蔚为大纛，推阐与辨异者勃兴。[1]

沿此途辙而真能推陈出新者，当数20世纪"六经皆礼"说的提出与证成。[2]此说由刘师培于1906年倡发，至其高足陈锺凡（1888—1982）撰作《经学通论》(1923)、《诸子通谊》(1925)二著基本证成。此后延伸其说者所在多有，今已俨然成为判定中华文明内质与脉络的标杆。[3]职是之故，有必要对"六经皆礼"说之原委略事缕叙，并对其思想渊源、延伸路径等一并做些梳理，俾见此说之卓，及其如何更能百尺竿头。

---

1 参见[美]倪德卫：《章学诚的生平及其思想》，杨立华译，南京：江苏人民出版社，2008年，《导论》；刘巍：《章学诚"六经皆史"说的本源与意蕴》，《历史研究》2007年第4期。
2 此外，尚有袁枚提出"六经皆文"说，钱锺书有所推阐，参见傅道彬：《"六经皆文"与周代经典文本的诗学解读》，《文学遗产》2010年第5期。然此说远不如"六经皆礼"说之影响深远。
3 21世纪以来，再度论证此说者起于刘丰，其于2001年在南开大学完成的博士论文中，专门论证"六经通于礼"，参见《先秦礼学思想与社会的整合》，北京：中国人民大学出版社，2003年，第47—59页。此后又有学者论及此说，参见陈戍国：《论六经总以礼为本》，《礼学与中国传统文化——庆祝沈文倬先生九十华诞国际学术研讨会论文集》，北京：中华书局，2006年；姚中秋：《华夏治理秩序史》第二卷《封建》第八章第四节"六经皆礼"，海口：海南出版社，2012年，第546页。然而三位恐均未参刘师培、陈锺凡著作。

学说证成：刘师培—陈锺凡

最早留心到"六经皆礼"说，是在 20 年前。2004 年，我在台北的商务印书馆购得陈锺凡《诸子通谊》1977 年新印本，沉潜玩味，对博士论文的构思起到重要作用。此后向陈先生弟子吴新雷(1933—)教授问学，受其鼓励，留校工作后接续传统，开设"中国经学史"课，至南京图书馆全本抄录陈著《经学通论》[1]，作为课程的主心骨。我之贸然闯进经学史的门墙，无形间得力于陈先生至深。

陈锺凡，后改名为中凡，字斠玄，江苏盐城人。学问之路径由经学、诸子起家，渐绵延而至心性、音乐、书画、诗文、戏曲、小说等，畛域之广，研求之精，迥出侪辈，久为学界推重。1917 年，陈先生甫由北京大学文科哲学门毕业，即经蔡元培校长选出，留校担任预科补习班国文教员。1919 年，受聘北京女子高等师范国文系主任，时值 31 岁。两年后，南京建立国立东南大学(今南京大学前身)，创办国文部，陈先生即南下担任首届主任兼教授，此后又先后创办了广东大学、暨南大学的文学院；新中国成立后任金陵大学文学院院长。1952 年院系调整，陈先生转入南京大学中文系，任一级教授终身。笔者 1996 年入南大中文系求学，距陈先生逝世已 14 年矣。

陈锺凡系统撰写的第一部学术著作即《诸子通谊》，1919 年起在北京大学《国故月刊》单篇陆续发表，最终结集成书，于 1925 年作为《东南大学丛书》由商务印书馆出版。此书甫一出版，即得到学界同仁的激赏，如易培基(1880—1937)在 1919 年 4 月 7 日致函陈先生，云："昨有人寄来《国故》一册，读大著《诸子通谊》，拜服之至。同心之言，其臭如兰。"[2] 紧随其后，陈先生至东南大学，因教学所需撰成讲义《经学通论》，1923 年由东南大学

---

1 陈锺凡：《经学通论》，南京：东南大学出版社，1923 年。此书至今传本甚少，经吴新雷介绍，知南京图书馆古籍部藏有一部，然不得外借，于是往复抄录全本。下文引此书均依此版，为避烦琐，仅随文夹注页码。

2 吴新雷等编：《清晖山馆友声集·附录》，南京：江苏古籍出版社，2000 年，第 160—161、162 页。

出版社出版。这两部书不啻构成陈先生一生学养之根基,其思路框架于《诸子通谊》首篇《原始》的首句即予以明确标揭:

> 六经皆古之典礼,百家者礼教之支与流裔也。(1页)

全书条列诸子之脉络与关联,主旨即在围绕这一观点展开论证[1],稍后的《经学通论》,则又对此书从略的六经之源进行细致条理。二书经子合辙,同归于礼,用陈先生自己的话说,"推寻本氐,反大辂于椎轮,穷层冰于积水,以六经皆礼,诸子皆礼教之支与流裔"(9页)。抓住"六经皆礼",自可纲举目张,得陈先生学术之精蕴。

观摩陈锺凡此后所撰,虽枝叶广延,然均根植于其早年的"六经皆礼"说。举其荦荦大端言,如1933年出版的《两宋思想述评》,全书一半篇幅论心性情志,一半篇幅论政法典制,二者均礼学之要端。此书直至今天仍是研求宋明理学的必读书。[2]又如陈先生30年代研究古代音乐,正是受"礼乐皆得,谓之有德""知乐,则几于礼矣"(《礼记·乐记》)的学术理念所驱使,其所取得的造诣同样为学界景慕。朱谦之著成《中国音乐文学史》,敦请陈先生为之序,陈序奠定了朱氏在音乐史界的威望。[3]明白这一层关系,再看陈先生对诗文韵律、音节的研究,对书画、建筑的品评,甚至在新中国成立后矢志于开辟古典戏曲的研究道路[4],无不是在广义的"礼乐"上下功夫。

陈锺凡于学林崭露头角,即因其证成了"六经皆礼"说,这一思想无疑

---

1 参见顾涛:《〈诸子通谊·原始〉篇疏证》,《礼学翠微:由小学通往经学史学》,上海:上海交通大学出版社,2022年。
2 如陈来开设"宋明理学"课,指定教科书三种,陈锺凡《两宋思想述评》居其一。参见陈来:《宋元明哲学史教程》,北京:生活·读书·新知三联书店,2010年,第6页。
3 参见朱谦之:《中国音乐文学史》,上海:商务印书馆,1935年。又沈文倬在20世纪90年代完成的《略论宗周王官之学》遍释《周礼》乐官,仍称"陈锺凡氏研究周代音乐",对其推重有加。参见沈文倬:《菿闇文存——宗周礼乐文明与中国文化考论》,第473页。
4 参见姚柯夫编:《陈中凡论文集》,尤其是下编的相关论作,上海:上海古籍出版社,1993年。又自1956年起,陈先生在南京大学开始培育中国戏曲史方向的研究生,吴新雷即是其首批招收者。

来自于他当年在北京大学求学期间，切身的影响来自于刘师培。陈先生就读北大哲学门期间，受蔡元培、陈独秀等的影响，其在自传中坦陈过[1]，是众所周知的；而其学术之专精则受到刘师培影响，也不难察知，如吴新雷即予以揭橥：

> 陈先生进北大之初，师承刘师培专攻经史。仪征刘氏三世传经，海内推为巨擘。他从之受业，得其精义，撰著了《经学通论》，并写出了《刘先生行述》(《刘申叔遗书》卷首)。[2]

刘氏较陈先生仅年长四岁，吴先生为证明其间师承，检出《清晖山馆友声集》中刘师培、刘富曾致陈先生的书信数通，以明刘、陈师弟情谊之笃。可惜的是，对于陈先生在北大时如何拜刘师培为师，又如何从其治学的实情史料阙载，故笔者只得辗转补充三例，望能索见刘、陈师谊之仿佛。

一是陈先生在索得刘师培遗著《周礼古注集疏》，刊入《刘申叔遗书》时写有一跋，记述在1919年9月刘氏病殁前两个月，陈先生专程"北旋故都，谒先师仪征刘君于寓庐"。刘氏在垂危之际告诉陈先生其"精力所萃，实在三礼"，《礼经旧说考略》四卷、《周礼古注集疏》四十卷二种"堪称信心之作，尝逐写净本交季刚，制序待梓世，有论定予书者，斯其嚆矢矣"[3]。此一方面可见刘、陈师弟之交谊，另一方面亦可见刘氏以己之礼学成就最为自负，更以此托付陈先生。难怪刘氏外甥梅鹤孙称誉其舅之学生中，"黄季刚、陈锺凡、刘叔雅等人，最为密切"，而陈锺凡又"追随最亲"。[4] 可惜陈先生最终未能从黄侃（字季刚）处取回《周礼古注集疏》定稿全秩，今刊入

---

1 参见陈锺凡：《自传》，吴新雷编：《学林清晖：文学史家陈中凡》，南京：南京大学出版社，2003年，第8页。
2 吴新雷：《陈中凡先生学行记盛》，《清晖山馆友声集·附录》，第628页。
3 刘师培：《周礼古注集疏》卷末跋，《刘申叔遗书》，第274页。
4 梅鹤孙：《青溪旧屋仪征刘氏五世小记》，梅英超整理，上海：上海古籍出版社，2004年，第40页。

《刘申叔遗书》者，乃刘师培侄子刘葆儒付诸陈先生的初稿残本十三卷。

二是陈先生在自己的著作《经学通论》中，引赞刘师培成说居压倒性优势。先就其称呼来看，称"先师刘君""本师刘君"者各一处，称"仪征刘君"者六处，试观其行文："主［《尚书》］今文无叙者，戴震、王鸣盛、俞正燮及本师刘君，反其说者段玉裁、陈寿祺、龚自珍、皮锡瑞也。"(93页)又云："宋元以来，王应麟、吴澄及仪征刘君各有辑本。"(134页)可见其引录先贤，唯刘师培力避其名，仅在全书首次引录时用小字注出"师培"二字：

> 挽近仪征刘君_{师培}承其先业，广征两汉古文师说，力矫马郑混淆家法之非，且辟末世今文经师之谬，立说精粹，寖驾清儒而上之。(54页)

"驾清儒而上之"，可见陈先生对刘氏之推崇备至。类似的推崇尚不止这一处，又如："按师说《王制》出于汉文博士，立说至确。"(143页)"汉儒条例，从是尽湮。仪征刘君研寻古义，力正杜违，兹言义例，一从其说。"(151页)其他任何一位学者在陈先生笔下均未享有此誉，其对刘氏情感之真挚断然可见。甚而至于，全书对刘说大段予以引录。如二十一章《〈诗〉分四家说》，结尾用小字随文注明此章"用先师刘君说"(129页)，又如二十三章《古今文礼经考》，结尾用小字注明"本章多据师说"(134页)，又如三十章《〈春秋〉三传异同及其比较》，则以"仪征刘君曰"的方式基本上照录其说(149页)。

三是刘师培曾撰成《典礼为一切政治学术之总称考》，发表于《国粹学报》第13期(1906年2月)，署名刘光汉，此文可视作陈先生《诸子》《经学》二书思想的发轫。此文是在刘氏上一年《群经大义相通论》开始连载(《国粹学报》第11期起，1905年12月)之时撰成的，代表了刘师培会通群经本原的思想路径达到了顶峰。此文后经钱玄同等编入《左盦外集》，刻印入《刘申叔遗书》[1]，可惜学界往往为其后单行的《群经大义相通论》所盖而忽略了此文，

---

[1] 刘师培：《典礼为一切政治学术之总称考》，《左盦外集》卷十，收入《刘申叔遗书》，第1543—1545页。

百年之后此文似有淡出学界之势。试观刘文，旨在论证"典礼又为一切政治学术之总称，故一代之制作，悉该入典礼之中"，"试观成周之时，六艺为周公旧典，政治学术悉为六艺所该，而周礼实为六艺之通名"，又"诸子之学，各得古礼之一端者也，然溯其起源，悉为礼家之别派"。文章已然明确提出六经、诸子均赅于西周典礼，然后分列诸经、诸子，逐一简要举证之，足以代表刘师培经学思想的深度。陈先生《诸子》《经学》二书是在刘氏此文基础上延展开来，进一步证成刘说。陈先生必然是奉闻刘说之后，以刘说为纲，扩展成自己的学问路数的。

在这个意义上，"六经皆礼"说与其说是陈锺凡的学术新创，仍不啻为刘师培思想的掘进与光大。

寻绎推理的三条思路

抽绎陈锺凡《诸子》《经学》二书，可知其本诸刘师培。陈先生论证"六经皆礼"说的主要思路，大致可分辟为如下三条。

1. 从思想发端上看，诸子学说均由礼学衍生

就诸子产生的时代背景上看，西周以来建构完成的礼治模式，逐渐趋于完备，与此同时流弊也越来越彰显，僵化的形式限制住了意蕴的活泼，用陈锺凡《诸子通谊》的话说，就是"夫礼教末流，惟绳墨之是守，节文之是从，舍本逐末，习伪失真，去大道之归且日远"(10页)，因此，诸子各申其智，欲在礼治的内核上进行修补，为其重铸活力。

陈锺凡在梳理《庄子·天下》篇列诸子五家，荀子、司马谈等补苴为六家，刘歆《七略》等新列为十家的基础上，依其立说之先后大致分做四派："春秋学派以道、墨、儒三家为最著，名、法兴于六国。"(11页) 这四派"恉趋虽殊"，甚至"丹素相非，甘辛互忌"，但是它们目的都在"经国治人，持躬履则"，陈先生称之为"同原异趋"(11页)。

具体而言，以老庄为首的道家，深悉礼治流变中存在的人伪之弊，从而立足于复归礼治的本根"道德"。道家的基本逻辑，按陈先生说：

> 是德者道之精，仁义者道之粗；德者道之本，仁义者道之末。形名赏罚者，又仁义之至粗至末者也。……使道德不失，则仁、义、礼、智、法五者，存可也，亡可也；道德不存，仁义已足戕人心而贼肝腐，更焉待于礼法哉！是故仁者德之爱，义者德之宜，礼者德之让，智者德之明，而赏罚者德之信。举道则德赅矣，举德则五者涵矣。（26—27页）

礼法是外象，其内在是仁义，无仁义则礼法徒有形式，此第一层。仁义是人为，道德是自然，无道德则仁义走向虚假伪饰，此第二层。因此，在老子看来，"礼者，忠信之薄而乱之首"。老子言虽激烈，却是基于充分的社会现实的，可惜其志不在著述，故未能详为揭橥。今据有限的史料勾稽，即可推知当时的虚礼充斥的现实。陈先生说：

> 矧三千三百之条，上下有等，事序有别，其揖让之仪、俎豆之数，縣苛繳扰，令人迷惑而不知其纪，则相率于欺诈之涂，循其迹而忘其本，假其名而悖其实，饰伪相蒙，习非胜是，世变之亟，益不可言。（55页）

非徒其时如此，更可以后世之史补证之，实证之。陈先生说：

> 夫学者窃古人之似而树其帜者亦众矣。田恒资仁义以代齐，新莽用《周礼》以乱汉，儒生诵《诗》《书》以发冢，申韩原道德以残民，变而离宗，其流斯弊，盗亦有道，庄周固言之矣。……故美与恶同根，蔽与新一体，天下无至善至恶之可言，知慧出而巧伪成，圣人生而大盗起，此亦势所必至，理有固然者也。（29页）

仁义成为高标的大旗，礼法背后巧伪丛生，是君子还是窃国者，是圣人还是大盗，凭口谈之辞，凭理念标榜，不足以相别。就王莽篡汉言，渊博如钱穆（1895—1990）尚为之讳言："莽自元始擅政以来，所重首在理财厚生，至是又及文献学术，其一时锐思求治之意，亦未可厚非也。"[1] 重古礼，效先圣，便可为其擅政、乱汉作锦衣，正所谓"窃古人之似而树其帜者"，正所谓"盗亦有道"。因此老子立旨在"穷原反本"，"革末世文胜之积习"（55页），用老子的话说，就是趋向于道德原始状态的"无为而无不为"，"无为者，见素抱朴，不以私欲扰天下；无不为者，任万物之自化，天下之自定也"（25页），也就从万物自然的本真状态来思考问题。换句话说，郭店楚简记载的《老子》"绝治弃鞭（辩）""绝攷（巧）弃利""绝伪弃怛（诈）"[2]，正是其立说的契机所在。道家立说，起于礼乐为虚名，其逻辑可见。

以墨子为首的墨家，同样深悉礼治流变中存在的诸种流弊，就此抽丝剥茧，反向而行，谋求改进。墨家的基本逻辑，陈锺凡引《淮南子·要略》的话说：

> 墨翟以为礼烦扰而不说，厚葬靡财而贫民，久服伤生而害事，故背周道而用夏政。（10页）

此由墨家所主张的基本观点——节用、节葬、非乐、非命、明鬼、尚同、兼爱、非攻等，无不顺理成章。然而，依照墨子反向而行的思路行进，同样很可能陷入另一弊，如"非乐"一项，陈先生指出：

> 夫声音之道，与政相通，所以阐生民血气心知之性，而宣其喜怒哀乐之情者也。自雅颂不作，郑卫宋赵之音杂出，内则致疾损寿，外之

---

[1] 钱穆：《刘向歆父子年谱》（1930），《两汉经学今古文平议》，北京：商务印书馆，2001年，第105页。
[2] 参见荆门市博物馆：《郭店楚墓竹简》，北京：文物出版社，1998年，第3、111页。释文改用裘锡圭说，见裘锡圭：《关于郭店简中的道家著作》，《中国出土古文献十讲》，上海：复旦大学出版社，2004年，第206页。

> 乱政伤民。墨子恶其衰且乱也，遂欲并先王廉直、正诚、宽裕、和顺之音，举扫荡而歼夷之，率天下于瘝瘵、忧思、愁苦、悲惨之域，而责其爱人利物，则亦变本加厉，矫枉而过其正矣。(51 页)

在西周礼乐制度兴作之时，优势显著，然而随时世迁移，制度的弊端逐渐显露，此由音乐的衰靡可见一斑，西周正是挡不住这种慢性恶化而难逃灭亡的厄运。墨家认为，社会弊病与礼乐制度根气相通，无法通过自身优化来重铸生命力，必须彻底铲除。由此，不管是良善的音乐，还是惨厉的音乐，一并扫荡，如此必然造成更大的社会弊端，正所谓矫枉过正。

陈先生进而认为，墨子的十大纲领，"本诸明堂天法以发挥而光大之"（50页），其采清人汪中（1744—1794）"墨子学本巫史"之说，进而推论"墨子渊原出于清庙"。而清庙，即古之明堂。又据《大戴礼记·盛德》"明堂，天法也；礼度，德法也；所以御民之嗜欲好恶，以慎天法，以成德法也"[1]，可见，墨子持明堂天法，以与"礼度德法"相抗，因此在其著作中"实以尊天为第一要义"(47页)。而明堂之制，本系礼制所出之一大源，据蒙文通（1894—1968）之说，"凡儒者言禅让、言封建、言议政、言选举学校，莫不归本于明堂，其为本墨家以为说"[2]，故墨学出自古礼学之门墙，逻辑可见。若采清儒孙星衍（1753—1818）之说，"墨子与孔异者，其学出于夏礼"[3]，一承周礼，一改夏礼，可见儒墨同出而异流。

法家、名家，本为礼学一大分支。西周典制，可称为礼，亦可称为法，礼法本为一事，陈锺凡采信《周礼》郑玄注两段：（1）"典，常也，经也，法也。王谓之礼经，常所秉以治天下也；邦国官府谓之礼法，常所守以为

---

[1] 王聘珍：《大戴礼记解诂》卷八，北京：中华书局，1983年，第144页。陈锺凡《诸子通谊》节引此段（47页）。
[2] 蒙文通：《儒家政治思想之发展》(1940)，《经学抉原》，上海：上海人民出版社，2006年，第174页。
[3] 〔清〕孙星衍：《墨子注后叙》，〔清〕孙诒让：《墨子间诂》附录，北京：中华书局，2001年，第663页。

法式也。"（2）"则，亦法也。典、法、则，所用异，异其名也。"[1] 由此推论："礼者，典章之达称，非仅就周旋揖让言之也"，"法亦制度之通号，非仅就爵赏刑罚言之也"，从而得出"礼法连言，礼法又与礼经通言，两者实相贯通"的结论（38页）。然而，自管仲主以法治国之后，"法专就刑辟言，遂与礼不复合辙矣"（39页）；及至申韩、商鞅等法家，"尚法绌礼"（40页），甚而出现"残礼者莫过于法"（45页）之深弊，这正是由于"礼遂与法分涂，古人道术之全，遂为天下裂"（45页）的结果。

同样，"名家者流，盖出于礼官"，是刘歆《七略》之言，班固（32—92）《汉书》取之。可见，古人很早就认识到"名物辨而后礼数明，舍名固无与言礼，故后之循礼者莫不正名"（32页）的道理，名家之起正是在辨名实问题上独有研究而为专家。《墨经》即为名学专著，经公孙龙、荀子等，最终由战国末期的齐鲁儒生编成《尔雅》，形成了"最完整最系统的名书"[2]。陈先生进而推论"礼失而入于法，形名实为之枢"，这是敏感地体察到"法术者形名之流，形名者礼教之本，从流者忘返，变本者加厉"之后得出的深刻结论（37页）。名家、法家，由礼学之发达而成为专家，则又注定了西周礼乐文明由极盛而行将衰落。

儒家与诸子相异者，在于笃信西周政教礼制，希望能够通过损益而重建之，因此秉承"述而不作，信而好古"之旨趣，以孔子为代表，将承载西周礼法的旧典，整理而完善之，研习而教授之，由此删《诗》、编《书》、订礼、正乐、论《易》、修《春秋》，而成六经。在这个意义上，陈锺凡说"儒者隆礼，因推崇周公而服习六经"（53页），更进一步，"谓儒家为礼家，儒学为礼教可也"（54页）。尤为重要的是，陈先生指出孔子之后，"门弟子各得一偏，自以为是，其后儒分为八，取舍不同"（56页），于其中"荀子诚笃守礼数，醇乎儒学之传者也"，而且，"荀卿于时最为老师，由是礼教为百王所崇

---

[1] 《周礼·天官·大宰》郑玄注，《周礼注疏》卷二，〔清〕阮元校刻：《十三经注疏》，第645页中、646页上。《诸子通谊》节引此段（38页）。
[2] 李开：《汉语语言研究史》，南京：江苏教育出版社，1993年，第9页。

信"（57页）。礼学，经由荀学植入中国制度法律之底层，绵延二千多年，陈先生慧眼见及之。

2. 追溯六经之本原，皆因于周初制礼

周初制礼，即立法，即彝伦典则的确立，此一代制作能流传于世者，因于孔子的修订六经。因此，可由六经逆推周初制作之通则，陈锺凡于《诸子通谊》卷首揭其基本观念：

> 六经昉于周公，则统名周礼，《左传》引太史克曰"昔者周公制周礼"，即指其成六经而言，非仅就其作《周官》言之也。故曰：六经者，古之典礼也。（3—4页）

这句话包含三层连贯的意思：（1）周公制定礼乐，精义要素留存在《周官》（即《周礼》）中；（2）六经是西周王官创制的典籍，其能成书乃是周初制礼的产物；（3）从国家宪制原则的确立来说，六经所蕴可以说"昉于周公"。这是理解陈先生由《诸子通谊》直贯入《经学通论》的主线。

《周礼》是周初制礼的第一产物。陈先生充分依据《周礼·天官冢宰》郑玄注"周公居摄而作六典之职，谓之《周礼》"，《书·洛诰》郑玄注"周公制礼六典，就其法制而损益用之"，从而于《经学通论》专辟一章《〈周官〉经为西周之书考》，阐释其说：

> 《周官》享祀、朝觐、建官、悬象、正岁年、颁月朔、辨云物、掌成均等，皆明堂之典礼。周公以此成明辟之法度，实指其制礼于洛邑而言。《周礼》订于周公，此其明验。（135页）

就陈先生之后的学术发展来看，确定《周礼》中必定保存着相当数量的西周官制材料，已成为不争的事实。张亚初、刘雨通过比较西周金文与《周

礼》的官制，得出："《周礼》中有四分之一以上的职官在西周金文中可找到根据。"[1] 沈文倬则通过官联的设置悉心勾稽《周礼》中保存的西周设官遗存，得出："残存三百四十五官，基本上取诸于两周实制（周初建制和晚周更制）。……都在周公摄政时的施政原则精神贯彻下试行。"[2] 沈先生承陈说而增入晚周更制，其说更趋圆融，是周公制《周礼》说的合理延伸。

此说一立，其他五经之本原于周礼，便可由西周王官所掌推证之。就《周礼·春官宗伯》所记王官职掌，陈锺凡勾勒得《易》掌于太卜，《春官》记其职"掌三《易》之法"；《书》掌于内史，其职"掌书王命"；《春秋》掌于外史，其职"掌四方之志"，在鲁即为《春秋》；乐掌于大司乐，其职"以乐德、乐语、乐舞教国子"；《诗》掌于大师，其职"教六诗"。此即《经学通论》第二大章《溯六经作述之渊原》的大要。简而言之：

> 观于大卜、大师、大司乐、大史、内史，皆宗伯之属，则其所掌《易》、《诗》、《书》、乐、《春秋》，皆先王之典礼，昭然若揭。（《诸子》，3页）

由此可知陈先生的逻辑："学者舍周官成法，何以考经籍之本原哉！"（《经学》，18页）若就其内容反推，"《易》用诸丧祭、迁国、师旅诸卜筮者也，则《易》为礼经"，"《诗》亦用诸飨射、师旅、丧祭者也，则《诗》为礼经"，"乐所以祀天神、四望，祭地示、山川，享先祖、先妣者也，则乐为礼经"，"《春秋》为丧祭、师旅、迁国及会同、朝觐之典，《尚书》者叙事、策命、制禄、赏赐之籍，则《春秋》、《尚书》皆礼经"（《诸子》，2—3页）。此所谓"礼经"，即"以其为王官政教之书也"，"皆尚古典制所赖以仅存者也"（《经学》，7、5页）。从这个意义上，也就更可明白此后"孔子修订六经，亦以明《周官》旧式为依归"（22页），其一本周礼，述而不作者在此。

---

[1] 张亚初、刘雨：《西周金文官制研究》，北京：中华书局，1986年，第140页。
[2] 沈文倬：《略论宗周王官之学》，《菿闇文存——宗周礼乐文明与中国文化考论》，第498页。

就六经而言，《易》《春秋》与周礼之表层关系看似最远，但恰恰有《左传·昭公二年》之典为证，由此构成"六经皆礼"说的突破口。此年春韩宣子适鲁，"观书于太史氏，见《易象》与鲁《春秋》，曰：'周礼尽在鲁矣，吾乃今知周公之德与周之所以王也。'"春秋时人韩宣子亲口道出《易》与《春秋》为周礼，"据是，《易象》为周公勒定之文，鲁《春秋》本周公之旧典，尤六经出于周官之大验确据也"(19页)，故陈先生以此证为宝，在二书中多处援以引证。

至此，已可得陈先生的结论："周公集六代之大成，存先圣之旧典，经纶制作，备于礼经。礼经者，六籍之大名，百家所由出也。"(《诸子》, 1—2 页) 更可以理解陈先生所归纳的研治群经的基本方法，有一项即为"征典礼"，比如"稽之《尚书》，则《尧典》之记命官，《周官》之详改制，并设官分职之大经；《禹贡》言随山浚川，任土作贡，亦体国经野之常法"(《经学》, 5 页)；同样，"其制昉于周公，其例垂于国史，所以《春秋》为周室一代之礼"(16 页)，如此可推于六经。若能发明经文义例，抉发"经国之常制"，进而融会诸经，便可使"群经乃为有用之学"(5 页)。

3. 抓住礼，可得中国学术之根荄

更从学术根源上推论，陈锺凡得出："礼云礼云，诸夏道术之滥觞矣。"(《诸子》, 1 页) 这一论点展开为两个方面。其一，从"礼"字的得名来看：

> 盖礼之文从示、从豊，豊之文从豆，豊者行礼之器，豆者食肉之器，故礼事起于火化，礼文昭于祭祀。祭礼行于明堂，礼乐政教由是演，制度典章由是出。(1 页)

此就"礼之生在人文未著以前"着眼，典礼的具体节目早已具备，"自伏羲以后至黄帝，吉、凶、宾、军、嘉五礼始具"(《经学》, 12—13 页)，只是仪节尚未人文化。那个时候主持礼事的人，后世称为"巫"。陈先生由文献梳理得

知,"尚古以巫史备一代述作之选,而巫史并典礼之官也","盖唐虞以前,礼学掌于巫史,殷周而后,巫史皆属礼官"(《诸子》,6—7页)。从巫史到礼官的过渡,就是典礼人文化的过程,到西周建国、周公制礼始趋于完备,即所谓"礼之成则在彝伦攸叙以后"(《经学》,13页)。在这个意义上理解周公,正所谓"集先圣之大成,创千古之典制"(《诸子》,7页),此为其二。

对由巫到礼这一中国学术之源,近几十年来李泽厚曾不遗余力予以推衍,前后写成《孔子再评价》(1980)、《说巫史传统》(1999)、《"说巫史传统"补》(2005)等文。其核心思想是:"我所谓的'巫术礼仪'和'由巫到礼',便是一个来源久远、非常漫长的歌舞—仪式—祭祀的历史演进过程。大概从鱼、龙时代的'三皇五帝'开始,一直到'殷因于夏礼','周因于殷礼'的周公'制礼作乐',才基本完成,经历至少数千年以上。"[1] 李先生应该是未参考过陈著的,其说晚出半个多世纪,与陈说取径也异,然结论却同归于此。

在李泽厚看来,由巫到礼,"奠定了中国文化大传统的根本",可以视作"中国上古思想史的最大秘密",就学术传衍上说,"巫术礼仪不仅是儒道两家,而且还是整个中国文化的源头"[2];用陈锺凡的话说,那就是"古者巫史职掌邦礼",相承至周以后,"凡百学术无一不出于礼教也",抓住礼,就抓住了"道术之根荄","六经、诸子莫不由此滋生萌蘖"(《诸子》,6—7页)。

思想史抉原:发轫于章学诚

刘师培、陈锺凡之所以能提出"六经皆礼"说,在思想史上有着广泛的学术基础,在19世纪上半叶提出,亦具有水到渠成之势。

与刘师培发表《典礼为一切政治学术之总称考》差不多同时,经学名家曹元弼(1867—1953)正在撰写《礼经学》(1909年刻印问世),其中"会通第四"即

---

[1] 李泽厚:《"说巫史传统"补》,《历史本体论·乙卯五说(修订本)》,第374页。
[2] 李泽厚:《说巫史传统》,《历史本体论·乙卯五说(修订本)》,第172、162、185页。

旨在指说各经要领。曹氏云：

> 六经同归，其指在礼。《易》之象，《书》之政，皆礼也。《诗》之美刺，《春秋》之褒贬，于礼得失之迹也。《周官》，礼之纲领，而《礼记》则其义疏也。《孝经》，礼之始，而《论语》则其微言大义也。……盖圣人之道，一礼而已。三代之学，皆所以明人伦，六艺殊科，礼为之体。故郑君以礼注《易》、《书》、《诗》、《孝经》，伏生以礼说《书》，毛公以礼说《诗》，左氏以礼说《春秋》，《公羊》、《穀梁》亦皆言礼，而班氏《白虎通义》之论礼，郑君、孔氏、贾氏之注《礼》、疏《礼》，又皆以群经转相证明。礼之义诚深矣！尽六经之文，无一不与相表里。[1]

在曹氏心目中，"《礼经》正人伦，《周官》立王事，王事出于人伦"，"凡治天下之道，通谓之礼"[2]，若经义同指向圣人之道，那么此道必一于"礼"。依此逻辑，非止六经同归于礼，《孝经》《论语》，乃至《孟子》《尔雅》等均然；而且非徒本经，后儒之经注、经论亦然，伏生、毛亨、班固、郑玄乃至孔颖达、贾公彦等无不如是，由此勾勒出经学史研究的一条康庄大道，即以礼解经。不过，总会群经大义，是曹氏一生治学取径所在，其承张之洞之命编纂《十三经学》，"撰集自汉以来经师指说大义之文……汇为一编"[3]。此一取径蔓延入曹氏一生学履，其不仅曾如上以《周礼》会通群经大义，亦曾尝试以《周易》会通群经、以《孝经》会通群经[4]，且在代表其学术根基的名篇《原道》中明确提出"六经之义，归于《孝经》"[5]，因此，六经归礼，尚不足以构成曹元弼经学之内核。不过，曹氏本人何时自号"复礼老人"，曹氏思想

---

1 曹元弼：《礼经学·会通第四》，北京：北京大学出版社，2012年，第234页。此篇亦见于曹元弼：《复礼堂文集》卷四《礼经会通大义论略》，台北：文史哲出版社，1973年，引文见第539—540页。
2 曹元弼：《复礼堂文集》卷二《周易会通大义论略》，第138、131页。
3 曹元弼：《复礼堂文集》卷一《经学文钞序》，第63—64页。
4 参见曹元弼：《复礼堂文集》卷二《周易会通大义论略》、卷六《孝经会通大义论略》。
5 曹元弼：《复礼堂文集》卷首第一篇《原道》，第24页。

是否影响到刘、陈之家学，均尚待进一步研究。¹

就以礼解经的路数来看，在曹元弼之前的有清一代，已颇有零散成果，顾迁曾略做梳理，认为"清儒经解之'礼学化'可谓源远流长"²。陈锺凡便举有张惠言《虞氏易礼》、包世荣《毛诗礼征》、凌曙《公羊礼说》、侯康《穀梁礼证》等为代表，此外就顾迁所举，重要者尚有陈奂《诗毛氏传疏》、陈立《公羊义疏》、黄式三《论语后案》等。其实，刘师培亦曾沿此途辙进行过开掘。³其间脉络之尤显者，刘师培之曾祖刘文淇，着手撰《春秋左氏传旧注疏证》，明确倡导"释《春秋》必以周礼明之"，至刘师培之祖父刘毓崧已确立"周礼乃群经之通名，《周官》乃其一耳"的思路⁴。这一家学渊源无疑是刘师培"六经皆礼"说孕育的温床，为《典礼为一切政治学术之总称考》一文内在学理的完成做了铺垫。

而陈锺凡得以证成"六经皆礼"说，以上不过是势的积聚与推助，其切身的思想发轫，应该说是来自章学诚的"六经皆史"说。陈先生并未掩饰其受到章学诚此说的影响：

> "六经皆史"之说，发自王守仁，章学诚申其说，龚巩祚更畅言之……语半无征，将焉取信。且隶六经百家语于史纪之下，本末倒置，凿枘强容，此目录学者之谫闻浅见，不足以窥古人载籍之大体者也。今推寻本氏，反大辂于椎轮，穷层冰于积水，以六经皆礼，诸子皆礼教之支与流裔之言，以正两家之谬。（《诸子》, 9页）

---

1 陈壁生提出曹元弼的礼指向人伦，与刘师培的礼指向王官学不同，此说欠妥。参见《两种"六经皆礼"》，《中国哲学史》2022年第2期。
2 顾迁：《清代礼学考证方法研究》第四章《以礼解经：清代经学的礼学化倾向》，南京大学文学院博士学位论文，2011年。
3 如刘师培所撰《群经大义相通论》即包含《周易周礼相通考》《周官左氏相通考》二篇，及毛《诗》、《左传》、《穀梁》、《公羊》与《荀子》相通考四篇，与《荀子》相通实即所蕴之礼学，参见《刘申叔遗书》上册。
4 刘毓崧：《通义堂集》卷二《周官周礼异名考》上海：上海古籍出版社，1996年；参见顾迁：《清代礼学考证方法研究》第四章。

就此段来看，陈先生似在批斥章学诚，将其"六经皆史"的史，理解为西周王官中的史官，从而得出"凿枘强容"、难窥大体的结论。实际上章氏的"史"与陈先生的"礼"，本质上完全一致，陈先生所批斥的主要是龚自珍等误读章说。在最初读到陈说时，刘咸炘（1896—1932）便指出：

> 今人有驳章氏"六经皆史"之说者，谓史乃官名，非书名，当云"六经皆礼"。夫章氏所谓史者，乃指典守之官，与后世之史部言示学者以书本记事，古今同体耳。要之，为官守之政教典章，以其官与下流部目言则谓之史，以其为秩序言则谓之礼，以其为典章制定之常法言则谓之经，三名一实而义不相该。[1]

刘先生虽未指名道姓，但这一段无疑是针对陈锺凡而发，其云史、礼、经"三名一实"，可谓慧眼如炬。细观章学诚所言"六经皆史也。古人不著书，古人未尝离事而言理，六经皆先王之政典也"，此所谓政典，礼、乐、《诗》、《书》，与刑、政、教、令，"同为一代之法宪，而非圣人一己之心思"，故"六经皆先王得位行道，经纬世宙之迹"，均乃"开天创制，立法以治天下"的留存。[2] 此乃章氏在《文史通义》第一篇《易教》中所言。若采其在《诗教》篇中所云，可一言以蔽之曰"六艺为官礼之遗"，进而"九流之学，承官曲于六典，虽或原于《书》、《易》、《春秋》，其质多本于礼教"[3]；若采其在《经解》篇中所云，"古之所谓经，乃三代盛时，典章法度，见于政教行事之实"[4]。六经之文出于官守，皆周人立国之法，实际上弥漫于章学诚之学说中，构成"六经皆史"观念的核心。陈先生则在《经学通论》第三章《论六经并掌于周官》中长段引录《文史通义》，从而构筑其立论的逻辑："学者舍周官

---

[1] 刘咸炘：《中书·认识论》，黄曙辉编校：《刘咸炘学术论集·哲学编》，桂林：广西师范大学出版社，2010年，第33页。
[2] 〔清〕章学诚：《文史通义·易教上》，叶瑛：《文史通义校注》卷一，第1—3、12页。
[3] 〔清〕章学诚：《文史通义·诗教下》《诗教上》，叶瑛：《文史通义校注》卷一，第78、61页。
[4] 〔清〕章学诚：《文史通义·经解上》，叶瑛：《文史通义校注》卷一，第94页。

成法，何以考经籍之本原哉！"（18页）不仅在思维方式上章、陈均有意识地归并、抽绎六经、诸子的核心精神和逻辑主线，而且在论证思路和所列证据上，细细比较亦可知章、陈之间一脉相承。"反大辂于椎轮，穷层冰于积水"一句，于《经学通论》中再现，可见返本其意，穷追其说，陈之源头正在章学诚，"六经皆礼"说的证成与章氏"六经皆史"说在百年后的勃兴具有直接的关系。

若再往前追溯，就形式的相似而言，清代亦有数量不少的学者，在不同程度上提出过类似六经可归于礼的主张。比如皮锡瑞（1850—1908），在《经学通论》中特设"论六经之义，礼为尤重，其所关系为尤切要"条，云："六经之文，皆有礼在其中；六经之义，亦以礼为尤重。"[1] 再往前追溯，又有凌廷堪（1755—1809）在著名的《复礼》三篇开端即谓："所以贯其学者，礼也。是故圣人之道，一礼而已矣。……礼之外，别无所谓学也。"[2] 正所谓"儒者不明礼，六籍皆茫然。于此苟有得，自可通其全"[3]。推至清初张尔岐（1612—1677），已经明了："礼者，道之所会也。虽有仁圣，不得礼，无以加于人，则礼者道之所待以征事者也。……《易》之得失，《书》之治乱，《诗》之贞淫，《春秋》之诛赏，皆是物也。尽六经之说，而后可以究礼之说。"[4] 可见此说一度弥散于有清，各家虽于学术路数、观念趋向等差异颇大，然其持论在此点上之趋同，堪足深味。

其实在清代以前，仍可见其脉络之若隐若现。南宋人叶适（1150—1223）即有言："《易》、《诗》、《书》、《春秋》之文，推明礼乐之器数而黜其所不合，又为之论述其大意。"[5] 北宋李觏（1009—1059）撰《礼论》七篇，指出："礼、乐、行、政，天下之大法也；仁、义、礼、智、信，天下之至行也。

---

[1] 〔清〕皮锡瑞：《经学通论·三礼》，北京：中华书局，1954年，第80—81页。
[2] 〔清〕凌廷堪：《校礼堂文集》卷四《复礼上》，北京：中华书局，1998年，第27页。
[3] 〔清〕凌廷堪：《校礼堂诗集》卷五《学古诗二十首》之六，《凌廷堪全集》第四册，合肥：黄山书社，2009年，第64页。
[4] 〔清〕张尔岐：《蒿庵集》卷一《中庸论上》，济南：齐鲁书社，1991年，第24页。
[5] 〔宋〕叶适：《水心别集》卷五，《叶适集》，北京：中华书局，1961年，第694页。

八者并用，传之者久矣，而吾子一本于礼。"[1]再往前，唐孔颖达（574—648）、南朝梁皇侃（488—545）即曾凿破混沌。孔氏以国子祭酒身份主持修撰《礼记正义》，在《经解》篇"六经之教"下疏，即引皇氏之言："六经其教虽异，总以礼为本，故记者录入于礼。"[2]皇侃经学精湛，尤明三礼，任国子助教，撰有《礼记讲疏》五十卷（今佚）。就皇、孔的地位与身份可知，"六经……以礼为本"的说法，在唐以前即非僻见。

穷溯其源，恐怕不得不承认这一思想在汉代即已萌芽。清人以礼解经之法，即本诸郑玄，顾迟即曾揭示："从经学内在发展看，以礼解经的思维可以追溯到郑玄。"[3]此领域研究成果不少，可以日人池田秀三之结论为代表："郑玄的学问志业是以《周礼》为经礼，构筑三礼圆融的体系，进而整合式地将此体系中的所有经书纳入。"[4]其实未经学术界所重视者，乃在另一端。章学诚在《文史通义·诗教下》的小注中自称："六艺为官礼之遗，其说亦详外篇《校雠略》中《著录先明大道论》。"此所谓《著录先明大道论》，叶瑛校注称"盖即《校雠通义·原道》篇"[5]。顺藤检章氏此篇，果然有云："六艺非孔氏之书，乃周官之旧典也。《易》掌太卜，《书》藏外史，《礼》在宗伯，《乐》隶司乐，《诗》领于太师，《春秋》存乎国史。"[6]这一推论模式，一方面为陈锺凡袭用为论据，另一方面，"实为章学诚秉承刘氏'向、歆所为《七略》、《别录》'以及班固《汉书·艺文志》推源子学的'校雠'方法，百尺竿头推源六艺，而将《周礼》、《庄子》等有关文献条理化的心得"[7]。因此完全有理由相信，"六经本于周礼"的思想在《艺文志》中即已初见端倪。

---

1 〔宋〕李觏：《礼论第一》，《李觏集》卷二，北京：中华书局，1981年，第5页。
2 《礼记·经解》孔颖达正义引皇侃说，《礼记正义》卷五十，收入〔清〕阮元校刻：《十三经注疏》，第1609页下。
3 顾迟：《清代礼学考证方法研究》第四章。
4 池田秀三有《郑学の特质》(2006)等文，此处引文见《〈毛诗笺〉在郑学中的意义》(2007)，洪春音译，石立善主编：《古典学集刊》第1辑，上海：华东师范大学出版社，2015年，第25页。
5 叶瑛：《文史通义校注》卷一，第78、74页。
6 〔清〕章学诚：《校雠通义·原道第一》，叶瑛：《文史通义校注》附，第951页。
7 刘巍：《章学诚"六经皆史"说的本源与意蕴》，《历史研究》2007年第4期，第72页。

如本篇开端即云,《艺文志·六艺略》将五经推导至"《易》为之原",其实只需补入韩宣子见《易象》这一钤键,证得《易象》亦称周礼,其为政教典章,切于民用而非一己空言"¹,六经同归于周礼,便已滞碍全无。其实,班固在《汉书》另一篇《礼乐志》即曾说过类似的话:"六经之道同归,而礼乐之用为急。"而在班固之前,西汉哀、平之际古文经学《周官》兴,刘歆之所以要改称《周官》一书名为《周礼》(采荀悦《汉纪》说),其原因之一恐怕正是要在这一关节问题上勾连起通途。以周礼沟通群经的思想,星星之火此时已见。

延伸路径及其所召唤的

近百年来,"六经皆礼"说的现实意义日趋彰显,延伸此观点而续有推进者不乏其人。推进得好,将可使六经与现实社会再度互通关联,从而萌发出经世的现实意义。兹就已有的延伸路径略做梳理,分述为如下三条。

1. 宪章法制层面

以《周礼》统摄六经,此礼所指为西周官礼,即《礼记·礼器》所谓"经礼",用陈锺凡的话说是"制度之通号""经国之常制"。刘师培虽称之为"典礼",然明确将其界定为"周代典章法制凡垂为一代之典则者"。其实,章学诚之言最为精辟:"六经之文,皆周公之旧典,以其出于官守,而皆为宪章。"² 宪章法制,便是"六经皆礼"最为核心的层面。章太炎将其分导为:"余以为观象授时、体国经野、设官分职、学校制度、巡狩朝觐,皆可谓之经礼。……经礼之外,别立曲礼一项,然后依五礼分之。"³ 与曲礼相别(参见第一篇),此宪章为大经大法,铺展而融入六经之文,职是之故,推究经义的

---

1 〔清〕章学诚:《文史通义·易教上》,叶瑛:《文史通义校注》卷一,第2页。
2 章学诚:《校雠通义·汉志六艺第十三》,叶瑛:《文史通义校注》附,第1021页。
3 诸祖耿等记录:《章太炎国学讲演录·史学略说》,第225页。

"说经之学,所谓疏证,惟是考其典章制度与其事迹而已"[1]。

从这个意义上说,周初制礼奠定了中国礼治的基本模式。梁启超即曾指出:"我国自三代以来,纯以礼治为尚,及春秋战国之间,社会之变迁极剧烈,然后法治思想乃始萌芽。法治主义者,应于时势之需要,而与旧主义宣战者也。"[2]此后梁先生耿耿于此,下功夫专研西周礼法,而成《志三代宗教礼学》(1918)长篇专文。此文详细论证:"惟以教为政,故以礼为法。法治主义,在我国殊为后起。古代惟礼治而已。所谓天之秉彝、天之皇极、天秩、天叙、天纪、天则者,壹皆于礼焉寓之。礼也者,人类一切行为之轨范也。"[3]故此,一切法理、群治、人事皆源于周礼,必由此抉发,方可得其本,此谓之礼治;斤斤于法家乃至其后的律学,则无可与之相抗。将其推到极致的是钱穆。在钱先生看来非徒西周如此,整个中国政治均然:"中国政治是一个礼治主义的。倘使我们说西方政治是法治主义,最高是法律,那么中国政治最高是'礼',中国传统政治思想之礼治。"[4]

真正在礼法关系上梳理得比较清晰的当数陈顾远,在法学界影响也最大。陈先生的法学论集《中国文化与中国法系》于1969年在台北出版,十年间连续三版[5],集中指出:"中华法系为世界最古之法系,有其悠远长久之历史,及卓尔不群之精神,在世界各大法系之林中独树一帜。"[6]而此独树的一帜,"一言以蔽之,就是'礼'",由此使其"兼有今日英美法系及欧陆法系之长"。[7]

---

1 章太炎:《诸子学略说》(1906),汤志钧编:《章太炎政论选集》,第286页。
2 梁启超:《中国法理学发达史论》(1906),《饮冰室合集》文集之十五,第2册42页。
3 梁启超:《志三代宗教礼学》,《饮冰室合集》专集之四十九,第9册9页。
4 钱穆:《中国史学名著》(1973),北京:生活·读书·新知三联书店,2005年,第180页。
5 陈顾远:《中国文化与中国法系》,台北:三民书局,1969年初版,1970年再版,1977年三版。其中所收《从中国文化本位上论中国法制及其形成发展并予以重新评价》等六篇论文,今已全部收入范忠信等编:《中国文化与中国法系——陈顾远法律史论集》,北京:中国政法大学出版社,2006年。
6 陈顾远:《中华法系之回顾及其前瞻》,范忠信等编:《中国文化与中国法系——陈顾远法律史论集》,第540页。
7 陈顾远:《儒家法学的价值论》,范忠信等编:《中国文化与中国法系——陈顾远法律史论集》,第399—400页。

陈先生由法制史的角度将学界的目光重新聚焦到儒家法学，而非局限在法家。如此看来，学界对于属刑事法的"律统、刑书、刑官、刑狱之类"认识较为一致，而对于"为政事法、民事法之见于礼书、礼制者，皆属于中华法系之法的范围"，则"每多误读"，故而无法洞悉中华法系"寄其实质的精神于礼书、礼制"之深蕴。从这一眼光透射出去，"王位继承法之立嫡，政府组织法之宪典，《左传》上所称合于国际法者之'礼也'皆是"[1]，同样，"儒家是世界最早的自然法学派，一部《易经》全是自然法的道理"[2]……我们完全有理由说，陈顾远是充分吸收了"六经皆礼"的思想的。

研究中国法系，必须归本于礼，从六经出发去提炼法意，归并法理，这一认识已逐渐引起法学界部分学者的重视。2002年，陈剩勇撰文明确提出："在早期文明时代即夏商周三代，法与礼一物异名，礼是法，法就是礼。"面对这样一个"以'礼'统摄一切的社会治理架构，一个以伦理、政治、法律和习惯等多重要素混为一体的整合型规则来调节和调整人伦关系的礼治秩序的社会"，法制史研究就必须从礼典中去开发。[3]2015年，马小红撰文呼吁："法的精神、理念、理论等内容则用'礼'字来表达，这就是人们常说的'礼法合一'的体系。"作为学科研究，"因为视角单一而割裂礼法的有机结合"，"就无法展现中国古代礼法结构的全貌"。[4]依着这一路径，法学的中国传统具有极大的开拓空间。

2. 公私礼仪层面

20世纪40年代，国民政府大兴制礼作乐，委派戴季陶（1891—1949）、顾

---

1 陈顾远：《中华法系之回顾及其前瞻》，范忠信等编：《中国文化与中国法系——陈顾远法律史论集》，第540—543页。
2 陈顾远：《儒家法学的价值论》，范忠信等编：《中国文化与中国法系——陈顾远法律史论集》，第400页。
3 陈剩勇：《法、礼、刑的属性——对中国"法律"史研究方法论的一个反思》，《浙江社会科学》2002年第5—6期。
4 马小红：《中国法史及法史学研究反思——兼论学术研究的规律》，《中国法学》2015年第2期，第231页。

毓鋆（1902—2002）等主持全面兴作礼乐。戴先生作有制礼通议五章、读礼札记和同人论列有关礼制各文件等，收入《学礼录》(1945)。戴先生乃"深知六艺之道同归，而礼乐之用为急"，在他看来，"盖历代礼制，惟周为盛，孔子著述及门弟子讲学之记，皆为习礼之传，若谓六艺皆史，则六经皆不离礼"，有此认识，自然"《礼运》、《大学》、《中庸》、《孝经》之义，实皆孔门习礼之书"。[1] 对戴先生此说，蔡尚思（1905—2008）至为推重，不惜做出如下褒誉："前人只有六经皆史说，到了戴先生，却正式提出六经皆礼说。"[2] 蔡先生其实很熟悉陈锺凡学说[3]，其将"六经皆礼"说的发明权归诸戴氏，恐是别有用心。[4]

需要说明的是，戴季陶对礼的定义是："礼者，人群共同生活之伦纪，行为之准则，性情之节制也。"由此，可将礼分为三大类："一曰民礼，二曰国礼，三曰国际礼。"[5] 可见戴先生所倡导的制礼作乐，重心在"国民生活公私礼仪"的层面，对应于古时吉、凶、军、宾、嘉五礼礼典，由此不难理解其着眼点一在礼节，一在音乐，要花大功夫"研究中国古礼古乐，乃至诗歌音韵"，同时"研究四邻，访求遗礼遗音"。[6] 此说与刘师培、陈锺凡相较，是全然不同的。刘氏虽取名为"典礼"，但反复交代，"故一代之制作，悉该入典礼之中，非徒善为容仪而已"。"所谓礼者，无一非见之实行，岂若后世以虚文末节为礼，复以典礼为束缚人民之具哉！"[7] 陈锺凡也做出过澄清，阐明他所

---

1 戴季陶：《学礼录》卷一、卷三，南京：正中书局，1945年，第1、40页。
2 蔡尚思：《戴季陶的礼教道统说》(1946)，《蔡尚思全集》，上海：上海古籍出版社，2005年，第6册419页。
3 蔡尚思写有专文《中凡真不凡》(1988)评价陈锺凡，参见吴新雷等编：《清晖山馆友声集·附录》。此文是蔡先生晚年为纪念陈锺凡一百周年诞辰而作，正可见其对陈先生思想之推重，可惜文章对其"六经皆礼"说只字未提。
4 蔡尚思更不惜改变自己早年所认为的孔子思想的核心是"仁"，正式提出"孔子思想体系的中心是礼"，参见卷四第十三篇的相关分析。
5 戴季陶：《学礼录》卷一，第2、10页。
6 戴季陶：《学礼录》序。
7 刘师培：《典礼为一切政治学术之总称考》，《左盦外集》卷十，收入《刘申叔遗书》，第1543—1545页。

指称的"礼者,典章之达称,非仅就周旋揖让言之也"(《诸子》,38页)。可是,戴先生学养中的礼,早在1914年即已十分明确:"礼乐,国之宝也,新礼虽未定,然古礼除跪拜外,皆可行者也。"[1] 如此窄化"礼"之所指,改换"六经皆礼"说的内涵,貌合而神离,实际上与刘、陈对传统的继承路径相异。

新中国成立以后此说之绵延未绝者,在大陆可举沈文倬为代表。沈先生毕生研究西周礼制,他将西周礼典的内容分为"礼物"和"礼仪"。礼物,即"礼家称之为'名物度数',就是将等级差别见之于举行礼典时所使用的宫室、衣服、器皿及其装饰上,从其大小、多寡、高下、华素上显示其尊卑贵贱";礼仪,即"礼家称之为'揖让周旋',就是将等级差别见之于参加者按其爵位在礼典进行中使用着礼物的仪容动作上,从他们所应遵守的进退、登降、坐兴、俯仰上显示其尊卑贵贱"。[2] 沈先生穷一生精力详细考察西周礼典的各项细节,被顾颉刚誉为"今世治《礼经》者之第一人"[3]。及至晚年,沈先生阐述其师曹元弼之学说,而云:"《礼经》与《易》、《诗》、《书》以至《论语》、《孟子》、《荀子》、《尔雅》等,处处有相通之证,'六经同归,其指在礼',故必通《礼经》而后通群经。"[4] 要知,曹元弼的礼,乃是"《周官》,礼之纲领",沈先生则变易成了"必通《礼经》而后通群经",在这一点上仍当指出,沈释不合曹说。

3. 生活观念层面

若是合诸《周礼》《仪礼》,礼的涵义便超出了制度与仪节两个层面,若再加入《礼记》所含社会、人生方方面面规范、伦理的补充与拓展,就不难

---

[1] 戴季陶:《致中央党部吴秘书长书》,《戴季陶先生文存续编》,台北:中国国民党中央委员会党史史料编纂委员会,1967年,第279页。
[2] 沈文倬:《略论礼典的实行和〈仪礼〉书本的撰作》,《菿闇文存——宗周礼乐文明与中国文化考论》,第6页。
[3] 转引自陈剩勇:《最后的礼学家》,《中国经学》第7辑,桂林:广西师范大学出版社,2010年,第172页。
[4] 沈文倬:《菿斋学述之一》,《菿闇文存——宗周礼乐文明与中国文化考论》,第975页。

理解钱穆对礼如下之论定:"礼,兼指一切政治制度,社会风俗,人心之内在,以及日常生活之现于外表,而又为当时大群体所共尊共守者。""礼,犹体。躬行实践,凡修身、齐家、从政、求学一切实务皆是。"[1] 在钱先生看来,礼作为一种指导个人与社会生活的观念及准则,足以标志中国文明的特质,"在西方语言中没有'礼'的同义词。它是整个中国人世界里一切习俗行为的准则,标志着中国的特殊性"[2]。类似的观点散落在钱先生后期的各种著述中,尚未有专题辑证。

在这一领域做出明显开拓者前后当以马一浮(1882—1967)、邹昌林(1948—2020)二位为代表。马先生在《尔雅台答问》中有一段经典表述:"凡事取一种方式行之者,其方式便是礼,做得恰好便是乐。如作诗格律便是礼,诗中理致便是乐;写字识得笔法便是礼,气韵便是乐。"[3] 由此扩展出去,实际上归结为人的性情素养,按照陈锺凡说:"儒道立说之不同,固自言性始矣。"(88页) 所以,《诸子通谊》卷下专辟《论性》一节,而陈先生的思路也逐渐转到宋明心性之学,所著《两宋思想述评》在此有大拓展。如此理解礼学,思路大开,之后也有学者笔触及此。如 1942 年,朱光潜(1897—1986)发表《乐的精神与礼的精神》,指出"礼的精神是序,节,中,文,理,义,敬,节事,理之不可易","儒家的全部哲学思想大半从乐与礼两个观念出发"。[4] 1962 年,周谷城(1898—1996)发表《礼乐新解》(1962),发出"人生不能一刻没有礼乐"的呼声,周先生的解释是:"人类根据客观规律,遵循行为的纪律(即礼),而努力奋斗,获得成果,一定快乐,进入乐的境界,或艺术境界。"[5] 可惜,此途未能充分推进。

---

1 钱穆:《论语新解》,第 50、169 页。
2 [美]邓尔麟:《钱穆与七房桥世界》,蓝桦译,北京:社会科学文献出版社,1998 年,第 8 页。
3 马一浮:《尔雅台答问续编》,吴光主编:《马一浮全集》,杭州:浙江古籍出版社,2013 年,第 2 册 446 页。
4 朱光潜:《乐的精神与礼的精神》,《朱光潜全集》第 9 卷,合肥:安徽教育出版社,1993 年,第 95、99 页。
5 周谷城:《礼乐新解》,《周谷城学术论著自选集》,北京:北京师范学院出版社,1992 年,第 445、434 页。

邹昌林的研究则经由"六经皆礼"说走向古代国家宗教与西方异质的研究。邹先生的博士论文主旨即在论证钱穆提出的"中国文化根于礼",而所用的逻辑恰是"六经皆礼"。[1] 可惜,邹先生对此前学术界的研究未能吸纳,由此造成相当的重复性论证。不过在此基础上,邹先生进一步开拓从《周礼》研究古代国家宗教,由此抉发出中国文明区别于其他文明的本质差异,取得了丰硕的成果。这一突破恰恰建立在这样一个基础上:"独有中国文化完整地保留下了这种礼仪文化的整体属性,体现这一特点的根本证据,就是'六经皆礼'。"[2] 这一领域同样尚待进一步开拓。

三条路径中,第一条的开掘,现实意义至为巨大。第二条则是第一条的变异,或可归并入第一条,然正如马小红所言,这是一个"典型的多元交叉学科,研究内容涉及人文学科中的史学、哲学,也涉及社会学科中的法学、社会学等等"[3],可见开掘难度之大。第三条则是在文明比较的层面展开,突显中国特色,需要艺术、宗教、心理等多学科的介入和互通,如今尚在起步阶段。总的来说,"六经皆礼"说所召唤的,是一个学科多元交叉的人文研究大平台的诞生。

---

[1] 邹昌林:《中国古礼研究》,台北:文津出版社,1992年。此书后由大陆出版,扩充增写了下编,书名为《中国礼文化》,北京:社会科学文献出版社,2000年。
[2] 邹昌林:《中国古代国家宗教研究》,北京:学习出版社,2004年,第95页。
[3] 马小红:《中国法史及法史学研究反思——兼论学术研究的规律》,《中国法学》2015年第2期,第231页。

三、《周礼》的赋税制度及其与法家的关系

中国古代第一部成文法典的认定,如果"郑人铸刑书"(《左传·昭公六年》)之类"皆简单之刑典也"[1],尚够不上等级,那么魏文侯时李悝的《法经》六篇,就被梁启超明确称为"立后此成文法之基础",他说:"我国法律之统一,自《法经》始,我国之有《法经》,犹法兰西之有《拿破仑法典》也。"[2] 李悝其人,《汉书·艺文志》系之于"诸子略"法家之首[3],后接商鞅、申不害、慎到、韩非诸人,法律史的大格局就这么建构起来了。

按照这一框架与脉络,《周礼》当然难以厕身其中。不过,梁启超对《周礼》并非视而不见,他曾引日本法学名家织田万(1868—1945)的话说,"支那之行政法典,实先于刑法典而成立,彼《周礼》实周公之政典,而世界最古之行政法典也",梁氏自己亦承认"若礼而可认为成文法,则周代所谓'经礼三百,曲礼三千'者,其可谓最古而最繁博之法典焉矣"。[4] 但是,梁氏最终放弃了这条建构路径。

如果当年梁启超能下决心以《周礼》为中国成文法典之祖,法制史的面貌恐将大变一副模样。

---

1 [日]浅井虎夫:《中国法典编纂沿革史》(1911),陈重民译,北京:中国政法大学出版社,2007年,第9页。
2 梁启超:《论中国成文法编制之沿革得失》(1904),《饮冰室合集》文集之十六,第2册10页。
3 然而《汉书·艺文志》则著录为《李子》三十二篇,而非《法经》六篇。对此,文献学界认为《李子》中即包括了《法经》六篇,参见孙启治、陈建华编:《古佚书辑本目录》,北京:中华书局,1997年,第212页。
4 梁启超:《论中国成文法编制之沿革得失》,《饮冰室合集》文集之十六,第2册7页。

重审《周礼》作于法家说

　　梁启超之所以放弃将《周礼》作为中国成文法典之祖的做法，并不是因为他深具礼、法各自为政、不相连属的观念，他承认"凡礼制之著于竹帛者，皆可认为一种之成文法"；主要还是因为梁氏顾忌到"《周礼》一书，真伪未有定论……果属依托者，则仅能命为学说，而不得以冒法律之名耳"，"今以真伪未明，故略之"。[1]

　　《周礼》因来历不明、真伪难辨而遭非议，在西汉成帝时随着今文家的兴起已见端倪，至东汉临硕（字孝存）、何休以降，疑之者更是代不乏人。[2] 20世纪以来随着可资比较的史料逐渐增多，研究方法渐趋精密，关于《周礼》的成书年代，一度成为学界热点，相关研究成果甚夥，但是彼此之间差异仍极大，至今莫衷一是。最早可上推到西周初年（公元前11世纪末），最晚则下延到西汉末年（公元1世纪初），有西周说、春秋说、战国说、周秦之际说、汉初说、汉人伪造说[3]，可谓众说纷纭。难怪徐复观（1903—1982）要大发慨叹："我国为了争论一部古典的真伪及其内容的价值，经过时间之久、所费文字之多，但迄今尚无定论的，应首推《周官》一书。"[4] 面对这一纷乱的局面，研究者便失去了底气，不仅不敢将其高标为成文法典之祖，甚至研究所有的周代制度，这部曾被贴上"六国阴谋之书"标签[5]的书，都弃置不用。就像梁启超，一面固然承认"我们不可因其为战国人作，刘歆添，便认为无价值"，"拿一部分来分别看做春秋战国一度通行的制度，看其余一部分为政

1　梁启超：《论中国成文法编制之沿革得失》，《饮冰室合集》文集之十六，第2册7—8页。
2　各家对《周礼》的看法，可参见张心澂编著：《伪书通考·经部·礼类》，上海：上海书店出版社，1998年，第282—327页。
3　《周礼》成书年代的诸家学说，前人已多有综述，参见彭林：《〈周礼〉主体思想与成书年代研究》第一章，北京：中国社会科学出版社，1991年；杨天宇：《郑玄三礼注研究》第五章，天津：天津人民出版社，2007年。
4　徐复观：《〈周官〉成立之时代及其思想性格》，《徐复观论经学史二种》，上海：上海书店出版社，2005年，第185页。
5　〔唐〕贾公彦《序周礼兴废》引何休语，《周礼注疏》卷首，〔清〕阮元校刻：《十三经注疏》，第636页。

治学上的理想的建国制度,那是再好不过的"[1];然而,真到了他自己来写作《先秦政治思想史》(1922),却明确表示"此书资料虽多,宜从割爱"[2]。其后的学术界大都奉行梁氏"割爱"论,比如先秦史专家赵光贤所著《周代社会辨析》(1980),于《周礼》所记史料一概不予采用;又如哥伦比亚大学李峰所著的《西周的政体》(2008),同样未引《周礼》任何一条材料,因为搞不清楚其中"哪些是西周真正的制度,哪些是后世的创造",所以"我是不主张用,至少是不首先用《周礼》"。[3]

由此,便造成了杨向奎所说的严峻问题:

> 《周礼》今文家视为伪书,乃不足道者。康有为出,此说大盛;疑古派出,《周礼》遂无人齿及。实则此乃冤案,冤案不解,将使中国失去一资料丰富的文化宝库。[4]

周制的研究本就史料稀缺,有这样一部与周代制度紧密关联的大部头经籍流传至今,摆在我们面前,却不敢用,"无人齿及",怎能不像杨先生那样发出"失去一资料丰富的文化宝库"的叹惜呢?因此,杨先生果断发出号召:"如果不解决它(指《周礼》)的问题,宗周文明将无从谈起。"[5] 解决《周礼》的问题,不外乎就是要将它定时定点,既然成书年代的研究进入了莫衷一是的窘境,唯一的突破口似乎就指向了作者问题。不过要考实作者为某一个人,或某几个人也属于奢望,否则成书年代也就不成为问题,但是可以逐渐地缩小其范围,框定其派属。如果能做到这一步,也算是部分地"解决它的问题"了。

---

1 梁启超:《古书真伪及其年代》第四章"《三礼》",《饮冰室合集》专集之一百四,第12册109页。
2 梁启超:《先秦政治思想史》,《饮冰室合集》专集之五十,第9册18页。
3 参见 Li Feng, *Bureaucracy and the State in Early China: Governing the Western Zhou*, Cambridge University Press, 2008. 引文见李峰:《西周的政体:中国早期的官僚制度和国家》中文版序,北京:生活·读书·新知三联书店,2010年,第10页。
4 杨向奎:《宗周社会与礼乐文明》,第291页。
5 杨向奎:《宗周社会与礼乐文明》,第294页。

而且，对于作者流派的推证，尚有另外一层学术意义。如果能够证明《周礼》的成书与法家有关，甚至是法家所作，那么梁启超等人的顾虑其实就不成为一个问题，因为不管它成书于哪个节点上，都可以作为法制史的重头著作，摆在显赫的位置上了。这就是20世纪以来《周礼》成书于法家说异军突起的逻辑动因。这一观点由郭沫若、钱穆在20世纪30年代初步铺垫，至50年代顾颉刚、杨向奎的笔下正式提出，后经徐复观等学者进一步坐实，虽然也有学者屡屡予以反对，然而几十年下来，竟然逐渐"主《周官》为法家著作者渐居主流地位"[1]。此说不仅对如何利用《周礼》这部作品事关重大，而且牵涉到千余年来儒家经籍"三礼"的思想体系归属。下面拟在学界已有综述和反思的基础上[2]，重新爬梳与检视相关思想史脉络，揭橥出若干关键线索。

郭沫若（1892—1978）写作《周官质疑》当在20世纪30年代初，此文收入《金文丛考》，手写本最早由日本京文求堂书店于1932年出版，影响随即辐射到国内学术界。[3] 郭文主体部分举证金文所见职官二十项大多与《周礼》相违背，说明"其书不能出于春秋以前矣"。在文章最后郭先生之所以能得出"余谓《周官》一书，盖赵人荀卿子弟子所为，袭其师'爵名从周'之意，纂集遗闻佚志，参以己见而成一家言"的结论[4]，主要是比较了《周礼》职官配置与《管子·五行篇》天地对立之观念后，经过一定的思想史填充演绎而成。在郭先生这里，《周礼》尚未直接揽入法家，只是觉得与《管子》关系密切，故而推论其出于荀子之门。不过既入荀子之门，也便与韩非、李斯等关系甚近了。钱穆《周官著作时代考》的发表同样是在1932年。钱先

---

[1] 邹昌林：《中国古代国家宗教研究》，第151页。
[2] 参见刘丰：《百年来〈周礼〉研究的回顾》，《湖南科技学院学报》2006年第2期；郭伟川：《〈周礼〉制度渊源与成书年代新考·引言》，北京：国家图书馆出版社，2016年。
[3] 钱玄同在1932年发表于《国学季刊》上的《重论经今古文学问题》一文已援引郭沫若《周官质疑》。
[4] 郭沫若：《金文丛考·周官质疑》，《郭沫若全集·考古编》第5卷，北京：科学出版社，2002年，第182—185页。

生通过文本细致对照，举例分析了《周礼》所载与战国法家的几位代表，如李悝、商鞅、《管子》等的关系，从而得出"《周官》作者，究竟比李悝、商君又生晚得多"，"《管子》和《周官》两书，显然同是战国晚年一辈学者之理想，惟《周官》则似乎在制度上格外写得精密与出色些而已"的结论，推断《周礼》此书"远承李悝、吴起、商鞅，参以孟子，而与《管子》、《老子》书相先后"。[1] 应该说，钱先生也只是说到《周礼》与法家关系密切，文本内容上有近似之处，比如他具体指出，"而今《周官》书中，却载有和李悝'网捕'、商鞅连相坐同性质之制度"，《周礼·秋官·大司寇》所载"入金矢赎罪，亦为'作内政寄军令'之一面，其制可证之于《管子》"。[2] 郭、钱二先生均只是推论到《周礼》与法家有近似的部分这一点，离《周礼》作于法家说尚有一步之遥。

此后不久，张心澂编著《伪书通考》（1939），虽未抄录郭沫若、钱穆之说，但显然参考了两家的观点，又略事放大。张先生首先判定此书"当系战国时策士之作品，托之周公"，然后由其结构和框架推测："其规画严密，防禁亦周，颇有法治精神，而关于理财者全书又几居其半，当系采取《管子》一派法家而兼理财家之思想及计划而融会之者。"[3] 可惜限于体例，张先生并未展开论证，而且他最终的结论说《周礼》一书，为战国前期儒家而通法理经济者所草拟之《建国方略》"[4]，显然还没有将《周礼》与法家紧扣在一起。《周礼》作于法家说的正式提出，还当归功于曾经投射过"轰炸中国古史的一个原子弹"[5] 的顾颉刚。

在古史辨之风渐渐散去之际，顾颉刚抛出了"《周官》出于法家"的著

---

[1] 钱穆：《周官著作时代考》，《燕京学报》1932年第11期；《两汉经学今古文平议》，第395、399、405页。
[2] 钱穆：《周官著作时代考》，《两汉经学今古文平议》，第394、402页。
[3] 张心澂编著：《伪书通考·经部·礼类》，第317—318页。
[4] 张心澂编著：《伪书通考·经部·礼类》，第327页。
[5] 顾颉刚：《我是怎样编写古史辨的？》，《顾颉刚古史论文集》卷一，收入《顾颉刚全集》，北京：中华书局，2011年，第164页。

名观点，其说是在给万斯大《周官辨非》新刊本作序中提出来的。此序写成于1955年，然因故未刊，正式发表一直要到1979年。[1] 顾先生此文显然是在郭沫若、钱穆二先生的基础上往前推进的，文中所说"《周官》这部书，是用官制联系着各种制度的，它的设官的系统很有些像《管子·五行篇》，也是用了天、地、四时来分配六个部门的政务"云云[2]，正是袭自郭沫若。顾先生论证的方法则与钱穆完全一致，那就是将《周礼》和《管子》二书进行逐项比较，比较的覆盖面较钱先生更为宽广，集中体现在文章第八节"《周官》的出现及其和《诗》、《书》、金文中的周制以及《管子》等拟定的制度的矛盾"中，现略摘其比较所得如下：

> 我们正好从《管子》一书里看出从战国到西汉的齐国方面对于社会组织的种种设想。《周官》中对于全国人民的组织也有种种的设想，可见这两部书必然是个孪生子，所以会有这样密切的关连。（426页）
>
> 《管子》书的中心问题是"作内政而寓军令"，《周官》的中心问题也是这样。（445页）
>
> 《周官》和《管子》的文辞虽有参差，而其中心思想则同是组织人民，充实府库，以求达到统一寰宇的目的。（459页）

正是在逐项制度的比照中，顾先生发现《周礼》各职"大司徒县（通悬）法和乡大夫颁法之后，州长一年该向人民读法两次，党正一年读法五次，族师一年读法十二次，闾胥每逢集会的时候就读法，把'法'作为治理国家的主要工具"，这与《管子》"君出令布宪于国……遂于乡官，致于乡属，及于游宗皆受宪"在制度框架上是完全一致的，只是一个比较粗略，一个比较精细。刘起釪（1917—2012）指出顾先生的论证逻辑是"《周官》与《管子》同样是

---

[1] 1979年《文史》第六辑刊发顾颉刚此文，题名《周公制礼的传说和〈周官〉一书的出现》。
[2] 顾颉刚：《周官辨非序》，《顾颉刚古史论文集》卷十一，收入《顾颉刚全集》，第440页。

战国法家之书"¹，极是。由此，顾先生的结论便顺势推出来了："这样看来，《周官》明明是法家之书，而两千年来为了它有着周公这顶大帽子压在上面，而周公又是孔子所梦寐不忘的人，以致被人错认作儒家之书，这是多么地可怪又可笑的事呵！"²当然，在此基础上顾先生也举出少量《周礼》与商鞅的主张、管仲之后的齐制的关系，由此蛛丝马迹，进而"猜测它出于齐国以及别国的法家，跟周公和儒家根本不生关系"。以上便是顾先生的主要依据，与《管子》的比较是其重头戏所在，至于从全书宏大的规模上做出的推阐，说"迂拘的儒家也一定没有这般大的气魄建设起这个庞大帝国组织的大系统来"云云³，则属于印象式的观念扣帽，是难以令人信从的。

顾颉刚此文的具体内容和最终结论其实相当程度上直接采自杨向奎。杨先生是顾先生的弟子，但在《周礼》成书问题上与他老师的观点一度具有较大的差异。王学典等曾指出："从1935年开始，对'古史辨'派来说，杨已经'入室操戈'、'同室操戈'，与童书业打了起来。"具体而言，"顾从今文家言，怀疑《左传》、《周礼》等'古文经'文本的真实性，认为两书出自刘歆的伪造；杨信古文家说，坚持两书为先秦旧籍，绝非'假冒'之作"。杨先生作《〈周礼〉的内容分析及其成书时代》，宗旨即在此，故王学典等称此文"明攻康有为，暗射顾颉刚"⁴。杨文刊发在1954年，从构思到写作应有相当一段时间，然必在其"入室操戈"之后。顾先生1955年撰写《周官辨非序》时，已然完全放弃《周礼》乃刘歆伪造之说，可见其参考过杨文无疑。今从内容上看，杨文举证《周礼》分设社会经济制度、政法制度、学术思想三大板块，最终得出其"出于齐国有儒家气息的法家"的结论，在逻辑链条上至关紧要的一环就是确定了"《管子》的成书年代究竟和

1　刘起釪：《〈周礼〉真伪之争及其书写成的真实依据》，《古史续辨》，北京：中国社会科学出版社，1991年，第644页。
2　顾颉刚：《周官辨非序》，《顾颉刚古史论文集》卷十一，收入《顾颉刚全集》，第447页。
3　顾颉刚：《周官辨非序》，《顾颉刚古史论文集》卷十一，收入《顾颉刚全集》，第459页。
4　王学典、李梅、孙延杰：《顾颉刚和他的弟子们》，北京：中华书局，2011年增订本，第215、237页。

《周礼》相差不远"[1]，所有这些均为顾先生论文所吸纳。但是令人不解的是，刘起釪曾说，"由顾先生文中，知杨向奎先生有《〈周礼〉内容的分析及其制作时代》大作……是杨先生此说已由顾先生采用到自己的文章中了"[2]，可惜不管是 1979 年《文史》所刊的顾文，还是《顾颉刚全集》中所收的原题之文，均未见到标注出杨向奎之名，更未见引录杨先生彼文。我的推测是，刘起釪亲炙于顾先生，其所见者应当是顾氏之手写本，其中当标注出了杨向奎的文章，此后顾先生在修改此文并予以正式刊发时已然删落杨向奎之名。

若是如此，那么《周礼》作于法家说的首倡者应当归诸顾颉刚还是杨向奎？我认为还是应该归于顾先生。首先，在杨向奎文中，还只是论证到"《周礼》中有浓厚的法家思想"，而更为倾向的是"儒家思想也随处流露出来"，"《周礼》的作者实在是和儒家接近的法家"，由此回到"有人认为出于荀子学派，虽然这还有问题，然而学风接近，是没有问题的"这一步。[3] 因此，郭伟川指出"顾颉刚先生说《周官》与儒家根本不发生关系，而杨向奎先生却说它有儒家气息，这是他们的看法稍异之处"。[4] 可见在杨先生那里，《周礼》尚在儒法之间，他持的是不确定的法家说。更需要指出的是，杨先生所谓的"有人认为出于荀子学派"，实际上指的就是郭沫若，可见其思维大框架尚未跳出郭沫若 1932 年的《周官质疑》。第二，到 1992 年杨先生出版《宗周社会与礼乐文明》时，依然坚定不移的观点是"我向来认为《周礼》是齐人编成，他们根据西周文献及齐国当时制度加以理想化而成书"；又引录并分析顾先生 1979 年所刊之文，在引录到"猜测它出于齐国以及别国的法家"一句时，杨先生说，"这种结论和我们的研究有类似处而不同于原来今文学派的传统说法"，在引录到"跟周公和儒家根本不生关系"一句

---

1 杨向奎：《〈周礼〉的内容分析及其成书时代》，《绎史斋学术文集》，上海：上海人民出版社，1983 年，引文见第 275、265 页。
2 刘起釪：《〈周礼〉真伪之争及其书写成的真实依据》，《古史续辨》，第 635 页。
3 杨向奎：《〈周礼〉的内容分析及其成书时代》，《绎史斋学术文集》，第 267 页。
4 郭伟川：《〈周礼〉制度渊源与成书年代新考·引言》，第 20 页。

时，杨先生却说"这是值得探讨的问题"。[1] 可见认为《周礼》出于齐国人之手，是杨先生的核心观点，而将《周礼》断然归于法家，并非杨先生的宗旨所在，倒是"据《周礼》以研究周公的思想及其设施，不会离题太远"[2]，在杨先生晚年反而变得较为坚信了。第三，刘起釪在 1945 年于中央大学读研究生时，即由顾颉刚指导研究《周礼》，1947 年毕业，论文题目为《两周战国职官考》，此文当时未曾刊发，其结论直到顾先生去世之际，刘先生发表《〈洪范〉成书时代考》方首次向学术界简要提出，更是要到 1985 年，刘先生为日本京都大学讲《周礼》写讲义时，方才将其论证大纲呈现出来，其观点已摆脱了古史辨派此前所倡导的刘歆伪造说，而认为《周礼》所载可与周代各时期官制相互印证。此文当年既由顾颉刚所指导，可见顾先生在 40 年代不再简单地给《周礼》贴上伪书的标签了事，已开始思考其所载制度与其他先秦典籍的关系，打开了比较研究的阀门。第四，也是最为要紧的，我们还是需从顾先生本人的文章来看，正是他将杨先生"《周礼》的作者实在是和儒家接近的法家"这一观点推到了极致，严格分辨了"齐国固然有儒家，但法家更占势力"，并进而将其与周公和儒家的关系完全撇清，从而鲜明地论定"这原是一部战国时的法家著作"。[3] 而对此，我们从杨先生晚年《宗周社会与礼乐文明》中引述并分析顾先生之文，恰可见他对顾说的不认同。尤其是对顾先生推阐的"迂拘的儒家也一定没有这般大的气魄建设起这个庞大帝国组织的大系统来"这一点，杨先生更是嗤之以鼻，并反其道而论之曰："周公是西周开国后的主要当政者，他又是一位伟大的思想家和政治家……有伟大的气魄，足以'建立起这个庞大王朝的大系统来'！"[4] 职是之故，从思想史的角度来看，将《周礼》作于法家说的倡导者归于顾颉刚，是最为合适的。当然，杨先生在治学方法上承继顾先生，他晚年又说《周礼》出于法

---

[1] 杨向奎：《宗周社会与礼乐文明》，第 294—295 页。
[2] 杨向奎：《宗周社会与礼乐文明》，第 297 页。
[3] 顾颉刚：《周官辨非序》，《顾颉刚古史论文集》卷十一，收入《顾颉刚全集》，第 454、463 页。
[4] 杨向奎：《宗周社会与礼乐文明》，第 296 页。

家是不易之论",如果将线条放粗一点来讲,《周礼》作于法家说应当可以看作是顾、杨二位在汲取了30年代郭、钱研究成果的基础上,经过40年代刘起釪的推助,至50年代共同提出的著名学术观点。

可惜的是,顾颉刚的《周官辨非序》在50年代没有能够面世,故而《周礼》作于法家说在杨向奎的文章刊发后仍然处于波澜不惊的态势,要到顾先生文在1979年刊出之后,此说才迅速在学术界传播开来,并产生极大的影响。徐复观对《周礼》的研究,便是直接受了顾先生影响而展开的。徐先生在《〈周官〉成立之时代及其思想性格》(1980)的自序中,明确表达了对顾先生没有"深入到基本材料的堂奥"的不满[1],在最终结论上也不同意顾先生"战国时齐国人所作"的观点,而是又折回到刘歆伪造说,但是徐文在内核上恰恰是接受了顾先生"《周官》明明是法家之书"这一核心观点。徐先生加以进一步论证的则是,《周礼》不仅仅可与《管子》相比照,"形成三大支柱背景的,一是管仲,一是法家思想,另一是桑弘羊的财经政策",由此共同构成了《周礼》"法家思想的性格",而"与儒家精神真是相隔天壤了"。[2]徐先生性格之激烈、气概之豪迈一点也不让于顾先生,他在受了顾先生巨大的思想冲击之后,开足了马力继续向前狂奔了一程,并迅速导向《周礼》所构想的"是较商鞅变法后的秦国法家之治更没有自由的社会","是最具备现代极权国家的性格"的极端结论。[3]徐先生是学术界自《周礼》作于法家说提出以来,吸收得最快、与儒家决裂得最彻底的一位。

沿着这一路径继续从各种角度进行补证,也尝试进行观点上的校正的,尚可以侯家驹(1928—2007)和彭林为代表。侯先生在专著《周礼研究》(1987)中,从尊君、农战、统制手段、以吏为师四个方面进一步论证《周礼》一书是以儒家为幌子,骨子里却是法家"[4];彭先生则在《〈周礼〉主体思想与成

---

[1] 徐复观:《〈周官〉成立之时代及其思想性格》,《徐复观论经学史二种》,第183—184页。
[2] 徐复观:《〈周官〉成立之时代及其思想性格》,《徐复观论经学史二种》,第242、274页。
[3] 徐复观:《〈周官〉成立之时代及其思想性格》,《徐复观论经学史二种》,第274、281页。
[4] 侯家驹:《周礼研究》,台北:联经出版事业有限公司,1987年,第61页。

书年代研究》(1989/1991)中，同样指出"《周礼》所叙述的，只是理想国的官制，如此安排，目的是要把战国法家'定分'的思想具体化"，并进一步论证"公布法，宣传法，修订法，以法为尺度，检查官员的工作，成为贯穿全书的一根主线"。[1]两位虽在取证取材与论述思路上各有侧重，但旨在挖掘出《周礼》具有的法家因子则是一致的，而他们所谓的法家，已然不仅仅是《管子》，《商君书》《韩非子》等同样成为取证的重要材料。两位没有像顾颉刚、徐复观那样把《周礼》硬限于法家，而走向与儒家决裂的极端。侯先生在分析《周礼》中法家的思想渊源之外，尚分析其具有阴阳家、儒家和秦汉制度等三大来源，并在全书末尾做出调和，得出《周礼》为杂家的结论："《周礼》并非儒家经典，而是杂家著作，以法家为骨干，儒家为外衣，且具浓厚的阴阳家色彩；夏官取《司马法》，掺入兵家；地官重农，撷取农家；春官重鬼神及'尚同'观念，故近墨家；置王于'无为而无不为'之位，故似道家。"[2]彭先生同样在以法家为参照进行实制的具体对照分析之后，不忘连缀上一句"作者又明显受到孟子、荀子等儒家思想的影响"，甚至说"法家思想在《周礼》中……只是被当做一种为儒家思想所用的工具在发生作用"，并进而同样趋向《周礼》思想多元的结论："所谓'多元'，是指它的思想构成具有复合性：治民思想具有鲜明的儒家色彩；治官、理财思想具有强烈的法家气息；而设官分职、祭神祀祖的种种安排之中，又弥漫着阴阳五行说的神秘云雾。……它的主体思想是由儒、法、阴阳五行三家复合而成的。"[3]虽然彭先生在字面上尚承认"全书的主干是儒家思想"，但是既然已明确指出"《周礼》以法家思想为用，以济儒家思想之穷"[4]，并在其著作主体部分的分析中随处透射出具体制度设计上的法家内涵，因此与侯先生所说《周礼》"骨子里却是法家"，本质上别无二致，只是一个说得直接，一个

---

[1] 彭林《〈周礼〉主体思想与成书年代研究》是其博士论文，完成于1989年4月，后由中国社会科学出版社于1991年出版，今依中国人民大学出版社增订版，2009年，第78页。
[2] 侯家驹：《周礼研究》，第376页。
[3] 彭林：《〈周礼〉主体思想与成书年代研究》，第133、93、166页。
[4] 彭林：《〈周礼〉主体思想与成书年代研究》，第167页。

说得较为委婉。若从师承渊源上看，侯先生身居台湾，必然受徐复观影响较大，而彭先生则求学于北京，杨向奎等多予以指导。杨先生在为彭著作序时所揭出的"《周礼》出于儒家的左翼，即接近于法家的一派"，"'周礼在齐'是新兴的儒家，有法家色彩，以荀子为代表"，其说在彭著中得到了很好的推阐。

差不多同时，金春峰在新加坡完成《周官之成书及其所反映的文化与时代新考》(1989/1993)，虽然其主导思想仍主儒法兼综，认为《周礼》的作者试图以儒家思想调和与修正法家的现实制度[1]，但是在实际制度设置出于法家这一点上，和彭林可谓不谋而合，而且与《吕氏春秋》对照来观察《周礼》思想的混杂性，二者亦可谓出则合辙。我们可以看到，顾颉刚的文章虽推迟了二十多年才刊发，却在短短十年之间，渗透进每一位对这一课题开展研究的学者骨髓中。各家在判定此书的地域色彩上虽然还存在争议，然而"主《周礼》为法家著作者渐居主流地位"则并非虚言。

《周礼》"双重征税"说、"税率繁重"说的产生

主张《周礼》作于法家说的诸家中，旗帜最为鲜明、贡献最为卓著者，无疑当数顾颉刚和徐复观。刘丰在梳理完百年来各家《周礼》研究成果后，对顾、徐二位的研究评价甚高，说"顾先生的文章虽然较为简略，但他开启的研究思路和方法是非常有启发性的"，"徐复观先生的《周礼》研究，可以作为我们反省《周礼》研究的一个有益的视角"。[2] 因此，我们需要对顾、徐的论证做进一步检讨。

顾颉刚、徐复观两人均喜于标新立异，用词激烈，故而引发了学术界不小的非议和反击。顾颉刚曾受到学者们的激烈批判，是早已有之的事，其

---

1 金春峰《周官之成书及其所反映的文化与时代新考》在1989年完成于新加坡，余英时之序作于1990年6月，然金著由台北东大图书股份有限公司出版，则要到1993年。
2 刘丰：《百年来〈周礼〉研究的回顾》，《湖南科技学院学报》2006年第2期。

本人所编《古史辨》第二册（1930）即收入多位学者多篇批驳他自己观点的论作。待 1979 年顾先生的《周公制礼的传说和〈周官〉一书的出现》一文面世后，各种不留情面的批斥接踵而至，其中又以徐复观对他的抨击最为犀利。徐先生说他在 1979 年 11 月看到顾颉刚文章，认为顾先生"所下的工夫不深"，"材料的把握不够"，"条理不密"，"方法更不周衍"。[1] 这些评语给人的感觉是，徐先生情绪比较激动，内心波澜翻滚，言辞过于激烈。

按照徐复观自己的交代，他写作《〈周官〉成立之时代及其思想性格》是从 1979 年 4 月末开始动笔，9 月初写成初稿，"又花了一个多月的整理时间"[2]，正在他洋洋得意的成果新鲜出炉时，看到了顾颉刚之文，而且顾先生的最终观点又与他如出一辙，他内心的不是滋味不难想见。遇到这种尴尬情况，摆在徐先生面前的只有两条路，一是肯定并吸纳入顾先生的成果，若己文仍有新意，可局部进行补证；另一就是不认可顾先生论证的思路与方法，充分彰显己文的新见，期望能在整体上覆盖彼文。徐先生决定走后一条路，所以他首先就对顾颉刚的研究方法予以激烈否定。接着，就需要在整体观点上盖过顾先生，不能仍然停留在《周礼》作于法家说，必须继续往前将观点再推进一步。果不其然，徐先生开足了马力，在法家说的基础上，将《周礼》的性质推到了极致，称"这是最具备现代极权国家的性格的"，"通观《周礼》一书，人民组织系在三种系统下作叠式的控制，一是大司徒的系统，二是大司马的系统，三是大司寇的系统。……人民在三重控制之下的生活，正是封建法西斯专政下的生活"。[3] 这一推论，真可谓发前人所未发，实在让人瞠目结舌，难怪连对徐先生深具敬意的余英时（1930—2021），也难以苟同其说，认为"他简直在《周礼》和现代极权主义之间画下了等号"[4]。余先生说，他不能理解究竟是怎样的个人经历之"时代经验"，才会造成徐复观的头脑中产生

1　徐复观：《〈周官〉成立之时代及其思想性格·自序》，《徐复观论经学史二种》，第 183 页。
2　徐复观：《〈周官〉成立之时代及其思想性格·自序》，《徐复观论经学史二种》，第 179 页。
3　徐复观：《〈周官〉成立之时代及其思想性格》，《徐复观论经学史二种》，第 281、284 页。
4　余英时：《〈周礼〉考证和〈周礼〉的现代启示》，《钱穆与现代中国学术》，桂林：广西师范大学出版社，2006 年，第 128 页。

这样的思想。其实，从"顾—徐"观点前后逻辑的细微差异上可以推测，这些极端的话很可能是徐先生在看到顾先生文章之后增益与补充进去的。

徐复观所列举出的史料，已多出顾颉刚几倍。但是对于徐复观的考证，余英时却多处表示不满，斥之为"求深反惑，极尽曲解之能事"，"殊属比拟不伦，一点说服力也没有"，"其中考证的部分……是大有商榷的余地的"。[1] 余先生自然没有要在《周礼》研究上超过徐先生的意思，因为他不是这一领域的专家，他说自己只是一个旁观者，属于"对塔说相轮"，所以评论应当比较客观。刘丰在多年后冷静反刍了各家观点，最终还是基本同意余英时的评判。[2] 基于这一番反思，我们接下来要做的工作，理应撇开两位过激的言辞和先行的理念，抽绎出其论证逻辑的主干，直逼"顾—徐"问题意识的核心。

在徐复观所给出的各项论证中，支撑《周礼》作于法家说的核心证据之一是《周礼》的赋税制度，这一部分也是徐著着墨最重之处。在讨论此问题的一开始，徐先生就说："赋税制度构成《周官》全书的重心，甚至可以说《周官》整个构想是为了达到笼尽天下的货物，是为了大量增加税收的目的而展开的。"[3] 可见，徐先生不仅认为赋税制度关系到《周礼》思想的大局，而且预设了增加税收的宗旨蕴藏在《周礼》设官的底层。既然抱定了这一前见，徐先生进一步推论说，"他们非常重视财政收入，不顾人民实际生活情形，搜罗得无微不至，无孔不入"。分析《周礼》各官所涉赋税史料，徐先生认为，"九赋之外又有地方税，而成为二重税制，这更是人民吃不消的"，"这种无穷的剥削……这种想入非非的搜刮，大概只有在近代最极权的国家才会出现"，"总观《周官》作者对农民、商人重复而无孔不入的赋税构想，与儒家精神真是相隔天壤了"。[4] 可见在徐先生的视域中，《周礼》税制重叠，

---

[1] 余英时：《〈周礼〉考证和〈周礼〉的现代启示》，《钱穆与现代中国学术》，第119、122、134页。
[2] 刘丰：《百年来〈周礼〉研究的回顾》，《湖南科技学院学报》2006年第2期，第13页。
[3] 徐复观：《〈周官〉成立之时代及其思想性格》，《徐复观论经学史二种》，第256页。
[4] 徐复观：《〈周官〉成立之时代及其思想性格》，《徐复观论经学史二种》，第262、267、269、274页。

出现了"二重税制",这是判定其为法家,甚至带有极权主义色彩的重要标志。"二重税制",也就是如今会计学上所谓的"双重征税"（Double Taxation）,即同一盈利被征收了两次税项。

这个问题在顾颉刚那里,还只是点到为止。顾先生说到"《周官》最重视理财,可以说没有一个角落不曾着眼",他的依据不过是赋税这件大事,"既有了大宰主持于上,又有闾师主持于下","每一种人都得把自己所生产的提出若干贡献上去,其他没有生产的也得出钱出力"云云。[1] 徐复观所做的工作较顾先生要细致得多,他将分散在《周礼》各职中的有关赋税的条目逐一列出,很容易便发现在全书的几十个职官中均有关于赋税的记载。《周礼·天官·大宰》的"以九赋敛财贿",此句或以郑众之说解释为"田地之租",或以郑玄之说解释为"口率出泉",不管怎样可视作赋税的一项。此外,"九赋之外,另有……九贡。据郑注,九贡所贡的都是实物,几乎可说无所不包"。[2] 九贡的记载同样出自《大宰》,徐先生将之视作另一项赋税。之后,徐先生又列出《周礼·地官》"敛财赋"诸职,尤其是《载师》"任地事而令贡赋"的记载,无法理解"《周官》的财赋,既直接由天官冢宰所主持,则司徒'掌邦教',应无与于此一方面的业务"。再进一层,既然《地官》之下的乡遂诸职形成了一个"调查登记、征赋起役的完密组织系统",那么在这一系统之外的"载师"为什么又有贡赋的职责? 同样,在《大宰》"九贡"之外,又有《地官·闾师》"以时征其赋",徐先生的质疑是"此处之贡,与天官冢宰所定之九贡到底是一是二"。[3]《周礼》这种同一职能数处出现的书写方式,是徐先生最不能理解的。在列出了《地官》牧人、牛人、族师、委人直至掌染草、掌炭、掌荼、掌蜃等职掌后,徐先生更是无法理解"可以说把一切可以用得上的东西都囊括无余了",由此只能导出"贪得无厌""无穷的剥削"的结论。[4] 正是《周礼》多处出现有关贡赋的记载,造成

---

[1] 顾颉刚:《周官辨非序》,《顾颉刚古史论文集》卷十一,收入《顾颉刚全集》,第452页。
[2] 徐复观:《〈周官〉成立之时代及其思想性格》,《徐复观论经学史二种》,第261页。
[3] 徐复观:《〈周官〉成立之时代及其思想性格》,《徐复观论经学史二种》,第266—267页。
[4] 徐复观:《〈周官〉成立之时代及其思想性格》,《徐复观论经学史二种》,第269页。

徐先生得出"我认为这是由过分重视财赋收入，便不惜分外添设官职"的主要原因，他的结论"九赋之外又有地方税，而成为二重税制"的逻辑起点正在此。

经济史研究界对周代财政制度的概括与提炼，与徐复观所采用的这一思路基本相同。比如周伯棣《中国财政史》在介绍周代的赋税时，同样先列出《大宰》"九赋"，认为"前六项带有收益税的田赋的性质，后三项似相当于现今的物产税，带有工商税的性质"；其次再列《大宰》"九贡""九职"，将"九贡"解释为邦国之贡，"九职"解释为万民之贡，然后再设一节介绍周代的杂税，分列市税、商税、关税和山泽之税等。[1] 又如刘泽华在《先秦政治思想史》中对《周礼》税收制度有所解析，思路也是类似的，称《载师》的规定为土地税，《闾师》《委人》记载的是征收实物，《大宰》的九赋为"口赋"，等等。[2] 其他财政史研究著作与此基本类似，细节处理上略有差异，兹不赘引。

不过，徐复观对顾颉刚的另一项说法，也就是《周礼》税率繁重之说，却是刻意地回避掉了。顾先生曾明确揭橥出《周礼》出于法家的重要证据之一，就是书中所记力役和赋税的繁重，尤其针对的就是《载师》所载税率，"远郊的牛田、牧田等征二十分之三，都鄙之地就征到十分之二，漆林竟征到二十分之五"，顾先生认为"这和孟子所说的'野九一，国中什一'，荀子所说的'田野什一'，《王制》所说的'公田藉而不税'都完全不同。总而言之，这是统治阶级为了扩大自己的势力和财力的需要，尽量地加增农民的负担而已"。[3] 顾先生的这一看法，其实并不是什么创见，此前主张《周礼》伪书说的学者，早就揪着这个问题不放。

顾颉刚自己坦陈，他的这一看法是来自清人万斯大（1633—1683）。1979 年顾先生发表《周公制礼的传说和〈周官〉一书的出现》时，"删去了原来最

---

[1] 周伯棣编著：《中国财政史》，上海：上海人民出版社，1981 年，第 31—38 页。
[2] 刘泽华：《先秦政治思想史》，第 453—454 页。
[3] 顾颉刚：《周官辨非序》，《顾颉刚古史论文集》卷十一，收入《顾颉刚全集》，第 451 页。

后论述万斯大《周官辨非》的三千余字"[1],今据王煦华所整理的原稿本,万斯大此书对顾先生的影响主要是:

> 这一部《周官辨非》,主要的目的是在批判《周官》里的官繁和赋重。[2]

可见,顾先生正是受了万斯大《周官辨非》的直接影响,才提出《周礼》作于法家之说的,故而他对万著表彰有加。在《周官辨非》中,万氏论证《周礼》"赋重"的核心证据就是《载师》所载田税税率超过十一:

> 按《孟子》曰:"夏后氏五十而贡,殷人七十而助,周人百亩而彻。"其实皆十一也。故公刘立国,彻田为粮,文王治岐,耕者九一,后王遵守,未常有过此者。迨乎春秋,兵赋繁兴,国用不足,乃重敛以病民。如鲁之税亩,在宣公之时;郑之丘赋,在昭公之世;十二之始,经传昭然,则知前此皆十一也。……今《载师》任地惟近郊十一,远郊则不及七而一,甸、稍、县、都皆十二。郑注谓轻近重远,近者多役也。……盖民之纳赋,远者劳而近者逸,故为之别其精粗,以均其力;未闻轻近重远,有加于十一也。然则《载师》所言,岂待辨而知为聚敛小人之说乎![3]

万斯大这一段对《载师》所载税率的质疑,可以说被顾颉刚全盘接纳。万氏之外,清代尚有方苞、崔述等持说与之一脉相承[4],顾颉刚同样参考了方苞之说,因为他曾为方氏著作《周官辨》作序[5]。

---

1 顾颉刚:《周官辨非序》文末附"王煦华后记",《顾颉刚古史论文集》卷十一,收入《顾颉刚全集》,第468页。
2 顾颉刚:《周官辨非序》,《顾颉刚古史论文集》卷十一,收入《顾颉刚全集》,第465页。
3 〔清〕万斯大:《周官辨非》,《万斯大集》,杭州:浙江古籍出版社,2016年,第199页。
4 参见张心澂编著:《伪书通考·经部·礼类》所摘引,第303—304、307—308页。
5 顾颉刚:《周官辨序——方苞考辨周官的评价》,《顾颉刚古史论文集》卷十一,收入《顾颉刚全集》。

其实在清代之前，质疑《周礼·地官·载师》所制税率高于十一，与《孟子》《公羊传》等所说不合，早就是《周礼》学史上的一桩公案，经学家曹元弼曾说此"为《周礼》中第一大疑"[1]。尤其是北宋王安石变法大兴富国理财之道，其学理的资源自云来自《周礼》，王安石称"政事所以理财，理财乃所谓义也；一部《周礼》，理财居其半，周公岂为利哉"[2]，由此激发了道德保守派的激烈剖击[3]。就像韩琦所非议的那样，"臣窃以为周公立太平之法，必无剥民取利之理，但汉儒解释或有异同……今青苗取息过《周礼》一倍，制置司言比《周礼》取息已不为多，是欺罔圣听"，"况今天下田税已重，固非《周礼》什一之法，更有农具、牛皮、盐曲、鞋钱之类，凡十余目，谓之杂钱。……取利已厚，伤农已深，奈何又引《周礼》'国服为息'之说，谓放青苗钱取利乃周公太平已试之法！"[4] 职是之故，逼得司马光将这种"头会箕敛，以尽民财，如此则百姓困穷，流离为盗"的理财之法，诉诸"桑[弘]羊欺汉武帝之言"[5]，也就是说这是法家末流的牟利之术。当王安石阳傅《周礼》、暗用法家的这一观念深入了宋儒道德保守主义者的心坎时，自然就连带着对《周礼》中那些超过"十一"的税制也起了疑心，疑经派视《周礼》为伪书的源头即在此。

追根溯源，必须诉诸《周礼》所记载的税制应当如何释读。唐贾公彦《周礼注疏》在《载师》经文下已明确引录《孟子》及《五经异义》所引"今《春秋公羊》说，十一而税，过于十一，大桀小桀"的话，并试图予以弥缝。[6] 宋人陈傅良（1137—1203）直截了当地指出《载师》所征税或二十

---

1 曹元弼：《田税轻重辨》，《复礼堂文集》卷四，第 409 页。
2 〔宋〕王安石：《答曾立公书》，《王安石文集》卷七三，北京：中华书局，2021 年，第 4 册 1271 页。
3 参见程元敏《三经新义辑考汇评》在《周礼·地官·泉府》下所收录自宋范镇至清伍崇曜三十余家批斥王安石的评语，上海：华东师范大学出版社，2011 年，下册 218—242 页。
4 〔元〕脱脱：《宋史》卷一七六《食货志上四》，北京：中华书局，1985 年，第 4283—4284 页。
5 〔宋〕司马光：《八月十一日迩英对问河北灾变》，《司马光集》卷三九《章奏二四》，成都：四川大学出版社，2010 年，第 2 册 885—886 页。
6 《周礼注疏》卷十三，〔清〕阮元校刻：《十三经注疏》，第 726 页中下。

而一，或二十而五，自汉以来诸儒因此疑周不纯用彻法，亦轻重非二等"[1]。陈氏所谓"不纯用彻法"，指的就是《载师》所记税率有高有低，并不尽合"十一"。我们且看郑玄的注，说"周税轻近而重远，近者多役也"，显然是为了要给《载师》从"二十而一"到"二十而五"五等税率进行辩解，可见汉儒直至唐儒对《周礼》所记田赋的税率早已心生疑虑，陈傅良所言不虚。

可惜，20世纪兴起的持《周礼》作于法家说之诸家，对这一条经学史的内在脉络并未充分留意。顾颉刚只是粗略地探到了万斯大等人对《周礼》所记税率的辩难，在思维路径上仍处在简单地将字面上的"十一而税"视为儒家，但凡税率有超过"十一"，就一股脑儿地归为法家。何为"儒"、何为"法"，这两顶帽子有多大的差别，分别戴得合不合适，顾先生尚未深究。徐复观大概是看到了"十一而税"的线条实在太粗，《周礼》的税率记载难以一概以繁重抹杀之，再加上他有意要与顾颉刚标新立异，故而别创了一条新的逻辑，即揪出《周礼》各职所记税项的杂多。当我们回顾了宋代的义利之辩，很容易发现徐先生所谓的"《周官》对商与市的整个构想，皆由桑弘羊的平准政策的精神而来"[2]，实际上不过是拾了司马光驳斥王安石的牙慧，只是徐先生自己恐怕尚未知晓。

《周礼》的赋税制度：《地官》官联三十职

学术界之所以会提出《周礼》作于法家说，与对错落在《周礼》数职中有关征赋之法的记载理解不够深入有关。《周礼》的赋税制度，因为郑玄、贾公彦等经学家的释读未能得到后世一致的认可，由此产生了宋明以来诸儒考证与推论的一系列成果，而尤以清儒的成绩为夥。顾颉刚当年延续着辨伪学的惯性，从《四库全书存目》中搜寻到万斯大《周官辨非》、方苞《周官

---

[1] 〔宋〕陈傅良：《与王德修》，《止斋先生文集》卷三十五，收入《陈傅良集》，杭州：浙江古籍出版社，2022年，第466页。

[2] 徐复观：《〈周官〉成立之时代及其思想性格》，《徐复观论经学史二种》，第270页。

辨》两书，猎奇成功，如获至宝。顾先生接着又说，"我将来如果还有气力，想编辑为《周官考辨集语》一书，让大家看看各个时代的人们对于这书中曾有过哪些疑惑和不满"[1]。可惜，他最终并未实现这一理想。如果顾先生能循此路径掘进，必将进入到清儒考辨《周礼》的崇山峻岭之中，那么较万、方功力更深邃、逻辑更周延的重量级考证成果，也就不至于消失在现代史学家们的视域之外了。

比如孙诒让的《周礼正义》，被誉为"清代新疏之冠"[2]，将前此众家注解析论"千丝万缕，细织成文"，"全书制作之精意微旨，古义之创发疏通，与夫训诂校勘之精善"通贯荟萃于一炉，尤其是"疏中发正郑贾数十百事，皆信美矣"。[3]因此，《周礼》经文、注疏所延伸出来的各种疑义歧说，大多可从孙氏《正义》中获得疏通与推阐，从中或可寻得破解的一家之说，或可觅得按图索骥的路标。顾颉刚、徐复观等现代学者对清儒考证成果未能充分吸收，尤其是未能详参孙氏《正义》，是滋生出诸多所谓新见与纠纷的主要原因。如今我们要从财政史的角度对《周礼》赋税制度进行现代学科意义上的阐释，理应吸纳经学史上前一个高峰期的成果结晶，以此作为创新性理论建构的地基。

徐复观之所以会推导出"双重征税"说，是因为他详细罗列出了《周礼》众职之下的赋税相关史料，见其散布在看似不相联属的各个职官系统中，故而产生了中央财政之外又有地方税之类重复收税的疑惑。这一疑惑随着收集到的《周礼》税收记载之杂多而越来越强烈，最终形成一种固化的前见。徐先生的问题具有普遍性，其根本上是由于对《周礼》全书的总纲领，即《大宰》"八法"（官属、官职、官联、官常、官成、官法、官刑、官计）的理解不够充分所致。孙诒让身处晚清学术转型的初期，曾初识到这一问题的严重性，在

---

1 顾颉刚：《周官辨非序》，《顾颉刚古史论文集》卷十一，收入《顾颉刚全集》，第463页。
2 梁启超：《中国近三百年学术史》，北京：东方出版社，1996年，第249页。
3 洪诚：《读〈周礼正义〉》，《洪诚文集·雒诵庐论文集》，南京：江苏古籍出版社，2000年，第203页。

《周礼正义》书首列出"略例十二凡",作为阅读与理解该书的整体性问题,其中第五项就说:"古经五篇,文繁事富,而要以大宰八法为纲领,众职分陈,区畛靡越。"在这"八法"之中,又以"官联"一项理解起来最为困难,孙说:"唯官联条绪纷繁,脉络隐互,散见百职,钩核为难。"[1] 此后不少礼学家也意识到《周礼》的现代解析,当以官联为最切要、最繁难之处,如沈文倬即指出:"《周官》三百多职,各有职掌,所系职事,实有千余,事无巨细,都属总体中的一支,职职关连,事事配合。研究此书,只有明了众职的分合关系,方能求得贯串。"[2] 因此,要掌握《周礼》一书的制度要义,必须从运行的层面来考察全书的官联脉络,停驻在各职所记内容的表面,区块分隔地进行割裂的理解,触纸满眼所见均是扞格与矛盾,这是制约《周礼》与现代社会科学顺畅对接的最大龃龉。

要理解《周礼》的赋税制度,必须将《周礼》的六官系统依"八法"进行一番重新的分类与归并,尤其要从官联的角度将征赋诸职做串联通观,见其合职联事的内部结构。《天官·大宰》"三曰官联",郑注:"官联,谓国有大事,一官不能独共,则六官共举之。……联,谓连事通职,相佐助也。"何谓"国有大事"?据《小宰》,包括祭祀、宾客、丧荒、军旅、田役、敛弛六大项,其中的"敛弛"一项,就是指赋税收入与布施赈济,可见国家的赋税制度,正是"六官共举""连事通职"的典型。如何进入到官联的内部结构?孙诒让举例说:"凡官联,有同官之联事,若司市、司门、司关为联事,同属《地官》是也;有异官之联事,若祭祀、丧纪,六官之长为联事是也。异官之属亦多相与为联事,若《量人》云:'凡宰祭,与郁人受斝历而皆饮之',是夏官之属与春官之属为联事也。"[3] 沈文倬曾就四时田猎进行过一番勾稽,共得三十四职联事通职,相关记载散落在《天官》《地官》《春官》《秋官》四部之下;而同一个职官,又"往往所掌诸职事,一事与此一官为

---

[1] 〔清〕孙诒让:《周礼正义·略例十二凡》,北京:中华书局,1987年,第1册3页。
[2] 沈文倬:《孙诒让周礼学管窥》,《菿闇文存——宗周礼乐文明与中国文化考论》,第671页。
[3] 〔清〕孙诒让:《周礼正义》卷五,第1册165页。

联,另一事与彼一官为联,交错互系,非常周密"。[1] 同此理,《周礼》的征赋之法,亦不能仅用现代财政学上税务管理的思路,简单地对应于《周礼》六官的文本记载,将此处界定为土地税,彼处界定为人口税,此处界定为实物税,彼处界定为工商税,等等。

我们如今从《天官·大宰》出发,大宰总理国家行政国务,国家财政收支的宏观调控在其总领属的范畴之中。《大宰》职下总括国家财政收支的四项基本原则——"以九职任万民""以九赋敛财贿""以九式均节财用""以九贡致邦国之用"。其中,"以九式均节财用"针对的是国家财政的支出,按一定的法度配额取用,也就是对所征赋税该如何使用制定基本国策。其他三项均与财政收入有关。"以九贡致邦国之用"是畿外诸侯国贡奉各自特有的物产,作为邦国物资来源的辅助渠道,即如贾疏所云"此贡,诸侯邦国岁之常贡","所贡者,市取当国所出美物"[2]。关乎王畿之内的赋税征收,主要是"以九职任万民"和"以九赋敛财贿"这两项。"九职"主要是指国家对各类职业做出区分,使万民各有专任的职事,分工合作。据《地官·闾师》载任民九种,即农耕、园圃、虞衡、薮牧、百工、商贾、嫔妃、臣妾、无职者,上贡一定的收成,充当王宫各项用度所需,《天官·大府》又称之为"九功"。"九赋"则是针对不同的地域与职业,制定国家赋税征收的政策和标准。两者相辅相成,故贾疏谓"九职、九赋,职赋相继而言……九职任之,九赋敛之"[3],孙氏《正义》称"九赋者,畿内田野之税;九功者,万民职事之征"[4],两说各侧重于一面,所指实为一事。黄以周(1828—1899)辨析两者的差异云:"周初征民之常经,只有九职、九赋二法,而其国用之所仰给者,只在九赋之一征,故九赋曰九正也。九职力役之征,只以充府库,以备

---

1 沈文倬:《孙诒让周礼学管窥》,《菿闇文存——宗周礼乐文明与中国文化考论》,第675—676页。
2 《周礼注疏》卷二,〔清〕阮元校刻:《十三经注疏》,第648页中。
3 《周礼注疏》卷二,〔清〕阮元校刻:《十三经注疏》,第646页中。
4 〔清〕孙诒让:《周礼正义》卷十一,第2册444页。

非常之需。"[1] 可见"九职"更偏重于任民以职事，当然也包含为王宫所做的事务，或者以贡实物来代劳力；"九赋"则是国家赋税收入的最主要来源，《天官·司书》又称之为"九正"。

《大宰》的"九职""九赋""九贡"属于国家宏观层面，赋税制度的落实则要进入到《周礼·地官》。孙诒让曾将"九赋"中的前六项与《地官·载师》的具体职掌逐一对照，并进而呼应到闾师、县师等职，其做法是：（1）将"一曰邦中之赋"关联到《载师》"以廛里任国中之地，以场圃任园地"，这部分由"六乡之吏及闾师、场人等敛之"；（2）将"二曰四郊之赋"关联到《载师》"以宅田、士田、贾田任近郊之地，以官田、牛田、赏田、牧田任远郊之地"，这部分由"六乡四郊之吏及闾师敛之"；（3）将"三曰邦甸之赋"关联到《载师》"以公邑之田任甸地"，这部分由"六遂之吏及县师敛之"；（4）将"四曰家削之赋"关联到《载师》"以家邑之田任稍地"，"自此以外至邦都，并县师敛之"；（5）将"五曰邦县之赋，六曰邦都之赋"关联到《载师》"以小都之田任县地，以大都之田任畺地"，并称其中"公邑之赋，全入于王，小都（或大都）采地之赋，则计率贡于王"。由此可见，被黄以周界定为"九赋者，敛田地之租也，田地为正税，故九赋亦谓之九正"[2]的这一部分，实际上是由《载师》具体负责操盘的。孙氏又将"九赋"中的后三项分别与《地官》其他七职互联起来：（1）将"七曰关市之赋"关联到"司市、司关所敛廛征、财征"；（2）将"八曰山泽之赋"界定为"山林川泽之地征也"，关联到"山虞、泽虞、川衡、林衡敛之"；（3）将"九曰币余之赋"界定为"百官府法用之余羡"，关联到"职币所敛者"。[3] 可见，大宰总理赋税收支的宏观调控，载师等具体制定征税之法，以此为线索，可将《地官》涉及赋税征收与落实的诸职予以通盘勾稽，至少可得如下三十职。

---

1 〔清〕黄以周：《礼书通故》卷三六《田赋通故》，北京：中华书局，2007年，第4册1551页；亦可见〔清〕孙诒让：《周礼正义》卷二、卷三，第1册79、90页。

2 〔清〕黄以周：《礼书通故》卷三六《田赋通故》，第4册1549页。

3 〔清〕孙诒让：《周礼正义》卷三，第1册91—92页。

表1 《周礼·地官》赋税官联三十职

大司徒	小司徒							
		闾师	乡大夫			土均		
		遂师	里宰	载师	司稼	均人		
		县师	旅师					
		山虞	林衡	泽虞	川衡	委人		
		角人	羽人	掌葛	掌染草	掌炭	掌荼	掌蜃
		司市	廛人	肆长	泉府			
		司门	司关					

《地官》的统领大司徒总掌基层管理,其职责当然包括"以土均之法辨五物九等,制天下之地征,以作民职,以令地贡,以敛财赋,以均齐天下之政",小司徒为其佐,其职责亦包含"乃经土地而井牧其田野……以任地事而令贡赋,凡税敛之事,乃分地域而辨其守,施其职而平其政",依郑注:"贡,谓九谷山泽之材也。赋,谓出车徒给徭役也。""职,谓九职也。政,税也。"孙氏《正义》将此"贡"对应于《大宰》九职之力政,"赋"对应于九赋地征。[1] 郑、孙理解有差异(详下文),但大宰之宏观设计经由大、小司徒落到实地,《周礼》的这一基本结构是可以肯定的。大司徒其下官属,孙氏《正义》曾概括道:"大司徒以法命乡师、闾师、县师、遂师、均人、稍人等官,征敛九赋及力征也。"[2] 孙诒让的这一概括得其大端,但并不精确,下面借其作为线索,逐职追踪辨析。

先说闾师、县师、遂师与乡师四职。《周礼》明确记载,《闾师》"掌国中及四郊之人民、六畜之数,以任其力,以待其政令,以时征其赋",可知闾师掌国中及四郊的赋税征收。《县师》"以岁时征野之赋贡",郑注:"野谓甸、稍、县、都也。所征赋贡与闾师同。"可知县师掌郊外之野,即甸、稍、县、都的赋税征收。《遂师》"经牧其田野,辨其可食者,周知其数而任之,以征财征。……入野职、野赋于玉府",可知遂师掌六遂的赋税征收,

---

1 〔清〕孙诒让:《周礼正义》卷二十,第3册788页。
2 〔清〕孙诒让:《周礼正义》卷十八,第3册714页。

六遂地处郊、野之间。《遂师》明确记载"征财征"包括"职""赋"两个方面，孙氏《正义》："野职者，六遂中九职之民贡也。野赋者，九赋邦甸之赋也。"又联系《县师》之"野之赋贡"，孙氏云"即《遂师》之野职、野赋，所掌地异而法略同"。[1] 可见闾师、县师、遂师在"征赋贡"上职责近似，按国野之地域彼此分工。可是《地官·乡师》职下却并未记载到征赋的职责，孙诒让从结构对称性上推拟乡师应负责六乡赋贡，其在《地官·叙官》"闾师"下做了这样一段推论："六乡之地虽内连国中，外通四郊，而此官正掌国中四郊之地治，则不得兼征六乡之赋贡；况六遂赋贡即征于遂师，公邑赋贡即征于县师，则六乡赋贡即征于乡师，亦不必以闾师兼掌之矣。"[2] 孙氏所针对的是郑玄的处理方案，即将负责六乡赋贡之职责统属在闾师职下。郑玄在《地官·叙官》"闾师"下注："主征六乡赋贡之税者。"在《闾师》职下又注："国中及四郊，是所主数六乡之中自廛里至远郊也。"孙诒让在此处解释说"四郊中有六乡，是六乡之中自廛里至远郊，闾师并掌之"，职是之故，"此官为国中及四郊吏之长，而兼掌六乡赋贡之事"。[3] 可见孙氏《正义》前后处理这个问题是自相矛盾的，其在《闾师》职下采纳了郑说，在《叙官》那里又提出了六乡赋贡征于乡师的新说。郑玄的处理显然要优于孙诒让的新说，且不说孙氏的新说只是一种推拟，而且《乡大夫》职明确记载，"以岁时登其夫家之众寡，辨其可任者。国中自七尺以及六十，野自六尺以及六十有五，皆征之"，可见乡这一级正是联属于国中的，乡大夫所征，"谓指力役之征是也"，"谓筑作、挽引、道渠之役及口率出钱"，"平时则受职而贡其功，有事则受役而任其力"。[4] 国中及四郊含六乡之民，其最重要的职务是提供劳役，上贡实物以供王宫用度，此由乡大夫主负责，故而属于"九赋"之税则较轻，可兼掌于闾师。然而六遂以外之民则轻于劳役，以纳赋税为主，

---

1 〔清〕孙诒让：《周礼正义》卷二九、二五，第 4 册 1146、986 页。
2 〔清〕孙诒让：《周礼正义》卷十七，第 3 册 653 页。
3 〔清〕孙诒让：《周礼正义》卷二五，第 4 册 974 页。
4 〔清〕孙诒让：《周礼正义》卷二一，第 4 册 840 页。

故由遂师、县师掌其事。

同时，在六遂之官中，《里宰》下亦记载有"征敛其财赋"的职责，可见六遂之赋贡，由遂师总może把控，而里宰则具体承办。孙氏《正义》称"此官所待者，即遂师之征令及司稼之敛法是也"。[1]《司稼》"巡野观稼，以年之上下出敛法"，所谓"敛法"，乃是与载师的任地之法相配套的赋税征收标准，孙氏《正义》称"载师任地之法……此以地之远近为税法之差也"，"司稼以年之上下出敛法，此又以年之丰歉为税法之差也。二官盖互相备"。[2] 同样，与县师负责征收野之赋税相配套，《旅师》"掌聚野之锄粟、屋粟、间粟"，郑注谓"主敛县师所征野之赋穀者也"，"县师征之，旅师敛之而用之"。由此可见"征—敛"形成一个配套的征赋官联系统，贾疏云："六乡之内所有赋税，闾师徵之，闾师敛之。此二百里外至五百里，其地广，故县师征之，旅师敛之。征敛别官，故官属与胥徒多也。"[3] 也就是说，在载师—司稼制定了一套赋税征敛标准之后，具体执行时，国中六乡四郊由闾师负责，六遂由遂师总管、里宰落实，甸外至野则由县师总管、旅师落实。

在国野乡遂这一地域格局之外，山林川泽之地，《地官》分别记载由山虞、林衡、川衡、泽虞负责管理。《周礼》在《泽虞》职下记载"使其地之人守其财物，以时入之于玉府，颁其余于万民"，郑注："以时入之于玉府，谓皮角珠贝也。"玉府乃《天官》之职，"掌王之金玉、玩好、兵器，凡良货贿之藏"，上文提到遂人亦将所征之物入玉府，可见泽虞的职掌范围必定包含有赋贡的征收。不徒《泽虞》有此职掌，山虞、林衡、川衡理应相仿，故贾疏云"二虞二衡，文有不同，皆是互见为义故也"。[4] 江永为之推阐曰："凡山林川泽，皆国所有，使其地之人各占其地，种艺草木，长养鱼鳖，即九职中虞衡之民，是谓之守，而官为之禁令。当取物之时，各入其物，以为地职

---

1 〔清〕孙诒让：《周礼正义》卷三十，第 4 册 1160 页。
2 〔清〕孙诒让：《周礼正义》卷三一，第 4 册 1236—1237 页。
3 《周礼注疏》卷九，〔清〕阮元校刻：《十三经注疏》，第 699 页中。
4 《周礼注疏》卷十六，〔清〕阮元校刻：《十三经注疏》，第 748 页上。

之贡，《闾师》所谓'任衡以山事贡其物，任虞以泽事贡其物'者也。入贡之余，即是民所自有，犹必令其取物有时，取之有节。若官自取物，不在禁限。此二虞二衡之通法也。"[1] 有鉴于此，孙诒让将此四职关联到《大宰》九赋之"八曰山泽之赋"，是可以接受的。又薪柴干草、瓜果之类的征收储存，专设委人以管理，《委人》"掌敛野之赋，敛薪刍，凡疏材、木材，凡畜聚之物"，郑注："所敛野之赋，谓野之园圃、山泽之赋也。"按郑说，委人"主敛甸稍刍薪之赋，以共委积者也"，孙诒让解释说，"凡储聚禾米薪刍之属，通谓之委积"[2]。委人一方面固然负责此类物材之征敛，另一方面也负责在接待宾客、祭祀、丧纪、军旅等场合的取用。

与以上诸职构成辅助者，《地官》记载有角人、羽人、掌葛、掌染草、掌炭、掌荼、掌蜃七职，分别负责齿角骨物、羽翮、絺绤纻麻、供染色之草、灰炭、茅荼、蚌蛤七类物贡，以供王宫百事之日用。如《角人》"掌以时征齿角，凡骨物于山泽之农，以当邦赋之政令"，贾疏云："今以此农近山泽，山泽有此骨角及齿，此三者国之所须，故使以时入采而税之，以当地税。"[3] 贾疏颇为通达，故孙氏《正义》取之，依其说，后六职可相仿。

对应于《大宰》九赋"七曰关市之赋"者，也就是所谓商贾之税，《地官》中乃由司市为总负责，郑注："司市，市官之长。"《司市》记载"国凶荒札丧，则市无征，而作布"，可见不属凶荒的年岁当有市征。具体落实市征者，则由廛人、肆长、泉府三职当之。《廛人》"掌敛市絘布、总布、质布、罚布、廛布，而入于泉府"。依江永之说，"絘布者，市之屋税。总布者，货贿之正税。廛布者，市之地税也"。因为"国中大小之肆，皆是公家之财所成，故有屋税；廛者，市中空地未有肆，停货物于此，则有地税，二者皆非商贾之正赋"，其重要程度远不及总布，因此"总布是商贾之正赋"。

---

[1] 〔清〕江永：《周礼疑义举要》卷三，《清经解》第29种，收入〔清〕阮元、王先谦编：《清经解 清经解续编》，第2册1915页；〔清〕孙诒让：《周礼正义》卷三一转引江永之说，第4册1198页。

[2] 〔清〕孙诒让：《周礼正义》卷十九，第3册767页。

[3] 《周礼注疏》卷十六，〔清〕阮元校刻：《十三经注疏》，第748页中。

又罚布，郑注"犯市令者之泉也"；质布，依江永说"即偿质剂之布也……犹后世契纸有钱也"，"质剂物微，罚布无常"，此二者只可作为商业税收的补充，因此"五布惟总布最多"。[1] 何以称之为总布，江永认为，"货有贵贱，贿有重轻，举其总数，以计布谓之总布"，总布之征收过程，"使每肆一人之肆长随时敛之，以归廛人，而廛人以入泉府也"。[2] 检《肆长》职下记载"敛其总布"，《泉府》职下记载"掌以市之征布"，可见肆长、泉府乃是商税的具体执行者，故孙氏《正义》称泉府所掌"即司市以泉府同货而敛赊之事，亦与廛人为官联也"[3]，得之。此三职外，尚有司门、司关二职与司市相配套，收取货物出入国门、国境之税，此即《司关》"司货贿之出入者，掌其治禁与其征廛"所指，江永释之曰："征者，货贿之税也。廛者，货贿停阁邸舍之税也。若不停阁，则无廛布矣。"[4] 据郑玄注，"自外来者，则案其节，而书其货之多少，通之国门，国门通之司市；自内出者，司市为之玺节，通之国门，国门通之关门。参相联以检猾商"。金春峰指出："这种互相通知的制度，一是防止滑商偷税，另一作用是防止重复征税。就是说，凡经过司关征税的货物，国门不再征税而仅征市场税。"[5] 可见避免双重征税，正是《周礼》税制设计的考量之一。而且，与《司市》相类，一旦"国凶札，则无关门之征"，可见关市之赋，视年成丰歉与国计民生的实际状况能够上下浮动。

牵涉到赋税的浮动、调整与衡平，均人与土均二职在制度中的作用便不可忽略。《大司徒》的职责之一即"以土均之法辨五物九等，制天下之地征，以作民职，以令地贡，以敛财赋，以均齐天下之政"，孙氏《正义》："谓均

---

1 〔清〕江永：《周礼疑义举要》卷三，《清经解》第29种，收入〔清〕阮元、王先谦编：《清经解 清经解续编》，第2册1912、1911页。
2 〔清〕江永：《周礼疑义举要》卷三，《清经解》第29种，收入〔清〕阮元、王先谦编：《清经解 清经解续编》，第2册1912页。
3 〔清〕孙诒让：《周礼正义》卷二八，第4册1095页。
4 〔清〕江永：《周礼疑义举要》卷三，《清经解》第29种，收入〔清〕阮元、王先谦编：《清经解 清经解续编》，第2册1912页。
5 金春峰：《周官之成书及其所反映的文化与时代新考》，台北：东大图书股份公司，1993年，第55页。

平土地贡赋之法,即均人、土均所掌是也。"[1] 均人、土均二职即大司徒用土均之法的官属。《均人》"掌均地政,均地守,均地职,均人民、牛马、车辇之力政",《土均》"掌平土地之政,以均地守,以均地事,以均地贡"。二职的区别,孙诒让概括说,均人"掌均乡遂公邑土地征役",土均"掌邦国都鄙土地政令之事"[2]。均平的具体规则,《均人》记载:"凡均力政,以岁上下。丰年则公旬用三日焉,中年则公旬用二日焉,无年则公旬用一日焉。凶札则无力政,无财赋,不收地守、地职,不均地政。"郑注:"政,读为征。地征谓地守、地职之税也。地守,衡虞之属。地职,农圃之属。力征,人民则治城郭、涂巷、沟渠,牛马、车辇则转委积之属。"《土均》记载:"以和邦国都鄙之政令、刑禁与其施舍,礼俗、丧纪、祭祀,皆以地媺恶为轻重之法而行之。"可见,均人更侧重年岁之丰歉,土均更侧重于土地之美恶,然二者"职掌内外远近亦相备"[3],也就是结合地域远近、土壤肥力、年成与收支等各项因素通盘协调,也彼此协作。

综上可见,《地官》官联三十职,共同构成了《周礼》赋税征收的纵横网络。赋税的征收经由大、小司徒的总掌主持,二十八职彼此配合协作,一方面确立严格的制度法则,另一方面又不以刻板的规定一刀切,而是给予一线赋税征收官吏弹性的浮动权限。郑注说六乡征税之官,何以确定为州、党、族、闾、比中的闾师,是因为"征民之税宜督其亲民者",同样六遂征税之官,确定为县、鄙、酂、里、邻中的里宰,"亦敛民之税宜督其亲民"(《地官·叙官》)。可见赋税的征收当与民众的实际收入相匹配,与当年当地的基层民生现状相适应。经由基层所征之赋贡,大宗将统一进入大府,在国家层面统筹支配,具体由玉府、内府、外府、司会、司书、职内、职岁、职币等官以"九式之法"府藏、会计、分配、支用,由此又形成另外一套财政支出的官联系统。

---

1 〔清〕孙诒让:《周礼正义》卷十八,第 3 册 713 页。
2 〔清〕孙诒让:《周礼正义》卷十七,第 3 册 657、671 页。
3 〔清〕孙诒让:《周礼正义》卷二五,第 4 册 992 页。

田税轻重与口率均赋：论郑玄方案

通过对《地官》三十职所构成的官联体系进行初步的解析，《周礼》赋税制度的基本轮廓已清晰可见。学者们之所以会认为《周礼》赋税繁重，一个很大的原因就是仅看到《周礼》中赋税的记载牵涉职官众多，未能建立起对整个官联系统的全面把握，对此职与彼职之间的合职联事链条认识不足。尤其是在《周礼》分属于三十职的赋税制度书写中，渗透着一种调控与均平的原理，由于在分职书写的体例中未能清晰地彰显，故而需要后世经学家予以解释与抉发。经学家们的解读往往呈现出较大的差异，甚至在一些重要关节各执一词、针锋相对，这是造成《周礼》赋税制度被误解的更为复杂的原因。

我们举两个最为聚讼的案例，略做说明。其一就是上文提到的万斯大、顾颉刚等质疑《地官·载师》所记载税率高于"十一"。《载师》任地以制贡赋的基本原则是："凡任地，国宅无征，园廛二十而一，近郊十一，远郊二十而三，甸稍县都皆无过十二，唯其漆林之征二十而五。凡宅不毛者，有里布；凡田不耕者，出屋粟；凡民无职事者，出夫家之征。以时征其赋。"郑注明确指出："周税轻近而重远，近者多役也。"贾公彦疏又对"漆林之征二十而五"给予了一个解释："此漆林之税特重，以其漆林，自然所生，非人力所作故也。"洪诚补充道："漆林不在常科之内，不仅因税重，实因其为少数地区之特产，当时为奢侈品，非如桑麻家家种之也。"[1]对于郑玄轻近重远的说法，贾疏比较谨慎，找出《五经异义》中所载录的郑玄之说，与此处郑注相参照。据贾疏所引："玄之闻也，《周礼》制税法轻近而重远者，为民城道、沟渠之役，近者劳、远者逸故也。其授民田，家所养者多，与之美田；所养者少，则与之薄田。其调均之而是，故可以为常法。"[2]郑玄认为，税率之所以会出现轻重，是与人民力役的多少相调平的，可见载师所制税法，由均人负责落实。但是郑玄的这一解释方案，只是说明了税率之所以会

---

1 洪诚：《读〈周礼正义〉续篇》，《洪诚文集·雒诵庐论文集》，第231页。
2 《周礼注疏》卷十三，〔清〕阮元校刻：《十三经注疏》，第726页下。

出现轻重不等,并未说明超过"十一"的税率是否过重。

后世学者普遍感觉难以解释税率超过"十一"的问题。比如朱熹就说:"然远近轻重不等者,盖近处如六乡,排门皆兵,其役多,故税轻;远处如都鄙,井法七家而赋一兵,其役少,故税重。所谓'十二'者,是并杂税皆无过此数也。"前一句实际上是对郑玄轻近重远的进一步阐释,后一句指出税率"十二"中包含了其他杂税,这一点至关紧要,可惜究竟是什么杂税,朱熹未能明说。沿着朱熹的思路,还得进一步探究为什么离国宅越远杂税越多?又"二十而五"比"十二"更重,贾疏的解释是否合理?当朱熹面对陈淳的质难,也只得承认:"便是难晓,这个今且理会得大概,若要尽依他行时,也难。"[1]

孙诒让对这个问题无疑是下过一番考索工夫的。他博览前人的各种解释,认为清儒江永、俞樾的思考最具有针对性。江永认为:

《国语》载孔子之言曰:"先王制土,藉田以力,而砥其远迩。"是田赋有远近取平之法。《禹贡》甸服五百里,近者贡粗而且服,远者贡精而不服,是虞夏砥远迩之法也。《载师》近郊十一,远郊二十而三,甸稍县都无过十二,是《周官》砥远迩之法也。取民固不过十一,然力役先取诸近,近者多而远者少,其势不得不然。益远民之赋,以补近民之力,政乃均平,使可一概而施,则禹时何不以粟米责之三百里内,以总铚秸服均之三百里外乎?"多乎什一,大桀小桀",此为法制外横征者言之;若通融远近,以立均平之法,乃王政也,非横敛也。[2]

江永明确指出税率的轻重,体现的是一种"远近取平之法",郑玄方案的精髓是在"益远民之赋,以补近民之力,政乃均平"。简单地诉诸"十一而

---

1 〔清〕黎靖德编:《朱子语类》卷八十六《礼三》,第 6 册 2705 页。
2 〔清〕江永:《周礼疑义举要》卷二,《清经解》第 29 种,收入〔清〕阮元、王先谦编:《清经解 清经解续编》,第 2 册 1908 页;〔清〕孙诒让:《周礼正义》卷二十四转引江永之说,第 4 册 965 页。

税"，在诸侯国的小范围之内或许还可行得通，但若放到周代王畿庞大的国野体系之中，就无法实现均平的效果，因此除漆林"二十而五"这一特例之外，"无征""二十而一""十一""二十而三""十二"五等税率通融下来，基本上处在"十一"这个基点上。俞樾觉得江永的这个解释还不够精确，一心想要弥缝《公羊》《孟子》与《周礼》间的矛盾，试图将江永的通融式处理进一步坐实，他说：

> 周税漆林独重，故经文用"唯其"二字，见此不在常科之内。若自国宅至甸、稍、县、都，通率之适合十一之数，何也？国廛二十，近郊十，远郊二十，甸、稍、县、都十，其数六十。园廛税一，近郊税一，远郊税三，甸、稍、县、都税二，其数七。是为六十而税七，稍浮于十一。然有国宅一分无税，则适是十而税一矣。[1]

这么一来，就露出了经学家不通数理的马脚。俞樾的算法显然不合计算的基本法则，乃是为了强求解释而刻意拼凑的结果。若真要按照俞氏之法计算四种税率的平均值，应当得出如下的答案：

$$1/10 \times 2/6 + 1/10 \times 1/6 + 3/10 \times 2/6 + 2/10 \times 1/6 = 11/60 \approx 18.3\%$$

这一求解答案显然接近十分之二，再怎么加上国宅无税，也不可能缩小到十一。孙诒让说"江、俞两说足以释此经（指《周礼》）与《公》《穀》《孟子》之纷"，显得有些一厢情愿了。若真的按俞樾的这个凭空杜撰的算法推算下去，十一而税的理想将永远成为泡影。

较俞樾稍晚的经学家曹元弼，果断放弃了俞说，重新回到江永，在其基础上提出了另外一套较为合理的解释：

---

[1] 〔清〕俞樾：《茶香室经说》卷五，南京：凤凰出版社，2021年，第153页；〔清〕孙诒让：《周礼正义》卷二十四转引俞樾之说，第4册965页。

此经所言，为畿内田税簿书之总纲。①园廛二十而一者，五亩之宅，树之以桑麻，约税四分亩之一，积至百亩则税五亩，当百亩田税之半。……②近郊十一者，田税也。③远郊二十而三者，以园廛并入田税，据地相当总计之。盖园廛百亩当田税之半，并入田税则为十一有半，不可言十一有半，故言二十而三。若就一家所受五亩之宅计，则止十一。……④甸稍县都皆无过十二者，此以园廛及力役之征及杂税皆并入田税，而各就其家计之。计一家田税十一，园廛之税无几，力役之征有算钱、军赋二者。……郊内役多则征财者少，故略不计；郊外役少则征财者多，故计之。……言杂税者何？牧地之征，山物泽物之征也。……六遂以外山林川泽多，又必有农而兼占山泽之利者。……以杂税合园廛、力役之征，其数当与田税相等，并归田税计之，则十二矣。十二之税，惟甸稍县都有之，曰"无过"者，算钱多少不定，杂税多少有无不定，其最多者无过十二耳。十二中杂税乃余利，非加赋。[1]

曹元弼对"二十而一""十一""二十而三""十二"四种税率均予以可能性的推阐，"郊内役多则征财者少，故略不计；郊外役少则征财者多，故计之"是其掌握的总标准，所谓"计""不计"，乃就田税与力役的配比而言。郊内民征之大端是力役，故不计田税，田税乃从近郊开始计算，田税的税率恒定不超过"十一"。国宅、园廛之所以无征、不足十一，是因为不计田税；远郊、郊外之野的税率超过十一，是因为田税外又加入了"园廛及力役之征及杂税"。曹氏将朱熹首先提出的"杂税"问题予以了证实，其所指就是上文提到的山林川泽之赋。由此，曹氏对《载师》所记载的计税总原则予以了逐层的分解：

当时赋敛之事，盖每事别之，得其准数而后总归田税计之。此经则

---

[1] 曹元弼：《田税轻重辨》，《复礼堂文集》卷四，第403—408页。

又畿内田税之总数也。其近郊田税与园廛别言，远郊合言。远郊以园廛并归田税，据地相当计。甸稍县都以各税并归田税，各就其家计。皆当时各处要会之法不同，此因其成法总计之耳。[1]

曹元弼的解析有两点非常值得注意：第一，充分意识到《载师》所记载的税率，其实不全都是田税，而是统合了园圃、山泽之税与力役之征的结果，也就是各项赋税的总量，这一点堪为卓识；第二，认识到畿内各地因征税类型不一致，计税方法也不尽相同，即所谓"各处要会之法不同"，《载师》所记税率是最高标准，是给出的一个上限。由此，我们也就可以更充分地理解为什么《周礼》的赋税征收需要官联三十职，既有大小司徒、载师的总协调，又有闾师、县师、遂师的分区域承办，具体又有里宰、旅师等负责督办，此外，山虞、川衡四职成一系，角人、掌葛七职成一系，各司专职，在这一分工合作的模式之下，均人、司稼等所承担的，就是要确保赋税的总量调平，切合当时当地的实际情况。

然而，曹元弼终究还是要强行将《载师》的五等税率统归入田税，说这是"畿内田税之总数"，最终没能跳出将《载师》对应于田税、《闾师》对应于丁税的两分式处理模型。我认为这是受了此前经师固化地将《载师》《闾师》分别机械对应于《大宰》九赋、九贡的思维定势之深刻影响。参照孙诒让《正义》，在《载师》下明确界定"此周彻法任地令赋远近轻重之差也"，又说"据旧师说，则此职为任地正税之法"；在《闾师》下明确界定"此任民作贡，即《大宰》九职之力征"，又说"此力征之贡，与九赋地税不同"[2]，可见这一认识已深入人心。既然五等税率已经包含园廛、力役、杂税等，为什么还要一律总归入田税之下？细览《周礼》经文，其在《载师》五等税率下明确记载"里布""屋粟""夫家之征"，可见实非单纯任地；在《闾师》下亦记载"任农以耕事，贡九穀"，郑注"赋，谓九赋及九贡"，可见同样包含

---

1 曹元弼：《田税轻重辨》，《复礼堂文集》卷四，第408—409页。
2 〔清〕孙诒让：《周礼正义》卷二四、二五，第4册962、964、975、976页。

《大宰》九赋。为什么对这么显豁的经义，历代经学家却视而不见？问题恐怕主要出在对《大宰》九赋的性质归属上。

回到《大宰》最核心的这一段："以九赋敛财贿：一曰邦中之赋，二曰四郊之赋，三曰邦甸之赋，四曰家削之赋，五曰邦县之赋，六曰邦都之赋，七曰关市之赋，八曰山泽之赋，九曰币余之赋。"郑众（司农）注："邦中之赋，二十而税一，各有差也。"郑玄注："玄谓赋，口率出泉也。……自邦中以至币余，各入其所有穀物，以当赋泉之数。每处为一书，所待异也。"率，计数之谓，口率出泉"谓校计人口令出泉也"。[1] 贾公彦疏解释郑众与郑玄的区别："先郑约《载师》园廛二十而一、近郊十一、远郊二十而三，故云'各有差'。后郑不从者，以关市、山泽、币余之赋，皆无地税，即上云邦中四郊之等，亦非地税，故不从也。"[2] 由此造成了二郑各执一词的观念，似乎郑众主张九赋为地税，郑玄主张九赋为口赋，两说大相径庭。贾公彦以降的经学家大都赞同郑众之说，抛弃郑玄之说。比如孙诒让《正义》在此段下即先引用黄以周"九赋者，敛田地之租也，田地为正税"之说，进而斩钉截铁地指出"黄申先郑说，是也。……先郑以《载师》任地之法为释，与《司会》令田野财用之文吻合，最为得解"。更为重要的是，在扩大了二郑的矛盾之后，孙诒让进一步质疑："若如郑[玄]说，非徒币余一赋必不可通，而闲民之外，农牧虞衡之民，既各有所专任之职事，以令贡税，乃复计口令出泉，是责倍输之赋也，岂先王之法乎！"[3] 所谓"责倍输之赋"，实际上就是徐复观等指出的"双重征税"。从这个意义上说，孙诒让实际上是《周礼》存在"双重征税"说的始作俑者，只不过他为了摆脱此说，选择了彻底否定郑玄之说。对郑玄"口率出泉"这一解释方案的全盘否定，可以说是贯穿于《周礼正义》之始终，全书有数十处都提到郑玄误注九赋为"口率出泉"。经由否定了郑玄方案，"《载师》=《大宰》九赋=田税"的这一认知框架就固化下

---

[1] 〔清〕孙诒让：《周礼正义》卷三，第1册93页。
[2] 《周礼注疏》卷二，〔清〕阮元校刻：《十三经注疏》，第647页下。
[3] 〔清〕孙诒让：《周礼正义》卷三，第1册90—93页。

来了，不仅影响了曹元弼等老一辈经学家，在当代学术界依然接受者甚夥。[1]

孙氏《正义》的这一释读，恰恰是对郑玄注的严重误解，郑玄方案的精义由此湮没无闻。首先，郑玄注对九职、九赋、九贡关系的思考是前后一贯的。在《大宰》八则"五曰赋贡"下郑注："赋，口率出泉也。贡，功也，九职之功所税也。"可见郑玄将九职所任，征收产出之实物称作贡，以宅数、人头核定的税钱称作赋，是经过深思熟虑的，首职之下即出注两次。又《地官·小司徒》"以稽国中及四郊都鄙之夫家九比之数"，郑玄注："九比者，《冢宰》职出九赋者之人数也。"《秋官·小司寇》"及大比，登民数，自生齿以上，登于天府"，郑玄注："人数定而九赋可知，国用乃可制耳。"可见对于九赋的核定标准，郑玄坚定地认为取决于"登民数""人数定"。即使《载师》的五等税率，虽然是任地而起的标准，但也包含有"口率出钱"，郑玄在《考工记·匠人》下注引《载师》这一段话，明确指出："谓田税也，皆就夫税之轻近重远耳。"

其次，为什么《载师》的五等税率既定性为田税，又包含了夫税？这恰恰体现了《周礼》赋税制度的精义，即官联三十职所蕴含的调平机制。纯粹任地的结果，在如此广袤的王畿范围内，无法达到远近各地均平的效果，因为各地会受到土地类型、力役轻重、其他杂税等各种因素的制约，这正是曹元弼解释五等税率的主旨所在。郑玄充分认识到这一调平机制在《周礼》官联体系中的作用，判定五等税率主体是田税，但经由人口数量作为轻重之调剂，可以称之为"口率均赋"。因此，《载师》既包括任地方面的考量，也包含"里布""屋粟""夫家之征"等按宅数、人数方面的考量。同样，《大宰》九赋正是在以任职为基本标准之后做出调剂取平的总方略，在这九赋之中，固然包括任地以作田税的前六项，也包括非田税的关市之赋、山泽之赋、币余之赋。这种田税与以人数衡平税率两者是彼此协作、配合的，《载

---

[1] 洪诚、沈文倬等对孙诒让驳斥郑注这一句评价极高，参见洪诚：《读〈周礼正义〉》，《洪诚文集·雑诵庐论文集》，第198—199页；沈文倬：《孙诒让周礼学管窥》，《菿闇文存——宗周礼乐文明与中国文化考论》，第695页。

师》在制定税率时需综合考虑，并非如孙诒让所谓的"征赋之法有二：一曰任地，……一曰任民，……九赋犹后世之地税，九职犹后世之丁税"[1]，那样的互不关涉，各自为政，形成两种税制。《汉书·食货志》在述及周法时称："有赋有税。税谓公田什一及工商衡虞之入也。赋共车马甲兵士徒之役，充实府库赐予之用。"颜师古注："赋，谓计口发财；税，谓收其田入也。"《汉志》对周制的转述虽然已不采用《周礼》的言辞，但是在认识上仍符合《周礼》的原理，郑玄"口率均赋"的方案正是对这一原理的揭示。

再次，"九职—九功—九赋"形成一个职赋相继的赋税制度体系。"《载师》＝九赋＝田税""《闾师》＝九贡＝夫税"的两分式处理模型，是抛弃了郑玄方案之后的结果。《大司徒》称"以作民职，以令地贡，以敛财赋"，正是一个不可分割的整体，郑注："民职，民九职也。地贡，贡地所生，谓九穀。财，谓泉穀。赋，谓九赋及军赋。"故《司会》称"以九功之法令民职之财用"，孙氏《正义》解释得甚好："有民则有职，有职则有功。九职者，谓任民以职事，其目有九也。民各以其力所能，受职而贡其功，以为赋税，故《大府》《内府》《司会》谓之九功，《闾师》谓之八贡。"[2]因此，《大宰》九赋的郑玄注其实并非构成对郑众之说的否定。郑众指出九赋有税率上的差等，郑玄补充说这种差等乃是"口率均赋"的结果。贾疏对二郑的理解出现了一些偏差，造成了二者之间的针锋相对，后儒越发地将二郑之间视作水火，由此郑玄方案的精义被湮没。

从这个意义上说，乔秀岩指出郑玄"埋头研究经学，自校订文本起，字斟句酌，求诸经之解释不互相矛盾，为此建立精密复杂之理论体系"，"郑玄研究经文，虚心、细心，又尽心，想尽办法考虑经文上下之结构关系，追求让经文每一个字都充分发挥其意义"[3]，通过对《周礼》赋税制度及郑玄方案

---

1 〔清〕孙诒让：《周礼正义》卷三，第 1 册 90—91 页。
2 〔清〕孙诒让：《周礼正义》卷二，第 1 册 80 页。
3 〔日〕乔秀岩：《论郑何注论语异趣》《郑学第一原理》，〔日〕乔秀岩、叶纯芳：《学术史读书记》，北京：生活·读书·新知三联书店，2019 年，第 98、131 页。

的考察，郑注的用心是可以得到心领神会的。后世自贾公彦以降的经学家，包括对《周礼》耗费大量心血的孙诒让，对郑玄方案的理解都还有欠精审。郑玄方案在后世不断被误解，这也成为《周礼》赋税制度屡遭非议的重要原因之一，由此障碍住了对《周礼》所载典章制度在整体结构和核心意蕴等方面的发掘。

《周礼》与"周家法度"：从法典的意义上重新展开

《周礼》所载典章，在中国制度史上具有开辟的意义。唐人犹信《周礼》乃周公制作之书。《隋书·经籍志》称"《周官》盖周公所建官政之法"，杜佑《通典》则谓"周公摄政，六年致太平，述文武之德，制《周官》及《仪礼》，以为后王法"[1]。宋人朱熹虽已倾向于《周礼》"未必是周公自作"，然对此书的创制意义，似乎更为确信，其称"《周礼》一书好看，广大精密，周家法度在里"，"做得缜密，真个盛水不漏"。[2] 何谓"周家法度"？朱熹的弟子陈汲曾解释道："《周礼》一书，周家法令政事所聚，……后之作者纂其典章法度而成一代之书，有周公之旧章，有后来更有续者。"[3] 这一看法直至晚清孙诒让仍基本秉持，《周礼正义·序》盛赞《周礼》"有周一代之典，炳然大备"，"其经世大法，咸粹于是"，此经所载"盖尤其精详之至者"。[4] 孙说与朱子之说是一致的。

然而当现代学术体系在中国开始建立之际，《周礼》被卷入疑古的浪潮，其成书年代一度遭到很大的质疑。于周代国家与制度的现代建构，普遍选择绕开这部富有争议的宏大著作，另辟蹊径，从其他零星的、孤立的资料中艰难地新起炉灶。可是苦心孤诣钩沉所得的青铜器铭文和其他文献散见史

---

1 〔唐〕杜佑：《通典》卷四十一《礼典一》，北京：中华书局，1988年，第1120页。
2 〔宋〕黎靖德编：《朱子语类》卷八十六《礼三》，第6册2686页。
3 〔宋〕王与之：《周礼订义》卷首《论周礼纲目》，文渊阁《四库全书》本，第93册10页。
4 〔清〕孙诒让：《周礼正义·序》，第1页。

料，数量终究太少，地域又比较分散，彼此关联度低[1]，在西周职官总量和制度全景中覆盖面甚是有限，可能只是周制的一鳞半爪。由此造成一种巨大的困境，古代典章制度在现代学术体系中如何进行转身，尤其是对中国制度史开局的周制如何进行现代学科意义上的理论阐释，本身就面临着结构性的挑战，与此同时竟又陷入史料极度贫乏的恶性旋涡。这一困境，严重地制约了中国制度史的研究深度。

自梁启超《先秦政治思想史》问世至今，我们已经绕着《周礼》走了一百多年，是不是该回转过来？不入《周礼》之虎穴，又焉得"周家法度"的虎子？1992年，杨向奎力挽狂澜，出版《宗周社会与礼乐文明》，以实际行动呼吁"《周礼》是说明宗周礼乐文明的主要典籍"，如果不使用《周礼》，"将使中国失去一资料丰富的文化宝库"。[2]杨先生的这部著作在1997年、2022年两度再版，标志着《周礼》研究逐渐从成书年代考辨转向周制实证研究，标志着疑古辨伪思潮发生了内生性的转变。

这一转变所取得的最大成绩，就是历史学界认识到了《周礼》的史料并不处在同一层面上，其中包含有西周的实制，又带有后世加工和增益的成分，形成一个层累混糅的大杂烩。因此，《周礼》的成书本身就是一个历时的过程，就像沈文倬所总结的，"《周官经》……是长期演变、陈陈相因、逐渐定型的总结反映"，其中"残存三百四十五官，基本上取诸于两周实制（周初创建和晚周更制）"。[3]秦灭六国之后，此书也难免不再发生增损和改易。基于这一认识，纠缠于《周礼》的成书年代就显得有些无的放矢，《周礼》作为西周典制资源库的价值再度突显出来。换句话说，辨析《周礼》某一职官究竟设置于周初还是晚周，其职能前后有无变动、如何增损，哪些文句经过后世篡

1　参见 Lothar von Falkenhausen, "Li Feng, *Bureaucracy and the State in Early China: Governing the Western Zhou*",《浙江大学艺术与考古研究》第1辑，杭州：浙江大学出版社，2014年，第256—259页。

2　杨向奎：《宗周社会与礼乐文明》，第294、291页。

3　沈文倬：《略论宗周王官之学》，《菿闇文存——宗周礼乐文明与中国文化考论》，第427、498页。

改,这一偏重考证的研究固然必不可少;但是更为紧要的,是要将这部著作视作一部制度的法典,对文本背后的典章结构与制作原理进行开掘。

我们有必要提出沈文倬的《略论宗周王官之学》(1997)一文,该文是20世纪从制度设计层面考察《周礼》为数不多的一项硕果。沈先生的基本原则是"官制注重合职联事"[1],他从《周礼》所设职官中反复推比,勾稽出乡遂田制四十六职、乐官十六职、卜官六职、祝官五职、治藏之官九职、宗官五职、史官七职以及一批宫内王官(食官、酒浆之官、膳羞之官、服御之官、车旗之官)等。沈先生曾以研究周代礼治为自己毕生之职志,所包含的范围有:"夫周以礼治,王政之所出也。王政者,爵命为大,分土颁禄次之,朝觐聘问又次之,军旅师田又次之,以至设官分职,而下至鼎俎、几席之微,其别未易猝以悉举,凡事有具夫规程者,无一非礼之制也。"[2] 可惜,沈先生的这项研究规划未能有序展开,尤其是对各个官联系统背后所蕴含的制度原理推论比较薄弱。本篇对《周礼》赋税制度的考察,对相关官联三十职的推排与郑玄方案的绅绎,虽然是受到了顾颉刚、徐复观等的触动,但在思路上也受了沈先生此文的启发。

如果采用"经礼为法"的观念,全面记载国家典制的《周礼》,理应被界定为中国制度史上最早最完备的一部成文法典,战国以来的法家与此书当然具有密切关联。这一思路一旦转换过来,我们研究早期中国的制度与法理,必须直面《周礼》这部巨制。蕴含在《周礼》设官分职中的逻辑架构,《大宰》"八法"的制度脉络,以及在众职联事协作中所呈现的设计原理等,构成了儒家法传统的制度基础。这一学术领域如今处于研究的薄弱环节,应得到大力开发。

---

[1] 参见沈文倬:《略论宗周王官之学》,《菿闇文存——宗周礼乐文明与中国文化考论》,引文并见第452、463页。

[2] 沈文倬:《菿闇述礼》,《菿闇文存——宗周礼乐文明与中国文化考论》,第626页。

四、制度史书写的《通典》模式

作为"三通"之首的杜佑（735—812）《通典》，拥有不容置辩的历史地位，学者公认它是"我国历史上第一部典章制度通史"[1]，具有开辟的意义。不过真正使用《通典》者，却仅仅将它作为唐以前各类典章之总汇的简编，间或可从中觅见若干失传的史料片段，惊诧为专门史研究的鳞爪秘珍。此书制度史书写的主体部分，尤其是对占据全书一半篇幅的《礼典》一百卷，是否具有原创性，与唐以前的正史的"书志"相较，究竟有何独创的价值，这方面的探索显得远远不足。

《通典·礼典》的定性与认识转变

如果将《通典》视作史料，其学术价值一度受到质疑与非议，尤其是卷帙浩繁的《礼典》，史料的新颖度明显偏低，虽然也保留了不少唐以前礼议的片段，因仅见于此书，被清人严可均辑入《全上古三代秦汉三国六朝文》中[2]；但大部分史料的来源总不出"史志"和《大唐开元礼》之范围，因而遭

---

[1] 王文锦：《点校前言》，《通典》卷首，第5页。
[2] 就《通典》在辑佚学上的价值，吴枫、曾贻芬曾指出："《通典》大量引用古代文献资料，其中许多文献今已亡佚，赖有《通典》得以部分保存。如《全上古三代秦汉三国六朝文》中，就有近九百条材料是从《通典》中辑出的。"《中国大百科全书·中国历史》"《通典》"条，北京：中国大百科全书出版社，1992年，第1145页。时永乐又指出："唐代杜佑编纂《通典》时，博取五经群史、汉魏六朝文集奏疏以及唐人许多著述，征引极富。其引录的不少典籍今已失传，幸赖《通典》才得以保存下来。据笔者粗略统计，严可均的《全上古三代秦汉三国六朝文》，便有1329条资料辑自此书。"《古籍整理教程》，保定：河北大学出版社，2003年，第237页。

受的批评声音也就较为集中,王文锦甚至将此一百卷界定为"最不为人瞩目的《礼典》"。[1]

清代史学家王鸣盛的指责具有相当的代表性,他说:

> 九门中礼居其一,然礼共一百卷,自四十一卷起至一百五卷止,既已历叙吉、嘉、宾、军、凶五礼矣,而于一百六卷以下至一百四十卷共三十五卷,俱撮取《大唐开元礼》之文,钞誊膳入之,仍以吉、嘉、宾、军、凶为次,何其繁复乎?[2]

王鸣盛对杜佑曾高度赞誉,称之为"自古文人罕见其比",但对《通典》此书却不认为有多么高明,最令他无法理解的就是这《礼典》一百卷。王氏指出了《礼典》一百卷的两大问题:其一是门类居九分之一,而篇幅却达到一半,这么处理有失平衡还在其次,主要是觉得这部分史料没有什么创新性,故嫌其滞重;其二是其中三十五卷"钞誊"自《大唐开元礼》,"钞誊"也就是指照搬照抄,无新见,无新意,故嫌其"何其繁复"。

王鸣盛的指责,现代学者接受其说者甚众。比如《历史研究》1984年就曾刊发瞿林东的论文,指出:"《通典》以一百卷、占全书二分之一的篇幅写'礼',其中'沿革篇'六十五卷,'开元礼'三十五卷,不仅失于重复,而尤其失于烦琐。这是它在历史编纂上最突出的缺陷。"[3] 瞿先生所说的两个"最突出的缺陷",与王鸣盛所说基本一致。此外,20世纪以来又叠加了"彻底否定儒家礼学,视之若废物,弃之如敝履的激进思潮"[4]的双重冲

---

[1] 王文锦:《点校前言》,《通典》卷首,第4页。
[2] 〔清〕王鸣盛:《十七史商榷》卷九十"杜佑作通典"条,上海:上海古籍出版社,2013年,第1329页。
[3] 瞿林东:《论〈通典〉的方法与旨趣》,《历史研究》1984年第5期,收入《唐代史学论稿》,北京:北京师范大学出版社,2017年,第428页。
[4] 韩昇:《杜佑及其名著〈通典〉新论》,刘东主编:《中国学术》第26辑,北京:商务印书馆,2008年,第68页。

击，学术界几乎一边倒向对《通典·礼典》的鄙弃与非议[1]。正如谢保成所说的，"对于《通典》一书用了近半篇幅来记述礼仪沿革，长期以来被众多的学者误解，一直指责为其重大缺陷"[2]。正是因为存在着先入为主的偏见，产生了一种心理拒斥，视《礼典》一百卷为废料，故自王文锦等花了大力气整理的点校本问世以来，三十多年问津者可谓寥寥。《礼典》研究的稀缺，也就障碍了《通典》整体研究走向纵深。

近年来，有一些学者尝试对非议《通典·礼典》的说法做出辩护，但因未能切中肯綮而收效甚微。[3] 另有一些学者开始反思杜佑的撰作宗旨，意识到将《通典》定位成"制度通史"与杜佑的初衷有偏差，应当回归到杜佑编纂此书旨在经世致用、为现实服务上。[4] 如韩昇所说，"从《通典·礼典》来看，杜佑以唐礼为本，删繁要约，编成《开元礼纂类》，作为行事之依据，再探究礼制的沿革损益，另外编纂，与唐礼相衔接，作为行事之参考，目的明确，相辅相成，不可斥为繁复。杜佑耗费巨大的精力编纂礼典，正是施政所需"。[5]

1　例如周予同主编《中国历史文选》认为："由于作者从维护封建礼教观点出发，对'礼'的沿革和种种解说，记述尤其繁冗……通观全书，总不免详略失当。"（上海：上海古籍出版社，1980年，第41页）又如仓修良、魏得良《中国古代史学史简编》指出："对于那些本来不属于史学范畴的'礼'，大量地加以记载，几乎占全书篇幅的三分之一，造成臃肿而不协调。"（哈尔滨：黑龙江人民出版社，1983年，第245页）又如王锦贵指出："比较典型的要算编排取舍上的明显失误，例如，《通典》全书惟二百卷，史料价值并不很大的《礼典》竟有百卷之巨，恰恰占去二分之一篇幅。"参见《试论〈通典〉的问世及其经世致用思想》，《北京大学学报》1987年第4期，第45页。

2　谢保成：《隋唐五代史学》，北京：商务印书馆，2007年，第263页。

3　比如谢保成就从《礼典》中零星地挖掘出一些文句，来说明借此可考察冠冕、婚嫁、宗族、丧葬、建筑等社会文化生活，参见《隋唐五代史学》，第263—269页；又如廖正雄重点分析了杜佑的宗旨应当是为了倡导治国当以"礼乐教化为本"，参见《杜佑〈通典〉的编纂创新及其史学思想》，台北：花木兰文化工作坊，2005年，第62—65页；又如郭锋又从思想渊源上试图将杜佑重视礼制教化上接到孔子和荀子，参见《杜佑评传》，南京：南京大学出版社，2004年，第244—251页。

4　参见白悦波：《政术与学术：关于〈通典〉的创作初衷及其相关问题的考察》，杜文玉主编：《唐史论丛》第31辑，西安：三秦出版社，2020年。按：白文在认同韩昇的基础上，进一步论述杜佑经世致用的创作初衷。

5　韩昇：《杜佑及其名著〈通典〉新论》，刘东主编：《中国学术》第26辑，第68—69页。

侯旭东对韩说深表赞许。[1] 这一认识论上的回归固然重要，但依然不能解决实质问题。因为认识到杜佑以经世致用为目的创作《通典》者代不乏人，瞿林东早有总结"《通典》一书可以认为是开中国史学史上经世史学的先河"[2]。但即使认识到杜佑为了经世，仍无法消解各家非议产生的症结，即认为《通典》的资料不具备原创性。

因此，根本的问题是出在如何定位《通典》一书的性质。邓国光对此书历代的定性做出了一个很好的概况——"从'类书'而'典故'，再提为'政书'而'典制通史'至'百科全书'"。[3] 这一认识论在王鸣盛之前早已形成，一脉相承绵延到当代，影响深远，有必要详做检讨。

将《通典》归属为"类书"，是自《新唐书·艺文志》以来古代多部官私目录的惯常做法。[4] 所谓类书，就是分门别类辑录各种文献中的资料编纂成一部工具书，宗旨应当是"全""广"和"保真"，延续到现代学术范畴也就成为"百科全书"。《通典》被界定为"典章制度的百科全书"[5]，无疑是延续了这一认识论。殊不知这一归类，恰恰是对《通典》纂作机制的最大误解。我们只需将《通典》与史志进行简单对照，即可发现杜佑在史料上做了大量的删削、改写和转述，不仅门类减缩，每一部分较此前的资料都是做减法，能省则省，可缩就缩，完全不以"全"和"广"为目标，经过杜佑改写的文辞，保真性当然更是谈不上了，只能作为二手文献。《文献

---

[1] 侯旭东指出："韩昇先生对《通典》的理解，虽不是学术的主流看法，但在我看来，这种说法更接近《通典》的本意。"参见《"制度"如何成为"制度史"》，收入阎步克等：《多面的制度：跨学科视野下的制度研究》，北京：生活·读书·新知三联书店，2021年，第178页。

[2] 瞿林东：《论〈通典〉的方法与旨趣》，《唐代史学论稿》，第420页。

[3] 邓国光：《杜佑〈通典〉的经学本质》，《经学义理》，上海：上海古籍出版社，2011年，第428页。

[4] 参见白悦波所列十二部史志与官私目录对《通典》的归属表，《政术与学术：关于〈通典〉的创作初衷及其相关问题的考察》，《唐史论丛》第31辑，第229页。

[5] 参见石亮全编撰：《通典：典制的百科全书》，沈阳：春风文艺出版社，1992年；张荣芳编撰：《通典：典章制度的总汇》卷首导读《典章制度的百科全书》，台北：时报文化出版公司，1987年；北京：九州出版社，2018年。按：石著在邓国光论文中已提及，张著则在台湾影响比较大，初版早于石著，三十多年后九州出版社予以再版，论述一仍其旧。

通考·经籍考》将《通典》列为"史部·故事类",乃是延续《隋书·经籍志》将采集朝廷之"发号施令,百司奉之,藏于官府"的书籍专门归为一类的做法[1];《直斋书录解题》等将之归入"典故类",则与《文献通考》的做法大致相仿。要知收集朝廷官府有司的"故事",同样不是杜佑的主要目标,《礼典》延续自"史志"的四十余卷,看不见杜佑依据宫内档案做了什么明显的增补,其余二十余卷"礼议",应当也是转录自东晋南朝学者已编成的《礼论》。

《四库全书总目》的纂修官已意识到《通典》之类与类书性质不同,与专记仪注之书亦不同,故而单列为"政书类",而以《通典》打头,云"政书类"是要关注"祖宗创法,奕叶慎守""后鉴前师,与时损益"的政制变迁[2],此可谓卓识。韩昇也指出"把《通典》放在'政书类'比较能反映其性质,较诸定义为比较狭小的'制度通史'亦更合理"[3]。可惜具体到《通典》的提要,四库馆臣同样落入前人"类书"式的俗套庸见,云"其博取五经、群史,及汉魏六朝人文集、奏疏之有裨得失者,每事以类相从,凡历代沿革,悉为记载……考唐以前之掌故者,兹编其渊海矣"[4]。要知"博取""悉载""掌故""渊海"之类,均是"类书—百科全书"的典型特征,非杜佑之所长。

《通典》对此前史料大做减法的实际操作路径,与"类书—百科全书"式求全、求博的价值取向背道而驰。对于杜佑纂作《通典》的用心,其挚友李翰在作序时已做出精辟概括,其云《通典》与《太平御览》《艺文类聚》等类书"网罗古今,博则博矣"的做法刚好相反,其采用的标准是"事非经国礼法程制,亦所不录",其中所录乃"缉熙王猷,至精至纯"者。[5] 杜佑本

---

1 〔元〕马端临:《文献通考》卷二百一《经籍考二十八》,北京:中华书局,2011年,第9册5763、5771页。
2 〔清〕永瑢等:《四库全书总目》卷八一,北京:中华书局,1965年,第693页下。
3 韩昇:《杜佑及其名著〈通典〉新论》,刘东主编:《中国学术》第26辑,第85页。
4 〔清〕永瑢等:《四库全书总目》卷八一,第694页上。
5 〔唐〕李翰:《通典序》,〔唐〕杜佑:《通典》,卷首第2页。

人虽然对其编次之义例与旨意没有集中的交代,不过在《通典》的行文中,也略有连带提及。比如在《食货典》"田制下"的一处小字自注中交代:"国家程式,虽则具存,今所存纂录,不可悉载,但取其朝夕要切,冀易精详,乃临事不惑。"在《礼典》一开始的"礼序"中又自称:"《通典》之所纂集,或泛存沿革,或博采异同,将以振端末、备顾问者也,乌礼意之能建乎!"[1] 要知"冀易精详"不仅是田制的纂录规则,"振端末""建礼意"也不仅是礼制的纂集目标,整部《通典》都是遵循着这些原则来完成的。

方向必须调转,朝着"至精至纯""冀易精详"的求简路径,方可进入《通典》所包蕴的杜佑创作之绝大用心。对此,清代史学家章学诚的把握较为精到。章氏揭示出,《通典》"综核典章,别于史志,义例昭然,不可易矣",其长处在"自为裁制,或删或节","此则著书之独断,编次之通裁,其旨可以意会,而其说不可得而迹泥者也"。[2] 章氏之所以慧眼所见《通典》的价值体现在"删节",在"独断",在"通裁",和其一生参与编修大量地方志书的丰富经历及心路历程有密切关系。此后梁启超延续了此说,认为《通典》的诞生,乃是因此前各史之志丛脞繁复,故而"有统括史志之必要","卓然成一创作以应此要求者"。[3] 章学诚说"其旨可以意会",梁启超虽然对"中国凡百学问,都带一种'可以意会,不可以言传'的神秘性"[4] 不敢苟同,但在这个问题上他恰恰也采用点到为止、不做深发的处理法,这种笼统式概括、不予实证的做法,无疑给人一种标签化和印象式的感觉,难以令人信服。

金毓黻(1887—1962)是试图探索《通典》创作宗旨的第一人。金先生在他的名著《中国史学史》(1944)中将《通典》与《资治通鉴》并称"美善",

---

[1] 〔唐〕杜佑:《通典》卷二《食货典二》、卷四十一《礼典一》,第29、1122页。
[2] 〔清〕章学诚:《亳州志掌故例议中》《永清县志文征序例》,叶瑛:《文史通义校注》,第814、789页。
[3] 梁启超:《中国历史研究法》第二章,上海:上海古籍出版社,2006年,第24页。
[4] 梁启超:《科学精神与东西文化》(1922),《梁启超谈修身》,南昌:百花洲文艺出版社,2019年,第149—150页。

反复强调《通典》之最可宝贵处在其"体大思精，简而得要"，"总览全编，窥其大略，固以简严为贵"。[1] 对于章学诚所说的"可以意会"之处，金先生分梳为如下三个方面：

> 熔铸群经诸史，成一家言，简而能备，蔚乎其文，一也；
>
> 记典章制度，明乎因革损益，盖原于诸史之书志……二也；
>
> 言礼一门，多至百卷，鸿博论辩，悉具其中，又能征引古经，时存旧诂，三也。[2]

金先生所概况的三项，前两项是关键，第三项无疑仍在存掌故的范围内。所谓"熔铸"，金先生的解释是："盖采群经诸史，每事以类相从，举其始终，历代沿革废置及当时群士议论得失，靡不条载。"因此，《通典》最大的价值在于"明乎因革损益"，也就是在"精简"而又"得要"的叙事中，以见制度沿革废置的主干与枝叶，以及制度表面是"因"还是"革"背后的机理与规则。此后，钱穆进一步解释说："像《通典》这样的书，却该细读。要学他怎样地来写这书，要学到它'详而不烦，简而有要'，把群经、诸史、各代文集一起拿来，这一种编纂方法，真是何等体大思精。"[3] 按照金、钱二先生的阐释，如果为了专门史研究的需要去找寻史料，《通典》不如《通考》详赡，《通考》又不如史志翔实，因此杜佑的"至精至纯"反而成为查索的阻碍，不如将《通考》作为导航，更不如直接去史志的渊海中寻宝。研究《通典》之法，乃是为了寻那"体大思精""至精至纯"，故应与"群经诸史"做逐条的对比，从制度的变迁中看杜佑删削、裁节、改作、增益等处做的处理，由此探寻其制度书写的用心与立意。

---

1 金毓黻：《中国史学史》第七章，北京：商务印书馆，2010年，第270—272页。
2 金毓黻：《中国史学史》第七章，第267页。
3 钱穆：《中国史学名著·杜佑〈通典〉（上）》，北京：生活·读书·新知三联书店，2005年，第144页。

杜佑的制度史书写，形成了一种独特的史学识力与理论原则，金毓黻、钱穆拓开了《通典》研究的新路。我们需要下大力气从《通典》的"简严"叙事这只锦绣的鸳鸯中，将其金针密线的织就过程还原出来。下面，将以《通典·礼典》所载第一项礼制"郊天"为例，尝试对杜佑所寄寓其中的覃思精蕴略做一些发掘。

"周制"建构：熔铸经传，约为法理

《通典·礼典》以杜佑新设定的五礼体系（吉、嘉、宾、军、凶）为框架，逐项列以礼典类目，"郊天"乃是第一大类"吉礼"下的第一个小类，记述历代帝王祭天之制的历时变迁。在每一项礼典之下，《通典》基本上是按照历史演进的次序，分朝代逐代叙述此制的沿革废置，每朝之下所叙史事或详或简，并不一律。"郊天"因是王朝祭礼大典，故而各朝之下均有其事交代，甚至事繁的朝代更是分设各帝王，下隶当时当年所行所议之事；其他有些礼典，往往有所缺省，或省去若干朝代，或仅书某一二朝代，或在某一朝下仅以"因之"二字总括，故《通典》不以详赡足备为追求是一目了然的。

就《通典·吉礼一》"郊天上"、《吉礼二》"郊天下"，以及《开元礼纂类》"吉礼一""吉礼二"所构成的对"郊天"书写单元来看，祭天之制在《通典》中主要包括三大板块。第一是对先秦四代礼制（主要是周制）的推拟与建构，史料主要依托"五经"（尤其是《周礼》与《礼记》）及其注疏；第二是对秦汉直至唐德宗贞元时期礼制沿革变迁史事的去取与书写，所叙内容与正史"书志"多所重叠而减省；第三是编制《开元礼纂类》作为《礼典》的收尾，主要依据是《大唐开元礼》。这三个板块正是礼制作为国家制度在唐代施行和运作时的渊源、先例及法理依据，故而可统称为唐代制度的三项法源构成。在这三项法源中，秦汉以降主要记载制度因革和施行的实况，间载当时君臣和礼家的"鸿博论辩"，由此构成唐人可资取鉴的一种资源库，作为制度执行和适用的案例法源；《开元礼纂类》的编订，则成为玄宗以后的一种制定法源；周制作为制度源头的推拟，乃是杜佑熔铸经传、抽绎经义形成的一种建构，与秦汉以后的"实录"式记载不同，通过对"周制"的书写，杜佑旨在为该项制度建立起一个法理系统。

在每一项礼制在开头，杜佑往往追踪"有虞氏""夏后氏""殷人"和"周制"四代，前三代乃是据后世史料做的象征性推测，故而极简，旨在见此制渊源古奥，四代之中重点是在对"周制"的书写。《通典》对"周制"的推拟，基本来自三礼经传。按马端临之说，《通典》乃是将"或散见于百官之职掌，或错见于《礼经》之总论"进行了一番"会通其纲目之详，次第其始终之序"的操作，同时，凡遇到《礼经》简略，杜氏所叙多以注疏之意补入"。[1] 之所以需要借助后世经学家的注释予以填充与弥缝，一方面固然是因为经文简略、零散，前后多"阙略不接续"，另一方面也是因为诸经传的记述往往非实录，而是出于后世的追记，彼此之间不统一，细节上矛盾、歧出之处不在少数，需经过一番辨析的工夫，才能将之条理成一连贯的系统。杜佑正是这么做的，他对周制的书写，绝非只是简单地抄录经文，而是有意地选取、嫁接、编织经文中的某些记载，将之串联成文，辅以注疏，经过自己的排比分析和经义考释，形成了一个严密的逻辑叙述体系，由此呈现出马端临所说的"叙致颇有条理""通畅易看"的效果。[2] 因此，马端临虽然在立场与观点上和杜佑相异，但在列出了他所赞许的杨复《祭礼》及相关诸儒之说后，仍不惜将《通典》所叙"周制"全文抄录殿于后，由此恰恰造成了《文献通考》叠床架屋的烦琐之弊。

以"郊天"之目下的周制为例，《通典》的书写结构包括如下五个部分：（1）冬至圜（《通典》写作"圆"）丘祀昊天上帝，（2）祈穀南郊祀感生帝，（3）五郊迎气，（4）祭天礼仪流程，（5）总说郊丘。前三项乃是从类型学上对祭天所做的区分，第四项是合并叙述祭天礼仪流程，第五项是对其之所以将祭天分设三大类做出理论说明。《文献通考》与《通典》所形成的分水岭，主

---

1 〔元〕马端临：《文献通考》卷六十八《郊社考一》，第 4 册 2105—2106 页。
2 〔元〕马端临：《文献通考》卷六十八《郊社考一》，第 4 册 2106 页。

要就在这一分类模式上。从经学史的学派构成上看，杜佑区别为三类是依据郑玄之说，即"宗郑康成者，则以天有六名，岁凡九祭。盖以祭位有圜丘、太坛之异，用乐则黄钟、圜钟有差，牲乃骍苍色殊，玉则四珪苍璧，祭名且同称禋祀"；而马端临只承认冬至圜丘之祀为唯一的郊天正祭，乃是依据王肃（195—256）之说，即"宗王子雍者，以为天体唯一，安得有六？圆丘之与郊祀，实名异而体同"[1]。对于郊丘问题上的郑王之争，唐人经疏已有明确交代，杜佑理当心知肚明，今从《通典》的结构和书写上推论其如此处理的缘由，更可以从如下三个方面获得进一步解释。

第一，《通典》的三类区分法与盛唐官方礼典《大唐开元礼》的仪制规定彼此呼应。作为唐代具有法典意义的《大唐开元礼》，在吉礼部分的分类上，即采用皇帝冬至祀圜丘、皇帝正月上辛祈穀于圜丘、皇帝孟夏雩祀于圜丘、皇帝季秋大享明堂四者并列之法，同时立春祀青帝、立夏祀赤帝、季夏祀黄帝、立秋祀白帝、立冬祀黑帝的五郊迎气也与之相并列。虽然圜丘与南郊在坛位上已经合一、不做区分，是自西晋以来局部采用王肃之说的结果，但是在大框架上仍然采用郑玄的六天之说。既然《大唐开元礼》以法典的形式明确记载了"并行二礼"，那么杜佑对"周制"的建构如果不将二礼分列，则将与唐代礼制的现实运作龃龉不合，也便无法以之作为该项礼制的法理之源，整部《通典》的逻辑体系便将崩塌，礼制诸项细节也就碎为一地散钱。因此，杜佑既然抱着"施于政事，可建皇极"（李翰序）的目标，就注定了他的理论体系必须与唐制的现实保持一致。不过，在详细斟酌过两种方案之后，杜佑最终固然采用的是从郑不从王，但也并没有彻底摒弃王肃之说。杜佑在新编《开元礼纂类》收入《通典》时，实际上已充分考虑了王肃之说的合理性的（下文详析）。

第二，《通典》的三类区分法是建立在唐代礼家理论交锋的结果之上的。杜佑在"总说郊丘"部分就明确交代，对于郑王的"异同之论，国朝最详，

---

[1] 〔唐〕杜佑：《通典》卷四十二《吉礼一》，第1167页。

具在《郊天篇》下"。¹《通典·吉礼二》"郊天下"所收正是唐代对于郊天的仪制规定及各家的论辩之辞。一开始即交代了唐高祖、太宗时期沿用郊丘并祀之制，随即详细收录唐高宗时长孙无忌领衔的奏议（实际上应以礼部尚书许敬宗为核心），辨正王肃之说"符合经典，其义甚明"，郑玄之说"违弃正经，理深未允"，于是下诏"于南郊废郑玄六天之义"。²然而，这一做法持续了不到十年旋即被高宗废止，故《通典》记之："乾封初，高宗诏依旧祀感帝。以有司议，又下诏依郑玄义祭五天帝。"³也就是说，王肃"郊丘合一"说，在唐高宗年间虽掀起了很大的浪潮，但只是昙花一现，很快就又折回到了圜丘、南郊分祀这一主干框架上。由此可见，《通典》的做法实际上是魏晋以来郊天之制长期施行实况在学理上的一种折射，又与唐人议礼的结果和《大唐开元礼》的法典规定相呼应，由此形成前后彼此可以参合的礼制运行的法源基础。

第三，《通典》的三类区分法是对经书内在矛盾进行逻辑抽绎的结果。三礼经文中确实存在关于祭天礼仪的不同记载，包括天帝的名号，所在祭位的不同，以及祭时、祭品（包括牲、币、玉）、用乐等诸方面的差异，正如清人黄以周所指出的"圜丘与祈穀郊二祭之礼，经传画然有分"⁴。因此，郑玄正是在离析二者的基础上，将之判别为两套礼仪，即"郑以云苍璧、苍犊、圜钟之等为祭圜丘所用；以四圭有邸、骍犊及奏黄钟之等以为祭五帝及郊天所用"⁵。郑玄的做法，依乔秀岩之说，是"对诸经纬文献进行全面系统的研究，建立了今天我们能够了解大致内容的第一套完整的经学概念体系"，"能够做到如此大规模，而且精密如此，足以惊人"⁶。杜佑对于"周制"的建构逻辑

---

1 〔唐〕杜佑：《通典》卷四十二《吉礼一》，第1167页。
2 〔唐〕杜佑：《通典》卷四十三《吉礼二》，第1193—1194页。参见顾涛：《汉唐礼制因革谱》卷六，上海：上海书店出版社，2018年，第1071—1072页。
3 〔唐〕杜佑：《通典》卷四十三《吉礼二》，第1195页。参见顾涛：《汉唐礼制因革谱》卷六，第1081—1082页。
4 〔清〕黄以周：《礼书通故》卷十二《郊礼通故》，第612页。
5 《礼记正义》卷二十五《郊特牲》孔颖达疏文，〔清〕阮元校刻：《十三经注疏》，第1444页下。
6 〔日〕乔秀岩：《论郑王礼说异同》，〔日〕乔秀岩、林纯芳：《学术史读书记》，第55—56页。

与郑玄在目的论上可以说是一致的，都是对经书内在矛盾与差异化书写进行深入辨析的结果。宋以来儒者站在王肃说的立场上批评《通典》刻意从郑，恰是戴上了一副先入为主的有色眼镜。

在每一项礼典之下，《通典》对于"周制"仪节的书写，更是充分吸纳了汉唐经学注疏的成果，而与唐代的官方经学体系保持高度一致。我们将第一项冬至祀圜丘一节铺展开来，分作十一句，将杜佑撰写这一节的学理考证过程复现出来，以见其建构的具体步骤。《通典·吉礼一》"郊天上"言冬至祀圜丘正文（大字）如下：

> 周制，①《大司乐》云，冬日至，祀天于地上之圜丘。②又《大宗伯》职曰："以禋祀，祀昊天上帝。"③礼神之玉以苍璧，其牲及币，各随玉色。④牲用一犊。⑤币用缯，长丈八尺。⑥王服大裘，其冕无旒。⑦尸服亦然。⑧乘"玉辂，锡，繁缨十有再就，建太常十有二斿以祀"。⑨尊及荐菹醢器，并以瓦。爵以匏片为之；以藁秸及蒲，但翦头不纳为藉神席。⑩配以帝喾。⑪其乐，《大司乐》云："凡乐，圜钟为宫，黄钟为角，太蔟为徵，姑洗为羽，雷鼓雷鼗，孤竹之管，云和之琴瑟，云门之舞，冬日至，于地上之圜丘奏之。若乐六变，则天神皆降，可得而礼矣。"[1]

此段除杜佑明确标注的撷取了《周礼·春官·大司乐》《大宗伯》两篇之外，暗用的经传篇目有《周礼·天官·司服》《春官·巾车》《夏官·节服》，《礼记·郊特牲》《王制》《曾子问》《礼运》《礼器》《祭法》等。杜佑取用经传的方式，有随文直接引用者，比如第②句言祀神之名号，出自《春官·大宗伯》，第⑧句言车旗之制，出自《春官·巾车》，最后一句⑪言用乐之制，出自《春官·大司乐》，此类应加引号以示区别。有约取经义自为之说者，所

---

[1] 〔唐〕杜佑：《通典》卷四十二《吉礼一》，第1162页。

谓"约取"，也就是"约其辞文，去其烦重"(《史记·十二诸侯年表》)的意思，即将经传注疏汇通起来，省去详细的排比考释过程，以精简的语言概括出结论。章学诚《文史通义》所谓"六经不能言，固贵约六经之旨，而随时撰述以究大道也"[1]，即为此意。且就此段这八句略做解析，以见杜佑如何约取经义。

第①句总括冬至祀天于圜丘，虽标明取用自《大司乐》，但并非直接引用，而是对此篇中"凡乐……冬日至，于地上之圜丘奏之"一句的经义提取，杜佑从《大司乐》所记奏乐致神的叙述中，提取其逻辑前提，即周王必于冬至祀天于圜丘这一事实，其之所以如此笃定，乃因郑玄已予以考定，此句之下郑注引《礼记·祭法》"周人禘喾而郊稷"，与《大司乐》相配，由此确定"此祭天圜丘，以喾配之"。因此，杜佑第十句言"配以帝喾"，所依据的正是《祭法》及《大司乐》的这一郑注。[2]

第③句言用玉及牲币之色，主要依据依然是《大宗伯》，经文原作："以苍璧礼天，以黄琮礼地，以青圭礼东方，以赤璋礼南方，以白琥礼西方，以玄璜礼北方，皆有牲币，各放其器之色。"杜佑显然是取此句经文中的第一小句和最后一小句。将"以苍璧礼天"对应于冬至郊天，同样是采用了郑注的考定："此礼天以冬至，谓天皇大帝，在北极者也。"然而《周礼》经文言牲币之色，云"各放(仿)其器之色"，杜佑则不从郑注"币以从爵"的解释，而是将此"器"确定为前文所言之"玉"，并作小字注："器则玉也，盖取象天色也。"追究其所据，乃是依《礼记》孔颖达正义，在《郊特牲》首句下孔疏："案《大宗伯》云：'苍璧礼天。'……又云：'牲币各放其器之色。'则牲用苍也。"[3] 可见唐人疏已破郑注，杜氏从之。

第④句言用牲之制，杜佑小字自注其依据是《礼记·郊特牲》"用犊，

---

[1] 〔清〕章学诚：《文史通义·原道下》，叶瑛：《文史通义校注》，第139页。
[2] 《通典》"配以帝喾"之下，杜佑小字自注交代其依据是《祭法》及《大宗伯》郑注"圜丘以喾配之"，"大宗伯"当是"大司乐"之误。
[3] 《礼记正义》卷二十五，〔清〕阮元校刻：《十三经注疏》，第1444页下。

贵诚也"和《王制》"祭天地之牛，角茧栗"。其实，支撑杜佑确定只用"一犊"的同样是唐人正义。《郊特牲》首句下孔疏："郊所以用特牲者，……天神至尊，无物可称，故用特牲。"又《礼器》"祭天特牲"句孔疏："特，一也。天神尊，尊，质，故止一特也。"[1]杜氏采之。

第⑤句言用币之制，杜佑小字自注其依据是《礼记·曾子问》郑注"制币，长丈八"，并推论郑注的依据又是"约逸《巡狩礼》文也"。可见，郑玄正是采用约取古礼之文的方法注经，杜佑与之在方法论上是一致的。另外，杜佑确定"币用缯"，同样出自郑玄，《礼运》"故先王秉蓍龟，列祭祀，瘗缯"句下郑注："币帛曰缯。"

第⑥句言服冕之制，杜佑小字自注其依据是《周礼·天官·司服》"王之吉服，祀昊天上帝则服大裘而冕"，并称郑司农注"大裘，黑羔裘"，由此推定"既无采章，则冕亦无旒也"。支撑杜佑确定"其冕无旒"的，乃是郑玄在《夏官·弁师》下的推测"大裘之冕盖无旒"。

第⑦句言尸服之制，杜佑小字自注其依据是《周礼·夏官·节服》"郊祀裘冕，二人执戈送逆尸"和《秋官·士师》"祀五帝，则沃尸，及王盥"。其实，杜佑更直接的是采用了郑玄之说，《节服》郑注："裘冕者，亦从尸服也。裘，大裘也。"杜佑据此逆推尸服当如周王祀天之服，并进一步从礼意上给予了一种解释："以天体质，故王大裘以象之。既尸为神象，宜与王服同也。"

第⑨句言尊爵、荐器之制，杜佑小字自注其确定"以瓦""以匏片"乃依据《礼记·郊特牲》"器用陶匏，以象天地之性也"。其实此句所言粗略，需依托孔疏予以补足："陶，谓瓦器，谓酒尊及豆笾之属，故《周礼》瓬人为簋。匏，谓酒爵。"又《郊特牲》首句下孔疏亦谓："其祭天之器，则用陶匏。陶，瓦器，以荐菹醢之属。……匏酌献酒，故《诗·大雅》美公刘云：'酌之用匏。'注云：'俭以质。'祭天尚质，故酌亦用匏为尊。"同样，神席

---

1 《礼记正义》卷二十五、二十三，〔清〕阮元校刻：《十三经注疏》，第1445页中、1432页下。

用蒲越、藁秸，也出自《郊特牲》："蒲越、藁（同藁）秸之尚，明之也。"郑注："蒲越、藁秸，藉神席也。明之者，神明之也。"孔疏："今礼及隋礼，藁秸为祭天席，蒲越为配帝席，俱藉神也。"[1]杜佑小字自注称"藁秸藉天神，蒲越藉配帝"，显然是采用了孔疏，或者说是从隋唐礼制的现实归纳出结论。其所谓"蒻头不纳"，指蒲草剪了头但不扎缘，以显祭天尚质朴，暂未检得其说来源，恐亦是从隋唐实际的仪制操作中概括得出，用以补充经义之未备。

由这一段可以看出，杜佑的撰写大字正文力求精简，但信息量颇为充实，对于周王冬至祀圜丘礼制的各种规定予以了尽可能翔实的叙写，采用直接引用与约取经义相结合的方式，在不容易一眼看出其依据的地方，则以小字自注的方式略交代其理据。以下对祈穀祀感生帝、五郊迎气、祭天礼仪流程的处理与此约略相仿。从这一叙述结构中我们不难看出，杜佑对"周制"的书写乃是熔铸经传的结果，他充分吸收了注疏对经传的考证与推论，并辅以己意，在诸多纷杂、不协调的头绪中，给出一种最为理想的、协于经传的法理模型。从这个意义上说，《通典》在经学史上具有重要价值，杜佑的"周制"建构实际上是他对经书进行考辨与研究、对诸项仪制规定的经义之源进行统合的最终结论。基于此，我们也应当认识到，杜佑的目标并不是想达成对周王祭天的复原或实录，而是借助于这一理论上的建构，为唐代现实制度的施行提供一套经典的法理依据。

统括"故事"：主动脉、大关节和制度的分蘖

在"周制"的叙写之后，《通典》依朝代、帝王为序，自秦汉一路记载至唐，从史源上看，杜佑或从史志，或采本纪、列传，或做删节，或又补充若干史事，写作手法不可一律，似不容易看出其用心。我在撰作《汉唐礼制

---

[1]《礼记正义》卷二十五、二十六，〔清〕阮元校刻：《十三经注疏》，第1445页上、1455页上中。

因革谱》的过程中，经逐条考释、辨析汉唐礼制的每一个步骤、每一项细节，并与《通典》所记彼此互参，观其增删、留存与挪移的手法，可知杜佑所书实为聚焦于每一项制度演进中的主动脉和大关节，并对酿成制度变迁的分蘖和裂隙之处多所关照，而将制度施行的实况与礼典仪制的枝叶进行了大刀阔斧的砍削。可以说，《通典》瞄准了制度的因革流变，是对制度史上各项重要"故事"的统括。

所谓"故事"，若采用邢义田对汉制的概括，则"一切汉家典制都可包括在内。在汉人的措词里，故事又可称之为'旧事'、'旧制'、'旧典'、'旧仪'、'典故'、'古典'、'行事'、'成事'、'典常'、'前制'、'汉典旧事'、'先祖法度'、'祖宗典故'、'祖宗故事'、'国家故事'，或仅称之为'旧'"，"概括而言，故事是往事前例，凡刘邦创业以来所曾发生的事例，在汉人眼中，都可以是故事"。[1]汉代如此，汉代以后亦复如此。"故事"实际上指的就是前代所发生过的某一事件对后代产生了一定的影响，具有相当的制度效力。比如就"郊天"部分而言，杜佑自己就曾使用"故事"这一语词七次，其中言及"元始故事"二次，即"后汉建武元年，光武即位，为坛营于鄗之阳，祭告天地，采用前汉元始中郊祭故事"，"明帝即位，永平二年，以《月令》有五郊迎气，因采元始故事"。所谓"元始故事"，指的是西汉末平帝元始五年(5)采纳王莽奏，改定南北郊和祠五帝之仪，此后分别为东汉光武帝和明帝所采用，而"东汉的王朝祭礼已为后世奠定了基本格局乃至细节"，因此，西汉末年的"元始故事"便构成"中国古代王朝祭礼发展过程中承上启下的重要环节"[2]，故而杜佑看重如此。另外，邢义田所说的"旧制""旧仪"等，在《通典》的行文中也不断出现，均指此前所行之某项礼仪被后代所参照、仿效或借鉴，均可包含在"故事"的大范畴之内。

---

[1] 邢义田:《从"如故事"和"便宜从事"看汉代行政中的经常与权变》,《治国安邦：法制、行政与军事》，北京：中华书局，2011年，第383页。

[2] 杨英:《祈望和谐——周秦两汉王朝祭礼的演进及其规律》，北京：商务印书馆，2009年，第534页。

从这个意义上说，杜佑以制度的因革变迁为视角来选取和书写历史事件，依据一个"事件等级制"的标准，将他认为在制度结构上具有重要意义的"大事件"提取出来，编制入一个特定的"事件序列"[1]，而不是去勾稽历代发生了多少相关的大事小事，做尽可能全面的复原和考证。杜佑的宗旨是通过对事件的去取、排比、组合，形成一个筛选过的事件聚合，由此构建出某项制度演进、发展、转折的逻辑路线。因此，进入《通典》书写范围的每一个事件，在一定程度上均具有"故事"的性质与价值，均在长时段中具有结构性意义。今即以"元始故事"为节点，将此前杜佑所书西汉七帝相关事件做一统观，对隐藏其间的逻辑结构略做阐说，以见《通典》的书写机制。

（1）汉高帝时，备祀五帝，又祀九天。西汉初年整体上乃承用秦雍州四畤，《通典》行文保留了《史记·封禅书》《汉书·郊祀志上》"故秦时""悉召故秦祀官""如其故仪"等措辞[2]，可见其关注焦点在制度的承继。刘邦刻意要与秦仪做出区别，故更起北畤，又用巫祝，杂入五行、五德、符运等观念[3]，可见西汉郊天之制在高帝时处在初步探索阶段，尚未形成自己的风格，故而高帝也不亲祀，均由有司行事。

（2）汉文帝时，先亲祠雍五畤，又新作渭阳五帝庙、长门五帝坛。《通典》之所以记此二事，因为文帝亲郊五畤，标志着汉代正式祭天的开端；而五帝庙的新作，与改正朔、易服色相配套，可见"文帝已开始改革国家祭祀、兴立汉家法式的尝试"[4]。也就是说，渭阳五帝庙、长门五帝坛的新建，是汉代希望摆脱秦仪的重要尝试之一，但是彼时"天神观比较混乱，受神仙方士和谶纬学说的影响很深"[5]，尚未找到祭天的理论依据。因此，一旦遇到

---

[1] 有关"事件序列"和"事件等级制"的理论分析，参见侯旭东：《什么是日常统治史》，北京：生活·读书·新知三联书店，2020年，第65—68页。
[2] 〔唐〕杜佑《通典》卷四十二《吉礼一》，第1168页。按：此节引用《通典》原文均出自《吉礼一》，不再一一出注。
[3] 相关分析可参见杨英：《祈望和谐——周秦两汉王朝祭礼的演进及其规律》，第310—312页。
[4] 田天：《秦汉国家祭祀史稿》，北京：生活·读书·新知三联书店，2015年，第119页。
[5] 杨志刚：《中国礼仪制度研究》，上海：华东师范大学出版社，2001年，第267页。

波折，礼典也就无法持续，文帝在十六年（前164）亲祀了一次后，也就懈怠下来，"不亲往焉"。

（3）汉武帝时，先后立泰一坛于长安东南郊与甘泉，并亲祀泰畤。认识到祭天当祭泰一神，是汉代郊天在理论上的初步成型，秦蕙田（1702—1764）称"自谬忌创为泰一之说，立祠于长安东南郊，则俨然仿佛圆丘之意矣"[1]。由此，元朔五年（前124）即在制度史上具有标志性意义，《通典》必详书之。又过十二年，至元鼎五年（前112），采司马谈、宽舒之说，立泰畤坛于甘泉，相应祭天仪制确定下来，故秦蕙田予以很高的评价："武帝祠太乙（即泰一）于甘泉，祭后土于汾阴，虽非古南北郊之制，而其意略同。"[2]秦氏之说将杜佑采录的标准和书写的用意揭示得非常清晰。然《通典》还保留了《汉书·礼乐志》"使童男女七十人俱歌，昏祠至明"及《史记·封禅书》"以木寓马代驹"等仪节，表明此时的祭天仍未跳脱出秦仪的藩篱。因为杜佑在前文书写秦制时，最后特别加了一条自注："时经焚书坑儒，后更无典礼，祠用木寓龙、木寓马，不知何凭，如此乖谬。"[3]在杜佑看来，秦代祭天之仪与经义（即其眼中的周制）相乖戾，而西汉至武帝时新建典礼虽初见雏形，但其仪节仍与"周制"殊不协调。

（4）汉元帝时，延续武帝时所行甘泉祀泰一之礼，又不废秦以来郊雍之仪。故《通典》仅迻录《汉书·郊祀志下》一句概括性的话，称其"遵旧仪，间岁正月，一幸甘泉郊泰畤，西至雍祠五畤"，以见此时郊礼仍处于混杂状态，对于此后的制度发展不构成实质性的影响。

（5）汉成帝时，礼制出现重大转变，修作长安南郊，罢甘泉泰畤、雍五畤。建始元年（前32）发生一次大规模议礼事件，最终以50∶8的票数，匡衡、张谭之说胜出这一事件在西汉郊天之制演进中具有标志性意义，汉王朝开始摆脱由秦延续而来的郊雍五畤，京城南郊祀天的建设被提上议事日程。从甘

---

1 〔清〕秦蕙田：《五礼通考》卷六《圜丘祀天》，第1册312页。
2 〔清〕秦蕙田：《五礼通考》卷六《圜丘祀天》，第1册326页。
3 〔唐〕杜佑：《通典》卷四十二《吉礼一》，第1168页。

泉到南郊，并不仅仅是地点上的转移，"'天'从此取代武帝甘泉宫的'太一'，在神学层面上发生了根本的变化"[1]。杜佑在自注中特别收录了匡、张之奏，明确给出他们的理据——"今当幸长安郊见皇天，反北之太阴，与古制殊矣"，"甘泉泰畤宜徙置长安，合于古礼"。[2]这一段的史源固然是《汉书·郊祀志下》，然《汉志》所收奏议后一句，本作"甘泉泰畤、河东后土之祠宜可徙置长安，合于古帝王"，杜佑在删去与此节无关的"河东后土之祠"的同时，暗中将最后三字"古帝王"改成"古礼"。杜佑心目中的"古制""古礼"，正是他在前文着意建构的"周制"，这是他对西汉走出秦仪、走向"周制"理想模型的刻意突显。因此，对此后成帝不能坚持南郊，迫于各种灾祥异象，泰畤、五畤一度复祀，杜佑在叙事间流露出大为惋惜之意。

（6）汉成帝去世后，皇太后下诏恢复长安南郊，然而汉哀帝登基三年，因病情加重，又一次下诏恢复甘泉泰畤。至此，祀天之坛从元帝时在甘泉，转向成帝即位后的长安南郊，又回向甘泉，成帝去世又恢复南郊，如今哀帝即位又回向甘泉，已四度来回。在田天看来："复古派与现世派都在争取最高统治者同情，此消彼长，反复拉锯。如果郊祀理论与实施细则无明显推进，这种相持局面就难以打破。"[3]就此，从事件史的角度可对其中来龙去脉展开详细分析，但杜佑仅从《汉书·郊祀志下》中摘取了"寝疾，博征方士，复甘泉泰畤祀如故，遣有司行事而礼祠焉"一句写入《通典》[4]，因为从制度演进上看这一来回波折，并无特殊意义。而杜佑留下"征方士""遣有司"，却是可以看出在走向南郊的进程中，方士们羁绊与牵制的力量不容小觑。

（7）汉平帝时，京城南郊之制总算定型，同时单设五郊，这一年是在元始五年（5），也就是西汉的最后一年。这一事件毫无疑问成为郊天制度发展史上的一大里程碑，按田天之说，这一年"国家祭祀制度发生了彻底变革；这

---

1 杨英：《祈望和谐——周秦两汉王朝祭礼的演进及其规律》，第455页。
2 〔唐〕杜佑：《通典》卷四十二《吉礼一》，第1170—1171页。
3 田天：《秦汉国家祭祀史稿》，第240页。
4 〔唐〕杜佑：《通典》卷四十二《吉礼一》，第1171页。

一巨变,直接造就了中国古代国家祭祀体系的性格"[1]。由此也就形成东汉以后所谓的"元始故事"(见上文),故《通典》对此时所定仪制的书写较为详细。其中起关键作用的人物是王莽,发端则是早在成帝时的匡衡等儒生,因此,杜佑记曰:"平帝立,王莽奏,宜如建始所行丞相匡衡等议,复长安郊祀如故。"[2] 这一句话,将西汉郊天在走出秦仪、确立南郊最为关键的两个节点、两位历史人物一语揭出。东汉以后,京城南郊的大方向毫无疑问被继承下来,此后所发生的分化与争议,已是基于这一主干而分化出的第二、第三枝丫了。

经分析杜佑所选取并编织进《通典》"郊天上"的西汉时期的每一条材料,可以清晰地勾勒出汉代新建郊天之制的几个重大关节,从高帝立雍五畤,到文帝新作五帝庙、武帝立甘泉泰畤,到成帝新修长安南郊、平帝定南郊礼仪,一条走出秦仪、走向"周制"的制度史演进主动脉跃然纸上。如果全面勾稽西汉郊天之祀的相关史料,丰富程度必远远超过《通典》。[3] 且不说被杜佑完全略掉的惠、景、昭、宣四帝,也有不少郊祀之事,就汉武帝时而言,已"建构起一个巨大繁复的祭祀网络",形成"泰畤—后土祠、雍、泰山三个祭祀中心",并多次巡行,"至泰山8次,幸甘泉13次,幸雍10次","国家以多点控制的方式达成祭祀格局的平衡"[4],这也就是被《汉书·郊祀志下》称之为宣帝"修武帝故事"者,但从制度史的长时段来看并不构成大关节,因而《通典》就并不予以采入。杜佑通过这一统括式书写模式,将与主动脉关系不甚密切的诸多临时性的、一过式的事件大量地过滤掉了。

依着这一思路往下看,"元始故事"因王莽篡位的波折,真正予以落实要到东汉光武帝建武元年(25)和明帝永平二年(59),分别将南郊祭天、五郊迎气付诸施行,由此奠定汉魏以降礼制演进的地基,故《通典》予以大段载入。魏晋以后,郊天之制从大脉络上来看,产生的根本性裂变是圜丘与南郊

---

1 田天:《秦汉国家祭祀史稿》,第229页。
2 〔唐〕杜佑:《通典》卷四十二《吉礼一》,第1171页。
3 参见顾涛《汉唐礼制因革谱》卷二对相关史料的勾稽和梳理。按:仅就《史记·封禅书》《汉书·郊祀志》等历史文献来看,叙事的分量较《通典》就已翻了几番。
4 田天:《秦汉国家祭祀史稿》,第209、179、208页。

的分立，由此形成冬至圜丘祀昊天上帝、孟春南郊祀感生帝两大主干分叉。这一裂变过程同样经历了较长的历史时期。如果说废止雍地、甘泉祭坛，确立京城南郊，历经整个西汉一百七十五年的历史，那么三国魏明帝景初元年（237）圜丘初始从南郊分出，一直要到隋文帝开皇年间才正式确立冬至圜丘、孟春南郊分祀之制，如果以辛彦之、牛弘撰成新礼正式颁行的开皇五年（585）为节点，前后经历了整个魏晋南北朝长达三百四十八年的历史。

这长达三百余年的制度演进过程，对于杜佑的统括式书写在精简度上提出了更高的要求；《通典》竟然在有限的一卷（即"郊天上"）中，使用剩下的一半篇幅便完成了这一叙事的全过程。西汉时期尚采用以皇帝为节点的中度统括式书写结构，魏晋以后则采用了以朝代为节点的高度概括式书写。采用高度概括式书写，也就意味着《通典》将进一步瞄准并抽绎主动脉和大关节，更需略去各种旁逸斜出的枝丫性事件。

其中对三国魏在明帝景初元年（237）于洛阳新营圜丘的书写，杜佑不仅收录了魏明帝的诏书，而且在小字自注中列出高堂隆的上表和鱼豢之议，可见其重视程度。此年的郊天之礼，在立春南郊之外开出冬至祀圜丘的一条新路，在制度史上具有标志性意义。可惜，魏明帝之后"终魏代不复郊祀"，区别圜丘、南郊的再度提出并正式确立，要到南朝梁武帝天监三年（504），那已经是在高堂隆去世二百六十七年之后的事了。但是从制度史上来看，237年标志着分蘖的产生，高堂隆的上表是引发制度变革的裂隙，正如西汉成帝时的匡衡、张谭之奏一样。匡衡和高堂隆属于勇于吃螃蟹的第一人，他们提出改制的方案，在当时属于新生事物，受到巨大的阻力和反弹是可以想见的，故而不可能一帆风顺。制度要真正完成变革，需要充足的铺垫，更需要适当的时机，但是当制度的变革完成之后，追溯其分蘖的发生处，应当追到此时。《通典》在体例上正体现出这一思路，杜佑对汉成帝、魏明帝时郊天之制的书写，分别在小字自注中载入匡衡、高堂隆的奏议，可见杜佑对改革引领者的不抹杀，也可见他对制度分蘖处的关注与重视。《通典》在撰作体例上的精详之处，于此又可见一斑。

对于西晋到南朝的郊天，《通典》的书写可谓惜墨如金。西晋武帝泰始二年（266）南郊除五帝位，圜丘并入南郊不别立，太康十年（289）又"复南郊五帝位"，这在一定程度上乃是分别取准乎王肃上帝即天说和五帝非天说的产物。[1] 不过，对于制度变革背后的理论依据是宗郑（玄）还是从王（肃），并非杜佑关注的重心，《通典》只是简要摘录了当年的"有司奏"而不做推论。《通典》的书写，突显出的乃是制度史上晋武帝对三国魏明帝时郊丘分立之制的主体革除，以及在局部（即南郊设五帝位）的恢复。

东晋在建康新立南郊，然在杜佑眼中"多依汉及晋初仪注"，"如泰始故事"，不具备结构性意义。相较而言，他更关注晋安帝时朝议提出郊天可由宗伯摄事，而被王讷之所否定一事，这又是基于什么考虑？我们可比较他在下一段叙及南朝宋之制，专门记载了孝武帝大明二年（458）因遇雨是否需迁郊举行的一场专门性礼议，结果"遂迁日，有司行事"。在这一段的小字自注中，杜佑摘录了《宋书·礼志三》的礼议内容，又将《宋书·礼志一》中"南郊，自魏以来，多使三公行事"一句殿于后。两相比较可见，东晋王讷之议经杜佑故意揭出，正是对有司摄事不得进入制度规定的坚持；然而到南朝宋的大明礼议，竟使有司摄祭堂而皇之地进入了制度史。南朝的宋、齐、梁、陈四代，在郊天之制上的贡献更多的是在礼典的具体仪节上，比如刘宋确立了祖配之制，萧齐确立间岁一祀及郊坛形制，梁武帝时更是经过多次博议，细部多所改定，仪注渐趋精密。《通典》的处理基本上都是采用大字揭出结论，小字概括礼议的重要理据，无特别突显之处。

《通典》对梁武帝天监三年（504）何佟之又一次提出圜丘与南郊当分祀这一事件的处理，值得做些分析。这一年应该说是对三国魏高堂隆之说的再启，而且何佟之进一步区别了二祭在礼意上的区别，冬至圜丘，义在报天，立春南郊，义在祈穀，对此后来不少学者曾给予高誉。[2] 可是《通典》对此事的处理却显得过于淡化，大字正文只字不提，只是在一条小字自注中列出

---

[1] 参见赵永磊：《天道与人事——王肃禘郊祖宗说之复原》，《哲学研究》2023年第1期。
[2] 参见顾涛：《汉唐礼制因革谱》，第31、602—603页。

了何氏之说。这是不是杜佑的疏忽？恐怕不应当如此看待。今考现存梁代史料，于正月行南郊之祀的记载不下数十次，却并未有见在冬至祀圜丘的确凿记载，那么可以做出推测：何佟之所定仪制很可能最终未能付诸行用。即使梁代冬至祀圜丘确有施行而失于记载，那么也可以看出梁代对南郊孟春祈穀之祭的重视要远胜于冬至，正如秦蕙田所指出的："武帝改祈穀于孟春，而《本纪》亲郊，皆以正月上辛。观天监十六年、普通二年诏明以'句芒首节，平秩东作'为词，则其为祈穀甚明，是当时分冬至、孟春为二，反以孟春为重也。"[1] 可见梁代虽然在理论上已认识到西晋以来"二至之祀合于二郊"的结构应当予以突破，但并未形成共识，在现实中很可能未完成郊、丘分祀的制度实践。这一制度的真正实现，要到隋文帝建国之后。因此，《通典》在隋文帝之下，方才给予确立冬至圜丘、孟春南郊并行之制的明确书写。

隋文帝于开皇四年（584）、十三年（593），孟春南郊，又于开皇十年（590）、十二年（592）、十八年（598）、仁寿元年（601），冬至祀圜丘，可见二祭已断然分开，这些具体施行情况，当然不会进入《通典》的书写，但《通典》已在制度上载入隋礼在圜丘、南郊仪制上的各项差异，包括所祀神明、配帝、从祀、祭品等。从直接的来源上看，北周"正月上辛，祀昊天上帝于圜丘"，"又祀所感帝灵威仰于南郊"，圜丘、南郊所祭神祇已做区分，固然对隋制具有一定的铺垫作用；但二祭在北周时尚未在时日上区别开，冬至郊天尚未进入大祀，可见北周与隋之间有明显距离，不具备直接的承继关系。再反观北齐之制，原本亦在正月祀圜丘，但《通典》明确载入"后诸儒定礼，圜丘改以冬至祀之"，南郊则仍在正月，"祀所感帝灵威仰"[2]，可见隋礼与北齐之间的联系较北周更为紧密。由此，经由《通典》"郊天"的制度史书写，我们可以抽绎得一条大脉络，隋礼乃是上承自北齐与萧梁之制的结果，这也就是陈寅恪反复论证的，"隋文帝虽受周禅，其礼制多不上袭北周，而转仿北齐或更采江左萧梁之旧典，与其政权之授受，王业之继承，迥然别

---

1 〔清〕秦蕙田：《五礼通考》卷二十一《祈穀》，第 2 册 875—876 页。
2 〔唐〕杜佑：《通典》卷四十二《吉礼一》，第 1180 页。按：此句史源在《隋书·礼仪志》。

为一事"。[1] 从这个意义上说，隋开皇礼是充分融汇了北朝、南朝礼制因革的成果，而梁代何佟之所议正是隋制得以正式分辟为两条路径的分蘖之处，杜佑置于小字自注中揭出，正合其体例。

钞誊抑或新裁：从《大唐开元礼》到《开元礼纂类》

《通典·礼典》在组成结构上，前六十五卷"沿革"按五礼体系分类，类下依序排列各项礼制，后三十五卷则收入新编的《开元礼纂类》，依与之前各项礼典相同次序排列。若要对某项礼制形成全面认识，需将前后相应的两部分内容结合起来，形成该项礼制的书写单元，做前后统观、参详。就"郊天"的书写单元而言，《礼典》六十九、七十所收《开元礼纂类》"吉礼一""吉礼二"是其不可分割的组成部分。《纂类》的编制，表面上看确实就是将《大唐开元礼》的一百五十卷经大幅删节而成，而且古人又无写作凡例的习惯，再加上后世学者已失去杜佑撰作时"将施有政，用乂邦家"[2] 的现场语境，难以体察到《纂类》仪制删节处理的用意，很容易跌入王鸣盛般"钞誊"的评骘。有鉴于此，我们在对"郊天"礼制的历史因革做过疏释之后，也尝试对蕴含在《纂类》"撮取"过程中的"裁制"工夫做一些发掘，将《纂类》的体例略举一二，以期发凡之效。

初步概括《开元礼纂类》"郊天"部分内容，可得杜佑的新编工作在体例上有如下五个方面值得留意。

1. 礼典项目上的归并

与郊天之制相关的礼典，《大唐开元礼》记载共计十八项，每一项下均详细书写仪注，《开元礼纂类》将其归并成三项。参见下表：

---

[1] 陈寅恪：《隋唐制度渊源略论稿·礼仪》，北京：生活·读书·新知三联书店，2004年，第57页。
[2] 〔唐〕杜佑《进通典表》，《通典》卷首，第1页。

表2 《大唐开元礼》与《开元礼纂类》所设礼典对比

简称	《大唐开元礼》所设礼典	《开元礼纂类》所设礼典
圜丘	皇帝冬至祀圜丘	皇帝冬至祀圆丘
	冬至祀圜丘有司摄事	
祈穀	皇帝正月上辛祈穀于圜丘	正月上辛祈穀
	正月祈穀于圜丘有司摄事	孟夏雩祀
雩祀	皇帝孟夏雩祀于圜丘	及摄事并附
	孟夏雩祀于圜丘有司摄事	
明堂	皇帝季秋大享明堂	皇帝季秋大享明堂
	季秋大享明堂有司摄事	摄事附
五郊迎气	皇帝立春祀青帝于东郊	皇帝立春祀青帝于东郊
	立春祀青帝于东郊有司摄事	
	皇帝立夏祀赤帝于南郊	立夏祀赤帝于南郊
	立夏祀赤帝于南郊有司摄事	季夏土王日祀黄帝于南郊
	皇帝季夏土王日祀黄帝于南郊	立秋祀白帝于西郊
	季夏土王日祀黄帝于南郊有司摄事	立冬祀黑帝于北郊
	皇帝立秋祀白帝于西郊	及摄事并附
	立秋祀白帝于西郊有司摄事	
	皇帝立冬祀黑帝于北郊	
	立冬祀黑帝于北郊有司摄事	
总计	18项	3项

因为这十八项礼典均包含"斋戒""陈设""省牲器""銮驾出宫""奠玉帛""进熟""銮驾还宫"七段，行礼大格局基本一致，故而大量用辞是重复的，《纂类》在体例上采取将三项作为主礼典详细收录、其余附录其后的处理方式，使得同类仪制得以大量删节，这是杜佑能将《大唐开元礼》一百五十卷成功简缩为三十五卷的关键所在。

《纂类》的这一归并处理法，在精简了篇幅的同时，还达成了另外一个效果。杜佑将"正月上辛祈穀"等附入圜丘之祀，实际上形成了在祭天礼制上对"冬至祀圜丘"这一主礼典的强突显,也就是确立了其作为国家最高级别祭祀大典的地位。杜佑身处《大唐开元礼》的法典模板之下,固然无法突破《开元礼》所依托的郑玄"六天说",但《纂类》无形间已构成对王肃"郊丘合一"说的吸纳。《纂类》"冬至祀圜丘"一主五附的载录模式,实际上已达成清人秦蕙田所说的"古者天子一岁祭天有四,而冬至为正祭"局面。宋儒大肆诟病开元礼一岁四祭无分轻重,他们所主张的"祈穀、大雩,祈祭也,季秋明堂,报祭也,礼皆杀于冬至,而郊天正祭,止冬至圜丘一祭而已"[1],从杜佑新编《纂类》的类目分设中,已具备初步轮廓。虽然皇帝季秋大享明堂因地点的转换,在《纂类》中仍与皇帝冬至祀圜丘并列,五郊迎气也依《大唐开元礼》的规定只可单列于后,否则便与当朝法典不合,但杜佑在允许的范围内已做了尽可能的处理,即便如五郊迎气,也是以立春祀青帝于东郊为主,后四者均为附录,做了力所能及的精简。

2. 礼典归并所带来的编修新例

《纂类》既然采用附录的形式,将数项礼典的仪制规定附入一项主礼典之下,就必然要在礼典出现仪节差异之处做出说明。杜佑以主礼典为大字正文,采取小字自注的方式完成对其他数项附录礼典细部差异的旁注。试以"皇帝冬至祀圜丘"下"奠玉帛"段之"奠昊天上帝神座"节仪注的书写为例,看《纂类》是如何将另五项礼典——"正月上辛祈穀""孟夏雩祀"以及冬至、上辛、雩祀之有司摄事——附入其中的。《纂类》之文曰:

> 太常卿引皇帝,"太和之乐"作,皇帝每行,皆作太和之乐。摄[1]则谒者引太尉,以下皆谒者引太尉。太和乐,上辛、雩祀[1]同。皇帝诣坛,升自南陛,侍中、中书令以下及左右侍卫量人从升。以下皆如之。皇帝升坛,北向立,摄[2]则太尉升南陛,北向立。乐止。正座太祝加玉于币以授侍中,侍中奉玉币东向进,皇帝搢镇珪,受玉币。凡受物,皆搢镇珪,跪奠讫,执珪,俛伏,兴。太尉则搢笏。登

---

[1] 〔清〕秦蕙田:《五礼通考》卷一《圜丘祀天》,第 1 册 146—148 页。

歌，作"肃和之乐"，以大吕之均。太常卿引皇帝进，北向跪奠于昊天上帝神座，俛伏，兴，太常卿引皇帝少退，北向再拜讫，太常卿引皇帝立于西方，东向。配座太祝以币授侍中，侍中奉币北向进，摄[3]则太祝授太尉，太尉奉玉币进奠。皇帝受币。太常卿引［皇帝］进，［东面跪，奠于］高祖神尧皇帝神座，雩祀[2]则太宗座。俛伏，兴，太常卿引皇帝少退，东向再拜讫，登歌止。太常卿引皇帝，乐作，皇帝降自南陛，还版位，西向立，乐止。摄[4]则太尉行，还立无乐也。初皇帝将奠配帝之币，谒者七人各分引献官奉玉币俱进，跪奠于第一等神座，上辛[3]则谒者五人各分引献官，奉玉币奠五方帝座，摄事同。雩祀[4]，五人帝、五官相次而毕。余星座之币，谒者、赞引各引献官进奠于首座，余皆祝史斋郎助奠。讫，引还复位。摄[5]则太尉奠配座，诸太祝及诸献官各奉玉币进于神座，讫，还罇所。上辛[5]无星以下座也。[1]

不难看出在具体的仪节之下，杜佑作了多项小字自注，其中出现了多次"摄……""上辛……""雩祀……"，今逐一标号，略做解读如下：

摄[1]：《纂类》用小字标注"摄则……"，若有司摄事，则无"太常卿引皇帝，《太和之乐》作"之仪，而代之以"谒者引太尉"之仪。又用小字自注"以下皆谒者引太尉"，说明下文这段仪注中六次出现的"太常卿引皇帝"，若有司摄事，均代之以"谒者引太尉"。

摄[2]：《纂类》用小字标注"摄则……"，若有司摄事，则无"皇帝诣坛，升自南陛，侍中、中书令以下及左右侍卫量人从升。皇帝升坛，北向立"之仪，而代之以"太尉升南陛，北向立"。

摄[3]：《纂类》用小字标注"摄则太祝授太尉，太尉奉玉币进奠"，若有司摄事，则无"配座太祝以币授侍中，侍中奉币北向进，皇帝受币。太常卿引［皇帝］进，［东面跪，奠于］高祖神尧皇帝神座"之仪，而代之以"配座太祝以币北向授太尉，太尉受币，谒者引太尉进，东面跪，奠于高祖神尧皇帝神座"。按经诸本对校，可知今本《通典》此处脱漏七字，今用方

---

1 〔唐〕杜佑：《通典》卷一百九《礼六十九》"开元礼纂类四"，第2832页。

括号予以补足。

摄[4]：《纂类》用小字标注"摄则太尉行，还立无乐也"，若有司摄事，则无"太常卿引皇帝，乐作，皇帝降自南陛，还版位，西向立，乐止"之仪，而代之以"谒者引太尉自南陛还本位"。且杜佑特别交代，这一仪式中无"乐作……乐止"之仪。

摄[5]：《纂类》用小字标注，若有司摄事，则无"初皇帝将奠配帝之币，谒者七人各分引献官奉玉币俱进，跪奠于第一等神座。余星座之币，谒者、赞引各引献官进奠于首座，余皆祝史斋郎助奠。讫，引还复位"之仪，而代之以"初太尉将奠配帝之币，诸太祝及诸星座献官各奉玉币进，跪奠于神座，讫，兴，还罇所"。

上辛、雩祀[1]：《纂类》用小字标注"上辛、雩祀同"，表示皇帝正月上辛祈穀于圜丘、孟夏雩祀于圜丘此段仪注与此处相同，若有司摄事，亦同于此处之有司摄事。

雩祀[2]：《纂类》用小字标注"雩祀则太宗座"，若孟夏雩祀于圜丘，此处"高祖神尧皇帝神座"则代之以"太宗神座"。

上辛[3]：《纂类》用小字自注，若上辛祈穀于圜丘，此处"谒者七人各分引献官奉玉币俱进，跪奠于第一等神座"之仪，则代之以"谒者五人各分引献官，奉玉币，奠五方帝座"。若上辛祈穀于圜丘有司摄事，同用后者。

雩祀[4]：《纂类》用小字标注"五人帝、五官相次而毕"，若孟夏雩祀于圜丘，此处"谒者七人各分引献官奉玉币俱进，跪奠于第一等神座"之仪，则代之以"五方帝之太祝皆取玉币于篚，各进，奠于其神座前。五帝之献官次取币，先奠于太昊氏神座前。余座斋郎助奠。讫，五官之献官亦取币，先奠于句芒氏神座前，余座祝史助奠"。杜佑使用高度概括之语表出之。

上辛[5]：《纂类》用小字标注"无星以下座也"，若上辛祈穀于圜丘，则无"余星座之币，谒者、赞引各引献官进奠于首座，余皆祝史斋郎助奠。讫，引还复位"之仪。

3. 仪节合并彰显体例之简严

如果说《大唐开元礼》的纂修目的，是为皇朝礼典的实际施行提供一个流程范本，那么杜佑新编《纂类》则旨在形成一部法典，为施政提供法理上的借鉴与参考，故而其在书写上追求体例井然，文笔精简，力避重复。在上述采用礼典归并法之外，《纂类》还对不同礼典下的相同仪节采取详略互参式处理法。

比如"省牲器"这一节目，不仅在"皇帝冬至祀圆丘"下出现，在"皇帝季秋大享明堂"下也出现，甚至在"皇帝时享于太庙"下也会出现，那么《纂类》就在前一项礼典下详细书写，并用小字自注标出后两项礼典的细部差异，在后两项礼典下就采取省略式处理。在"皇帝冬至祀圆丘"之"省牲器"下《纂类》记曰：

> 省牲之日，午后十刻，去坛二百步所，享明堂则于明堂所，庙享则于庙所，皆二百步所焉。诸卫之属禁断行人。庙享则太令整拂神幄焉。晡后二刻，郊社令丞帅府史三人、诸仪二人享庙则太庙令帅府史也。及斋郎，以罇、坫、罍、洗、篚、幂入设于位。庙享则笾豆簠簋钘皆设位，加以巾盖。诸器物皆濯而陈之。升坛者各由其陛，升庙堂者升自东陛焉。晡后三刻，谒者、赞引各引祀官、公卿以下俱就东壝门外位，庙享则无壝外公卿位焉。……[1]

此节开头的这五处小字自注，用"享明堂则……""庙享则……"用意都在说明享明堂、庙享礼典在"省牲器"段与此处的细节差别。就像第一个注，就是要说明祀圆丘时牲器位置在"去〔祭〕坛二百步所"，而享明堂则在"去明堂二百步所"，庙享则在"去庙二百步所"。他皆类之。在此处详细标注之后，杜佑在"皇帝季秋大享明堂""皇帝时享于太庙"下就可以大幅省略了。享明堂虽列出"省牲器"的节目，但仪节全部删去，只用小字自注

---

[1] 〔唐〕杜佑：《通典》卷一百九《礼六十九》"开元礼纂类四"，第2826页。

"如别仪"三字交代参看前文。庙享的"省牲器"段,列出了前二句"省牲之日,午后十刻,庙所禁断行人,太庙令整拂神幄。祝史各取毛血,每座共实一豆,祝史又洗肝于郁鬯,又取脺脊共实一豆,俱置馔所",下书"余并如圜丘仪"六字,此后仪节全部省去。[1] 此段之所以保留前二句,显然是因为庙享的祭品与圜丘差异较大,这样一来顺带着把第一句也保留下来了,由此可以印证杜佑在祀圜丘礼典的"省牲器"下所作小字自注之精确。

此外,杜佑还将不同礼典下的相同仪节提取出来单列,将之新设为一个类目。试举一例。《开元礼》"皇帝冬至祀圜丘"礼典中,在一开始的"斋戒"段,记载有如下二段仪注,而《纂类》不载:

> 前祀七日,平明,太尉誓百官于尚书省,曰某月某日祀昊天上帝于圜丘,各扬其职,不供其事,国有常刑。
>
> 散斋理事如旧,惟不吊丧问疾,不作乐,不判署刑,杀文书,不行刑罚,不预秽恶。致斋惟祀事得行,其余悉断。其祀官已斋而阙者,通摄行事。[2]

在《开元礼》"冬至祀圜丘有司摄事"礼典的"斋戒"段,亦载有这二段仪注,而《纂类》不载。同样,在从"皇帝正月上辛祈穀于圜丘"到"立冬祀黑帝于北郊有司摄事"全部十六项礼典的"斋戒"段,均载有这两段仪注,而《纂类》不载。按上述第1条体例,被《纂类》附录的礼典,自然全部删去,但是在三项主礼典之下,《纂类》何以同样不载?这是因为在卷首的"序例"中杜佑已将"斋戒"这一小节仪注单列出作为统领,所包含的正是这二段仪注[3],因此在此后的祭礼中就不再逐次抄录。同时,《纂类》在"皇帝冬至祀圜丘"的"斋戒"段主要记载了皇帝斋戒之仪,而以小字自注的

---

[1] 分别见〔唐〕杜佑:《通典》卷一百十《礼七十》"开元礼纂类五"、卷一百十四《礼七十四》"开元礼纂类九",第2849、2922—2923页。
[2] 〔唐〕萧嵩等:《大唐开元礼》卷四,北京:民族出版社,2000年影印,第35—36页。
[3] 〔唐〕杜佑:《通典》卷一百八《礼六十八》"开元礼纂类三",第2807—2808页。

方式简单交代了一句:"摄事,无皇帝斋仪。"[1]而代替皇帝所行祭礼的就是太尉,其斋戒之仪,本就已经包含在上述卷首的专门"斋戒"仪注中。

通过这一新设类目之法,一方面《纂类》归并删落了《大唐开元礼》十八次烦琐的仪节铺叙,节目与文辞更显凝练,另一方面《纂类》井然有序地将十八项典礼的仪注之异同关系,通过新设"斋戒"项、归并同类礼典、小字自注互参的方式清晰地予以呈现,在纂修体例上堪称"简严"。

唯一值得惋惜的是,《开元礼》"冬至祀圜丘有司摄事"等礼典在"致斋三日"句下有一句小字注:"散斋皆于正寝。致斋二日于本司,一日于祀所。其无本司者,则二日于郊社署。"与有司摄事相关之礼典,在《纂类》中均附入而不单列,此句自然也就顺带被删落,如此做法从体例上讲毫无问题,因为在"皇帝冬至祀圜丘"礼典的相同位置,同样有一句小字注:"散斋皆于正寝。致斋二日于本司,一日于祀所。其无本司者,则二日于祀所。"[2]此句《纂类》完好地保留了。可是问题在于,《开元礼》在第一项礼典下只记致斋在"祀所",从第二项礼典之后却明确标出地点在"郊社署",这一项关于致斋地点的信息,在《纂类》的删并中未能保存下来,略嫌可惜。

4. 增补自注以作释例

杜佑在新编《纂类》中融入的裁制功夫,不仅体现在对《大唐开元礼》所载礼典与仪节进行归并、删节、挪移等工作上,还体现在通过小字自注对若干仪节做出释读与参详。

比如在"奠玉帛"段"赞引引御史、博士、诸太祝及令史、祝史与执罇罍篚幂者,入自东壝门,当坛南重行,北面西上"句下自注:

> 凡引导者,每曲一逡巡也。[3]

---

[1] 〔唐〕杜佑:《通典》卷一百九《礼六十九》"开元礼纂类四",第2822页。
[2] 分别见〔唐〕萧嵩等:《大唐开元礼》卷四,第44、36页。
[3] 〔唐〕杜佑:《通典》卷一百九《礼六十九》"开元礼纂类四",第2829—2830页。

此句乃是对赞引者在行程中的礼节做出补充说明。此注并非杜佑新创，乃迻录自《开元礼》"冬至祀圜丘有司摄事"仪注之"省牲器"段"又谒者引太常卿，赞引引御史，入诣坛东陛，升，视涤濯"句之下。此例恰好与第三例中因删并遗落了"郊社署"形成对照，两例情况类似，杜佑显然已留意及此，在删并礼典中不忘将有价值的信息保留下来，填入适当位置，"郊社署"的遗落属于偶疏。

又如"奠玉帛"段"协律郎跪，俯伏，举麾"句下自注："凡取物者皆跪，俯伏而取以兴；奠物则跪奠讫，俯伏而后兴。"然后紧接着又注：

> 他放（仿）此。[1]

"凡取物……奠物……"这一仪注的凡例，乃《开元礼》编者随文自注，此例同样适用于其他类似的仪注，杜佑用"他放此"三字旨在提炼出此例是可以贯通礼典前后的"通例"。此类"通礼"在《纂类》中还有不少，值得集中提炼。

又如"进熟"段皇帝初献节尾"武舞入，鼓柷，作舒和之乐，立定，戛敔，乐止"句下自注：

> 自此以上，凡摄皆太尉为初献，其仪依皇帝行事，赞佐皆诣者、太祝、斋郎。[2]

于此，杜佑更是自己对有司摄事的通例进行概括，对会通礼典有重要帮助。此后《唐会要·杂郊议》《文献通考·郊社考三》所收"唐开元礼"均据此采入。

---

1 〔唐〕杜佑：《通典》卷一百九《礼六十九》"开元礼纂类四"，第2831页。
2 〔唐〕杜佑：《通典》卷一百九《礼六十九》"开元礼纂类四"，第2836页。

5. 迻录中偶然产生少量疏误

《纂类》在迻录《大唐开元礼》并做各种删并处理的过程中，偶然会造成一些细部的疏误，这实属难免，但我们在研读《纂类》之时应予以留意。比如"奠玉帛"段脱漏了七字，已如上述。又如《纂类》"进熟"段在"皇帝谒坛"后，有"谒者引司徒，升自东陛，立于罇所，斋郎奉俎从之后"句，"之后"二字前脱漏"升，立于司徒"五字。又如《纂类》"进熟"段在"诸献俱毕"后，有"'元和之乐'作，太常卿前奏称'请再拜'，退复位。皇帝再拜。乐作一成，止"句，"皇帝再拜"下脱漏"奉礼曰'众官再拜'，众官在位者皆再拜"一句十五字。《纂类》在句末小字自注"摄事则奉礼曰'众官再拜'，众官在位者皆再拜"，义为若有司摄事，则无"太常卿前奏……皇帝再拜"之仪，仅有"奉礼曰……众官在位者皆再拜"之仪，此固然不错。但是正是在这一正文与注文看似重叠的过程中，应当是在传抄、刻印过程中被误删了正文仪注十五字。

制度史书写的《通典》模式

经过对《通典》郊天之制书写单元的条分缕析，杜佑的创作宗旨与纂修体例等已得到一定的发掘。建构"周制"的理想模型、统括汉唐礼制因革"故事"、新编《开元礼纂类》所组成的三大板块，共同构成了唐代制度在渊源、先例及法理依据上的三项法源，由此形成以"简严"叙事为风格的制度史书写的《通典》模式。

制度史书写的《通典》模式，因其具有"体大思精""至精至纯"的典型特征，隐含在精简的叙事结构中，并非一望可知，正如章学诚所说的"著书之独断，编次之通裁，其旨可以意会"，由此给今天的学术界提出了一项重要的学术课题，即须对《通典》的纲领、结构、义例、笔法等进行细致推求寻绎，予以发凡起例，否则学界望《通典》而生畏，更遑论抉发其在中国制度史上的价值。就像记录周代礼典的经典著作《仪礼》，古称《礼经》，长期以来学者均"苦其难读,人多束阁不观",故而清人凌廷堪"不辍寒暑昏晓者二十余载","五易稿而后成"《礼经释例》。[1] 凌氏要解决的就是阅读《仪礼》的第一道门槛,"其节文威仪,委曲繁重,骤阅之如治丝而棼……乍睹之如入山而迷","不会通其例,一以贯之,只厌其胶葛重复而已耳,乌睹所谓经纬涂径者哉!"[2] 自郑玄、贾公彦、朱熹以来,学者们均曾尝试对之进行发凡,直至凌廷堪一举攻破,后来学者予以高度评价,如皮锡瑞便称,"读《礼经》而不明凡例,则苦其纷繁……[初学]先观《礼经释例》,则一目了然矣"[3]。《通典》在如今所面临的困局,首要的就是要冲破阅读与理解的障碍,完成对制度史书写之《通典》模式的全面释例。

学术界之所以会对制度史书写的《通典》模式普遍陌生化,连历史学家王鸣盛都嫌其"繁复",历来将其归入"类书"的行列,主要原因是接踵其后的《文献通考》,在制度史书写体例上并未延续《通典》模式,而后世的政书纂修,又基本都上承自《文献通考》,而非《通典》。

章学诚曾论《文献通考》曰:

> 马贵与无独断之学,而《通考》不足以成比次之功,谓其智既无所取,而愚之为道,又有未尽也。且其就《通典》而多分其门类,取便翻检耳;因史志而裒集其论议,易于折衷耳。此乃经生决科之策括,不敢抒一独得之见,标一法外之意,而奄然媚世为乡愿,至于古人著书之义旨,不可得闻也。[4]

章氏固然对《文献通考》存在先入为主的偏见,他的这一偏见正是源于以

---

1 〔清〕阮常生:《礼经释例序》,〔清〕凌廷堪:《礼经释例》卷首,台北:"中研院"中国文哲研究所,2002年,第35页。
2 〔清〕凌廷堪:《礼经释例》自序,第37、39页。
3 〔清〕皮锡瑞:《经学通论·三礼》"论读《仪礼》重在释例,尤重在绘图,合以分节,三者备则不苦其难",第31页。
4 〔清〕章学诚:《答客问中》,叶瑛:《文史通义校注》卷五,第478页。

《通典》模式为参照，所谓"独断之学""比次之功""古人著书之义旨"，都是立足于《通典》的角度而发。因此，章氏最终的结论是："《文献通考》之类，虽仿《通典》，而分析次比，实为类书之学。"[1] 金毓黻虽极力要为《文献通考》辩护，但他恰恰指出了制度史书写的两种模式，即"善治史者，主以《通典》之精简，辅以《通考》之详赡，则能兼取其长，而折中至当矣"。也就是说，《通考》的书写模式乃是以资料收录之浩博、详悉著称，金先生说，"吾观究心典章制度之人，无不以《通考》为宝藏，而恣其撷取"[2]。这正是《通典》与《通考》在制度史书写模式上形成的巨大差异。

就"郊天"部分的书写来看，宋儒对经史文献的考证日趋精密，对于郑玄分别郊丘二礼在逻辑上的矛盾和无法自圆其说进行了深入发掘，由此在学理上倾向于采用王肃"郊丘合一"说。马端临纂修《文献通考》，便广泛采录宋儒朱熹、黄榦、杨复等人的考辨成果，对郑玄分别郊丘二礼的处理提出了犀利的批评，几乎将《通典》的模式建构推倒了重来。马端临对杨复《祭礼》的做法至为推崇，称其重新"蒐辑经传之散漫者而会通之，而祀天之礼物、乐舞与其行事始终之序，可以概见；辨析诸儒议论之同异者而折衷之，而天帝之名称、祀数之多寡，从祀尸、主之有无，可以理推"，对杨复的这一番重建，许为"词义正大，订核精深，足为千载不刊之典"[3]。因此，《通考》实际上是延续了这一书写模式，其做法是将各段经传之文分门别类列出，原原本本收录，下接学者们的考辨议论，然后条列文献中可见的历代行礼、议礼等相关史料，同样下附学者们的大量考辨议论，间以按语形式下以己意。《通考》在收录资料的体量上较《通典》实已翻了几番，堪称汪洋恣肆，但阅读起来我们毫无隔膜之感，因为马端临的书写模式与宋儒以来的学术考释体基本一致，都是采用一种专家研究式的写作路径，这一体式被后来的制度史书写者所延续。学界之所以将政治制度类书籍统归入"类书"，正是以《文献通考》以降的政书为标准，而《通典》模式则于无形间被遮蔽掉了。

---

1 〔清〕章学诚：《释通》自注，叶瑛：《文史通义校注》卷四，第374页。
2 金毓黻：《中国史学史》第七章，第272、271页。
3 〔元〕马端临：《文献通考》卷六十八《郊社考一》，第4册2106页。

卷二

问礼之本

引　言

"礼"是一个地地道道的中国文化中的概念。英语中不管是用 ritual、rite、ceremony，还是 courtesy、propriety，都不是很贴合，都只能表达其意涵之一端。难怪钱穆要说："在西方语言中没有礼的同义词。它是整个中国人世界里一切习俗行为的准则，标志着中国的特殊性。"[1] 这一点早就是学术界的共识。18世纪法国思想家孟德斯鸠，就将"礼"对应为西方学术范畴中的"宗教、法典、仪文、习俗"四大类[2]，这恰恰是"礼"的概念在中国文化传统中较诸"法"伸缩性更强、回旋余地更大的典型特征。

如果从外至内对礼学的概念层次做一个简明的剖分，礼的最为外显的部分无疑是礼仪、仪节、仪式，这是大部分人说起"礼"这个词，一下子就会想到的含义。由礼仪进入到礼的第二层，也就是次外层，即礼教，这是一个人的身段、容颜、气色、动作等直接流露出来的，较诸礼仪的临时性，更偏重于平时日常，是长期养成的举手投足的习惯。由礼教进入到礼的第三层，也就是规则、制度的层面，即礼法，这是家族、社会、国家所约定的，生活在其中的个体必须遵从。在这一层面上"礼与法视同一物"[3]。由礼仪、礼教、礼法三个层面再往深一层透视，三者便共同指向第四层，即礼治。礼治所指，就是国家与社会共遵共守的基本信条、原则、理念、价值观，内化于群体习俗之中，对每一个体构成一种向心的无形约束，正所谓西方重法治，中国重礼治。

欲研究中国的礼治，首先当然要从最表层的礼仪出发，是为捷径。

1　[美]邓尔麟：《钱穆与七房桥世界》，蓝桦译，第8页。
2　[法]孟德斯鸠：《法意》十九/17，严复译，第410—411页。
3　梁启超：《论中国成文法编制之沿革得失》，《饮冰室合集》文集之十六，第2册7页。

孔子对礼仪不仅非常看重，也深具研究。在儿童时代，"孔子为儿嬉戏，常陈俎豆，设礼容"（《史记·孔子世家》），此后对礼仪的关注持续孔子的终身。但当孔子进入太庙之时，依然"每事问"（《论语·八佾》），其所问，当然就是太庙中行礼的每一个细节，因为在孔子看来，"铺筵席，陈尊俎，列笾豆，以升降为礼者，礼之末节也，故有司掌之"（《礼记·乐记》）。可见孔子对礼仪的关注，求索不息的重点不在"礼之末节"，而在"礼之本"。故当林放"问礼之本"，孔子盛赞之曰"大哉问"（《论语·八佾》）。我们对礼仪的研究，宗旨即在求礼之本。

《礼记》有云："夫礼，始于冠，本于昏，重于丧、祭，尊于朝、聘，和于射、乡，此礼之大体也。"（《昏义》）八项礼典，根本于冠、婚。冠礼早已中断，婚礼则绵延至今。我的探求之路，即从婚礼开始。《昏义》篇劈头就说："昏礼者，将合二姓之好，上以事宗庙，而下以继后世也，故君子重之。"然而中国古代婚姻制度的研究长期以来存在着不少误解，故需重新梳理《仪礼·士昏礼》，结合《礼记·昏义》等，推阐礼意，检讨旧说。三礼文本所记载的古典婚礼，本质上根植于人之情性，典礼的设置中蕴含了男女平等和相互尊重两条基本原则，成妻、成妇两项仪节是古典婚礼之重心，其所突显的核心观念是夫妻合体和孝顺父母，所有这些都是为着婚姻能够长久，家庭能够和睦。当今的婚俗改革，正宜抉发古典婚礼的精神内核，必须充分为人之情性张本。推陈出新，创造性的转化，不啻婚礼，各项礼典的研究均将蔓延出礼学的一摊事务，横在我们面前。

又如"六艺"之射，举国铨选择士曾以之为标杆。小学教射重在射中之技艺，大学习射则文之以礼乐，其递进之处在于"贵揖让之取也，而贱勇力之取"（《仪礼·乡射礼》郑注），即所谓"礼化"。《仪礼》所载乡射礼各项仪节设置所蕴礼义，充分证实了《礼记》之所谓"射以观德"。乡射礼不仅是士人素日身心内外修养的集中流露，也是通过乡射会民以达到邦国礼乐教化的绝佳途径。因此，"凡是君子都是文武兼顾的"，"六艺中，礼、乐、书、数是文的教育，射、御是武的教育，到春秋时仍是所有君子必受的教育"。[1] 文武兼备的人

---

[1] 雷海宗：《君子与伪君子——一个史的观察》，《中国文化与中国的兵》，北京：商务印书馆，2014年，第190页。

格理想，正是"六艺"之教的教化诉求，也就是乡射礼的礼意精神。钱穆说："礼必随时代而变，此乃礼之时。而变之中仍存有不变者，此乃礼之意。"[1] 基于这一"继周者，虽百世可知也"（《论语·八佾》）的礼学研究方法论，射礼之复兴，内核是在唤起一种文武兼修的教化模式。形式的摒弃，实不足为惜。

祭礼在诸礼典中的地位向为学界所高誉，尤其是当西方学术体系进入中国后，可与宗教相对辉映者，祭祀拥有了当仁不让的地位。在这一中西学术的交汇路口，学术界产生了大量原创性的思想成果，对我影响至深者，当属唐文治。这不仅因为唐先生的名号自孩提时代就映入了我的心坎，更主要是成年之后被唐先生的学术路径折服，由祭祀而礼学，由礼学入经学，由经义达救世，构成了唐先生学术的主线。我对祭礼礼意的研究，就是从唐文治著名的"祭为四本"说入手的。依着唐先生的解读，祭礼的背后关联到中国的性理学、伦理学、教育学、政治学、外交、财政、军政、刑政、选举、教育、工政、商政，无所不包，国事之荦荦大者均在其射程内，由此礼教便构成了中国的宗教。

古代祭祀中最为隆盛、最令人瞩目的标志性典礼，无疑当属封禅礼。在反礼教的思想浪潮中，封禅的被误解可谓重灾区。要探索中国礼治的制度模式，封禅的探索深度可起到牵一发而动全身的效果。从国家制度的法理系统上看，封禅是作为治国臻于最高理想的礼仪标志而被建构的，是国家祭礼系统的顶点。作为国家治理的最高目标，泰山封禅实际上是永远无法企及的，应当处于无限延宕的状态。因此，在现存礼典中，并不需要记载其仪式规程。秦始皇、汉武帝将封禅强行拉回现实中，要去亲身实现它，自然要遭到司马迁毫不客气的批斥和讽刺，因为他们破坏了封禅在国家制度设计上的功能意义。这一番汇通经史文献，从国家法的角度对封禅礼的经学意旨及其在制度史上的政治哲学进行的开掘，旨在为整个古代祭礼系统的法理研究提供一份样板。

1　钱穆：《论语新解》，第50页。

五、古典婚礼根植于人之情性

研究中国古代婚姻制度，近一个世纪以来形成了一种似乎毋庸置疑的论调，即指为男权专制，压迫妇女。以此为论尤可以蔡尚思为代表，蔡著《中国礼教思想史》花费将近一半的篇幅勾勒出历代所见压迫妇女之言论（详参卷四第十三篇），由此形成如下观点："妻妾的地位最低，……为什么一生无论对上对下都必须做奴隶呢？问题就出在母女妻妾都不幸而生为女人，而君、父、夫及子，却幸而生为男人。"因此可以说，"男子是婚姻制度与贞操道德的破坏者"。[1] 男尊女卑若果真发展到如此地步，则完全背离于人类之情性，无怪乎蔡氏有云："中国儒家的注重礼教，实是表示其还不脱野蛮民族的一种习气！""儒家的礼教观念，简直是禽兽观念！"[2]

此类论调影响较大，但实际上是对古代礼教思想的一种严重误读。若就"男尊女卑"的传统观念而言，已有学者进行过若干反思，提出"中国妇女的地位，尤其是在法律上的地位，绝不能简单地、笼统地以'男尊女卑'的公式化的概念来理解"。[3] 可惜，相关问题的讨论没有能够得到持续的进展，类似的误解仍然很深重。故有必要对古典婚礼仪制的成型重做检讨，推溯礼意，求其本源，以期澄清若干成见，并由此对当今的婚俗改革提出若干建设性意见。

1　蔡尚思：《中国礼教思想史·绪论》，上海：上海古籍出版社，2006年，第5、10页。
2　蔡尚思：《中国传统思想总批判》，长沙：湖南人民出版社，1981年，第64—65页。
3　黄嫣梨：《中国传统社会的法律与妇女地位》，《北京大学学报》1997年第3期，第103页。

古典婚礼仪节之三节段与二原则

中国婚礼起源甚早，经由文字系统记录士阶层婚制的可见诸《仪礼·士昏礼》。此篇是今所能见最早的婚礼文献，其成书年代当在春秋战国时期（东周）。《礼记·昏义》等篇是对《士昏礼》的解说，解其所未明，补其所未备，其成书年代当略晚，然亦当在孟子（约前372—约前289）、荀子（约前313？—前238）之前。[1] 经记合观，概可见诸周代婚礼之大略，而制礼观念亦蕴含其间，据此可得古典婚制成型之根基。

《士昏礼》为经，所载亦最为详备。其所记仪节据《昏义》之概括，可分为纳采、问名、纳吉、纳徵、请期和亲迎六项，即为人熟知的"六礼"。若依清人胡培翚（1782—1849）《仪礼正义》所分节目，则有前后相贯的十六节（14+2），即纳采、问名、醴使者、纳吉、纳徵、请期、豫（预）陈馔、亲迎、妇至成礼、妇见舅姑、赞者醴妇、妇馈舅姑、舅姑飨妇、飨送者，及舅姑没妇庙见、不亲迎者见妇父母。除去最后两节变例外，前十四节属于古典婚礼的惯常节目。整个过程约略可分成如下三段[2]：

第一段是求婚，包含纳采、问名、醴使者、纳吉四节。此前尚有一媒氏说合的过程，即《士昏礼》所谓"下达"，郑注补记之曰："达，通也。将欲与彼合昏姻，必先使媒氏下通其言。女氏许之，乃后使人纳其采择之礼。"纳采是由男方遣使者（宾）执礼品（用雁，即今之鹅）至女家，正式提出求亲；女方允诺后，男方使者随即又执礼品（用雁）入女家问女子名姓，此即问名。之后女方为表答谢，设醴酒以招待男方使者。使者返回后，男方随即进行占卜，卜得吉兆，则又遣使者执礼品（用雁）告至女家，此为纳吉。至此，"昏姻之事于是定"（郑玄注）。

第二段是订婚，包含纳徵、请期二节。徵，郑注："成也。使使者纳币

---

[1] 此采沈文倬说，参见《略论礼典的实行和〈仪礼〉书本的撰作》，《宗周礼乐文明考论》，杭州：浙江大学出版社，1999年。

[2] 以下述解参考张光裕：《仪礼士昏礼士相见礼仪节研究》，台北：中华书局，1971年。

以成昏礼。"纳徵，即致送聘礼，由男方遣使者执礼品至女家以表示约定，礼品为"玄𫄸束帛俪皮"，即黑色和浅绛色的绢十端（五匹），鹿皮两张。女方收下聘礼后，一般不可随意更改婚事。之后男方可择日行卜，得成婚吉日后，再遣使者执礼品（用雁）告至女家，此为请期。请期是成婚的前奏，之后男女双方便开始筹备嫁娶之礼。

第三段是完婚，包括豫（预）陈馔、亲迎、妇至成礼、妇见舅姑、赞者醴妇、妇馈舅姑、舅姑飨妇、飨送者八节。婚期前一日黄昏，男家先将明日饮食之馔具陈设妥当，此为豫陈馔。亲迎指由男方新郎乘车至女家迎娶新娘。新娘至男家之后，当天行共牢合卺之礼，即共食一牲，合酳（以酒漱口）一匏，由此喻成夫妻一体。第二天，新妇当拜见舅姑（公婆），拜见之后，由赞者（佐主人行礼者）代舅姑致新妇以礼品，随后新妇馈食舅姑，舅姑飨新妇以一献之礼，至此，喻示新妇正式成为夫家中新的主事者。之后，舅姑飨酬女方送亲之人，令其回女家复命。婚礼至此即告完毕。

由《士昏礼》所记可见，古典婚礼前后三段仪节紧凑而郑重，礼意完足而充沛，正如陈顾远所谓"古视婚姻意义深远，礼仪遂以庄重为尚，故意纡其进行之程序，藉示民情之不渎"[1]。后世虽略有因革减省，然三段之骨架始终未变，南宋时《朱子家礼》仍存纳采、纳徵、亲迎三节，如此延续直至清末。今试绎解《士昏礼》礼意之大端如下。

先述古典婚礼所融贯的两项基本原则，一是男女平等，二是互相尊重。此系研究中国婚姻史者当首先明确者。

男女平等的原则体现在仪节的各项细节上，如：（1）《士昏礼》自纳采至亲迎前六节叙述的立足点均在女方，其屡称之"主人"是指新娘之父（母），男方则以宾客的身份将拟案上门逐一请示，由女方父母最终定格；至新郎亲迎新娘到夫家后，叙述的立足点才转至夫家，《士昏礼》自共牢而食起所称之"主人"方始就新郎而言。可见婚礼在书本落笔写定者的心目中，男女两家必

---

[1] 陈顾远：《中国婚姻史》第四章，上海：商务印书馆，1937年，第151页。

是平等的。（2）就仪节的设置上看，新郎出门亲迎时，父亲有醮（敬酒）子的仪节，即训命并勉励其子，其辞曰："往迎尔相，承我宗事。勖帅以敬先妣之嗣，若则有常。"同样，新娘离开自家时其父母亦有戒命的仪节，同样取义训示并勉励，其辞曰："戒之敬之，夙夜毋违命。"（父）"勉之敬之，夙夜无违宫事。"（母）"敬恭，听宗尔父母之言。夙夜无愆，视诸衿鞶。"（庶母）（3）夫妇对双方之父母均持敬重之心，新郎亲迎至女家，有奠雁之仪，需行"再拜稽首"之大礼，而新娘之父母系长辈，不需答拜，新娘随新郎出堂，父母亦"不降送"，故经学家曹元弼谓新郎"必亲受之于其父母，惟亲受之于其父母，故其敬益至"[1]，其所称父母，指男女双方父母平等。同样，妇至夫家需行拜见舅姑之礼，亦见其敬重长辈之意。由此可见，夫妇对双方之父母所持敬仪一般无二。

第二，互相尊重的原则也始终贯穿于婚礼诸仪节之中。（1）《士昏礼》多处出现"答拜""让"等仪注，充分体现出双方彼此尊重之意，此于各类古礼极常见。（2）六礼中纳吉、请期二节虽属务虚，其意正在彰显男方尊重女方，不敢擅自做主之意，由此与妇至以后之节目相应。后世将此二节删减，则使礼意有所亏损，而又无相应之仪注弥补，故很可能令人感觉偏重男方。因此有学者指出，"礼的节次是否被独立拈出成为一个项目，直接关系着该节目的重要性，盖无此仪节则无此礼意"[2]，其说是。（3）男方上女方之门必执礼品以行，其物虽轻，然意在尊重对方，女方亦当有所回馈，故设有醴宾者之仪。（4）男女双方本不相识，如何到达夫妇之亲密无间，其间由行媒至亲迎相见，至共处一室，若无渐次之度数，便易生邪僻之心。尤其是对女子而言，由自家至夫家，转变与适应均需要一段时间，胆怯与羞涩自在所难免。故为尊重女方起见，婚礼一方面切忌草率，另一方面对男方的仪节设定了更多的要求。

---

1 曹元弼：《礼经学·要旨第二》，第68页。
2 张寿安：《十八世纪礼学考证的思想活力——礼教论争与礼秩重省》，台北："中研院"近代史研究所，2001年，第404页。

男方先由媒人说意，其用意郑注即已指明："昏必由媒，交接设绍介，皆所以养廉耻。"及至新郎亲迎，于女家堂上系首次见到新娘，故尚不互拜。及至新娘上婚车前，新郎先御其车至，授绥（车绳），系两者首次直接接触，故有"姆辞不受"之仪，新娘上车后又设新郎驱车之仪，轮转三周可交予御者。此正如《墨子·非儒》所描述的，"取妻身迎，只搥为仆，秉辔授绥，如仰严亲"，可见女子受到相当的尊重。及至婚车出发，新郎需乘坐自己的车先赶回家，在家门口等候新娘。新娘至男家行共牢而食礼前，又有"媵御沃盥交"之仪，至将卧息前又有"媵御交受服、交布席"之仪，即由新郎、新娘的侍奉者交互服侍双方盥洗和脱衣、布席，其意亦如郑注所云："夫妇始接，情有廉耻，媵、御交道其志。"道，后作导，引导、疏通。如此一连串的仪节，慎重有加，正如《礼记·昏义》所云："敬慎重正，而后亲之，礼之大体，而所以成男女之别，而立夫妇之义也。"孔颖达正义曰："'敬慎重正'者，言行昏礼之时，必须恭敬谨慎，尊重正礼，而后男女相亲。若不敬慎重正，则夫妇久必离异，不相亲也。"[1]彼此尊重对方，尤其是男方对女方的尊重正是日后夫妻平等的基础，也是婚姻长久的保证，故婚礼极为重视此道。曹元弼对婚礼此意的解读甚为透析，兹摘引如下：

> 昏姻之家，其始路人耳，有媒氏之官以通其言，既则使者往来行纳采、问名、纳吉、纳徵、请期，诸礼备然后壻亲迎焉。迨夫妇入室，则将同牢而食矣，犹恐其行事无渐，则志或未通也，乃先使媵、御交沃以道其志焉。迨三酳毕则将卧息矣，犹恐其行事无渐也，乃使媵、御交受服、交布席，而夫又亲说妇之缨焉，亦道志之意也。敬而不离，亲而不狎，生民之本，万福之原，盖在是矣。[2]

---

1 《礼记正义》卷六十一，〔清〕阮元校刻：《十三经注疏》，第 1681 页上。
2 曹元弼：《礼经校释》卷二，《续修四库全书》影印本，第 94 册 140 页；又见《礼经学·要旨第二》，第 68 页。

"敬而不离,亲而不狎"正是导向健康的夫妻关系的必要条件,也是日后夫妻平等、和睦相处的基本保证,古典婚礼合乎人情者正在于此。

由此可见,男女双方平等相处、相互尊重是古典婚礼的两项基本原则,充分彰显于《士昏礼》所设各项仪节中。至于战国以后各社会阶层是否能够谨守此礼,则当另外析论;破坏这两个原则是否已经成为后世婚礼之常态,更应予以检视。今人据后世出礼之若干变例便怀疑,甚至抹杀古典婚礼的这两项原则,是不妥当的。

古典婚礼所蕴含的核心观念:"合体"与"孝顺"

在《士昏礼》十四节中,妇至成礼和妇见舅姑无疑是关键性节目,也是寓意最为深重的两项礼仪。妇至成礼指的就是新娘至夫家后行共牢合卺之礼,寓指新郎新娘正式结成夫妻(成妻)。妇见舅姑指的是新娘次日以新妇的身份拜见公婆,寓指男方正式接纳其为家庭成员(成妇)。成妻和成妇的转变对一个女子来说是一生的关键性转变,相应礼节中所蕴含的礼意构成了古典婚礼的核心观念。

先说成妻。《礼记·昏义》曰:"妇至,壻揖妇以入,共牢而食,合卺而酳,所以合体,同尊卑以亲之也。"此为新婚之第一餐。牢,指宴饮之牲俎,夫妇同食其一。酳,以酒漱口,古人食毕洁口之用,并可借以安食,夫妇用同一瓠之半对饮。其用餐对席的摆法,据张光裕之研究当如右图所示。[1] 由图可知,夫妇对坐,主食黍、稷以及调味品醢、菹、酱、湆各一份,此系上古分餐之习

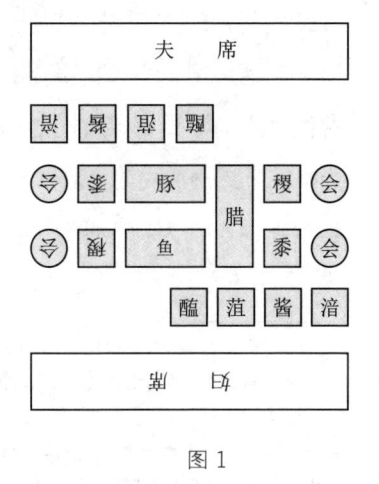

图1

---

1 张光裕:《仪礼士昏礼士相见礼仪节研究》,第51页。

俗，摆放位置对应，而豚（小乳猪）、鱼、腊（整干兔）俎则仅置一份，摆在中间，供夫妻共食。这一次用餐饭菜很简单，夫妻双方用食亦不多，其用意旨在象征男女双方正式结为夫妻。对席、共牢的过程中男女双方尊卑同等，无所轩轾，共同指向一个目标——"合体"。对此，孔颖达正义有曰："欲使壻之亲妇，妇亦亲壻，所以体同为一，不使尊卑有殊也。"[1]

"体同为一"，即彼此亲爱，夫妻合体，将这层涵义进一步升华是在三饭告饱之后的合卺之仪，即把瓠（葫芦）剖成两半，由夫妻各执一半对饮。清人胡培翚云："礼成乃用卺，重之，不轻用也。"[2] 可见此仪节所含礼义之重如此，故历代沿用不省，直至今日婚礼喝交杯酒、同吃荷包蛋等均是其遗风流亚。陈顾远说："后世成妻之仪一本于此。故无论如何繁冗，而壻迎妇出舆，升堂交拜，而后归房，行交杯共食之礼，究为要端，莫能更易也。"[3] 甚是。实际上，夫妻合体的观念充斥于三礼文本中，只不过其他地方表述用辞有所差别而已。

古称"夫妻牉合"。《仪礼·丧服传》曰："……夫妻一体也，……夫妻牉合也。"《周礼·地官·媒氏》"媒氏掌万民之判"郑注："判，半也，得耦为合，主合其半，成夫妇也。《丧服传》曰：'夫妻判合。'郑司农云：'主万民之判合。'"今本《仪礼》作"牉"，郑注《周礼》记作"判"，《白虎通·三纲六纪》引《丧服传》亦作"判"。[4] 牉、判音义相通，古本抄录又有作"胖"者[5]，均为半分合一之义，孙诒让疏释之曰："是二人为耦，一人为半，合之乃成夫妇，故曰判也。"又曰："郑于《丧服传》'牉合'虽无释，其意则谓当读为判。此经（指《媒氏》）作判为得其正，故注引彼传径易为判

---

1 《礼记正义》卷六十一，〔清〕阮元校刻：《十三经注疏》，第1680页下。
2 〔清〕胡培翚：《仪礼正义》卷三，《儒藏·精华编》47，北京：北京大学出版社，2016年，第142页。
3 陈顾远：《中国婚姻史》第四章，第160页。
4 〔清〕陈立：《白虎通疏证》卷八，北京：中华书局，1994年，第376页。
5 如〔唐〕玄应《一切经音义》曰："判合：普旦反。又作胖、牉三形。郑玄曰：'胖，半也。'得偶而合曰胖。"（上海：上海古籍出版社，1986年影印，第二六·9页正）

以就此经。胖、判义皆为半,校读者或即省为半。半又与片音义相近,故《丧服》贾疏云'半合',又云'片合',《酒正》疏亦然,《庄子·则阳》篇又云'雌雄片合'。此并传习省易,而《礼经》则固未有作半合、片合之本也。"[1]

又称妻之义在"齐"。《礼记·郊特牲》曰:"夫昏礼,万世之始也。……壹与之齐,终身不改,故夫死不嫁。"郑注:"齐,谓共牢而食,同尊卑也。齐,或为醮。"齐,即为齐等,指夫妻双方不分上下,权义互制,郑玄认为此义在婚礼共牢对席时已经确定。共牢、合卺、胖合、齐等,其意一致,可见一夫一妻、终身不改是古代婚制对夫妻双方的共同约定。因此,妻即训为齐,《说文·女部》:"妻,妇与夫齐者也。"《礼记·曲礼》"聘则为妻"郑注:"妻之言齐也。"《白虎通·婚嫁》释曰:"妻者,齐也,与夫齐体。自天子下至庶人,其义一也。"[2] 既然如此,那么《郊特牲》下一句"故夫死不嫁"又当如何解释?这就牵涉到郑注所记或本作"醮"的问题。醮,指斟酒自饮,无齐等之义,故郑氏不从。据吕思勉(1884—1957)研究,此字当系汉人所改,改后又赘加若干文字以图弥缝其迹,其文云:

> 作醮与齐意大异,作齐,意谓不得以妻为妾,作醮则谓不得再嫁矣。……一与之齐,终身不改,盖本戒男子不得以妻为妾,后乃变为禁女子不得再嫁。意义既变,遂改齐为醮,并于其下增入"故夫死不嫁"五字矣。观郑注绝不及夫死不嫁义,可知其所据本,犹无此五字,齐虽或改为醮,犹以不改者为正也。[3]

吕说可从。甚至《郊特牲》此段下又赘以"妇人,从人者也,幼从父兄,嫁从夫,夫死从子"等句,即所谓"三从",亦很可能是后人所增入。徐复观

---

1 〔清〕孙诒让:《周礼正义》卷二六,第 4 册 1033—1034 页。
2 〔清〕陈立:《白虎通疏证》卷十,第 490 页。
3 吕思勉:《先秦史》第十一章,上海:上海古籍出版社,1982 年,第 271—272 页。

即持有此论,其云:

> 《礼记·郊特牲》有"妇人从人者也"一段话,即所谓妇人的"三从",我怀疑这是经法家转手后的汉人说法,因为它和先秦许多谈夫妇关系的话不相合。在先秦,夫妻的地位是平等的,所以"妻"即作"齐"字解释。[1]

如此推论虽尚未能从文献版本上找到充足证据,但于情于理均颇合宜,不失为一家之言。

再说"成妇"。此义近百年来误解尤多。集中阐述其意者见诸《礼记·昏义》,兹引录于下:

> 成妇礼,明妇顺,又申之以著代,所以重责妇顺焉也。妇顺者,顺于舅姑,和于室人,而后当于夫,以成丝麻布帛之事,以审守委积盖藏。是故妇顺备而后内和理,内和理而后家可长久也,故圣王重之。

彭林译解此段曰:"婚礼的重要任务之一,是要为家庭选择一位内主,这一角色,既要相夫教子,又要奉养老人,终日与娣姒姒娌相处,还有丝麻布帛之事,她是否具备'妇顺'的德行,和顺上下,关系到家庭的稳定和兴盛。"[2] 产生分歧的关键在"妇顺"一词。顺,若训作顺从、服从,恐非。《荀子·修身》曰:"以善和人者谓之顺。"《王制》曰:"能以事上谓之顺。"[3] 核诸《说文·页部》:"顺,理也。"段注:"顺之所以理之,未有不顺民情而能理者。"[4] 可见,"顺"之对象在"民情",或作"人情",如《礼记·丧服四制》"体天

---

1 徐复观:《中国孝道思想的形成、演变及其在历史中的诸问题》,《中国思想史论集》,上海:上海书店出版社,2004年,第166页。
2 彭林:《中国古代礼仪文明》,北京:中华书局,2004年,第118—119页。
3 〔清〕王先谦:《荀子集解》卷一、卷五,第23、165页。
4 〔清〕段玉裁:《说文解字注》九篇上,第418页。

地，法四时，则阴阳，顺人情，故谓之礼"，正以"顺"与"人情"构成动宾结构。"顺"的词义在调理人与人之间的关系，使之趋于和，实非单向的服从。作为新妇，首先必须理顺的就是与公婆的关系，然后是与娣姒妯娌等的关系。新妇对公婆，主在孝道，即与其夫一起孝敬公婆（夫之父母），又因其将接掌主妇之职，与公婆的朝夕相处将多于夫，故礼节特重于妇之孝顺。

孝是古礼的根本观念之一，《左传·文公二年》曰："孝，礼之始也。"又《大戴礼记·卫将军文子》篇载孔子曰："孝，德之始也。"孝，《说文·老部》释作"善事父母也"，此就幼对长而言。古礼对长幼各应其所需，也各有所约制，故《礼记·礼运》曰："使老有所终，壮有所用，幼有所长，矜寡孤独废疾者皆有所养。"《孟子·梁惠王上》曰："老吾老，以及人之老；幼吾幼，以及人之幼，天下可运于掌。"长对幼需慈，给幼辈提供保证其成长的条件；反之，幼对长需孝，给长辈提供保证其养老的条件。此又由家庭内部推广到社会全体，由此天下顺治。就古礼通则而言，礼缘情而作（详见下），人情又存在于彼此之间，故必须相互交通，即所谓"礼尚往来，往而不来，非礼也；来而不往，亦非礼也"（《礼记·曲礼上》）。因此，礼必须保证彼此双方情感的互相满足，故礼存在于对待的范畴中，《礼运》有所谓"父慈子孝、兄良弟弟、夫义妇听、长惠幼顺、君仁臣忠，十者谓之人义"之说，两两构成对待，如此可再延伸，组构成社会伦理秩序。

就婚礼而言，夫妻双方均已成人，即将成家，担当家庭的新主人，这便代表父母对儿辈多年的抚养已基本完成，父母渐趋老迈，需要子女对他们更多的照料与关爱，故婚礼仪节倾向于为孝道张本。然而"慈易而孝难"，徐复观指出，"慈是生理作用的成分多，孝则要诉之于理性的反思"，"现代许多文明先进国家，壮年人对于自己的子女，无不舐犊情深，但对于他的衰年父母则异常冷淡，在感情上还得不到他们豢养的猫狗所能得到的温暖"。[1] 对此，古人早有认识，因此在古典婚礼的制定时即特别强调儿辈对父母的孝

---

[1] 徐复观：《中国孝道思想的形成、演变及其在历史中的诸问题》，《中国思想史论集》，第173页。

顺。作为新妇，与公婆系首次见面，如何保证其日后守孝顺之道，这是古人很早就措意的问题。故女子在未嫁前即需进行教导，《昏义》曰："是以古者妇人先嫁三月，祖祢未毁，教于公宫。祖祢既毁，教于宗室。教以妇德、妇言、妇容、妇功；教成祭之，牲用鱼，芼之以蘋藻，所以成妇顺也。"郑注："妇德，贞顺也。妇言，辞令也。妇容，婉娩也。妇功，丝麻也。"此四项科目共同构成妇顺。古人甚为重视对女子进行此项教育，故设于祖庙（或支祠）内进行，教成后还需举行告祭。因为只有在成妇以后与夫君共同遵守孝道，才能达到家庭"内和理"，家庭和睦"而后家可长久"，而婚姻长久无疑是每一对夫妇的共同追求。更据刘家和研究，儒家由家庭伦理之孝可顺理成章地外推到社会伦理之忠，而由此所得的"忠"同样是双向的："要由行仁政而达到大慈大孝：国君视民如赤子，起到为民父母的作用；民也事君如事父母，做到推孝为忠。"[1]

"父母慈爱—子孝妇顺"之双向互动关系，在战国以后生发出片面强调妇女对男子单向的服从，实际上并非古典婚礼所固有，对此，徐复观已有揭示，其云：

> 儒家的伦理思想，只强调每一个人应尽的义务，以相互间的义务为秩序的纽带，而不强调此种秩序中心的"一"，……在恩与敬的家庭中，只是"恺悌""和乐"，压根儿没有所谓"父权""夫权"之类的观念。到了法家，便把由德性所转出的人格平等，及由各人德性所转出的义务的伦理关系，简单而为地位上的服从的关系；把以德性为中心的人伦，转变而为以权威为中心的人伦，这才完全配合上了他们极权专制的政治构想。[2]

---

[1] 刘家和：《儒家孝道与家庭伦理的社会化》，《史学、经学与思想：在世界史背景下对于中国古代历史文化的思考》，北京：北京师范大学出版社，2005年，第330页。
[2] 徐复观：《中国孝道思想的形成、演变及其在历史中的诸问题》，《中国思想史论集》，第165—167页。

徐说可从，兹不再赘论。

综上可知，成妻之仪意在夫妻合体，成妇之仪意在孝顺父母，由此指向两代之间平等和睦，婚姻长久，达到"其乐也融融"的家庭伦理关系，此于三礼文本的解读中可昌明之。

由婚龄与婚期之聚讼透射出的情性观

另有《周礼·地官·媒氏》一篇，由国家婚制设定的角度总揽统观，引领成俗，故可与《士昏礼》《昏义》等合观；然又因"地域的南北、时代的先后而产生很多不同现象"，各篇"撰述目的不同，其不能完全吻合，乃属情理中事"。[1] 而后人因涉乎对经典完美性之追求，多于此争讼不已。《媒氏》关于嫁娶年龄和成婚期限的两段记载，看似于礼意不合，遂滋生经学史上的郑王之争，由此聚讼千古，兹略述其梗概。

其一，《媒氏》载"令男三十而娶，女二十而嫁"。此经汉人以阴阳解说，益发奇异。《白虎通·嫁娶》云："男三十而娶，女二十而嫁何？阳数奇，阴数偶也。男长女幼者何？阳道舒，阴道促。男三十筋骨坚强，任为人父，女二十肌肤充盈，任为人母，合为五十，应大衍之数，生万物也。"[2] 此义郑玄亦认可，其注云："二三者，天地相承覆之数也。《易》曰'参天两地而奇数'焉。"由此，三十、二十似乎当为男女婚配之法定年龄，而且更以其间相差十岁为合理。

然此与其他文献所记多有不合。《礼记·内则》"十有五年而笄"下郑注："谓应年许嫁者，女子许嫁，笄而字之。其未许嫁，二十则笄。"与此对应，上有云男子"二十而冠"，当亦可许以婚配。故《墨子·节用上》有所谓"丈夫年二十，毋敢不处家；女子年十五，毋敢不事人，此圣王之法也"。《韩非子·外储说右下》记齐令曰："丈夫二十而室，妇人十五而嫁。"因此，

---

1 沈文倬：《孙诒让周礼学管窥》，《宗周礼乐文明考论》，第441页。
2 〔清〕陈立：《白虎通疏证》卷十，第453页。

汉末王肃因反郑而发难，主张三十、二十并非适龄，当"谓男女之限，嫁娶不得过此也"。《孔子家语·本命》篇借鲁哀公与孔子的问答详绎此义：

> 鲁哀公问于孔子："男子十六精通，女子十四而化，是则可以生民矣。闻礼男三十而有室，女二十而有夫，岂不晚哉？"孔子曰："夫礼言其极，亦不是过。男子二十而冠，有为人父之端；女子十五许嫁，有适人之道。于此以往，则自昏矣。"[1]

人谓今本《家语》系经王肃之手伪撰而成，非古本原貌，于此亦可见一斑。然王肃此说合乎人情，一则三十、二十婚龄偏大，二则年岁相差过远，匹配不相适宜，均与古礼精神违背，故后人以王说为圆通。清儒俞正燮（1775—1840）详证王说，孙诒让《周礼正义》取之，谓："通校群经，并无男未三十、女未二十不可嫁娶及天子以下至于庶人同法之明文，……则王氏三十、二十言极法之说，未尝不可通。"[2] 由此，王说广为接受，争议渐息，三十、二十之误导得以澄清，古典婚制缘于情性之本意得到重申。

其二，《媒氏》载"中春之月，令会男女"，此言及婚期，与《荀子·大略》"霜降逆女，冰泮杀止"[3] 等说不合。对此亦曾生发郑王之争，然而后世并未如上取王肃说。

《白虎通·嫁娶》亦引申《媒氏》嫁娶以春之说，其云："嫁娶必以春何？春者，天地交通，万物始生，阴阳交接之时也。"[4] 郑注采其说，云："中春阴阳交，以成昏礼，顺天时也。"由此，嫁娶以春说一时成为主流。王肃引证其他文献予以反驳。最早的是《荀子·大略》篇提到的"霜降逆女，冰

---

[1] 王肃语及《孔子家语》见于《周礼注疏》卷十四所引，〔清〕阮元校刻：《十三经注疏》，第733页上。

[2] 〔清〕孙诒让：《周礼正义》卷二六，第4册1034—1037页。

[3] 今本《荀子》作"冰泮杀内"，误，今从王念孙说改。参见《读书杂志·荀子第八》，南京：江苏古籍出版社，2000年影印，第739—740页；亦可见王先谦：《荀子集解》卷十九，第496—497页。

[4] 〔清〕陈立：《白虎通疏证》卷十，第466页。

泮杀止"，其主嫁娶当在秋冬。毛《诗》传者一度引录荀说，如《陈风·东门之杨》"东门之杨，其叶牂牂"，毛传："言男女失时，不逮秋冬。"孔疏详释之："毛以秋冬为昏之正，……荀卿书云'霜降逆女，冰泮杀止'，霜降，九月也，冰泮，二月也。然则荀卿之意自九月至于正月于礼皆可为昏。荀在焚书之前，必当有所凭据，毛公亲事荀卿，故亦以为秋冬。"[1] 王肃据荀、毛之言而非郑，曰"吾幼为郑学之时，为谬言寻其义，乃知古人皆以秋冬"；并《孔子家语·本命》释曰："霜降而妇功成，嫁娶者行焉；冰泮而农业起，昏礼杀于此。"[2] 显然，王氏以九月至一月间农事较闲，故行嫁娶。但是，如果说郑玄将婚嫁限定在一年之春，期限过短，那么王肃等认为婚嫁必须在九至一月的五个月内，亦尚未超过半年之期，对于婚期的限制仍然是十分明显的。由此，争议未息，异说更起。

西晋束晳（约261—约300）重理五经旧籍，提出新解，其云"通年听婚，盖古正礼也"，故以郑、王"两家俱失，义皆不通"。束说得到唐代杜佑的极力支持，杜氏《通典》曰：

> 卜得吉日，则可配合。婚姻之义，在于贤淑，四时通用，协于情礼，安可以秋冬之节，方为合好之期？先贤以时月为限，恐非至当。束氏之说，畅于礼矣。[3]

束、杜"嫁娶不以时月为限"说并无新史料支撑，但合乎情理，既然双方情义相合，互相认可，自可结发为夫妻，何必在婚期等枝节上无谓地做出限制？故此说为后世学者所倚重。至于仲春、秋冬之异说，"盖谓齐民之家，及时趋暇"，若"其士以上，无农事之限，则昏娶卜吉，通于四时，既非限于中春，亦不必在秋冬"，由是观之，"郑、王纷纷诘难，皆不及束、杜之闳

---

1 《毛诗正义》卷七，〔清〕阮元校刻：《十三经注疏》，第377页下。
2 《周礼注疏》卷十四所引，〔清〕阮元校刻：《十三经注疏》，第733页中。
3 〔唐〕杜佑：《通典》卷五十九《嘉礼四》，第1679页。

通矣"。[1]孙诒让集《周礼》之学于大成,由此益可见。而杜氏称束说"畅于礼",此"礼"非根植于人之情性而何?

综上可见,《媒氏》关于婚龄与婚期的记载过于简约,前后文意省略较多,再加上古礼史料散佚严重,故后儒异解纷纷。而历史对各家将进行公平的抉择,就此二者而言,前者认可王肃说,后者认可束晳说,如此删汰去取,一以礼制将回归人之情性为尚。不合情理之说,其一时的社会效应不管有多大,也终将流失于无形。

婚礼改革当为人之情性张本

冠、婚、丧、祭四礼共同塑造了乡土中国之基本社群——"家"的核心价值与形态。而作为"礼之本"的婚礼,按《礼记》的界定,"礼始于谨夫妇"(《内则》),"昏礼者,将合二姓之好,上以事宗庙,而下以继后世也,故君子重之"(《昏义》),可见其在家礼系列中尤居支柱性的地位。经由本篇的讨论,蔡尚思所说"完全背离于人类之情性""不脱野蛮民族"云云,与古典婚礼之礼意恰好背道而驰。婚礼在其初创并定格形诸文字的古典阶段即体现出高度的文明性,其间熔铸了合理的内核,具体表现在:婚制整体上根植于人之情性,故在典礼的设置中蕴含了男女平等和相互尊重的基本原则,《士昏礼》礼节处处紧扣于此,而夫妻合体和孝顺父母则又是婚礼突显的核心观念,故成妻、成妇二节成为婚礼之重心,所有这些都是为着婚姻能够长久,家庭能够和睦的人性目的。

古典婚礼根植于人之情性同样符合于古礼之一般特性。据彭林对先秦儒家礼学之研究,礼制本系缘情而作,其论曰:

> 礼根植于人性,故礼能体现人类最普遍的特性。人性得自天道,故有天然的合理性。情未发谓之性,性既发谓之情。志藏于心,心之所之

---

[1] 〔清〕孙诒让:《周礼正义》卷二六,第 4 册 1044 页。

为志。在物诱情出的过程中，志决定情的趋向。为了对情形成正确的导向，需要通过教育来端正心志，以形成正确的心理定式。但是，即使心志与性情都端正而无所偏斜，只要"度"的把握不当，就不能"得其中"，则仍未合于天道。只有将情控制在无过无不及的层次上，才合于天道。为此，要用节文来齐一性情，使人性合于理性，节文就是礼的具体形式。[1]

"礼根植于人性"不仅是儒家子思学派对礼的诠释，也是周公制礼以来长期酝酿、发展直至最后写成文本的一贯精神。婚礼，之所以被视为"礼之本"（《礼记·昏义》），便是这一精神的具体落实。《礼运》云："饮食男女，人之大欲存焉。"《易·序卦》云："有天地然后有万物，有万物然后有男女，有男女然后有夫妇……"男女之情本自天然，夫妻之伦正由此而起，此问题显见之一面。

问题的另一面是，男女之情若无所节制，则易生放纵淫乱之实，"夫礼坊民之淫，章民之别"（《坊记》），故婚姻之设正以节制情性为要。吕思勉认为："昏姻之法，非所以奖励男女之交也，乃所以限制之，使其不得自由。"其说正是建立在"邃古之世，必有一男女媾合绝无限制之时"的基础上的。[2]因此，后人对婚义的阐述多偏于节制情欲一端，如《礼记·经解》曰："昏姻之礼，所以明男女之别也。故昏姻之礼废，则夫妇之道苦而淫辟之罪多矣。"此类表述在三礼文本中较为常见。然绝不可以将严男女之别夸释成是对男女双方情感之禁锢，如此便过犹不及，同样失去了所谓"节文之"以"得其中"之礼意。

然而，礼制流变，日久而生弊，礼义流失，渐行而难察。今天回顾古代礼制，必须具有强烈的历时意识，须严格分清礼制仪节背后的礼义变迁。上

---

[1] 彭林：《始者近情 终者近义——子思学派对礼的理论诠释》(2001)，《〈周礼〉主体思想与成书年代研究》，第218—219页。
[2] 吕思勉：《先秦史》第十一章《社会组织》，第266页。

文所陈古典婚制所隐藏的基本原则与核心观念，本生于人情之自然，然因后世"三从"之德、"三纲"之纪等片面说教的强化，在具体仪节和度数上也就发生了相应的变化，致使这些古礼的本意渐趋隐没。此外，在互相平等尊重的原则之下，古典婚礼本即倡导一夫一妻制，若某方一旦去世，亦可再娶再嫁，此本亦属合乎人性之事。后世"纳妾"之风大盛，"贞妇"之说兴起，如此论调单方面苛求女性，同样是背离古礼本意的。对此，一个世纪之前刘师培撰《伦理教科书》(1905)，即有如下之揭橥：

> 古人言夫妇一伦，亦多主平等。……汉代以降创为夫为妻纲之说，以为男先女后，故妻不可去夫，并主张一夫多妻之说，而婚姻之道苦矣。
>
> 秦汉以前无节妇、贞女之名，……以身殉夫，在夫为不仁，在妻为不智，不仁不智何得谓之知礼哉！……贞女者，已聘之妇为夫守节者也，近世归有光、汪中均斥为非礼。[1]

刘师培所谓"闺门之内，尤贵雍和"，"夫妇之间，首贵志同"，是多么合乎情理之观念，可惜一个世纪以来乏人理会及此。

讨论古代礼制，应以抉发其当代之价值为归宿。婚礼因革当不断回归于其精神内核，在与时变通中为人之情性张本，当代婚礼改革仍应以此为基本准则。然而，反观我们当代的婚礼现状，仪节乏味、空洞无物者有之，铺张浪费、互相攀比者有之，盲目跟风、追赶新潮者有之，无知搞笑、低级趣味者有之，很多仪节因仅存形式而为新人们视作鸡肋。有的新人索性视婚礼为庸俗而躲避不置，更多的则在婚礼中夹杂炫耀、巴结等其他负面因素。究其根源，关键在于对婚礼的礼意内核不甚了了，对各项仪节所代表的涵义缺少认知。婚礼仪节一旦仅存躯壳，便形同虚设，越是花样翻新越与古礼背道而驰。当今的婚俗改革，正宜抉发并取鉴古典婚礼的精神内核，必须充分为人

---

[1] 刘师培：《伦理教科书》第 2 册，《刘申叔遗书》，第 2052 页。

之情性张本，平等、尊重的原则当贯穿始终，努力彰显的应该是古今一贯的夫妻志同道合、孝顺双方父母的核心理念。至于具体仪节当如何设置，则可见仁见智，不断探索，在改革中渐趋合情合理。

余论：礼学的一摊事务

古典婚礼的精神内核之所以在今天仍有重新检讨的必要，一方面固然与"五四"反礼教所掀起的家庭革命浪潮之洗礼直接相关，"中国传统的婚姻制度、礼节风俗就变成了'野蛮''专制''腐败''迷信'的象征"[1]，因此不仅广大民众厌之如粪蛆，学者们也弃之如敝屣，古代婚姻的形象被负面化、污名化。另一方面，记载古典婚礼仪节的经典——《仪礼》，历来学者苦其难读，而且这部经典是作为周代仪制设计的理想形态而存在的，并非某一时、某一地礼仪施行的实录，在历时演进与实地行用中，也并不以此为实操版流程图，异时异地各有依准，彼此间的差异俯拾即是，甚至出现了诸多过激、异化等现象。因此纵览古籍者如蔡尚思等，便可轻而易举地刺取出婚姻史上的大量弊端和阴暗面。

然而割断了与传统婚姻之间的联系，"西式文明结婚礼的传播，大体经历了由南到北、由口岸城市到省会城市、由城市到乡村的过程"，这一过程却给中国社会和基层带来了更为复杂而严峻的问题："西方本身有一个强大的重家的传统，在这一系谱中，上有亚里士多德的政治学说，中有经院派神学家的支持，晚近又有自由主义者的重新建构。为什么西方重视家庭的传统没有影响中国，而从柏拉图、卢梭到无政府主义这一反家庭脉络在近代中国大行其道？"[2] 与此同时，中国传统的家庭关系留在当今国际、国内学术视域中的，却一边倒向"缠足、大家庭、纳妾和狎妓为主题"的"黑暗、冰冷、

---

[1] 赵妍杰：《家庭革命：清末民初读书人的憧憬》，北京：社会科学文献出版社，2020年，第167页。

[2] 赵妍杰：《家庭革命：清末民初读书人的憧憬》，第292、318页。

罪恶、不健康与痛苦"。[1] 故此造成了左右为难的现实困境，中西方两面的传统资源均与当代中国格格不入，中国百余年来在"破"的惯性力量支配下，独身、离婚、丁克、啃老，以及生育率下降、只生不养、家教缺失、幼教贫乏等一系列社会、伦理问题日益积聚且渐趋深重。

面对如此掷阖、焦灼的困局，自20世纪70年代以来，已有学者提出要走出反传统的思维定势，实现对传统的创造性转化[2]；在这一继承、弘扬与转化中，杨志刚的看法具有一定的代表性，他说"谈论传统的转化，就决不能忽视礼的问题"，"对礼的传统进行创发性的阐释，就是一件带有开拓性的工作"[3]。其实，如果我们追溯"五四"反礼教运动的发力源，"反礼教的目的，就是要去除礼教中违反情理自然的部分，也就是去除王纲和'性恐怖'的钳制，恢复礼的自然本质"；"五四知识分子虽然大力破坏传统中的各种机制，却并非拒绝此传统，而是意在复兴"。[4] 对礼的传统进行创造性转化的工作，恰恰是要将"五四"的精神实质与去伪存真之后的古典要义贯通起来。对古典婚礼尝试重新探索，正启发我们若能摒弃成见，改换思路，对原始文献史料进行扬弃式解读，则将使古礼之精蕴更多地焕发出当代新知。

与此同时，婚礼在中国大地上落地生根的实践过程更需悉心钩沉，甚至东亚等国在历史上曾大量借鉴中国古礼，有成功的经验，也产生过诸多失误，均当深入探究。彭林曾考察过古代朝鲜，尤其是高丽时代在移用中国古礼过程中出现的各种问题，认为其时"对于中国礼制往往停留在外在形式的模仿上，使礼在许多场合中仅仅是徒有形式的'仪'"。[5] 这种情况何止高丽时代如此，历代、各地均不乏其例。我们不能满足于蔡尚思《中国礼教思想史》般随手刺取式的例举抨击，也不能满足于陈顾远《中国婚姻史》般抹

---

1 赵妍杰：《家庭革命：清末民初读书人的憧憬》，第333页。
2 参见陈来：《二十世纪思想史研究中的"创造性转化"》，《中国哲学史》2016年第4期。
3 杨志刚：《礼与传统的创造性转化》(1993)，《中国古代礼学论集》，上海：复旦大学出版社，2021年，第177、189页。
4 周昌龙：《新思潮与传统——五四思想史论集》，南昌：百花洲文艺出版社，2004年，第211、187页。
5 彭林：《中国礼学在古代朝鲜的播迁》，北京：北京大学出版社，2005年，第98页。

平纵横、拉成平面式的印象勾勒，而是要扎扎实实将各个时期、各个地域各类史料尽可能全面地予以收集、分析，将历史上婚礼的最真实面、纵深度和流动性丰富地展现出来。对礼制史上这一落地、变迁直至异化的过程研究不深，对礼制"变"所达到的极致与"不变"的那根轴看得不透，期以对礼典的精蕴能有足够的把握，同样只是一厢情愿。

　　礼学研究有紧迫的一摊事务横在我们面前。婚礼发展史的待开发，只是其中的一个小分支。鲁迅当年在批判孝道时，曾微讽中国需要"真正的学究"："倘有人作一部历史，将中国历来教育儿童的方法，用书，作一个明确的记录，给人明白我们的古人以至我们，是怎样的被熏陶下来的，则其功德，当不在禹下。"[1]儿童教育的发展史，同样是其中的一个小分支。中国有诗教、书教、礼教、乐教的大传统，更有父教、母教、家教、师教的小传统，"八教"要取信于人，就不能徒唱赞歌。"夫礼，始于冠，本于昏，重于丧、祭，尊于朝、聘，和于射、乡"（《礼记·昏义》）的每一项，均当进入专门史的视域进行一番扎扎实实的研究，把那大量的事实摆在读者的面前，有成功的，有半成功的，有走样的，也有失效的，让有志于古为今用者取鉴与自择之。礼学的一摊事务，需要历史学研究充分发扬"学究"精神，不畏芜杂，不怕繁难，沉下心来，俯下首来，将原来不入经史学家法眼的、关乎民众切身实利的一项一项社会史研究新课题，从故纸堆中发掘出来。

　　礼教之所以跌入"五四"炮轰的旋涡，正是长期以来的中国人满足于高唱礼化速效的赞歌，比的是谁嗓子高谁气场强，殊不知越是吆喝得厉害，越增加了反对派的厌恶，越失去了支持者的护佑。鲁迅的内心终究是亮堂的，他在1933年毕竟指出了一条复兴传统的充满荆棘的路，那就是朝着那阻碍实现传统创造性转化的一只只凶猛的拦路虎搏斗，此之谓"禹之功德"！百年即将过去，我们有没有找到捷径？还是朝向鲁迅所说的荆棘塞途中走去吧！

---

[1] 鲁迅：《我们怎样教育儿童的？》（1933），《准风月谈》，收入《鲁迅全集》第5卷，北京：人民文学出版社，2005年，第271—272页。

六、射以观德的礼义生成

射为"六艺"之一，与三代学制关系甚切，此固不待言。刘师培尝撢索以射施教之原始，溯之于商，其云："商代之初以武立国，故习射之典为尤崇，习射之典既崇，故乡学之教民亦以射。"[1] 杨树达（1885—1956）进而推求射事之起源云："盖草昧之世，禽兽逼人，又他族之人来相侵犯，其时以弓矢为武器，一群之中，如有强力善射之士能保卫其群者，则众必欣戴之以为雄长。"[2] 杨宽（1914—2005）踵事杨树达说，谓射礼与大蒐礼属性相类，均"起源于借田猎来进行的军事训练"，与"战争最初出现于原始公社制瓦解时期，所用武器就是狩猎工具，战争方式也和集体围猎相同"密不可分。[3] 可见习射因具个体防护、集体保卫等民事效用而为武备之必需，盖由来有自。

逮至成周，习射已成系统之教务，《礼记·内则》载"成童，舞《象》，学射、御"，又《射义》载"古者天子以射选诸侯、卿、大夫、士"，有所谓"射者，射为诸侯"之说，由此可推知射艺盖昉自成童，而后几贯穿乎士人一生学履之始终，而允为举国铨选择士之重要标杆，乃至登升诸侯端赖乎是。此就"六艺"之射之大较而言。若详征诸以射施教之端绪，却因"三代学校之制度今多失传"[4]，故后世渐生分歧；更欲推本射艺何以为考校所重，《射义》概括曰其"可以观德行"，然如何得以观，后世尚乏人为此详析缘由，揆度理据。

---

1 刘师培：《古政原始论》"学校原始论第九"，《刘申叔遗书》，第678页。
2 杨树达：《积微居金文说》卷一《矢令彝三跋》，北京：中华书局，1997年，第8页。
3 杨宽：《西周史》第六编六章，上海：上海人民出版社，2003年，第728、699页。
4 刘师培：《周末学术史序》"教育学史序"，《刘申叔遗书》，第513页。

"六艺"之射教于大学抑或小学

就周代学制而言，习射始于人生何一阶段，学界尚有争议。此问题可直接考信之记载仅有上引《内则》"成童学射"一语，据其前承"十年，出就外傅，居宿于外，学书、记。……十有三年，学乐，诵诗，舞《勺》"，后接"二十而冠，始学礼"，可知"成童"之龄当在 13 至 20 岁之间。汉郑玄注确指为"成童，十五以上"，稽考郑注所据，或为《白虎通·辟雍》所记：

> 古者所以年十五入大学何？以为八岁毁齿，始有识知，入学学书、计；七八十五，阴阳备，故十五成童志明，入大学，学经籍。[1]

此"十五成童志明"一句恐正系郑注断定"十五以上"之依据。若根据《白虎通》所定 15 岁为"入大学"之龄，与《内则》并观，极易推导出学射、御当为入大学后之课目。[2] 可资参合者尚有《大戴礼记·保傅》所记如下一段：

> 古者年八岁而出就外舍，学小蓺（艺）焉，履小节焉；束发而就大学，学大蓺焉，履大节焉。[3]

北周卢辩注："束发，谓成童。"此"小艺""大艺"之别当即就"六艺"而拆分之，如张政烺（1912—2005）推究曰："寻其学习次第，盖书、数为小艺，礼、乐、射、御为大艺。"[4] 由此便将射、御二艺正式归入大学，学界至今大多以此为说。

---

1 〔清〕陈立：《白虎通疏证》卷六，第 253 页。《汉书·食货志上》云："八岁入小学，学六甲、五方、书、计之事，……十五入大学，学先圣礼乐。"所记与《白虎通》略同。
2 如陈槃即明确指出《内则》的舞象、射、御"为大学课目，见《春秋列国的教育》，收入《旧学旧史说丛》，上海：上海古籍出版社，2010 年，第 302 页。
3 〔清〕王聘珍：《大戴礼记解诂》卷三，第 60 页。
4 张政烺：《六书古义》，《张政烺文史论集》，北京：中华书局，2004 年，第 226 页。

然文献之记载尚有另一路径不容忽视。卢辩注《保傅》曾引《尚书大传》一段文字：

> 公卿之太子、大夫、元士適（嫡）子，年十三始入小学，见小节而践小义，年二十入大学，见大节而践大义。

此以入小学、大学之年龄分别在13、20岁为说，与《白虎通》之以8、15岁为说迥异。卢辩曾就二说予以调停，谓《白虎通》为"太子之礼"，《尚书大传》为"世子入学之期"，且《大传》尚有"十五年入小学，十八入大学"之别一说（15、18岁），则为"诸子姓晚成者"[1]或"早成者"之别[2]。后人更有步武或修正卢说者，兹不拟详予商讨。[3] 若依《大传》，不管是20岁还是18岁入大学为说，则成童15岁学射、御应尚在小学之学龄阶段。

此说有《周礼》诸教官所掌以为佐证，如《地官·保氏》所掌，"养国子以道，乃教之六艺"，其"三曰五射，四曰五驭"，孙诒让《正义》："此官居小学，教国子以道艺。……云'乃教之六艺'者，此与六艺皆教小学之官法也。"[4] 又《大司徒》所掌，"以乡三物教万民而宾兴之"，其"三曰六艺，礼、乐、射、御、书、数"，孙氏《正义》："乡三物者，教乡学之官法，大司徒颁之六乡之吏，使教于乡庠、州序、党序及四郊虞庠之等。"[5] 据此可知，

1　晚，原作"既"，据戴震校本改。参见黄怀信等：《大戴礼记汇校集注》，西安：三秦出版社，2005年，第408页。

2　〔清〕王聘珍：《大戴礼记解诂》，第60—61页。

3　顾树森、张瑞璠等曾条理关于入学年龄之诸家说，可资参考。顾先生的结论为："入学年龄所以有如此的不同，都是由于当时封建和宗法等级制度的限制，认为公卿以下的子弟，未便即入天子之学，应先学于家塾，直到十三岁，才入师氏所掌教的小学，而天子的太子在八岁时便直入小学。"《中国历代教育制度》，南京：江苏教育出版社，1981年，第29页。张先生的结论为："从上述资料，有两点是明确的：一是同级入学年龄的差异反映出贵族等级性；二是入学年龄虽不一致，但也有一定的规定，即8—15岁入小学，15—20岁入大学，变化总在这个范围之内。"《中国教育史研究·先秦分卷》，上海：华东师范大学出版社，2009年，第15页。

4　〔清〕孙诒让：《周礼正义》卷二六，第4册1011页。

5　〔清〕孙诒让：《周礼正义》卷十九，第3册757页。

在国学中的小学（即《汉书·食货志》所谓少学）或乡学之课目中即有"六艺"之属，射、御为其中二目。吕思勉即据此明确指出："予谓《诗》、《书》、礼、乐、《易》、《春秋》，大学之六艺也；礼、乐、射、御、书、数，小学及乡校之六艺也。"[1] 吕说稍欠周密，要知《诗》、《书》、礼、乐四教设立之时代远早于《易》《春秋》二教，新旧"六艺"未可不分时代并列比照[2]；此吕先生本已有说，因此吕说应修订为：《诗》、《书》、礼、乐，大学之四教，孔子后增入《易》《春秋》；礼、乐、射、御、书、数，小学及乡校之六艺。不过就小学或乡学阶段之课目而言，射、御二科在其列，则为吕先生持说之要端。

今人对吕说存在疑虑，主要是因为感觉难以解释小学六艺和大学四教何以存在重叠之处。大学四教的礼教中，既然已包括演习射礼[3]，小学阶段如何又包括射艺？其实，两者可以并行不悖，以射施教完全可以自小学延续至大学。郭齐家即曾指出"'射'在国学、乡学中都是重要的学科，都有一定的教练场所"[4] 诚是。由此反观张政烺之说，其仅见"书、数为民生日用所须，不可不讲，其学必普"，曾不知偏重于武备之射、御二科，民事日用亦不可须臾弃之。其引章太炎"六艺者习之不一时，行之不一岁，射、御非儿童所任"以为说，然章氏之意在明书、数二项在六艺"节次最先"，施教在射、御之前，度章氏之非议"刘歆言小学独举书、数"云云，恐其持论适主射、御在小学课目中已有设置。[5]

进一步蠡测小学与大学射事之区别，则当知：小学之教射重在技艺（称射艺），大学之习射则文之以礼乐（称射礼）。换句话说，即前者"主皮"而后者为"礼射不主皮"（《仪礼·乡射礼》记），据郑注："礼射，谓以礼乐射也，大射、

1　吕思勉：《吕思勉读史札记》条233"六艺"，上海：上海古籍出版社，2005年，第507页。
2　参见吴龙辉：《六艺的变迁及其与六经之关系》，《中国哲学史》2005年第2期。
3　据《礼记·昏义》所谓"八礼"："夫礼始于冠，本于昏，重于丧祭，尊于朝聘，和于射乡，此礼之大体也"，又《仲尼燕居》中孔子所列"十礼"：郊社之义、尝禘之礼、馈奠之礼、射乡之礼、食飨之礼，可见大学之礼教中必有射礼一项，否则"天子以射选诸侯、卿、大夫、士"便将落空。
4　郭齐家：《中国古代学校》，北京：商务印书馆，1998年，第32—33页。
5　参见张政烺：《六书古义》，《张政烺文史论集》，第226—227页。

宾射、燕射是矣。不主皮者，贵其容体比于礼，其节比于乐，不待中为备也。……主皮者无侯，张兽皮而射之，主于获也。"可见主皮之射主于射中之技能，礼射则更重于容体节律合于礼乐，前者施教始于小学，后者则为入大学后之进阶（乡学则同样可循此进阶），其递进之处正如郑注所谓"贵揖让之取也，而贱勇力之取"，即所谓"礼化"。

与此相应，"礼、乐、射、御"之礼乐亦偏重在日常仪节，"《诗》、《书》、礼、乐"之礼乐则更重于成套礼典，此正《保傅》小艺、大艺，小节、大节对文之区隔所在。清人黄以周于此最有识，其云：

> 凡小学所学者，六艺也。学小艺，谓书、数、射、御之事，《内则》所谓十年学书、记，成童学射、御是也。履小节，谓习礼乐之末节，《内则》所谓十年朝夕学幼仪，十有三年，学乐、诵诗、舞《勺》，成童舞《象》是也。是则学大艺、履大节者，由艺而进以道，由节而达以德，所谓文之以礼乐而成德行道艺之人矣。[1]

小学与大学有循序渐进者盖如此。由此反观《射义》，于"古者天子以射选诸侯、卿、大夫、士"之后，接云："射者，男子之事也，因而饰之以礼乐也。故事之尽礼乐，而可数为以立德行者，莫若射，故圣王务焉。"郑注："选士者，先考德行，乃后决之于射。男子生而有射事，长学礼乐以饰之。"郑玄所谓"男子生而有射事"，当指甫生子乃设桑弧之礼，标志着射为男子成长所必修，男子少时所习为射技，入大学后即当"饰之以礼乐"，而偃其好勇斗狠的一面。在武艺修进中反求节制之道，其精进之难确非其他礼典可比，故成为德行教化之绝佳法门。

缘射礼可观人之内德，《射义》有如下之制："诸侯岁献贡士于天子，天子试之于射宫，其容体比于礼，其节比于乐，而中多者，得与于祭；其容体

---

[1]〔清〕黄以周：《礼书通故》卷三二《学校通故一》，第 3 册 1349 页。

不比于礼，其节不比于乐，而中少者，不得与于祭。数与于祭而君有庆，数不与于祭而君有让。数有庆而益地，数有让而削地。故曰：射者，射为诸侯也。"将比试射艺视为择士之重要手段，能否参与国之祭祀大典以射艺作为门槛。且依何休之说，"行同而能耦，别之以射，然后爵之"[1]，可见射艺之高下又与爵禄之高低挂钩，其极可直达于诸侯之位，甚至有所谓"天子之大射，谓之射侯，射侯者，射为诸侯也；射中则得为诸侯，射不中则不得为诸侯"之说。故此，清人褚寅亮（1715—1790）释之云："重射之义有二，选诸侯也，择士也，……于择士之中而即寓黜陟操纵诸侯之微权也。"[2] 因射艺可见诸人之内质，故在儒者之心中，其与士人终身仕履之关系可剀切如此。

综上所述，"六艺"之射，其教习盖起自小学而直贯乎大学，贵在于武艺中锻炼情性，故成为德行教化之绝佳法门，并逐渐成为举国铨选择士之重要标杆，为考校所必需，士人一生仕履之升陟亦不离于是。缘乎此，进一步解析射礼与观德的逻辑关联[3]，自有箭在弦上之势。

乡射会民乃礼化社会之有效途径

就射艺之"礼化"言，即《仪礼·乡射礼》记所云"礼射不主皮"。所谓礼射，郑注"谓以礼乐射也"，贾疏："射时有礼，兼作乐。"[4] 其所重者在行礼之过程，而非专注于射中之结果。礼射所含之类目，在郑注大射、宾射、燕射外，尚可增乡射一项，即黄以周所谓"礼射有四"[5]。前三项或为"将祭之射"（《周礼·考工记·梓人》郑注），或"以宾射之礼，亲故旧朋友"，或

---

1 《春秋公羊传·宣公十五年》"什一行而颂声作矣"何休解诂，《春秋公羊传注疏》卷十六，〔清〕阮元校刻：《十三经注疏》，第2287页上。
2 〔清〕褚寅亮：《仪礼管见》卷中之一，《续修四库全书》影印本，上海：上海古籍出版社，2002年，第88册410页。
3 对此，拙著《中国的射礼》已有过初步的思考，南京：南京大学出版社，2013年。
4 《仪礼注疏》卷十三，〔清〕阮元校刻：《十三经注疏》，第1011页中。
5 〔清〕黄以周：《礼书通故》卷二五《射礼通故一》，第3册1081页。

"以飨燕之礼，亲四方之宾客"而配以射（《春官·大宗伯》），所重均在射礼之临时实用；而"乡射是州长与其民习射之礼"，则偏重于习练教养。据《州长》"春秋以礼会民而射于州序"，可知其为射礼之日常态。若依清秦蕙田说，"乡大夫之乡射主于兴贤，三年而一行，州长之乡射主于习仪，每岁而一行"[1]，此礼在乡里、州里盖三年而行四轮。一般士大夫正是通过定期演习乡射，从而掌握射礼之要旨，其后所行大射、宾射、燕射等，盖均依此为摹本而略事变通，此由《燕礼》"若射……如乡射之礼"可知之。因此，分析射礼之意蕴可以乡射礼为模板。

《仪礼·乡射礼》一篇首尾完整记载乡射礼7段51节，可大致复原周代州序演习此礼之端貌。此篇在仪节设置与品物度数间可谓纤细致密，匠心独运，清人胡培翚精熟《仪礼》，曾就全书做出如下总评："器物陈设之多，行礼节次之密，升降揖让裼袭之繁，无不条理秩然，每篇循首至尾，一气贯注，有欲增减一字不得者。"[2]虽胡氏生前尚未疏释至《乡射礼》，笔者却由细绎此篇而于其肯綮处益信其说。下文即就此篇仪节细处所植入之意蕴略发数端，庶几可得射以观德之礼义生成。

就乡射礼仪节设置的框架和行礼成员的组成来看，其所体现出来的，正是周代以礼乐教化士民的基本社会风尚。

两周政教合一，由大司徒全面掌控全国礼乐教化，即《周礼·地官·叙官》所云"立地官司徒，使帅其属而掌邦教，以佐王安扰邦国"。邦教之所属，《礼记·王制》括之为"修六礼以节民性，明七教以兴民德，齐八政以防淫，一道德以同俗"，后世简称曰："司徒，掌礼教之官。"[3]礼教范围甚广，故并由小司徒佐之，具体"掌建邦之教法"；其下诸乡则由其行政长官乡师"各掌其所治乡之教"，并由乡大夫佐之，其"受教法于司徒"，而具体"各

---

1 〔清〕秦蕙田：《五礼通考》卷一六三《射礼》，第12册7719页。
2 〔清〕胡培翚：《研六室文钞》卷三《仪礼非后人伪撰辨》，《胡培翚集》，台北："中研院"中国文哲研究所，2005年，第88页。
3 《汉书》卷八八《儒林传》"关内侯郑宽中有颜子之美质……未得登司徒，有家臣"句下颜师古注，北京：中华书局，1962年，第11册3605—3606页。

掌其乡之政教禁令";其下诸州同样由州长"各掌其州之教治政令之法",其下诸党又由党正"各掌其党之政令教治",进而下延至族师、闾胥、比长,由此构成一个庞大的乡学教育体系,以与贵族子弟之国学教育体系相照应,可使对士民之教化付诸落实。

然礼教能收实效,断非学校内之单向说教或严令禁止等即可蒇事,端在主政教者能身体力行以濡染感化,形成一种团体的意识和心态,在不知不觉间渐达上行下效之功,此即所谓"风化"。在官者、主教者若未能亲力亲为,在下者、受教者便绝难动之以情性,素日学校所习之仪节便终将成僵化的程序。因此,官民必须以时行礼,共相参与,在集会双方的亲临与观摩中使礼义活泼起来,流入人心,而乡饮酒礼与乡射礼恰恰是完成这一礼乐教化过程的绝佳途径。曹元弼曾指出,"古之为治也,渐民以仁,摩民以义,节民以礼,乡饮酒、乡射,其事统于官,盖上与民相厉以礼之道,所以使民日迁善而不自知也"[1],甚得其旨。

今由乡射礼观之,其行礼者即由在官者与众乡学弟子共同组成。主人即州长,若乡大夫举贤而行此礼,则即由乡大夫为主人;州长常需邀请乡大夫莅临观礼,即《仪礼》所称之"遵者";总领射事的司射则由"主人之吏"担任,实际上即乡学之射艺教官,总管射礼杂务的司马亦由主人的家臣担任,以上一并构成主党。与主党相对的为宾党,由众宾和众弟子构成。主人选定一位学有所成且道艺精湛之学士担任宾,主持乡射礼,即贾疏所云"乡射使处士无爵命者为宾"[2];若乡大夫被邀来为遵者,则由公士为宾,郑注"公士,在官之士",即有爵命之士;其他学士则担任众宾,其中三位年长者为众宾长,设席于堂上,其余则立于堂下。众弟子则为乡学(州学)中的学生,一般共同参与乡射礼,由"司射选弟子之中德行、道艺之高者,以为三耦"(郑玄注),此六人之外尚有与宾、主人等配成射耦的弟子,剩余者则充

---

[1] 曹元弼:《礼经校释》卷五,《续修四库全书》影印本,第 94 册 177 页。按:此书撰成于清光绪己丑(1889)年,刊成于光绪壬辰(1892)年。
[2] 《仪礼注疏》卷十三,〔清〕阮元校刻:《十三经注疏》,第 1009 页中。

当赞礼者，如经文中言"命弟子纳射器""命弟子赞工迁乐"之弟子，郑注"宾党之年少者也"，即正在求学尚未有成者，又如统计、汇报射中结果的获者、释获者，郑注"亦弟子也"，以及前后负责授取弓矢的"有司"，郑注"弟子纳射器者也"。主、宾两党为行礼当日的主要人员，此外尚有若干士民之观礼者，如郑注《乡大夫》所云："当射之时，民必观焉，因询之也。"

射礼的主体环节三番射即由主宾两党两两配合，共同完成，其所组配之耦的情况如下所示：

```
                    三耦              众耦
         ┌─────────────────┐ ┌─────────────────┐
上射：弟子—弟子—弟子— 宾 —宾士—众宾……
下射：弟子—弟子—弟子—州长—大夫—众宾……
```

在整个行礼过程中，一切程序均由宾为主导，司射、司马及释获者在主要仪节的起落时均需向宾做请示，在行射礼之前，州长尚需亲至宾家邀请之（戒宾），行礼当日又需亲至宾家召领之（速宾），可见射礼并非以在官者为中心，在官者不过是参与射礼成员的一部分。再由比耦双方来看，州长为下射，与其所比之上射为宾，乡大夫亦为下射，与其所比之上射为士，郑注"士谓众宾之在下者及群士未观礼者也"，可见比耦同样不以爵位为尚，在官者往往自谦而居下位。又大夫、州长、宾、众宾与众耦共同完成释获而射、以乐节射、饮不胜者及旅酬等环节，自袒决遂、执弓矢、升堂、揖让、发矢、脱决拾、降阶等一系列仪节均两两相配完成，双方无分轩轾，若在官者为不胜者，照样需罚饮。更为关键的是，整个行礼过程中，在官者之一举一动充分显露于在场，其容体、节度、道艺将为众弟子及所有观礼者熟视，没有任何虚假或隐情可以遮蔽。在官者必须充分以身作则，平日克尽肄习，至此方可为民表率，获得乡民的由衷敬戴，官民相互磨砺之道于此充分实现。若在官者不思以身体力行立德行之模范，其所欲倡立之纲常章制一切度数，均将渐付诸凿空。较之乡学素日所习，士民于此礼典何以能受教于心，其荦荦大端可知。

由此亦可理解乡射礼于三番射之前为何要设置主宾献酢之仪，之后又为何要设置旅酬坐燕之仪，实际上即在乡射礼的主体仪节外套以一个乡饮酒礼的外壳。而乡饮酒礼之宗旨乃"所以明长幼之序也"（《射义》），或云"以礼属民而饮酒于序以正齿位"（《周礼·地官·党正》），乡民以尊贤之义尊在官者，欲以见其职位与德行相称，同时，在官者亦适时展示取信于民，欲收教化成俗之效。揆诸周代"以礼会民"之用意，乡射与乡饮酒内理相通，而乡射又进于乡饮酒则益可见也，正如沈文倬所云："饮、射之异，前者独详于饮酒，而后者则行乎射者并先举其饮酒焉。以是谓之一礼也可，谓之二礼亦无不可也。"[1] 社会礼化之门径其庶几乎！

"持弓矢审固"的射法研求

礼射不主皮，《论语·八佾》载孔子之言："射不主皮，为力不同科，古之道也。"然此言绝非意味着射中正鹄可不作为射礼之评价标准，要知射中与否毕竟是射之为射的目标所在，故孔子又言："君子无所争，必也射乎。"（《八佾》）梁皇侃义疏曰："射之为礼，乃须中质，而又须形容兼美，必使威仪中礼，节奏比乐，然后以中皮为美。"[2] 此诚为识者之言，在中礼合乐基础上的"中皮"方是射礼追求的至高境界。由此反观《射义》所云：

> 故射者，进退周还必中礼，内志正，外体直，然后持弓矢审固；持弓矢审固，然后可以言中，此可以观德行矣。

周还，即周旋。中礼—内志正—外体直—持弓矢审固—中皮，是射艺"礼化"的基本逻辑，在中礼的基础上最终复归于中皮，由此完满实现射者内德

---

[1] 沈文倬：《菿闇述礼》五《乡礼参臆》，《菿闇文存——宗周礼乐文明与中国文化考论》，第631页。
[2] 〔梁〕皇侃：《论语义疏》卷二，东京：日本怀德堂，大正十二年（1923）刊印本，第13页。

的外化。在此路径中,"持弓矢审固"无疑是射之为射的关键环节。

"持弓矢审固"所体现的是射技与射法的娴熟,其间包含着自头颈至手足、自形体至情性各个方面的严格要求,是习射多年的主要课艺,从小学的基本功训练直至大学的礼仪教习,通过多年日积月累,使射法趋于精进,渐至得心应手、出神入化之境。此艺之习练端赖口传心授,经史文献鲜有记载,周代实况已难以详稽,好在唐以后关于射法研求之著述留存至今者尚多,考虑到射法古今相通,虽时代相异,然从这些著述中仍可略考见其用力之点域及进阶之路径。[1]

唐王琚《射经》堪称现存系统阐述射法的第一部著作,分列总诀、步射总法、步射病色、前后手法、马射总法、持弓审固、举弣按弦、抹羽取箭、当心入筈、铺膊牵弦、钦身开弓、极力遣箭、卷弦入弰、弓有六善十四门。[2] 至明代射艺研习勃兴,著述亦丰,俞大猷《射法》、高颖《武经射学正宗》、李呈芬《射经》、顾煜《射书》、杨维明《射学指南》可谓其中的代表作,清代以后又有史德威《射艺津梁》、顾镐《射说》、李塨《学射录》、刘奇《科场射法指南车》等接续之,所论更趋于详密。以刘奇《科场射法指南车》为例,其书虽为武举科场而作,然覆盖射法面面俱到,堪称周全,适可见射法"由浅而深,由粗而精,历一境,方识一境之妙,非特初学不识其奥,即久于斯艺,亦未必了无阻碍者"[3]。兹列其四十条纲目如下:

> 内法八条:养心、定志、行气、齐力、引弓、固势、审的、发机;
> 外法二十八条:足、膝、臀、腹、腰、胯、肋、胸、肩、前肘、后肘、前腕、后腕、左掌心、右掌心、左大指、左食指、右大指、右食

---

[1] 参见唐豪:《中国武艺图籍考》,上海:现代印书馆,1940年;太原:山西科学技术出版社,2008年影印;马明达:《中国古代射书考》,《暨南史学》第2辑,广州:暨南大学出版社,2003年。

[2] 〔唐〕王琚《射经》版本甚多,如《说郛》本卷一〇一,第4623—4626页。

[3] 〔清〕刘奇:《科场射法指南车》,唐豪编:《清代射艺丛书》,上海:上海市国术馆,1936年;太原:山西科学技术出版社,2008年影印,第66页。按:此据原版页码。

指、项、口、双目、顶、执弓、搭箭、矢发、矢落；

演习法四条：练周身架势、练肘窝向上、练眼力、练臂力。[1]

内法加外法三十六项，于射时前后一贯、一气呵成，必须全神贯注，无懈可击方可言中，只要存在某一方面的缺陷，便将功亏一篑。由此不难理解所谓"射有似乎君子，失诸正鹄，反求诸其身"（《中庸》）。失诸正鹄，必由某一项未能趋于圆足所致，故当反身自省，若迁怒于身外之物，则必定更乱志分心，气息涣散，反与中质相疏离。

其中，内法一路尤重。清康雍间顾镐精于射，所著《射说》乃其一生经验之结晶，顾氏云："[射学]虽有诸法之分，及至成功之后，止静、熟二字尽之矣。惟内功到则静，外功到则熟，以静为体，以熟为用，此即如来拈花微笑时也。"[2] 其将"内功"之道弁首，析为四路：（1）正心（心无邪慝，杂念不乘），（2）诚意（意在鹄前，时思内外），（3）存神（动止安闲，消除躁妄），（4）养气（得失皆忘，喜怒不形）。在顾氏看来，"射学实与性理同源"[3]。

与此相类，明人高颖亦为射艺高手，其将习射之内法修养同样概括为四道："雍和之道以存心""沈毅之道以践言""反身之道以改过""推礼义之教以治兵临民"。只有平日官民相励肄习，才能在发矢之时心神凝聚，经由外法外化其德行，如高氏所言，"涵养若此，其人必殚心好学，乐于礼义，和平恭敬，用志不分者能之，故曰此可以观德行矣"，反之，"心神一动形体乖违，中正和平之度失耳"。[4] 而识者就其持弓发矢，即可满见其礼意所蕴：

是以精于射者，弯弓对的必先并气以固形，安心以全神，得失不栖于情，喧杂不留于意；其引弓也，捷疾果锐以彀之，钦躬敬慎以持之，

---

1 〔清〕刘奇：《科场射法指南车》，唐豪编：《清代射艺丛书》，第68—89页。
2 〔清〕顾镐：《射说》，唐豪编：《清代射艺丛书》，第21—22页。
3 〔清〕顾镐：《射说》，唐豪编：《清代射艺丛书》，第29页。
4 〔明〕高颖：《武经射学正宗指迷集》，台北：林忠明编印本，1985年，第68—69页。

雍容和平婉以出也；而又轻松脆裂迅以节之，其甘苦疾徐合宜中节之巧，何者非礼乐之精意！[1]

在一抬手一投足中，其内心之情状已充分展现出来，欲求掩饰而不能得。因此，高氏最终将射艺归之于性情涵养："夫射之一技根于灵性，其举止动荡、张弛发纵之机械，实一身精神心术之所著也，胆勇气魄之所沛也。"[2] 若非素日修养至此，其他所谓快捷方式、门道均未可奏效。

射之可以观德，高颖所言"礼乐之精意"乃其最为根本之处。宋代以来有学者单方面强调射礼的娱乐性，比如欧阳修（1007—1072）曾说"射者，所以为群居之乐也"，其所追求的目标在于"终日为乐而不耻不争"[3]，直至现代，更有学者将之界定为娱乐性活动[4]。如此，平日射艺修习之于心性涵养的内外兼修之道便逐渐被丢弃，射礼的精蕴也就流失大半。

揖让以"相人偶"见射礼之情性诉求

由素日习练进入正式行礼，揖让，即向对方拱手为礼，是射者在行进过程中最为常见的动作之一。此由迎宾拜至时即已在主宾间使用，而在主体环节三番射中，乃由上、下射两人配组成一耦，两两相对行礼，揖让之法的使用更趋于惯常。此仪节看似简单，然其包蕴之礼义却甚丰盈，且由射礼可渗透入其他诸种礼典中。

若细绎乡射礼揖让之例，纷繁中益见精审，凌廷堪已总结为八项，兹引录如下：

---

1 〔明〕高颖：《武经射学正宗指迷集》，第69页。
2 〔明〕高颖：《武经射学正宗》，台北：林忠明编印本，1985年，第41页。
3 〔宋〕欧阳修：《居士外集》卷二一《九射格》，《欧阳修全集》，北京：中国书店，1986年，第523—524页。
4 参见胡新生：《西周时期三类不同性质的射礼及其演变》，《文史哲》2003年第1期。

（1）凡射，未升堂之前三揖，曰耦进揖，曰当阶北面揖，曰及阶揖。

（2）凡射，既升堂之后三揖，曰升堂揖，曰当物北面揖，曰及物揖。

（3）凡射后二揖，曰卒射揖，曰降阶与升射者相左交于阶前揖。

（4）凡拾取矢前四揖，曰耦进揖，曰当楅北面揖，曰及楅揖，曰上射进坐揖。

（5）凡拾取矢，上射、下射各四揖；若兼取矢，则上射、下射各一揖。

（6）凡拾取矢后四揖，曰既拾取矢揖，曰左还揖，曰北面搢三挟一个揖，曰既退与进者相左揖。

（7）凡饮不胜者，未升堂之前三揖，曰耦进揖，曰当阶北面揖，曰及阶揖。

（8）凡饮不胜者，既饮之后二揖，曰卒觯揖，曰降阶与升饮者相左交于阶前揖。[1]

凌说颇精当，合耦的双方在整个射礼前后至少需发生23次揖让。又在耦与耦相遇时，如一耦射毕降阶，下一耦正升堂，彼此需揖让；又如取矢途中、饮不胜者途中均有相遇揖让，凡此又三次。此外，司射、司马之行进过程中亦多揖让之仪。礼仪设置之所以如此繁重，关键在于射礼有"比耦"这一环节，此意在《大射礼》三耦拾取矢"揖以耦左还"一句郑注有明确交代，即"耦之事成于此，意相人耦也"。在其他礼仪中，郑玄亦有所言，如《聘礼》"公揖入，每门每曲揖"郑注："每门辄揖者，以相人偶为敬也。"又如《公食大夫礼》"宾入，三揖"郑注："每曲揖及当碑揖，相人偶。"可见揖让之设置与"相人偶"之礼义密切相通。何为相人偶？《中庸》："仁者，

---

[1]〔清〕凌廷堪：《礼经释例》卷七《射例》，第349—360页。曹元弼《礼经学·明例第一》悉采凌说，第11页。

人也，亲亲为大。义者，宜也，尊贤为大。"郑注："人也，读如'相人偶'之人，以人意相存问之言。"孔颖达疏："仁，谓仁爱相亲偶也。言行仁之法在于亲偶，欲亲偶疏人，先亲己亲，然后比亲及疏。"[1] 又郑玄尚以"人偶"之意笺《诗·桧风·匪风》，孔疏又曰："人偶者，谓以人意尊偶之也。《论语》注'人偶同位'，人偶之辞，《礼》注云'人偶'，相与为礼仪，皆同也。"[2] 借助孔疏，郑注相人偶之义已趋清晰，即因两两临时配对行礼，其处位相当，相互之间因相见相识而彼此关切，互相存问，以示共同完成礼仪，由此一见双方之平等，二见双方之相爱相敬。清人臧琳（1650—1713）条理以上文例，其云"郑康成注经每有'人偶'之语，盖尊异亲爱之意"[3]，大率得之。

由此上升到理论层面，段玉裁援郑玄"相人偶"之说以注《说文·人部》"仁，亲也"，释曰："人耦，犹言尔我亲密之词，独则无耦，耦则相亲，故其字从人二。"[4] 朱骏声亦以"相人偶"释仁之从二，其云："古语相人偶者，谐合耦俱，彼此亲密之辞也。"[5] 可见从语源上讲，不可否认"'仁'的观念是由'相人偶'礼仪产生的，这种礼仪就是'仁'的观念的客观原形"[6]。而这一仪节所代表的思想史意义，正是从"天人之际"到"人人之际"的世界观的跃进，杨向奎曾指出："这（即相人偶）是'人人之际'，周公逐渐脱离了'天人之际'而倡德；孔子转向'人人之际'故倡仁，以为人人之际的亲密关系则天下治。"[7] 其仪节之制作虽早，而内蕴之礼意直至郑玄注经方得以阐明，甚至"人耦（偶）"这一词汇也是汉代才形成。日本学者户川芳郎系

---

[1] 《礼记正义》卷五二，〔清〕阮元校刻：《十三经注疏》，第1629页下。
[2] 《毛诗正义》卷七，〔清〕阮元校刻：《十三经注疏》，第383页上。按：此句"以人意尊偶之"之"意"原作"思"，此据校勘记改。
[3] 〔清〕臧琳：《经义杂记》卷九"人偶"条，《清经解》第22种，收入〔清〕阮元、王先谦编：《清经解 清经解续编》，第2册1486页。
[4] 〔清〕段玉裁：《说文解字注》八篇上，第365页。
[5] 〔清〕朱骏声：《说文通训定声》，北京：中华书局，1984年影印，第833页上栏。
[6] 刘文英：《"仁"之观念的历史探源》，《天府新论》1990年第6期。
[7] 杨向奎：《宗周社会与礼乐文明》，第359页。

统条理"人偶"一词的发展线路,其结论是:"'人偶'作为秦汉以后产生的词汇之一,是在两人成偶关系的基本意义上,强调'人情'、'人意'因素而发展起来的。……尤其在郑玄用来解释'仁—人'的音义关系之后,'人偶'一词逐渐发展成为特别强调两人相待进行的行为以及那些关系中带有亲爱、恩情的词语,如'爱偶'、'尊偶'等。"[1] 今人借助郑注"相人耦"的礼义提炼,通过"仁"的观念,反观乡射揖让这一礼仪,经文仪节设置之用心可谓昭然,晋范宁云"射以不争为仁,揖让为义"[2],得其要矣。

明乎此,可进一步解释其他几处仪节设置的用意,兹举二例。其一是在三耦射之前有司马命获者去侯之仪,司马升堂由上射位之后至两物(射位)之间,发命完毕必须"出于下射之南,还其后"再降阶,表面看似环绕一圈,多此一举,实际上正是对上、下射双方的同等尊重,郑注:"围下射者,明为二人命去侯。"此礼义唯曹元弼所释最为通达,其云:"盖围下射者,明其围耦也。上下射,相人偶,而司马可有轻重于其间乎!围左物者,成其围耦也,耦虽不在,岂可以虚位而忽之乎?凡礼之迂回曲折者,皆其爱敬之心所弥纶无间者也。君子于此可以观仁,可以观忠,董子所谓粲然有文以相接,欢然有恩以相和者也。如诸家说仅为威仪多,夫威仪维德之隅,必有所以为威仪者在,若但习其文而不求其义,则是仪也,非礼也。"[3] 曹氏深析相人偶之意内贯乎仪节设置之膝理,庸人见其"迂回曲折",识者睹其"爱敬之心"。

其二为射毕释获后饮不胜者时,一般需成耦双方均升堂,然后由不胜者饮爵酒,胜者一方显为陪同行礼,此亦相人偶之义。然对乡大夫的处理则为特例,经文曰:"大夫饮,则耦不升。若大夫之耦不胜,则亦执弛弓,特升饮。"可见这一对耦在此环节不再配对,如果乡大夫一方输,则乡大夫独饮,

---

1 [日] 户川芳郎:《人偶——偶谈之余终篇》,乔秀岩译,《中国经学》第1辑,桂林:广西师范大学出版社,2005年,第63页。
2 《穀梁传·昭公八年》"射而中,田不得禽,则得禽"句下范宁集解,[清] 阮元校刻:《十三经注疏》,第2435页中。
3 曹元弼:《礼经校释》卷五,第192—193页。

反之乡大夫一方胜，则其耦单独升堂饮。郑注："尊者可以孤无能。"[1] 乔秀岩指出："大夫位尊，当输给自己的对手喝罚酒时，可以让他一个人去喝，自己不用去陪着……'孤'就是'人偶'的反义词。"[2] 与乡大夫所配之耦为乡学弟子，两者爵位相别，已然共同完成四矢之射，待胜负相分后，不再具有同质之相待，故仪节顿生分别，其详略彼此之间可见。

三番射渐趋渐进以臻和容之境

在射礼行进的过程中，《射义》所说"其容体比于礼，其节比于乐"，此为射者德行之外在直接流露，"容体"与"节"是容礼的重要内涵。据彭美玲研究，在某一情境化的礼仪过程中，行礼者的表情神态、仪容外貌、动作姿势、行止节奏、情境气氛等均是容礼的内涵，"每位参与者各有角色，或是众所瞩目的主角，或是在旁配合演出的配角兼观众，他们都不自觉地感知全场的演出，并怀着一种合于当时礼仪的观赏心态来'看表演'；表演之际，每个人各自经历了身心的浸洗、渗溶而得以重新形塑"[3]。乡射礼正是容礼施展的绝佳礼典之一，兹将其主线与脉络简要揭橥。

射礼之主体在三番射，今观其设置：第一番射由司射诱射、三耦射两部分组成，其旨在弟子习射，故约定就其结果为"获而未释获"；第二番射由三耦射、宾主人射、大夫与耦射、众宾继射四部分组成，其旨在释获比艺，故约定就其结果为"不贯不释"；第三番射之组成同第二番射，区别在于以乐节射，其旨在动作的节律合于乐，故约定就其结果为"不鼓不释"。如果按沈文倬所提示的做法，即"把二射礼去掉揖让献酬的粉饰，单纯采取其习

---

[1] 此句"无能"下原有"对"字，《校勘记》曰："徐本无对字。"《仪礼注疏》卷十二，〔清〕阮元校刻：《十三经注疏》，第1007页中。今依徐本。
[2] ［日］户川芳郎：《人偶——偶谈之余终篇》，乔秀岩译后记，《中国经学》第1辑，第65页。
[3] 彭美玲：《君子与容礼——儒家容礼述义》，叶国良、李隆献、彭美玲：《汉族成年礼及其相关问题研究》，台北：大安出版社，2004年，第264—270页。

射的动作，放在'平日训练'的部分里"[1]，其整套仪节可以第一番射的司射诱射为准，条列其步骤大致如下：

疑立→揖进→当阶揖→及阶揖→升堂揖→当物揖→及物揖→履物还→俯正足→射乘矢→执弓弦→南面揖→降堂→适堂西→取矢挟之→适阶西→取扑搢之→反位

在经文所述此 18 个仪节中，"射乘矢"仅占其一，且在第一番射时尚未撤去侯中所倚之旌，可见是否射中不在关注范围，司射所示范者主要包括如何进阶、升堂、站立、正体、开弓、告卒、降阶、取矢、反位等行进的标准动作与姿态容仪，此即射礼所含之容礼范式，其由司射诱射作为示范后，贯穿于三番射每一轮耦射之始终。在这一系列仪节中所要体现的，正是马融所概括的"射有五善：一曰和志，体和也；二曰和容，有容仪也"，皇侃解释道："和志，谓将射必先正志，志和则身体和韵，故云'体和'也。二则使行步举动和柔，所以有容仪也。"[2] 因此凌廷堪将《乡大夫》"退而以乡射之礼五物询众庶"之五物中的前两项——"一曰和"与"二曰容"对应于此第一番射[3]，孙诒让补释之曰："盖和专指射者之志体，容则通凡射仪之委曲毓鏴者而言，志体和即《射义》所谓'志正体直'也，有容仪即《射义》所谓'进退周还必中礼'也。《周书·大聚》篇云：'立乡以习容。'彼亦专属习射言之。"[4]

第二番射虽予以考虑中侯之结果，即所谓"主皮"，然其容体之规格必与第一番射无异。因增加射中之要求，故容体层面的规格必须内化为射者自然而然的体态，由此方可有余裕调度身心于对所设目标的把握。第三番射

---

[1] 沈文倬：《〈周代城市生活图〉编绘计划》，《菿闇文存——宗周礼乐文明与中国文化考论》，第 1026 页。
[2] 〔梁〕皇侃：《论语义疏》卷二，第 13 页。
[3] 〔清〕凌廷堪：《礼经释例》卷七《周官乡射五物考》，第 380—381 页。
[4] 〔清〕孙诒让：《周礼正义》卷二一，第 3 册 852 页。

则又将"主皮"的意味削弱，在众耦射的同时伴乐，经文云"奏《驺虞》，间若一"，郑注："间若一者，重节。"贾疏："谓五节之间，长短希数皆如一，则是重乐节也。"[1]由此要求射者发矢之节奏与乐声之鼓点相合，凡两者未相合而中侯者不予计算成绩。皇侃释之甚备："射时有歌乐，言虽能中质，而放舍节奏，必令与《雅》《颂》之声和合也。天子以《驺虞》为节，诸侯以《狸首》为节，大夫以《采蘋》为节，士以《采蘩》为节。故孔子云何以射？何以听？言射节以与乐声合如一也。"[2]因此，凌廷堪将乡大夫询五物中的"四曰和容"对应于第三番射。而在伴乐的同时，堂下尚伴有乐舞，即如皇说"非唯声合《雅》《颂》而已，乃至使射容与乐舞趣兴相会"，据王引之考证，乡射礼以乐节射阶段当与大射、燕射同，堂下亦伴有弓矢舞[3]，孙诒让是王说，谓："盖乡射礼大师奏《驺虞》以射时，尚有三耦及众耦以弓矢舞之节。今《乡射礼》不言者，以其为射礼之细，故略之耳。"[4]若然，则乡大夫询五物中的"五曰兴舞"于此亦有所属。

　　沈文倬曾指出，"礼射必有容以备观瞻，而述者反无闻焉尔，何也？礼射盖如乐舞，一俯一仰皆容也"[5]，此"一俯一仰皆容"由第一番射司射诱射之节已可充分想见，其后每一位射者无不效此，此为射礼容体施展之基础。而射礼越往后对礼容之要求难度渐次增大，第二番射与中侯相结合，使容体与外境相协和。第三番射则又与节律、乐舞相结合，使射者身心与礼场氛围经由中礼、合乐最大可能地交织起来，密合无间，渐进而渐趋于和容之境。由此，一方面可见射礼在仪节设置上所体现的"儒家重视精致、协调、美感的'古典主义'，郁郁礼文，实即儒家精心营造的人文美学"[6]，另一方面更可

---

[1]《仪礼注疏》卷十二，〔清〕阮元校刻：《十三经注疏》，第1005页上。
[2]〔梁〕皇侃：《论语义疏》卷二，第13页。
[3]〔清〕王引之：《经义述闻》卷八，第201页上。
[4]〔清〕孙诒让：《周礼正义》卷二一，第3册854页。
[5] 沈文倬：《菿闇述标》一，《容礼考》，《菿闇文存——宗周礼乐文明与中国文化考论》，第623页。
[6] 彭美玲：《君子与容礼——儒家容礼述义》，叶国良、李隆献、彭美玲：《汉族成年礼及其相关问题研究》，第240页。

见"'和容'是射礼所要求的最高境界,是射手深层修养的外现"[1]。从这个意义上说,射礼文武交映,内蕴而外秀,正是容礼施展之绝佳途径。

弓矢取挟与释获法所见威敬、乐群之道

礼器直接关乎礼仪的完成质量,其本身亦寄托一定的礼义,《左传·成公二年》录孔子之言:"唯器与名不可以假人,君之所司也名以出信,信以守器,器以藏礼,礼以行义,义以生利,利以平民政之大节也。"可见礼器本身即可成为礼义之表征,器已成为礼的物化形式,见器若见其礼。清初王夫之(1619—1692)论此理极显豁,其云:"天下惟器而已矣。道者,器之道;器者,不可谓之道之器也。……未有弓矢而无射道,未有车马而无御道,未有牢醴璧币、钟磬管弦而无礼乐之道。……故无其器则无其道,诚然之言也,而人特未之察耳。"[2] 器与道（礼意）之关系一至于此,古人明乎此理,故行礼者对待礼器极庄重,其内心之情状由其对礼器之态度可见一斑。

就射礼之器具而言,依郑注"射器,弓、矢、决、拾、旌、中、筹、楅、豐也",可知主要包括八项,其中弓、矢自是重器,行射礼者不可不郑重待之。经文在射者取用、携带、放置弓矢等关节处均设有严格的仪节,而与行礼者内在威敬之心相应。兹分条述之。其一为取弓矢法。第一番射三耦自有司受弓矢,第二番射众宾、宾主人、大夫亦然,此为射者首次取用弓矢,均须先袒、决、遂,即脱去左臂衣袖,右手大拇指戴上象骨扳指（用以钩弦）,套上皮制的臂衣,然后"有司左执拊,右执弦,而授弓,遂授矢"。至射毕一轮第二次取矢,则不再由有司授受,而改为自委矢之楅架上轮流自取,经文称之为"拾取矢",包括第二番射之三耦,第三番射之所有射者,其仪含有如下数节:

1　彭林:《中国古代礼仪文明》第十三章,第159页。
2　〔清〕王夫之:《周易外传》卷五,北京:中华书局,1977年,第203页。

袒、决、遂→四揖进坐→上射坐横弓→却手自弓下取一个→兼诸弣
→顺羽兴→执弦左还→退反位揖→下射坐横弓→覆手自弓下取一个……

如此上、下射轮流取完四矢。每一步动作均清晰明确，意蕴丰足，整个过程一气而下，错落有致。

其二为矢在手，其执法为"揿三挟一个"，即三矢插于身右侧带间，夹一支在右手，其挟矢之法，盖以左手执弣（弓把），右手大拇指勾弦而夹一矢于第二、三指间于弓外，露出镞于弣。[1] 这一执法威武有力，足见射者之气度与涵养。唯一有区别的，是在由献酬完毕甫转入射礼开始，司射请射时自取矢而"兼挟乘矢"，即将四矢全部夹在第二、三指间，此为又一定式，用以表明司射向宾、主人禀告"弓矢既具"，并请示射礼节目及行将开始。

其三为堂上行射时的取发配合。当两位射者站立至堂上两物处，面朝南专注于射侯，运足精神，涵养心气，即将轮流发射。发射的过程是，当上射射出第一支箭，右手从腰带间取出第二支箭搭在弓上做准备，此时刚好下射射出第一支箭，如此轮流着各自射毕四支箭，即所谓"拾发，以将乘矢"。双方均镇定自若，整个过程错落流畅，节律井然。元人敖继公有云："既发而挟矢，是射时乃傅矢也，此亦可以见其节矣。云'拾发'者，亦见下射既发，挟矢，而后上射射也。古之射者，其序整齐而不紊，其仪从容而不迫，大抵类此。"[2] 敖氏不愧深研有得。

其四为射毕取矢委福。第一番射三耦卒射后，司马则升堂命取矢，然后由弟子设福、取矢、委矢于福，接着由司马"袭进，当福南，北面坐，左右抚矢而乘之"，即将矢按四支一组分列好，以备后一番射，如果矢有损坏，则需升堂命复加之，其慎重又如此。第二番射众宾卒射后，经文曰"弟子委矢如初""司马乘矢如初"，区别在"大夫之矢，则兼束之以茅，上握焉"，

---

[1] 此挟矢法采用盛世佐关于司射兼挟乘矢说，参见〔清〕胡培翚：《仪礼正义》卷八，《儒藏·精华编》47，第379—380页。
[2] 〔元〕敖继公：《仪礼集说》卷五上，文渊阁《四库全书》本，第105册154下页。

此由乘矢法之差异以见其爵位之相异，不难理解。值得注意的是，这一仪节设置在射者均卒射之后，在数获、告获、饮不胜者之前，可见矢不可须臾残留于射地而别行他礼。第三番射众宾卒射后，经文曰"弟子委矢，司马乘之，皆如初"，同样在数获、告获、饮不胜者之前，射礼完毕后，三耦及宾、主人、大夫、众宾分别将弓矢授还有司，然后由弟子退诸射器，诸事毕后方行旅酬之仪。射礼于射器之处理首尾不苟者盖如此。

弓矢之取挟可见器与人之关系，其核心的目标即为升堂而射，与此相应者便是射中的计算方法。射礼对此的处理恰恰与射者对弓矢之威敬心理形成强烈对照。且不论第三番射以乐节射，其结果的统计取决于中侯是否合乐，而非单纯视其是否射中，就已释获后数获之方法言，经文明确只分成右获、左获两份（分别对应上、下射）计数，报告结果时亦只称："若右胜，则曰右贤于左；若左胜，则曰左贤于右。……若左右钧，则左右皆执一筭以告，曰：左右钧。"可见，射礼是将各耦之上射视作一组，下射视作另一组，将各耦胜负累计起来统计的，并未分别计算各耦之胜负。与此相应，饮不胜者，亦是不胜之一组全部受罚。如此各耦之上、下射实际上是被视作一个团队完成射礼，自无法排除某一耦之某射者射艺高超，但因受制于团体力量而列为不胜者。此为射礼仪节制作之特别处。

对此，清人盛世佐（约1719—1755）曾经指出："此算获之法，合三耦及众射者而统计之，分左右，不分各耦，下文饮不胜者亦然。其间诚有不中而隐庇、中而蒙罚者，此正圣人深意所在，不可不知。"就其间"深意"，盛氏释曰："古者射以观德，贤、不肖分焉，争心所以起也。若每耦自分胜负，则相形之下难乎其为不胜者矣，惟如是则其不胜非一人之咎，而其胜也亦非一人之长，使不胜者知耻，而胜者亦无所用其矜焉，所以潜消其争斗之萌，而养其宽厚和平之德也。"[1] 武艺不可避免将产生好勇争胜之心，而射礼在"礼化"过程中最具有针对性的，正是要解决如何"潜消其争斗之萌，而养其宽

---

[1] 转引自〔清〕秦蕙田：《五礼通考》卷一六二《射礼》，第12册7656页。

厚和平之德"这一难题。通过这一特别的成绩统计法，培养的正是射者的团队精神、乐群之心。

射礼当归入五礼中的嘉礼

射艺之教习盖起自小学而直贯乎大学，小学教射重在射中之技艺，大学习射则文之以礼乐，贵在于武艺中锻炼情性，其递进之处在于"贵揖让之取也，而贱勇力之取"（郑玄注），即所谓"礼化"，由此使射艺与人之德行产生更为紧密的联系。

就以上论证可知，射之所以能观德，最终体现于射者在中礼合乐基础上的"中皮"，此为射礼追求的至高境界。欲达此境界的直接步骤为射者"持弓矢审固"，这将在对"内志正，外体直"的不懈追求中逐渐企及，其必由之路为素日措心于身心内外之修养，断非临时虚情可以掩饰。只有德艺精湛、涵养深厚、心志中正者方能臻乎此境，其不分身份、地位、爵齿盖可必也。在所有工夫中，尤以内法为重，明儒王阳明（1472—1529）曾概括"射以观德"的基本内涵，其云：

> 故古者射以观德。德也者，得之于其心也。君子之学，求以得之于其心，故君子之于射，以存其心也。是故慄于其心者其动妄，荡于其心者其视浮，歉于其心者其气馁，忽于其心者其貌惰，傲于其心者其色矜。五者，心之不存也，不存也者，不学也。君子之学于射，以存其心也。是故心端则体正，心敬则容肃，心平则气舒，心专则视审，心通故时而理，心纯故让而恪，心宏故胜而不张、负而不弛。七者备而君子之德成。君子无所不用其学也，于射见之矣。[1]

素日心志存养，日用功于心端、心敬、心平、心专、心通、心纯、心宏，七

---

[1] 〔明〕王阳明：《观德亭记》，《王文成公全书》卷七，《四部丛刊》影印本，第31页。

者具备，自可于射礼仪节进程中"进退周还必中礼"，从容不迫，百发百中。此为射以观德之礼义生成的核心所在。

再就乡射礼仪节设置而逆推，其内蕴的人文意义至少展现为如下几个方面：其一，行礼者由主、宾两党密合相配，可知乡射会民乃邦国礼乐教化之要目；其二，揖让是射礼中使用最为惯常的动作，其所寓"相人偶"之意，正为射礼尊异亲爱之情性诉求；其三，三番射由诱射、主皮而至以乐节射，渐趋渐进以臻和容之境，是容礼展现之绝佳途径；其四，行礼者对弓矢取挟之不苟与谨慎，可见其重器威敬之心，而释获的分组统计法，则旨在消解好勇争胜，培养射者的团队精神、乐群之心。此外，诸如两耦（或司马、司射）上下堂必"交于阶前，相左"，也就是双方均从对方的左边走过，其用意则在"表示友好而无敌意，因为此时双方具有较大攻击力的右手都远离对方"，主要考虑到"此时双方都有武装，为了有别于战场上的敌对行为而规定的"[1]。此类仪节细处所体现出来的更为丰富的人文意涵，尚可做进一步的抉发。

如此看来，郑玄《三礼目录》将射礼在五礼体系中归属嘉礼，从性质上讲可谓更得其宜。其他诸家或将射礼归入军礼（如《大唐开元礼》《通典》），或归入吉礼（如刘向），或虽入嘉礼而界定为娱乐性活动，或犹豫其间，折中其词[2]，恐均仅得其一端，而与射以观德的礼意渐行渐远。

---

1 参见叶国良：《礼制与风俗》，上海：复旦大学出版社，2012年，第4页。
2 任慧峰对射礼性质的各家观点有所综述，参见《关于先秦射礼的几个问题》，《齐鲁文化研究》第8辑，济南：山东文艺出版社，2009年。

七、"祭为四本"说的结构与指向

祭礼地位之重,自不待多言,"国之大事,在祀与戎"《左传·成公十三年》、"礼有五经,莫重于祭"《礼记·祭统》诸说,均耳熟能详,历来礼家引录者多矣。

唐孔颖达《礼记正义》又植入新蕴,孔疏于"莫重于祭"句下云:"此一节明祭祀于礼中最重,唯贤者能尽祭义。凡祭为礼之本,礼为人之本。"[1] 提出"祭为礼之本",无疑乃唐以来之新说,与《礼记》本有之"忠信,礼之本也"《礼器》、"昏礼者,礼之本也"《昏义》相异。孔说为宋以来礼学家所接受,李觏在《礼论》中即有明确论述:"神者,人之本也,不可以不事也,于是为之禘尝郊社,山川中霤,以修祭祀……此礼之大本也。"[2] 直至清初王夫之撰《礼记章句》,已全然不顾书中本有的"礼之本"说,而云《祭义》等三篇,"乃以礼莫重于祭祀,故不与《冠义》诸篇同附《记》末",而予以前置,船山的心目中,"祭以合幽明,亲本始,故尤重焉"[3],冠、昏、乡、射诸礼,均难望其项背。

直至清末民初,学者参诸西学之宗教论,于祭礼之地位尤有拔高,如刘师培《古政原始论》(1906)即做出如下论断:"古代礼制悉该于祭礼之中,舍祭礼而外,固无所谓礼制也。""上古五礼之中仅有祭礼,若冠礼、昏礼、丧礼,咸为祭礼所该。"职是之故,在刘氏看来,"观《礼记》四十九篇,言

---

1 《礼记注疏》卷四十九,〔清〕阮元校刻:《十三经注疏》,第 1602 页下。
2 〔宋〕李觏:《礼论七篇·第一》,《李觏集》卷二,第 6—7 页。
3 〔清〕王夫之:《礼记章句》卷二十四《祭义》、卷二十五《祭统》,《船山全书》第 4 册,长沙:岳麓书社,2011 年,第 1101、1145 页。

祭之书最多"[1]，这自然是刘氏的新发现。若谓刘说略嫌冒进，那么数年后梁启超的认识则渐趋于持平，其于《志三代宗教礼学》(1918)中有云："诸礼之中，惟祭尤重。盖礼之所以能范围群伦，实植本于宗教思想，故祭礼又为诸礼总持焉。"[2] 梁氏之所谓"为诸礼总持"，即其后文所说的"祭礼所以为诸礼之枢也"，称之为"枢"，与刘氏称之为"该（赅）"实质上仍是一回事，较之于一千二百多年前的"祭为礼之本"说，不过是适度推进。这一推进，来源于以西方宗教作为参照，梁氏以"人与神与天相接之礼"为祭礼，其所得出的结论与其时西方来华传教士的观察，正可谓不谋而合。试看英国伦敦会传教士麦高温（John MacGowan，1835—1922）晚年得出的结论："在中国，如果要寻找影响着中国各个阶层的、唯一决定性的精神力量，我们能找到的最终答案就是祖先崇拜。没有什么其他的信仰能取代祖先崇拜的地位。"[3] 麦氏所谓的祖先崇拜，指的就是祭祖。

可见学术史的脉络是清晰的，由《礼记》的"莫重于祭"，到孔颖达的"祭为礼之本"，推进了实质性的一步，此后直至梁启超的"祭礼植本"，前行的步幅实属有限。不想梁氏殁后不到五年，唐文治（1865—1954）《礼记大义》问世，对祭礼的推崇竟又一次大大前进了一步，其中《祭义篇大义》云：

> 人生伦纪中必读之书，曰《孝经》，曰《祭义》。……文治读是篇，未尝不反覆而呜咽也。今约举其精义，共有数端，曰性本，曰道本，曰教本，曰治本。[4]

在唐先生看来，人之性情、天道人道、教化育人、国家治理，在内涵上均将

---

[1] 刘师培：《古政原始论》"礼俗原始论第十"，《刘申叔遗书》，第678—679页。
[2] 梁启超：《志三代宗教礼学》，《饮冰室合集》专集之四十九，第9册9页。
[3] ［英］麦高温：《多面中国人》，张程译，合肥：黄山书社，2011年，第62页。按：麦氏1860年来华，此书最初完整出版在1909年，其时麦氏已75岁，在中国生活已50年。此书中译本有好几种，张译本语言较为流畅，故采录之。
[4] 唐文治：《礼记大义》卷二《祭义篇大义》，《无锡国学专修学校丛书》之二，1934年，第36页。按：着重号为原刊本故有。

归本于祭礼,此即所谓"祭为四本"说。由"祭为礼之本"到"祭为四本",范围与内涵均已大大扩充,祭礼的地位几臻极致。

可惜,唐先生此说,在学术界至今尚未引起重视。其缘由恐怕与唐先生提出此说的时代背景颇有关联。其时已在20世纪30年代中叶,旋即战乱连连直至新中国成立,后又运动频仍直至改革开放。80年代的情形如何?请看美国学者邓尔麟(Jerry P. Dennerline)到中国来所描摹的如下画面:"在无锡水乡,几乎所有的宗教痕迹都消失了。灶王神龛、祖宗祠堂、佛庙寺院和列帝道观统统销声匿迹。火葬代替了土葬,坟地被平为耕地。华、钱两大家族宋代的祖墓被挖开填平。"唐先生所生活的江南水乡可以作为全国的代表。因此邓尔麟断言,此后虽然仍会有蜡烛香火,"有一点却是清楚的,那就是,用繁缛的礼节仪典隆重拜祖的时代已然过去"[1]。邓说至今30年,却像一张大网般罩住了所有的中国人:祭礼究竟应该作为传统文化的裹脚布而永远地被斩尽涤绝呢,还是有可能死灰复燃,重又回到中国人的生活日常中来?唐先生"祭为四本"说的重新检讨,看来具有了浓厚的现实意义。

唐文治的经学与礼学

唐文治在我心中生根发芽,孕育出新知,有一个相当长的过程。

我家旧宅位于无锡蠡园乡长桥村高车渡(今已拆迁)。所谓长桥,亦称宝界桥,位于太湖伸入无锡的内湖(蠡湖)最窄处,是当年城区通往鼋头渚景区的必经通道。桥南百米左右有茹经堂,背枕宝界山(琴山),而过桥北数百米即至我家。小时候几乎每天一早从家跑步,经长桥,十多分钟便路过茹经堂,然后一路至鼋头渚而返。当年望着陆定一所书"茹经堂"三字,总觉得其间主人定非泛辈。到中学以后方闻唐文治其名,假期经过,益增敬仰之情。其时的长桥只有一座小桥,每次有车经过,颇觉桥身在晃动,1994年宽阔的新桥方始建成,两年后我便至南京上大学去了。待大学以后读到《茹经

---

1 [美]邓尔麟:《钱穆与七房桥世界》,蓝桦译,第129页。

年谱》，于 1935 年（乙亥）71 岁下记曰，"十二月初十日，茹经堂行落成开幕礼"，于 1936 年（丙子）72 岁下又记曰，五月"放假后，偕内子赴茹经堂避暑。依山临水，兼有长桥之胜，风景极佳"。[1] 难掩激动之情，多年的情结一时破解。这一所在原来是由唐文治门人胡端行（号梓士）、张廷金（字贡九）等人发起，为庆祝这位上海交大老校长七十寿辰而募款建造的纪念性别墅。

读到《茹经年谱》，已是 2004 年的暑假了，此时唐文治在我心中第一次发酵。此年我赴高雄师范大学经学研究所做短期访问，当年高师大经学所甫建伊始，蒙首任所长黄忠天热情接待，我的台岛之行获得了诸多便利。正在那时，我第一次系统接触到唐文治编著的《十三经读本》（1924 年施肇曾醒园刊刻本），以及《茹经先生自定义年谱正续编》等相关著述。回想起来，当时是不折不扣的身在宝岛心系故乡，内心世界第一次被推扩到无锡国专当年曾发生过的一幕幕、一课课。正是这一次经历，激活了我童少时期的点点积聚，确立了我矢志经学、读通五经的决心。

当我留意到《茹经年谱》在 1884 年（甲申）20 岁下记曰："读《周礼》、《仪礼》、《尔雅》，始从事经学。"（10 页）反复揣摩，细思唐先生从事经学何以要从此三经入手。后由《十三经提纲》检录得如下一段，方始大悟：

> 礼者，天命秩序之原，民彝物则之要，人心世道惟斯为大。《记》曰："以旧坊为无所用而坏之者，必有水败；以旧礼为无所用而去之者，必有乱患。"凡坏国丧家亡人，必先去其礼。……数千年历史，国之治乱皆视乎礼之兴废。

职是之故，唐先生明确提出："文治窃尝谓，读经自学礼始。"[2] 并且将"治经

---

1 唐文治著，唐庆诒补：《茹经先生自定义年谱正续编》，《近代中国史料丛刊三编》第 9 辑第 90 册，台北：文海出版社，1991 年，第 119、120 页。按：下文凡引此谱均依此本，仅随文夹注页码，不再逐一出注。
2 唐文治：《十三经提纲》卷五《仪礼》，《十三经读本》，施肇曾醒园刻本，1924 年，第 2、3 页。

之要，尤在学礼"明确写入《无锡国学专修馆学规》中[1]，这是他由亲身经历提炼得出的。这一教诲，确定了我此后专攻的学术方向。自2004年秋回到南京，我即开始系统攻读《仪礼》，一面从经注而下，一面遍辑《清经解》及《清经解续编》相关著述溯游而上，至2007年夏完成博士学位论文《〈仪礼〉汉本异文构成分析》，采用的基本方法仍是清儒以语言文字通经的路数，也正是秉承了唐先生以《尔雅》与二礼并重的用心。

攻博期间三年读经之路，使我与当年刊刻《续经解》的南菁书院结下了不解之缘。业师李开先生知我心意，待我北上清华以后，竟慨然寄赠《清经解 清经解续编》新影印本一套十三巨册。[2] 不管今后治学重心如何迁移，此终究是我学术绵延之地基所在，先生意在使我不忘本。

唐文治在我心中的二度发酵，导源于澳门大学邓国光的两篇新作。2009年，我北上清华，随彭林先生推动礼学研究，因留意到当年无锡国专与清华国学院关系深远，我们即在《中国经学》第9辑设立经学名家唐文治专栏，邀得邓国光的长篇论作《唐文治经学研究》(近4万字)。邓先生在文末总结说："在唐文治'读经救国'的儒学大原则下，'礼'这一概念自然成为其经世的梁柱。"[3] 此所揭橥的，正是唐先生经学之主干，抓住此，唐先生所有著作可纲举目张。邓先生此文，让我意识到自己此前的研究，已然偏离了唐学的路向。2011年，清华大学成立中国礼学研究中心，随即主办首届礼学国际学术研讨会 (2012年4月)，邓先生提交又一篇力作《唐文治礼学及其〈礼记大义〉初探》(逾3万字)，此文初步勾勒出了"唐先生的经世礼学"，在邓先生看来，"唐先生《礼记大义》经世礼学的主张，彰显中国礼学的深度关怀与学理的高度"。[4]

---

1 唐文治：《无锡国学专修馆学规》，《茹经堂文集》卷二，收入《民国丛书》第5编第94册，第26页。
2 〔清〕阮元、王先谦编：《清经解 清经解续编》。按：此前我在撰写博士论文期间，频繁到图书馆翻览、复印的是上海书店影印本，1988年，因未能购置，阅读甚为不便。
3 邓国光：《唐文治经学研究——20世纪前期朱子学视野下的经义诠释与重构》，《中国经学》第9辑，桂林：广西师范大学出版社，2012年，第38页。
4 邓国光：《唐文治礼学及其〈礼记大义〉初探》，彭林等主编：《礼乐中国——首届礼学国际学术研讨会论文集》，上海：上海书店出版社，2013年，第457页。

此说刺中我的心扉，逼迫着我进行学术大换血。

2011年，是我的学术研究遇到巨大困境的一年，那就是如何才能使礼学的传统发挥出经世的价值，从而突破文献考证这一清儒所创造过辉煌的单一路数。在首届礼学国际学术研讨会上，澳大利亚学者黄宇和（John Y. Wong）即当面质问我这个问题，此后他又写成专文，直言不讳地指出这次会议："稍微美中不足的，正是没有把理论结合实际。笔者为之担忧的是，若来者皆如是，则恐怕礼学很快就脱离实际，该中心未来的命运堪虞。"[1] 这一境遇，催使我回头深入研读唐先生的名著《礼记大义》。唐先生这部书，正是他从浸淫于南菁书院以黄以周为代表的礼制考证一路，走向现代礼意发掘的经世之路的代表作，书成之年，唐先生70岁。从1884年20岁起从事经学，唐先生用半个世纪的人生历程，铸成了这一学术精品。当今的礼学，欲走通经世之路，唐先生此书可作为再出发的起点。幸好清华大学库存本库正藏有《无锡国学专修学校丛书》之二的《礼记大义》1934年刊印本，正可谓天赐我者。

据邓国光所条理的唐先生礼学著作简表，唐先生虽自12岁即始读《礼记》，此后不断有论作问世，然正式开始着手编著《礼记大义》，是在其63岁执教于无锡国专之后。在此书的序言中，唐先生劈头即揭出如下三条：一、"国体何以立，礼而已矣"；二、"国性何以善，礼而已矣"；三、"天叙天秩、人纲人纪何以定，礼而已矣"。[2] 可见，其晚年有意将毕生之学术归宿于礼。就礼学的具体内容而言，在《茹经年谱》1927年（丁卯）63岁下已明确记载："初编《礼记大义》，从《祭义》篇始。"（94页）可见唐先生对祭礼的情有独钟。直至本书卷二的《祭礼篇大义》中，唐先生竟直抒其浓烈的情感，做出"祭为四本"的明确界定。由当时的社会现实看，唐先生观察所及，若祭礼之义废，性、道、教、治四者之本均被拔动，根基一失，社会弊

---

[1] 黄宇和：《孙中山的礼学渊源与实践》，《中国经学》第11辑，桂林：广西师范大学出版社，2013年，第199页。

[2] 唐文治：《礼记大义·自序》，第1页。

病也便随之而起:"盖近年以来人心日坏,罔利营私,无恶不作,侮慢圣贤,荒道败德,以致灾害并至,虽有善者,亦无如之何矣!"(105页)这是1931年(辛未)唐先生67岁时说的话,此年正月,"余编《礼记大义》数篇,示诸生",九月就说出如上的话,其间的关联不言自喻。

经以上条理可知,由祭礼而礼学,由礼学入经学,由经义达救世,是唐文治学术的主线。唐先生的学术以经学为宗,欲通其经学,必先通其礼学;欲通其礼学,就绕不开他的"祭为四本"说。若看不透祭礼在中国文化中的地位,自然也找不到传统现代化的路径,礼学经世云云,终属一纸空言。我所遇到的关隘,也就是邓尔麟的无奈,其实唐先生早就体味到了。

何为"四本"

《礼记大义》共计四卷,只是对《礼记》各篇总述要点,提炼篇章之间的脉络,详细的论证与分析阙如。"祭为四本"说亦然,唐先生只是提出观点,就四者之间的关联略事介绍,其思路如何形成一度成为我的困惑。新近面世的林庆彰主编的《民国时期经学丛书》第三辑八册,影印有唐文治《茹经堂新著》一种,竟填补了这一缺环。

丛书称《新著》所据底本为民国间作者自印本,但未标年月。书中收录大义类作品七篇,其中《周易》讲义一篇,《礼记》讲义六篇,其一即为《礼记祭义篇大义》。与《礼记大义》所收录者对照可知,《新著》在此篇末总结的"大义",与《礼记大义》全部相同,此前则为经文的讲注,共计33页,是《礼记大义》所未见者。此部分的体例是逐段顶格照录经文,每段后低一格作讲解,先录郑注,隔一圈再录宋以来儒者之言,隔一圈则以"文治按"抒发己见。我初步认为,此六篇《礼记》讲义,恐怕即是《茹经年谱》1931年所称"余编《礼记大义》数篇,示诸生"者。至1934年2月,"《礼记大义》整理完竣",其中的《祭义》篇正是迻录自前之所成者,按体例省去经注解读,仅是截取了最后的总结之言。

下面即据《新著》此篇简要分析"祭为四本"说的主要推理思路。

其一，是为"性本"。立论的基点在于："无非以孝子之天性感通祖考、父母之志意。苟孝子之天性永久相传而不泯，即祖考、父母之志意可以永久相传而长存；否则天性泯，志意灭，即其家道亦从此绝矣。"[1] 此主要涵摄《祭义》篇前四章。子女于春秋之际随雨露、霜露而生怵惕、凄怆之心，感时怀念逝去的父母，"推吾亲在时，体念其寒暖之心"，"此祭礼所由起也"，此乃已故之父母与子女之间保持联系的第一步。进而斋戒追思，思其"居处，笑语，志意，所乐，所嗜"，"五者吾亲之习惯也"，进而行祭，使思念之情落诸杯盘器皿之物、举手投足之容的行动实处，其旨在"动其良心"，唐先生说若"不能动其良心者，非人也"。从这一根性上讲，《祭统》篇"祭者非物自外至者也，自中出生于心也，心怵而奉之以礼，是故惟贤者能尽祭之义"便是由此生发出来。唐先生抓住"心怵"这一机轴，称其为"仁人孝子之良心也，下文云诚信忠敬，皆心怵之目"，同理，行祭时"奉之以物，道之以礼，安之以乐，参之以时，皆奉之以礼之目也"。[2] 祭礼之所先讲究的，便是中出于心与外至之物相映相合；若寻不着这一动心，良心未起，行祭时之仪、之物便流于呆板的形式。

在这一返归良心的过程中，"祖考之精神，必赖子孙之精神而后聚"，此即"家道"之所建立。祭祖礼所奠定的是人伦关系之起端，首于父母、子女间见之，也就是梁漱溟所说的："家人父子，是其天然基本关系，故伦理首重家庭。父母总是最先有的，再则有兄弟姊妹。既长，则有夫妇，有子女，而宗族戚党亦即由此而生。"[3] 由父子进而确立家道，由家道进而可扩充到社会其他各层关系，故《礼记·祭统》称"祭有十伦"。基于这一视角，唐先生认为《祭统》篇首先确立的"礼有五经，莫重于祭"的所指，不当如郑玄

---

1 唐文治：《礼记大义》卷二，第36—37页。按：此段主要参考唐文治《茹经堂新著·礼记祭义篇》第一至四章，《民国时期经学丛书》第3辑第8册，台北：文听阁图书有限公司，2009年，第81—84页。
2 唐文治：《礼记大义》卷三《祭统篇大义》，第2页。
3 梁漱溟：《中国文化要义》第五章，第78页。

注,将"五经"解释为吉、凶、宾、军、嘉五礼,而应该解读成"父子、兄弟、夫妇、君臣、朋友五品",由此可与此后之所谓"夫祭有十伦焉"相连属——"见事鬼神之道焉,见君臣之义焉,见父子之伦焉,见贵贱之等焉,见亲疏之杀焉,见爵赏之施焉,见夫妇之别焉,见政事之均焉,见长幼之序焉,见上下之际焉"。所谓祭有十伦,非指其并列的组构,而是绵延的推扩,在伦理双方彼此对待关系的相似性上,十伦与父子之间相一致,相贯通,也就是梁漱溟所说的:"随一个人年龄和生活之开展,而渐有其四面八方若近若远数不尽的关系。是关系,皆是伦理;伦理始于家庭,而不止于家庭。"[1] 而所有这些社会关系,其机轴之端则在父子一伦,此一伦未立,社会关系的十伦均无从立。祭礼之报本反始,此之谓也。

其二,是为"道本"。立论的基点在于:"人之形气秉之于天地,受之于父母,全而生之,全而归之,战战兢兢,终身不敢毁伤,此之谓要道。"而守道之法,"君子以慎独之功敛之……而至诚无息之功在是矣"[2],主要涵摄《祭义》篇第五至八章。所谓"不敢毁伤",在一手一足背后的所指主要是"事亲之义,弗辱为大",所谓弗辱,在于"君子推其敬养、敬享之心,以至于终身无不敬,而后能终身弗辱也"。从生前的敬养到死后的敬享,辱与不辱,如何才能避免"入庙门而先无地以自容",绝大的空间是在内心世界的无愧,着力在"诚之至也,精神志意之所聚也";绝大的难处是在日复一日以至终身无愧,唐先生引方苞说"惟其平日如此,所以临尸而不怍",敏锐地意识到"方氏以平日言,尤为精核"。由此同样可以扩充,由不毁伤肢体为孝,从而一层层往外,也就是曾子说的:"居处不庄,非孝也;事君不忠,非孝也;莅官不敬,非孝也;朋友不信,非孝也;战陈无勇,非孝也。五者不遂,灾及于亲,敢不敬乎?"换一个角度,对父母从能养,到敬,到安,到卒,终未辱及父母,那么同样,"父母既没,慎行其身,不遗父母恶

---

[1] 梁漱溟:《中国文化要义》第五章,第78—79页。
[2] 唐文治:《礼记大义》卷二,第36页。按:此段主要参考唐文治《茹经堂新著·礼记祭义篇》第五至八章,第85—89页。

名,可谓能终矣",祭礼便成为敬亲的延续,从生前贯穿至身后,形成一贯的人道。

理解了这一点,便不难明白祭天、祀地与享先祖,其实并无二致,也就是唐先生在《天地机论》中所说的"事父孝,故事天明,事母孝,故事地察,神明彰矣。此言圣人穷理尽性、格物致知,精密无间,以此精一之心,对越上帝,推此心使万民各得其所,此乃洗心之学"[1],由此也便理解了祭礼的本意:"祭之道,精神而已。"祭礼的一切"礼义容止之节……盖精神有所注也",此祭之道,亦即人伦之道,与天道、地道无不合。《祭义》推崇文王之祭,强调的便是"祀之忠",唐先生说"忠字最亲切,《内则》曰'以其饮食忠养之',祀之忠犹是养之忠也"。何谓忠?朱熹《论语集注》云:"尽己之谓忠。"[2] 唐先生释曰:"夫忠之一字,解者专指事君而言,实则范围甚广,……其指归不外尽己之心。天下万事之败坏皆出于不诚不敬,而因以不忠,诚、敬者,忠之大本也。"[3] 恰恰是在行祭之时,并非实对父母,亦无旁人观摩,面对这一"非真境也,乃想象之境也",一切乃更为依托于内心的至诚、至敬,也便更能唤起内心的本真。这正是祭礼洗心之所指,正所谓:"祭礼,所以启发人之孝思,事死如事生,事亡如事存,夫微之显,诚之不可揜者,莫大乎是,所以养民之忠厚者,莫大乎是。"[4] 用梁漱溟的话说,便是:"具体的礼乐,直接作用于身体,作用于血气;人的心理情致随之顿然变化于不觉,而理性乃油然现前,其效最大最神。"[5] 唐、梁之间可互证者实夥。

其三,是为"教本"。立论的基点在于:"原始而要其终,实即报本而反乎始,以神道设教而天下服矣。合鬼与神,教之至也,此教之本于幽者

---

[1] 唐文治:《天地机论》,《茹经堂文集三编》卷一,收入《民国丛书》第5编第95册,第5页。
[2] 《论语·学而》《里仁》篇朱熹均有此注,参见《四书章句集注》,北京:中华书局,1983年,第48、72页。
[3] 唐文治:《八德诠释》,《茹经堂文集三编》卷一,收入《民国丛书》第5编第95册,第24页。
[4] 唐文治:《礼治法治论一》,《茹经堂文集三编》卷二,收入《民国丛书》第5编第95册,第6页。
[5] 梁漱溟:《中国文化要义》第五章,第106页。

也。"¹ 主要涵摄《祭义》篇第九至十二章。唐先生认为治世必以检束身心、砥砺品性为根基，而教人学问又以立孝为第一要事，此不难理解，难点在于教孝之本在祭，也就是《论语大义》所谓的以"祭礼教民"："圣门立教，首重人伦，而孝弟，人伦之本也。慎终追远，孝之本也。"² 无祭，便无以体孝道，人伦之教便落诸空言。这便是唐先生着意阐述的"神道设教"，"教之本于幽者"，是"祭为四本"面对现代科学体系最不易解释之处。

此旨恐怕正是唐先生受时势所激，在与西方耶教进行深入对比之后方始得出。其实"打从基督教与中国文化相遇以降，祭祖问题一直成为双方争议的焦点，迄今未有止息"³。近年来，我因兴趣日移于《圣经》，不想竟又一次一头扎进这座大山的包围，几被压得更加透不过气来，于是深深地感受到唐先生当年内心所经历的痛苦。在西方耶教的强势冲击下，参照系转成了西方宗教，偶像崇拜、迷信之说扑面而来，不经意间席卷了知识界，唐先生终而至于得出祭礼作为中国的礼教，足以代表中国宗教的结论，喊出了孔子为大宗教家的呼声，其利弊得失是值得今天重新细细思量的。

其四，是为"治本"。立论的基点在于："吾有以事吾亲，而使天下皆有以事其亲。吾有以养吾亲，而使天下皆有以养其亲。乐自顺此生，刑自反此作。至孝近乎王，至弟近乎霸，胥于是乎出焉。"⁴ 主要涵摄《祭义》篇第十三至二十章。此段主旨在"扩充"二字，"一则见孝弟之道，当扩充之于事功；一则见王霸之业，必当本于孝弟而论"。唐先生指出："惟天子兼君、师之职，故所以立之、教之者，必属之于天子者，以示天下之模范也，错之天下，无所不行。盖朝廷者，人心风俗所由始也。"故一国之中，天子于祭礼尤堪重任。这也就是《天命论》劈头即高呼"救亿兆人之心，必先救一二

---

1 唐文治：《礼记大义》卷二，第37页。按：此段主要参考唐文治《茹经堂新著·礼记祭义篇》第九至十二章，第90—92页。
2 唐文治：《论语大义》，上海：上海交通大学出版社，2016年，第11、21页。
3 邢福增、梁家麟：《中国祭祖问题》，香港：建道神学院，2012年，第3页。
4 唐文治：《礼记大义》卷二，第38页。按：此段主要参考唐文治《茹经堂新著·礼记祭义篇》第十三至二十章，第93—96页。

人之心，执政者是也"之缘由。

另一方面，将祭礼作为治本，更旨在打通士人修、齐、治、平之途。为此，唐先生撰有《政治学大义》一书，此书序言中指出："夫政治者，以心术为权舆者也。……是故心术正，则政治清明纯粹，而天下蒙其福；心术偏，则政治颠倒错乱，而天下被其毒。无古今无中外，其道一也。"[1] 传统的政治，涵义颇为广泛，依孙中山 (1866—1925) 的解释便是："政治两字的意思，浅而言之，政就是众人之事，治就是管理，管理众人的事，便是政治。"[2] 那么从齐到治、平全在范围之内，指凡一切民事之治理，即所谓经世。依《论语·为政》之习称"为政以德"，即治理民事本于人之德性，唐先生则更将德性归诸心术。心术，是祭为治本的一以贯之的通道，此道打通，祭礼洗心的意义也便彰显出来。唐先生倡导的行祭，旨趣正在于以礼学经世，此由《无锡国学专修馆学规》可以洞见："凡士人通经学、理学而能通于政治者，谓之有用，谓之通人。不能达于政治者，谓之无用，谓之迂士。"[3] 可见，唐先生所主张的祭礼，是以"达于政治"为出口的，非囿于祭仪条文之矩矱。

由祭祀，而及性理学，而及伦理学，而及教育学，而及政治学，"祭为四本"说可以贯通于唐先生所有著述之中，而成为其立论之机轴。将所有这一切理念付诸行祭这一看得见摸得着的实事，"以实心行实政，非托之空言也"[4]，此又是唐先生区别于其他礼学家的卓著之处。这是有鉴于社会之深弊"凡为治者最忌空言而不求实事，为学者亦切忌空言而不求实事，空言之为害于天下久矣"[5]，而至唐先生晚年做出的重大学理转变。

---

1 唐文治：《政治学大义序》，《茹经堂文集》卷四，第13页。
2 孙中山：《民权主义第一讲》，《孙中山全集》第9册，北京：中华书局，1981年，第254—255页。
3 唐文治：《无锡国学专修馆学规》，《茹经堂文集》卷二，第28页。
4 唐文治：《茹经堂新著·礼记祭义篇》，第109页。
5 唐文治：《驳学校不祀孔子议》，《茹经堂文集二编》卷二，收入《民国丛书》第5编第94册，第4页。

礼教为中国的宗教

唐文治晚年提出研读《礼记》从《祭义》篇开始，不能不说是由时势所激成，这是最容易从唐著中感知的。

首先，《礼记大义》的自序便暴露了唐先生彼时的心迹。自序开篇即称"国体何以立？礼而已矣。礼者，体也。'相鼠有体，人而无礼，不死何俟。'国而无礼，是戏国也。……有礼则安，无礼则危，此中外之常经，古今之国鉴也。"问题当再分为两面，一面从历史上看，自周公、孔子，至高堂生、郑玄，"大昌礼教"，又自孔颖达、朱子，一路考察至清代《钦定礼记义疏》，唐先生相信"礼教盛，则民气靖而国强"；另一方面，对于有说者认为的"古道不宜于今，其礼当废"，唐先生力斥"因礼制之不同，并欲举《礼经》而废之，误哉误哉"，"礼根于天性，……乃欲拂人之性而扫除之，误哉误哉"。[1] 两个"误哉误哉"，同样有历史的依据，唐云：

> 凡坏国丧家亡人必先去其礼，自老子以礼为忠信之薄，而战国启争杀之端；自晋人以礼岂为我辈而设，而六朝肇夷狄之祸。上下数千年历史，国之治乱皆视乎礼之兴废……迄于近世而讳言礼，呜呼，人无异于禽兽矣。[2]

战国、六朝、近世，在唐先生心目中是三个"国而无礼""无礼则危"的时代，以古讽今，我们自可深知这两个"误哉误哉"，乃是由晚清以来"反礼教"之时局所激成，故邓国光说"唐先生坚持'礼教'兴国，虽千万人吾往矣的精神，当时无匹"[3]，可谓得之。

其次，唐先生主张的礼教兴国，是在中西文化冲撞下孕育而成。在

---

[1] 唐文治：《礼记大义·自序》，第1—2页。
[2] 唐文治：《十三经提纲》卷五《仪礼》，《十三经读本》，第49页。
[3] 邓国光：《唐文治礼学及其〈礼记大义〉初探》，彭林等主编：《礼乐中国——首届礼学国际学术研讨会论文集》，第472页。

《无锡国学专修馆学规》最后一条"挽救世风"中即已指出:"今日吾国是何等景象?外人方讥我为无礼义、无教化之国,痛心曷已!"[1]"无礼义、无教化",即"无礼教",是唐先生之痛心疾首者。要知中国向来以礼义之邦著称于世,视外族蛮夷为未开化,如今情势竟逆转过来,痛心之余,更让人无法忍受的是:外人凭什么讥中国"无礼教"?唐先生必然做出深刻的自省。在《茹经堂新著》本《礼记祭义篇大义》的开头,唐先生有一小段前言,先录孔颖达所引郑玄《三礼目录》,之后以"文治按"透露出了他近年来反思的结果:

> 近人于中国行祭祀礼,则斥之曰迷信,于西人作纪念,则尊之曰纪念式。呜呼,抑何迷信西人,而忍忘祖考乎?揆诸本心,毋乃慎乎。当令其熟读此篇,以激发其良知。[2]

这一段话,可与前数年唐先生60岁时在《天地机论》(甲子,1924)中所云互参:"郊天之典,护日之俗,祭祀先之礼,皆近世所唾骂笑讥,以为迷信者也。"[3]也可与唐先生58岁在《礼治法治论》(壬戌,1922)中所云互参:"难者又曰:新学破除迷信,祭祀之礼,迷信之大者,且远祖不相识,感情何有,废之为宜。呜呼,此又何说也!"[4]可见唐先生晚年所受的激发,来自西方文化,尤其是耶教传入中国后所带来的"迷信论"这一必然的激烈冲突。

从耶教的立场来看,中国文化中唯有祭祖足以与之在宗教性上抗衡,因此,"基督新教传教士在叩敲中国大门伊始,便不能不面对这种中国人普遍沿习的行为",并且极为敏感地发现"其中与基督教信仰相冲突之处"。就

---

[1] 唐文治:《无锡国学专修馆学规》,《茹经堂文集》卷二,收入《民国丛书》第5编第94册,第33页。
[2] 唐文治:《茹经堂新著·礼记祭义篇》,第81页。
[3] 唐文治:《天地机论》,《茹经堂文集三编》卷一,收入《民国丛书》第5编第95册,第5页。
[4] 唐文治:《礼治法治论一》,《茹经堂文集三编》卷二,收入《民国丛书》第5编第95册,第5页。

当时普遍的情况来看，"认为祭祖毫无疑问是中国人拜偶像的表现，抑且是狡猾的行为，因为这种恶行，乃依附在孝亲的美善之中"，是很多传教士都持有的根深蒂固的思想。[1] 试想，当年为孙中山施洗的喜嘉理牧师（Rev. Charles Robert Hager），听到孙中山成亲时拜了祖先，气愤异常，且一直耿耿于怀，最终竟撺掇孙中山父亲、兄长与他决裂[2]，这种不可调和的文化冲突，强劲到何等程度。由于西方知识、观念的进入与传播，最先受到冲击的便是这种形式上的大相异，斥之为偶像、迷信的做法已逐渐在中国知识界蔓延开来。处在这一浪潮中的唐文治，恰恰敏感地意识到，祭礼所代表的正是中国文化传统之根，其间所蕴含的礼意足以构成中国人思想之魂。如果祭礼被斥为迷信，此根一拔，那么中国成为"无礼义、无教化之国"，便为期不远了。

再次，将西方耶教作为参照系，唐先生确定礼教为中国的宗教，甚至将孔子作为中国的宗教主。这早在《驳学校不祀孔子议》（癸丑，1913）一文中表现得已然相当清晰。此文旨在驳斥民国教育部之言孔子非宗教家，故不应行拜祭之说，唐先生曰：

> 孔子非宗教家，西人之言也，且非西人之公言，一二人之私言也。庸讵知西人以神道为宗教，而吾孔子未尝不以神道设教，如"精气为物，游魂为变"，"惟皇上帝，阴骘下民"，"天厌之，天厌之"，"获罪于天，无所祷也"之类，四书五经中不胜枚举。……盖孔孟深知吾国中人以上之材，始可以言理而不言数，言人而不言神，若中人以下之材，则不得不藉鬼神气数之说，使之震慑其心，然后能去恶而为善。向使孔学而非宗教，何以时时言天，然则孔子固不自命为宗教，而谓为五洲之大宗教家可也……西人之所谓宗教，专指弃伦常、信虚无言之也，中国之所谓宗教，兼指讲伦常、议仪、制度、考文言之也。[3]

---

[1] 参见邢福增、梁家麟：《中国祭祖问题》，第7—8页。
[2] 参见黄宇和：《三十岁前的孙中山》第五章，北京：生活·读书·新知三联书店，2012年。
[3] 唐文治：《驳学校不祀孔子议》，《茹经堂文集二编》卷二，第1—2页。

自表而言，若以西方耶教之形式做比较，祭礼被贴上"迷信"的标签，必定会走到"废释奠，废文庙，废经典，古礼古乐荡然无存"[1]的局面。放弃这一表象的浅层对比，自里抉发，唐先生悟得"藉鬼神气数之说，使之震慑其心"，即"教之本于幽者"，即"以神道设教而天下服"，此乃作为礼教的"祭"，莫大的意义之所在。在这个意义上，礼教方可与耶教相抗衡，从而构成中西文化的大分水岭。不明白这一点，自然会"以为中国无宗教"，道教、佛教自不足与耶教相抗，"因无宗教而谓我为野蛮之国"，均是西方中心论者肢解中国文化所致。

充分发掘礼教在宗教性上的特质，是此后唐先生特别用心之处，60岁以后的《天命论》三篇、《地机论》、《知觉篇》、《读经志疑序》等文可视为代表作。唐先生是在系统考察了伊尹、周公、孔子、子思直至孟子等先哲，乃至宋元明诸大儒的思想之后，归纳出祭祀在整个古礼系统中的地位：

> 秩宗典礼，祀事孔明，法施于民则祀之，以死勤事则祀之，以劳定国则祀之。《礼运》一篇，大同盛轨，穆然丕显，命降于社之谓殽地，降于祖庙之谓仁义，降于山川之谓兴作，降于五祀之谓制度，临上质旁，如在左右，备哉灿烂，式礼莫愆。圣人报本追远，以神道设教，非迷信也。

而就祭礼对于民众的意义，唐先生归纳说：

> 道民畏天命，敬鬼神，俾本心常有所兢惕，良知常有所警觉，而又时动其春露秋霜，本天本祖之至性，乃不敢作孽，而丛罪恶岂臆造而强致哉？……近世以来，扫除天命之说，侮慢圣贤，人心无忌惮，而洪水方割，怀山襄陵矣。扫除鬼神之说，昏齐肆祀，人伦无纲纪，而五行汩陈，外患交哄矣。[2]

---

[1] 唐文治：《驳学校不祀孔子议》，《茹经堂文集二编》卷二，第4页。
[2] 唐文治：《读经志疑序》，《茹经堂文集三编》卷五，第7页。

借助祭礼，唐先生找到了天命、鬼神与人心之间的通道，即古人所谓的天人感应，其称之为"机"，或作"几"，并专门写有《治心在研几论》[1]，其针对的正是近世以来被斥为迷信者。唐先生认为天命与人心之间的通道不可中断，因此，"必先救一二人之心，执政者是也。……惟一二人能敬天命，而后能正其心，以正天下，吾特论天命以救人心"[2]。敬天命之"几学"与人伦之孝道相融，《祭义》篇中宰我的话"合鬼与神，教之至也"，在唐先生心中产生了巨大的活力。

唐先生在此基础上，为力反西人"以孔子为非宗教家，盖欲灭吾国教以推行其本国之教"，也就是麦高温所说的传教士"把中国的圣人从未讲过的话带进他们的思想，在这些思想中，一个新帝国即将出现"[3]，逼得唐先生转而主张孔子为宗教家："孔子赞《周易》，察幽明之故，与鬼神之情状，其言曰'获罪于天，无所祷'，又曰'丘之祷久矣'，盖其所谓祷者，在于通神明之德，其为大宗教家，尚何异议！"[4]《驳学校不祀孔子议》全文便旨在论证"孔子非宗教家"之说行不通。差不多同时，梁漱溟也在《东西文化及其哲学》(1921) 中比较了西洋、印度、中国三方的宗教，径直列出"孔子之宗教"的小标题，以与其他两大系统相抗衡。梁先生指出："一是孝弟的提倡，一是礼乐的实施；二者合起来就是他的宗教。"[5] 唐与梁当年的初衷，是何其相似。然而待到 20 世纪 40 年代，梁漱溟在写作《中国文化要义》时，便已褪去了这份激进，而在理论上对"假如说中国亦有宗教的话，那就是祭祖祀天之类"做出了更为深入的思考，认识到礼乐教化乃较宗教更转为深沉而趋于理性，"礼乐有宗教之用，而无宗教之弊；亦正惟其极邻近宗教，乃排斥了宗教。"[6] 更在数十年后，世易时移，钱穆虽同样以西方耶

---

[1] 唐文治：《治心在研几论》，《茹经堂文集三编》卷五，收入《民国丛书》第 5 编第 95 册。
[2] 唐文治：《天命论上》，《茹经堂文集》卷一，收入《民国丛书》第 5 编第 94 册，第 1 页。
[3] [英]麦高温：《多面中国人》，张程译，第 231 页。
[4] 唐文治：《天地机论》，《茹经堂文集四编》卷三，收入《民国丛书》第 5 编第 95 册，第 6 页。
[5] 梁漱溟：《东西文化及其哲学》第四章，北京：商务印书馆，2010 年，第 158 页。
[6] 梁漱溟：《中国文化要义》第五、六章，第 86、110 页。

教为参照系推论中国宗教，同样认为"中国之礼，即中国之宗教"，"中国人所信在天，在上帝，在各自之祖宗"，至此应该说大体与唐先生暗合；然钱先生断言"中国有宗教，而无教主，为之主者，即天，即上帝，即列祖列宗"[1]，则较唐、梁在20世纪前期迫于时势而做出的打擂台式的回应，要平和了许多。

唐先生晚年显然是抱着"《礼记》，万世之书也"的信念，在"俗可变，法可变，而礼之意不可变"[2]的原则指导下，逐篇发掘礼典之蕴意。而迫于西方文化冲击的时局，首先选择的便是从《礼记·祭义》开始。在逐句梳理《祭义》篇经义的过程中，唐先生提出了"祭为四本"的重要学说，这一学说足以与耶教的上帝信仰相抗衡，从而构成理解中国道德论、伦理学、社会观、政治论的独特契机，深入的研究尚有待跟进。

祭礼洗心的心路历程

祭礼洗心，是"祭为四本"说的主干，此说系由唐文治毕生之实践淬炼而成，是在实事的磨砺中催生而出，非徒经由文本阅读者所能得出。

其一端之显著者，是唐先生60岁丧父的亲身经历加深了他对祭礼的直接认识，此恐怕正是促成唐先生"编《礼记大义》，从《祭义》篇始"的直接动因。今从《茹经年谱》中截取相关段落条列如下：

1920年（庚申）56岁，此年唐父病重，唐先生决意辞职归锡。《年谱》所云可见唐先生之内心经历：

> 自八月始，吾父饮食不进，精神委顿，余甚为惶急。……自上年学潮后，学风愈觉不靖。余因吾父老病，目疾日深，已先辞工业专门学校

---

[1] 钱穆：《现代中国学术论衡》，北京：生活·读书·新知三联书店，2005年，第11页。
[2] 唐文治：《礼记大义·自序》，第5页。

> 职数次，而交通部长迄不允。至十月初三日，余遂决计解职回锡。盖函电交驰，至此凡十次矣。部中派员来留，本校同人来请留者络绎于道，均坚拒之。（79页）

当学者们在费心寻求唐先生辞去校长职务是否别有隐情时，有意无意地忽视了"吾父老病"对唐先生内心触动之深。其实1907年唐先生坚辞北京实业学校监督，同意南下担任上海高等实业学堂（后之南洋大学）监督，同样是"因念吾父年高，思乡綦切，因允就职"（59页）。

1924年（甲子）60岁，此年末唐父病逝，半年前有一预兆。《年谱》详录如下：

> 五月，与诸同志集赀刻同乡沈即山先生文集。……余为《书后》一首，颇呜咽，呈诸吾父，竟为心伤落泪。乃大惊，急撤去。呜呼，孰知其为不祥之兆耶？
>
> 十二月十四日夜三鼓，忽闻吾父痰哮声，急起视。曰："无妨，适起，觅火不得耳。"至十五日早，尚食鸡子二枚；旋即病，饮食不进。即请锡医邓君星伯诊治，云老年重伤风，宜谨慎。余因春夏以来，吾父已有神思恍惚，不能记忆之症，心知其危。十七日发快邮，促内子等归。乃十八日火车已断，手足无措……而吾父气喘痰涌病日亟，迭延王君子柳、华君实甫诊治，无效。二十二日，内子等在上海始觅得小轮回，而吾父于二十四日巳刻已弃不孝而长逝矣。二十三夜，尚问庆诒等归否？呜呼，痛哉！午后，内子等始抵家，嚎哭欲绝。……痛哉！痛哉！检视箧中，得遗嘱数页，乃本年二月中所书。命不作佛事，不刻文集，不题像赞，不述哀启。其后托沈生健生装裱成册页，以示子孙。（87—88、89—90页）

其情其景记得如此详悉，非直露心迹者不能为。

1925年（乙丑）61岁，此年三月唐父棺柩回乡，唐先生"作《蔚蒿哭》诗四十九首，痛心之至；旋又作《续蔚蒿哭》诗十一首"（91页）。1926年（丙寅）62岁，此年正月距唐父去世已期年，行入葬礼；十二月，二周年，行大祥祭。《年谱》又详记之曰：

> 正月初五日，率内子、庆诒、庆增、庆永等赴沪。坐汽车赴浏河，为吾父营葬。时连日阴雨。初七日，悬棺入窆，天适大晴。浏河亲友送葬者，二十余人。……初七、初八两夜，均至三鼓始卧，感激之至。初九午前圆珠，一切工程与葬吾母同。……午刻，痛哭别墓。……初十日，赴漕省墓。十一日回无锡，作《再续蔚蒿哭》诗十二首。（92—93页）
>
> 十二月二十四日，吾父丧已大祥矣。追思甲子年弥留时之苦，痛彻于心。作《三续蔚蒿哭》诗二十八首。（94页）

1927年（丁卯）63岁，此年二月，距唐父去世已二十六个月，三年之丧毕，行释服礼。正是在此年正月，唐先生决意"初编《礼记大义》，从《祭义》篇始"。《年谱》云：

> 正月，编《蔚蒿哀》二卷。（94页）
>
> 二月二十四日，行释服礼，白驹过隙，哀痛弥深，尽情一哭。（95页）

1929年（己巳）65岁，距唐父去世四年，唐先生因扫墓竟大病一场。《年谱》记云：

> 正月十二日，赴浏河。十三日，扫墓，瞻拜松楸，怆然陨涕。
>
> 正月二十日，行开院礼，余因病，未能往。病中作《太仓蟹籪记》。思亲不置，病十余日，始瘳。（99页）

1931年（辛未）67岁，此年正月《年谱》记"余编《礼记大义》数篇，示诸生"，二月清明，又回乡扫墓，《年谱》未记，然唐先生作有《清明扫墓记》一文，于祭祖之礼意有深切直观之体会：

> 是日清明令节，方向午有祭于家者，有祭于野者，老者、少者、男者、女者、独者、众者、偯者、啼者、呜咽者，哭声断续而不绝也，乃愀然叹曰：吾乡民德之厚有如是哉，岂非乡先贤讲学之效欤？抑发于本心之良知欤？藉令并是而扫除之，则孝弟之性灭，人道沦于禽兽矣。[1]

1934年（甲戌）70岁，此年唐先生为避亲友祝寿，又一次回浏河扫墓，此年距唐父去世整十年，其思亲之情未尝稍有淡化。《年谱》记云：

> 十月十六日为余生日。因思程子有言，人子于父母殁后，生日当倍增痛，岂宜张筵作寿？余恐亲友来祝，爰于是日赴浏河扫墓。（116页）

正是在此年二月，"《礼记大义》整理完竣"。此书的撰作，与唐先生丧父的经历息息相伴。在三年之丧告毕的当口，唐先生决意编修此书，若说是一桩巧合，那是无法取信于人的。在丧祭的经历中，唐先生做出了编修此书的决定，在即将行禫祭释服，从而转向常祭之时，唐先生决定从《祭义》篇开始。此后的七年，伴随着唐先生四时祭父母的，便是这部《礼记大义》的完成。这部书是唐先生心祭的见证，是唐先生内心的孝思之情直接流露最为真切的一部著作，也是唐先生洗心实践的生动映射。

其又一端之显著者，是唐先生从《易》道之精微的长期体认中凝聚而来。其直接的证据，就是唐先生所惯以使用的"神道设教""洗心"，均出自《易传》。前者见于《观》卦的象传："圣人以神道设教而天下服矣。"后

---

[1] 唐文治：《清明扫墓记》，《茹经堂文集三编》卷六，第6页。

者见于《系辞上》:"圣人以此洗心,退藏于密,吉凶与民同患。"在《祭义》"孝子将祭,虑事不可以不豫"一章,唐先生更有如下之按语:"文治按《易·豫》卦大象传曰:'先王以作乐崇德,殷荐之上帝,以配祖考。'凡事预则立,而于祭祀时为尤要。虑事而不豫者,不孝也。"[1] 可见用《易》卦卦象进行思维,已成为唐先生的习惯。

唐先生对自己研《易》的心路历程,晚年曾有一段较为完备的归结。《茹经年谱》1934年(甲戌)70岁下自叙:"二月,《礼记大义》整理完竣。又修改《周易消息大义》,加入《读易反身录》一卷并应读书目表,一并交冯生振心校正付印。"(114页)可见二书同时完成于1934年,此年初唐先生在完成《周易消息大义》,写完《自叙》(署时在癸酉季冬月,即1933年末)后又写有一段附记,回忆自己一生研《易》的经历云:

> 光绪乙酉,文治年二十一,受《易》于定海黄元同先生之门。先生《易》学专家,著有《十翼后录》八十卷,汉宋兼采。每谈《易》义,口讲指画,孳孳不倦。文治爱拟撰《周易大义》,仅成数卦,旋橐笔津沽,游宦京师,遂中辍。己酉,年四十五,讲《易》于上海南洋大学。诸生科学繁重,义取显明,仅采程传与项平甫先生《周易玩辞》、杨诚斋先生《易传》,编辑教授,亦未能成书。甲子,年六十,讲《易》于无锡国学专修馆。复博考汉宋诸家之说,间下己意,其有未明者,辄与友人吴县曹君叔彦往复讨论,获益非尠。编成《消息大义》三卷,并附《学易反身录》一卷,盖已三易稿矣。茌苒数十年,所造仅止于此,深用疚恨。[2]

核诸《茹经年谱》,此处回忆大致相合而稍有出入。其一,受《易》于黄以周,《年谱》系于1886年(丙戌)22岁:"初治《易》,先读惠氏、张氏、焦

---

1 唐文治:《茹经堂新著·礼记祭义篇》,第90页。
2 唐文治:《周易消息大义》自叙,《民国时期经学丛书》第3辑第10册。

氏诸书，继请业于黄师。……思作《周易集解疏》，不果。因拟别作《周易》兼采汉宋诸家之说，始属稿焉。"(12页)此处云在乙酉年（1885），此年唐先生甫入南菁书院，尚未正式从黄以周读《易》。其二，此后直至45岁，亦非完全"中辍"，《年谱》1894年（甲午）30岁下云："余因国祸家难，抑郁无聊，时读《易》以自遣。"(22页)此句极堪重要，适可见唐先生之心境，由外在时局之挤迫，从而经由《易》学寻求内心的宁静。在南洋大学"拟编《周易大义》"，并与曹元弼"互相质证"，《年谱》则系于1914年（甲寅）50岁下（69页），此处云在己酉（1909），其时唐先生至南洋大学甫两年，因上课之需，在编《国文大义》，而非《周易大义》。且此年起所编成者，即《十三经提纲》卷一的《周易》部分，此处所谓"亦未能成书"，则指没有达到写成专著的程度。其三，讲《易》于无锡国专，《年谱》系于1923年（癸亥）59岁（85页），非此处所云的甲子年60岁，而始"编《周易十二辟卦消息大义》"，是在1929年（己巳）65岁（100页），直至1934年70岁方修改完成，历时六年。其四，在书成之后，唐先生仍不断体悟，温故知新，《年谱》在1943年（癸未）79岁下又云："孙君煜峰等仍来听讲，每星期二节。余为编《读易入门》，接讲《周易消息大义》。其中《学易反身录》于修己治人之道最为切近，不可不熟读也。"(137页)可见，自22岁"初治《易》"，到79岁仍反复讲授，《易》学贯穿了唐先生学术生涯的始终，虽在国难当头，四处奔波之际亦未停息。

这一经历，铸就了唐先生对《周易》经传做出如下的深刻评论：

> 《易》以为书，天道之显，性命之藏，圣功之钥，阴阳动静幽明之故，礼乐之精微，鬼神之屈伸，仁义之大用，治乱吉凶生死之数，莫不悉备，所以"开物而成务"，"崇德而广业"。由正心，修身，达于治国，平天下，要旨归于实用，故曰"精义入神，以致用也"。[1]

---

[1] 唐文治：《周易消息大义》自叙，《民国时期经学丛书》第3辑第10册。

这一认识，在唐先生著作的很多地方均可找到类似的表述，如《十三经提纲》卷一有一篇《学易大旨》，其中说："文治尝即理以求《易》，以为《易》者，心学之书也，其大义备于《乾》《坤》，而始于《复》。……孔子于冬至之时见天地之善心，而教人以养心，孟子于平旦之时验天地之善气，而教人以养心，其义一也，故曰'圣人以此洗心'。"[1] 将《易》视作"心学之书"，从性命、天道，到人道、涵养，直到治国、平天下，无不可于此经中求得，在唐先生心目中，"《易》者，性理、政治合一之书也，惟治《易》而后能治天下"[2]，又落脚于"君子教育，心术为先"，故"君子教育权舆于《易》"，所谓洗心，"洗者，涤也，君子之所以畏天命也"。[3] 可以说，治《易》以洗心，构成了唐文治学术的一条主线。

正是这一经历，推动唐先生寻找到了祭礼的本根意义。在《祭义》篇宰我问鬼神之名一章，唐先生的按语道出了两者之间的密切关联：

> 文治按《易传》曰"圣人以神道设教而天下服矣"，《中庸》曰"鬼神之为德，其盛矣乎"，即此章之义。一阴一阳之谓道，继之者，善也，成之者，性也，人道之始也。精气为物，游魂为变，是故知鬼神之情状，人道之终也。魂者气也，阳之属也。魄者质也，阴之属也。人秉天气地质以生，故日用行习之间莫非魂魄用事。圣人因人之气质而为之礼，因人道以通神道，而天地、山川、社稷、宗庙之祭祀于是乎起。[4]

由此可知，因祭而可通达于鬼神，进而魂魄，进而气质，进而人道，由此启迪至诚、至敬、至忠之心。这是在日用行习之间不知不觉培养起来的，百姓无须知其所以然，而向善之心筑起。这是中国人的信仰所在，流淌在民生

---

1 唐文治：《十三经提纲》卷一《周易》，《十三经读本》，第1页。
2 唐文治：《性理救世书》卷一《论性理学为政治之本》，《民国时期哲学思想丛书》第1编第99册，台北：文听阁图书有限公司，2010年，第7页。
3 唐文治：《论周易君子教育》，《茹经堂文集四编》卷四，第85—86页。
4 唐文治：《茹经堂新著·礼记祭义篇》，第97—98页。

日用的日复一日、年复一年、代复一代中，在唐先生看来，"人生当世，无日无时不在六十四卦三百八十四爻之中，即无日无时不在'吉凶悔吝'之中"[1]。因此，唐先生把祭礼看作中国的宗教，孕育的母体是在《易经》。其论孔子为大宗教家，正是因为"孔子赞《周易》，察幽明之故与鬼神之情状"，又论五经曰："《易》言'自天佑之'，言'洗心'，言'斋戒'，言'顺天命'，诸经中均含有宗教性质。故居中国而言教育，断不可分教育、宗教为二，《左传》一书，言因果尤夥。若必欲分教育、宗教为二，势不举孔氏之书及一切中国经籍及名儒著作尽废去之不止。"[2] 中国经籍中宗教性的发现，是唐先生经学成就的重要方面，其有专文发明《周易》《洪范》《孟子》《礼记》诸经中所蕴的精、气、魂、魄、神五大元素。[3] 就生平经历来看，西方耶教的冲击自然是促成的重要一面，唐先生长年以来在人生历练中对《易》道的体认，恐怕更是必不可少的思想基础。没有辗转南北，在实干中磨砺的内心经历，断然不可能对《易》道有如此深刻的理解，也便断然寻找不到祭礼洗心这一根干。

礼学经世的归宿

我之所以钟情于唐文治，当然与我年少时对茹经堂的情感有关，但更重要的，还是时处中西思想交汇浪潮中的唐先生，其所思所想更有可能冲破我的心结。在梳理完唐先生的"祭为四本"说之后，重新面对邓尔麟当年所描绘的文化裂痕，要回答的是我们究竟该如何面对古礼的现代化。拜祭的仪节，祖宗的牌位，乃至祭天、祀地、享先贤，唐先生难道真的教导我们，要一步步走回那"用繁缛的礼节仪典隆重拜祖的时代"吗？

让我们再来看唐先生的经历。1920年（庚申）56岁，是唐先生人生发生

---

[1] 唐文治：《十三经提纲》卷一《周易》，《十三经读本》，第1页。
[2] 唐文治：《驳学校不祀孔子议》双行小注，《茹经堂文集二编》卷二，第3页。
[3] 唐文治：《精气魂魄神为五宝论》，《茹经堂文集四编》卷三。

重大转折的一年。此年交通部组并上海四校而为交通大学，唐先生力辞校长一职，回到无锡，并在年末接受施肇曾的发起，开办无锡国学专修馆。办学的宗旨，在《茹经年谱》中有明确交代：

> 爰宣布讲学宗旨，略谓吾国情势，日益危殆，百姓困苦已极。此时为学，必当以"正人心，救民命"为惟一主旨，务望诸生勉为圣贤豪杰。其次，亦当为乡党自好之士，预贮地方自治之才，惟冀有如罗忠节、曾文正、胡文忠其人者，出于其间，他日救吾国、救吾民，是区区平日之志愿也。（79—80页）

"正人心，救民命"，被确立为国专办学的"惟一主旨"，"救吾国、救吾民"，是唐先生的毕生志愿。掌校国专十多年，至1935年（乙亥）71岁，《性理学发微》编成，及至两年后刊行，易名为《性理救世书》，这大概是唐先生最后的一部重要著作，竟直接以"救世"二字命名。所谓救世，也就是邓国光所概括的以礼学经世。书中对于祭礼的复兴，有一段明确的说明：

> 礼，时为大，顺次之。为政者必齐民以礼。礼也者，理之不可易者也。《仪礼》十七篇，冠、昏、丧、祭皆因人心之固有，因情而立文，非强致也。[1]

虽内心如此之急迫，唐先生却坚决不予采用"强致"恢复祭仪的做法，而是提出以性理学的讲求，为正人心、化风俗之本。唐先生的路数无疑以四本之中的"性本"为发端，可以想见，如果依着四本的思路，将由性情逐渐用力于人道、教化，乃至政治。只不过，唐先生已逐渐认识到，性情的培育是后续三者的本中之本。我们看他在《茹经年谱》1925年（乙丑）61岁的自述：

---

[1] 唐文治：《性理救世书》卷一《论性理学为政治之本》，第9页。

"盖余向主道德教育,迨阅历世变,始悟性情教育为尤急。"(92页)这一转变至关紧要,给予我们的启示是,与其在祭仪的恢复上枉费气力,不如在四本上下功夫;与其在道德教育的口号上枉费气力,不如从这四本之本的性情濡染上下功夫。只是性情的感化是一项重大课题,亟待研究与实践的展开。

以上是从礼学经世的出发点上来讲。若从其归宿来讲,那么四本的终结是在政治,是在为民,《无锡国学专修馆学规》"不能达于政治者,谓之无用,谓之迂士",可以作为今之研治礼学者之标杆。此处的政治,自然是传统的国事治理,政府管理不过属其一端,在《政治学大义》的自序中,唐先生对其宽泛的外延有简要的铺叙:

> 士不通经,不足致用。是故行己有耻,使于四方,不辱君命,**外交学**之本也。生之者众,食之者寡,百姓足,君孰与不足,**财政学**之本也。临财无苟得,临难无苟免,出入相友,守望相助,**军政学**之本也。大畏民志用其义刑义杀,如得其情,哀矜勿喜,**刑政学**之本也。或以德进,或以事举,尊贤使能,重尚廉朴,**选举法**之本也。谨庠序之教,申孝弟之义,博学于文,约之以礼,**教育法**之本也。善事利器,日新月异,惟公惟平,勿诈勿欺,**工政**、**商政学**之本也。[1]

唐先生视域中的政治学,外交、财政、军政、刑政、选举、教育、工政、商政无所不包,国家大事之荦荦大者,均可成为通经之士致用的出口,选择当然因人禀赋而异。只是,若不进入这些领域,停驻在经籍文本上,沉溺于钉饾考辨抑或形上思辨,便将落入唐先生所谓的"迂士"之窠,而与唐先生之经学大相异趣。

再从唐先生本人的经历,更可得到显著的证明。1884年20岁,唐先生甫入南菁书院,"谒见黄漱兰(体芳)师,谆谆然训以有用之学"(10页),然此时"有用之学"并未在唐先生心中扎根。至28岁后至北京应考,得翁同龢、

---

[1] 唐文治:《政治学大义序》,《茹经堂文集》卷四,收入《民国丛书》第5编第94册,第14页。

沈曾植二位的提携，南菁书院所学方始发酵而升华。1896 年 32 岁，"阅各国条约事务各书，并评点《万国公法》及曾惠敏（纪泽）、黎莼斋（庶昌）诸家文集，自是于经世之学，亦粗得门径矣"。并且考取总理各国事务衙门章京第二名，"时翁师掌总理衙门，先期见沈子培师，询问各部人才。子培师首以余对，翁师颔之，曰：'唐某学问、性情、品行，无一不佳。'余闻言，愧无以对知己也"（24 页）。经翁同龢等人的激活之后，唐先生走上了学术经世的道路，此后开启政界生涯凡十年，于外交、财政、商务等领域均卓有建树，读其游历英、美、法、比、日五国的《英轺日记》，便可见一斑。

1907 年职掌上海高等实业学堂以后，其重要的建树均在实业。据《茹经年谱》所载，1909 年，"夏，设立电机专科，请美国人谢而屯为科长。中国学校之有电机，自此始"（62 页）[1]。1910 年，"夏，在实业学校对门购定房屋，设立商船驾驶科，请英国毕业生夏君应庚名孙鹏为科长"（63 页）[2]。1913 年，"夏，建造电机试验厂"（69 页）。1916 年，"七月，添设铁路管理专科。于是专科凡三，粗具大学规模矣"（72 页）[3]。唐先生的回忆可能在时间上未必全然精准，但电机、航海、铁路管理三大学科在中国高等教育中的开辟，均成型于唐先生之手，则是没有问题的，交大工科的底色是由唐先生铺成。没有这一番人生，也便没有唐先生的经学，在这个意义上，我们才有可能说"论民国期间的经学，不能绕过唐文治"，此绝"非徒以文献研究为尚的文字工夫"，亦非"'夷经为史'的经学史研究"所可匹及。[4]

---

1 查证欧七斤编著《上海交通大学史》第二卷《创建近代工科大学（1905—1921）》，电机专科的创设时间是在 1908 年 8 月，非《年谱》所记 1909 年夏，上海：上海交通大学出版社，2011 年，第 9、50 页。

2 查证欧七斤编著《上海交通大学史》第二卷《创建近代工科大学（1905—1921）》，航海专科的创设时间是在 1909 年 8 月，非《年谱》所记 1910 年夏，第 13、68 页。

3 查证欧七斤编著《上海交通大学史》第二卷《创建近代工科大学（1905—1921）》，铁路专科的创设时间是在 1907 年 10 月，而铁路管理科的创设时间是在 1918 年 3 月，非《年谱》所记 1916 年 7 月，第 30、75 页。

4 邓国光：《唐文治经学研究——20 世纪前期朱子学视野下的经义诠释与重构》，《中国经学》第 9 辑，第 6 页。

更可从唐先生培养自己三位儿子的实践来印证。唐氏三子均受过良好的经典教育，今由唐庆增所著《中国经济思想史》(1936)即可见一斑，此书断非国学根底欠佳者所能写得出。至为关键的，是唐先生对他们的培育绝未受限于所谓国学。检《茹经年谱》可知，大儿子唐庆诒，1914年8月，"赴美国比洛欧大学肄业"(70页)，比洛欧大学，即哥伦比亚大学，至1920年夏由其来书，知"庆诒去年学外交科毕业，得硕士学位，尚未得博士，深为可惜"(78页)，此后曾被外交部派任华盛顿会议秘书。三子唐庆增，1920年8月，"赴美国比洛欧大学肄业，学经济学（后改入米希根大学）"(78页)，至1925年6月，"三儿庆增在美国哈佛大学毕业，得经济科硕士学位"(91页)，此后成为一代经济学家。小儿唐庆永，1928年夏，"在光华大学毕业。七月十一日，赴美入西雅图华盛顿大学，旋转入美奥海州立大学肄业，学经济科"(98页)[1]，至1930年7月，"得经济科硕士学位。继入哥伦比亚研究院，继续半年。因金价日益昂贵，美金一元约中国洋四元以外；而在美用度，每月需金洋九十元，不得已令其回国"(102页)，留学未能大成，唐先生愧疚之情可见。甚至是大儿媳俞庆棠，1919年8月，"赴美留学，偕其兄颂华名庆尧来辞行。内子送别，为之黯然。余特电达庆诒，命其照料"(76页)，俞氏回国后，亦成为一位杰出的社会教育家。中西交融，在唐先生的视域中是如此的顺理成章，唐先生的经学是国际化的，是没有壁垒的，唯有如此，才谈得上经世，才谈得上救国。

从性情的发端到归宿于国务，"祭为四本"说作为以礼学经世的根干，唐先生的实践经历给出了路径与趋向上大开大合的回答。这是一番绝大的事业，至于在今天的中国如何铺实，如何细化，则需要当代的经学研究和经典教育者继续开拓。纠缠于祭礼仪节之恢复者，却是与唐先生的路向南辕北辙了。

---

[1] 原文"旋转入"后衍"中"字，径删。奥海州立大学，即俄亥俄州立大学。

八、封禅礼的经学意旨

古代礼制的被误解,封禅可谓重灾区。事到如今,学术界基本上已将封禅与歌功颂德、劳民伤财、自欺欺人等画上了等号,难怪有学者毫不客气地讥讽"'封禅'实际上是傻子和骗子合作上演的一场闹剧"[1]。这是用近代以来的观念粗率批斥古代礼制的典型。若果真如是,作为《史记》"八书"之一的《封禅书》完全可以不作,清代大儒阮元(1764—1849)亦不必写专文以证"封禅为古大礼"。[2] 真要以科学与迷信简单的二元对立来论定的话,何止封禅将跌入"闹剧"的泥潭,整个古代祭礼系统均难有翻身的可能。

封禅,作为古代祭祀中最为隆盛、最令人瞩目的标志性典礼,究竟如何理解其在古代政治制度中所占据的地位,恐怕直接关乎中国礼治模式的探索深度。职是之故,我们将从国家法的角度来重新审视封禅,对封禅的经学依据进行系统的梳理,揭示制度史上的封禅所内蕴的政治哲学。

封禅"非古""不经"说检讨

封禅典礼遭到直接的非议,由来已久。很多学者均曾追溯到隋王通

---

[1] 韩兆琦、张大可、宋嗣廉、梁燕玲编著:《史记题评与咏史记人物诗》,《史记论著集成》第2卷,北京:商务印书馆,2015年,第93页。按:诸如此类的评论不乏其人,又如陈戍国便曾辛辣地定性:"所谓封禅,不过是迷信天神地祇而又身居权力之巅的人在泰山及其周围所作的一种公开的或隐蔽的表演,对天神地祇的跪拜是对自然神的景仰和求助,对世人的炫耀是力量的发泄和自诩,那不仅是君临天下、欲望得逞的表示,也是宗教迷信自欺欺人的狂热。"《中国礼制史·秦汉卷》,长沙:湖南教育出版社,1993年,第118页。
[2] 〔清〕阮元:《封泰山论》,《揅经室集》二集卷七,北京:中华书局,1993年,第535页。

（584—617）《文中子·王道》篇所言："封禅之费，非古也，徒以夸天下，其秦汉之侈心乎！"[1] 元初马端临《文献通考·郊社考》节引此说，径称"按文中子曰：封禅非古也，其秦汉之侈心乎"，并明确指出"当以文中子之言为正"。[2] 这被视作"封禅非古礼"说之源起。

其实，文中子所斥之封禅"非古"，针对的主要是"费""侈"这一点，宋阮逸注："费，费耗国用也。"孙作云做出进一步解释："在后代的儒家的眼里，秦始皇是中国最大的恶君，其罪状在焚书坑儒，汉武帝的行事其实是和秦始皇差不多的，特别在好大喜功这一方面……因为封禅是恶君所行的，而且其事久湮，其详不可得而记闻，所以儒生们便否认封禅古礼之存在。"[3] 可是马端临钞录文中子之言，径自删去"封禅之费，非古也"中"之费"二字，偷换成了"封禅非古"；马氏更进而有言，封禅"《诗》《书》所不载，非事实也"，这话更是文中子没有说过的。马氏自然别有所据，检较《文献通考》稍早的章如愚《群书考索》中，便有论"古无封禅"一条，列出："论封禅为非古者，王仲淹也；以封禅为不经者，李泰伯也；以封禅为不足信者，苏子由也。"[4] 王仲淹即文中子王通，李泰伯乃南宋著名学者李觏，苏子由即苏轼。据此，认为封禅"不经"的似乎当追踪至北宋李觏。李觏在其著名的《礼论七篇》中确实有如下一句："[武帝] 黩兵好胜，竭天下之财，以事四夷，延方士，筑宫馆，以求神仙，用不经之言，以东封泰山，禅梁父。"[5] 然而此句仍不过是在非议汉武帝之靡费、好胜，斥其所行之仪为"不经"，严格说来仍非指封禅本身为"不经"。其说一步经过章如愚，再一步经过马端临，终于大大咧咧地说出了封禅"《诗》《书》所不载"的话，由此几

---

1 〔隋〕王通：《文中子》卷一，阮逸注，上海：扫叶山房书局，1926年，第7页。按：后来学者非议封禅，大都追溯至此说，如孙作云《泰山礼俗研究》一文第七节"后儒对于封禅的疑难"即以文中子之说为最早，《孙作云文集》第三卷《中国古代神话传说研究》（下），开封：河南大学出版社，2003年，第778页。
2 〔元〕马端临：《文献通考》卷八十四《郊社考十七》，第4册2567页。
3 孙作云：《泰山礼俗研究》，《孙作云文集》第三卷《中国古代神话传说研究》（下），第778页。
4 〔宋〕章如愚：《群书考索·别集》卷十四，北京：书目文献出版社，1992年影印，第1359页。
5 〔宋〕李觏：《礼论第七》，《李觏集》卷二，第22页。

乎一笔抹杀了封禅的经学之源，而将秦皇、汉武作为封禅的始作俑者。此说经过另一位吃了豹子胆的学者——清人梁玉绳（1745—1819）进一步推演，梁氏在《史记志疑》中堂而皇之地说，"三代以前无封禅，乃燕齐方士所伪造，昉于秦始，侈于汉武"[1]，由此玉成了"封禅非古礼"说的定型。20世纪以来对封禅的责难，基本上无出此说之右。

为以上学者所忽略的，是早于文中子一百年的梁人许懋之说，许懋（464—532）才是封禅"不经"说的真正倡导者。梁武帝天监八年（509），有臣子请封会稽禅国山，帝因集儒学之士草封禅礼仪，时任征西鄱阳王咨议兼著作郎的许懋以为不可，武帝嘉纳许说，请者遂停。《梁书·许懋列传》详载许氏之论曰：

> 夫封禅者，不出正经，惟《左传》说"禹会诸侯于涂山，执玉帛者万国"，亦不谓为封禅。郑玄有参、柴之风，不能推寻正经，专信纬候之书，斯为谬矣……是为合郊天地有三，特郊天有九，非常祀又有三。《孝经》云"宗祀文王于明堂，以配上帝"，雩祭与明堂虽是祭天，而不在郊，是为天祀有十六，地祭有三，惟大禘祀不在此数……诚敬之道，尽此而备。至于封禅，非所敢闻。[2]

许氏指出五经正文未有明言封禅之处，《左传》"禹会诸侯于涂山"不可指实为封涂山；其所谓郑玄"不能推寻正经，专信纬候之书"，指的是"郑引《孝经钩命决》云'封于泰山，考绩柴燎，禅乎梁甫，刻石纪号'。此纬书之曲说，非正经之通义也"。[3] 许懋深刻地质疑了封禅在经学上的依据，是历史上反思封禅最为深刻的一位。如果仅如文中子所言，封禅的问题只是在好大喜功、费财费力上，那么就像子贡"欲去告朔之饩羊"，拿孔子的话"尔爱

---

[1] 〔清〕梁玉绳：《史记志疑》卷十六，北京：中华书局，1981年，第792页。
[2] 《梁书》卷四十《许懋列传》，北京：中华书局，1973年，第2册577—578页。按：《南史·许懋列传》仅记曰"懋建议独以为不可"，未录其所言。
[3] 《梁书》卷四十《许懋列传》，第2册575页。

其羊，我爱其礼"便很容易驳斥，因为形式的靡费不足以抹杀礼义的合理内核。只有像许懋这样，从经学上试图釜底抽薪，认为此礼没有理论依据，方可让一时鼓吹封禅者无言以对。

许懋更进一步抽绎《史记·封禅书》的错漏与不合理处，尤其是力图论证司马迁引述的"孔子论述六艺，传略言易姓而王，封泰山禅乎梁父者七十余王矣"不可信。所谓"古者封泰山禅梁父者七十二君"，《封禅书》记载最早出自管仲之言，司马贞索隐："案：今《管子》书其《封禅篇》亡。"虽然有学者认为今本《管子·封禅》乃袭《史记·封禅书》补赘而成，不过据杨英的考证，封禅在《管子》成书的战国中晚期，已"从线条模糊的传说发展成细节清楚的事实"[1]。孔子是否说过封禅者七十余王，已不得而知，如今《管子》书中则明确提出封禅古有其源，而为司马迁所采信。既然如此，那么从思维逻辑上看，釜底抽薪去掉《管子》七十二君封禅之说，《封禅书》在思想史上也便成为无源之水。许懋正是这么做的。他指出三皇、五帝之封禅"皆道听所得，失其本文"，七十二君，世数难稽，"妄亦甚矣"。《资治通鉴》节录许氏之论，简称许云"然则封禅之礼，皆道听所说，失其本文"[2]，其用心即在此。司马光可谓洞悉许氏之旨。

许懋从经学文献和历史源流两方面入手，架空了封禅，使其成为无源之水、无本之木，梁武帝不得不"嘉纳之"。从学理上看，许懋的封禅"不经"之说超过文中子的"非古"之说，故不少礼学家亦深信其说，如清秦蕙田《五礼通考》即在铺叙封禅礼制的卷四十九劈头即指出："封禅之名，六经无之也，其事始于秦始皇。……许懋之论，深切著名。"[3] 若要从正面来思考封禅的性质与功能，必须先破许懋之说。

清代乾隆五十九年（1794），时任泰安府知府的金棨编纂《泰山志》，卷十二"封禅志"中入收经学名家孙星衍、阮元两篇文章，开启了正面论述封

---

[1] 杨英：《"封禅"溯源及战国、汉初封禅说考》，《世界宗教研究》2015年第3期，第57页。
[2] 〔宋〕司马光：《资治通鉴·梁纪三》，北京：中华书局，1956年，第10册4590页。
[3] 〔清〕秦蕙田：《五礼通考》卷四九《四望山川附封禅》，第4册2123—2124页。

禅礼义之途,此书刻印于嘉庆十三年(1808)。孙星衍与阮元曾在一系列礼制问题上有过讨论,据李江辉研究,孙氏《封禅论》与《拟置辟雍议》《圜丘郊祀表》《方丘北郊表》《明堂大禘及迎气还祭十二月告朔表》《五庙二祧辨》《周制七庙二祧表附圣证论及难王义》《附社稷表及难王义》等先后构成"一系列考证明堂、辟雍、庙制、郊祀制度的论文"[1]。除《封禅论》外,其他数文均于1794年编入孙氏个人文集《问字堂集》,阮元接读此集大表赞赏,称"精博之至,此集将来积累既多,实本朝不可废大家也",然却就孙氏尚未着笔的封禅礼,提出自己的独见。[2] 阮氏恐适在此年登临泰山有感而发,撰就《登泰山论》[3],略后,又为金棨所编《泰山志》作序,其中均倡论封禅之源。那么可以推想,孙星衍撰作《封禅论》,当正是在得见阮元为其《问字堂集》所作赠言之后,受阮氏启发而进一步衍伸之,故此文未入该集,而在数年后编入《岱南阁集》。

阮元《封泰山论》在封禅问题的研究上做出了一项重大突破,那就是区分了秦汉以来封禅施行之弊与封禅的礼义两者之间不是一回事。阮云:

> 秦始皇、汉武帝之求长生,光武帝之用谶纬,宋真宗之得天书,皆以邪道坏古礼,不足为封禅咎。[4]

此后在《阅问字堂集赠言》中,阮元说得更加明确:"秦、汉慕古,建明堂,行封禅礼,不得谓之非礼,亦不得谓之无德;惟是求仙采药,致坏封禅二字名目耳。光武尚可,唐玄宗、宋真宗等,仍是汉武故智,以致宋元以来,目光如豆之儒,启口即詈封禅,是岂知司马子长、司马相如之学者哉?"[5] 所谓

---

[1] 李江辉:《晚清江浙礼学研究》,西安:陕西人民出版社,2011年,第62—63页。
[2] 〔清〕阮元:《阅问字堂集赠言》,收入〔清〕孙星衍:《问字堂集 岱南阁集》卷首,北京:中华书局,1996年。
[3] 参见王章涛编著:《阮元年谱》,合肥:黄山书社,2003年,第67—68页。
[4] 〔清〕阮元:《封泰山论》,《揅经室集》二集卷七,第535页。
[5] 〔清〕阮元:《阅问字堂集赠言》,收入〔清〕孙星衍:《问字堂集 岱南阁集》卷首,第11页。

"坏古礼""坏封禅二字名目",显然是指不能因为秦汉以来施行封禅的弊病,从而非议封禅礼制本身。这一区分具有重要的历史意义,由此使文中子以来的"侈心"说得到了合理的说明。"侈心"并非封禅礼义之固有,乃是秦汉以后滋生出来的弊端,包括求仙、得天书等亦是。不过,阮元之论尚未能直接回应到许懋,其对封禅之依据、古源,只是出于一厢情愿的相信,其云"元之鄙见,此当是洪荒以前之大典礼,最古不可废者",辟雍如此,封禅亦然。他自己也承认"此虽凭虚臆断",可见真正对封禅的经义进行发掘,阮元尚无能为力。

孙星衍正是接续了阮元的接力棒,开启了探索封禅经义的门扉。孙氏《封禅论》是迄今所见第一篇对封禅的经学依据进行专门解析的不可多得的成果,其思路基本上是以许懋的"不经"说为靶心,在阮元凿开了混沌之后,奋勇前进,封禅经义的大框架由此确定。孙氏作为一代经学家,眼光已非"拘于《诗》《书》古文而不敢骋"的辟儒,而是由经籍文本的比对走向经义的会通。抽绎孙文的主要学术贡献,约有如下三大端:(1)认为纬书之说犹通古义。在孙氏看来,"纬书有增加,有醇杂,是在择之而已",其中"有三代古说,不可废也",郑玄所举《孝经钩命决》即其一例。此举旨在破许懋所谓"纬书之曲说",从而证封禅的礼义核心在"巡狩考绩"。(2)举证《尧典》《皋陶谟》等作为封禅的经学依据。此举直接针对许懋所说封禅"不出正经",推论封禅之古源在"或命或讨,天子皆登名山,考其绩,积柴燔牲,告天以黜陟之"。(3)推论七十二君行封禅"必三代时相传旧说"。此举同样针对许懋认为的七十二君"失其本文",在孙氏看来,此说见于《庄子》,而据实有其事的"黄帝合符釜山""禹会涂山",便不可因其他未载而疑毁之。[1]

阮、孙之文笼罩了整个19世纪,一个多世纪以来,无有能出其右者。20世纪以顾颉刚为首的古史辨派则似乎又回到了梁玉绳以前毁废的老路上,连阮元的二分逻辑都丢弃了。具有里程碑意义的研究,当归诸孙作云。孙先生于1940年撰成《泰山礼俗研究》(包括上篇《封禅考》,下篇《禅让考》),次年受聘

---

[1] 参见〔清〕孙星衍:《封禅论》,《问字堂集 岱南阁集》,第203—205页。

于北京大学文学院，此文便作为他讲授"中国古代神话"课程的讲义铅印刊发。此文之所以可视为20世纪以来进一步攻破许懋说的里程碑，主要是因为孙先生使用人类学的研究方法，充分论证了封禅有着深远的历史渊源，其源头可追溯到新石器时代的桌石坟（Dolmen），并进而论证了古所谓明堂、辟雍、宗庙等，均与封禅同一源[1]，由此有力地击碎了所谓封禅"非古""不经"之说。如果从思想源流上看，孙先生此文可以说是在一个半世纪之后，遂了阮元当年想实现而未能实现之志。阮元当年虽然已认识到辟雍与封禅"当是洪荒以前之大典礼，最古不可废者"，然其时考古学尚未能从金石学中独立出来，注定他不可能取得实证性突破，故而只是猜测"封者即南郊祭天也，禅者即北郊祭地也"。[2] 如今站在孙先生论证的基础上反观阮氏之说，不得不钦佩他的睿智与明辨，然而阮氏在无法实证的前提下贸然推说封即南郊、禅即北郊，则是大部分礼学家难以接受的。若是用孙先生的逻辑，郊天与封禅本同源，则解释力度大增。

此后与孙作云取径相近而续有推进者不乏其人，其中比较引人注目的当数凌纯声（1901—1978）的系列长文和邬可晶的硕士论文《先秦两汉封禅研究》。凌先生是法国巴黎大学的博士，自50年代以来就采用民族学、人类学的方法系统研究中国古代宗庙、社稷及封禅之源，其中《北平的封禅文化》（1963）、《中国古代社之源流》（1964）、《中国的封禅与两河流域的昆仑文化》（1965）三篇文章可视为代表作。凌先生的结论是："中国古籍载《诗经》之社方、《礼经》之郊丘、《中庸》之郊社、《史记》之封禅、《汉书》之郊祀，都指祭祀神鬼所在的坛墠而言，这一坛墠文化的特征有四：封土曰坛，除地曰墠，坛而不屋，露天而祭。"[3] 又云："社是中国最原始祭祀神鬼的坛墠，当初上帝、天神、地祇及人鬼，无所不祭。……可以假设社之源流，在时间方面，

---

[1] 孙作云：《泰山礼俗研究》上篇《封禅考》，《孙作云文集》第三卷《中国古代神话传说研究》（下）。
[2] 〔清〕阮元：《揅问字堂集赠言》，收入〔清〕孙星衍：《问字堂集 岱南阁集》卷首，第10页。
[3] 凌纯声：《北平的封禅文化》，《中国边疆民族与环太平洋文化：凌纯声先生论文集》，台北：联经出版事业有限公司，1979年，第1377页。

起自新石器时代的初期,直延续到现代;空间方面,源于西亚的两河流域,东流经中亚而东亚,南下而至东南亚,东渡太平洋,远抵中南美洲而及北美。"[1] 在封禅起源问题上,凌先生是至今为止取得卓越贡献的学者,从凌先生所建构的平台来看,孔子、《管子》、《庄子》等(均为《史记·封禅书》所引)所倡远古七十二君行封禅者,应当有着深远的社会基础和历史渊源,正如孙星衍所说的"必三代时相传旧说"[2],不可轻率地以世数难稽而否定之。孙作云、凌纯声所开拓的人类学研究路径,留待继续探索的空间还比较大。[3] 21世纪以来,通过古文字和考古资料来研究商周以来封禅实况被提上议事日程,其中邬可晶的硕士论文(2007)便是其中优秀的成果。其大量引证封、禅及相关字形在甲骨文中的使用实例,并举出青铜器天亡簋铭文所记乃周武王登封太室山(最早由林沄于1993年指出),由此证实封禅在商周时期文献难征阶段留下了遗存。[4] 邬先生这一方法在杨英的研究中予以了进一步充实和推阐,并且杨女士首次对经籍中何以失载古已有之的封禅做出了说明:"是因为十三经多为周代文献,而周代享国八百年,未改朝换代,自然不会有再告成之礼。"[5] 杨说牵涉封禅的性质,或许未必人皆认同,不过21世纪的学术界若仍不假思索地拾前人牙慧,简单地以"不经""非古"来斥责封禅的正当性,则未免有些思而不学了。

纬学对封禅礼义的建构

一百年前,梁启超为考论郊、禘二祭之所出,详细举证六经经文所言祭

---

1 凌纯声:《中国古代社之源流》,《中国边疆民族与环太平洋文化:凌纯声先生论文集》,第1446—1447页。
2 〔清〕孙星衍:《封禅论》,《问字堂集 岱南阁集》,第204页。
3 差不多同时尚有苏雪林对封禅与两河流域死神祭祀的关系有一定的研究,然尚未能在学术界产生影响。参见苏雪林最早出版于1973年的《屈原与〈九歌〉》篇七《大司命与死神》,武汉:武汉大学出版社,2007年。
4 邬可晶:《先秦两汉封禅研究》,浙江大学中国古典文献学硕士学位论文,2007年。
5 杨英:《"封禅"溯源及战国、汉初封禅说考》,《世界宗教研究》2015年第3期,第50页。

事，撰成《志三代宗教礼学》(1918)，以明"我国宗教盖最高一神教，而辅以祖先教"。此文可以看作研究郊、禘二祭背后所蕴宗教道德观念的经典之作。今观其所举例证，大率出自《诗》《书》，若梁氏所云：

> 《诗》《书》所记，言必称天，或冠以形容之语，曰皇天，以表其博大（《书经》"其自时配皇天""格于皇天"，《诗经》"肆皇天弗尚""燕及皇天"等）；曰上天，以表其崇高（《诗经》"明明上天，照临下土"，又"上天之载"等）；曰昊天，以表其絜白（《书经》"钦若昊天"，《诗经》"昊天有成命""昊天其子之""昊天疾威""昊天曰明""昊天不忒"等）；曰旻天，以表其森严（《书经》"旻天大降丧于殷"，《诗经》"旻天疾威"等）。亦曰帝（《书经》"帝乃震怒""惟帝降格""告勅于帝""帝钦罚之"等，《诗经》"在帝左右""帝谓文王""顺帝之则""帝度其心""履帝武敏歆""帝命率育""帝命不违"等），曰上帝（《书经》"肆类于上帝""以昭受上帝""予畏上帝""上帝监民""用端命于上帝"等，《诗经》"上帝既命""克配上帝""皇矣上帝，临下有赫""上帝居歆""上帝不宁""上帝板板""荡荡上帝"等），曰皇上帝（《书经》"惟皇上帝降衷于下民"，《诗经》"有皇上帝"），曰皇天上帝（《书经》"皇天上帝，改厥元子"），曰昊天上帝（《诗经》"昊天上帝，则不我遗"），曰皇帝（《书经》"皇帝哀矜，庶戮之不辜""皇帝清问下民"），曰皇（《书经》"皇建其有极"），曰后帝（《诗经》"皇皇后帝"），天帝一也，而有二名者，以天示抽象观念，以帝示具象观念，帝者以人拟神之称，欧语所谓人格神也。

梁氏每出一言，均有经句为证，其后又"刺举《诗》《书》之言天道者而观其会通焉"，凡十事，论证方式同上所引，每一条理论的得出均辅列有《诗》《书》经文出处。由此推导出其结论曰："《诗》《书》两经所言祭事，皆祭天、祭祖，无祭群神者；至《周礼》及《礼记》，而群祀之名杂见焉，其大别为天神、地示、人鬼、物魅四种。……大抵我国宗教道德之根本观念，莫重报恩，所谓反本报始，不忘其初也。"[1] 梁文清晰地告诉我们，要确立古礼

---

[1] 梁启超：《志三代宗教礼学》，《饮冰室合集》专集之四十九，第 9 册 1—4 页。

的地位与价值,必须研究其背后的经学意旨,因为中国文化的价值观确立于经学,后世国家典章、社会运作、人伦观念均胎孕于经籍之中。正如陈寅恪所言,"夫政治社会一切公私行动,莫不与法典相关,而法典为儒家学说具体之实现;故二千年来华夏民族所受儒家学说之影响最深最巨者,实在制度法律公私生活之方面"。[1] 陈先生所谓"儒家学说",指的就是经学思想。

因此,封禅礼若失去经学的依据,便在"制度法律公私生活"体系中缺失了应有的位置,即使能够证明其渊源甚古,也能设法说明《诗》《书》等经籍未载有其缘由,可是依然难免诸如秦蕙田"圣主不须封禅,凡主不应封禅"[2] 的严厉指责。难怪汉武帝当年,在汾阴得宝鼎之后,便有心封禅,可惜群儒无法从经籍中找出封禅的礼仪记载,"言封禅人人殊,不经",而只是采"《尚书》《周官》《王制》之望祀射牛事"聊以应付,终而至于激怒了武帝,"尽罢诸儒不用"(《史记·封禅书》)。这是封禅第一次遭遇所谓"不经"的定性,由此成为其挥之不去的阴影,到南朝梁,许懋总算以此为理由成功劝止行封禅。有鉴于封禅之被误解已有很深的历史积淀,对其经学意旨,也就是其在儒家学说中如何被界定与阐释,进行一番系统的梳理,看来是绕不过去的。

最为直接的,是汉代纬学曾主动对封禅礼义进行过理论建设,许懋提到的《孝经钩命决》"封于泰山,考绩柴燎,禅乎梁甫,刻石纪号"即是一例。如果我们不是像许氏那样为求言说之目的而寓入深重的成见,以"此纬书之曲说,非正经之通义"将纬书一棍子抹杀的话,研究的视野可以大大地扩展。

《隋书·经籍志》对谶纬的界定,是隋唐主流学术理念的最佳反映,当时学者之说有云"孔子即叙六经,以明天人之道,知后世不能稽同其意,故别立纬及谶,以遗来世",因此《隋志》"录其见存,列于六经之下,以备异说"。《隋志》的处理很清楚,图谶纬书乃是与经传稍异的另外一种经学建构,故同样列入经部。后世有些学者仅看到《隋志》有"然其文辞浅俗,颠

---

[1] 陈寅恪:《冯友兰中国哲学史下册审查报告》,《金明馆丛稿二编》,第283页。
[2] 〔清〕秦蕙田:《五礼通考》卷四九《四望山川附封禅》,第4册2124页。

倒舜谬"云云，从而贬抑之，更有甚者则将"符应"定性为迷信，从哲学史上界定为"这实是思想低落的表征"[1]，于是造成谶纬之学"除了在汉代风行一时，在中国古代的其他时期多被视为异端，而摒于严肃的学术研究以外"[2]。这个"古代的其他时期"指的就是宋以来，一直延续到安居香山、中村璋八编辑《纬书集成》(1959初版/1991重修完毕)之前，情况都没有彻底的改观。20世纪90年代以来，逐渐回暖，凿破混沌者当数钟肇鹏（1925—2014），其著《谶纬论略》(1991)明确指出："谶纬的出现，……以神权的力量增加了经学的权威性，从而巩固了经学的统治地位，这就是谶纬附经，亦以辅经的妙用。"又云："明堂、灵台、辟雍、封禅等制度，纬书中均有详细记述，可以补古礼经传之遗。"[3]以纬书辅经，总算回到了《隋志》的学术路数上。接踵钟先生，徐兴无的研究可谓扭转了谶纬文献冷寂的局面，在徐先生的视野中，"谶纬学说有着与汉唐经学接近的学理依据"，"它的真正的敌手恰恰是高明精致的宋学"[4]，就其思想谱系上看，是"经学与民间儒学融合阴阳五行学说、相术与占星等文化传统和知识资源，依托六经造作谶纬"[5]，由此图谶纬书在经学史与思想史上的价值逐渐彰显出来。

纬书中直接言及封禅者，徐兴无的著作中除《孝经钩命决》之外，又检出两条重要资料，不过由于谶纬类文献芜杂纷乱，需严加辨析后方可以推论。其中第一条出自《礼纬》：

> 刑法格藏，世作颂声。封于泰山，考绩柴燎。禅于梁甫，刻石纪号。英炳巍巍，功平世教。[6]

1　张岱年：《中国哲学史大纲·序论》，北京：中国社会科学出版社，1982年，第17页。
2　吕宗力、栾保群：《〈纬书集成〉前言》，[日]安居香山、中村璋八辑：《纬书集成》，石家庄：河北人民出版社，1994年，第6页。
3　钟肇鹏：《谶纬论略》，沈阳：辽宁教育出版社，1991年，前言第5页、第三章第85页。
4　徐兴无：《谶纬文献与汉代文化构建》，北京：中华书局，2003年，第301页。
5　徐兴无：《经纬成文——汉代经学的思想与制度》，南京：凤凰出版社，2015年，第280页。
6　徐兴无：《谶纬文献与汉代文化构建》，第294页。按：此处转引此例，文字则据《大戴礼记》卢辩注。

此例出自《大戴礼记·保傅》篇卢辩注所引，未明确标注具体是《礼纬》的哪一篇[1]，《古微书》《纬书集成》等均据此收入，《古微书》收入《礼含文嘉》之内[2]，不知何所据；《纬书集成》则一秉卢注，杂收入最后无法归篇的《礼纬》类。[3] 陈立《白虎通疏证》亦引录此例，文字略有出入，然不影响文义，并明确标注出处是《大戴礼注》引《斗威仪》[4]，亦不知其何所据。徐先生转引则据《白虎通疏证》，故径标为《礼纬斗威仪》。此条明确指出封于泰山旨在"考绩"，所采用的仪式是"柴燎"，故卢辩案曰："古受命之君，太平然后行巡狩封禅之事者，谅有义也。"卢氏明确点出封禅的礼义在此。此条与《孝经钩命决》基本一致，郑玄在《礼记·礼器》注引录《钩命决》，以证古礼有"巡守至于方狱，燔柴祭天，告以诸侯之成功也"。两相对照，可知孙星衍将封禅的主要功能界定为"考绩之礼"，依据正在此。

第二条重要的数据出自《春秋汉含孳》，此条误解深重，至今涵义尚湮没无闻，且看其文：

> 天子受符，以辛日立号。帝宰奉图，帝人共观。九日悉见，后世之过，方来之害。以告天曰："请封禅到岱宗，昼期过数，告诸命。"[5]

此条出自《太平御览·礼仪部十五》[6]，《纬书集成》据之收录，并予以标点如上，唯"書（昼）"字阙一笔，作"書（书）"[7]，徐兴无著作仍之。然而如此标点，殊不堪读。徐先生既然说谶纬之类"还是新帝王行封禅大典的太平祥瑞和经典依据"，可是此条明确记载从图录上看到了"后世之过，方来之害"，

---

1 〔清〕王聘珍：《大戴礼记解诂》卷三，第62页。
2 〔明〕孙毂编：《古微书》卷十七，《丛书集成初编》本，第329页。
3 〔日〕安居香山、中村璋八辑：《纬书集成·礼编》，第533页。
4 〔清〕陈立：《白虎通疏证》卷六，第278页。
5 徐兴无：《谶纬文献与汉代文化构建》，第295页。
6 〔宋〕李昉等编：《太平御览》卷五三六，北京：中华书局，1960年影印，第2429页。
7 〔日〕安居香山、中村璋八辑：《纬书集成·春秋编》，第812页。

这如何可成为封禅的瑞兆？任蜜林则仅就前一句"天子受符"来说，将此条看作"纬书也认为，封禅是帝王受命所必需的仪式"，又说"封禅是帝王受符的标志性活动"[1]，同样对"后世之过，方来之害"避而不谈，均未达一间。今查《古微书》，所辑此例文字与上面引文有较大的出入，今抄录如下，并试重施标点：

> 天子受符，以辛日立号。//冢宰奉图，宗人共观九日，悉见后日之过，方来之害。以告天，曰："请封禅。"到岱宗，画期过，数告请命。[2]

《古微书》同样标注出自《御览》，然帝宰，作"冢宰"；帝人，作"宗人"；后世，作"后日"；昼期，作"画期"；诸命，作"请命"，凡五字相异，必源自另一版本。皮锡瑞《汉碑引纬考》引证此例，亦标注出自《御览》，文字与《古微书》全部相同，唯省去第一句"天子受符，以辛日立号"。[3]由此推测，"天子受符，以辛日立号"恐当单独成句，不与下连属。参诸《纬书集成》所辑前一条"天子所以昭察，以从斗枢，禁令天下，系体守文，宿思以合神，保长久。天子受符，以辛日立号"[4]，可见"天子受符，以辛日立号"这一句应当与"天子所以昭察，以从斗枢"相并列，"冢宰奉图"则是又一事，徐、任等的解读均误。若依此版本重作标点，则文意豁然贯通：冢宰奉上所得河图，经过宗人们九日细致研读，一致洞察到其中蕴含着即将发生的过失和快要降临的祸害，天子拟以告天封禅厌之，然到达泰山，图画所示日期已过，故只得反复向天请命，罪己而求策。此句之义与《尚书中侯》"今比目之鱼不至，凤凰不臻，麒麟遁，未可以封"适相合，而与《河图会昌符》所谓"赤帝九世，巡省得中，治平则封，诚合帝道孔矩，则天文灵

---

1 任蜜林：《汉代内学——纬书思想通论》，成都：巴蜀书社，2011年，第246页。
2 〔明〕孙瑴编：《古微书》卷十二，第229—230页。
3 〔清〕皮锡瑞：《汉碑引经考》附《汉碑引纬考》，《皮锡瑞全集》第7册，北京：中华书局，2015年，第656页。
4 〔日〕安居香山、中村璋八辑：《纬书集成·春秋编》，第812页。

出, 地祇瑞兴, 帝刘之九, 会命岱宗"正相反。由此来看, 纬书为封禅铺设了一个必要的现实基础, 那就是天下治平, 反映到图谶上, 就是必有灵瑞呈现, 若此条件不具备, 则天意不允以封禅, 即使抵达泰山, 亦不得登。正如《后汉纪》的作者袁宏所说的, "封禅者, 王者开务之大礼也。德不周洽, 不得辄议斯事; 功不弘济, 不得仿佛斯礼"[1]。因此, 当建武三十年（54）, 张纯、赵熹等群臣首度上言宜封禅, 光武帝诏曰"即位三十年, 百姓怨气满腹, 吾谁欺, 欺天乎", 并严格下令不可"盛称虚美", 这一认识正可与《汉含孳》之义相应。

此外, 纬书言及封禅者尚有多例, 比如《太平御览》"封禅"类下首列《河图真纪钩》, 载 "王者封太山, 禅梁父, 易姓奉度, 继兴崇功者七十二君"。[2] 又如《续汉志·祭祀上》收录光武帝建武三十二年（56, 四月改元中元）二月封禅刻石纪文, 其中便印证有上述《河图会昌符》, 此外并《河图赤伏符》《河图合古篇》《河图提刘予》《洛书甄曜度》《孝经钩命决》, 共计六种纬书所言谶语, 以显光武帝登封乃"以承灵瑞, 以为兆民"。[3] 据《后汉书·张纯列传》记载, 此文出自时任大司空、以御史大夫身份随从典礼的张纯之手。而张纯在两年前即曾上言请封禅, 彼时便举出《乐纬动声仪》及《书·尧典》之文以证封禅之义在"治世之隆, 必有封禅, 以告成功焉", 徐兴无称"其言引纬据经, 首举有周之封禅, 是典型的汉代经学和纬学构建的封禅说"[4], 诚是。

不过就现存纬书的零散数据, 只可以管窥豹, 得见汉代纬学就封禅礼义两条主线的简要概括, 其一宗旨在考绩, 其二基础在功成治平。较为完整的建构是在《白虎通》中完成的。光武帝去世后二十余年, 章帝建初四年（79）十一月, 将、大夫、博士、议郎、郎官及诸生、诸儒会白虎观, 讲议五经同

---

[1] 《续汉书·祭祀志上》刘昭注补引袁宏说,《后汉书》, 北京: 中华书局, 1965年, 第11册 3171页。
[2] 〔宋〕李昉等编:《太平御览》卷五三六《礼仪部十五》, 第2429页。
[3] 《续汉书·祭祀志上》,《后汉书》, 第11册 3165—3166页。
[4] 徐兴无:《谶纬文献与汉代文化构建》, 第296页。

异，一般认为，《白虎通》就是这次会议的决案汇编，淳于恭收集起来，章帝予以决断，由班固最终撰集成书。[1] 侯外庐等《中国思想通史》指出，《白虎通》"作为'国宪'的钦定经义是集合了大群儒生的奏议而最后由皇帝裁决的法典"，而其中"特别是谶纬，构成了《白虎通义》的依据……百分之九十的内容出于谶纬"，从而将《白虎通》定性为"谶纬经学国教化"的产物。[2] 当然在《白虎通》之前，已有经学家通过谶纬进行经学的理论建构，如刘师培便指出"董［仲舒］、刘［向］大儒，竞言灾异，实为谶纬之滥觞；哀平之间，谶学日炽，而王莽、公孙述之徒，亦称引符命，惑世诬民"[3]，不过刘氏同样揭出，只有到了"虎观论经，班固引微书之说"，"纬学之行，于斯为盛"。[4]

抽绎《白虎通》对于封禅礼义的理论建构，主要包括如下几个方面：第一，登封的古意在于"始受命之日，改制应天"[5]，阮芝生概括说"'受命'是资格或条件，'告代'是义务或目的"[6]，这也就是今人所谓的政权合法性的获得。登封的这一项古意，汉以后逐渐迁移到南郊祀天上，历整个西汉二百余年，南郊祀天之制地基奠定[7]，故阮元所谓"封者即南郊祭天也，禅者即北郊祭地也"，正是就这一历史变革处着眼的。第二，封禅的今意在于"天下太平功成，封禅以告太平也"，故需刻石纪号，则是为了"著己之功迹以自劾也"，迹，别本作"绩"，劾，别本作"劝"[8]，阮芝生解释说："既获天

---

1 当然也有学者不认同这一主流观点，如周德良就认为今存《白虎通》其实就是汉章帝敕命曹褒所制之《汉礼》，参见《白虎通暨汉礼研究》，台北：学生书局，2007年。
2 侯外庐等：《中国思想通史》第二卷第七章《汉代白虎观宗教会议与神学思想》，北京：人民出版社，1957年，第226—227、229、232页。按：林聪舜同样将《白虎通》看作是东汉章帝颁行的"国宪"，"借着谶纬对经学中的伦理教训做出神学式的论证，以及赋予统治权力神学基础"，参见《儒学与汉帝国意识形态》，上海：上海人民出版社，2017年，第250页。
3 刘师培：《国学发微》，《刘师培史学论著选集》，上海：上海古籍出版社，2006年，第137页。
4 刘师培：《谶纬论》，《刘师培史学论著选集》，第211页。
5 ［清］陈立：《白虎通疏证》卷六，第278页。
6 阮芝生：《三司马与汉武帝封禅》，《台大历史学报》1996年第20期，第311页。
7 参见顾涛：《汉唐礼制因革谱·叙说》，第29—30页。
8 ［清］陈立：《白虎通疏证》卷六，第278—279页。

命,当理群生,以致太平,所以到德洽暇给之时,必须告太平于天,一则报(告)成功,二则表示无辱使命。"[1] 这也就是促使光武帝最终同意行封禅的主要动因。其三,封禅的来意在于"明以成功相传",其采当时口耳相传之说,谓古礼曾封于亭亭之山,"亭亭者,制度审谛,道德著明也";曾禅于绎绎之山,"绎绎者,无穷之义也"[2],宗旨均在广厚其成功之道,以为后世作模范,以求长治久安。其四,封禅必须有"符瑞并臻"作为上天考绩为嘉的资格,如果天现灾变,乃"所以谴告人君,觉悟其行,欲令悔过修德,深思虑也"[3],万不可欺天而肆行此礼。这是纬书特赋予天子行封禅的一项心理前提,由此使得封禅获得了人心所向的政治权威意义。

从实际运行来看,汉代纬学对封禅礼义的建构基本上是成功的,尤其是在赋予皇帝权力的政治合法性上做出了重要的理论探索。

从六经经文推导封禅之义

纬学对封禅的理论建构,即使不考虑其仅存片段记载的不完整性,总归仍然落在汉人(甚至是东汉人)的思想体系中,不能完全让怀抱"不经"之说者心服。因此,进一步从六经经文来推导天子行封禅在现实上的可行性,便成为探寻封禅礼义不可或缺的一环。

较早有意这么做的当数苏雪林(1897—1999)。苏女士举出《春秋·隐公八年》"三月,郑伯使宛来归祊"下三传的解释,尤其是《公羊传》"天子有事于泰山,诸侯皆从,泰山之下,诸侯皆有汤沐之邑焉",再加上《礼记·礼器》"齐人将有事于泰山,必先有事于配林",因"凡古书言'有事'便是祭祀的意思",可证"经书里关于封禅的事实颇多",进而大斥"许懋、王通腐

---

[1] 阮芝生:《三司马与汉武帝封禅》,《台大历史学报》1996年第20期,第311—312页。
[2] 〔清〕陈立:《白虎通疏证》卷六,第280—281页。按:陈立指出此二说可见诸《风俗通·正失篇》。
[3] 〔清〕陈立:《白虎通疏证》卷六,第283、267页。

儒不足论"。[1] 苏氏之言过矣。即使加上《论语》"季氏旅于泰山"一例，均只得证明天子、诸侯曾于泰山行过祭礼，尚不能说即是区别于其他山川之祀的唯一的封禅之礼。其实何必如此辗转，上文已然谈到张纯即举出《书·尧典》"岁二月，东巡狩，至于岱宗，柴"（今孔传本在《舜典》内），以为经文言及封禅之证，孙星衍亦举证此例，而苏氏则完全忽略了。

今完整摘录《尧典》经文如下：

> 岁二月，东巡守，至于岱宗，柴；望秩于山川，肆觐东后。协时月，正日；同律度量衡。修五礼、五玉、三帛、二生、一死贽。如五器，卒乃复。
>
> 五月，南巡守，至于南岳，如岱礼。
>
> 八月，西巡守，至于西岳，如初。
>
> 十有一月，朔巡守，至于北岳，如西礼。
>
> 归，格于艺祖，用特。五载一巡守，群后四朝。

岱宗，伪孔注："泰山，为四岳所宗，燔柴祭天告至。"[2]《史记·封禅书》一开头就说："自古受命帝王，曷尝不封禅？"举的第一个例证便是《尧典》此例，可见司马迁是有意将此例视作古之封禅遗存的。东汉初年的张纯，明确认定此处所云"至于岱宗，柴"乃"封禅之义也"。此后持此观点者不乏其人，如孙星衍，又如皮锡瑞亦认为"'至于岱宗，柴'即是封禅，今文义也"[3]；顾颉刚亦赞同此说，从而指出："至于封禅之事，在经典中惟《尧典》为详。……是封禅之根据在《尧典》明矣。"[4] 若果然如此，顾先生紧随其后

1　苏雪林：《封禅论——封禅究竟是怎么一回事》，《屈赋论丛》，武汉：武汉大学出版社，2007年，第265—266页。按：苏女士此说，同样可见于《屈原与〈九歌〉》篇七《大司命与死神》。
2　《尚书正义》卷三《舜典》，〔清〕阮元校刻：《十三经注疏》，第127页。
3　〔清〕皮锡瑞：《今文尚书考证》卷一，北京：中华书局，1989年，第55页。
4　顾颉刚：《尚书研究讲义·尧典著作时代考》（1931），《顾颉刚古史论文集》卷八，收入《顾颉刚全集》，第84—85页。

提出来的问题便立即凸现出来：汉儒司马相如作《封禅文》，兒宽作《封禅对》何以不举证此例，"在司马迁《史记》以前无一人引今之《尧典》者"。顾先生的目的自然是要由此推导出《尧典》之成书晚至汉武帝时代，不过由此也启发我们，此例所言"至于岱宗"与汉代所行的泰山封禅之间，尚有明显的区别。

若《尧典》的"至于岱宗"乃封泰山，那么依其文义此后同样要封南岳衡山，封西岳华山，封北岳恒山，可见登封并不限于泰山，这是区别于秦汉以后封禅的显著特征，由此也便触发学术界展开对封、禅本义及其史源的探索。孔颖达《毛诗正义》即曾进行过寻证，其言："聚土曰封，除地曰墠，变墠言禅，神之也。"[1] 就此，孙作云以来多位学者详做新证，而以杨英在贯通经史方面取得的成绩最为通达。她检出《周礼》文本内"封"字共十八见，比如《地官·大司徒》"制其畿疆而沟封之"的封，是指"起土，确定边界，植树之义"[2]，此乃封的初义。理解到这一步，可如章太炎般对其史源做如下之推想，"帝王治神州，设险守固，其封大山者，于《周礼》则沟封之典也。因大麓之阻，累土为高，以限戎马，其制比于蒙古之鄂博。是故封禅为武事，非为文事"。章说合乎逻辑。[3] 由聚土为封，引申出杨英所谓"起土为坛祭祀神灵"之义，如《春官·冢人》"以爵等为丘封之度与其树数"，《春官·肆师》"类造上帝，封于大神"等。同样，禅的本字为单、墠，指"在这种经过清整的平地上可进行祭祀或礼仪活动"，如《诗·郑风·东门之墠》"东门之墠，茹藘在阪"。又如《书·金縢》"公乃自以为功，为三坛同墠"，所指的"是在同一片'墠'上堆土为三座坛"，以祭祀先祖。从这个意

---

[1] 《毛诗正义》卷十九之二《周颂·时迈》，〔清〕阮元校刻：《十三经注疏》，第588页下。按："曰墠"，原作"曰禅"，今据校勘记改。

[2] 此段引杨英说，均可见于《"封禅"溯源及战国、汉初封禅说考》，《世界宗教研究》2015年第3期。

[3] 章太炎：《訄书·封禅》，徐复注：《訄书详注》，上海：上海古籍出版社，2000年，第341页。按：杨向奎斥章太炎说"出于想象，并无根据"，是苛求于前辈史家。参见《宗周社会与礼乐文明》，第202页。

义上说，封禅最初所指的便是"在山顶上祀天告成之礼"。用章太炎的话说，在以武力平定之后，"文之以祭天以肃其志，文之以祀后土以顺其礼，文之以秩群神以扬其职，是其示威也"。由此我们回观孔颖达的解释方案："封禅之见于经者，唯《大宗伯》云'王大封，则先告后土'以外，更无封文也；《礼器》云'因名山，升中于天，而凤皇降，龟龙假'，虽不言封，亦是封禅之事。"[1] 孔氏的本意正是从聚土为封到文之以祭天，然而《大宗伯》之"王大封"，孙诒让引郑玄说，乃谓"武王伐纣时，封诸臣有功者"，"与上经军礼大封为正邦国都鄙之封疆，事异而实相因"[2]；那么留下的唯有《礼器》"因名山，升中于天"一例，此句与《尧典》之义正相合，郑注曰："谓巡守至于方岳，燔柴祭天，告以诸侯之成功也。"郑说是。所谓名山，即大山，不一定指泰山。封禅在经文中的这一涵义，在司马迁《史记》中仍有用例，《卫将军骠骑列传》载元狩四年（前119）霍去病出征匈奴大胜，"封狼居胥山，禅于姑衍，登临翰海"，《匈奴列传》同。张守节正义："积土为坛于山上，封以祭天也；祭地曰禅。"《汉书·卫青霍去病传》钞之，颜师古注亦曰："积土增山曰封，为墠祭地曰禅也。"这一封山之例恰恰可见"封"的本义不是必须针对泰山，也不一定非要天子才可行。葛志毅反而说，"这对于帝王亲自封禅泰山常礼而言，乃是变例，……是封禅研究中值得关注之特例"[3]，显然是不明"封"在经文中的本义与史源所致。

《尧典》之登封五岳，又与巡狩之礼相辅相成，严格来讲可以视作巡狩完成的最后一个步骤。《礼记·王制》曾概括这一礼制设计的制度性框架："诸侯之于天子也，比年一小聘，三年一大聘，五年一朝。天子五年一巡守。岁二月，东巡守，至于岱宗。柴而望，祀山川。……五月南巡守，至于南岳，如东巡守之礼。八月西巡守，至于西岳，如南巡守之礼。十有一月北巡守，

---

1 《毛诗正义》卷十九之二《周颂·时迈》，〔清〕阮元校刻：《十三经注疏》，第588页下。按："皇"，原作"望"，今据校勘记改。
2 〔清〕孙诒让：《周礼正义》卷三五，第5册1418页。
3 葛志毅：《战国秦汉之际的受命改制思潮与封禅——对封禅礼形成的学术思想探源》，《学习与探索》2006年第5期，第148页。

至于北岳，如西巡守之礼。归，假于祖祢，用特。"相较而言，可知《王制》即刺取《尧典》之文而来，《史记·封禅书》谓汉文帝时"使博士诸生刺六经中作《王制》，谋议巡狩封禅事"，恐确有其事。而在制度的设计上，天子巡狩与诸侯朝聘相呼应，下朝报于上，上亦当检视于下。巡狩的内容，据《王制》所记包括："覲诸侯，问百年者就见之。命大师陈诗，以观民风。命市纳贾，以观民之所好恶、志淫好辟。命典礼，考时月，定日，同律、礼乐、制度、衣服，正之。山川神祇，有不举者为不敬，不敬者君削以地。宗庙有不顺者为不孝，不孝者君绌以爵。变礼易乐者为不从，不从者君流。革制度衣服者为畔，畔者君讨。有功德于民者，加地进律。"《尚书大传》所记略同，而为《白虎通》所引录。大体来说，采风、定律、考绩、黜陟、祀神，均归属于天子治国的职责范围，只有在所有这些完满地完成，所巡之地功成太平，乃得登封其域内之名山。因此，徐兴无认为："封禅说是对古巡狩礼的发挥与改造。……封禅为天下太平的隆祀，是巡狩礼的极至。"[1] 詹鄞鑫则从渊源上指出，"从本质上说，封禅起源于部落联盟时代的盟主（王）巡视邦国的制度"[2]，不是没有道理的。

结合以上两个方面，约略可以看到，在六经经文中封、禅分言，表示登山柴望，设坛而祭，封禅的这一本义又与巡狩最终完成以告天的仪节相汇合。由此造成的直接后果便是对于有些经文究竟界定为巡狩还是界定为封禅，经学家的意见颇为分歧。比如《诗·周颂·时迈》"时迈其邦，昊天其子之，实右序有周。薄言震之，莫不震叠。怀柔百神，及河乔岳，允王维后。明昭有周，式序在位"，便是周武王巡狩诸侯的颂歌。《诗序》曰："《时迈》，巡守告祭柴望也。"可是郑笺却说："巡守告祭者，天子巡行邦国，至于方岳之下而封禅也。"孔疏述其背景曰："《时迈》诗者，巡守、告祭、柴望之乐歌也。谓武王既定天下，而巡行其守土诸侯，至于方岳之下，乃作告至之祭，为柴望之礼。柴祭昊天，望祭山川，巡守而安祀百神，乃是王者盛

---

[1] 徐兴无：《谶纬文献与汉代文化构建》，第282—283页。
[2] 詹鄞鑫：《神灵与祭祀——中国传统宗教总论》，南京：江苏古籍出版社，1992年，第427页。

事。"[1] 孔颖达明确认可此诗言巡狩而祭山，是否封禅则未予肯定。同样的还有《周颂·般》，亦介于巡狩与封禅之间。诗曰："于皇时周，陟其高山，堕山乔岳，允犹翕河。敷天之下，裒时之对，时周之命。"《诗序》曰："《般》，巡守而祀四岳河海也。"毛传亦指明："高山，四岳也。"郑笺："巡守其所至则登其高山而祭之，望秩于山川。"孔疏述其背景曰："《般》诗者，巡守而祀四岳河海之乐歌也。谓武王既定天下，巡行诸侯所守之土，祭祀四岳河海之神，神皆飨其祭祀，降之福助。"[2] 传笺疏虽均未定性为封禅，然《白虎通》则明确将此诗认定为"言周太平封泰山也"[3]。其实这两例有被指认为封禅的可能，正是因为巡狩之后有封山祭神这一环节。同样的情况在《尚书》中亦有用例。如《书·周官》"惟周王抚万邦，巡侯甸。四征弗庭，绥厥兆民。六服群辟，罔不承德，归于宗周，董正治官"，则是周成王"政抚万国，巡行天下侯服、甸服"（伪孔传）的记载。[4] 何立平据此指出："从周初伊始，统治阶级就十分重视巡狩活动，并且巡狩作为王权统治形式和天子特权标志，已开始具有一种制度化的倾向。"[5] 这无疑是可以成立的。不过，《大戴礼记·保傅》却径称周成王"封泰山而禅梁甫，朝诸侯而一天下"，《管子·封禅》《史记·封禅书》等同大戴之说，如果从上述巡狩与封禅的关系来看，也未尝不可。从这个意义上来看，天亡簋所记载的"王有大丰，王凡三方，王祀于天室"者，与其如林沄等将之界定成是周初的一次封禅礼，也是如今所能见到的最早的封禅典礼[6]，而失载于经史典籍，不如依然宽泛地界定为登于山顶以柴于上帝，望祭山川，如此可与《诗》《书》所载者相印证，更能令人信服。

---

[1] 《毛诗正义》卷十九之二，〔清〕阮元校刻：《十三经注疏》，第588页下。
[2] 《毛诗正义》卷十九之四，〔清〕阮元校刻：《十三经注疏》，第605页。
[3] 〔清〕陈立：《白虎通疏证》卷六，第282—283页。
[4] 《尚书正义》卷十八，〔清〕阮元校刻：《十三经注疏》，第234页。
[5] 何立平：《巡狩与封禅：封建政治的文化轨迹》，济南：齐鲁书社，2002年，第37页。
[6] 参见林沄：《天亡簋"王祀于天室"新解》，《史学集刊》1993年第3期；郜可晶：《先秦两汉封禅研究》；杨英：《"封禅"溯源及战国、汉初封禅说考》，《世界宗教研究》2015年第3期。

天亡簋的"天室",不少学者认为即周初的明堂(或商之明堂),李学勤(1933—2019)曾说:"'天室'即祀天之所,徐同柏以至陈梦家先生说'天室……是祀天的明堂',实属恰当。"[1] 然而,林沄则为证"王祀于天室"之礼为封禅,刻意否定明堂说,转而求证天室为太室山,其实完全没有必要。要知明堂之起源,本即与封禅的本义有密切关系,张一兵专门研究明堂制度源流,指出:"'明堂'的发生是由于人群对各种神灵的崇拜,祭祀场所由扫地而祭的'墠',到封土而祭的'坛'。""伪古文《尚书·金縢》有'三坛同墠'之说,说明到了后来坛与墠才合为一体",这也便是明堂的前身。[2] 其实东汉后期蔡邕已辨明堂、清庙、太庙、太(天)室、太学、辟雍"异名而同事,其实一也"[3],阮元进一步申明"古人无多宫室,故祭天,祭祖,军礼,学礼,布月令,行政,朝诸侯,望星象,皆在乎是,故明堂、太庙、太学、灵台、灵沼,皆同一地,就事殊名"[4]。如此也便理解了何以《史记·封禅书》记载"泰山东北址,古时有明堂处",此恐即古帝王于泰山设坛柴望之处,故汉武帝在行封禅典礼之后欲重修明堂,便有公玉带上明堂图,"图中有一殿,四面无壁,以茅盖",马端临推论说"黄帝时无明堂则已,苟有之,则一殿无壁,盖以茅",公玉带此图"正太古俭朴之制"。[5] 武帝令于汶上据此图兴造,其旨在复古明矣。清人严杰《明堂解》从礼义上做出如下之区分:"镐京之明堂,是文王庙也;洛邑之明堂,是周公朝诸侯之地也;太山之明堂,是古天子巡狩朝诸侯之处也。"[6] 而封禅泰山之礼义,正从此第三种明堂中铸成。

---

1 李学勤:《"天亡"簋试释及有关推测》,《中国史研究》2009 年第 4 期。
2 张一兵:《明堂制度渊源考》,北京:人民出版社,2007 年,第 31、29 页。
3 《后汉书·祭祀志上》刘昭注补引蔡邕《明堂论》,第 11 册 3178 页。
4 〔清〕阮元:《阆问字堂集赠言》,收入〔清〕孙星衍:《问字堂集 岱南阁集》卷首,第 10 页。按:就太室、明堂、太庙等合一及其史源,尚可参王国维《明堂庙寝通考》(《观堂集林》卷三)、孙人和《左宦漫录·庙学明堂同地说》(《文史》第 2 辑,北京:中华书局,1963 年)、杨向奎《宗周社会与礼乐文明》三之二"信仰与迷信"(第 202—211 页)。
5 〔元〕马端临:《文献通考》卷七十三《郊社考六》,第 4 册 2251 页。
6 〔清〕严杰:《经义丛钞》卷十四,《清经解》第 178 种,收入〔清〕阮元、王先谦编:《清经解 清经解续编》,第 8 册 10768 页。

孙作云敏感地意识到"最早的明堂在泰山,且又与封禅有关,而封禅的禅（禪）就是坛,其原为桌石坟,则我想明堂就是封禅（禪）时所封的神坛,其先也是桌石坟"[1],亦旨在证二者史源相通。明乎此,或许经学中聚讼纷纭的明堂之制可以理出一条头绪来。王治心（1881—1968）辨析明堂的功能,"《大戴礼》也说：'明堂,天法也。'《御览》也说：'明堂者,天道之堂也。'故以昊天为首祀"[2],此正是古帝王巡狩以登封之义的留存,也即是秦汉以后欲通过封禅礼以期兴复者。

综上可知,封禅的本义在六经经文中有确凿的遗存,正好印证了宋永培（1945—2005）所说的,"能反映汉字古形、古音、古义体系之面貌的第一手语言材料,……保存在前闻与六经中"。[3] 只是到了战国之后,封禅的对象仅限于泰山,则是在六经时代并未出现的。

《封禅书》作为"八书"之一的制度设计

封禅在六经中的古义得到了一定的推导之后,我们要对封禅在国家制度构成中所处的位置和体现出来的功能进行适当的提炼,期待由点及面,深入理解中国古代礼仪的制度内涵。为避枝蔓,本篇选取《史记·封禅书》作为解析对象,来思考太史公视域中的封禅及其制度设计的着力点。

《史记》"八书"在制度史上具有开创性的历史意义,不仅形成了后来史志书写的深厚传统,而且"八书"本身的价值也得到历来史家的深刻认同。唐司马贞索隐明确指出："此之八书,记国家大体。"（《史记·礼书》篇名下）陈其泰释之曰,"即谓'八书'包涵的内容是当时人们心目中典章制度和社会生活中八个最主要的部分","是则,司马迁'八书'所载均为当时'国之大

---

[1] 孙作云：《泰山礼俗研究》上篇《封禅考》,《孙作云文集》第三卷《中国古代神话传说研究》（下）,第719页。
[2] 王治心：《中国宗教思想史大纲》（1933）,北京：商务印书馆,2015年,第51页。
[3] 宋永培：《说文汉字体系研究法》第二章第一节"汉字古形、古音、古义体系保存在前闻与六经中",南宁：广西教育出版社,1999年。

政'"。[1] 即使采张晏之说，谓现存《礼书》《乐书》《律书》(张指为《兵书》)等篇乃后人补缀，非出自司马迁之手[2]，也难以盖住诸如章太炎的已有论断，"史公所注意者，盖在《河渠》《平准》《封禅》三书耳"[3]。不管怎样，《封禅书》确实出自司马迁之手，且又充分体现出司马迁之用心。

司马迁之所以要在"八书"中设置《封禅书》，其本人在《太史公自序》中自曝其原委曰："受命而王，封禅之符罕用，用则万灵罔不禋祀。追本诸神名山大川礼，作《封禅书》第六。"可见此篇涵括"万灵"之祀，覆盖"诸神名山大川礼"。在《封禅书》末尾的"太史公曰"中，又说："余从巡祭天地诸神名山川而封禅焉。入寿宫侍祠神语，究观方士祠官之意，于是退而论次自古以来用事于鬼神者，具见其表里。"所谓"自古以来用事于鬼神者"，亦是此意。由此可以明确《封禅书》在内容上应该不限于登封泰山，更不是要写登封当时的"俎豆珪币之详，献酬之礼"这些有司职掌之仪。司马迁设置此篇，显然具有绝大的用心，我认为姚大力的概括得其大端，其云"司马迁要把《封禅书》写成一篇'自古以来用事于鬼神'的政治—社会文化史，而不想屑屑于典章制度的具体细节"，所要记载的是"直到汉代前期为止华北社会在……'用事于鬼神'等领域内的集体经验"[4]。可惜，对于这一"集体经验"的研究甚为欠缺，误解者却不乏其人。下文将《封禅书》全篇的结构离析成三个层次，略做揭橥。

其中第一层是对封禅古义的继承，对封禅在六经中含义的延展。《封禅书》开头即对《尧典》"五载一巡狩"之文全部迻录，作为"自古受命帝王"封禅的典范(见上文)。此后则历叙夏、殷至周以来各种祀事，直至齐桓公时管仲所云"古者封泰山禅梁父者七十二家"(出自《管子·封禅》)，又孔子亦传"封泰山禅乎梁父者七十余王矣"(出自《韩诗外传》)，此之所谓"七十二""七十

---

1 陈其泰：《〈史记〉"八书"历史编纂首创性价值析论》，《史学月刊》2015 年第 6 期，第 5—6 页。
2 张晏说见于《史记·太史公自序》末句下索隐所引。有关《史记》篇目的亡佚及现存本的来历，可详参余嘉锡：《太史公书亡篇考》，《余嘉锡文史论集》，长沙：岳麓书社，1997 年。
3 诸祖耿等记录：《章太炎国学讲演录·史学略说》，第 212 页。
4 姚大力：《司马迁和他的〈史记〉》，上海：复旦大学出版社，2016 年，第 167、150 页。

余",张守节正义把后人带上了歧路,他说除管子所举的十二家之外,"其六十家无纪录也",由此开启后人以考证不实而疑管子、孔子、司马迁所记,并连带着对他们所记的其他用心也一并忽略之。难怪孙作云要专门写一篇文章《释七十二》,来辨证"古人以七十二为虚数,犹三九之写虚数同,非实数的七十二"[1];其实,不如按孙星衍之说此"必三代时相传旧说",来得更显通达。所以问题不在"七十二"是否确数,管子等所要说的是登封泰山之礼渊源甚古。从《封禅书》追叙的这一段古史来看,司马迁首引《尧典》"类于上帝,禋于六宗,望山川,徧群神",此后又记夏、殷之际"淫德好神""慢神",周以来"郊祀""修社祀",秦"作西畤""作鄜畤""雍之诸祠"等,正是从聚土为封、除地为坛即禅的本义来着笔的。难怪杨向奎读了《封禅书》之后要说"封禅的原义也是通过封禅典礼以通于'天'"了。[2] 到了《管子》中,封于泰山、禅于梁父的学说方才成型,正如顾颉刚所指出的,泰山封禅说"是从齐国鼓吹起来的","齐国人的眼孔小,他们错认了泰山是世界上最高的山,以为它最能接近上帝"。[3] 据葛志毅的推测,"封禅泰山自应是以大国自居的齐地的政治宗教信仰。稷下学者收集整理了齐地的历史文化传说,托为齐桓公自比三代受命之君欲封禅泰山之事,制为《封禅》篇且列于稷下丛书《管子》"。[4] 不管怎么样,此后的封禅便固定地与齐国境内的泰山发生关系,其他天地山川等祭被摒弃于封禅说之外。这一学说在战国秦汉间传播甚广,而同样为司马迁所接受。难怪《封禅书》在引录《尧典》之前,冠于篇首有这样一段话,说"自古受命帝王,曷尝不封禅?盖有无其应而用事者矣,未有睹符瑞见而不臻乎泰山者也",应该是司马迁为突显篇旨而特意加上去的。由此不免造成此篇在结构上的第一重矛盾:一方面封禅必

---

[1] 孙作云:《泰山礼俗研究》附录二《释七十二》,《孙作云文集》第三卷《中国古代神话传说研究》(下),第840—842页。
[2] 杨向奎:《司马迁的历史哲学》,《绎史斋学术文集》,第133页。
[3] 顾颉刚:《周官辨非序》,《顾颉刚古史论文集》卷十一,收入《顾颉刚全集》,第402—403页。
[4] 葛志毅:《战国秦汉之际的受命改制思潮与封禅——对封禅礼形成的学术思想探源》,《学习与探索》2006年第5期,第142页。

于泰山，另一方面又详记其他各种祭祀。于是不免像《白虎通》那样，硬要解释"所以必于泰山何？万物之始，交代之处也"，后人沿着这一思路，更有做出如下臆测的："古人相信天和地的距离是一万五千里，泰山甚高，登上泰山，等于升天路程走了一半，再上天就容易多了。但最要紧的还是泰山处大地脐上，处地之正中，其上即为天门，所以想上天，泰山是最直捷的一条路。"[1] 显然属于强作解人，与经史传统的实际用例失之远矣。

司马迁本人是否意识到这一矛盾？我认为他不仅充分认识到，甚至在写作时刻意安排并利用了这一矛盾，由此构成了《封禅书》在结构上的第二层，也就是体现其政治哲学的核心层。在此篇之首我推测为后加的那一段，以极为精炼的话揭示出了封禅的礼义："每世之隆，则封禅答焉，及衰而息。"因此，并不是每一位皇帝（天子）都有资格行封禅礼，即使资格具备，也会因为各种阻碍而未必能真行此礼，即所谓"虽受命而功不至，至梁父矣而德不洽，洽矣而日有不暇给，是以即事用希"，必须达到"功至""德洽""暇给"，并且"符瑞见"，方具备行封禅礼的资格和条件。[2] 在司马迁笔下，舜、禹之后，只有到了"爰周德之洽维成王，成王之封禅则近之矣"，而此三帝正是后世帝王心目中明君的最高标准，由此封禅也便成为追求治国臻于最高理想的仪式标志。正是由于将唐虞之治、成康之治作为政治理念上的最高目标，后世帝王在现实中实际上是永远无法企及的。从政治哲学上讲，《礼记·礼运》篇的"大同"理想庶几可以对应，这是孔子所期冀而难以达到的："大道之行也，与三代之英，丘未之逮也，而有志焉。"在礼治的模式上，封禅就是这一政治理想的外化呈现，司马迁所要说明的是历史上很少有完成封禅的先例。由此反过来看，司马迁不惜笔墨详细论述的，其一是整个商代自汤至帝纣，"始未尝不肃祗，后稍怠慢也"，故终前后三十世，祭礼虽丰，然封禅之典则始终未行；其二便是管仲力阻齐桓公行封禅，其理据是："东海致比目之鱼，西海致比翼之鸟，然后物有不召而自至者十有五

---

[1] 苏雪林：《屈原与〈九歌〉》篇七《大司命与死神》，第339页。
[2] 参见阮芝生：《三司马与汉武帝封禅》，《台大历史学报》1996年第20期，第309—310页。

焉。今凤皇麒麟不来，嘉谷不生，而蓬蒿藜莠茂，鸱枭数至，而欲封禅，毋乃不可乎？"（《封禅书》）司马迁详载管仲劝止桓公行封禅，用意十分清楚，封禅作为国家制度设计之巅，可望而不可即，是在现实生活中无法达到的，处于无限延宕的状态，后人永远可以拿管仲的话来劝阻皇帝行封禅。正是在这个意义上，《封禅书》引孔子的话："或问禘之说，孔子曰：'不知。知禘之说，其于天下也视其掌。'"刘咸炘解释说："此孔子语断明郊禘之说即封禅也，此乃全篇要义。"[1] 刘先生的所谓"要义"，在我看来就是封禅在政治哲学上具有无限延宕的意义，在悬置的背后蕴入了国家治理的最高目标。后来纬书中对封禅礼义的阐发，直至《白虎通》对封禅的理论建构，是承继自《封禅书》的，由此也可见司马迁对封禅的制度设计符合当时社会的人心趋向。

明乎此，我们便可以知道何以司马迁愿意不惮其烦地写其他祭祀之礼，陈其泰分辨说："狭义的封禅，是封泰山，禅梁父。广义的封禅，则是祭祀天下名山大川。"[2] 其实属于广义的其他所有祭礼，均是在国家治理的每一个节点上的仪式标志，均是在治国取得一定成效后表达对天之敬，均是为了今后能封禅告太平功成而再接再厉的中间环节。可见司马迁在接受了齐地产生的封禅说之后，并没有舍弃封禅在六经中的古义，而是将两者糅合起来，从而完成了将封禅作为国家祭礼系统顶点的理论建构。在形式上，封禅代表着所有祭典中最高级别的一种，也就意味着皇帝（天子）一旦行得此礼，国家应当足够太平隆盛，社会应当趋于富庶满盛，那么治国者便可以自我标榜、自我懈怠了，这是司马迁不愿意看到的。明乎此，我们也便可以知道何以司马迁要说"封禅用希旷绝，莫知其礼仪"，而且在秦始皇"征从齐鲁之儒生博士七十人，至乎泰山下"，令议封禅仪节，可是"此议各乖异，难施用，由此绌儒生"。同样汉武帝令诸儒"草封禅仪"，"群儒既已不能辨明封禅事，

---

[1] 刘咸炘：《太史公书知意》，黄曙辉编校：《刘咸炘学术论集·史学编》，桂林：广西师范大学出版社，2007年，第68页。
[2] 陈其泰：《〈史记〉"八书"历史编纂首创性价值析论》，《史学月刊》2015年第6期，第9页。

又牵拘于《诗》《书》古文而不能骋"，进而激怒武帝，"尽罢诸儒不用"(《封禅书》)。其实根本的原因司马迁也已经告诉了我们，那就是凡现实中的君王均只可心向往之。封禅礼并不是帝王随便就可以付诸实现的，它是制度设计中的一个巅峰环节，主要的作用在引领、导向，故而司马迁明确地记载，皇帝若要强行将这一制度拉低，将会引发儒生的集体崩塌。在对待秦始皇、汉武帝两次封禅的态度上，司马迁之所以毫不客气地予以批斥和讽刺，正是因为他们破坏了封禅在国家制度设计上的功能意义。理解到这一步便可知，班固在《汉书》中将《封禅书》之名改成了《郊祀志》，虽然叙述的内容与司马迁大致重叠，但司马迁制度设计的用心便湮没了，难怪钱穆要说"其实讲法还是和太史公书差不多，只是题目变了，意义便别"[1]，不过钱先生并没有说明白两者之别究竟在哪里。班固的做法导致很多学者将封禅的意义等同于郊祀，近者如蒋庆研究祭礼的政治哲学，便认为"'郊天制度'是指皇帝带领群臣在京郊筑坛燔柴祭天，其目的是表明自己统治的合法性来自天，即来自超越神圣的最高权威"，又认为"古代帝王不远万里劳神伤财去名山大川'封禅'，就是想解决政治权力的超越合法性问题"。[2] 照此说法，封禅完全可以被南郊所取代，在制度上也便没有存在的必要了。

　　抽绎出了《封禅书》的第二层核心含义之后，便可以充分理解此篇的第三层，那就是客观地"实录"秦汉以来行祭礼的过程，以及伴随着祭礼背后国家治理的真实水平。司马迁说"论次自古以来用事于鬼神者，具见其表里"，所谓"具见其表里"，逯耀东释之曰："也就是叙述事实的真相，并讨论事实真相发生的原因"；实际上，"《史记》被视为谤书也由此而起"。[3] 一方面，《封禅书》记载了秦始皇、汉武帝强行封禅的私心，正如宋人叶适所谓的："至秦始封禅，而汉武因之，皆用方士之说，虚引黄帝而推于神仙变

---

[1] 钱穆：《中国史学名著》，第105页。
[2] 蒋庆：《王道政治的特质、历史与展望》，《广论政治儒学》，北京：东方出版社，2014年，第315、316页。按：其他很多学者的说法都大致同此，恕不详引。
[3] 逯耀东：《武帝封禅与〈封禅书〉》，《抑郁与超越：司马迁与汉武帝时代》，北京：生活·读书·新知三联书店，2008年，第155、156页。

诈，是以淫祀黩天也。"[1] 对此，司马迁的态度是非常明朗的，说"其礼颇采太祝之祀雍上帝所用"，可见其名实不符，最后还不忘犀利地画上句号："始皇封禅之后十二岁，秦亡。诸儒生疾秦焚诗书，诛僇文学，百姓怨其法，天下畔之，皆讹曰：'始皇上泰山，为暴风雨所击，不得封禅。'此岂所谓无其德而用事者邪？"他正是从秦始皇无视封禅作为国家法的法理来立论的，其一意孤行，轻率行之，百姓怨望，德不相称，由此亡国。那么对于汉武帝，司马迁同样认为其不识封禅的礼意，然有鉴于是"今上"，故以微讽笔调行文，如牛运震即谓"封禅求仙，秦皇、汉武事迹略同，太史公叙二君事多作遥对暗照之笔；盖武帝失德处，不便明加贬语，而借秦皇特特相形，正以见汉武无殊于秦皇也"。[2] 后世学者多不明此意，往往将司马迁斥讽秦皇、汉武私心之语，转嫁到作为制度的"封禅"身上，混淆两者，说出诸如"笔者则认为封禅原义，无非是帝王为其一己之私，祈求长生并且希望升天"的话。[3] 正是在这个意义上，我们说阮元的区分（见上文）是具有历史意义的。另一方面，《封禅书》在伴随着秦皇、汉武两次封禅典礼的同时，照样记载了其他大量相关事件，诸如"叙祠神、求仙、匈奴、河决、黄金、宝鼎、改正朔、建宫室等事"，很多史家亦不明其故，径自批判司马迁"支离曼衍，纽合牵附，则皆为封禅作衬染也"[4]，也是不明封禅礼意所致。《封禅书》的主体就是要记载国家治理的兴衰以及由祭礼系统所反映出来的得失，祭礼的仪式背后所透射出来的，正是在朝向封禅的过程中帝王及官僚们的不懈努力（当然也有过失）。其实，一旦把握住司马迁建构封禅的制度用心，在武帝行毕封禅礼的第二年，仅凭《封禅书》所记"是岁旱""决河"二事，便可见其态度如何

---

[1] 〔宋〕叶适：《习学记言序目》卷十九，北京：中华书局，1977年，第272页。按：叶氏却又云司马迁"亦知其非，不能论正，反傅会之"，可见亦未能理解迁书。
[2] 牛运震：《史记评注》卷四，西安：三秦出版社，2011年，第91页。按：阮芝生曾详细比较《封禅书》所记始皇帝、汉武帝封禅前后所行祭祀之事，认为两者"心同理同，所以其行事之轨迹有共同近似之处"。参见阮芝生：《三司马与汉武帝封禅》，《台大历史学报》1996年第20期，第314—323页。
[3] 苏雪林：《屈原与〈九歌〉》篇七《大司命与死神》，第340页。
[4] 牛运震：《史记评注》卷四，第90页。

了,更不用说其他记载多处均可彰显其心态。

经由以上三层对《封禅书》的解读,我们可以看出司马迁在礼治模式的思考上是具有卓越贡献的,后来汉代纬学将封禅之义杂糅并包,虽然太平功成乃得封禅的礼义没有被丢弃,但祭礼系统所透射出来的政治哲学整体则显然被淡化了。

作为国家法的封禅及其蝉蜕化

蒙文通尝有言:"井田、学校、封禅、巡狩、明堂诸端,正所谓'一王大法'者也。是皆所以救时政之弊,而冀以跻一世于隆平之域。"[1] 蒙先生对礼制所蕴之经义有独特的敏感度,他是从国家法的角度来解读封禅礼的先锋,也是较早将封禅与《礼记·礼运》联系起来思考的,他认为"尧舜禅让相当于大同","禅让说体现在礼制上就是封禅"[2],所有这些都具有开拓之功,对本篇的构思也起了相当的推助作用。不过,蒙先生的认识尚处于初步提出阶段,对于"一王大法"尚缺乏系统的论证。本篇就封禅礼的经学意旨及其在制度史上的政治哲学内涵进行了进一步的发掘和梳理。沿着这一思路,整个祭礼系统,乃至五礼系统,有必要进行再开发,由此庶几可从国家法的角度把握中国古代礼治模式的机理和特质。

此外,本篇的研究又延展出另外一项课题的紧迫性。当年阮元已明确做出区分,封禅作为制度设计是一回事,帝王在具体施行时的模样和流弊是另一回事,两者不可混淆。那么秦皇、汉武不顾诸儒的反对,强行封禅,蕴入其中的是个人的私心,这当然已遭到历代学者的斥责。不过,这一私心已然昭示着封禅礼的礼义内核发生变异,植入了不老登仙等皇帝个人目的。经由王莽到了东汉光武帝,司马迁《封禅书》中所构筑起来的制度设计用心被淡化得更加严重,司马彪《续汉志》清晰地揭橥出"世祖欲因孝武故封,实

---

[1] 蒙文通:《儒家政治思想之发展》,《经学抉原》,第172页。
[2] 蒙文通:《孔子和今文学》,《经学抉原》,第240、241页。

继祖宗之道也"[1]，祖宗，即汉武帝，可见光武帝借用封禅以上继汉武帝正统的用心已大大压倒了其他一切。此后唐高宗之封禅，据雷闻研究，又填入了新的用心，即建立道教为其政权正当性的支柱[2]，武则天、唐玄宗、宋真宗所举行的封禅礼，同样各怀鬼胎[3]。如此看来，作为国家法意义上的封禅，已徒有其壳，完全走向形式化，内核被蒸发甚至被抽离，典礼施行背后填入其中的，其实是当朝帝王个人的私心与目的。我们将礼制史上出现的这一变化称为"礼仪的蝉蜕化"。汉唐时期的封禅礼，与羽化后脱落下来的蝉壳性质几同，其形虽仍与蝉同，而实已全变，封禅到了唐宋以后，虽名之为封禅，实已面目全非，是蝉蜕化的典型。其他典礼，亦有与封禅相类似者。由此往下，礼制史的研究有待开拓出一片新的研究领域。

---

[1] 《续汉书·祭祀志下》，《后汉书》，第 11 册 3205 页。
[2] 雷闻：《郊庙之外——隋唐国家祭祀与宗教》第二章第二节之"唐高宗封禅大礼中的道教因素"，北京：生活·读书·新知三联书店，2009 年。
[3] 对此，学术界已有一定的研究，可参阅周善策：《封禅礼与唐代前半期吉礼的变革》，《历史研究》2015 年第 6 期；张维玲：《宋太宗、真宗时期的致太平封禅》，《清华学报（台北）》2011 年第 43 卷第 3 期。

卷三

兴于礼义

引 言

礼治的研究，立足于典礼与制度，固然是题中之要义，然礼的五项基本原则——"时为大，顺次之，体次之，宜次之，称次之"(《礼记·礼器》)，需时刻坚守，其中"时"又为第一原则。所谓"时"，就是因革损益，就是与时俱进，就是"毋意，毋必，毋固，毋我"(《论语·子罕》)。张祥龙说："不懂'时'，中国古代的历史从哲理角度你就根本没进去，而恰恰讲中国哲学史的，以前都忽略它。"[1] 何止哲学史，制度史、政治史、礼学史的研究，要时刻高举这面"时为大"的不朽大纛，同样殊非易事。

东晋刘宋之际的范泰，便是因为墨守旧礼教的余绪，而被势不可挡的新时代狠狠锤击，最终彻底淹没在汹涌的时代浪潮中的一位典型儒家士大夫。魏晋至唐宋之间，中国社会与制度在整体上发生了结构性变迁，《史记》"八书"以"礼乐"为首，到《通典》"八门"以"食货"为首的撰作架构调整，可以看作是这一变迁的标志。正所谓"民必有食货而后可兴于礼义"(《宋史·食货志上》)，社会风俗、民生日用无不在礼学家的视域之内，坐姿即是其中一个细微的切口。以坐姿为标准，秦汉以前可称为"跪坐时代"，唐宋以后则为"桌椅时代"，处于这一转变中间状态的典型特征是"踞坐"的出现。踞坐胡床，魏晋以后已逐渐进入日常生活，如今有大量文献与图像可为明证，比如《北齐校书图》(宋摹本)中便有"一人坐胡床"的坐姿。然而在礼教主义者的观念中，按照膝盖/脚底是否着地为标准，构成了"跪—跪坐—跏趺"和"蹲—箕踞—踞坐"两大系列，前者属于周代以来相延的合乎礼教

---

[1] 张祥龙：《〈尚书·尧典〉解说：以时、孝为源的正治》，北京：生活·读书·新知三联书店，2015年，第42页。

的正座，蹲踞一系被斥为不合华夏礼俗。范泰为首的士大夫，强烈反对祗洹寺内的僧侣踞坐而斋食，由此引发"踞食之争"，波及刘宋政局。然而"范泰们"哪里能晓得，旧礼教的时代早在魏晋之际就迸发出了难以修复的裂口，又经了佛教等外来文明的猛烈冲击，已无可挽回地处于谢幕之刻。

南朝齐梁时期的另一位士大夫何佟之，则顺应了时势而在汉晋以来礼制新建、成型直至成熟的过程中发挥出了砥柱的作用，完成了一项名垂千古的修礼大业，从而成为南朝经学的一颗耀眼明星。汉唐之间礼典的高峰之作——齐梁《五礼仪注》的修纂，从最初草创直至担任总参，何佟之均付出了极大心血，梁礼可谓成于其手，也濡染上了其挥之不去的色彩。梁礼又为《大唐开元礼》的臻于顶峰，铺垫了厚实的基础。齐梁之际修礼、议礼的过程，展现出了何佟之精湛的经学修养，显现出其对礼意的深刻把握和对经义的灵活运用，他通经治国的学术理想得以实现。何佟之的背后，则是庐江何氏家族两百五十余年九世传经的丰厚积累，梁礼的修成，也使庐江何氏家族永垂于学林，构成六朝以来学术家门化的一大标志。通经之士往往多精于礼学，成为六朝经学的显著特征之一。

范泰与何佟之的两例个案，一反一正，昭示了礼治的生命力在于不断激发其中"生动活泼的东西""前进的东西""革命的东西"，弘扬并光大之；果断地抛弃"死硬的东西""后退的东西""阻碍革命的东西"，"把孔夫子的一套当作宗教教条一样强迫人民信奉"[1]，终究成不了救命的稻草。从这个意义上说，泥于古礼与礼学的第一原则大相背，这个"古"，在秦汉则周为古，在魏晋则汉为古，在南宋则北宋实已为古。礼治的研究，应当充分关注社会的结构、制度的流变与人物的进退，在因与革、变与不变的动态矛盾中方能抓住"兴于礼义"的真谛。当年是那么"生动活泼的东西"，赞誉之声还萦绕在耳边，死硬化的端倪已经冷不丁地冒出尖来，新教条很快就会猝不及防地蔓延成片。

---

[1] 毛泽东：《反对党八股》，《毛泽东选集》第3卷，北京：人民出版社，1991年，第831页。

如若不信，我们还可以沿着两项礼制的发展路线做进一步观察。周代由乡大夫亲自主持的乡饮酒礼，是西周春秋以来乡治精神的高度凝结，是乡里官民会聚的公共空间。乡治是相对于自上而下的天子、诸侯分封制的另外一条路径，是一种由下而上的社会自发组织模式。然而秦汉以来，地方社会组织模式已发生根本性的变动，两汉以来逐渐重建的所谓"乡饮酒礼"，虽然仍沿用了古礼的名称与躯壳，其礼义的内核已渐为养老尚齿所寄居，至隋唐以后再一次被乡贡尊贤所占据。乡饮酒礼就像鹊巢之被鸠居，同用一个名称，但礼义已发生置换，这一演变可称之为"礼仪的鸠占化"。对此，包括段玉裁在内的很多学者均未看透鹊巢内悄然发生的这一变化，长期以来产生了诸多误解。明清以降，尊长、尚齿的礼义又与中央集权进一步共振，乡礼的内核再度变质。

　　祭祖的制度变迁模式，则与乡礼相异。周代祭祖礼以诚敬作为全部礼义的内核，在仪节的铺展中构成了斋戒、缤神、交接、血食、合族五层礼义，礼仪的中心人物主人与"尸"，与宾，自祭日前三天即进入斋戒，由内而外每一步言行举止，从祭品的供奉到彼此的交接，均呈现在每一位参与礼典人员的面前，因观摩而被效仿，诚敬的礼义往外辐射，渐次濡染到行礼现场的每一位宗人。秦汉以后，随着立尸之仪逐渐废弃，祭礼发生系统性变迁，原以祭祖为主轴逐渐让位给以皇帝祭天为主轴。同时，祭祖礼的礼仪结构开始松散，佛教等因素大量渗入，尤其是在民间社会，出现了神主、焚香、素食、斋会、烧纸等新兴仪节。仪节的新变，透射出祭祖礼的礼义内核已由早期的诚敬，逐渐让渡给了求报，因果报应观成为民间祭祀的礼义核心。宋元之后，三教互渗越来越深入，戴着儒家大帽子的各类祭礼，实际上已经"三教合一"，成为一个不纯的大杂烩，杨庆堃称之为"弥漫性宗教"(diffused religion)。[1] 而恰恰是这样一种被儒生与僧侣共同鄙斥为杂糅、世俗化、功利化的民间宗教，赢得了数量庞大的民众支持，获得了广阔的社会根基，在

---

[1] 杨庆堃：《中国社会中的宗教》，范丽珠译，成都：四川人民出版社，2016年，第17页。

数百年的波折动荡中绵延传承至今,不像纯粹的儒家早已成为无处着落的"游魂"。

  孔子的伟大,正是因为他是"圣之时者"(《孟子·万章下》),鲁迅将其翻译为"摩登圣人"[1],芬格莱特(Herbert Fingarette)说,应"把孔子看做一个伟大的文化革新者"[2]。不摩登,不革新,要想得礼治的精义,难哉!

---

[1] 鲁迅:《在现代中国的孔夫子》,《且介亭杂文二集》,收入《鲁迅全集》第6卷,北京:人民文学出版社,2005年,第326页。

[2] [美]芬格莱特:《孔子:即凡而圣》,彭国翔、张华译,南京:江苏人民出版社,2010年,第53页。

九、魏晋以降的礼俗与观念变迁

考察社会礼俗的历史变迁，当走进古人的日常生活起居，但由于时空的隔绝，再加上史书的写作往往记"变"不记"常"，因此历史上能够留存下来的图像资料就显示出弥足珍贵的价值。美国波士顿美术馆所藏《北齐校书图》(宋摹本)，便是留存至今、呈现中古时期文人日常生活画面的佳构之一。

《北齐校书图》中的五人坐姿

《北齐校书图》的画面内容可与《北齐书·文苑列传》载文宣帝高洋天保七年(556)下诏校定群书之事相印证，其时樊逊与高乾和、马敬德、许散愁、韩同宝、傅怀德、古道子、李汉子、鲍长暄、景孙、王九元、周子深等十二人同在尚书省校刊"五经诸史"，樊逊建议可向当时"多书之家，请牒借本参校得失"，于是共借得别本三千余卷[1]，可谓一时盛况。

北宋时黄庭坚(1045—1105)所见的《北齐校书图》，图中所绘士大夫刚好是十二人，黄氏题跋曰：

> 唐右相阎君粉本《北齐校书图》，士大夫十二员，执事者十三人。坐榻胡床四，书卷笔砚二十二，投壶一，琴二，懒几三，搘颐一，酒榼、果榼十五。一人坐胡床，脱帽，方落笔，左右侍者六人，似书省中官长。四人共一榻，陈饮具，其一下笔疾书，其一把笔若有所营构，其

---

[1] 《北齐书》卷四十五《文苑列传》，北京：中华书局，1972年，第614页。

一欲逃酒，为一同舍挽留之，且使侍者着靴。两榻对设，坐着七人……[1]

黄庭坚说他所见阎立本的粉本有"士大夫十二员"，其中四人"坐榻""一人坐胡床"的细节描述与波士顿美术馆藏本高度一致，唯最后"两榻对设，坐着七人……"的描述，今存本未见，也就是说波士顿美术馆藏本《校书图》中只有士大夫五人。今存本卷尾有范成大（1126—1193）的跋语，称"尚欠对榻七人，当是逸去其半也"，可知与黄庭坚同时稍晚些的范成大所见本，就已没有另外的七人，所以范氏推测说"逸去其半"。据金维诺考证，范说不确，"黄、范二人所见并非同一幅画。有关记载说明，该图在宋代已有数本。……尽管诸本各有不同，或设色，或白描，或'长官文士十二员'，或'长官文士只五员'，其表现校书主题则是一致的，甚至主要人物的布局描绘亦颇相类，所以原本当出于一人手稿"[2]。也就是说黄、范二人所见本，当出自同一个祖本。按黄伯思（1079—1118）题跋所采宋敏求（1019—1079）之说[3]，祖本出自北齐画家杨子华之手。

杨子华是北齐著名宫廷画家，官至直阁将军，员外散骑常侍，"世祖重之，使居禁中，天下号为'画圣'，非有诏不得与外人画"[4]。世祖，即北齐武成帝高湛，乃文宣帝高洋之弟，561 年即位。杨子华善画宫内文士，在文宣帝天保年间即已深受高湛器重，其所绘《北齐校书图》应当是他亲眼所见当年校书盛况之留影。唐宋以后因此图画艺精湛，故不乏摹本，虽然技法上或许达不到杨子华原本的水平，但画面中的人物起居应当如实反映北齐年间文

---

1 〔宋〕黄庭坚：《题校书图后》，屠友祥校注：《山谷题跋》卷三，上海：上海远东出版社，1999 年，第 67 页。
2 金维诺：《〈捣练图〉与〈北齐校书图〉——欧美访问散记之二》，《中国美术史论集》上册，哈尔滨：黑龙江美术出版社，2004 年，第 290 页。
3 黄伯思《跋北齐勘书图后》云："仆顷岁尝见此图别本，虽未见画者主名，特观其人物衣冠华房相杂，意后魏北齐间人作。及在洛见王氏本，题云《北齐勘书图》，又见宋公次道书，始知为杨子画。……今观此本，益知北土人物明甚，则知于子华之迹为无疑。"《东观余论》卷下，北京：人民美术出版社，2010 年，第 158 页。
4 〔唐〕张彦远：《历代名画记》卷八，北京：人民美术出版社，2004 年，第 156 页。

士在宫内的生活样态，这一点是可以确定的。因此，黄庭坚所见的阎立本粉本（含十二文士）与范成大所见的另一宋摹本（即今存本，含五文士），当均出自杨子华的祖本。

图2 《北齐校书图》"四人共一榻"（局部）

今存《校书图》中落座的五人，应当正是奉诏参与校书的十二人中之五。其中位居画面中央的是四人共坐一榻，榻上摆有各种陈设，可见当时文人生活之日常（参见图2）。其中一位正欲下榻离席而垂腿坐于榻边，一侍者在为其穿靴，可见坐在榻上时需脱鞋，光脚上榻。画面中另一位抚琴者，想要转身去挽留下榻者，正牵拉其腰带，无意中便露出其裙裳下的半只光脚，由此也可见四人在榻上原本均盘腿而坐，裙裳覆其两膝之间。由把笔正在端凝的那一位两腿膝盖间裙裳的皱纹样态，亦可证其坐姿绝非汉代以前席地而坐的跪坐之态，而是双脚交盘，故纸张可置于两膝盖间的裳面之上。此图中榻的形制，已较此前很多史料显现仅供一人坐者要宽大许多，可供四人坐憩。黄庭坚所见另一半对榻可供七人坐，那么形制更为宽大，榻已逐渐与睡眠用的床趋同。难怪有学者指出，"人们对床、榻的概念，实际早在魏晋南北朝时就已有模糊的趋势","宋代榻非常宽大,榻就是床,床、榻不分"[1],那么此图的榻制,显然介于魏晋(一人坐)与宋(同于床)之间。唐宋以来颇有"榻床"二字同义连用成词者,如唐人张籍的诗"出则连辔驰,寝则对榻床"[2],宋人洪迈《夷坚志》亦有"明旦起,枕席及蹋床上"云云[3],蹋,同榻。由此可推断,黄庭坚题跋中所谓的"坐榻胡床四"中的"胡"字恐系衍文,当作"坐榻床四",这才契合画面中所绘四人校书的实景。何以会衍出一"胡"字?恐当是蒙下"胡床"之"胡"字而不小心添入,当属抄手率尔偶误。

画面中的另一重心便是"一人坐胡床",身着红衣长袍,侍者六人陪侧,尤其是一男侍站于其面前,弓腰为之展卷(参见图2)。红衣士大夫所坐的"胡床",较为矮小、简陋,支撑足仅是两边各两根横木,斜向交叉,类似于今天轻便的折叠凳(即马扎儿),显然是一种为便于携带而设计的轻便坐具(参见图3)。据尚秉和考证,"胡床,今名马架,亦名麻榨。因以麻绳连缀木上,可合可张,取携最便,胡出门者恒携之。……盖胡床中缀一绳,用则张之,不用则合,或佩于鞍马,或挂于车辕,且可挂于壁"[4]。后来孙机从陕西三原焦村发掘的唐初淮安靖王李寿墓石椁内壁线刻《侍女图》证实,第17、33图中侍女手臂胯间所持"X"形器,就是折叠后随身携带的胡床。[5] 暨远志收集了图像中的各种胡床,进一步证实胡床的多种用途,并且指出这一灵活移动的特征非本土所有,而是"源出于古代埃及、西亚",故而前面冠以"胡"字。[6] 可见胡床与榻床的差异,榻床只能放置在室内,是一种正式的坐具,可简称"床"或"榻";胡床则是一种临时陈设的坐具,可随身携带。

---

1 杨森:《敦煌壁画家具图像研究》第一章,北京:民族出版社,2010年,第65—67页。
2 〔唐〕张籍:《祭退之》,徐礼节、余恕诚:《张籍集系年校注》卷七,北京:中华书局,2011年,第913页。
3 〔宋〕洪迈:《夷坚志·丁志》卷三"海门盐场"条,北京:中华书局,2006年,第560页。
4 尚秉和:《历代社会风俗事物考》(1938)卷二十三"胡床考"条,北京:中国书店,2001年,第279页。
5 孙机:《唐·李寿石椁线刻〈侍女图〉、〈乐舞图〉散记》,《中国圣火:中国古文物与东西文化交流中的若干问题》,沈阳:辽宁教育出版社,1996年,第200、201、211页。
6 暨远志:《胡床杂考——敦煌壁画家具研究之三》,《考古与文物》2004年第4期,第76、79页。

图3 《北齐校书图》"一人坐胡床"（局部）　　图4 "一人坐胡床"线图（金龠绘）

暨远志同时还指出："胡床（交床）虽然轻便，但在隋唐时代（主要是中晚唐以前）仍不登大雅之堂。唐人室内仍以厚重而位置固定的床为主要坐具，而且仍有跪坐的习惯。"[1] 此说显然忽视了《北齐校书图》。由《校书图》可清晰地看到北朝皇室儒生们的两种常见坐姿，即坐于榻上和坐于胡床，虽然可供四人共坐的榻，正可以隶入暨先生所说的"厚重而位置固定的床"，但这两种坐姿，却均与汉代以前常见的席地跪坐大不相同。坐于榻上，如图中那位凝视者和抚琴者，显然是脱鞋盘腿而坐。坐于胡床，杨泓指出"坐的姿势与中国古代传统的坐法不同，不是席地或是在床上那种双足后屈的方式，而是'据'即'踞'，也就是下垂双腿，双足着地"[2]。从《校书图》中这位坐者来看，其坐姿与杨先生所说相合，因胡床的高度一般较小腿低矮，从图中坐

---

[1] 暨远志：《胡床杂考——敦煌壁画家具研究之三》，《考古与文物》2004年第4期，第77页。
[2] 杨泓：《胡床》，孙机、杨泓：《文物丛谈》，北京：文物出版社，1991年，第255页。

者的身形来看，小腿下垂而又略伸向前，上身也就随之略前倾，正是今天常见的那种坐在小板凳上的姿态。既然这是坐在一种便于携带的坐具上，显然不是非常端庄正式的坐法。我们从图3可见，坐在胡床上书写，需要一位侍者为书写者展开并一直托着书卷，这种书写姿势既不平稳，也难以持久，应当是一种临时做法。那么，是否图中榻上四人的地位较高，踞坐胡床的那位地位较低呢？由黄庭坚说围绕在坐胡床者身边"左右侍者六人，似书省中官长"这一点来看，榻上四人和坐胡床一人的身份不具有显著的高低差别。可见，《校书图》中这一踞坐胡床的姿态背后，还隐含着我们不太清楚、尚未被发掘出来的另外一层历史内涵。

要知"踞坐"这一坐姿，在556年的北齐已被儒生士大夫普遍接受，可是在426年的南朝刘宋时期，却曾因士大夫的激烈反对，引发过一场重大的政治事件。

踞食：一种坐姿成为政治事件

南朝建康（今江苏南京）有一座名寺祇洹寺，其中僧侣们踞坐而斋食，这一坐姿遭到寺庙修建者范泰（355—428）的强烈反对，由此引发一场踞食之争，在王公大臣群体中掀起巨大反响，最终连宋文帝也被拉进旋涡，故有学者将其视为与刘宋初期政局密切关联的"一次政治斗争"。[1] 佛教史上也将踞食与袒服、沙门不拜王者等，看作是佛教戒律传入中国所遭遇到的几次最剧烈的论争。

《弘明集》卷十二收录了南朝宋时郑鲜之（字道子）的《与禅师书论踞食》和范泰的《与王司徒诸人书论道人踞食》《答义公》《范伯伦与生、观二法师书》《论踞食表》《重表》、又《重表》[2]，及《释慧义答范伯伦书》、宋文

---

[1] 王磊：《踞食论争与刘宋初期的政局》，《中山大学学报》2015年第5期。
[2] 范泰的这六篇文章，也被收入严可均《全上古三代秦汉三国六朝文》之《全宋文》卷十五，标题分别作《论沙门踞食表》（三首）、《与司徒王弘诸公书论道人踞食》《答释慧义书》《与竺道生释慧观书论踞食》，北京：中华书局，1958年影印，第3册2515—2518页。

帝《诏》等相关原始资料。其中范泰对这个问题的发难无疑是重点，他的三书三表构成"踞食之争"的核心文本。

范泰，出身于南阳范氏家族，在东晋南朝以经史研究著称学林。其父范宁，一代著名经学家，免官后，"家于丹杨，犹勤经学，终年不辍"（《晋书·范汪列传》），有《春秋穀梁传集解》存于世。其子范晔，"少好学，博涉经史，善为文章，能隶书，晓音律"（《宋书·范晔列传》），正是今传《后汉书》的作者。故范泰在东晋即为太学博士，徙为太常，刘宋时官任金紫光禄大夫、国子祭酒。然而，范泰并非一味沉迷于儒学，对当时传入中国的佛学新思潮兴趣浓厚，《宋书·范泰列传》称其"暮年事佛甚精，于宅西立祇洹精舍"，《高僧传》明确交代"宋永初元年车骑范泰立祇洹寺，以〔慧〕义德为物宗，固请经始"。[1] 今从范泰上表论踞食言及他自身"少信大法，积习善性，颇闻余论，仿佛玄宗"，"臣事久谢，生涂已尽，区区在心，唯来世而已"[2]，吉川忠夫得出，"范泰也从年轻时就是佛教的信徒，而且关于佛教，他也似乎积累了相当多的钻研"，"到了老年，范泰的心似乎越发地被佛教俘虏了"的结论，而且，"作为祇洹寺的檀越的他，以宛如对待自己的孩子成长一样地喜爱和看护着这个寺院的发展"[3]。可见范泰在东晋南朝是一个典型的儒佛双修型士大夫。

元嘉三年（426），范泰在与司徒王弘诸公的书信中首先提出对踞食的意见，逻辑鲜明地陈述了他的主张：

> 今之沙门，坐有二法，昔之祇洹，似当不然。据今外国，言语不同，用舍亦异；圣人随俗制法，因方鸿教，尚不变其言，何必苦同其制？但一国不宜有二，一堂宁可不同。而今各信偏见，自是非彼，不寻

---

[1] 〔梁〕慧皎：《高僧传》卷七《慧义传》，北京：中华书局，1992年，第266页。
[2] 〔晋〕范泰：《论踞食表》《重表》，李小荣：《弘明集校笺》卷十二，上海：上海古籍出版社，2013年，第656、659页。
[3] 〔日〕吉川忠夫：《六朝精神史研究》第四章，王启发译，南京：江苏人民出版社，2012年，第118、119页。

制作之意，唯以雷同为美；镇之无主，遂至于此……树王六年，以致正觉，始明玄宗，自敷高座，皆结跏趺坐，不偏踞也。坐禅取定，义不夷俟。踞食之美，在乎食不求饱，此皆一国偏法，非天下通制。[1]

范泰指出当时寺庙中出现"坐有二法"，其一是"结跏趺坐"，也就是我们常见的盘膝而坐，脚面朝上，是禅定的僧侣常规的正式坐姿，简称跏坐；其二就是"偏踞""踞食"。而且，在祇洹寺刚建立的永初元年（420）并非如此，可见"踞食"进入祇洹寺正是在420年至426年之间。《高僧传》说祇洹寺建成后，"西域名僧多投止此寺，或传译经典，或训授禅法"[2]，与此处范泰所云"一国偏法"相印证，可知踞食之法应当是印度的旧俗，经由西域来华僧人传入南朝政治中心建康。范泰对于这一新传入的坐姿进入他所捐资兴建的祇洹寺，显然无法接受，他认为祇洹寺应该延续旧式，采用跏坐，杜绝踞食之法。可是祇洹寺的僧徒们，对范泰之说却并不以为然，以住持慧义牵头五十人联名回信范泰表示反对，他们坚持采用跏趺（即方坐）、踞食（即偏食）二法并行，说"此寺受持《僧祇律》为日已久，且律有明文，说偏食法凡八议"，这些都是"偏食之明证"，又说范泰"既无经律为证，而忽欲改易佛法，此非小事"，"戒律是沙门之秘法，自非国主，不得预闻"。[3] 由此将身为居士的范泰所提出的理由，摒除在佛教戒律、仪轨的考虑范畴之外。

对于慧义驳斥范泰的理据，吉川忠夫曾做出如下的解释：

法显从中天竺带回来的梵本《摩诃僧祇律》，是由住在建康道场寺的佛驮跋陀罗翻译出来的。其翻译工作是从义熙十二年（416）十一月开始，到十四年二月结束的。祇洹寺的慧义等50个僧侣，就接受了传入

---

[1]〔晋〕范泰：《与王司徒诸人书论道人踞食》，李小荣：《弘明集校笺》卷十二，第647—648页。
[2]〔梁〕慧皎：《高僧传》卷七《慧义传》，第266页。
[3]〔晋〕慧义：《释慧义答范伯伦书》，李小荣：《弘明集校笺》卷十二，第652页。

不久的这一僧祇律。而且,其中包含着与按照中国式的正座(或方坐、端坐)的饮食做法不同,而是以被称做踞食(或偏食)的印度式的踞坐(或偏坐、企坐)来取食的做法。可以认为,被记载为"西域名僧多投止此寺,或传译经典,或训授禅法"的祇洹寺,是个很容易接受原本为外国习俗的有着异国环境的地方。[1]

印度佛教戒律《摩诃僧祇律》在东晋末年甫一传入中国,祇洹寺修立后,就因其对外开放度较高,较早地接受了这一戒律,故而在用斋时的坐姿上显示出与当时其他寺庙大相径庭之处,即采用"印度式的踞坐"。纪志昌、陈志远等均将慧义的信对照《摩诃僧祇律》,虽未能检得慧义所说的"偏食法凡八议",但律中确有关于食时踞坐的记载。[2] 在唐初义净所撰的《南海寄归内法传》中,对"食坐小床"有明确规定:"西方僧众将食之时,必须人人净洗手足,各各别踞小床。……双足蹋地,前置盘盂。……未曾见有于大床上跏坐食者。"[3] 可见祇洹寺内所采用的踞食之法,确实是从印度传入的佛教仪轨,慧义说"律有明文",并非虚言。而且,《南海寄归内法传》还指出了另外一个事实:"即如连坐跏趺,排膝而食,斯非本法,幸可知之。闻夫佛法初来,僧食悉皆踞坐,至乎晋代,此事方讹。自兹已后,跏坐而食。"[4] 按义净之说,范泰期待返回到"跏坐而食",其实是晋代中国佛寺误用之法,慧义等五十僧侣的看法显然与义净相同,认为"斯非本法",又不合戒律,理应废止。

范泰何以如此坚决反对僧徒踞食?陈志远认为,"无论方坐还是偏坐,都不是中土固有的坐法","范泰要改偏从方,是因为看到进食之时,僧众

---

1 [日]吉川忠夫:《六朝精神史研究》第四章《关于踞食论争》,王启发译,第120页。
2 纪志昌:《南朝"踞食论议"所反映儒、佛交涉的理论思维与文化意涵》,《台大文史哲学报》2012年第76期,第83页;陈志远:《宋初祇洹寺踞食论争考》,《六朝佛教史研究论集》,台北:博扬文化事业有限公司,2020年,第303页。
3 王邦维:《南海寄归内法传校注》卷一,北京:中华书局,2020年,第38页。
4 王邦维:《南海寄归内法传校注》卷一,第39页。

的坐法不能统一，因而希望改为佛教修行中更为普遍的结跏趺坐"，也就是说"范泰作为虔诚的佛教徒和寺院的檀越，追求的是僧制的统一、僧团的和合，而不是'以夏变夷'"。[1]此说不确。如果仅是为了僧制统一的目的，在收到慧义等五十位僧侣联名致信、知晓了踞食"律有明文"之后，范泰的立场应当转向统一到踞食这一边。可是，范泰在收到此信后，不仅回信严词反驳，并致信竺道生、释慧观两位高僧寻求襄助，更是最终接连三度上表宋文帝，盼其主持公道。难怪有学者要推测说，"踞食论争是范泰对慧义发动的一次政治斗争，他希望以此压制慧义，迫使慧义屈服"[2]了。可是慧义正是范泰作为大檀越的祇洹寺住持，两人在宋初关系密切，即使此时有所嫌隙，范泰对慧义如此连翻发难，最终必定在政治上牵连到自己。更为重要的是，我们反观范泰书信、上表中所明确提出的反对踞食的理由，一是跟慧义说"华夏本不偏企，则聚骨交胫之律，故可得而略"，希望如放弃印度用手抓食之俗一样，放弃印度式的踞食；二是对宋文帝说"外国风俗不同，言论亦异"，不应"胶柱守株"，而应当"因事制诫，随俗变法"；三是搬出"先朝旧事"，说"江左中兴，高座来游，爱乐华夏，不言此制"，"释公（指道安）信道最笃，不苦其节，思而不改，容有其旨"，"罗什（指鸠摩罗什）卓荦不羁，不正不测，落发而不偏踞"，"东安（指慧严主持的东安寺）众集，果不偏食"。[3]由此可以清晰地看出，范泰要反对的不是踞食的不合戒律，更不是要发动政治斗争，而是不能容忍不合华夏礼俗的踞食这一坐姿，在他所捐建的祇洹寺内大行其道。

踞坐，与华夏礼俗常见的跪坐有多大的区别？尚秉和曾考证各种坐姿，认为"据（踞）者，垂腿向前，即今之坐也"[4]，陈志远也认为"佛教语境中的'偏踞'（及其同义词'偏企''偏坐''企踞'），都是指臀部坐在较高的坐具上，双脚下

---

[1] 陈志远：《宋初祇洹寺踞食论争考》，《六朝佛教史研究论集》，第305—306页。
[2] 王磊：《踞食论争与刘宋初期的政局》，《中山大学学报》2015年第5期，第87页。
[3] 〔晋〕范泰：《答义公》《范伯伦与生、观二法师书》《论踞食表》，李小荣：《弘明集校笺》卷十二，引文见第653、656、658页。
[4] 尚秉和：《历代社会风俗事物考》卷二十三"若今日之坐，古人皆曰据"条，第278页。

垂的姿势，这也正是近代以来中国人的坐姿"。[1] 尚、陈之说大致可从。不过这个坐具如《南海寄归内法传》中说的"小床"，或者如《北齐校书图》中的胡床，往往比较低矮，故而坐者小腿下垂而又略伸向前，与唐宋以后垂腿坐于椅子上的姿态又显得略有差异，而与蹲在地上显示出较为接近的特征。李小荣说，"踞坐，即蹲踞，蹲两足而坐，以示对长者的尊敬。"[2] 说踞坐"以示对长者的尊敬"，不知其依据何在，但其充分留意到了"踞"与"蹲"在姿态上近似。纪志昌解释道："华夏自上古以来，即以跪坐为主，'踞'式往往被视为无礼。相较于传统席地而坐之跪姿，'踞'式乃两腿伸出而坐，不复双膝着地。"[3] "蹲"，刚好是介于跪坐与踞坐之间，如图5所示：

图5 "跪坐—蹲—踞坐"示意图

跪坐的基本特征就是双膝及两小腿着地，脚朝向后，臀部贴于两脚后跟上，这是汉代以前中国人席地而坐的标准坐姿。蹲，则一变而为双脚足底着地，双膝向上，臀部一般是悬空不着地的，如果臀部着地，则称作蹲踞。踞坐与蹲，差别只是臀部底下有没有垫一个坐具。

不管是"踞"，还是"蹲"，甚至"箕踞""企踞"等坐姿，"诸如此类五花八门的'踞'式，皆不为传统礼法所许，以为不敬"[4]，也就是说，均与传统的"跪坐"存在异质之处，因此均在范泰无法容忍之列。

---

[1] 陈志远：《宋初祇洹寺踞食论争考》，《六朝佛教史研究论集》，第300页。
[2] 李小荣：《〈弘明集〉〈广弘明集〉述论稿》，成都：巴蜀书社，2005年，第270页。
[3] 纪志昌：《南朝"踞食论议"所反映儒、佛交涉的理论思维与文化意涵》，《台大文史哲学报》2012年第76期，第90页。
[4] 纪志昌：《南朝"踞食论议"所反映儒、佛交涉的理论思维与文化意涵》，《台大文史哲学报》2012年第76期，第90页。

"跪坐""踞坐"的分水岭

作为社会生活习俗的重要标志性特征,坐姿的演化曾引起考古学家李济(1896—1979)的高度重视。在《跪坐蹲居与箕踞》(1953)中,李济将人类的坐姿概括为四个阶段:(1)坐地,(2)蹲踞,(3)跪坐,(4)高坐;并且大胆地指出"跪坐"代表了华夏早期文明的一个时代,这一时代的整体转型在魏晋南北朝以后,其标志便是"跪坐"的被遗弃。李先生说:

> 跪坐却是尚鬼的商朝统治阶级的起居法,并演习成了一种供奉祖先,祭祀神天,以及招待宾客的礼貌。周朝人商化后,加以广大,发扬成了"礼"的系统,而奠定三千年来中国礼教文化的基础。这一系统的核心,在它的前半期,应以跪坐为它的"染色体";但到了南北朝以后,就变质了。
>
> 跪坐习惯在中国日常生活中的放弃,大概起源于胡床之输入,以及东来佛教僧徒跏趺的影响;但是全部的遗忘,却是交椅流行以后的事。两汉时代,这一习惯,虽已开始动摇,但大体尚保留着。[1]

将"跪坐"视为周代礼教文化的"染色体",是李济长期浸淫于早期中国研究而提出的一项卓识。这一特征"开始动摇",在两汉以后,渐趋"变质",要到南北朝以后,而"全部的遗忘",则要晚到唐宋时期交椅流行以后,由此"高坐"取代了"跪坐",成为一个新时代在起居法上的标志。如果取其标志性特征,那么秦汉以前可称之为"跪坐时代",唐宋以后可称之为"桌椅时代"。从前一个时代到后一个时代的转变,绝不是骤然地直角转弯,中间经历了魏晋南北朝数百年的拉锯,经历了一个以"踞坐"为典型特征的中间状态。

---

[1] 李济:《跪坐蹲居与箕踞——殷墟石刻研究之一》,张光直主编:《李济文集》卷四,上海:上海人民出版社,2006年,第496、484页。

李济说跪坐时代的开始落幕"大概起源于胡床之输入",清人王鸣盛即曾指出"汉末三国坐始有胡床"[1],杨泓进而考证"胡床传入中国,大约是在东汉末年","在魏晋南北朝时期其使用范围相当广泛,几乎在社会生活的各种场合都可以寻到它的踪影"[2]。经过汉魏,到两晋,到南北朝,胡床的使用已堂而皇之地进入了皇室文士的日常生活,留存至今的《北齐校书图》中,胡床之进入北齐尚书省,即是明证。可见,胡床确实是"跪坐时代"谢幕的一股重要的推助力。

　　李济还认为,跪坐被遗弃同样受到"东来佛教僧徒跏趺的影响",此说恐欠妥。朱大渭补充说:"魏晋南北朝佛教大发展,佛教徒结跏趺和垂脚坐,在我国寺院中广泛流传。""结跏趺和垂脚坐,加之胡床踞坐的流行,清谈名士和隐者们遗弃礼俗跪坐,各少数民族箕踞坐对汉人的影响,尽管魏晋南北朝汉人在庄严场合跪坐基本上仍占主流,但汉人由跪坐向垂脚坐发展,已是一股无法抗拒的潮流。"[3]朱先生试图将佛教传入中国的两种坐姿——结跏趺坐和踞坐而食,共同作为席地跪坐时代逐渐消隐的影响源。其实,冲击跪坐的并不是"跏趺",而恰恰是遭到范泰激烈反对的"踞坐",踞坐与胡床的传入彼此联手,构成了对"跪坐"这一"染色体"的致命冲击。

　　让我们回到佛教僧侣所采用的跏趺和踞坐这两种坐姿的差异上来。跏趺就是把双腿盘结起来,双脚脚背置于大腿之上,其与踞坐最大的区别就在于前者膝盖着地,脚底朝上,后者膝盖朝上,脚底着地。同为膝盖着地,跏趺便与跪坐具备了显著的共性,而脚底着地的踞坐,则与跪坐有着根本的区

---

[1] 〔清〕王鸣盛:《十七史商榷》卷二十四,第262页。
[2] 杨泓:《胡床》,孙机、杨泓:《文物丛谈》,第255、256页。朱大渭详细考察了胡床在中国的使用,进一步证实杨说:"从上述使用胡床的人群来看,有皇帝、权臣、官僚、将帅、讲学者、反叛者、行劫者、村妇等,其中包括汉人和少数民族在内;从胡床使用范围来说,指挥战争,观察敌情,皇帝宫室,官府公堂,舟车行旅携带备用,庭院休息,接客,狩猎,竞射,聚会,讲学,吹笛,弹琴,行劫等等,都有使用胡床的。胡床使用的地域,几乎遍布南北各地,可见胡床为人们进行各种活动的常见坐具。"朱大渭:《中古汉人由跪坐到垂脚高坐》(1994),《朱大渭学术经典文集》,太原:山西人民出版社,2013年,第67—68页。
[3] 朱大渭:《中古汉人由跪坐到垂脚高坐》,《朱大渭学术经典文集》,第71、74—75页。

别。由此，按照膝盖/脚底是否着地为标准，可构成"跪—跪坐—跏趺"和"蹲—箕踞—踞坐"两个系列坐姿的分水岭（如图6所示）。

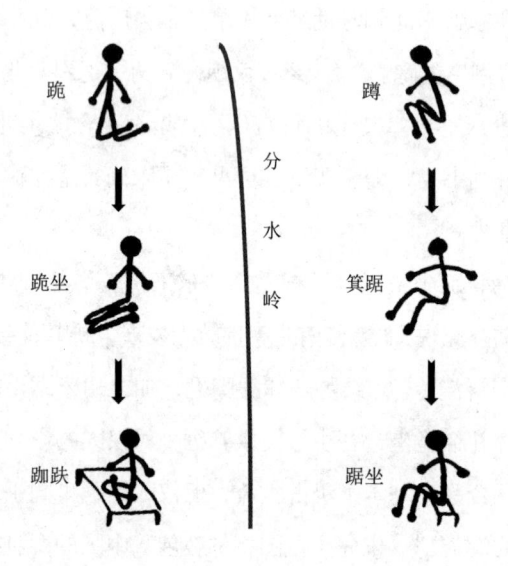

图6 "跪—跪坐—跏趺"与"蹲—箕踞—踞坐"对照图

具体而言，对于"跪"的一系，李济解读："朱子说：'跪有危义，故两膝着地，伸腰及股而势危者为跪。两膝着地，以尻着踵而稍安者为坐……'用现代白话来解释，跪的姿态，膝盖以上，全身成一条直线；坐的姿态，屁股以上，全身成一条直线；至于膝盖以下的小腿，全部平放在地上，无论为跪为坐，都是相同的。"[1]朱熹有专文《跪坐拜说》讨论古人起居法，可见宋时椅中高坐颇盛行，对汉以前席地跪坐已生疑窦。朱熹到李济，坐姿基本未变，故而李济只不过是注释了一下朱说。礼学家沈文倬更是遍考先秦礼书中"跪""[跪]坐""拜"，认为"跪是坐的耸其体，坐是跪的下其臀着踵"，"跪是坐的延续"，"跪可谓是系于坐的"，拜不过则是在跪的基础上"把头和手再下至地"。[2]基于"跪""跪坐"这一系列的典型特征，佛教初传入中国的跏

---

[1] 李济：《跪坐蹲居与箕踞——殷墟石刻研究之一》，张光直主编：《李济文集》卷四，第484页。
[2] 沈文倬：《坐跪通释——从甲骨文、金文的一些象形文字说古人的坐》，彭林主编：《中国经学》第4辑，桂林：广西师范大学出版社，2009年，第45—46页。

跌坐，与之具有显著的共性，那就是双膝着地（或着坐具），脚底朝上露出，服饰的下裳完全可以遮蔽住下半身，而上身保持正直。从这个意义上，吉川忠夫将这一系列统称为中国式的正座（或方坐、端坐）。

"蹲"和"踞"，《说文》转注互训，可见其义近似，两者均脚底着地，双膝朝上，两小腿下垂，差别不过在臀部是否着地。而箕踞与踞坐的差异则更为细微，箕踞是臀部直接着地，踞坐则臀部着于一小床。之所以称为箕踞，那是因为臀部着地，小腿势必外伸，坐姿就像成玄英所形容的"箕踞者，垂两脚如簸箕形也"一般。[1] 段玉裁说"箕踞为大不敬，三代所无"[2]，李济解释道，"说箕踞是'三代所无'是没有根据的"，之所以大不敬，"大概因为这是一副猴相吧"，因为猴子与猩猩的坐像，就是箕踞式，"最要紧的姿态为'脾着席'，即以屁股着地"，"两腿的放置大半是'耸其膝'，即屈膝向上或向两旁，腹部外露"[3]。拿儒家礼教文化的观念来看，此坐姿大不雅，如果蹲为不敬，箕踞便为大不敬，踞坐与之近似，故这一系的坐姿被排斥在礼教正座的范畴之外。

段玉裁举出孔子对原壤蹲踞的斥责以为"大不敬"的佐证。《论语·宪问》"原壤夷俟"何晏集解引马融曰："夷，踞也。俟，待也。踞待孔子也。"皇侃义疏解释说："原壤者，方外之圣人也，不拘礼教，与孔子为朋友。……壤闻孔子来，而夷踞竖膝以待孔子之来也。"[4] 马融将"夷"直接训为"踞"，依据大概就是《白虎通》（一本）说的"夷者，蹲也，言无礼仪"[5]，毫无疑问推测的成分比较大。可见在经史观念中，"拜—跪—跪坐"已成为一个牢固而封闭的体系，对蹲、踞持不接受态度，给其贴上不合礼仪的

1　出自《庄子·至乐》"庄子妻死，惠子吊之，庄子则方箕踞鼓盆而歌"成玄英疏，见〔清〕郭庆藩：《庄子集释》卷六下，北京：中华书局，2004年，第614页。
2　〔清〕段玉裁：《说文解字注》八篇上，第399页下。
3　李济：《跪坐蹲居与箕踞——殷墟石刻研究之一》，张光直主编：《李济文集》卷四，第491—492页。
4　〔梁〕皇侃：《论语义疏》卷七，第43页。
5　〔唐〕杜佑：《通典·边防一》自注引《白虎通》，第5册4984页。

标签，将之与外夷、方外挂上了钩。类似的用例在典籍中并不少见。《庄子·至乐》对"庄子妻死，惠子吊之，庄子则方箕踞鼓盆而歌"的描写，正是要突显其死生度外、非礼弃乐的一面。《史记·高祖本纪》记载郦食其"求见说沛公，沛公方踞床，使两女子洗足"，郦生见此情景非常生气，指斥刘邦"不宜踞见长者"，可见在汉儒心目中踞坐难登大雅。魏晋之后，《世说新语·任诞》记载阮籍之母去世，裴楷前往吊唁，见"阮方醉，散发坐床，箕踞不哭"，裴评论说"阮方外之人，故不崇礼制；我辈俗中人，故以仪轨自居"。[1] 这里的"箕踞""方外"，显然是说阮籍所为非儒之常态，与礼教唱对台戏。踞坐，也称"胡坐"，司马彪《续汉志·五行志一》记载汉末"灵帝好胡服、胡帐、胡床、胡坐、胡空侯、胡笛、胡舞，京城贵戚皆竞为之，此服妖也"。此处的"胡坐"，指的应当就是垂脚踞坐，为对称起见并用一系列"胡×"，并定性为"服妖"，可见在正统儒者心目中何等的拒斥。

直至南朝宋齐时代的名士顾欢（420—483）著《夷夏论》，依然将坐姿作为严判戎夷与华夏的区别性特征，其云："端委搢绅，诸华之容；翦发旷衣，群夷之服。擎跽磬折，侯甸之恭；狐蹲狗踞，荒流之肃。"顾氏用"狐蹲狗踞"作恶意的形容，称之为"蹲夷之仪""戎俗实贱"，摈斥在"诸华之容"外，蔑视与厌恶展露无遗。在他心目中，"诸华士女"如果"露首偏踞"，那就是"滥用夷礼"，"恶同戎狄"。[2] 所以，吉川忠夫说顾欢之议"与范泰的论辩方式完全合如符契"[3]，其对散骑常侍谢镇之、司徒袁粲的辩难，可以视作范泰之论的延续。

"跪坐"与"蹲踞"之间分水岭，与其说是由坐姿本身形成的楚河汉界，不如说是外来文明与华夏礼仪之间的冲突与张力，更毋宁说是范泰、顾欢等心目中捍卫儒家礼乐规范，排斥异文化习俗的内心壁垒。在范泰、顾欢的心

---

[1] 徐震堮：《世说新语校笺》卷下，北京：中华书局，1999年，第394页。
[2] 《南齐书》卷五十四《高逸传》，北京：中华书局，1972年，第931—934页。
[3] ［日］吉川忠夫：《六朝精神史研究》第十三章，王启发译，第375页。

目中，图 6 所展现的分水岭是何等的清晰，跏趺与跪坐相近，可以接受，而踞坐和蹲、箕踞类似，故坚决予以拒斥。其实就佛教徒的坐姿而言，有跏趺，有踞坐，同样有介于两者之间的半跏趺式坐姿，也就是一腿盘坐，膝盖着坐具，一腿下垂，脚底着地。比如就现存的各类造像中，朱大渭说在河北邺城附近发掘的汉白玉刻佛造像中的临河佛 4，"该佛盘右膝坐在平方坐上，左小腿和脚下垂踏地，作思维像。这类石刻佛像的坐法，为结跏趺和垂脚坐二者相结合。敦煌石窟北凉 275 窟、北魏 257 窟、隋代 417 窟的雕塑壁画中，皆有人物坐姿同于临河佛"。[1]

范泰的时代，是踞坐越来越常见，跪坐正在被遗弃的拉锯时期，范泰不惜发动一场"政治斗争"，想要全力撑起即将降下的帷幕，死死守住这个旧时代的"染色体"。范泰已然儒佛双修，那位曾从佛学居士雷次宗受业，又以道士自居的顾欢也并非恪守儒风，然而在面对伴随着佛教传入、即将改变社会礼俗的新风新貌时，他们义无反顾地站在了保守的旧仪这一边。难怪吉川忠夫说这场"踞食之争"，"极大地凸现出了作为礼教主义者的范泰的姿态"[2]，可惜，范泰、顾欢终究失败了。

裂变之口："礼教之反动"

范泰和顾欢，最终均以失败告终。宋文帝并没有支持范泰的诉求，顾欢之论也在齐梁高层的非议中归于沉寂。更为重要的是，历史的车轮滚滚向前，在南朝士门还在为能否踞坐争得不可开交之际，北朝社会显然已彻底拥抱了这种坐姿，在皇家校勘经史如此高规格的场合，踞坐胡床已泰然自若。在范泰和顾欢身后，"跪坐时代"已一去不复返，最终在唐宋以后定格于历史的是垂腿高坐的"桌椅时代"。

朱大渭指出，"这种民族重大礼俗的改变是极其缓慢的，由魏晋到唐宋

1　朱大渭：《中古汉人由跪坐到垂脚高坐》，《朱大渭学术经典文集》，第 71—72 页。
2　[日] 吉川忠夫：《六朝精神史研究》第四章，王启发译，第 125 页。

大约经过了八百余年的漫长岁月",在这长时段的拉锯过程中,多种因素的交叠作用不容忽视,在佛教之前,已有"玄学兴起对礼教的抨击","唤起的人们精神上的某种觉醒"[1],这一观点值得充分重视。"跪坐时代"的谢幕,固然与胡床和踞坐等外来因素的刺激密不可分,但内在思想和观念所发生的裂变更是推动社会演进的动力之源。如宗白华所说,魏晋是"精神史上极自由、极解放,最富于智慧、最浓于热情的一个时代","旧礼教的总崩溃、思想和信仰的自由、艺术创造精神的勃发……强烈、矛盾、热情、浓于生命彩色的一个时代"。[2] 旧礼教时代的"染色体"之所以会变质,魏晋玄学对礼教的深刻反叛,是由内而外迸发出的第一道裂口。

对于魏晋反礼教的代表人物"建安七子"和"竹林七贤",鲁迅《魏晋风度及文章与药及酒之关系》(1927)是学术史上的里程碑著作。鲁迅于两类名士中各取一例——孔融与嵇康,分析其精神趋向云:

> 嵇阮的罪名,一向说他们毁坏礼教。但据我个人的意见,这判断是错的。魏晋时代,……表面上毁坏礼教者,实则倒是承认礼教,太相信礼教。因为魏晋时代所谓崇尚礼教,是用以自利,那崇奉也不过偶然崇奉,如曹操杀孔融,司马懿杀嵇康,都是因为他们和不孝有关,但实在曹操司马懿何尝是著名的孝子,不过将这个名义,加罪于反对自己的人罢了。于是老实人以为如此利用,亵渎了礼教,不平之极,无计可施,激而变成不谈礼教,不信礼教,甚至于反对礼教。但其实不过是态度,至于他们的本心,恐怕倒是相信礼教,当作宝贝,比曹操司马懿们要迂执得多。[3]

---

1 朱大渭:《中古汉人由跪坐到垂脚高坐》,《朱大渭学术经典文集》,第85页。
2 宗白华:《论〈世说新语〉和晋人的美》(1940),《美学散步》,上海:上海人民出版社,1981年,第208—209页。
3 鲁迅:《魏晋风度及文章与药及酒之关系》,《而已集》,收入《鲁迅全集》第3卷,北京:人民文学出版社,2005年,第535页。按:此文中的司马懿,均当作司马昭,鲁迅误之。

《后汉书·孔融列传》明确记载孔融"年十三，丧父，哀悴过毁，扶而后起，州里归其孝"，任北海相时，"立学校，表显儒术，荐举贤良郑玄、彭璆、邴原等"，"虽一介之善，莫不加礼焉；郡人无后及四方游士有死亡者，皆为棺具而敛葬之"，可见其从小即对儒家的"孝""礼"之道信奉并遵循之。后来曹操指使路粹诬告孔融，以不忠、不孝、不守礼的大棒肆意强加在他头上，极具讽刺性。究其原因，乃是孔融早在曹操攻屠邺城时，便看不惯"袁氏妇子多见侵略，而操子丕私纳袁熙妻甄氏"，并讥讽曹氏就像"武王伐纣，以妲己赐周公"，此后又嘲刺曹操讨乌桓，侮慢曹操"表制酒禁"，由此与曹操"显明仇怨"。"既积嫌忌"，随着曹操权力把持得越来越盛，孔融的难容于世，便是必然的下场。路粹所状告孔融的"秃巾微行，唐突宫掖""父之于子，实为情欲发耳""子之于母，譬如寄物瓶中，出则离矣"云云，恰恰彰显了孔融不愿意与曹操、路粹等高标的"孝""礼"大旗同流，因为大旗的虚礼背后，威逼汉室、觊觎篡权乃是其实。孔融正是在礼教名实分离的这样一种政治乱局中，"激而变成不谈礼教，不信礼教"。

  嵇康死于曹魏末年司马昭之手，与汉末的孔融如出一辙。鲁迅说："于生命有危险的，是《与山巨源绝交书》中的'非汤武而薄周孔'。司马懿因这篇文章，就将嵇康杀了。……汤武是以武定天下的；周公是辅成王的；孔子是祖述尧舜，而尧舜是禅让天下的。嵇康都说不好，那么，教司马懿篡位的时候，怎么办才是好呢？没有办法。在这一点上，嵇康于司马氏的办事上有了直接的影响，因此就非死不可了。"[1] 嵇康祸从口出，几番言论挡了司马氏篡权的通道，激怒了司马氏。汤用彤说："嵇、阮并非绝对反礼教，而以虚饰之礼为不好。又，嵇、阮并不全然反对君臣之关系，其与作《无君论》之鲍生自不相同。嵇、阮愤激之言，实因有见于当时名教领袖之腐败，而他们自己对君臣大节太认真之故。嵇康《家诫》即说不要作

---

[1] 鲁迅：《魏晋风度及文章与药及酒之关系》，《而已集》，收入《鲁迅全集》第3卷，第534页。按：鲁迅的依据是《三国志·魏书·王卫二刘傅传》裴松之注引《魏氏春秋》。

小忠小义，而要作真正之忠臣烈士。"[1] 至于司马氏杀嵇康的理由，同样是给他安上一顶"不孝"的高帽子。相较之下，阮籍终因缄口不语，保全了性命，但他在行动上的鄙"孝"非"礼"却激而趋于极端。《世说新语·任诞》记载："阮籍当葬母，蒸一肥豚，饮酒二斗，然后临诀，直言'穷矣'，都得一号，因吐血，废顿良久。"[2] 其虽废丧服之制，故作食肉饮酒之态，却恸号而呕血，礼教实占据其内心至深沉。钱穆解释说："因他痛恶当时那些假孝子，外守丧礼，而内心不戚，与世同污，所以故意吃酒吃肉，不遵服制。其实他内心非常哀痛，并非凉薄不孝。……阮籍心恨那辈不仁的假君子，自己又是一位热心肠人，却偏不肯讲礼法，就规矩，……其内心之愤激，诚非局外人所知也。"[3]

由此反观，旧礼教时代从周代以来，滋生的流弊越来越显露，虽经过汉儒复兴与提振，活力曾被再度燃起，但到东汉后期已然危机重重，犹如一张笨重的旧机床，整体陷入不堪重负的困局。刘大杰指出："儒家的修身主义，在汉代通行几百年的结果，在教育方面虽有很好的成绩，但在生活方面却只注重繁文缛礼的形式，忽略人类的本性真情。人生趣味的渊泉，日趋于干涸；士大夫的言语行为稍不检点，必受清议或是官厅的贬责。小者因此去官失职，重者因而杀身。"而另一方面："曹氏、司马父子，何曾、贾充之徒，表面上讲礼法名教，内面却干着种种卑鄙的恶行。假着儒家所提倡的伦理名词，来实行他们的篡位贪官排外杀人的恶毒计划。"[4] 因此，玄学包括后来的佛学对儒学、礼教的冲击，实在是将其中"假君子""伪礼教"的一面张大了，是要将包裹在"仁义""礼乐"外衣底下的种种"虚伪""奸诈""罪恶"

---

[1] 汤用彤：《魏晋玄学讲义稿·魏晋玄学听课笔记之一》，《魏晋玄学论稿》，北京：商务印书馆，2020年，第311—312页。
[2] 徐震堮：《世说新语校笺》卷下，第393页。
[3] 钱穆：《魏晋玄学与南渡清谈》，《中国学术思想史论丛》(3)，北京：生活·读书·新知三联书店，2019年，第76—77页。
[4] 刘大杰：《魏晋思想论》第五章，《古典文学思想源流》，上海：上海书店出版社，2008年，第96—97页。

剥离出来。从这个意义上说,刘大杰认为"魏晋的学术思想,是汉代经学的反动"[1],萧公权说"曹魏东晋之百余年间……亦为对抗礼教之反动时期"[2]。两位学者均使用了"反动"一词,所谓反动,当然不是全盘否定,同样不是重起炉灶。

按照贺麟的研究,"反动,顾名思义,是指与刺激相反对的方向行动。譬如,自己过去在极端旧式礼教严肃的道德教训之下陶熔出来,而现在自己情意方面反而极端厌恶礼教、厌恶道德,对于情欲采取极端放任自流的态度……自己前后的行为向着极端相反的方向走,自己向着与自己的过去相反的方向行动,就是我这里所谓内在反动,或自我反动"。[3]魏晋玄学对"礼教之反动",就是这样一种"内在反动",孔融、嵇康、阮籍他们正是原先对礼教坚信之笃,才激而走向另一个极端的破坏礼教。同理,佛教传入中国之所以能对儒家产生新一轮的冲击,同样是瞄准了这一汉末魏晋已然出现的"裂口",通过冲击与碰撞、沙汰与拣金,将表面的、附着的、虚伪的、陈腐的东西扬弃之,从而注入一种新动力,让旧的肌体获得一条新生命。

因此,回到孔子早已得出的卓见:"礼云礼云,玉帛云乎哉?"(《论语·阳货》)《礼记·乐记》也说:"铺筵席,陈尊俎,列笾豆,以升降为礼者,礼之末节也。"在孔融看来"秃巾微行"便是"玉帛",在阮籍看来"母丧箕踞""吃肉饮酒"便是"礼之末节"。路粹以冠服之礼控孔融,何曾以丧服之礼压阮籍,同样百余年后范泰以大檀越的身份用坐姿来要挟祇洹寺诸僧众,他们死守旧礼教、徒求其末节而又别有用心的一面便昭然若揭了。范泰有所不知,旧礼教的裂口早在二百年前已酿成,曹氏、司马氏当年还曾疯狂予以反扑,又经历了上百年玄礼双修、儒佛兼通的实践,胡床已进入民生日用,他想要抓住旧礼教的最后一根稻草,徒留给历史一个笑柄。

---

1 刘大杰:《魏晋思想论》第二章《古典文学思想源流》,《古典文学思想源流》,第38页。
2 萧公权:《中国政治思想史》第十一章,第402页。
3 贺麟:《反动之分析》(1947),《文化与人生》,上海:上海人民出版社,2011年,第318页。

社会与制度的结构性变迁

从秦汉以前的"跪坐时代",到唐宋以后的"桌椅时代",中国社会和制度在整体上发生了结构性的变迁,魏晋南北朝时期是演化的过渡时期,踞坐便是处于这一转变中间状态的典型特征,是整体转型中一个绝佳的范例。

坐姿之外,这数百年间社会礼俗和日常生活的方方面面都同步发生着演化。柯嘉豪(John H. Kieschnick)曾由坐姿出发予以外推:

> 除了坐礼之外,椅子还引起了日常生活中的其他变化。由于室内的陈设互相关联,因此席地而坐时,必须用低矮型的家具。换言之,人坐上椅子以后,其他的家具也得跟着增高。……此外,椅子的出现也影响了器皿的形状。……唐人因席地而坐,使用高型的饮食器具较为方便。到了宋代,饮食器置于高桌上,身体的位置及人的视线都不一样,因此,碗、盘、杯等食器都变得玲珑精巧。人们改用椅子以后,窗户的位置及屏风与屋顶的高低也因此改变,饮食习惯与衣着也跟随着家具变化,甚至人的心理状态可能也受到影响。这种由低向高发展的趋势,涉及的层面极广。[1]

可见日常生活是牵一发而动全身的,坐姿一旦变动,家具的高度、器物的形制、窗户的位置、屋顶的高低,乃至人们衣食住行诸方面,甚至人的心理状态,都受到潜移默化的影响而随之演化,难怪有学者称这是一场"室内革命"。[2] 称之为"革命",显然是着眼于这数百年变迁的首尾两端,将变之前与变之后做切割、跳跃式比较的结果。实际上,这一场演化是长期的,渐变的,不规则的,多棱的,拉锯的。柯嘉豪说"唐人因席地而坐",可见前一

---

[1] [美] 柯嘉豪:《佛教对中国物质文化的影响》,赵悠等译,上海:中西书局,2015年,第216页。

[2] 此说出自法国学者侯思孟(Donald Holzman),转引自 [美] 柯嘉豪:《佛教对中国物质文化的影响》,赵悠等译,第217页。

时代的特征至唐代仍未彻底消退，仍有印迹可循。魏晋以降的这场演化与转型，其复杂性呈现在社会生活的各个方面，清人陈澧在《东塾读书记》中就感叹"凡汉以来衣冠，读史者皆难明"，吕思勉接着说："又不独衣冠，饮食、宫室、器用，无不如此。……此等处，非有专门名家之士数十百人，一人钩考一事，穿贯群书，证以古代遗物，通以异邦之制，孰思而详考之，未易了也。"[1] 此后虽有不少学者各从一侧面进行了一些考索，但总的来说开发力度远远不足，还没有彻底走出跳跃式、散点式比较的局面。

日常生活的变迁，同样影响到社会礼俗的变迁，乃至制度组成的整体变动。我们同样从汉、唐各选一个制度书写的样板来看，从西汉《史记》的"八书"到唐代《通典》的"八门"，制度撰作结构已发生根本性的变化。在司马迁的制度设计模式中，《礼书》《乐书》居其首，礼节乐和赋予制度以神韵，《律书》《历书》随其后，制事立法以成就制度之血脉，《天官书》《封禅书》次之，架起政治权力作为制度的力量支撑，《河渠书》《平准书》奠其尾，交通实业经济以筑制度之地基。《史记》显然已经走出古代制度设计的第一座顶峰——《周礼》的框架，也就是将行政国务、基层教化、祭祀典礼、军事国防、司法刑律、工程实业等，一股脑儿地囊括在"礼"这项大帽子底下的模式。司马迁将"礼乐"看成是制度组织中一个独立的部分，制度的其他面向与之并列，尤其是涉及社会衣食住行的《平准书》已单列为一个门类。虽然在司马迁的心目中，商业交易、物价调控"其极则玩巧，并兼兹殖，争于机利，去本趋末"（《太史公自序》），因此他主张"先本绌末，以礼义防于利"（《平准书》），然而《平准书》《货殖列传》的设立为"食货"的进入制度赢得了空间。

到班固的《汉书》的"十志"，《礼乐志》已退居第二，列《律历志》之后，《食货志》已前移到第四位，仅次于《刑法志》。班固的观念显然已打破司马迁"先本绌末"的陈规，而代之以"先富后教"，其云："食谓农殖嘉谷

---

[1] 吕思勉：《中国社会史》第四章，上海：上海古籍出版社，2007年，第126页。按：陈澧之言亦可见吕著之引录。

可食之物，货谓布帛可衣，及金刀龟贝，所以分财布利通有无者也。二者，生民之本。"又曰："食足货通，然后国实民富，而教化成。"正是这一观念开启了魏晋之际反礼教思潮之先声，其后"食货"以前所未有的发展速度跃进，与"跪坐时代"相伴随着的民生日用悄然一一发生转型。至唐代杜佑的《通典》——中国制度设计的第二座高峰，《食货典》已稳居于诸典之首。杜佑在卷首赫然标称"教化之本在乎足衣食"，这是经过了魏晋以降数百年社会礼俗变迁之后的崭新观念的理论总结。

食货与反礼教，相辅而相成，民生日用堆积成社会礼俗，社会礼俗影响着观念与制度，观念与制度又支配着一个时代的衣食住行。《史记·礼书》为首到《通典·食货典》为首的制度结构大转型背后，是社会礼俗和日常生活方方面面的演化与流变，而这一变迁的底层，则从魏晋时期的反礼教即已拉开帷幕。

十、六朝人精于礼学：以何佟之为例

经学史的研究，长期以来受制于皮锡瑞的《经学历史》（1907问世/1928周予同注释），虽然已有一些学者试图挣脱皮氏之藩篱，然而效果至今尚不明显。

六朝经学：中衰乎？兴盛乎？

魏晋之际，《经学历史》判定为"经学中衰时代"。读皮锡瑞书，可见其感慨系之："夫以两汉经学之盛，不百年而一衰至此……盖一坏于三国之分鼎，再坏于五胡之乱华，虽绪论略传，而宗风已坠矣。"[1] 用了"衰""坏""坠"之类的字眼，可想而知此时代为皮氏所深鄙至于何等地步。略后之南朝，在皮氏看来亦未免乎衰颓之势，且看其论：

> 南朝以文学自矜，而不重经术；宋、齐及陈，皆无足观。惟梁武起自诸生，知崇经术；崔、严、何、伏之徒，前后并见升宠，四方学者靡然向风，斯盖崇儒之效。而晚惑释氏，寻遘乱亡，故南学仍未大昌。[2]

宋、齐、梁、陈，在皮氏看来其中三代"皆无足观"，唯有梁代尚可一提，然又"仍未大昌"。有学者指出皮说是撮拾《梁书》《南史》"儒林传序"而

---

1 〔清〕皮锡瑞：《经学历史》第五章《经学中衰时代》，周予同注释，北京：中华书局，1959年，第141、164页。
2 〔清〕皮锡瑞：《经学历史》第六章《经学分立时代》，第179页。

成[1]，不管怎样，我们可以看出皮氏对六朝经学的总态度了。

皮说为后来诸多经学研究者所采纳，此处不烦详列，我们且举两家来头较大者。其一是日人本田成之（1882—1945）的《支那经学史论》（1927日文版/1934中译本），此书曾让经学史家周予同深感惭愧[2]，且看本田氏评述六朝："通三国六朝约四百余年间，政治上变动激烈，文学上有空前的发达，然而经学却没有可观的东西。"[3]言之凿凿如此，前有皮氏为之撑腰可知也。其二是台湾大学叶国良等三位经学家合著的《经学通论》（1996/2005），其说仍旧一承皮锡瑞："魏晋南北朝在中国历史上是政治混乱、社会动荡不安的时代，也是民族融合、学术文化混一的时期，然而就经学的发展来说，却是黯淡衰退的时代。……经学衰微到这个地步，无怪乎魏晋时期被皮锡瑞《经学历史》列为经学中衰时代了。"[4]从1907/1928年到1927/1934年，到1996/2005年，皮氏的"中衰"说统领学界已整整一个世纪了。

少皮锡瑞三十四岁的刘师培，在皮氏眼中自然属于晚辈，但刘氏世代传经，其经学造诣绝不输于皮。刘著《国学发微》于1905年即由《国粹学报》连载，较皮著面世尚早两年，此时刘22岁，皮已56岁，其学术影响力显然无法与皮抗衡。其实，刘师培此书虽冠以"国学"，但所论大部分是经学史，恰恰可以与皮著同列为经学史研究早期的开拓性著作。刘著的说法显然不同于皮，其论六朝云"大约魏晋经学与两汉殊，尚排击而鲜引伸，演空理而遗实诂，尚掇拾而寡折衷，遂开南朝经学之先，此经学之一大变也"，又说，"南朝之儒咸守魏晋经师之说，故侈言新理，而师法悉改汉儒。然南方巨儒亦有研治北学者"。[5]在刘师培心目中，魏晋南朝显然可与汉代并驾，同样

---

1 参见焦桂美：《南北朝经学史》，上海：上海古籍出版社，2009年，第189—190页。
2 周予同曾有如此评论："最近日人本田成之撰《支那经学史论》，已由东京弘文堂出版。以具有二千多年经学研究的国度，而整理经学史料的责任竟让给别国的学者，这在我们研究学术史的人，不能不刺骨地感到惭愧了。"见周予同给皮锡瑞《经学历史》所作的序言，第5页。
3 ［日］本田成之：《中国经学史》，孙俍工译，上海：上海书店出版社，2001年，第190页。
4 叶国良、夏长朴、李隆献：《经学通论》，台北：大安出版社，2005年，第507页。
5 刘师培：《国学发微》，《刘师培史学论著选集》，第146、148页。

诞生出了一代"南方巨儒"。与刘氏关系亲密的章太炎，更是对东晋南朝之所谓江左五朝尤所推崇，撰成名篇《五朝学》(1910)，大倡之曰："夫经莫穿乎礼乐，政莫要乎律令，技莫微乎算术，形莫急乎药石，五朝诸名士皆综之。其言循虚，其艺控实，故可贵也。……故玄学常与礼律相扶。"[1] 章氏之五朝诸名士，也就是刘师培的南方巨儒，从他们身上可求得研经之大脉络。可惜，刘、章之说未能得到学界充分的重视，即使稍有留意者，又往往偏离了方向。

且看章太炎的弟子马宗霍如何阐发师说。在其所撰的《中国经学史》(1937)中，对南朝学术中"经莫穿乎礼乐"之说，进行了相当规模的推论。马氏心目中的礼乐，已坐实为三礼（《周官》《仪礼》《礼记》），其论南朝曰：

> 经学之最可称者，要推三礼。故《南史·儒林传》何佟之、司马筠、崔灵恩、孔佥、沈峻、皇侃、沈洙、戚衮、郑灼之徒，或曰"少好三礼"，或曰"尤明三礼"，或曰"尤精三礼"，或曰"尤长三礼"，或曰"通三礼"，或曰"善三礼"，或曰"受三礼"。而晋陵张崖、吴郡陆诩、吴兴沈德威、会稽贺德基，亦俱以礼学自命。三礼之中，又有特精者。如沈峻之于《周官》，见举于陆倕；贺德基之于《礼记》，见美于时论；《仪礼》则专家尤众，鲍泉于《仪礼》号最明。[2]

沿着马宗霍所指示的路径，便可顺藤摸瓜，自何佟之以下，南朝各家礼学，可从他们所撰成的三礼类著作中寻求之。经详细统计，王锷的结论是："南北朝时期研究三礼的经学著作，《周礼》有15种，《仪礼》有72种，《礼记》有32种，总论三礼的著作有9种，通论礼学者50种，总计接近180种，远远超过对其他经典的研究。"[3] 见到这样的数量，难怪有学者竟萌发出要与皮

---

1 章太炎：《五朝学》，《章太炎全集》（四），上海：上海人民出版社，1985年，第75—76页。
2 马宗霍：《中国经学史》，上海：上海书店出版社，1984年影印，第79页。
3 书目可参见王锷：《三礼研究论著提要》，兰州：甘肃教育出版社，2007年；引文见王锷为焦桂美《南北朝经学史》所作的序，第19页。

锡瑞反其道而行之的魄力，称此时期乃礼学的"兴盛""繁荣""发达"。[1] 可是让人不得不扼腕的是，这180种礼学著作基本上全已亡佚。当然，亡佚并不代表没办法研究，且看迎难而上者，借助清代以来辑佚学的丰功伟绩，已呈现出可喜的势头。

在此领域做出成功开拓的已有两篇博士论文。一篇是山东大学焦桂美于2006年完成的《南北朝经学史》，另一篇是山东师范大学张帅于2013年完成的《南北朝三礼学研究》。两位共同选取当作个案分析的南朝礼学著作计有如下六部，现条理列表如下：

表3 南朝礼学著作六部存量

朝代	作者	书名、卷数	著录	马国翰辑佚本存量
宋	雷次宗	《略注丧服经传》一卷	《隋志》	35条，合为一卷
宋	庾蔚之	《礼记略解》十卷	《隋志》、两《唐志》	103条，合为一卷
齐梁	何胤	《礼记隐义》二十卷	史志未录	63条，合为一卷
齐梁	贺玚	《礼记新义疏》二十卷	《隋志》	47条，合为一卷
梁	崔灵恩	《三礼义宗》三十卷	《隋志》、两《唐志》、《崇文总目》等	172条，分为四卷
梁	皇侃	《礼记义疏》五十卷	《隋志》、两《唐志》	315条[2]，分为四卷

从卷数上说，六书相加共计131卷，今存者应不足12卷，占9.2%。从条数上说，马国翰辑本六书相加共计735条，即使考虑陈金木重新辑录的皇侃《礼记义疏》达448条，也不过868条。兹取今传本皇侃《论语义疏》十卷作参照，此疏引文部分大致占一半，包括引前贤知名姓者504条，不知

---

[1] 参见陆建华、夏当英：《南北朝礼学盛因探析》，《孔子研究》2000年第3期；乐胜奎：《六朝礼学的繁荣及其原因》，《光明日报》2005年9月27日。
[2] 对马国翰《玉函山房辑佚书》收录各家条数的统计，表中前五家均采自焦桂美《南北朝经学史》；皇侃之书焦氏未予统计，今采自陈金木：《皇侃之经学》，台北：台北编译馆，1995年，第50页。

名姓者 153 条，引各类典籍 184 条 [1]，共计 841 条，与表中六书佚文相加所得的 868 条大致相当，由此可见辑本六书相加的分量，相当于《论语义疏》十卷的一半，即足足五卷。也就是说，焦、孙二位所取用进行个案研究的分量（南朝部分），相当于一部十卷本书的一半篇幅，即使如柯金虎通盘逐条细考魏晋南北朝的礼学佚著，得47家，1500 余条 [2]，也就顶多是一部皇侃《论语义疏》的规模，跟有著录的南朝礼学著作上千卷的总数相较，仍可谓微乎其微。在这个意义上，我认为焦、孙的研究尚不足以证成六朝礼学的兴盛。

其实，马宗霍还提示了另外一条路径。回头再看《中国经学史》，在论述完南朝"经学之最可称者，要推三礼"之后，隐约间又透露出另外的信息：

> 盖南朝礼学，晋宋之间已多善者，先是《礼论》有八百卷，何承天删减并合，以类相从，凡为三百卷。……齐世宏奖儒学之权，在朝操诸王俭，在野共推刘瓛，俭亦长于礼经，瓛则所著文集皆是礼义。梁、陈继之，斯绪益宏，此则魏晋视之，犹当逊其详洽，更非北朝之所能望矣。[3]

所谓《礼论》八百卷，又从何承天到王俭，在马氏心目中之堪称魏晋所逊、北朝不及的，应该不是个人的经注撰作，而是此时期由经学家们集体推动、完成的礼制建设过程，也就是修礼、议礼、行礼、改礼的一系列礼学实践过程，最终形成官方的定本——规模浩大的梁礼修撰。难怪马氏将何佟之作为此时期经学家之首，恐怕非为何氏有什么了不起的个人礼学著作，乃因时任尚书左丞的何佟之，正是梁礼的总领其事者。

马宗霍所提示的这一路向，正是从乃师章太炎《五朝学》中脱胎而出。章氏力证江左五朝三百年"往恶日湔，而纯美不忒，此为江左有愈于

1　此处统计采用陈金木的《论语义疏各篇引人统计表》《论语义疏各篇引时人统计表》《论语义疏各篇称引典籍统计表》，《皇侃之经学》，第 238—244 页。
2　柯金虎：《魏晋南北朝礼学书考佚》，台湾政治大学博士学位论文，1984年。
3　马宗霍：《中国经学史》，第 79—80 页。

汉",重要的一项证据就是:"江左之士蠢迪检柙,丧纪、祭祀、婚姻之式,少有疑殆。虽文士沙门犹质之,载在《通典》,岂可诬哉?"小字自注云:"据《南史·何承天传》,先是《礼论》有八百卷,承天删减并,各以类相从,凡为三百卷。又《徐勉传》,受诏知撰《五礼》,大凡一百二十帙,一千一百七十六卷,八千二十九条。然则《通典》所载,二十分之一耳。"[1] 前后对照可知,马氏不过承续章说而疏释之。沿着章氏的路,六朝经学将调转研究方向。章氏之所以重视《通典》,因为"就政治而言,《通典》一书为最重要,其言五礼亦备",欲通六朝礼学,"杜氏《通典》最当详究,不仅考史有关,以言经学,亦重要之书也"。[2]《通典》之所代表的,便是由典章制度以研究经学,而这正是章氏所力倡的"说经之学,所谓疏证,惟是考其典章制度与其事迹而已"[3]。本篇欲以拓进的,也便是这一条路。

由礼制的施行以探讨六朝礼学,据笔者目力所及,只有许道勋、徐洪兴在撰写《中华文化通志·经学志》(1998)时专设有一小节略略论及,他们认为:"六朝人礼学极精,就应用功能而言,超过了两汉'礼'学。"[4] 所谓应用功能,指的就是编纂、审议、修订、行用"五礼",可惜二位仅用了不足两千字(不到3页)的篇幅,连轮廓都没能叙述完整。想要描绘出六朝礼学超过两汉的壮丽蓝图,需要花费巨大的心力,本篇执何佟之作牛耳,以期拓出一片新天地来。

何佟之的修礼大业

六朝精于礼学,实际上皮锡瑞也曾留意过,他在《经学通论》中设有一篇"论古礼最重《丧服》,六朝人尤精此学,为后世所莫逮",其中引录朱熹

---

[1] 章太炎:《五朝学》,《章太炎全集》(四),第74—75页。按:此处的"八千二十九条",当系"八千一十九条"的误记,如何致误,尚不得而知。
[2] 诸祖耿等记录:《章太炎国学讲演录·史学略说》,第225页。
[3] 章太炎:《诸子学略说》(1906),汤志钧编:《章太炎政论选集》,第286页。
[4] 许道勋、徐洪兴:《中国经学史》,上海:上海人民出版社,2006年,第155页。

之言曰："六朝人多精于礼，当时专门名家有此学，朝廷有礼事，用此等人议之。"[1] 检《朱子语类》，确有此语[2]，不过我怀疑皮氏此言恐当从宋王应麟《困学纪闻》中抄来，与王氏措辞几同，而王氏所引后面尚有一句"唐时犹有此意"[3]，为皮氏所略。朱子此说，经王应麟采录以来，经过不少学者的耳目，大都表示认同，如清人赵翼《廿二史札记》即有云："六朝人最重三礼之学，唐初犹然。"[4] 沈垚《落颿楼文集》卷八《与张渊甫书》亦有如下之言："六朝人礼学极精，唐以前士大夫重门阀，虽异于古之宗法，然与古不相违，史传中所载多礼家精粹之言。"沈氏此言又为陈寅恪所重视，见引于《隋唐制度渊源略论稿》书首[5]，将其作为全书立说论证之柱础。陈著旨在分析推论隋唐典制之渊源递嬗，分列礼仪、职官、刑律、音乐、兵制、财政诸方面，而其中礼仪一章居首，且占全书一半篇幅。[6] 钱穆通读陈著后，为沈垚此语作注脚曰："南北朝时，经学亦分南北，所重各不同。……南方礼学，除《丧服》外，并重朝廷一切礼乐舆服仪注。"[7] 可见，取材于史籍所载以资研究六朝经学，不失为一条有效途径。到了陈先生，六朝精于礼学之说已然落地生根。

　　陈寅恪费力论证之重要学说之一，就是隋文帝以后的礼制，"不依北周之制，别采梁礼及后齐仪注。所谓梁礼并可概括陈代，以陈礼几全袭梁旧之故，亦即梁陈以降南朝后期之典章文物也"[8]。这里提出的一个重要概念，即"梁礼"，所指即梁武帝天监元年（502）下诏起修，天监十一年（512）修撰

---

[1]〔清〕皮锡瑞：《经学通论·三礼》，第40页。

[2] 朱熹之言曰："诸儒议礼颇有好处，此不可废，当别类作一书，方好看，六朝人多是精于此。毕竟当时此学自专门名家，朝廷有礼事，便用此等人议之。"见〔宋〕黎靖德编：《朱子语类》卷八七《礼四》，第6册2226—2227页。

[3]〔宋〕王应麟：《困学纪闻》卷五，上海：上海古籍出版社，2015年，第149页。按：钱穆《略论魏晋南北朝学术文化与当时门第之关系》一文引用朱子此语，后直接赘有"唐时犹有此意"一句，恐亦是袭自《困学纪闻》。参见钱穆：《中国学术思想史论丛》(3)，第145页。

[4]〔清〕赵翼：《廿二史札记》卷二十，北京：中国书店，1987年，第273页。

[5] 沈垚之语，转引自陈寅恪：《隋唐制度渊源略论稿》，第7页。

[6] 参见顾涛：《汉唐礼制因革谱·叙说》，第5页。

[7] 钱穆：《略论魏晋南北朝学术文化与当时门第之关系》，《中国学术思想史论丛》(3)，第145页。

[8] 陈寅恪：《隋唐制度渊源略论稿》，第13页。

告成,普通五年(524)缮写校定的《五礼仪注》。据《梁书·徐勉列传》所录徐勉上表可知,此部《仪注》前后历时二十三年,共计1176卷8019条,清代礼学家秦蕙田评之曰:"五礼之书,莫备于梁天监,时经二代,撰分数贤,汇古今而为一本,宸断以决议,卷帙踰百,条目八千,洋洋乎礼志之盛也。"[1] 前有《仪礼》,后有《大唐开元礼》,在两座高峰之间最系统、最完备的礼制著作,唯梁礼可以当之。当代学者从学术史的角度重审梁礼的历史地位,甘怀真指出:"梁礼的成立,是六朝礼典修纂的最重要成果,它代表士大夫之间对礼仪的问题,取得了相当的共识。"[2] 梁满仓将之视作"南朝五礼制度的成熟"的标志。[3] 闫宁则进一步认为:"《五礼仪注》的修撰实可称得上是齐、梁经学与南朝现行礼乐制度的一次'亲密接触'了,单就修撰者学识而言,此次制礼活动的学术含量在整个礼书修撰史上也是罕有其匹的。"[4] 其实《大唐开元礼》在相当程度上正是取资于梁代所成的这部《五礼仪注》,梁礼在礼制史上的重要意义于此可见。

梁礼的修撰,是何佟之(约449—505)一生的重要学术事业,他为此做出了杰出贡献。这一点,尚未引起学界足够的重视。

《梁书·儒林列传》何佟之一节记其入梁(天监)以后之事曰:

> 高祖践阼,尊重儒术,以佟之为尚书左丞。是时百度草创,佟之依礼定议,多所裨益。天监二年,卒官,年五十五。高祖甚悼惜,将赠之官;故事左丞无赠官者,特诏赠黄门侍郎,儒者荣之。

《南史·儒林列传》几同。此段疏误较为严重。颇为明显的是何佟之的卒年,

---

[1] 〔清〕秦蕙田:《五礼通考》卷首第三《礼制因革上》,第1册85页。
[2] 甘怀真:《唐代京城社会与士大夫礼仪之研究》,台湾大学历史学研究所博士论文,1993年,第264页。
[3] 梁满仓:《魏晋南北朝五礼制度考论》第三章,北京:社会科学文献出版社,2009年,第144页。
[4] 闫宁:《齐梁〈五礼仪注〉修撰考》,《文史》2011年第4期,第82页。

不可能是在天监二年，因为《隋书·礼仪志》记载何氏议礼有七条在天监三年、四年（详参下表二），故柏俊才曾"疑《梁书》、《南史》所载有误，何佟之卒年失考"[1]。其实，何氏卒年正当在天监四年（505）。《隋书·礼仪志二》载何佟之议改宗庙仪注二事，天监四年曾与梁武帝往复讨论祼献之仪，该仪原由太祝在荐熟完毕后进行，何氏上奏谓宜改为由太尉于祭日之晨先行祼献，然后迎牲，《隋书》称"奏未报而佟之卒，后明山宾复申其理。帝曰：'佟之既不复存，宜从其议也。'"此其卒年之确凿记载，故清严可均辑《全上古三代秦汉三国六朝文》，于梁何佟之下径称"天监四年卒，赠黄门侍郎"[2]，严说可从。此外，《梁书》本传特别记破例"特诏赠黄门侍郎"，可见何佟之在梁武帝心目中分量之重，这自然与何氏上奏大都理据充盈，为武帝所心服有关，但更重要的恐怕是因为何氏曾担任梁礼修撰之"总参"，即总负责人，《梁书》本传仅记其"依礼定议，多所裨益"，何氏生平大量功绩为其所淹没，由此成为后世对何佟之的历史贡献往往轻忽的直接原因。

记载何佟之修礼功绩的重要数据，留存在《梁书·徐勉列传》所录徐勉上表中。在普通六年《五礼仪注》缮定，时任尚书仆射的徐勉上表总述修撰前后经历，其言当为官方第一手资料，最为可信。据徐表可知，梁礼之修撰，于梁武帝即位之初的天监元年，即由何佟之"启审省置之宜，敕使外详"，后依"尚书仆射沈约等参议，请五礼各置旧学士一人，人各自举学士二人，相助抄撰"。具体职掌其务者为：明山宾（右军记室参军）掌吉礼，严植之（中军骑兵参军）掌凶礼，贺瑒（中军田曹行参军兼太常丞）掌宾礼，陆琏（征虏记室参军）掌军礼，司马褧（右军参军）掌嘉礼，何佟之（尚书左丞）总参其事。之后情况有所变化，"佟之亡后，以镇北咨议参军伏暅代之。后又以暅代严植之掌凶礼。暅寻迁官，以五经博士缪昭掌凶礼。复以礼仪深广，记载残缺，宜须博论，共尽其致，更使镇军将军丹阳尹沈约、太常卿张充及臣三人同参厥务。臣又奉别敕，总知其事。末又使中书侍郎周舍、庾于陵二人复豫参知"。

1　柏俊才：《梁武帝萧衍考略》，上海：上海古籍出版社，2008年，第103页注⑤。
2　〔清〕严可均辑：《全上古三代秦汉三国六朝文·全梁文》卷四十九，第3231页。

由此可见，何佟之于梁礼的贡献，绝不止于"依礼定议，多所裨益"，首先他是梁礼修撰的发起人，其次他担任梁礼修撰的总参，即总负责人。至何氏去世的天监四年，可以推测修撰工作已完成至少一半，此从徐勉所云天监六年《嘉礼仪注》《宾礼仪注》即已完成上尚书，天监九年《军礼仪注》亦已完成上尚书，可以想见。最难修的当属《凶礼仪注》和《吉礼仪注》，两种均要到天监十一年（512）才完成，然据闫宁考证，"何佟之总参五礼，并兼掌凶礼"[1]，又《南齐志》《隋志》共收录何佟之议礼二十二则，其中十七则属于吉礼，五则属于凶礼（详见下表），可见何佟之素有钻研者，当即此二类礼典，其在总参五礼过程中必多所决策，《梁书》称"佟之明习事数，当时国家吉凶礼则，皆取决焉，名重于世"，当非虚言。从这个意义上说，在何佟之总参五礼的前四年中，梁礼的框架已大致定型，其间攻坚克难的重要因革，何佟之参与商议者绝不在少数。何氏殁后，伏暅、徐勉续任总知五礼事[2]，然而徐勉则以尚书仆射身份于五礼告成的最后一两年间总参其事，挂名主持的成分居多，他所实质性负责的恐怕主要是后面十多年的缮写、抄录之事，故《资治通鉴》不载徐勉参与修礼事，于梁武帝天监十一年下径云："佟之卒，以镇北咨议参军伏暅代之。暅，曼容之子也。至是，《五礼》成，列上之。"[3]而伏暅，总知五礼后很快转而专掌凶礼，不久又离京迁任，退出修礼，凶礼部分的修撰都没有能够完成。不管怎样，伏、徐二人参与五礼的程度，远远不能与何佟之相匹，其后任总知者迭易，各礼的修撰照常进行，《五礼仪注》修撰的大框架并未因何氏的去世而发生大幅度的更动。

更为重要的是，梁礼的修撰并非从天监元年凭空而起，此前在南齐时，已有相当厚实的积累，梁武帝本已颇有闻见，故建梁以后继续推动其事。据徐勉上表述齐时修礼之经过曰：

---

[1] 闫宁：《齐梁〈五礼仪注〉修撰考》，《文史》2011年第4期，第84页。
[2] 《梁书·良吏列传》又记有周舍（中书侍郎）总知五礼事，然徐勉上表仅称周氏为参知，闫宁推断说"或周舍参与修礼事虽晚，然其位望较高，故有称其为总知者"，见《齐梁〈五礼仪注〉修撰考》，《文史》2011年第4期，第81页。
[3] 〔宋〕司马光：《资治通鉴·梁纪三》，第10册4603页。

伏寻所定五礼，起齐永明三年，太子步兵校尉伏曼容表求制一代礼乐，于时参议置新旧学士十人，止修五礼，谘禀卫将军丹阳尹王俭，学士亦分住郡中，制作历年，犹未克就。及文宪薨殂，遗文散逸，后又以事付国子祭酒何胤，经涉九载，犹复未毕。建武四年，胤还东山，齐明帝敕委尚书令徐孝嗣。旧事本末，随在南第。永元中，孝嗣于此遇祸，又多零落。当时鸠敛所余，权付尚书左丞蔡仲熊、骁骑将军何佟之，共掌其事。时修礼局住在国子学中门外。东昏之代，频有军火，其所散失，又逾太半。

《南齐书·礼志上》则记齐礼之发端云："永明二年，太子步兵校尉伏曼容表定礼乐，于是诏尚书令王俭制定新礼，立治礼乐学士及职局。"两处记载时间有一年出入，我的推测是，伏曼容上表恐在永明二年（484），齐武帝下诏令王俭（452—489）制礼、置学士、立礼局则恐已在永明三年（485），或者下诏尚在二年，正式开始则已入三年，两书记载恐未必矛盾。而同样是在永明三年，《南齐书·礼志上》又记载时任国子助教的何佟之参与议论藉田之礼（参见下表4），其年何氏方35岁。之后齐虽设立了专职机构与人员修礼，历张绪、萧子良、何胤、徐孝嗣等，终未克成，最终落于蔡仲熊、何佟之掌其事。可见，《五礼仪注》的修撰虽成于萧梁，起端则在南齐，其间一脉相承，故闫宁直接称呼为"齐梁《五礼仪注》"，亦未尝不可，然按成书时代命名的惯例，仍可称为"梁礼"无妨。而这期间的一脉相承，则主要是依托于礼学家何佟之，闫宁谓"何佟之为南朝名儒，更为南齐后期至梁天监初年礼制建设之关键人物"[1]，可谓得之。

至此再回顾《梁书·儒林列传》何佟之一节记其在南齐时之生平，便可发现其叙述虽然简略，然有如下几点极堪重视。其一，传云："佟之少好三礼，师心独学，强力专精，手不辍卷，读《礼论》二百篇，略皆上口。时太尉王俭为时儒宗，雅相推重。"此言何氏早年具有厚实的三礼学根底，成年后

---

[1] 闫宁：《齐梁〈五礼仪注〉修撰考》，《文史》2011年第4期，第75页。

开始关注现实礼制问题，熟读前朝礼家何承天的名著《礼论》二百篇，经义与现实两相碰撞，发挥出巨大的威力，得到南朝大儒王俭的赏识。王俭为东晋名相王导五世孙，永明三年已任国子祭酒，主持修礼。何佟之历任总明馆学士、司徒车骑参军、尚书祠部郎，与王俭恐怕有一定的关系，也许是何氏谙熟古礼得到了王俭相当的赏识。据闫宁推测，"南齐总明观学士与修五礼事密切相关……新立治礼乐学士即由原总明学士中一部分兼掌"[1]，那么何佟之在任总明馆学士期间，也就是在永明二年以前，即留心于国家礼制建设。总明馆至永明三年废，新立国子学，何氏即转任国子助教，其时之经历《梁书》本传失载，今可见诸《南史·儒林列传》，言佟之"仕齐，初为国子助教，为诸生讲《丧服》，结草为绖，屈手巾为冠，诸生有未晓者，委曲诱诲，都下称其醇儒"。此事恰可与上述永明三年何佟之议藉田礼相印证，可见其时王俭以国子祭酒身份主持治礼，何佟之必定参与其间，尤其是在吉凶二礼。可惜王俭于永明七年（489）即去世，何佟之的才能亦未能得到充分施展。

其二，传云："齐建武中，为镇北记室参军，侍皇太子讲，领丹阳邑中正。时步兵校尉刘瓛、征士吴苞皆已卒，京邑硕儒，唯佟之而已。佟之明习事数，当时国家吉凶礼则，皆取决焉，名重于世。"此言何佟之虽官位不高，然与刘瓛、吴苞等均口碑卓著，朝内礼学积累无人能及。"京邑硕儒，唯佟之而已"，传文用了"唯"字，可见其推崇。在徐孝嗣任尚书令期间，何氏议吉凶二礼之方案已多被吸纳，恐因齐明帝"不重儒术"（《梁书·儒林列传》），故未能持续征用其为治礼学士，不过不难想见齐礼的修撰中已然吸纳了不少何佟之的观点。

其三，传云："永元末，京师兵乱，佟之常集诸生讲论，孜孜不怠。"此言"永元末，京师兵乱"，也就是徐勉说的"东昏之代，频有军火"，据《南史·儒林列传》补载，何佟之一方面因父母去世守孝，一方面因东昏侯凶虐，"乃谢病，终身不涉其流"，故其当在老家庐江讲学。在朝中修成的齐礼

---

[1] 闫宁：《齐梁〈五礼仪注〉修撰考》，《文史》2011年第4期，第68页。

散佚严重的情况下，何佟之召集诸生于民间讲礼，永明以来的齐礼制作通过何氏的口传心授，绵延入梁。如此看来，何佟之自永明三年王俭主持治礼以来，即以国子助教身份参与朝廷议礼，因其礼学根基深厚，在王俭等去世后声望日隆，南齐时国家吉凶二礼，多取决于何氏，在齐末兵乱礼书散佚的过程中，因其讲论而礼学绵延不绝。

其实，何佟之的后半生伴随着齐梁《五礼仪注》的修撰，自齐永明三年立局治礼始，到梁天监四年何氏去世，前后二十余年何氏念兹在兹的就是国家礼制的建设。梁武帝登基后能起用何氏担任修礼大业的总参，正可谓甚得其人。在何氏主持下，梁礼修撰走上正轨，何氏去世两年后，《五礼仪注》很快就陆续告成。后人往往看到成果交付时总知其事者为徐勉，便忽略了为之奋斗了一生、付出极大心血的何佟之。梁礼中凝聚了何佟之莫大的辛劳，也濡染上了何佟之挥之不去的色彩，今从《南齐书》和《隋书》的"礼志"记载中依然可见一斑。

何佟之议礼二十二则

何佟之的著作，《隋书·经籍志一》载有三种，一种是《丧服经传义疏》一卷，下标"亡"，可见唐初已亡佚；另一种是《礼答问》十卷，下标"梁二十卷"，可见从梁到唐初已亡佚一半；又一种是《礼杂问答钞》一卷。此外，《旧唐书·经籍志上》《新唐书·艺文志一》均载何佟之另有《礼记义》十卷，然而这些著作唐以后均逐渐亡佚。

又据《梁书·儒林列传》所载，何佟之"所著文章、礼义百许篇"，礼义，《南史·儒林列传》作"礼议"，然未见诸隋唐书目著录，可见此百许篇应当是何氏议论礼制的散篇记录，未尝结集成书，何氏殁后自然很快也就散佚了。闫宁据《隋书·礼仪志三》所录陈时沈洙议丧礼，曾云及"何佟之《仪注》"，称此为何氏生前著作，并推测说："前考王俭、何胤主持修礼期间分别撰有言丧礼之《仪注》，似乎主持修撰者分撰凶礼为当时惯例，则此书作于佟之在任时,可能颇大。"[1] 此说未必是。更为可能的是,此所谓"何佟之《仪注》",就是梁代《五礼仪注》中的《凶礼仪注》,而非何氏本人所著,既然何氏为总参,又直接参与不少具体工作,故陈人直呼为"何佟之《仪注》"。不管怎样,何氏并无一部著作留存于后世,由此便造成后人通过著作以研究经学史,于何佟之无从下手,这是他被轻忽的又一重要原因。

其实条理《南齐书·礼志》《隋书·礼仪志》所载各项礼事,仍可辑得与何佟之相关的议礼条目计二十二则[2],清严可均辑《全上古三代秦汉三国六朝文》已发先声于前,其中《全梁文》卷四十九收录何佟之文章二十四篇,其实正系其议礼二十一则之文[3],有三则各别为两篇。今重新查核两志,参酌《通典·礼典》所收及严辑本,梳理列表并做简要分析如下,以见何佟之的经学修养。

兹取表4中三例以析之。

第一则(严辑第2篇)是在齐武帝下诏令王俭(尚书令)制定新礼之初,何佟之以国子助教身份参与议礼,讨论的内容是确定明年正月行藉田礼的时间。此次议礼之起,乃是因王俭认为有司提出的用丁亥日"经记无文"。检《礼记·月令》云:"乃择元辰,天子亲载耒耜。"郑玄注:"元辰,盖郊后吉辰也。"此为耕藉礼用时之经据,并未坐实为丁亥,故王俭有疑。综观参与议礼的刘蔓(兼太学博士)、何諲之(太常丞)、桑惠度(国子助教)、周山文(国子助教)、何佟之(国子助教)、顾暠之(殿中郎)六位,虽均同意用丁亥为宜,然刘蔓等议释以阴阳之说,未能服人。何佟之议则举证《仪礼·少牢馈食礼》明确记载的禘太庙礼用丁亥日,郑注"若不丁亥,则用己亥、辛亥,苟有亥可也"[4],以明"丁亥自是祭祀之日,不专施于先农",而且"汉文用此日耕藉祠先农,

---

1 闫宁:《齐梁〈五礼仪注〉修撰考》,《文史》2011年第4期,第75页。
2 参见顾涛:《汉唐礼制因革谱系》卷四,第563—607页。
3 〔清〕严可均辑:《全上古三代秦汉三国六朝文·全梁文》卷四十九,第3231—3235页。按:严氏辑本未收天监二年"追复三年无禫议"一则,乃因此《隋志》附记在上则"毁墓服议"下,谨出其结论,未载其议论之辞,故并不可作为严氏之失误。
4 检此郑玄注,非在《礼记·祭统》篇,实在《杂记上》。

表4 何佟之南齐议礼十一则列表

年代	主题（采严可均说）	五礼归属	在任官职	引据经籍	采纳结果	《南齐书》收录	《通典》收录	严可均辑
永明三年（485）	亥日藉田议	吉	国子助教	《仪礼·少牢馈食礼》及郑玄注	参议同，诏可	礼志上	礼六"藉田"	第2篇
永明十一年（493）	社稷位向议	吉	兼祠部郎	①《礼记·郊特牲》及郑玄注，王肃注；②《书·甘誓》孔安国注；③《左传·文公十五年》及杜预集解	治礼学士难之，凡三往反，至建武二年（495）更议，乃得施行	礼志上	礼五"社稷"	第3、4篇
隆昌元年（494）	明堂配飨议	吉			诏可	礼志上		第5篇
延兴元年（494）	戎服会哀议	凶		《礼记·檀弓上》	从之	礼志下		第6篇
建武二年（495）	丧未终不乐议	凶	祠部郎	西晋江统[1]议礼	从之	礼志下		第7篇
	泄哀仪议	凶		概括《春秋》之旨	尚书令王晏等十九人同之，诏可	礼志下		第8篇
	奏南北郊牲色议	吉		①《周礼·春官·大宗伯》及郑玄注；②《周礼·地官·牧人》及郑玄注；③《礼记·祭法》及郑玄注	参议以为允，从之	礼志上		第9、10篇

---

1 江统，《南齐书·礼志下》原作"江充"，有些版本又作"何充"，均误。校勘记云当改作江统，是，《通典·乐七》"大丧而弟嗣位未三年废乐议"条下所载江统亦可证。

续表

年代	主题（采严可均说）	五礼归属	在任官职	引据经籍	采纳结果	《南齐书》收录	《通典》收录	严可均辑
建武二年（495）	雩祭依明堂议	吉	祠部郎	①《周礼·春官·司巫》及郑玄注；②《周礼·春官·女巫》及郑玄注；③《礼记·月令》及郑玄注，王肃注；④《仪礼·觐礼》；⑤东晋永和元年议礼；⑥司马彪《礼仪志》	从之	礼志上	礼三"大雩"	第11篇
	景懿后迁登新庙车服议	吉		①概括《周礼》王后舆服之制；②《礼记·祭统》及郑玄注¹；③《周礼·春官·巾车》及郑玄注	从之	礼志上		第12篇
永元元年（499）	朝日夕月议	吉	步兵校尉	①《周礼·春官·典瑞》及郑玄注，卢植解诂；②《礼记·玉藻》郑玄注；③《大戴礼记·朝事》《保傅》；④三国魏黄初中议礼；⑤《礼记·礼器》及郑玄注	从之	礼志上	礼四"朝日夕月"	第13篇
永元二年（500）	明堂配飨义议	吉		《礼记·祭法》及郑玄注，王肃注	参议同之，诏可	礼志上		第14、15篇

故后王相承用之，非有别义"（《南齐志》），以经义与前朝故事相印证，是诸家议论中最能令人信服的理据。因此，《通典·礼六》记载此事，主要收录的

就是何佟之的意见[1]，陈戍国亦明确指出此年关于亥日藉田的一场讨论，最终"是采用了何佟之与有司的意见"[2]。而就具体施用来看，明年的藉田，并非完全遵照有司提出的正月丁亥（二十五），而是取用了闰正月辛亥（十九），这恰恰是遵用了何佟之所揭出的《仪礼》郑玄注之说，可见王俭对何佟之及其经学修养的青睐。

再以何佟之任祠部郎时议雩祭依明堂为例（严辑第11篇）。此年因旱而欲行雩祭，《南齐志》录何氏议详列《周礼》《礼记》及郑玄、王肃之说，以明雩祭礼意，又参诸晋永和中故事及当世实情度定新制。具体而言，如定雩坛位置依据是："郑玄云'雩坛在南郊坛之旁'，而不辨东西，寻地道尊右，雩坛方郊坛为轻，理应在左。"又定雩坛之尺寸依据是："寻雩坛高广，礼、传无明文。案《觐礼》设方明之祀，为坛高四尺，用圭璋等六玉，礼天地四方之神，王者率诸侯亲礼，为所以教尊尊也。雩祭五帝，粗可依放。"又参诸明堂配飨及郑玄说，雩坛设五帝之位，定以齐武帝配飨。又定所用牲品依据是："礼祀帝于郊，则所尚省费，周祭灵威仰若后稷，各用一牲；今祀五帝、世祖，亦宜各用一犊，斯外悉如南郊之礼也。"何说显示出其充沛的礼学根底，在实用施行过程中举证游刃有余，陈戍国称"祠部郎何佟之引经据典，畅论雩祀性质与依据"[3]，甚是。不过，其实雩祭立坛，配以五帝，东晋以来即已有之，何佟之此次议礼在礼制史上的真正突破，是"能够确认雩祀中皇帝配祀的，这是最早的记录。这样一来，依据郑玄学说的雩祀就完全付诸实施了"[4]，金子修一的论断，颇具慧眼。

又何佟之任步兵校尉时议朝日夕月礼（严辑第13篇），则更可见其对经义之娴熟。为确定行礼之时日，何氏举证《周礼·春官·典瑞》马融注"天子以春分朝日，秋分夕月"，《礼记·玉藻》郑玄注"朝日，春分之时也"，而卢

---

1 〔唐〕杜佑：《通典》卷四十六，第2册1286页。
2 陈戍国：《中国礼制史·魏晋南北朝卷》，长沙：湖南教育出版社，1995年，第341页。
3 陈戍国：《中国礼制史·魏晋南北朝卷》，第262页。
4 〔日〕金子修一：《关于魏晋到隋唐的郊祀、宗庙制度》，谯燕译，收入刘俊文主编：《日本中青年学者论中国史·六朝隋唐卷》，上海：上海古籍出版社，1995年，第373页。

植解诂则云"朝日,以立春之日也",进而推论辨析之曰:"马、郑云用二分之时,卢植云用立春之日。佟之以为日者太阳之精,月者太阴之精。春分阳气方永,秋分阴气向长。天地至尊用其始,故祭以二至,日月礼次天地,故朝以二分,差有理据,则融、玄之言得其义矣。"为确定朝拜之向位,何氏则引据《礼记·礼器》经文及郑玄注,以与魏文帝黄初二年（221）所行及淳于睿之议相互证发。尤堪注意者,为改易此前朝日所用服饰与祭天同等,何氏据《周礼》天子祭服等级,以辨二者之差异。祭天着衮冕十二旒,而"朝日不得同昊天至质之礼,故玄冕三旒也";然其亦不主张全然复古,而是以近世以来通行的"绛纱袍、通天金博山冠"以代朝日之"玄冕",由此既合乎周礼祭天、朝日有差等之礼意,又体现出礼仪需因时从宜的重要原则。然阎步克却谓:"何佟之期望,现行冕制能跟《周礼》接近一点儿,但他也知道现行冕制骤难大变,只能小修小补,就设想衮冕为一等,通天冠为一等;天地明堂用前者,朝日夕月用后者,算是'慰情聊胜于无'吧。"[1] 阎说其实是对礼仪与时因革思想的一种误解,以此评价何佟之,恐怕是不合适的。

兹亦取表5中三例以析之。

在梁武帝登基之初,生出前朝一件大事,那就是南齐太祖萧道成妾（即齐临川献王萧映之母）之墓被发,承祀宗庙的萧映长子萧子晋谘梁礼官,其时应当是何佟之复被召入宫中不久。何氏议（严辑第18篇）确定改葬服制:服缌,三日哭。《南齐书·礼仪志三》明确记曰:"帝以为得礼。"这是奠定何氏礼学在武帝心目中地位的重要标志,也是何氏旋即升任尚书左丞（或升任之初）的政绩所在。何氏的依据即为《仪礼·丧服》所记:"改葬,缌。"而礼义则是据郑玄、王肃说凝练而来。郑注曰:"言改葬者,明棺物毁败,改设之,如葬时也。……必服缌者,亲见尸柩,不可以无服,缌三月而除之。"王说可见于《通典·礼六十二》,杜佑录王肃云:"司徒文子改葬,其叔父问服于子思。子思曰:'礼,父母改葬,缌而除,不忍无服送至亲也。'"

---

[1] 阎步克:《服周之冕——〈周礼〉六冕礼制的兴衰变异》,北京:中华书局,2009年,第264页。

表5 何佟之梁天监议礼十一则

年代	主题（采严可均说）	五礼归属	在任官职	引据经籍	采纳结果	《隋书》收录	《通典》收录	严可均辑
天监元年（502）	上言改正三夏	吉	北中郎司马	《周礼·春官·大司乐》	并从之	音乐志上		第1篇
	毁墓服议	凶		《仪礼·丧服》	帝以为得礼	礼仪志三	礼六十二"父母墓毁服议"	第18篇
天监二年（503）	追复三年无禫议	凶			尚书并以为得	礼仪志三		
天监三年（504）	禘祫及功议	吉	尚书左丞	郑玄说	从之	礼仪志二	礼十"功臣配享"	第19篇
	斋日六门断哭议	吉		《礼记·明堂位》	帝诏据之更以二百步断哭	礼仪志二		第17篇
	祭服除绛袴议	吉		①《礼记·玉藻》；②东汉永平二年议礼	依行之	礼仪志六	礼二十一"君臣服章制度"	第18篇
	郊祭议	吉		①《周礼·春官·大宗伯》及郑玄注；②西晋泰始二年议礼	帝采其说	礼仪志一	礼二"郊天上"	第20篇
	郊不宜祼启	吉		《周礼·天官·幂人》及郑玄注	帝从之	礼仪志一	礼二"郊天上"	第23篇
	郊坛器席议	吉		《礼记·曲礼上》	未采	礼仪志一	礼二"郊天上"	第21篇
天监四年（505）	郊祀攒题启	吉		概括《周礼》神祇	帝并从之	礼仪志一	礼二"郊天上"	第24篇
	省牲牵牲割牲议	吉		①《周礼·天官·大宗伯》及《大宰》郑玄注；②《仪礼·少牢馈食礼》	帝可其奏	礼仪志二		第22篇

又云:"本有三年之服者,道有远近,或有艰故,既葬而除,不待有三月之服也。"[1] 郑玄言"亲见尸柩,不可以无服",与王肃引子思之言完全一致,此乃改葬之礼本于人情之所在。郑、王共识,千古不可易,何佟之所继承者正在于此。而郑、王之异主要在改葬服缌之时间长短上,郑玄重经义逻辑本身,故主张"三月而除",王肃则因时考虑实用,故主张"既葬而除",然两者均本于改葬服轻,则一也。何氏抓住经义及郑、王之同者,就萧子晋祖母的具体问题出发,认为其只需改葬,较棺椁有损者更轻,故变通模拟于新宫遭火,以三日哭定之。杨华分析此条,称"所用的是王肃之说"[2],不免落入一偏。此条同样可见何氏深得《丧服》经传礼意,汇通郑、王,因事制宜,面对实际问题做出的切当处理,其礼学修养之卓尔不群者类此。

经学史上诸如郑、王之争的大分合,何佟之有着长年的蕴积,并形成了自己独到的观点。以郊丘之分合为例(严辑第20篇),历来经学家于此颇多辨析,而多认为郑玄主南郊、圜丘各异,王肃则合而为一[3],自晋武帝泰始二年(266)合并圜丘、方泽于南北郊以来,东晋、宋、齐相承未改,杨志刚称"'二至之祀合于二郊'的做法,是实践了王肃的主张"[4]。被学术界普遍忽视的是南齐永明元年(483)王俭启曾援引王肃之说:"周以冬祭天于圜丘,以正月又祭天以祈谷。《祭法》称'燔柴太坛',则圜丘也;《春秋传》云'启蛰而郊',则祈谷也。"[5] 可见在被刻意夸大的郑、王相异背后,两者的同是更为重要的,不管郑玄,还是王肃,都认识到冬至与正月两次祭天礼义明显

---

[1] 〔唐〕杜佑:《通典》卷四十六,第3册2678页。按:清马国翰《玉函山房辑佚书》采之,辑入王肃《丧服经传注》。
[2] 杨华:《论〈开元礼〉对郑玄和王肃礼学的择从》,《中国史研究》2003年第1期,第63页。
[3] 参见钱玄:《三礼通论·制度编》"郊社及群祀",南京:南京师范大学出版社,1996年,第486—492页。又刘丰对郑王之争形成原委的分析亦可参考,见《王肃的三礼学与郑王之争》,《中国哲学史》2014年第4期。
[4] 杨志刚:《中国仪礼制度研究》,上海:华东师范大学出版社,2001年,第274页。
[5] 〔梁〕萧子显:《南齐书》卷九,第122页。按:此标点本引王肃文至"祈谷"止,后一句不在引号内,由此便成王俭之语,恐非。今依钱玄引录,将两句均视为王肃之语,参见《三礼通论》,第491页。

不同，因此王俭已然指出："圜丘与郊各自行，不相害也。"其实王肃所说的同，主要是就所祭之地言，圜丘实即位于南郊之所在（即今见于《礼记正义》卷三十五引王肃《圣证论》者）。西晋之所以合二者为一，据梁满仓的研究，更多的"与他的宗庙制度有关"[1]，其实王肃云云也不过是晋武帝为实现自己愿望而撑起来的一张虎皮。因此，王俭当年便对"中朝省二丘以并二郊，即今之郊礼，义在报天，事兼祈穀"的做法颇为不满，只是时机尚未成熟，也不便提出大事更革的主张。而王俭去世后，接掌治礼的何胤，便对此耿耿于怀，将其作为修礼需要解决的第一要务。《梁书·处士列传》记载梁武帝登基之初，本欲请何胤回朝修礼，何氏提出首要解决的就是"正郊丘"，这是他在齐时未了的心愿，其所论曰："圆丘国郊，旧典不同。南郊祠五帝灵威仰之类，圆丘祠天皇大帝、北极大星是也。往代合之郊丘，先儒之巨失。今梁德告始，不宜遂因前谬。"在这样的背景下，再看天监三年何佟之所议，其对圜丘之祭意在"大报天"，正月南郊意在"祈农事"，分别至为清楚，这是深悉三礼经传及郑、王之说才能做到的；而且何氏进而表达了对晋泰始二年以来"并圆丘、方泽同于二郊"的不满，由此促成梁武帝将两祭分行，"自是冬至谓之祀天，启蛰名为祈穀"，王俭、何胤以来一脉相承的修礼理念得以正式施行。梁满仓对此给予了高度评价，认为"这个做法同时收到了三种效果：它既坚持了两晋以来在祭祀对象上郊丘合一，又使得这种做法与传统的祭天理论吻合，同时也把祭天报功和祈福的意义区别开来"，并且将"一个郊坛分为二祭"作为"南朝国家祭天制度的成熟"的标志之一。[2] 在这个意义上，正可以看出作为尚书左丞的何佟之，在担任总参的三年时间里，对梁礼修撰大格局的确定，产生了实质性的影响。

此外，在具体仪节的考辨上，何佟之的分析也不乏精彩之处，对此前代礼家诸如秦蕙田等已然做过一些揭橥。比如对于郊不应祼，何佟之、明山宾均做出议论（严辑第23篇），为武帝所从，然而如果细致分析两人所言的依

---

[1] 梁满仓：《魏晋南北朝五礼制度考论》第四章，第180—183页。
[2] 梁满仓：《魏晋南北朝五礼制度考论》第四章，第185—187页。

据，秦蕙田指出"何议是，明山宾……则谬矣"[1]，极精。何氏的直接依据是《周礼·天官·幂人》"祭祀，以疏布巾幂八尊，以画布巾幂六彝"，据郑注，八尊用于祭天地，六彝乃以享宗庙，故唐贾公彦疏："祭天无灌，唯有五齐三酒，实于八尊。……六彝皆盛郁鬯，以画布幂之，故云画布幂六彝。此举六彝，对上经八尊无郁鬯，以言宗庙有郁鬯。"[2]何氏所云即据《周礼》而来："案鬯者盛以六彝，覆以画幂，备其文饰，施之宗庙。"同时，《春官·司尊彝》列出用祼之祭有春祠、夏禴、秋尝、冬烝及"四时之间祀：追享、朝享"，郑注："祼，谓以圭瓒酌郁鬯，始献尸也。"贾疏明确告知："此六者，皆据宗庙之祭。"[3]两相印证，可知祭天的南北二郊，便无需用郁鬯以祼，只有宗庙祥先祖，方行祼以献尸。而明氏的依据则是《礼记·表记》"天子亲耕，粢盛秬鬯，以事上帝"，其认为上帝乃明堂所奉祀者，可见明堂有祼，故"郊不应祼"。其实明堂亦不用祼，虽陈之有鬯彝，然不以之祼，其所祭者亦为天，非先祖也。明氏之误，正为秦蕙田所洞见："上帝即天，郊既不祼，明堂安得有祼？其病正坐以天与上帝为二，仍注家之弊也。"何氏之礼学，高于明山宾，恐怕也高于很多为三礼经传作疏的注家，切不可因其未留下个人著作而轻忽之。

略为总结一下，何佟之于齐梁两代议礼共计二十二则，基本上都是立足于经典，融合现实问题，经世致用的卓见。此处不过刺取其中六则，做出了一些简要的分析。通盘来看，就其援引经典数目而言，直接引用《周礼》十则、《仪礼》四则、《礼记》十则、《大戴礼记》一则、郑玄注二十则（其中附于三礼十八则，单引二则），概括《周礼》大意二则，此外尚有引用《尚书》一则、《春秋左传》一则，可见基本上是偏重于三礼及郑玄注，其"少好三礼，师心独学，强力专精，手不辍卷"，在随后的生涯中发挥出了巨大的威力。同时，何氏议礼尚援引前朝议礼史料五则、司马彪《礼仪志》一则，这是他熟

---

[1] 〔清〕秦蕙田：《五礼通考》卷八《圜丘祀天》，第1册394页。
[2] 《周礼注疏》卷六，〔清〕阮元校刻：《十三经注疏》，第675页下。
[3] 《周礼注疏》卷二十，〔清〕阮元校刻：《十三经注疏》，第773页中。

读何承天《礼论》二百篇的功效。更为重要的是，何氏之礼学是在融贯经籍之后，在具体现实问题中呈现出其对礼义的深刻把握和对经义的灵活运用，区别于由经注或经论来立说者。后世学者基于各种角度所给予的各种评价，有一些误解和偏失之处，需在进一步研究何佟之经学时细加甄别。

庐江何氏之经学积成

何佟之，庐江灊人（今属安徽霍山县），累世以经学闻名，尤重礼学。据陈寅恪对东汉至六朝学术递进之描述："东汉学术之重心在京师之太学，学术与政治之关锁则为经学，盖以通经义、励名行为仕宦之途径，而致身通显也。自东汉末年中原丧乱以来，学术重心自京师之太学移转于地方之豪族，学术本身虽亦有变迁，然其与政治之关锁仍循其东汉以来通经学、励名行以致从政之一贯轨辙。"[1] 在陈先生看来，东汉与六朝"通经学"以入仕致用乃其一贯，差异乃在东晋以来学术之流传更依托于"地方之豪族"，也就是他在《崔浩与寇谦之》中所说的"地方之大族盛门乃为学术文化之所寄托"[2]。那么，庐江何氏正是六朝世族中"通经学、励名行"，学术家门化的典型代表之一。刘师培论南朝文学之盛，有云"自江左以来，其文学之士，大抵出于世族"[3]，刘氏之所谓文学，经论自在其中，正所谓"儒生学士，莫不工文"，在其所列十六家文学世家大族中，庐江何氏即居其一。

庐江何氏家族在两晋以后趋于鼎盛，史籍所载散杂，近代以来对其家族世系进行系统条理，大概始自王伊同（1914—2016），其著《五朝门第》（1943）列有庐江灊人何氏世系婚姻表。[4] 王氏通贯史书，钩沉索隐，其功甚巨。其后，

---

[1] 陈寅恪：《唐代政治史述论稿·中篇》，北京：生活·读书·新知三联书店，2004年，第260—261页。
[2] 陈寅恪：《金明馆丛稿初编》，北京：生活·读书·新知三联书店，2001年，第147页。
[3] 刘师培：《中国中古文学史讲义》第五课《宋齐梁陈文学概略》，上海：上海古籍出版社，2011年，第95页。
[4] 王伊同：《五朝门第·高门权门世系婚姻表》二二，北京：中华书局，2006年。

据我所知又有张宪华、孟聚、何荣俊三位，参诸王著，新联何氏家族世系，三位所列世系表，较王表颇有一些出入。就何佟之所处位置的处理来说，王表严格遵照《梁书·儒林列传》所载何佟之是"晋豫州刺史恽六世孙"（《南史》同），其上经佟之父何歆、祖何勋之，进而上接于其先祖何桢—何恽—何睿，中间传承史籍记载欠明，故用虚线将何勋之直接连到何恽，在何勋之旁注明"四代孙"。然而张宪华的做法是，在何睿至何勋之间留三个□，即处理成"何睿—□—□—□—何勋之"[1]，如此何勋之往上，经过何睿再到达何恽，不明其所据，且何佟之成为何恽的七世孙，显然不合《梁书》本传记载。何荣俊虽是将何勋之直接上接到何恽下，中间没有空格，而在一旁说明"勋之为恽六世孙"[2]，那么何佟之将成为何恽八世孙，亦不合《梁书》，又别无所据。孟聚的处理则在何勋之上无连线，造成何勋之一脉旁列单行[3]，由此与何桢—何恽的家族世系联不上关系。我认为张、孟、何三张世系表均未能超过王表，且不合乎《梁书》本传的明确记载。[4] 更为重要的是，何氏家族中荣登高位者颇众，参与议礼者亦不乏其人，何佟之与他们是什么关系，从他们三位所条列的世系表中均很难看清楚。举一例来说，在刘宋时任尚书令的何尚之，其孙何胤，同样是礼学大家，曾在南齐永明时任国子祭酒，主持过《五礼仪注》的修撰（详见下），其时何佟之则只是以国子助教的身份参与议礼。两人同在一个家族，在同一个时代同在国子学参与修礼，两者之间是什么关系？张宪华的世系表缺载何胤，孟聚的世系表因分裂成两系，看位置何

---

1 张宪华：《东晋南朝时期庐江何氏研究》，《皖江历史与文献丛稿》，芜湖：安徽师范大学出版社，2013年，第12页。

2 何荣俊：《魏晋南北朝家族研究：以庐江灊县何氏为例》，台湾成功大学历史研究所硕士学位论文，2010年，第133页。按：何先生此文附表二《庐江灊县何氏家族成员仕官表》将每一位成员所牵涉的所有史籍载记进行了穷尽式罗列，足资参考。

3 孟聚：《魏晋南北朝时期的何氏家族》，《魏晋南北朝史研究》，武汉：湖北人民出版社，1996年，第206页。

4 据网上流传所见，何德宝主编，由何氏后人编纂的《何氏名人录》（2001年内部印刷），在"何氏世系百世图"下则明确记载有"何恽—何睿—何闳—何勋之—何歆—何佟之"的传承，其间增出"何闳"一代，不知其所依据，不过还是不合《梁书》本传的记载，兹不取。

胤似乎比何佟之晚一辈，何荣俊的世系表中何胤又要比何佟之高一辈，何去何从，让人不知所措，有待再考。因此，庐江何氏的世系传承，下文的述论还是回到以王伊同所列世系表作为分析的基础。

近来，王永平已对"以礼学为中心的何氏之经学传统"进行过初步的条理[1]，我在参酌王先生所论之后，对何氏家族的经学积淀及其对何佟之的影响，再做深一层的揭橥。

首先是庐江何氏家族起家人物何桢，其为何佟之七代祖，上述四表均将其作为庐江何氏世系表的第一人，无异议。何桢在魏晋时进入政坛，西晋时任尚书光禄大夫，其传见诸《三国志·魏书·管宁传》裴松之注引《文士传》，云其"有文学器干"，王永平指出"这里所谓'文学'，主要是指其具有儒学经术方面的修养"，甚是。值得注意的是，何桢起家即以礼学著称，《宋书·礼志二》载有"晋泰始四年，尚书何桢奏"，内容是要为旧君服齐缞三月，其奏为武帝采入诏书。《宋书·礼志一》又载有何桢所撰《许都赋》，言及"元正大飨，坛彼西南"，可见曹魏时元会之礼"悉在城外，不在宫内也"。在这个意义上，我认同王永平所言，"[何桢]奠定或开启了何氏家族重视儒家礼学的传统"[2]。王朋兵据《晋书》所记，说"何桢实由军功而起……何桢子嗣入仕也多居武职"[3]，这自然也没有错。不过何桢后来升任光禄大夫，位列三品，能够在西晋朝廷中站稳脚跟，则不得不说依托于他的礼学修养和文学才华，这在其后家门传承的过程中可谓影响深远，何佟之能够"少好三礼"，与此深厚的家学传统，密不可分。

何桢曾孙何充、何琦在西晋时位居要职，二人均为何佟之五代祖辈，非直系。何充（292—346）曾任尚书令，出为骠骑将军，后又加中书监，参见《晋书·何充列传》，何氏家族至此趋于第一流门第。何充的礼学修养不薄，

1　王永平：《东晋南朝庐江何氏儒玄双修之家学及其相关之门风》，《东晋南朝家族文化史论丛》，扬州：广陵书社，2010年。
2　王永平：《东晋南朝庐江何氏儒玄双修之家学及其相关之门风》，《东晋南朝家族文化史论丛》，第156页。
3　王朋兵：《两晋南朝庐江何氏家族之兴盛述论》，《古籍研究》2008年卷上，第153页。

《晋书·后妃列传上》载咸康八年(342)何充参与议武悼皇后配飨武帝庙一事,又《通典·礼二十七》"皇后敬父母"条下载东晋穆帝永和九年(353),何充议褚太后见父之礼,并录其两段奏文及一篇与庾翼书。其他史料缺载。更值得注意的是,何充从兄何琦,在东晋时曾多次征辟,简文帝时再征散骑常侍,仍不行,在民间声望甚隆,参见《晋书·孝友列传》。何琦的声望一部分是因为他居丧过礼,另一部分则是因为他数次参与过朝廷议礼,《宋书·礼志一》录有升平元年(357)太常王彪之新定六礼仪注,何琦参与制定答六礼版文,《礼志四》又录有晋哀帝升平中何琦论修五岳祠长文。《晋书·礼志》二例同。又《通典·礼典》载何琦议礼六则,其一为《礼十九》"已拜时而后各有周丧迎妇遣女议"条录晋怀帝永嘉中何琦驳江统、许遐议,其二为《礼二十七》"天子敬父"条录何琦议,其三为《礼三十三》"敦疏远外亲"条录何琦议,此三则属嘉礼;其四为《礼五十五》"前母党为亲及服议"条录何琦议,其五为《礼五十六》"为族曾祖后服议"条录何琦议,其六为《礼六十二》"改葬服议"条录何琦语,此三则属凶礼。以上八则足可见何琦礼学造诣之卓,当另文予以详析。

何充弟何准之子何澄,为何佟之四代祖辈,非直系。何澄,东晋安帝时官至尚书左仆射,参见《晋书·外戚列传》。《晋书·礼志中》载隆安四年(400),太皇太后李氏去世,朝议疑其服制,最终采录何澄等五人同议,皇后及百官皆服齐衰期(《后妃列传下》同)。[1] 何澄等所议据《春秋》之义立论,时无异议,可见精于丧礼之义,乃何氏家学风尚。《通典·礼四十》"总论丧期"条收录之,爰重其说可知。

何澄兄何惔之孙何尚之(382—460),刘宋时位至司空,领尚书令,加开府仪同三司,为何佟之父辈,非直系。至此,何氏家族趋于鼎盛。何尚之子何偃(413—458),与何佟之同辈,则又是一位礼学名家。何偃,宋孝武帝时官至吏部尚书,《宋书·礼志》载其议礼者三则,其一为大明二年(458)南郊若遇

---

[1] 《宋书·礼志二》收录此条,则仅称为尚书祠部郎徐广议,略去其他四人名姓,与《南史·徐广列传》同,何以致此,待考。

雨是否需迁日、重告，有司奏请详议，《礼志三》录何偃议，举《礼记》郑玄注，旁参《周礼》《左传》《穀梁传》，定国子博士王燮之所论为当，其说为尚书右丞徐爰所认同，故诏可。其二为《礼志五》记此前孝建二年（455）何偃议临轩乘舆服制，侍中、常侍夹扶，同样为徐爰参议所认同。据《隋书·经籍志一》记载，何偃尚著有《毛诗释》一卷。

何尚之孙何胤（446—531），为何偃之侄，较何佟之晚一辈，然较佟之年长五岁，成名亦较佟之早，经学修养深湛，著作颇丰。《梁书·处士列传》记载他曾"师事沛国刘瓛，受《易》及《礼记》、毛《诗》"，其后又曾"注《易》，又解《礼记》，于卷背书之，谓之《隐义》"，总记其著有"注《周易》十卷，《毛诗总集》六卷，《毛诗隐义》十卷，《礼记隐义》二十卷，《礼答问》五十五卷"。更为重要的是，何胤于南齐永明八年（490）任国子祭酒，负责过齐礼的修撰。据闫宁考证，何胤在王俭、张绪、萧子良以后接掌五礼修治，其"掌治《五礼仪注》凡九年"，"可确知者，何胤主修五礼事时撰有一种言丧服、丧礼之仪注"[1]，此殆即《新唐书·艺文志》所录的《丧服治礼仪注》。而永明年间，何佟之曾任国子助教，参与议礼，其对何胤的学养，自然钦服，又同出何氏一族，对其仰慕可知。

梁武帝登基之始，本意乃是请何胤回朝修礼，《梁书·处士列传》记载武帝遣领军司马王果带上手敕赴何胤处敦请，何胤对王果讲了他在齐时未了的修礼心愿三则："一者欲正郊丘，二者欲更铸九鼎，三者欲树双阙。"（上文已论及郊丘）然而最终以年龄太高坚辞入朝，其时何胤57岁。武帝为之感叹曰："本欲屈卿暂出，开导后生，既属废业，此怀未遂，延伫之劳，载盈梦想。"最终只得遣何子朗、孔寿等六人赴会稽从其受学。很可能是在这样的背景下，武帝转而请何佟之主持修礼。因为何佟之与何胤同宗，年岁相差不大，又均精于礼，参与过齐礼的修撰，可谓学养、经历相仿。由上文所论及的梁礼"一个郊坛分为二祭"制度的确立，其中何胤、何佟之所起的作用，

---

[1] 闫宁：《齐梁〈五礼仪注〉修撰考》，《文史》2011年第4期，第70—73页。

正可印证何氏家族礼学观念的一脉相承。其时何佟之52岁。

总上可见,在庐江何氏家族中,魏晋南朝自何桢至何佟之、何胤,前后九世,至少诞生了七位礼学家[1],再加上一位一品高官何尚之,可见其宗族对经学,尤其是礼学的重视。庐江何氏世族,自魏晋以来经由两百五十余年的积累,几乎每一代均有人参与朝议礼,至齐梁年间终于出现了何胤、何佟之两位礼学大家,经由一代名臣王俭的推助,又由梁武帝的支持,终于完成了一项名垂千古的修礼大业。何氏家族在六朝礼学因革演进中起了重要的作用,梁礼的制成,使庐江何氏家族永垂于学林。

回到汉唐经学的现场

何佟之所代表的,其一是他参与了汉唐之间礼典的高峰之作——梁礼的修纂,从最初草创直至担任总参,梁礼可谓成型于其手,这是他在礼制史上做出的不可磨灭的学术贡献;其二是在修礼、议礼过程中所展现出来的精湛经学修养,使他通经治国的理想得以落实,在现实问题的处理中显现出经世致用的卓见;其三是庐江何氏家族两百五十余年九世传经的丰厚积累,这是陈寅恪所谓六朝以来学术家门化的一大标致。何佟之在经学史上的地位由此得以充分呈现,应该说他是南朝经学的一颗耀眼明星。

殊为可惜的是,自皮锡瑞《经学历史》以来的几乎所有经学史著作,对何佟之均未予以足够的重视,绝大部分史著不过一笔带过,甚而至于有逐渐将其湮没无闻的趋势。最近新出版的叶纯芳《中国经学史大纲》便可作为代表,不仅在魏晋南北朝经学图表中未见何佟之的踪影,在分论南朝经学家时,所列七位均以精于礼学名家者(分别是雷次宗、崔灵恩、皇侃、张崖、陆诩、沈德威、

---

[1] 王永平认为齐梁之际的何宪,也是庐江灊人,又为王俭所推重,南齐时任国子博士,故而也是何氏家族内一位重要的经师,参见《东晋南朝庐江何氏儒玄双修之家学及其相关之门风》,《东晋南朝家族文化史论丛》,第159页。按:《南史·王谌列传》载何宪生平,完全未及其与庐江何氏其他族人的关系,提及其"宗人何逖",亦未见于何氏世系,故不予计入。

贺德基），然何佟之仍未能入其目。[1] 何佟之之所以会被遮蔽掉，恰恰是经学研究的以上三条轨辙，尚未得到学界应有的认同，甚而至于越来越被轻忽。这与经学史家对经学如何理解，如何选材，如何评论，具有直接而密切的关系。

"经学"一词，首见于《汉书》。《汉书·儿宽传》记载儿宽（?—前103）曰："见上，语经学。上说之，从问《尚书》一篇。擢为中大夫，迁左内史。宽既治民，劝农业，缓刑罚，理狱讼，卑体下士，务在于得人心。"此为汉武帝时代经学之义。儿宽与武帝所谈的《尚书》学，绝非故训、章句之学，而恰恰正是"劝农业，缓刑罚，理狱讼"等一系列务民之实学，如此才能得武帝之"说（悦）"。在《儒林传》中同样记载此事，称汉武帝曰："吾始以《尚书》为朴学，弗好，及闻宽说，可观。"可见，武帝本以为读经不过是训义、辨音等"朴学"，于治国无甚大碍，是儿宽让他深知《尚书》等经籍中潜在的巨大价值，由此奠定了经学在汉代复兴的总基调。又《宣帝纪》记本始四年（前70）诏曰："乃者地震北海、琅邪，坏祖宗庙，朕甚惧焉。丞相、御史其与列侯、中二千石，博问经学之士，有以应变，辅朕之不逮，毋有所讳。"可见在汉宣帝的心目中，有求于经学之士，乃因其能应时变，解决国家所面临的棘手问题，也就是通经以致实用，且要能发挥出立时可见的奇效。这是经学在汉代蓬勃发展的一条康庄大道，直至汉末灵帝时刻立熹平石经，亦有同样的现实期求。

魏晋以降，虽然学术的积聚场有所迁移，然而"通经学、励名行以致从政"的大脉络仍没有变，这在陈寅恪心目中还是比较清晰的。且举一例以证实之。《南史·王昙首列传》记王俭曰："俭弱年便留意三礼，尤善《春秋》，发言吐论，造次必于儒教，由是衣冠翕然，并尚经学，儒教于此大兴。何承天《礼论》三百卷，俭抄为八帙，又别抄条目为十三卷。朝仪旧典，晋、宋来施行故事，撰次谙忆，无遗漏者。所以当朝理事，断决如流。每博议引

---

[1] 叶纯芳：《中国经学史大纲》第六章《魏晋南北朝经学》，北京：北京大学出版社，2016年。

证,先儒罕有其例,八坐丞郎,无能异者。令史谘事,宾客满席,俭应接铨序,傍无留滞。"王俭通经、议礼、修礼的经历（上文已论及）,何佟之可与之相匹,只是何氏的家族地位尚不及王氏。当时之所谓"经学",所谓"儒教",正在于其能"当朝理事",决断国务。因此,探索何佟之三项经学成就的路径,恐怕同样适用于王俭,同样适用于六朝一大批治经之士。从这个意义上说,魏晋以来的经学史绝非如皮锡瑞所云的"中衰""无足观",而是别开了一番生面。

视角与眼光一旦转变,一旦回到汉唐之间经学的现场,便不难发现职掌梁礼的数位修纂官,实际上均为一代通经之士。如掌吉礼的明山宾"十三,博通经传",梁时出任五经博士（《梁书·明山宾列传》）;掌凶礼的严植之"及长,遍治郑氏《礼》、《周礼》、毛《诗》、左氏《春秋》",梁时出任五经博士（《儒林列传》）;掌宾礼的贺㻛梁时亦兼五经博士,"撰《五经义》……所著《礼》、《易》、《老》、《庄》讲疏"（《儒林列传》）;掌军礼的陆琏和之后相继代严植之掌凶礼的伏暅、缪昭,梁时亦均曾兼五经博士;而最后总参其事的徐勉,同样"博通经史,多识前载"（《徐勉列传》）。这一方面可见梁天监初,武帝诏求修五礼的均为"通儒"（《梁书》《南史》多处记载）,而非专家之吏,另一方面又可见当时的通经之士,往往多精于礼学。如《梁书·儒林列传》尚记载有司马筠"博通经术,尤明三礼",崔灵恩"从师遍通五经,尤精三礼、三传",孔佥"通五经,尤明三礼、《孝经》、《论语》",沈峻"博通五经,尤长三礼",此类人物引领了当时学林之潮流。这一条路径若再往前追溯,正是魏晋以来形成的家门化学术风格的一大特征,此为陈寅恪等所隐而未发者,有待于经学史家长足的耕耘。

十一、乡礼的礼义及其历史演变

乡礼，作为王道政治由政府铺展至乡间的重要体现方式，是古代礼治精神得以外化的标志性形式之一。史家吕思勉誉之甚高，其曰："古代教育，重于行礼，六礼之中，乡为尤重。"[1] 观《礼记》所载孔子之言，即有曰："吾观于乡，而知王道之易易也。"郑玄注："乡，乡饮酒也。"[2] 可见乡礼的礼义自上而下逐渐蔓延、辐射，非属于家礼的冠、昏、丧、祭等所可匹及，故历来颇为看重。

乡礼的礼义究竟如何体现？《礼记·昏义》曾概括意蕴深远的礼典有如下八种："夫礼始于冠，本于昏，重于丧、祭，尊于朝、聘，和于射、乡，此礼之大体也。"郑注于其他七礼均不注，唯注："乡，乡饮酒。"[3] 可见汉以前人心目中可简称为"乡"之礼，指的就是乡饮酒礼，此意至郑玄时代已不甚确定，故其在注《礼记》时两度做注挑明。何为"和于射、乡"？后世学者多含混其义，唐人正义参合郑注，说乡饮酒礼包含有四种（详下文），杨华从礼义功能上进而"简化为两种：一是尊贤，即宾士贡才；二是养老，即序齿尊长"[4]。由此也便不难理解何以清儒段玉裁竟会得出乡饮酒礼与养老礼"异名而同实"的结论[5]，乡礼的本义在其历史演变中几乎湮没无闻。

---

1 吕思勉：《吕思勉读史札记》条737"乡饮射礼"，下册1398页。按：吕氏所谓六礼，盖指冠、昏、丧、祭、乡、相见六种礼典。
2 《礼记·乡饮酒义》，《礼记正义》卷六十一，〔清〕阮元校刻：《十三经注疏》，第1429—1430页。
3 〔清〕孙希旦：《礼记集解》卷五十八，第1418—1419页。
4 杨华：《朱熹与宋代的乡饮酒礼变革——兼论礼典设计对地方官僚政治的回应》，《武汉大学学报》2019年第3期，第107页。
5 〔清〕段玉裁：《乡饮射礼与养老之礼名实异同考》，《经韵楼集》卷十一，上海：上海古籍出版社，2008年，第294页。

为廓清源流，必须回到精密记载乡饮酒礼整套仪节的原始文献——《仪礼》，抉发出周代乡礼的礼义重心。汉代以后，乡饮酒礼在重建过程中发生了礼义被置换的现象，与封禅礼在历史演变中表现出的"蝉蜕化"特征不同，乡饮酒礼则呈现出如同鹊巢之被鸠居般的典型特征，礼制史上的这一变迁可称之为"礼仪的鸠占化"。对这一变迁路径缺乏认识，是造成汉以来各种歧见和误解的根源。

《仪礼》所见乡饮酒礼的礼义

西周以来乡礼的实施情况，今天尚可从《仪礼》的《乡饮酒礼》和《乡射礼》两篇中概见之。据杨宽的考证，"可知《仪礼·乡饮酒礼》所记的主要礼节，曾在春秋以前应用"。[1] 乡射礼则是在乡饮酒礼的基础上，加入三番射作为内核，由此进一步观摩士人文武双修的精神气质（参见卷二第六篇）。乡射礼在仪节设置上包蕴整套乡饮酒礼，故《礼记·射义》称"卿、大夫、士之射也，必先行乡饮酒之礼"。吕思勉解释"乡"包括"乡饮、乡射"，乃就二礼之相同部分所言；《礼记·昏义》《仲尼燕居》"射、乡"并举，则就二礼之相异者立说。如果说三番射更重在体现个人技艺、品德，那么乡饮酒礼更重在一个"乡"字，分析此礼仪节，可抽绎西周乡礼的核心精神。

乡饮酒礼的基本仪节，据《仪礼》所载，可分作谋宾、迎宾、献宾、乐宾、旅酬、无算爵、送宾七大部分[2]，试抽绎其中所蕴礼义为如下几个方面。

1. 宾主之间，礼让致敬

乡礼区别于家礼（冠、婚、丧、祭），最显著的特征是其举行地点在公共空间（乡学）中，参与者由族人扩大到全乡士人。由此，公共秩序的建立便是乡礼的首要诉求，这一层贯穿于乡饮酒礼的全过程。据《礼记·乡饮酒义》概括：

---

[1] 杨宽：《"乡饮酒礼"与"飨礼"新探》，《西周史》，第747页。
[2] 对此篇仪节的细致梳理，可参见吴宏一：《乡饮酒礼仪节简释》，台北：中华书局，1985年。

> 乡饮酒之义：主人拜迎宾于庠门之外，入，三揖而后至阶，三让而后升，所以致尊让也。盥洗扬觯，所以致絜也。拜至，拜洗，拜受，拜送，拜既，所以致敬也。尊让、絜敬也者，君子之所以相接也。君子尊让则不争，絜敬则不慢。不慢不争，则远于斗辨矣。不斗辨则无暴乱之祸矣，斯君子所以免于人祸也。故圣人制之以道。

为避免人与人之间因争先而冲撞、因傲慢而冷漠，甚至发生语言暴力（斗辨）、行为暴力（暴乱），古人"制之以道"，郑注"道，谓此礼"，即制定乡饮酒礼。乡饮酒礼的底层和基调实际上是一种人与人之间相互交往之礼，贯穿仪节设置始终的，就是致尊让、致洁敬的君子相接之道。彼此之间拜揖、行进、坐兴、盥洗、会食的每一个举止看似平常，实则蕴含一种如何对待对方的典雅大度的君子风范。

具体而言，在《乡饮酒礼》中，细致记载揖让的仪节多次，在宾主相见、共行登堂的三揖三让之后，明确记"揖让（如初）升"的九次，记"揖升"的一次，记"揖降"的一次，记"揖复席"的三次。细致记载互拜的仪节多次，"拜至，拜洗，拜受，拜送，拜既"次数甚多，尚有拜告旨、拜许、拜辱，以及北门再拜等。宾主双方一方拜以致意，另一方即需答拜，明确记"主人答拜"的六次，记"宾答拜"的十三次，记"介答拜"的四次，记"司正答拜"的一次。[1] 诸如此类，共同造就整个仪节中宾主双方彬彬典雅之风貌。《礼记·礼器》曰："经礼三百，曲礼三千。"如果"经礼"指的就是乡饮酒礼的整套礼典，那么"曲礼"所指，按清人孙希旦所说"则经礼中之仪文曲折，如《冠礼》之三加、《昏礼》之六礼，《士相见》之授贽、反见、还贽，《乡饮酒礼》之献宾、献介、献众宾之类皆是"。[2] 其实宾主之间的"仪文曲折"，远不止三献酒，如上铺展于礼典自始至终的交接之仪均是。若依叶国良之说，"'经礼'是指为了较隆重的特定目的而实行的一整套仪式，亦

---

1 有学者曾专门提取出《乡饮酒礼》所记全部"答拜"环节，详参王秀臣：《三礼用诗考论》，北京：中国社会科学出版社，2007年，第263—264页。
2 〔清〕孙希旦：《礼记集解》卷一，第2页。

即《仪礼》所载的'冠婚丧祭燕射朝聘'各礼;'曲礼'则指日常生活的言行规范或从礼仪中归纳出来的原则,而不指一整套的仪式"[1],可见"曲礼三千"乃铺设于古礼之底层者,从日常生活中逐渐培育、养成、习惯化,而从礼典施行的言行、举止、神色、仪态中纤毫毕现地流露出来。

如此,《礼记》之《曲礼》《少仪》等篇所载大量关于人与人交往的仪节规定,便属于所谓的"曲礼三千"。朱熹曰:"所谓'曲礼',则皆礼之微文小节,如今《曲礼》《少仪》《内则》《玉藻》《弟子职》篇所记事亲、事长、起居、饮食、容貌、辞气之法,制器备物、宗庙宫室、衣冠车旗之等,凡所以行乎经礼之中者,其篇之全数虽不可知,然条而析之,亦应不下三千有余矣。"[2] 以《曲礼上》所记客至主人迎入的一段为例:

> 凡与客入者,每门让于客。客至于寝门,则主人请入为席。然后出迎客,客固辞,主人肃客而入。主人入门而右,客入门而左;主人就东阶,客就西阶。客若降等,则就主人之阶;主人固辞,然后客复就西阶。主人与客让登,主人先登,客从之。拾级聚足,连步以上。上于东阶,则先右足。上于西阶,则先左足。

主人对客,"每门让","请入为席","肃客而入"(导引其进入),"让登";客对主人,"固辞",随入,"让登",如果身份较低,则辞让西阶,在主人固辞之后,"复就西阶"。这是宾主相见的日常礼仪,日复一日而凝固在士人身心之间,于是在礼典的施行中自然呈现出来。《礼记·乐记》概括之曰:"射、乡、食、飨,所以正交接也。"《仪礼》所载这样一系列仪节,必定是就西周以来人与人交往中的已有做法,进行规范化整饬而成,也就是来源于社会已普遍接受的常见做法,而绝不可能是以凭空设置的理想套路,强加于行礼者促其遵从。

---

[1] 叶国良:《〈论语〉中的"曲礼"论述及其影响》,《礼学研究的诸面向》,台北:清华大学出版社,2010年,第132页。
[2] 转引自〔清〕孙希旦《礼记集解》卷一,第2页。

乡礼置于公共空间中展开，宾主之间的行止、言谈、威仪、饮食等各个方面，均外露在每一位参与和观摩礼典者的面前。德行丰沛涵于内，举止典雅露于外。宾主之间的礼让与敬意，在如此丰富的曲礼中袒露，一时的掩饰与伪装均不足以奏效。

2. 长幼之间，尊长身教

《乡饮酒礼》记载乡礼的第一项重要环节，就是"谋宾"，即由主人（乡大夫）和先生共同商议，选出宾一人、介一人及众宾数人。所谓先生，郑玄注："乡中致仕者。"具体而言，"古者年七十而致仕，老于乡里，大夫名曰父师，士名曰少师，而教学焉，恒知乡人之贤者"。在乡学中执教的乡老，因他们丰富的阅历和丰沛的德望，乡大夫"就而谋之"，共同选定乡中"处士贤者"为宾、介的人选，郑注云"贤者为宾，其次为介，又其次为众宾，而与之饮酒，是亦将献之，以礼礼宾之也"。敦请这些年老者为乡礼的贵宾，目的非常清楚，即郑玄所云"凡乡党饮酒必于民聚之时，欲见其化，知尚贤尊长也"。

如何做到"尊长"？必要的步骤就是序齿，也就是《礼记·经解》说的"乡饮酒之礼，所以明长幼之序也"。这句话再次出现在《射义》中，可见其紧要。长幼之序实际上是宾主之间的敬让礼义往众庶扩散与辐射的重要渠道。故《经解》云："敬让之道也，故以奉宗庙则敬；以入朝廷则贵贱有位；以处室家则父子亲，兄弟和；以处乡里则长幼有序。孔子曰'安上治民，莫善于礼'，此之谓也。"也就是说通过别无争议的序齿之法，外在看起来是以年龄为序，内在实际上是以贤能为序，尊长在本质上是要指向尚贤。清人褚寅亮深契此意，指出："窃意此礼虽曰饮贤，然不过在坐皆贤者耳，其宾、介等必以年之先后次第为之。若以德，则近于标榜矣。……明乎此，则知此礼必兼年高、有德者为之矣。"[1] 通过宾主之间的"献""酢""酬"等一系列仪节，在年齿的序列中由宾而介，而众宾，而与礼之士，尚贤之意经由长幼之

---

[1] 〔清〕褚寅亮：《仪礼管见》，转引自〔清〕胡培翚：《仪礼正义》卷五，《儒藏·精华编》47，第207页。

序弥漫在礼节递进之中。因此,"宾、介"人选的物色,就显得尤为重要,难怪《乡饮酒义》称"立宾以象天,立主以象地,设介、僎以象日月,立三宾以象三光",又说"三宾者,政教之本,礼之大参也",其对"宾"在乡里之地位高誉如此。《仪礼·乡饮酒礼》将乡大夫谋宾于乡先生,列为第一项礼仪,其用心亦可见。反过来说,如果不以"尊长"而"尚贤"为趋向,那么权力、财力、霸力等因素必然肆意介入,"宾、介"的人选如果不能服众,那么"敬让"的意义便势必丧失,《经解》所谓"乡饮酒之礼废,则长幼之序失,而争斗之狱繁矣",将是必然的结果。

再进一步讲,尊长尚不是乡礼的终极目标,乡礼的指归还在于郑玄所谓的"欲见其化",用《经解》的话说,就是"礼之教化也微,其止邪也于未形,使人日徙善远罪而不自知也,是以先王隆之也"。乡饮酒礼何以能够"使人日徙善远罪而不自知",能够达到"教化也微"的指归,古人似乎很难直接道出个中原委。《乡饮酒义》给出的解释是,"民知尊长养老,而后乃能入孝弟",可是这仍然是一个模糊的逻辑。问题的关键,我认为恰恰在于所尊的那个"宾",与观礼的那个"民"之间是如何发生"礼化"作用的。且看《孝经》录孔子之言,做如下之解释:

> 则天之明,因地之利,以顺天下,是以其教不肃而成,其政不严而治。先王见教之,可以化民也。是故先之以博爱而民莫遗其亲,陈之以德义而民兴行,先之以敬让而民不争,导之以礼乐而民和睦,示之以好恶而民知禁。[1]

据此可见,这种"教化也微",指的实际上是"其教不肃而成,其政不严而治"的尊长的身教。从乡礼正式行礼开始,先后经过献宾、乐宾、旅酬和无算爵四个主要阶段,所有仪节均在堂上举行,宾、主的仪容、举止、神情全部展现在所有行礼者和观礼者面前,所以郑注说"乡党饮酒必于民聚之时"。

---

[1] 《孝经注疏》卷三,〔清〕阮元校刻:《十三经注疏》,第2549页下—2550页上。

由堂上被尊的"宾""介"身上直露出来的"仁爱""恭俭""敬让""好恶"，正是"不肃而成"的教化过程，胜过一切通过言语的说教，正所谓"阅揖让拜起之式，则知谦恭撙节之可学矣；见升降进退之容，则知折旋俯仰之可习矣"[1]。对此，讲得最透彻的，当数清末曹元弼，曹氏指出：

> 古之为治也，渐民以仁，摩民以义，节民以礼，乡饮酒、乡射，其事统于官，盖上与民相厉以礼之道，所以使民日迁善而不自知也。[2]

由此可知，要尊贤，首先要贤者身上充分流露出贤德；要尊老，首先要老者身上袒露出无微不至的关怀；要孝悌，首先要父兄身上洋溢着浓情与慈爱，这是"礼化"发生作用的动力之源。

从这个意义上，我们再来看《乡饮酒义》所载两层紧密呼应的仪节设置，其一曰：

> 主人者尊宾，故坐宾于西北，而坐介于西南以辅宾。宾者，接人以义者也，故坐于西北。主人者，接人以仁、以德厚者也，故坐于东南。而坐僎于东北，以辅主人也。仁义接，宾主有事，俎豆有数，曰圣。圣立而将之以敬曰礼，礼以体长幼曰德。德也者，得于身也。

仪节的立足点是在上者（长者），即重心在众目睽睽之下的"宾"与"主人"。宾的"接人以义"，主人的"接人以仁、以德厚"，宾主之间"仁义接"的呈现，主要通过在上者（长者）身教的直接流露。乡饮酒礼，正是在乡间的公共空间中，通过严密的仪节和仪容充分体现宾、主的内"德"，由身教的不肃而成收"礼化"的不期然之效。其二曰：

---

[1] 宋人田锡上宋太宗的《请复乡饮酒礼书》，转引自〔清〕秦蕙田：《五礼通考》卷一六八《乡饮酒礼》，第12册7887页。
[2] 曹元弼：《礼经校释》卷五，《续修四库全书》影印本，第94册177页。

> 乡饮酒之礼，六十者坐，五十者立侍，以听政役，所以明尊长也。六十者三豆，七十者四豆，八十者五豆，九十者六豆，所以明养老也。民知尊长养老，而后乃能入孝弟。民入孝弟，出尊长养老而后成教，成教而后国可安也。君子之所谓孝者，非家至而日见之也，合诸乡射，教之乡饮酒之礼，而孝弟之行立矣。

这是就下对上而言，指出在下者"尊长"乃至"养老"意义之重大，甚至被提到"国可安"的高度。在下者通过服膺与追慕乡老，从而提升自身修养，这是"孝弟"必不可少的一环。由尊长进而养老，完全出自内心自发，此乃"礼化"的终极效果，"成教"依托于在上者"身教"和在下者"尊长"两方面的相辅相成，缺一不可。有些学者不明乎此，单方面强调对在下者的要求，甚至拿"尊老"之义作道德绑架，强制在下者，如此很容易流为一种禁锢与压制，也就背离了乡礼的礼义。

3. 全乡官民，和乐凝聚

乡饮酒礼的主人一般是乡间地方上的官长，由其主持的这一盛大礼仪活动，是乡间士民得以会聚的最佳场合。伴随着肃穆的献宾之礼临近尾声，乐队准备就席，进入诗乐相伴的乐宾阶段，从升歌、笙奏、间歌、合乐到旅酬、无算爵的阶段，音乐、歌词随着场景不断变化，渐趋渐至于和乐之境。林素英逐次分析了乐宾之礼中所使用的诗乐——升歌《鹿鸣》《四牡》《皇皇者华》，笙奏《南陔》《白华》《华黍》，间歌《鱼丽》《南有嘉鱼》《南山有台》，合乐《关雎》《葛覃》《卷耳》《鹊巢》《采蘩》《采蘋》——所能达到的导引与会者情志及现场氛围的功能，直至旅酬、无算爵阶段所用诗乐以达到欢快燕乐的和谐美满的效果。[1] 傅道彬则对整部礼典的诗乐略做排演："乡饮酒礼

---

[1] 关于乡饮酒礼前后所用诗乐的变化，参见林素英:《论乡饮酒礼中诗乐与礼相融之意义》，《井冈山大学学报》2011年第2期。

涉及的诗篇共有十九首（不含无算乐），按现代时间计算，如果每首音乐演奏用时三分钟，则需要近一个小时的时间（57分钟），如果每首音乐用时五分钟的话，则需要一个半小时还多的时间（95分钟）。"可见，"这是乡党间的一次盛大的礼俗活动，也是一次规模宏大的艺术演出"。[1] 由此我们再看《乡饮酒义》所云：

> 贵贱明，隆杀辨，和乐而不流，弟长而无遗，安燕而不乱，此五行者，足以正身安国矣。彼国安而天下安，故曰："吾观于乡，而知王道之易易也。"

在行礼过程中，礼节已然淡化为一种自觉的身体流露，乡饮酒礼中起主线作用的"酒"，配合着诗、乐、歌，整部礼典所营造的是一幅官民和乐、融为一体的乡间场景，所谓"和乐""安燕""安国"，正是民心凝聚、团结和合的体现。用傅先生的话说，就是"表现着'群'的精神"，这个"群"就是孔子所说的"诗可以群"，乡礼礼义的终极指向，就是"在艺术的熏染和酒的沉醉里，其乐陶陶，化戾气为祥和，个体融入群体，实现了和谐群体、团结乡里的政治目的"。[2]

所谓"群"，实际上就是"聚"，乡礼并非生硬堆砌的一堆仪式，当是因事而起，依梁启超之说是"群集燕会之事"，"大率以岁时聚集一地方团体之全民，于娱乐之中施以教育焉"。[3] 杜正胜从另一个角度，称"古代聚落共同体的根本精神在于'联'"，"最重要的品德是辑睦相处"。[4] "联"字出自《周

---

[1] 傅道彬：《乡人、乡乐与"诗可以群"的理论意义》，《中国社会科学》2006年第2期，第173、174页。
[2] 傅道彬：《乡人、乡乐与"诗可以群"的理论意义》，《中国社会科学》2006年第2期，第174页。
[3] 梁启超：《中国文化史》第七章《乡治》，《饮冰室合集》专集之八十六，第10册55页。
[4] 杜正胜：《编户齐民：传统政治社会结构之形成》第五章《聚落的人群结构》，台北：联经出版事业公司，2018年三版，第205页。

礼·地官·族师》，内涵是指聚落内部互相之间"使之相保相受，刑罚庆赏相及相共，以受邦职，以役国事，以相葬埋"，郑注："相共，犹相救、相赒。"所有这些才是乡里的民心所在，是官民凝聚力之所在，是乡礼仪式背后的真实诉求。乡礼"群"的精神，是以乡内的最高执政官乡大夫（即乡礼的主人）为中心，与民生实业的"相救""相赒"相配合，通过德艺的楷模官乡老的精神引领，要将全乡士民团结起来，凝聚起来。虚实辉映，才是古人所谓的"王道"之义。

乡礼是周代乡治精神的结晶

乡饮酒礼的"乡"，指较县更低一级的地方基层组织，这是《仪礼·乡饮酒礼》《乡射礼》以"乡"设篇的宗旨，以区别于此后几篇专属天子、诸侯级别的《燕礼》《大射礼》《聘礼》《公食大夫礼》等。《说文·㔾部》："乡，国离邑，民所封乡也。……封圻之内六乡，六卿治之。"此即就《仪礼》时代"乡"的常用义立说。王筠《句读》释之曰："古国亦谓之邑，此则离于国之邑也。民所封乡者，民自为之封域，不建国立城，出于上所相度也。"[1] 王说精湛，把握住了古代地方管理组织乃自下而上形成的初貌。

周代由天子而诸侯而卿大夫，依托于宗法制进行自上而下的分封，乃是国家建置的重要路径之一，与此同时，地方社会又有自下而上突破宗族的另一条建置路径。《说文》"六乡"之制来源于《周礼·地官》，《大司徒》所记其构架曰："令五家为比，使之相保；五比为闾，使之相受；四闾为族，使之相葬；五族为党，使之相救；五党为州，使之相赒；五州为乡，使之相宾。"官职的建置则与之相配套："乡老，二乡则公一人。乡大夫，每乡卿一人。州长，每州中大夫一人。党正，每党下大夫一人。族师，每族上士一

---

1 〔清〕王筠：《说文句读》卷十二，北京：中国书店，1983年影印，第39页。按：《说文》原在"封圻"前有"啬夫别治"四字，王筠指出"此先举汉制也"，故今不录。

人。闾胥，每闾中士一人。比长，五家下士一人。"比—闾—族，属于族内建置，一大族相当于百家的规模；党—州—乡，属于乡内建置，一乡相当于二千五百家的规模。相较于族内事务自主自理，由族长统摄，乡内亦形成一自治体，乡政乡务在乡内自理而不出乡。宗族与乡党，构成了周代民间两股巨大的自组织力量。

在相当长一段时期内，学者们曾普遍怀疑《周礼》所记是否反映周代实制，尤其认为西周时期绝不可能存在这种制度。[1] 我们一方面必须承认，"根据今日所见的西周史料，尚无任何关于乡里的'乡'的痕迹"，"根据现有文献，春秋才始有关于乡制的记载"[2]；然而同样也必须看到，春秋时的制度正如管子所说承继自"先王之制"，"此种'先王之制'，乃是西周实际实行的制度，它也就是《周礼》所记乡里制度的来源之一"[3]。卜宪群在综考文献后推论说："从春秋的早期至晚期，关于'乡'的材料分见于鲁、郑、陈、宋诸国，证明这个制度并不是孤立的，春秋早期鲁人即有浓郁的乡土观念，也说明乡的存在由来已久，而它在诸侯国设置的普遍性只能解释为这个制度是从周制而来的。学者认为'西周无乡，春秋始有乡'，恐怕过于武断。"[4] 因此，如沈文倬般固执地认定《周官经·地官》有四十六职组成'乡遂田制'，无疑就是周初设官遗存"[5]，自不足以令人信服；那么采用杨宽的做法，对《周礼》所记取较为宽泛的界定，视其"所记的乡遂制度，基本上还保存

---

1 比如晁福林便尖锐地指出："……说明乡遂制度在实际上并不存在。《周礼》的作者在设想未来的方案时可以煞有介事地将乡遂系统胡诌一番。"《先秦社会形态研究》，北京：北京师范大学出版社，2003年，第413页。按：鲁西奇又列举有另外几位学者对《周礼》所记乡制的质疑，参见《聚落、地域性联合与古代早期的社会控制——〈周礼〉乡里制考原》，《江西社会科学》2018年第4期。

2 杜正胜：《编户齐民：传统政治社会结构之形成》第三章《地方行政系统的建立》，第115、117页。

3 鲁西奇：《聚落、地域性联合与古代早期的社会控制——〈周礼〉乡里制考原》，《江西社会科学》2018年第4期，第128页。

4 卜宪群：《春秋战国乡里社会的变化与国家基层权力的建立》，《清华大学学报》2007年第2期，第63页。

5 沈文倬：《略论宗周王官之学》，《菿闇文存——宗周礼乐文明与中国文化考论》，第453页。

着西周春秋时代的特点"¹，就显得通融得多了。

把《周礼》所记乡制的现实背景定在西周春秋，正可与《仪礼》的成书年代相印证。据沈文倬考证，《仪礼》书本残存十七篇，"是在公元前五世纪中期到四世纪中期这一百多年中，由孔子的弟子、后学陆续撰作的"²，那么《乡饮酒礼》《乡射礼》两篇，正是西周春秋以来乡制实践的沃土下的产物。然而段玉裁却以《说文·食部》有"飨"字，训为"乡人饮酒也"，以释"乡饮酒礼"之"乡"。要知"乡"的字形本义确实是指二人相对饮食，其后假借作乡里的"乡"，本义便新造"飨"字以实之³，此乃《说文》乡、飨两作之缘由。假借作乡里的"乡"，时间不会迟到春秋以降，因为春秋时期文献中已大量使用此字此义。⁴段玉裁云乡饮酒礼之"乡"亦饮食之义，非地方乡里之"乡"，推寻其逻辑导因，恐是将《仪礼》视作西周初年文献，故刻意用"乡"之古字古义释之，此说之不合古史脉络，由上已可初见。⁵段氏甚至误会"辟雍飨饮者，天子行乡饮酒之礼也；泮宫飨射者，诸侯行乡饮酒之礼也"⁶，天子、诸侯之行飨礼，经史所载虽隐微，仍历历可考⁷，如何可与《仪礼》所载之《乡饮酒礼》《乡射礼》相混！此两篇必在西周春秋以来行用于乡里，其效显著，故被春秋战国之际的《仪礼》作者编订入经。若如段说，《仪礼》又何必再重设一篇《大射礼》？

1　杨宽：《西周春秋的乡遂制度和社会结构》，《西周史》，第 395 页。
2　沈文倬：《略论礼典的实行和〈仪礼〉书本的撰作》，《菿闇文存——宗周礼乐文明与中国文化考论》，第 58 页。
3　参见董莲池：《说文解字考正》，第 261 页。
4　乡里之义的"乡"，出土文献中最早见于信阳楚简，故季旭昇认为此假借字起于战国楚文字，参见《说文新证》卷六下，第 545 页。黄德宽等则将《说文》乡、飨二字在甲骨文字中便区别为两系，参见黄德宽主编：《古文字谱系疏证·阳部》，第 1714—1717 页。按：此二说或晚或早，均欠妥。
5　沿袭段玉裁之误者不乏其人，最为典型的当数杨宽。杨先生甚至认为："乡邑的称'乡'，原是指共食的氏族聚落，那么，称为'乡'或'飨'的乡饮酒礼，一定也起源于氏族聚落会食的礼仪。"《"乡饮酒礼"与"飨礼"新探》，《西周史》，第 751 页。
6　〔清〕段玉裁：《说文飨字解》，《经韵楼集》卷十一，第 288 页。
7　清诸锦即有《飨礼补亡》；许维遹所撰《飨礼考》勾稽更详，见《清华学报》1947 年第 1 期。

段玉裁之误，有着更为隐微的时代局限性。在段氏生活的 18 至 19 世纪初，乾嘉学者们皓首于经籍音义推证，对周代乡治精神的认知尚未自觉。从社会组织、公共治理等角度来挖掘经史文献的内涵，起于 19 世纪中后期。比如梁启超已有意识地展开对中西方古代社会组织模式的比较，其云"欧洲国家，积市而成；中国国家，积乡而成，此彼我政治出发点之所由歧"，而《周礼》所记载的"此种制度，是否曾全部实行，虽不敢断言，即以理想论，其高尚周密，则既可师矣"。[1] 在梁先生看来，与其纠缠于《周礼》与周公的关系，不如转而将之作为理想的社会组织，来看在其分层与职责中所蕴含的"高尚周密"之精义，由此思路与视野已大为拓展。梁先生进一步认为："故中国有乡自治而无市自治。乡，盖古代邻里乡党比闾州族之总名，专称乡者，则指一国中最高之自治团体。"[2] 由此观之，乡礼正是"乡自治"的社会组织模式长期运作、趋于成熟的产物。

梁启超所谓的"乡自治"，用杜正胜的话说，就是"聚落共同体"。杜先生认为人群的聚集可分为"亲族"和"乡党"两大部分，前者实际上就是《周礼》所谓的百家为族，后者就是二千五百家为乡。乡党之间联结的纽带不是亲属关系，而是：

> 聚落人群没有血缘关系者，借着里邑的建构和标帜，以及成员的生产、赋役、社交祭祀等活动，也凝结为一紧密的共同体。
> 由于里间围墙的范围和接街巷之共通，以及合耦协作与祭祀同饮，遂凝结成一个有机体。[3]

由自然地域的硬条件所形成的"聚落共同体"，其间关系的紧密程度远非由

---

[1] 梁启超：《先秦政治思想史》第二十一章《乡治问题》，《饮冰室合集》专集之五十，第 9 册 174、175 页。
[2] 梁启超：《中国文化史》第七章《乡治》，《饮冰室合集》专集之八十六，第 10 册 52 页。
[3] 杜正胜：《编户齐民：传统政治社会结构之形成》第五章《聚落的人群结构》，第 197—198、206 页。

血缘关系所形成的"宗族共同体"所能比拟。如果说共同的生产、赋役等"合耦协作"是在物质性的层面建立起了彼此之间的依存关系的话，那么社交、祭祀、宴饮等礼仪性活动则在心理层面建立起了彼此之间的精神纽带，用梁先生的话说就是"在物质生活上采合作互助的原则，在精神生活上以深厚真挚之同情心为之贯注"[1]。而礼仪性的活动，指的主要就是乡礼，当然也包括行饮酒礼之前的乡间岁时祭等其他共同性事务。正是因为地域自然条件不如血缘关系来得硬、紧，所以行乡礼在心理层面需更多地诉诸协作互助、民心凝聚。因此，较诸身教、礼化等德性层面的内涵，乡礼的礼义核心更多的指向官民一体，和乐凝聚，《礼记》将其高度概括为一个"和"字，甚见卓识。

　　乡礼的行使场合，唐人正义曾勾稽三礼经注，分为如下四类。[2]一是由一乡的长官乡大夫主持，在推举出贤能之士上报国家时举行礼宾，每三年正月举行一次；二是由乡大夫主持，为七十致仕的老年教师举行礼宾，不设固定的时间；三是由一州的长官州长主持，在乡射礼时举行，每年春秋各举行一次；四是由一党的长官党正主持，在国中蜡祭（报祭有功于农事的八神）时举行，每年十二月举行一次。四类礼典在仪节设置上大致相仿，只是参与的人物和举行的地点略有差异。乡大夫主持的饮酒礼，一般在乡学举行，州长主持的则在州学举行，党正主持者则在党学举行。沈文倬更推阐之曰："周初乡礼凡四，州、党当属预习，正礼在乡。"[3]然沈说别无依据，我认为倒不如采用朱熹《仪礼经传通解》所引吕大临（1040—1092）的推论："乡人凡有会

---

[1] 梁启超：《先秦政治思想史》第二十一章《乡治问题》，《饮冰室合集》专集之五十，第9册177页。
[2] 《礼记·乡饮酒义》篇题下孔颖达正义："此篇前后凡有四事，一则三年宾贤能，二则卿大夫饮国中贤者，三则州长习射饮酒也，四则党正蜡祭饮酒。总而言之，皆谓之'乡饮酒'。"《礼记正义》卷六十一，〔清〕阮元校刻：《十三经注疏》，第1682页中。又贾公彦在《仪礼·乡饮酒礼》篇题下疏文与此近似，《仪礼注疏》卷八，〔清〕阮元校刻：《十三经注疏》，第980页上。
[3] 沈文倬：《菿闇述礼》五《乡礼参臆》，《菿闇文存——宗周礼乐文明与中国文化考论》，第631页。按：沈先生所概括的乡礼四种与前人略有差异，兹不赘述。

聚，皆当行此礼，恐不止四事。"[1] 乡礼其实就是乡间大规模聚会饮酒之通礼，每年全乡似有各级各类、规模不一的礼仪活动，未必仅止于上述一年三至四次的频率。然而不管怎样，全乡最大规模、最为隆重的由一乡之长亲自主持的乡饮酒礼之正礼，三年一度的频率不会变，这才是规模隆重、礼节完备、礼义充盈，为《仪礼》所详细记载者。

乡礼的举行，仪节要能充分体现礼义，当然取决于"预习"时能否训练有素，然而更为重要的一面，则取决于"乡治"的运作是否良善，是否能将乡民们团结成一个有机体。只有这样，情感出自内心，仪节露于身容，才有可能内外相映，用《乐记》的话说"德辉动于内，而民莫不承听"。因此，乡礼乃乡治整体状况的最终体现。梁启超曾梳理《管子》《公羊传》等所记，归纳出：

> 古代乡治主要事业有四：（一）农耕合作，（二）义务教育，（三）办警察，（四）练乡兵。其精神则在互助，其实行则恃自动，其在于道德上、法律上则一团之人咸负连带责任，因人类互相依赖、互相友爱、互相督责的本能而充分利用之、浚发之，以构成一美满而巩固的社会，此乡治之遗意也。[2]

或许乡治的管辖事务和范围可以因地制宜，未必尽如梁先生所概括，但是基于"互相依赖、互相友爱、互相督责的本能"，旨在"于道德上、法律上"将全乡之民凝聚成"一团之人"，不可否认正是乡治的主要精神。将这"一团之人"凝聚起来，"逐渐形成了某些共同的价值观念和社会风尚观念，这些观念是乡里人群社会生活联系紧密的反映"[3]，而集中反映乡里风尚与观念

---

1 朱熹：《仪礼经传通解·篇第目录》"乡饮酒礼第十二"下，《朱子全书》，上海：上海古籍出版社；合肥：安徽教育出版社，2002年，第2册34页。
2 梁启超：《中国文化史》第七章《乡治》，《饮冰室合集》专集之八十六，第10册55页。
3 卜宪群：《春秋战国乡里社会的变化与国家基层权力的建立》，《清华大学学报》2007年第2期，第67页。

的大型活动,毫无疑问就是三年一度由一乡之长亲自主持的乡饮酒礼,此礼乃是全乡乡治精神的结晶。

乡治的运作,起关键性作用的那个执牛耳的人物,就是全乡执政官乡大夫和德艺楷模乡老。一乡之政,统之于乡大夫。《周礼·地官·大司徒》"以乡三物教万民而宾兴之"的职能正是具体落在乡大夫身上,于《乡大夫》则具体描述其职责,此略。乡治水平的高下,与乡大夫的人格德艺构成直接关系。乡老则主导一乡的德行教化,讼狱调判,与乡大夫主持一乡的日常民政,彼此沟通。此二人正是乡饮酒礼的焦点人物,他们的一言一行、一颦一顾为所有观礼者所瞩目。乡礼的施行,既是他们的地位和权力公示给乡民的最佳时机,也是身教展露以达到涵养教化的最佳时机。汉魏以降乡治的地基虽受到皇权的巨大冲击,然长老的地位依然延续,柳诒徵说"秦汉之世,乡老、啬夫诸职,犹周、齐乡遂、游宗、里尉之遗也"[1],《史记》《汉书》中屡可见"三老掌教化"的说法,《后汉书·百官志》明确交代:"三老掌教化,凡有孝子顺孙、贞女义妇、让财救患及学士为民法式者,皆扁表其门,以兴善行。"由此逐渐产生出一种叫作"乡约"的组织,至宋元而转盛,此后又推扩出乡间"士绅"的力量,明清之际乡间事务的决策与调解均落于乡绅之手。

乡治,乃是相对于自上而下的天子、诸侯分封制的另外一条社会治理路径,是一种由下而上的社会自发组织模式。即使秦汉以后实行了郡县制,"中央的实际力量只达到县这一层,县以下的乡里凝聚性仍相当强韧,它们自成为完整的有机体"[2],因此中国社会向来有所谓"天高皇帝远""皇权不下县"之说。而在周代封建制下,建立在幅员广阔、人口密集基础上的地方"乡自治",更是具有社会治理的本体或主体意义,其内在所体现的"立国之本仍在各地方之自跻于善,初非徒恃一中央政府或徒倚赖政府所任命之官

---

[1] 柳诒徵:《中国乡治之尚德主义》,《柳诒徵说文化》,上海:上海古籍出版社,1999年,第308页。
[2] 杜正胜:《编户齐民:传统政治社会结构之形成》第五章《聚落的人群结构》,第227页。

吏"。[1] 费孝通将这一社会模式定义为"乡土社会",将广泛实行的乡治,称为"地方自治小区",认为这是乡土社会的基本权力结构。费先生说:

> 我称这一组织为"自治团体",因为它是由当地人民组织以管理社区公共事务的,如水利、自卫、调解、互助、娱乐、宗教等。在中国,这些是地方的公务,在依旧活着的传统里,它们并非政府的事务,而是以受到过良好教育、较为富裕家庭的家长为首,由地方社区来管理的。[2]

需要注意的是,费先生所描述的社会恐怕还是秦汉以后,甚至是流衍至明清时代所留存的若干特征;在周代,这一自治模式绝对要较秦汉以后更明显、更强效,足以与中央权力构成一种对待关系。费先生说"这是把集权的中央悬空起来,不使它进入与人民日常生活相关的地方公益范围之中。中央派遣的官员到县级为止,不再下去了"[3],如果秦汉以后皇权仍然"不下县",那么在先秦"乡自治"的模式下,天子和诸侯的权力恐怕就是限止在他们自己的王畿和封国领地之内。费孝通说,"乡土社会里的权力结构,虽则名义上可以说是'专制'、'独裁'",但是"在人民实际生活上看",皇权之于乡间,"是松弛的和微弱的,是挂名的,是无为的"。[4] 这一界定基本符合周代实情。

综上所论,乡礼乃是乡治精神的高度凝结,《乡饮酒礼》《乡射礼》两篇,正是以"乡"为主体的周代地方社会治理模式在《礼经》中的留存。鉴于学界对此研究颇嫌不足,柳诒徵曾说"中国乡治之精义,隐而不昌"[5],故此予以剔抉钩沉。

---

1 柳诒徵:《中国乡治之尚德主义》,《柳诒徵说文化》,第 303 页。
2 费孝通:《中国士绅》,赵旭东、秦志杰译,北京:生活·读书·新知三联书店,第 64 页。
3 费孝通:《中国士绅》,赵旭东、秦志杰译,第 62 页。
4 费孝通:《乡土中国》,北京:北京大学出版社,1998 年,第 63 页。
5 柳诒徵:《中国乡治之尚德主义》,《柳诒徵说文化》,第 303 页。

汉唐以来乡饮酒礼的重建

西汉以后，礼制重建，五礼体系同时推进，于东汉至西晋大致成型，至南朝趋于成熟，北朝礼制在新建中渐向汉晋礼制传统回归，隋唐以后兼采南北，至唐开元礼而集大成。宋以后礼制虽仍有更修，然大格局未能超出唐开元礼。汉唐礼制在渐趋完备的过程中，乡饮酒礼同样开始重建，其步伐略晚于吉礼；值得注意的是，乡饮酒礼的重建竟然逐渐走样，呈现出大异于周代的另外一幅景象。对此，拙著《汉唐礼制因革谱》已做出了粗线条的梳理，今将其中有关乡饮酒礼的条目撷出，略见其演变之路径。

有文献记载的汉代行乡饮酒礼前后有三次，略做辨析如下。第一次在西汉成帝鸿嘉二年（前19）。《两汉纪》明确记载："二月，博士行乡饮酒礼。"[1]可是核对《汉书》，《成帝纪》则记："三月，博士行饮酒礼，行大射礼。"又《五行志中之下》记："三月，博士行大射礼。"《汉书》两载此事，均未明言"行乡饮酒礼"，未知《两汉纪》何所据，因此，游自勇称《汉书·成帝纪》"之'饮酒礼'是否为'乡饮酒礼'尚存疑问"[2]。其实，此年所行恐怕即是大射礼，《五行志》所载最确，《成帝纪》所谓"饮酒礼"乃为大射礼所包含者，《两汉纪》恐衍一"乡"字，或为钞手误增，其时尚未施行乡饮酒礼。另外，据《汉书·梅福传》记成帝时有南昌尉梅福上书，言不可"以承平之法治暴秦之绪"，犹如不可"以乡饮酒之礼理军市"，可见在西汉人的心目中，乡饮酒礼太过柔和，难化其时社会暴戾之气，尚无施行之迫切需求。

第二次在东汉光武帝建武五年（29）。《后汉书·伏湛列传》记大司徒伏湛"虽在仓卒，造次必于文德，以为礼乐政化之首，颠沛犹不可违。是岁奏行乡饮酒礼，遂施行之"，清人秦蕙田考证事在建武五年。[3]据《李忠列传》

1　〔汉〕荀悦：《两汉纪》卷25《孝成皇帝纪二》，北京：中华书局，2002年，第444页。
2　游自勇：《汉唐时期"乡饮酒"礼制化考论》，《汉学研究》2004年12月第22卷第2期，第249页。
3　〔清〕秦蕙田：《五礼通考》卷一六八《乡饮酒礼》，第12册7872页。按：吕思勉则云事在建武三年，参见《吕思勉读史札记》条737"乡饮射礼"，第1398页。

记，次年，任丹阳太守的李忠果然在丹阳推行此礼，其旨在"以丹阳越俗不好学，嫁娶礼仪，衰于中国，乃为起学校，习礼容，春秋乡饮"，可见光武帝时所推行的乡饮酒礼，基本上仍是延周代之旧，行于乡里。李忠之外，其他郡县当亦有施行此礼者，吕思勉检得尚有鲁郡太守鲍永、丹阳太守秦彭等行乡射，"皆良吏之欲以此化民者也"[1]，然此礼的覆盖率不得而知，连续施行多久，史传亦缺载。

第三次在东汉明帝永平二年（59）。《续汉书·礼仪志上》记曰："三月，上始帅群臣躬养三老五更于辟雍，行大射之礼；郡、县、道行乡饮酒于学校，皆祀圣师周公、孔子，牲以犬。"据此，皇帝行养老、大射礼与县里行乡饮酒礼，似乎同在三月，吴丽娱便是这么认为的，"在举行养老和大射礼时还下令'郡、县、道行乡饮酒于学校'，即大致同一时间郡县基层也要在乡学中举行乡饮酒礼"[2]。然而，《后汉书·孝明帝纪》有明确记载此年三月皇帝"临辟雍，初行大射礼"，此年十月，"幸辟雍，初行养老礼"，可见二事虽同在辟雍，然不同时，属两种礼典。三月行乡饮酒礼，则本纪不载，唯见于《续汉志》，《通典》采之，然仅记在此年，不标"三月"。[3] 结合两处史料推测，地方上行乡饮酒礼，很可能与明帝行大射礼相呼应，明帝行养老礼，应当在他行毕大射礼的半年之后，《续汉志》杂糅三者，欠精确。不过可以确定的是，此年乃汉代以来乡饮酒礼在全国正式全面推行的开始，游自勇指出《续汉志》"这条材料明确告诉我们中央开始向地方推行乡饮酒礼，而其能载入《礼仪志》，也表明乡饮酒礼开始了纳入国家礼制的漫长历程"[4]，所谓"纳入国家礼制"，指的就是在全国范围内大规模地推行。

《续汉志》何以会将养老、大射、乡饮酒三者杂糅起来？游自勇推断说：

---

[1] 吕思勉所举严格讲属于乡射礼包含乡饮酒，非纯粹的乡饮酒礼，参见《吕思勉读史札记》条737"乡饮射礼"，第1398页。

[2] 吴丽娱：《论中古养老礼仪式的继承与兴衰》，《文史》2013年第4期，第102页。

[3]〔唐〕杜佑：《通典》卷七十三《嘉礼十八》，第2册2007页。

[4] 游自勇：《汉唐时期"乡饮酒"礼制化考论》，《汉学研究》2004年12月第22卷第2期，第250—251页。

"从内容来看，这条材料本是讲养老礼的，这从《礼仪上》的目录和本条之后紧接着的'养三老、五更之仪'可以看出，但又把大射礼和乡饮酒礼也混入其中，可见司马彪作《礼仪志》时编排上的杂乱。"[1] 游先生看出了问题的一个方面，若再做推论，"躬养三老五更"六字恐怕是司马彪后加的，若去掉此六字，"三月，上始帅群臣行大射之礼；郡、县、道行乡饮酒于学校"，可见地方上与中央两项配合，形成上下呼应之势，应得乎史实。司马彪显然是刻意将此事与养老礼强行合并成一条，他注意到了事情同在一年，却抹杀了行养老礼要晚于大射礼半年的史实。按理来说，作为西晋皇室史家的司马彪，"不交人事而专精学习"，以"良史"自居（《晋书·司马彪列传》），不当疏忽至此，其间或另有隐情。

养老礼与乡饮酒礼的混杂，实有深刻的现实依据。西晋武帝泰始三年（267）十月，皇帝亲临辟雍，所行即为"乡饮酒礼"；泰始六年（270）十月，帝又亲"临辟雍，行乡饮酒之礼"，此二条的依据是1931年出土的晋辟雍碑。《晋书》不载泰始三年事，仅载泰始六年事，《武帝纪》记在此年十一月，《礼志下》记在此年十二月（《宋书·礼志一》同）。[2] 乡饮酒礼行于中央，地点设在辟雍，由皇帝亲自主持，这可以说是礼制史上一大奇特的创辟。从史料记载来看，此前在东汉质帝本初元年（146），《后汉书·儒林列传》载梁太后诏曰："大将军下至六百石，悉遣子就学，每岁辄于乡射月一飨会之，以此为常。"若依李贤注引《汉官仪》"春三月，秋九月，习乡射礼，礼生皆使太学学生"，似乎太学行乡射礼（含乡饮酒）在汉代即已见端倪。然范晔只是明确地讲此年太学所行是"飨会"，时间则在地方上行乡射之月。因此，仍可以晋武帝泰始三年作为乡饮酒礼行于中央的标志。在晋武帝所行"乡饮酒礼"中，"乡"作为乡里的涵义已完全消失，即使是晋辟雍碑又记此后咸宁三年（277）由皇太子主持"行乡饮酒礼"，所指均与周代乡礼绝异，属于古无先

---

[1] 游自勇：《汉唐时期"乡饮酒"礼制化考论》，《汉学研究》2004年12月第22卷第2期，第250页。
[2] 参见顾涛：《汉唐礼制因革谱》卷三，第347、352—353页。

例，故余嘉锡（1883—1955）大斥之曰："乡饮酒礼，古惟乡大夫行之于乡，至汉则太守诸侯相与令长行之于郡国，未闻以天子飨群臣而谓之乡饮酒者……乡饮酒之行于辟雍，仅见于西晋武惠之世，以后历代，皆不复举，岂非知其失礼之甚乎？"[1] 西晋礼官已不明乡饮酒礼本义，这是造成司马彪混杂养老、大射、乡饮酒礼的深层原因。可惜的是，晋辟雍碑未载武帝行乡饮酒礼的详细仪注，传世史籍亦失载，我们已很难考实西晋在辟雍所行的乡饮酒礼的"乡"，究竟是什么内涵，是否即是段玉裁所误会的"辟雍飨饮者，天子行乡饮酒之礼也"。

西晋武帝共行乡饮酒礼二次（267年、270年），惠帝行乡饮酒礼二次（277年皇太子时、299年）。此后，由皇帝行乡饮酒礼见诸史载的，尚有西魏废帝，在即位前一年（551）以皇太子身份行此礼，不过其时太子西巡，至原州，是在骠骑大将军李贤之宅第行礼（《周书·李贤列传》），与西晋有明显差异。至隋，《隋书·礼仪志四》记载有隋制："国子寺，每岁以四仲月上丁，释奠于先圣先师；年别一行乡饮酒礼。"可见行礼之地由西晋的辟雍，至隋为国子寺。不过，《隋书》及其他史籍未曾记载乡饮酒礼的实际施行情况。

地方上行乡饮酒礼，自东汉以后一度衰落，不见于史料记载[2]，一直要到北魏孝文帝太和十一年（487）才见到相关诏书，倡导"诸州，党里之内"可在"孟冬十月，民闲岁隙"之际行此礼（《魏书·高祖纪下》）。然北魏是否确实施行，施行力度如何，不可考。孝文帝颁诏之时都城尚在平城，八年之后即迁都洛阳，迁洛之后未再见下诏。其后一直要到唐太宗贞观六年（632），方见有诏天下行乡饮酒礼（《新唐书·太宗本纪》）。然其时的目的主要是希望郡县在课试完毕，选出优等生源，贡举之日，"长吏会属僚，设乡饮之礼"[3]，与本来

---

1 余嘉锡：《晋辟雍碑考证》，《余嘉锡文史论集》，第126页。更有学者认为晋武帝亲自主持此礼别有用心，参见童岭：《晋初礼制与司马氏帝室——〈大晋龙兴皇帝三临辟雍碑〉胜义蠡测》，《学术月刊》2013年第10期。
2 吕思勉揭出东晋敦煌太守阴袭、刘宋会稽太守蔡兴宗二例，然严格来讲均属乡射礼，而吕先生却未见及北魏孝文帝之诏，参见《吕思勉读史札记》条737"乡饮射礼"，第1398—1399页。
3 〔唐〕杜佑：《通典》卷五十三《吉礼十二》，第2册1468页。

地方上定期所行的乡礼，有明显的区别。此后《册府元龟》载高宗永隆元年（680）、《唐会要》载睿宗唐隆元年（710）、《资治通鉴》载玄宗开元六年（718）又下此诏[1]，恐亦是延续贞观之诏。直至开元十九年（731），《唐会要》记四月下诏"诸州宾贡武举人，准明经进士，行乡饮酒礼"[2]，竟然在武举之后也效仿文士宾贡行此礼，可见其时行此礼已较普遍。开元二十年成书的《大唐开元礼》正式将"乡饮酒"仪注收入"嘉礼"，这一方面正如游自勇所称，"乡饮酒礼在制度上更加完备，其地位也超越汉晋，被正式纳入国家礼典"[3]。另一方面，仪注在一开头便明确规定在"贡人之中有明经、进士出身，兼德行孝弟灼然显著、旌表门闾及有秀才者"，则当由"刺史"担任主人[4]，虽然未必定如王美华所言"'乡饮酒'明确定位为诸州贡举之时官长宾礼贡人'进贤能'的礼仪"[5]，但是"宾贡"之时行乡饮酒礼，恐怕确已成为此礼最常用的场合。

在宾贡之外的其他场合行乡饮酒礼，唐代亦有零星记载，如开元十八年（730），宣州刺史裴耀卿上疏请落实州县所行乡礼，这应当是唐代首次提出回归《仪礼》所载乡饮酒礼之本义，观宋人有言，"宣州耆老每闻歌《白华》《华黍》之诗，《南陔》《由庚》之颂，观者踊跃，听者感泣，风移俗易"，感叹"先王之礼不徒行也"[6]，可见其时行礼之收效可观。又天宝年间，李栖筠任常州刺史时，"乃大起学校，堂上画孝友传示诸生，为乡饮酒礼，登歌降饮，人人知劝"（《新唐书·李栖筠列传》），可证此礼在开元礼制定之后确曾照版

---

1 参见〔宋〕王钦若等：《册府元龟》卷五九《帝王部·兴教化》，北京：中华书局，1960年影印，第712页；〔宋〕王溥：《唐会要》卷二十六《乡饮酒》，北京：中华书局，1960年，第498页；〔宋〕司马光：《资治通鉴》卷二百一十二《唐纪二十八》，第14册6733页。
2 〔宋〕王溥：《唐会要》卷二十三《武成王庙》，第435页。
3 游自勇：《汉唐时期"乡饮酒"礼制化考论》，《汉学研究》2002年12月第22卷第2期，第257页。
4 《大唐开元礼》卷一百二十七《嘉礼》，第603页。
5 王美华：《唐宋时期乡饮酒礼演变探析》，《中国史研究》2011年第2期，第98—99页。
6 宋人田锡上宋太宗的《请复乡饮酒礼书》，转引自〔清〕秦蕙田：《五礼通考》卷一六八《乡饮酒礼》，第12册7887页。

施行。玄宗之后至唐末，则未再见史料记载乡饮酒礼施行之实况。吕思勉云"宋儒好复古，故宋后其礼又渐盛"¹，宋以后的情况可由申万里²、王美华、刘亚中等³的研究中概见，兹不再述。

乡礼"鸠占化"的两条路径

汉唐以降缓步重建、最终载入《大唐开元礼》的乡饮酒礼，与周代的乡礼有着本质区别，是《仪礼·乡饮酒礼》的鹊巢被鸠居的结果。

先看《大唐开元礼》所收行于地方的两种近似的礼典。卷一百二十七所载"乡饮酒"，为宾贡所行，主人为刺史，宾为"乡之致仕有德者"，戒宾之辞有曰"吾子学优行高，应兹观国"，王美华说"'乡饮酒'明确定位为诸州贡举之时官长宾礼贡人'进贤能'的礼仪。从施行来看可对应于《唐会要》所记的开元十九年四月"诸州宾贡武举人，准明经进士，行乡饮酒礼"⁴。另一项是《开元礼》卷一百二十八所载"正齿位"，则当为序齿所行，主人为县令，宾为"乡之老人年六十以上有德望者"，司正祝辞有曰"朝廷率由旧章，敦行礼教，凡我长幼，各相劝勖，忠于国，孝于亲，内穆于闺门，外比于乡党"，王美华说"'正齿位'则是由县令宴饮众老的'序尊卑长幼'的仪式"，从施行来看可对应于《唐会要》所记开元六年"初颁乡饮酒礼于天下，令牧宰每年至十二月行之"⁵。两者所行在时间、场合和功能等方面均有明显不同，王美华将其区别为"宾贡"和"尚齿"两种仪式，说"是对汉代以来乡饮酒礼'宾贤'与'正齿'两种礼义的延续"，《唐会要》"虽皆称以'乡

---

1 吕思勉：《吕思勉读史札记》条737"乡饮射礼"，第1399页。
2 申万里：《宋元乡饮酒礼考》，《史学月刊》2005年第2期。
3 刘亚中、李康月：《"乡饮酒礼"在明清的变化》，《孔子研究》2009年第5期。
4 分别见《大唐开元礼》卷一百二十七《嘉礼》，第603页；《唐会要》卷二十三《武成王庙》，第435页。
5 分别见《大唐开元礼》卷一百二十八《嘉礼》，第606页；《唐会要》卷二十六《乡饮酒》，第498页。

饮酒礼'，实质却是'同名异实'"。那么《大唐开元礼》则将这两种饮酒之礼做出明确区分，"不再含糊于'同名异实'的状态"，由此在礼制设计上无疑"正式确认了正齿位礼的独立"，而乡贡举贤则"独占了乡饮酒礼之名"[1]。

高明士将在乡贡场合所行的乡饮酒礼归属于学礼，并追溯到隋开皇二年（582）令，其主要依据是《隋书·礼仪志》"隋制，国子寺……年别一行乡饮酒礼；州郡县亦每年于学一行乡饮酒礼"，既然《隋志》点出地点在"国子寺"，"州郡县……于学"，确实可见其与《大唐开元礼》"乡饮酒"有一脉相承的关系。高先生同样发现"《开元礼》所规定的乡饮酒礼，已经不包含中央国子监，只行于地方"[2]，而原本行于中央的，在《大唐开元礼》中又另立一个名目——"皇帝养老于太学"[3]，这是唐制较隋制明显的改进之处。由此可知，汉唐以来曾经重建过的乡饮酒礼，在《大唐开元礼》中分属于三项礼典——皇帝养老于太学，刺史乡饮酒和县令正齿位。其中仍然称之为"乡饮酒"的乡贡之礼，其性质已明显转变成向中央贡举学业优异的生徒之礼，这是高明士和王美华等学者们一致认同的。至于《大唐开元礼》何以会生成如此近似的三项礼典，高先生的看法尚存在模糊之处。在同一篇文章中，他一处说隋唐的乡贡之礼，"在礼仪形式上，不论与古礼或汉以来的行事，确实产生莫大变化"，在另一处却又说，它"是舍晋、隋之制，而回归古礼及两汉之制"。[4] 王女士的看法则是"唐代'兼采'古乡饮酒礼之宾贤能和正齿位两种礼义"，两者"都在《大唐开元礼》中得到明确规定"。[5] 说"回归"，说"兼采"，其实均未把握住乡饮酒礼的历史演变脉络，我认为《大唐开元礼》的三分，恰好是乡饮酒礼在汉唐以来重建之历史的平面投影。

---

1 参见王美华：《唐宋时期乡饮酒礼演变探析》，《中国史研究》2011年第2期，第99页。王美华：《礼制下移与唐宋社会变迁》第五章《乡饮酒礼与唐宋地方社会的变迁》，北京：中国社会科学出版社，2015年，第161—162页，也有类似的说法。
2 高明士：《论隋唐学礼中的乡饮酒礼》，杜文玉主编：《唐史论丛》第8辑，西安：三秦出版社，2006年，第8页。
3 《大唐开元礼》卷一百四《嘉礼》，第492页。
4 高明士：《论隋唐学礼中的乡饮酒礼》，杜文玉主编：《唐史论丛》第8辑，第22、8页。
5 王美华：《唐宋时期乡饮酒礼演变探析》，《中国史研究》2011年第2期，第99页。

汉唐以来重建的乡饮酒礼,与《仪礼》所见的乡饮酒礼,只是所用名称的相同及外在形式上的近似,其内核已发生显著变化。周代乡礼是乡治精神的结晶,是乡里官民和乐凝聚的公共空间,而东汉以来所重建的乡饮酒礼,实际上是一种"养老礼",是由上而下推行、上行下效的一种礼典,其名为"乡饮酒"只不过是沿用了古礼的外壳,礼义的内核已被整体置换。礼制史上出现的这一演变,与生物界中的鹊巢鸠居现象极为相似。《诗·召南·鹊巢》:"维鹊有巢,维鸠居之。"毛传:"鸤鸠不自为巢,居鹊之成巢。"郑笺释曰:"鹊之作巢,冬至架之,至春乃成。……鸤鸠因鹊成巢而居有之。"[1]据当今行为生态学的研究,这种"鸠"所指乃是杜鹃(布谷鸟,Cuculus canorus),"把卵产在另一个物种的巢内,让'寄主'来抚养寄存的幼子……孵出的欧洲杜鹃鸟的小鸟将寄主的鸟蛋推出巢外,使寄主的繁殖成功率降为零",这种现象称之为"种间巢寄生"(interspecific brood parasitism)。[2] 也就是说,鹊(芦莺)自冬至春成功筑巢,并产下一窝鹊蛋,鸠(杜鹃)趁母莺外出觅食之际将一枚卵(色型相近)产于鹊巢内,并取出一枚鹊蛋以混淆之,杜鹃幼鸟往往会比幼鹊更早被孵出,其孵出后立即将寄主的鹊蛋和雏鹊统统推出巢外,由此巢内仅剩其一身。周代乡饮酒礼的礼仪形式正可视作一个鹊巢,东汉以后渐为另外一种礼——养老礼所侵入,养老礼正是那个寄居于鹊巢之内的"鸠"。礼制发展史上往往存在一种礼典的内核逐渐被另外一种礼义所占据的现象,由此造成古礼形式与礼义脱节,旧的形式与一种新的礼义相结合,这一变化类似于生物学界的鹊巢鸠居现象,我们称之为"礼仪的鸠占化"。

　　养老实古已有之,《礼记·王制》即有"凡养老,有虞氏以燕礼,夏后氏以飨礼,殷人以食礼,周人修而兼用之",然在先秦并没有形成一种固定的礼典。据吴丽娱对史料的系统梳理,可知王莽居摄元年(6)"养三老五更,

---

[1] 《毛诗正义》卷一之三,〔清〕阮元校刻:《十三经注疏》,第283页下。
[2] 〔英〕比毕等:《分子生态学》,张军丽等译,广州:中山大学出版社,2009年,第92—93页。按:"巢寄生"也有译作"窝寄生",杜鹃的几个常见的寄主有芦莺、草地鹨、白鹡鸰、林岩鹨等。参见〔英〕麦肯齐等:《生态学》,孙儒泳等译,北京:科学出版社,2004年,第143、148页。

成礼而去"，是最早"实践了养老礼"。[1] 然而王莽之时所行养老礼，是与"行大射礼于明堂"糅合在一起的，要到东汉明帝之后，养老礼礼节渐备。养老礼正是采用鸠居鹊巢的方式，占据了古乡饮酒礼的礼仪外壳，从而获得了生存、发展的可能，由此造成的结果便是古乡礼的礼义流失殆尽。据生物学家对巢寄生物种棕头牛鸟（Molothrus ater）的考察，被它寄生的菲比鹟（Sayornis phoebe）"每巢平均只能育成 0.32 只幼鸟；而在正常情况下每巢平均可育成 4.45 只幼鸟"。[2] 同样，经养老"鸠占"了的乡饮酒礼，虽旧名沿用，形式袭用，一如鹊巢的外形未变，但原本的礼义内核已被驱散了大半。对礼制史上鹊巢鸠居现象缺乏认识，是段玉裁误会"养老与乡饮酒异名而同实"的根本原因所在。段氏试图要去反驳前人"谓乡饮酒礼专以尊贤，而不知乡饮酒礼之起，起于尚齿"[3]，殊不知"尊贤"与"尚齿"其实均非周代乡礼的礼义核心。段说影响至深，后来学者几乎众口一词，直至近来吴丽娱更进一步将两者画上了等号：

> 乡饮酒礼与养老礼同属宾礼，举办意义、目的如一，二礼实际上下对应，养老礼毋庸说是国家庙堂上的"乡饮酒"礼。换言之乡饮酒礼也可以认为是地方基层的养老礼，即从所谓礼仪系统而言养老也并非单一或朝廷独有。[4]

吴女士的这一概括，实际上是延续段玉裁的误解而来，恰可以视为对养老"巢寄生"于乡饮酒礼礼仪外壳在汉唐以来付诸实践的一种事实概括。西晋之所以会堂而皇之地由皇帝行所谓"乡饮酒礼"，充分说明了"乡饮酒礼"

1　吴丽娱：《论中古养老礼仪式的继承与兴衰》，《文史》2013 年第 4 期，第 96 页。
2　参见尚玉昌：《行为生态学》，北京：北京大学出版社，2018 年，第 257 页。
3　〔清〕段玉裁：《乡饮酒礼与养老之礼名实异同考》，《经韵楼集》卷十一，第 290—294 页。
　　按：沈文倬已发现"向以精深著称之段玉裁氏"对于乡礼的认识颇有疵谬，参见《菿闇述礼》五《乡礼参臆》，《菿闇文存——宗周礼乐文明与中国文化考论》，第 631—632 页。
4　吴丽娱：《论中古养老礼仪式的继承与兴衰》，《文史》2013 年第 4 期，第 103 页。

已完全被"养老"占据了礼义内核,"乡治"的礼义已不复存在。隋唐以来学者已然认识到由皇帝行所谓"乡饮酒礼"之名实不符,因此《大唐开元礼》将皇帝行养老和刺史正齿位做出了明确的区隔,但是梳理这两种礼典的礼仪外壳,不难发现它们均袭用了《仪礼》所载乡饮酒礼的"鹊巢",细部的变化极其有限。

乡礼之所以会发生鹊巢鸠居现象,乃是因为秦汉以来地方社会组织模式发生了根本性变动。杜正胜指出"改变古代聚落共同精神最甚者,莫过于闾里什伍制","春秋以前零散的聚落经过整顿,造成郡县乡里的行政体系后,已为中央政府权力下达地方,铺好一条条畅通的管道"。[1]秦晖的研究进一步证明了"中央集权国家控制下的乡村社会即所谓'编户齐民'社会",构成了汉以后"帝制下'传统国家'存在的逻辑基础"。[2]通过萧公权的研究,我们可以恍然大悟,"自秦始皇以降,帝国控制的基本原则几乎没有发生什么改变,……在行政组织的细节方面不断地加以强化与改进,以利于更进一步集权中央",于是乎,与自上而下的集权管理、乡村控制相悖的乡自治,自然被逐渐弱化乃至驱散,而有些基层形式之所以看似依然存在,"能够受到政府的包容",那是因为"在政府眼里,村庄、宗族和其他乡村团体,正是能够把基层控制伸入到乡下地区的切入点"。[3]乡饮酒礼正是在这一大趋势下转变成为基层控制的"切入点",看似形式依然存在,其实际效用已悄然抽换。《礼记·乡饮酒义》之所以有"乡饮酒之礼……所以明尊长也……所以明养老也"之语,清儒孙希旦指斥为"多附会牵合之说,似皆不出于先王制礼之本意也","疑皆汉儒所为,其辞义颇浅近"[4],真是慧眼如炬。《礼记》的

---

[1] 杜正胜:《编户齐民:传统政治社会结构之形成》第五章《聚落的人群结构》,第207、227页。
[2] 秦晖:《传统中华帝国的乡村基层控制:汉唐间的乡村组织》,《传统十论》,上海:复旦大学出版社,2004年,第30—31页。
[3] Hsiao Kung-chuan, *Rural China: Imperial Control in the Nineteenth Century*, Seattle: University of Washington Press, 1960. 引文据张皓、张升中译本,《中国乡村——论19世纪的帝国控制》,台北:联经出版事业公司,2014年,第3、7页。
[4] 〔清〕孙希旦:《礼记集解》卷六十,第1436、1446页。

这种"附会牵合",是造成后儒频频误解乡礼,越来越积重难返的直接原因。

乡礼之被鸠居,自东汉至西晋乃是被"养老"占据了鹊巢,这一现象一直到隋仍有延续;至隋唐以后,"乡贡"竟再一次侵入鹊巢,这一现象又一直延续到宋代鹿鸣宴的出现。乡贡之礼以突出"尊贤"的方式在"养老礼"逐渐独立为一种新的礼典之际,以几乎相同的方式寄居入乡饮酒礼原来的鹊巢。最近,叶国良撰文已初步区分出"其实乡饮酒礼之敬乡贤,与尚齿并无绝对关涉"[1],"尊贤"并非乡礼的礼义核心,而最多不过是由乡治延伸出来的一项礼义。乡治的精神在汉以后已无处落脚,"养老"与"尊贤"的附带涵义,因与古礼内核相似,逐渐先后寄居于乡饮酒礼的礼仪鹊巢之内,乡礼的古义因年代久远遂变得扑朔迷离。乡饮酒礼的历史演变,是礼仪"鸠占化"的一种典型现象。

宋以后由鹿鸣宴代替了乡贡意义上的"乡饮酒礼",南宋以降儒者意图恢复乡饮酒礼古义,殊不知社会组织方式的大转型早已根深蒂固。抱着复兴古礼的宏图,其既未明乡礼本义,又不知"后世风俗久变,素木瓠叶,桑弧蒿矢,亦与人生日用不切",难怪会遭史家吕思勉的指斥"宋儒好复古","犹沿袭其事,欲以化民,可谓循名而不察实者矣"。[2] 换句话说,宋儒看到了鹊巢被鸠居的不合理性,然而当他们着力驱逐出前后两个寄居之"鸠",试图复原那个已经被寄居了近千年的"空巢"的故有礼义时,他们的一厢情愿与一叶障目,反而更难免盲瞽之讥了。

乡礼的再变质

乡饮酒礼自宋以后,仍一度有所延续,直至20世纪。据美国传教士葛学溥(Daniel Harrision Kulp, 1888—1980)的团队对广东潮州凤凰村的实地考察,在民国建立之后,凤凰村所保存的乡间礼仪在一定程度上仍与乡饮酒礼一脉

---

1 叶国良:《关于乡饮酒、养老、大酺的思考》,手稿未刊本,2018年。
2 吕思勉:《吕思勉读史札记》条737"乡饮射礼",第1399页。

相承。[1]但是，明清以来的乡饮酒礼，较诸唐宋，就学术界已有的研究来看，问题更趋严重。邱仲麟的研究表明，明代以来乡饮酒礼在复兴的过程中，其实施和运作已问题丛生，诸如乡里讲读的废弛、尚法意味的淡化、敬老意涵的失落、饮宴的世俗化娱乐化等流弊不一而足。乡饮酒礼甚至成为地方官和精英资源交换的筹码、权力争夺的场所，贿赂与勒索充斥其间，即便尊长敬老这一层礼义，在15世纪（甚或更早）也已基本流失。[2]用赵克生的话说，"世风不可挽，'齿德是尚'已成明日黄花"。[3]

追究其深层理路，尊长、尚齿这一层礼义的极度膨胀，在明清以来适与中央集权的专制体制发生了共振效应。萧公权在其《中国乡村——论19世纪的帝国控制》一书以充分的史料揭示出乡间自治力量在晚清的19世纪中国已经完全崩溃，国家政权可以对乡村实施严密的政治控制和思想钳制，乡礼以及宋以来演变而出的乡约制度等，均流变为思想控制的手段之一，乡间士绅也逐步成为国家统治的代言人，甚至成为钻营其间的野心家。如此积聚，不啻乡礼故有的三项礼义已荡然无存，鸠占鹊巢的尊长、尊贤，同样变质为权力压迫的工具，乡政自主云云，更是成为地方专制的代名词。至1902年，梁启超为之愤懑而大声疾呼："我国民所最缺者，公德其一端也。……人人独善其身者谓之私德，人人相善其群者谓之公德，二者皆人生所不可缺之具也。……吾中国道德之发达，不可谓不早，虽然，偏于私德，而公德殆阙如。"[4]梁先生所说的，正可以视作乡礼被鸠居，进而再变质所带来的社会危机，由此延伸出来的一系列问题构成了社会史研究无法回避的棘手课题。

---

1 [美]葛学溥：《华南的乡村社会——广东凤凰村的家族主义社会学研究》，周大鸣译，北京：知识产权出版社，2011年。
2 邱仲麟：《敬老适所以贱老——明代乡饮酒礼的变迁及其与地方社会的互动》，《历史语言研究所集刊》第76本第1分，2005年3月。
3 赵克生：《乡饮酒礼与乡射礼：明代国家礼制的地方回应》，《明代国家礼制与社会生活》，北京：中华书局，2012年，第226页。
4 梁启超：《新民说·论公德》，《饮冰室合集》专集之四，第6册12页。

十二、祭祖的礼仪层次及其与佛教的互渗

"祭拜祖先"作为佛耶分水岭

历史上的1884年,是颇具戏剧性意味的一年。此年5月4日星期天,18岁的孙中山在香港接受喜嘉理牧师的施洗[1],进入基督教。5月26日,未逾一月,孙中山即受父命回广东香山县翠亨村老家成婚,按中国传统婚礼,必行祭拜祖先之礼,此之谓"拜堂成亲"。当喜嘉理听说作为基督徒的孙中山,拜了祖先的灵位,"犹如晴天霹雳!如何挽回败局?"他坚决要求和孙中山一起再返翠亨村,"目的正是要向孙氏家族宣传基督教义"。[2]结果不仅和孙家人闹得不欢而散,且迫得孙父要与孙中山决裂,在檀香山打工的兄长孙眉得知后,没收了给予孙中山的全部财产。

祭拜祖先与基督教义在孙中山身上,之所以会发生如此剧烈的冲突,乃是因为《圣经》对偶像崇拜的杜绝。这一事件发生的前后,在华传教士已意识到"祭祖成为传教过程中一个不能逃避的现实问题",为此曾召开过两次规模宏大的联合会议,就祭祖问题展开激烈的争论。1877年的会议可以美国公理会牧师谢卫楼(D. G. Sheffield,1841—1913)之言为代表:"除了天父及耶稣基督外,我是不会在任何人面前叩头的。"[3]1890年的会议则最终由中国内地会牧师戴德生(James Hudson Taylor,1832—1905)做了如下决定性发言:

---

1 孙中山入教时间采纳黄宇和考证结果,参见《三十岁前的孙中山》,第317页。
2 黄宇和:《三十岁前的孙中山》,第340页。
3 转引自邢增福、梁家麟:《中国祭祖问题》,第12页注20。

祭祖一事，由始至终，自顶及踵，并每件与其有关之事，都是拜偶像的行为。除了耶和华外，敬拜任何人，都是败德和拂逆上帝的律法！除非我们修改十诫，否则除了耶和华外，均不能容许任何形式的崇拜。[1]

前后一贯，将祭拜祖先视作是与礼拜耶和华不可调和的对立面。孙中山入教的 1884 年，刚好在这两次会议之间。仪节上的冰炭不相容，对于追慕西方文明的那一辈时代先锋人物来说，意味着一脚踏上驶往西方的客轮，便要与自己的老祖宗永远决裂。暴风雨般袭来的强烈冲突和内心震撼，一直延续到 21 世纪今天的信众身上。

同样是在 1884 年，25 岁的法国神父禄是道（Henri Doré，1859—1931）意气风发地踏上了中国的土地，其后的四十余年，禄氏在传教之余，费了极大的心力，要去把那个对立面——中国（重在江南）村民祭拜的那一个个"偶像"发掘出来。禄是道"对中国社会生活中的信仰活动，做了迄今为止最为完整的收集和描述"，完成《中国迷信研究》（Researches into Chinese Superstition）法文十六卷的写作，又经两位爱尔兰籍传教士甘沛澍（Martin Kennelly）和芬戴礼（Daniel J. Finn，1886—1936）英译、增订、注释为英文本十卷，在禄氏去世一年后由上海土山湾印书馆出版。[2] 禄、甘、芬等人前后相继近半个世纪完成的这一项浩大的工程，证明了基督教要在中国扎根，不容乐观的对立面正是，"从摇篮到坟墓，中国人一直生活在自己的迷信习俗中"[3]。于是禄是道一发不可收拾，穷毕生心血要来对"左右中国人社会和家庭生活的宗教和其他无穷无尽的迷信"[4] 予以集中清理，做滚雪球式的汇总与剖析；不想时过境迁，"以如此巨

---

1 转引自邢增福、梁家麟：《中国祭祖问题》，第 18 页。
2 参见李天纲：《禄是道和传教士对中国民间宗教的研究》，[法] 禄是道：《中国民间崇拜》中文版序，上海：上海科学技术文献出版社，2014 年，引文见序第 6 页。按：此书中译本由王定安等人按据英译本译出，李天纲审校，改书名作《中国民间崇拜》。
3 [法] 禄是道：《中国民间崇拜》第五卷《岁时习俗》，沈婕、单雪据英译本译出，第 64 页。
4 [法] 禄是道：《中国民间崇拜》第一卷《婚丧习俗》，高洪兴译，甘沛澍英译版序。

大的篇幅来记录、介绍和研究中国社会中的信仰活动历史上绝无仅有"[1]，这套成果成为19世纪汇集中国"迷信"，即祭拜各类偶像的对象及仪式，亦即今天学界称作民间信仰的集大成著作。

而在所有这些被贴上"迷信"标签的项目中，首屈一指的就是祭拜祖先。回想英国汉学家理雅各（James Legge，1815—1897）在1852年出版的《中国人关于神与灵的观念》中，已初步条理出有碍于中国人信仰唯一真神"上帝"的两大"迷信"："主要是对诸神的敬拜和对祖先的敬拜"，其中尤难清除的是，"敬拜祖先就成了一个陷阱，一块绊脚石，虽然祖先并没有被称作是神（Gods），他们却在中国人心目中占有一席之地，而这一席之地本应只属于God"。[2]一个世纪之后，哈佛大学的史华兹（Benjamin I. Schwartz，1916—1999）更为敏感地揭示出，"祖先崇拜的取向是如此无处不在，对中国文明的整个发展又是如此至关重要"，"在新兴的社会秩序中，祖先崇拜以及与此有关联的亲属关系占据着中心的地位"。[3]祭祖，已然成为耶教传入中国最难逾越的屏障，同样，"中国人对基督教皈依者最恶毒的辱骂，也是最能刺痛人的辱骂，就是嘲笑他没有祖宗"[4]。

包括孙中山在内的中国信徒，尤其是知识界的基督徒，正如谢和耐（Jacques Gernet，1921—2018）所言，"大部分人都希望把基督教徒与中国人的信仰结合起来，他们非常遗憾地看到传教士们禁止他们这样做"[5]。明清时期的传教士是如此固执，事到如今依然是如此强硬。强硬的结果自然能在最大程度上保持基督教礼仪的纯洁性，而纯洁的结果就是固守，固守住基督教义与礼

---

1 李天纲：《禄是道和传教士对中国民间宗教的研究》，[法]禄是道：《中国民间崇拜》中文版序，第4页。
2 [英]理雅各：《中国人关于神与灵的观念》，齐英豪译，福州：福建教育出版社，2018年，第193—194、196页。
3 [美]史华兹：《古代中国的思想世界》，程钢译，南京：江苏人民出版社，2004年，第20、25页。
4 [英]麦高温：《多面中国人》，张程译，第62页。
5 [法]谢和耐：《中国与基督教——中西文化的首次撞击》，耿昇译，北京：商务印书馆，2013年，第87页。

乐文明的核心，诸如祭拜祖先之间的边界，边界越发清晰，也就意味着基督教与中国礼教越来越生分，越来越拒斥，越来越你死我活。

同样是从中国文明之外传入的另一大宗教——佛教，却走了完全不同的道路。在浸润经史的士大夫看来，"儒释之学，如冰炭之不同"[1]，具体从佛教的教义与礼仪来看，恰如许理和（Erik Zürcher，1928—2008）指出的，"一个社团成员声称要'辞亲出家'，割绝所有的社会关系，终身过着独身生活，剃尽头发，甘于种种毁身方式，这种社团与中国人最基本的伦理精神格格不入"[2]，太史文（Stephen F. Teiser）的转述更为直接，"佛教乃是反对孝亲祭祖、拒绝奉上敬王的夷狄之教，故应排禁之"[3]。然而在"佛教征服中国"的历程中，"儒释几如肉受串，处处同其义味矣"[4]，难怪许理和所要展现的正是一幅佛教与中国礼教在互动中彼此"适应"（adaptation）、"互渗"（acculturation）、"选择"（selection）、"吸收"（absorption）、"重构"（restructuring）、"杂糅"（hybridization）和"组合"（compartmentalization）的宏大画卷[5]，此即所谓"征服"（conquest），也就是"佛教的'中国化'"[6]。在三教交融的巨大推力之下，到了禄是道、甘沛澍等传教士的眼中，在祭拜祖宗的仪节中，"佛教学说侵入人心"，甚至儒生士大夫也"和民众一样迷信，也会在他们祖先的坟前烧纸钱，尽管这是一种佛教的习惯"[7]。

---

1 〔清〕黄宗羲：《张仁庵先生墓志铭》，陈乃乾编：《黄梨洲文集·碑志类》，北京：中华书局，1959年，第233页。
2 〔荷〕许理和：《佛教征服中国：佛教在中国中古早期的传播与适应》，李四龙、裴勇等译，南京：江苏人民出版社，2005年，第350—351页。
3 〔美〕太史文：《许理和〈佛教征服中国〉三版序言：社会史与文化之间的对峙》，左娅译，姚平主编：《当代西方汉学研究集萃·宗教史卷》，上海：上海古籍出版社，2016年，第200页。
4 〔清〕黄宗羲：《张仁庵先生墓志铭》，陈乃乾编：《黄梨洲文集·碑志类》，第234页。
5 〔美〕太史文：《许理和〈佛教征服中国〉三版序言：社会史与文化之间的对峙》，左娅译，姚平主编：《当代西方汉学研究集萃·宗教史卷》，第201页。
6 圣凯明确指出："我们发现许理和'Conquest'的本意是指佛教在中国传播与调整过程中'克服'了种种困难得以发展而言，并无汉字'征服'的意思——一种主体性的转变。"因此，用陈观胜（Kenneth Ch'en）的话说，叫作"佛教的中国转化"，圣凯认为，"'佛教的中国转化'即是佛教的'中国化'"。参见《中国佛教信仰与生活史》，南京：江苏人民出版社，2016年，第4—5页。
7 〔法〕禄是道：《中国民间崇拜》第一卷《婚丧习俗》，高洪兴译，第89页，及甘沛澍英译版序。

由此可见，中国礼教的"祭拜祖先"成为一座分水岭，外来的佛教与基督教(天主教)在此分道扬镳："在满足中国社会中最不可推卸的两种要求(孝道与祭祀已故先亲)之一时，佛教才真正地征服了中国"，反观"基督教在中国的最大障碍之一，便是它无法像佛教和道教曾做过的那样，不能很好地满足孝道的需求"。[1] 为什么佛教能够顺利地"征服中国"？在"中国化"的过程中佛教是否发生排异反映？佛教的"杂糅"有没有导致教义的损伤乃至流失？佛教在中国的传播与扎根之路，呈现出怎样一种规律？所有这些问题的思考，都将从剖析中国固有的祭祖礼仪开始。

祭祖礼四段二十节中的"尸"

宗教史家王治心初识祭祖礼义的历史流变，其云："祀祖与祀天并重的风尚，便成了中国宗法社会的骨干。藉祭祖的方法来亲睦九族，结成一个宗法团体，在古代社会思想中未始不有相当的价值。流传既久，失去了祭祖的原意，固守着狭隘的家族观念，其流弊所及，就是减杀了人民的爱国思想。"[2] 其实，"流弊所及"绝不止减杀了爱国思想，"祭祖的原意"亦非"亲睦九族"可以涵盖。究其原因，王先生对祭祖礼的考察，尚未利用其源头的核心文本，即《仪礼》。

欲知周礼创制的用心，必从中国礼典修撰的第一座高峰——《仪礼》十七篇始，后世经师托之为"周公之所定，孔子之所述"，顾炎武高誉之"三代之礼，其存于后世而无疵者，独有《仪礼》一经"[3]。其中存《特牲馈食礼》和《少牢馈食礼》《有司彻》三篇，分别记载了周代士和卿大夫两个阶层岁时行宗庙祭祖的礼仪规范，《士虞礼》一篇，又记载周代士人丧礼在灵柩

1　[法]谢和耐：《中国与基督教——中西文化的首次撞击》附录《17世纪基督教在中国的本土化问题》，耿昇译，第463页。
2　王治心：《中国宗教思想史大纲》，第41页。
3　前句出自张尔岐《仪礼郑注句读·序》，后句出自顾炎武《仪礼郑注句读·序》，均见于[清]张尔岐：《仪礼郑注句读》卷首，台北：学海出版社，1997年影印清刻本。

下葬之后的安神之祭，我将此四篇所记称之为古典祭祖礼。今可据《特牲馈食礼》勾勒士人行宗庙祭祖礼的主要流程（四段二十节），《士虞礼》虽属丧祭，但在规模上可包含在《特牲》之内；《少牢馈食礼》《有司彻》合成卿大夫之祭祖礼，其以《特牲》为骨干，在等级的规格、品类的数量等方面均超之。

第一段：备祭（5节）

　　　　　　　1　　2　　3　　4　　5

　　　　筮日—筮尸—宿尸—宿宾—视濯视牲

第二段：启祭（3节）

　　　　　　　6　　　　7　　　　8

　　　　陈设及位次—阴厌—迎尸妥尸

第三段：飨尸（7节）

　　9　　10　　11　　12　　13　　14　　15

　尸九饭—酳尸三献—献宾与兄弟—加爵—嗣子举奠献尸—旅酬—佐食献尸

第四段：祭尾（5节）

　　　　16　　17　　18　　19　　20

　　送尸—馈尸俎彻庶羞—馂余—改馔阳厌—送宾

图7　古典祭祖礼四段二十节礼仪流程

（据《仪礼·特牲馈食礼》）[1]

从时间上来看这一仪节流程，祭礼的主体三段"启祭""飨尸""祭尾"均在一日内完成，此日前三天筮尸，筮日则更在筮尸之前，前多少天未载。《少牢馈食礼》则明确记载"筮旬有一日"，郑玄注："以先月下旬之己，筮来月上旬之己。"可见大夫礼隆，在十天之前即启动礼仪的第一步；士礼的

---

[1] 此图参照以下三家的分节框架，又做了一些调整和修改：〔清〕张尔岐：《仪礼郑注句读》；黄启方：《仪礼特牲馈食礼仪节研究》，台北：中华书局，1971年；刘源：《商周祭祖礼研究》附录三《〈仪礼〉记述的周代贵族祭祖仪式内容》，北京：商务印书馆，2004年。

筮日恐未必那么早，与筮尸在同一日亦未为可知。

再从空间上看，第一段"备祭"的筮日、筮尸、视濯视牲均在宗庙的门外举行，宿尸、宿宾则由主人亲自登门邀请尸与宾，故地点在尸、宾之家门口，从第二段起礼仪均行于宗庙之内。自阴厌饫神之祭始则行于庙室之内，尸入庙门，登堂入室，行礼均在室内，直至阳厌亦在室内；主妇待于房中，入室献尸；众宾与兄弟待于堂下庭中，登堂入室献尸，旅酬、馂余等仪则行于室外堂上。《有司彻》在馂余之后增加"傧尸"之礼，即酬劳尸本人的饮酒礼，行于堂上，故不再设阳厌。

再从行礼人物来看，核心人物可分为四个团体：其一是祭者，由长子为主人（主祭者），其妻为主妇，兄弟等宗人、宗妇随祭；其二是尸，代替先祖接受祭祀的人，一般由被祭先祖的孙辈担任，这个"尸"显然是一个大活人，与表示遗体的"屍"非一字；其三是宾，由主人邀请数位乡里身份贵重者担任，以见证礼仪，其中最为尊贵的一位为宾长，其他几位为众宾，其中佐尸食者称为"佐食"；其四是参与祭礼的有司执事，襄助仪节的具体操办，其中领头的一位称为"宰"，礼仪的引导者一位称为"祝"，主筮的一位称为"筮者"，另有若干协助者称为"赞者"。

在所有人物之中，最为核心的人物无疑是"主人"和"尸"，祭祖礼仪的主干都是围绕着主人祭尸展开的。从第一段"备祭"的筮尸礼开始，在祭日的前三天主人参与确定尸的人选，祭日经由迎尸—妥尸—尸九饭—酢尸—送尸—馈尸俎，基本上是围绕着"尸"设计展开一系列的仪节。立尸，可以说是古典祭祖礼贯穿前后、最具标志意义的仪节构成，宋儒对此极为看重，称"古人祭祀用尸，极有深意，不可不深思"[1]。

《仪礼》为经，简奥质朴，所蕴礼义可借助于《礼记》及郑玄注予以会合提炼。《特牲馈食礼》郑注曰："大夫、士以孙之伦为尸。"《士虞礼》郑注又曰："孝子之祭，不见亲之形象，心无所系，立尸而主意焉。"也就是说，

---

[1] 〔宋〕程颢、程颐：《二程遗书》卷一《端伯传师说》，上海：上海古籍出版社，2000年，第57页。

先祖之形已故去，祭礼乃以活着的孙辈其中一人为其形象代表，作为飨献之礼的对象。《礼记》多篇均对立尸之礼义有所推阐，如《玉藻》云："凡祭，容貌颜色如见所祭者。"《郊特牲》云："尸，神像也。"可见祖先之神的容貌颜色必赋于尸之形象，朱熹更以气质论推阐之："古人于祭祀必立之尸，其义精甚。盖又是因祖考遗体，以凝聚祖考之气，气与质合，则其散者庶乎复聚，此教之至也。"[1]"祖考之气"曰神，祭之时落之于尸，则"气与质合"，先祖生前容貌颜色宛然如在眼前，所谓"散者复聚"。《礼记·祭义》道出了祭祖礼的核心内涵："祭之日，入室，僾然必有见乎其位；周还出户，肃然必有闻乎其容声；出户而听，忾然必有闻乎其叹息之声。……进退必敬，如亲听命，则或使之也。"郑注："如居父母前，将受命而使之。"也就是希望祭者回复到先祖生前，将先祖形神请来家庙中团聚，与宗人共度一日飨宴。在祭祖这一日，以主祭者带领，每一个环节均如先祖生前一样敬奉之、应对之、听命之。汉儒《白虎通》描述得更为传神："祭所以有尸者何？鬼神听之无声，视之无形，升自阼阶，仰视榱桷，俯视几筵，其器存，其人亡，虚无寂寞，思慕哀伤，无所写泄，故坐尸而食之，毁损其馔，欣然若亲之饱，尸醉，若神之醉矣。"[2]若对其精蕴从理论上概括，正如《中庸》所言，"事死如事生，事亡如事存，孝之至也"。

立尸的对象，《礼记·曾子问》挂名孔子曰："尸必以孙。孙幼，则使人抱之。无孙，则取于同姓可也。"《特牲馈食礼》郑注："尸，所祭者之孙也。祖之尸，则主人乃宗子。"清人官献瑶据前儒之说总括曰："宗庙之尸，必以同姓，取其精气合也；必以孙之伦，昭穆同也；必以適（嫡）不敢以贱者，依吾亲也；必以无父者，两无妨其尊也。"此说为胡培翚《仪礼正义》所引录，并称"官氏说甚详明"[3]，后世各种推论几不出官氏之说[4]。胡氏进而

---

[1]〔宋〕朱熹：《晦庵先生朱文公文集》卷五十二《答吴伯丰》，《朱子全书》，第22册2439页。
[2]〔清〕陈立：《白虎通疏证》卷十二《宗庙》，第580页。
[3]〔清〕胡培翚：《仪礼正义》卷三十四，《儒藏·精华编》48，第1549页。
[4] 钱玄的梳理较为通达，参见《三礼通论·礼仪编》"祭礼通释"，第621页以下。

指出《诗·大雅·既醉》"令终有俶，公尸嘉告"，有所谓"公尸"之说，毛传："公尸，天子以卿，言诸侯也。"郑笺："诸侯有功德者入为天子卿大夫，故云公尸。"汉人何休曾贯通天子至士之立尸原则："礼，天子以卿为尸，诸侯以大夫为尸，卿大夫以下以孙为尸。"[1]不管是"天子以卿"，还是"诸侯以大夫"，其实与《礼记》"尸必以孙"并不矛盾，故胡新生云"这些充任'公尸'的卿大夫，在昭穆序列上与其代表的祖先也是相同的"[2]，胡先生之说是。若然，入为天子之卿的，当比天子晚一辈，诸侯有功德者若为天子兄弟，则恐当以其子入为天子之卿而为公尸。

民国年间，张亦镜（1871—1931）曾说过，"尸，活祖宗也"，"尸既是祭者之子行，则祭过去之先人，实即是祭现在之活子"[3]，胡新生进而将其定性为一种"活偶像"，并推论其宗教意义有两层。其一曰："祭礼中的尸直接享用祭品，这是那些无机的偶像绝对不能做到的。……因为活偶像吃饭饮酒，醉饱方归，祭祀中的神就不再是神秘虚幻、不可捉摸的，而是形象的、生动的，与其说他是高高在上的神，不如说他是一位尊贵而又谦让的宾客。"[4]此言尸之代神，可拉近与祭者的距离，使"周人对祖先更觉亲和"，固然不错，但此意实已包蕴在"事死如事生"之内。其二曰："尸不但可以代表鬼神享受供品，还可以代表鬼神祝福主祭者从而把神灵的许诺和回报也直接体现出来。……从而使祭祀变成了人与神公平交易、双向互惠的仪式。"[5]此说则是从现代人类学的角度给出的分析，明显与《礼记·礼器》"君子曰：祭祀不祈"相矛盾。郑注说得更为显豁："祈，求也。祭祀不为求福也。《诗》云

---

[1] 《春秋公羊传注疏》卷十五《宣公八年》何休注，〔清〕阮元校刻：《十三经注疏》，第2280页下。

[2] 胡新生：《周代的礼制》第四编之二《周代祭祀中的立尸礼及其宗教意义》，北京：商务印书馆，2016年，第275页。

[3] 张亦镜：《祭先源流考》，《真光丛刊·关于宗教之考据文字》，上海：中华浸会书局，1928年，第12页。按：林耀华《拜祖》大段袭用张先生的研究成果，并未交代出处，参见《义序的宗族研究》附录，北京：生活·读书·新知三联书店，2000年，第241页。

[4] 胡新生：《周代的礼制》第四编之二《周代祭祀中的立尸礼及其宗教意义》，第280—282页。

[5] 胡新生：《周代的礼制》第四编之二《周代祭祀中的立尸礼及其宗教意义》，第282—284页。

'自求多福',福由己耳。"其实,尸之饮食、受献、祝嘏,均一如先祖之在生前,并非刻意为之,《仪礼》所记每一个细节均无法直接推导出祭者求福、"公平交易"的含义。

祭祖立尸,在礼仪设计上的另一层深刻用心,恰恰体现在张亦镜所指出的尸与主祭者在现实世界中身份的"尊卑倒置""以父拜子"上。[1]在仪节上之所以要将主祭者下一辈中的一人上提为尸,以代先祖之神,目的正是要对主祭者构成一种限制,尤其是为了抑制其作为宗族最尊者可能滋生出来的自傲、骄慢之情。将现实生活中单向的尊卑关系,在祭祖礼中予以适度调整,由此主祭者便无法如平常位居独一无二的最高位置,在行礼中处处要求其如先祖生前一般礼敬于"尸"。宋儒已察识此义,如程颢即有言:"人与人既为类,骨肉又为一家之类,己与尸各既已洁齐,至诚相通,以此求神,宜其飨之。后世不知此,直以尊卑之势,遂不肯行尔。"[2]真是在骨肉相待中,可见"至诚相通",后世去"尸"代以木主,主祭者便成为行礼过程中最"尊"的一位,于是在场之人仅剩下自上而下单向的"尊卑之势",这是《仪礼》的设计者不愿意看到的。可见,诚敬是祭祖礼对于主祭者以及其他参与祭礼者最重要的礼义诉求,尤其是对于主祭者而言,立尸这个仪节主干所透射出来的深层礼义指向即在此。

立尸之礼义内核所铺展的仪节

古典祭祖礼围绕着立尸这个贯穿前后的中心环节,确立了以诚敬作为全部礼义的内核。正是这项礼义内核,奠定了祭礼作为所有一切礼制的根基地位,正所谓"礼有五经,莫重于祭"(《礼记·祭统》),全部《礼记》可由首篇第一句话——"毋不敬"为总纲。在社会学家林耀华看来,"古者圣哲之士从

---

[1] 张亦镜:《祭先源流考》,《真光丛刊·关于宗教之考据文字》,第12页。按:林耀华《义序的宗族研究》附录《拜祖》袭用之,第241—242页。
[2] 〔宋〕程颢、程颐:《二程遗书》卷一《端伯传师说》,第57页。

拜祖思想而创造礼仪，由礼仪而影响到人类生活中的态度、行为和活动"[1]。有鉴于此，围绕"诚敬"这一礼义内核，由立尸之仪推扩出去，我们有必要对《特牲馈食礼》四段二十节所铺展的仪节和植入的礼义进行再抽绎。

第一，斋戒。从备祭阶段的"宿尸""宿宾"开始，距离正式的祭日还有三天，进入斋戒的准备期。何谓"宿"，《特牲馈食礼》郑注："宿，读为肃。肃，进也。进之者，使知祭日当来。"若联系《礼记》经注可得其确切词义。《杂记下》"既宿则与祭"孔颖达正义："宿，谓祭前三日将致齐之时。"[2]孔疏本诸《玉藻》"将适公所，宿齐戒，居外寝，沐浴"，又《礼器》曰："三月系，七日戒，三日宿，慎之至也。"郑注："系，系牲于牢也。戒，散齐也。宿，致齐也。将有祭祀之事，必先敬慎如此，不敢忽也。"可见宿，即齐（后作斋）戒之义，在祭前三日开始，进入敬慎有加的致斋，较一般的散斋为戒规格更高，故郑注训为肃。依孔疏之说，经文用"宿"，要求主祭者与被宿者（即尸与宾）在祭日前三天均恪守斋戒。

斋戒的要求，除了《玉藻》提到的需"居外寝，沐浴"之外，《礼记》他篇尚有如下几项规定：(1)《祭义》曰："孝子将祭，虑事不可以不豫；比时具物，不可以不备；虚中以治之。宫室既修，墙屋既设，百物既备，夫妇齐戒，沐浴，盛服奉承而进之。"进入斋戒，主祭者凡事谨慎相待，准备祭日所用器物，寝庙周围整饬一过，夫妻双方饮食起居去嗜欲，穿着盛洁。(2)《祭义》又曰："齐之日，思其居处，思其笑语，思其志意，思其所乐，思其所嗜。齐三日，乃见其所为齐者。"郑注："见所为齐者，思之熟也。所嗜，素所欲饮食也。"在此三日中，主祭者静心聚思，排除其他杂念，全身心回到与被祭者生前相处的日常朝夕，回忆思慕，以待祭日。(3)《祭统》："及其将齐也，防其邪物，讫其嗜欲，耳不听乐，故《记》曰'齐者不乐'，言不敢散其志也。心不苟虑，必依于道。手足不苟动，必依于礼。是故君子之齐也，专致其精明之德也，故散齐七日以定之，致齐三日以齐之。定之

---

[1] 林耀华：《义序的宗族研究》附录《拜祖》，第232页。
[2] 《礼记正义》卷四十二，〔清〕阮元校刻：《十三经注疏》，第1561页上。

谓齐，齐者，精明之至也，然后可以交于神明也。"主祭者在此三日内当由外至内，由手足而心，由不苟而专致而精明，清心寡欲，"交于神明"。如果说，《曲礼上》"临祭不惰"，是对尸与宾和祭者的统一规定，那么以上三项更高的要求，均是针对主祭者提出的。

斋戒三日，为祭日的礼仪实现铺垫了基础，对主祭者的要求大大高于其他人，也是体现和涵养主祭者诚敬之道的前提。

第二，飨神。祭日当天清晨，主人、主妇在陈设礼器完毕后，宾、兄弟、群执事已到，在尸来临之前，主宾在庙室之内由祝引导，行阴厌之礼。凌廷堪归纳出："凡尸未入室之前，设馔于奥，谓之阴厌。"仪节包括为神布席于奥（室中西南隅），主妇荐豆，主人设俎，又设敦，设铏，酌奠，启会，飨神。[1] 同样，在飨尸完毕，送尸出庙后，又在庙室之西北隅行飨神之礼，谓之阳厌。《礼记·曾子问》郑注："厌，厌饫神也。厌有阴有阳，迎尸之前，祝酌奠，奠之且飨，是阴厌也。尸谡之后，彻荐俎敦，设于西北隅，是阳厌也。"飨神，是主人与宾的接神之仪，为接下来的飨尸（神之形）铺垫一个心理基础。

飨神之礼，是斋戒"交于神明"的延续，重心仍在主人对祖先之神的诚敬。《郊特牲》曰："祭祀之相，主人自致其敬，尽其嘉，而无与让也。腥、肆、爓、腍祭，岂知神之所飨也？主人自尽其敬而已矣。"此云"自尽其敬"道出了飨神的礼义大端。《礼器》又曰："君子之于礼也，有所竭情尽慎，致其敬而诚若，有美而文而诚若。"能"竭情尽慎"谓之"致其敬"，内心之敬、外在之文，出发点则在"诚"，旨在求得主人与祖先之神的心意相通。如果说飨尸更偏重于敬，那么飨神则更偏重于诚。

第三，交接。自祝迎尸入庙，在庭中盥洗毕，走至堂下阶前始，主人与尸，及与在场参与礼仪者互相之间的交接便构成全部祭祖礼的主干。详参下主人与尸交接表。

---

1 〔清〕凌廷堪：《礼经释例》卷九《祭例上》，第 490—491 页。

表6　古典祭祖礼主人与尸交接表（据《仪礼·特牲馈食礼》）

节序	仪节进度		相互交接	尸祭神
8	妥尸	升阶	主人降，立于阼阶东。尸入门。……尸升入，主人从	
		即席位	尸即席坐，主人拜，尸答拜	
9	尸九饭	授祭	祝飨，主人拜如初。尸祭之，祭酒，主人拜，尸奠觯答拜。尸祭铏，主人拜，尸答拜	祝命授祭（祭食神），尸祭于豆间。尸祭酒。尸祭铏
		尸三饭	告饱，主人拜	尸受肺脊，振祭
		尸又三饭	告饱，如初	尸受肝，振祭
		尸又三饭	告饱，如初	尸受骼及鱼，如初
10	酳尸三献	主人初献	主人酳尸，尸拜受，主人拜送	尸祭酒
			祝受尸爵，主人拜，尸答拜	尸振祭
			尸酢主人，主人拜受角。尸拜送，主人退	佐食授授祭，主人祭之
			尸亲嘏主人，主人再拜稽首受，……卒角，尸答拜	
		主人献祝	主人献祝，祝拜受爵，主人拜送，……祝卒角，拜，主人答拜	
		主人献佐食	主人献佐食，佐食北面拜受爵，主人拜送，……佐食卒角，拜，主人答拜	
		主妇亚献	主妇与尸之间（略）	
		宾三献	宾与尸之间（略）	
11	主人献宾与兄弟		主人与宾、兄弟之间（略）	
12	长兄弟、众宾长加爵		长兄弟、众宾长与尸之间（略）	
13	嗣子举奠献尸		嗣子与尸之间（略）	尸祭酒
14	旅酬		在场与礼者之间（略）	
15	佐食献尸		佐食、祝与尸之间（略）。尸	
16	送尸	尸出室	主人出，立于室外。……尸起，祝前	
		尸出庙	主人降，立于阼阶东。祝先，尸从，遂出庙门	

归纳可知，尸之出入举动，均由一位赞礼者"祝"为直接引导。在尸进庙门到落座即席之间，主人均站侧边，注目待命，礼毕尸出，亦由祝引导，主人目送之。提取在室内进行的妥尸、尸九饭、酳尸三献这三段的跪拜仪节，得主人拜 12 次，尸答拜 5 次，尸拜 2 次，祝拜 1 次，佐食拜 1 次，主人答拜 2 次。其他人员彼此之间，亦有多次互拜。此处的拜，自然是跪拜，古人席地而坐，两膝着地而下其臀，进行礼仪动作时往往起其身成跪，接着两手作拱状，头俯至地成拜，如下图所示[1]：

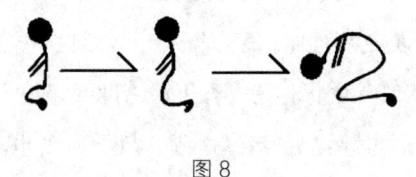

图 8

仪节的揖让周旋、坐兴跪拜的所有这些"曲礼"，铺设于典礼的底层，均构成行礼现场的彬彬典雅风貌。

在所有行礼者之中，主人（主祭者）无疑是全部仪节的中心人物。《礼记·祭义》曰："及祭之日，颜色必温，行必恐，如惧不及爱然。其奠之也，容貌必温，身必诎，如语焉而未之然。宿者皆出，其立卑静以正，如将弗见然。"此正是就主人之容礼所流露外显者而言，再概括言之，也就是《曲礼上》之所谓"君子恭敬撙节退让以明礼"。之所以在仪节设置上对主人的要求尤其繁多，对其如何对待尸的仪容、举止尤其看重，宗旨正在于对尊者提出更高一层自我抑制的要求，地位越尊，礼义对其的约束力越强。主人无疑是行礼现场最尊长的一位，从其内心的诚敬，流露出来的身教，对所有在场者起了潜移默化的教化作用（参上文第十篇）。正是为了观摩濡染的"礼化"能起到实实在在的作用，古典祭祖礼必须立尸，设置斋戒、飨神之礼，共同强化诚敬的核心礼义，而其决定性作用的，实际上是主祭者内心的修养。《檀

---

[1] 参见沈文倬：《坐跪通释——从甲骨文、金文的一些象形文字说古人的坐》，《中国经学》第 4 辑。坐—跪—拜示意图见第 46 页。按：亦可参上文第九篇。

弓上》曰："祭礼，与其敬不足而礼有余也，不若礼不足而敬有余也。"郑注："祭主敬。"所谓"礼有余"，也就是外在的"有美而文"，若不是内在的"竭情尽慎"自然流露出来，必将流于形式化，也就是孔子所谓的"文胜于质"，那么如何能逃过行礼现场各位宾客、宗人的众目睽睽。

第四，血食。用牲是古典祭祖礼的另一项仪式标志。《特牲馈食礼》的所谓"特牲"，即用豕一种，《少牢馈食礼》的"少牢"，即用羊、豕二种，若是天子祭社稷所用的"太牢"，规格更高，用牛、羊、豕三种。杜佑《通典》载此制之源头曰："其祭尚气，先迎牲，杀于庭，取血告于室以降神。然后奏乐，尸入。"[1] 最初用牲血之气以降神，故后世将祭祀用牲称之为血食。《汉书·高帝纪》载汉高祖之诏："故粤王亡诸世奉粤祀，秦侵夺其地，使其社稷不得血食。"颜师古注："祭者尚血腥，故曰血食也。"可见血食已成为宗庙祭祀的代名词。

用牲之法，蕴含在《仪礼》之中。吴达芸曾悉心条理并解析《特牲馈食礼》所载每一件祭品[2]，今摘录其排列之飨尸祭品图如下。

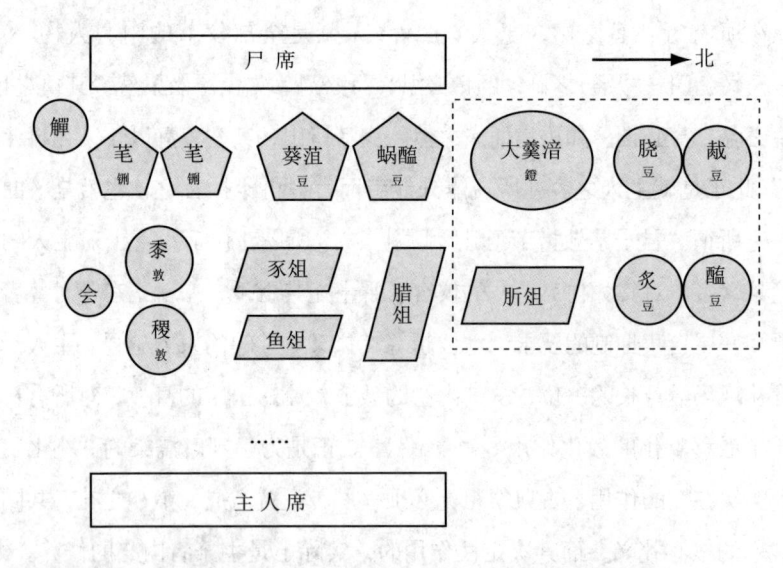

图 9　古典祭祖礼尸席祭品陈列图（据《仪礼·特牲馈食礼》）

1　〔唐〕杜佑：《通典》卷四十八《吉礼七》，第 2 册 1298 页。
2　吴达芸：《仪礼特牲少牢有司彻祭品研究》，台北：中华书局，1985 年。

参照上图，《特牲馈食礼》在尸未入行阴厌时即供奉的祭品有：

（1）主妇端上两豆：葵菹（冬葵腌制）、蜗醢（蜗牛肉酱）。

（2）主人端上三俎：豕、鱼、腊（整兽干肉）。

（3）主妇端上两种主食：黍、稷，启会（敦的盖子）。

（4）主妇端上两铏：芼（肉汤中加盐菜）。

（5）祝端上酒：觯。

在尸入室即席，行毕挼祭之后，进而供奉上几种大菜（图中虚线框内）：

（6）佐食呈上大羹湆（煮肉汁）。

（7）主人呈上一俎：肵（豕之心舌）。

（8）佐食呈上四豆：胾（肉汤）、炙（烤肉）、胾（切瘦肉）、醢（肉酱）。

所谓"特牲"，即用豕肉，在尸九饭期间供奉而上，计六道肉食菜（含汤）。其中尤其贵重的是肵俎，《礼记·郊特牲》："肵之为言敬也。"郑玄取之以注《特牲馈食礼》："肵俎主于尸，主人亲羞，敬也。"在祭品的杀牲、烹调、切割、装盛、排设、端奉之间，均各有明确的定制，以彰显其礼义，不可丝毫松懈。就祭者对待祭器，《坊记》曰："敬则用祭器，故君子不以菲废礼，不以美没礼。"郑玄："祭器，笾、豆、簠、铏之属也。有敬事于宾客则用之，谓飨食也。盘、盂之属为燕器。"可见其慎重，其余细节此处从略，可参阅刘源之述介。[1]

第五，合族。经由礼仪的中心人物主人与尸，与宾，由其言行举止的观摩效仿而往外辐射，诚敬的礼义将濡染到行礼现场的每一位宗人。不仅如此，礼仪在环节的设置上，将充分调动宗人与在场者，从观礼而进入深度参与，从而完成《礼记·坊记》所谓"君子因睦以合族"之义。郑注："合族，谓与族人燕，与族人食。"就《特牲馈食礼》而言，主要体现在飨尸段最后的旅酬和祭尾的餕（囊）余两节。

飨尸段的仪节由尊至卑，由长及幼，在主人、主妇、宾、长兄弟、众宾长、嗣子先后献尸完毕，此后则将献酒的仪节进一步辐射到兄弟弟子、宾弟

---

[1] 刘源：《商周祭祖礼研究》附录三《〈仪礼〉记述的周代贵族祭祖仪式内容》，第192—236页。

子，完成旅酬之仪。《士冠礼》郑注："凡旅酬者，少长以齿，终于沃盥者，皆弟长而无遗矣。"也就是在场参与礼仪者逐次以年齿为序进入典礼，一个不能遗漏。在祭毕，尸出庙门之后，又设有餕余之仪。《祭统》有曰："夫祭有餕，餕者祭之末也，不可不知也。是故古之人有言曰善终者如始，餕其是已。是故古之君子曰：'尸亦餕鬼神之余也，惠术也，可以观政矣。'"古人将飨尸看作是祀神之余，那么宗人饮食便可看作是飨尸之余。此之所以能"观政"，《祭统》又曰："祭者，泽之大者也，是故上有大泽，则惠必及下，顾上先下后耳，非上积重而下有冻馁之民也。是故上有大泽，则民夫人待于下流，知惠之必将至也，由餕见之矣，故曰'可以观政矣'。"餕，《仪礼》作"羞"，由嗣子和长兄弟任之，将尸食之余分食，受其惠，流其泽。按郑玄引《尚书·酒诰》之说"宗室有事，族人皆侍终日；大宗已侍于宾奠，然后燕私"，此说与《坊记》之言"因其酒肉，聚其宗族，以教民睦也"完全相合。可见，祭祖以凝聚族人，收合族之效，同样是主人与尸之诚敬外化而生的重要礼义，王治心所看到的"藉祭祖的方法来亲睦九族，结成一个宗法团体"，正是就此而发。

汉以后祭礼的谱系和佛教因素的渗入

作为古典祭祖礼中心环节的立尸之仪，《通典》论之曰："自周以前，天地、宗庙、社稷一切祭享，凡皆立尸。秦汉以降，中华则无矣。"[1] 杜佑之言有两层含义，一谓立尸的礼义内核不仅限于祭祖，而且辐射到天地、社稷等一切祭祀，二谓立尸之仪在秦汉以后废弃不用。废弃尸祭的时代，宋王应麟《困学纪闻》提前到秦，清顾炎武《日知录》更提前到战国，然终因史料不足难以确证[2]，想来各地渐渐废而不用此仪，必有相当长的一段时间。

---

[1]〔唐〕杜佑：《通典》卷四十八《吉礼七》，第 2 册 1355 页。
[2] 参见杨玉荣、王维：《尸祭礼俗消亡考》，《社科纵横》2009 年第 10 期。按：此文主张尸祭消亡于战国末期至秦初，然亦不过是据《庄子》之言推论，并无实际施行的史料作支撑。

有些学者对尸祭的废弃痛心疾首，如张亦镜曾大呼："祭而不立尸，不已绝其先人血食之路也乎！先人血食之路而既绝，尚保存此不合祭先原理之礼奚为？……既尸祭而可革，则不尸乌是祭？直可以一语断尽，中国自秦以降，举已灭祭先之礼可耳。"[1] 在张先生看来，立尸之仪废，祭祖之礼的内核已去，等于是名存实亡。因此，他是如此重视杜佑在自注中提到的北魏、周隋时内亚游牧地区和西南巴梁之间，存有"为尸之遗法"[2]，进而说他的家乡广西平乐有接太公之土俗，"当必是古尸制之遗"[3]。更有学者举出《朱子语类》记有"今蛮夷獠洞中有尸之遗意，每遇祭祀鬼神时，必请乡之魁梧姿美者为尸，而一乡之人相率以拜祭，为之尸者，语话醉饱"[4]，可见"宋代的民间以及少数民族之中还保留着'立尸'的遗法"；还举出直到1916年的云南宁州地区，"地方志中也还明确地记录了民间祭祀仪礼中的'立尸'做法"[5]。对此，我愿意引录日本前辈学者狩野直喜（1868—1947）的看法，他说《朱子语类》所云的风俗，"不过是邵武附近的一个小村落的风俗，它究竟是否为古代尸礼的遗传，尚存疑问"。杜佑之所以揭出"此风俗在中国大部分地区已经销声匿迹，现仅存于少数边境地区的夷狄之中"，旨在痛斥"某些拘于古礼的学者要求在礼制上复兴该礼的迂腐论调，洵为真知灼见"。[6] 试图论证北朝、宋乃至民国年间周边的民俗与《仪礼》立尸之仪相承，纯属一厢情愿，试图在此礼消亡之后再事复古，更是异想天开的无稽之举。

立尸之仪之所以会消亡，杨玉荣等曾援引冯天瑜之说"秦人不慕往世，只重现世，他们并不特别寄希望于先祖对现实生活的护佑，并不格外重视祖

---

[1] 张亦镜：《祭先源流考》，《真光丛刊·关于宗教之考据文字》，第14—15页。
[2] 〔唐〕杜佑：《通典》卷四十八《吉礼七》，第2册1355页。
[3] 张亦镜：《祭先源流考》，《真光丛刊·关于宗教之考据文字》，第14—15页。按：林耀华《义序的宗族研究》附录《拜祖》袭用之，第244页。
[4] 〔宋〕黎靖德编：《朱子语类》卷九十《礼七》，第6册2815页。
[5] 黄强："尸"的遗风——民间祭祀仪礼中神灵凭依体的诸形态及其特征（上），《民族艺术》1996年第1期。
[6] ［日］狩野直喜：《中国古代祭尸的风俗》（上，1922），《中国学文薮》，周先民译，北京：中华书局，2011年，第58页。

先崇拜，对祖宗神持较为淡漠的态度"[1]，进而认为"秦始皇在统一中不断将秦文化扩散，其鬼神观也推广开来，尸祭礼俗就在这种背景下销声匿迹"，而且"秦国朴素的民风，与繁缛的尸礼几乎格格不入，因此尸祭不太可能在以秦国为核心的秦朝中延续下来"[2]。我认为这只是一个方面的原因，甚至很可能不是主要原因。更为重要的恐怕是社会思想观念上的流变所致。战国以来的阴阳五行学说，以及由此演化而成的天人感应、五德终始及灾异祥瑞等观念，将思维的出发点由祖先转向天命。蒲慕州曾经指出，"秦始皇统一天下之后，在宗教政策上的第一项行动就是把五行思想正式引入帝国的宗教系统之中"。[3] 到了董仲舒，作为一套人间秩序的"天"，已经"重建或奠定庞大的理论框架，并使之转化为民族国家意识形态"[4]。此后发展壮大的谶纬学说与今文经学乃是这一路线的延续，"二者所建立的帝国圣统理论都是用天道推演的神话，摆脱了旧氏族王国的宗法血缘思想"[5]。这一新的天人学说，到了《白虎通》那里，已形成一套严密的秩序和规则。与此相呼应，在礼仪形式上的反映，便是祭礼原以祭祖为轴心让位给以祭天为轴心。

从国家层面来看，汉代以降的祭礼逐渐形成以天子南郊祭天为轴心的庞大系统。按《周礼·春官·肆师》的框架："立大祀，用玉帛牲牷；立次祀，用牲币；立小祀，用牲。"东汉郑众注："大祀，天地。次祀，日月星辰。小祀，司命已下。"郑玄补充说："大祀又有宗庙，次祀又有社稷、五祀、五岳，小祀又有司中、风师、雨师、山川、百物。"可见在郑众的框架中，国家祭祀乃以天地之祭为轴心，外推到各类自然神祇，郑玄补充进宗庙之祀，从而形成祭天、祀地、享宗庙三足鼎立的祭祀格局，然而不管怎样，享宗庙

---

1 冯天瑜、何晓明、周积明：《中华文化史》，上海：上海人民出版社，1990年，第419页。
2 杨玉荣、王维：《尸祭礼俗消亡考》，《社科纵横》2009年第10期，第136页。
3 蒲慕州：《追寻一己之福——中国古代的信仰世界》，上海：上海古籍出版社，2007年，第100页。
4 葛兆光：《中国思想史》第1卷第3编，上海：复旦大学出版社，2018年，第238页。
5 徐兴无：《谶纬文献与汉代文化构建》，第197—198页。按：徐复观《先秦儒家思想发展中的转折及天的哲学大系统的建立》对天象与人事相关的观念有详细探讨，《两汉思想史》第二卷，上海：华东师范大学出版社，2001年。

在规格上均逊于南郊祭天，无法与之并列。到了《隋书·礼仪志》，宗庙之祀的地位进一步低落，形成了"昊天上帝、五方上帝、日月、皇地祇、神州、社稷、宗庙等为大祀；星辰、五祀、四望为中祀；司中、司命、风师、雨师及诸星、诸山川等为小祀"三大祭祀谱系。皇帝郊天的地位大大提升，是汉唐礼制区别于周代礼制的主要特征之一。

而在民间社会，因士大夫身份以下者无权染指天地之祀，祭祖仍占据相当的空间。据杨庆堃的研究，"中国家庭生活中最重要的宗教内容还是祭祖，一种有助于中国社会基本单位——家庭整合和延续的仪式"，"祖先崇拜将宗教的所有主要特征都渗透进制度性结构中"。[1]以研究祭祖礼仪为切入点，杨先生往外辐射到其他社会团体的结拜仪式，进而到土地庙、行业神、财神、庙会，乃至其他自然神，这一格局一直持续到20世纪。由于民间祭礼缺少国家制度的普遍规约，伴随着立尸之仪的消亡，祭祖礼原本的仪节结构逐渐松散，增益入其他一些不同来源的仪节特征，尤其是佛教因素大量渗入。今略举数端，以管窥豹。

第一，神主。学界普遍认为，在立尸之仪废弃的同时，神主的使用便登上历史舞台。最早有明确记载的是前195年，汉高祖刘邦去世，《汉旧仪》曰："高帝崩三日，小敛室中牖下。作栗木主，长八寸，前方后圆，围一尺，置牖中，望外，内张绵絮以鄣外，以皓木大如指，长三尺，四枚，缠以皓皮四方置牖中，主居其中央。七日大敛棺，以黍饭羊舌祭之牖中。已葬，收主。为木函，藏庙太室中西墙壁埳中。"[2]可见神主一般用木制成，先祖去世后制作，最初置于窗台上，待下葬之后套以木盒，藏于宗庙。此仪民间的做法与皇家近似。一直到20世纪，华琛的考察依然如此："为死者准备和设立神主牌。除了夭折的婴孩或陌生的流浪者以外，所有中国人都需要一个有文字的牌来安顿他们其中一个灵魂。"[3]不过，神主的主要礼仪功能与尸有着本

---

[1] 杨庆堃：《中国社会中的宗教》，范丽珠译，第24、230页。
[2] 《续汉志·礼仪下》刘昭注补引《汉旧仪》，《后汉书》，第11册3148页。
[3] [美]华琛（James L. Watson）：《中国丧葬仪式的结构——基本形态、仪式次序、动作的首要性》，湛蔚晞译，《历史人类学学刊》2003年第1卷第2期，第108页。

质区别，神主无疑是祖先灵魂的附着体，而尸则是祖先肉身的替代者，两者的关系并不能简单地理解为前后相继。日本学者林巳奈夫（1925—2006）认为与木主相对应的应该是《仪礼·士虞礼》用以飨神的"苴"："佐食许诺，钩袒，取黍稷，祭于苴。"郑注："苴，所以藉祭也。孝子始将纳尸以事其亲，为神疑于其位，设苴以定之耳。"林先生考证木制的主和束茅的苴，"皆是祭祀之时，呼出祖先之灵让它宿住的器物"，因此中央一定有一个孔，"其中央贯通的孔，是为祖先之灵从天或从地而来，宿于其中而设计的"。[1] 从礼义的流变来看，林说恐是。也就是说古典祭祖礼的立尸之仪已然消亡，而飨神之仪则延续下来了。

然而仅有神主，不再立尸，祭品的供奉就显得有些无的放矢了，因为"人们只是把肉食摆在桌子上，当祭祀结束后，每一点肉，每一滴酒丝毫未动，祖先什么也没尝，那么供祭有何用？"[2] 禄是道的这个质难并非空穴来风。他甚至怀疑，木主祭荐的仪节可能是"佛教引入了中国的祖宗崇拜"的结果，因为"在大的寺院，与通常的那种纪念碑的方式完全一样，立着尸体已焚化的亡灵木主（牌位）。每年都有一次向寺院所有木主献祭的仪式"。[3]

第二，焚香。祭祖礼中纳入焚香之仪，《通典》明确记载在唐天宝八年（749），唐玄宗下敕今后凡宗庙禘祫之礼，均"享以素馔，三焚香以代三献"。[4] 再往前追溯史料，《南齐书》记载南齐永明十年（492）大司马、豫章王萧嶷临终前定薄葬之制，其中即规定"三日施灵，唯香火、盘水、干饭、酒脯、槟榔而已。朔望菜食一盘，加以甘菓，此外悉省。……朔望时节，席地香火、盘水、酒脯、干饭、槟榔便足"（《豫章文献王列传》）。[5] 可见南朝此仪节在皇室已有倡导者，至唐在皇室已通行，那么祭祖焚香在民间必已有相当长时

---

1 ［日］林巳奈夫：《中国古玉研究》，杨美莉译，台北：艺术图书公司，1997年，第147、148页。
2 ［法］禄是道：《中国民间崇拜》第一卷《婚丧习俗》，高洪兴译，第90页。
3 ［法］禄是道：《中国民间崇拜》第一卷《婚丧习俗》，高洪兴译，第89页注③。
4 〔唐〕杜佑：《通典》卷五十《吉礼九》，第2册1400页。
5 参见顾涛：《汉唐礼制因革谱》卷四，第571页。

间的流行。此后不管皇室还是民间,均沿用不断。对于焚香之仪的来源,张亦镜明确主张来自犹太教,也就是《圣经》的传统,而转由佛教传入中国。[1] 王治心对此并不同意,他检出宋人姚宽《西溪丛语》中的记载,"行香起于后魏及齐梁间,……唐初因之,文宗朝崔蠡奏'设斋行香,事无经据',乃罢。宣宗复释教,行其仪",可见"设斋行香",古人确实认为是佛教之仪。[2] 龙圣进一步考证焚香之仪有本土渊源,最早是由道教将此仪节运用到朔望为亡故先人祈愿,佛教烧香之俗的传入使这一仪节得以常态化和庶民化。[3] 求同存异的话,焚香之仪入祭祖,与佛教关系最为密切。

第三,素食。与焚香之仪密切相关的,就是以素食祭奠先祖,由上举二例已可略见,由此更能证明两者均受到佛教之影响。又北齐颜之推在《颜氏家训》中定祭祖之制曰:"朔望祥禫,唯下白粥、清水、干枣,不得有酒、肉、饼、果之祭。"[4] 南朝梁时顾宪之去世,临终定制同样规定:"自吾以下,祠止用蔬食时果,勿同于上世也。示令子孙,四时不忘其亲耳。……本贵诚敬,岂求备物哉。"(《梁书·止足列传》)[5] 到梁武帝天监十六年(517),下诏皇家宗庙去牲牢,改用蔬果,可见这一仪制以得到广泛传播,陈戍国誉之曰:"祭祀用蔬菜代替牲牢脯脩,这是中国吉礼史上一大革新,自人类进入文明社会以来举行文明祭祀的第一次大规模的改革。"[6] 虽然这一变革可以看作是一种对丧、祭之礼奢靡、浪费的杜绝,但其实冲击到了祭祖血食之仪。难怪《隋志》评价梁武帝去庙祭用牲曰:"自是迄于台城破,诸庙遂不血食。"(《礼仪志二》)[7] 明清之际的大儒王夫之更大斥之:"天监十六年,乃罢宗庙牲牢,荐以

---

[1] 张亦镜:《祭先源流考》,《真光丛刊·关于宗教之考据文字》,第15—20页。按:林耀华《义序的宗族研究》附录《拜祖》袭用之,第244—248页。张亦镜又撰有《二约焚香典礼考》,勾稽《圣经》中用香的记载,亦收入《真光丛刊·关于宗教之考据文字》。
[2] 王治心:《中国宗教思想史大纲》,第67页。
[3] 龙圣:《朔望烧香祭祖礼仪考源》,《民俗研究》2017年第2期。
[4] 王利器:《颜氏家训集解》卷七《终制》,北京:中华书局,1993年,第602页。
[5] 参见顾涛:《汉唐礼制因革谱》卷四,第616页。
[6] 陈戍国:《中国礼制史·魏晋南北朝卷》,第274页。
[7] 参见顾涛:《汉唐礼制因革谱》卷四,第624页。

蔬果，沉溺于浮屠氏之教，以迄于亡而不悟。"[1]

圣凯曾指出断绝肉食，食粥蔬果，本来就是中国丧礼对孝子的要求，可见"儒家孝道思想对中国佛教素食传统的建立，具有很大的影响"。[2] 然而，这只是丧礼对行礼者的要求，而对于去世的祖宗，则应当以贵重的祭品享祭之，且依《仪礼》的要求，不仅需要按等级用特牲、少牢，而且在牲体的切割、烹饪、盛装等各个方面均有详细的规制。之所以在祭品上会由血食转向素食，恰恰是立尸废弃、佛教传入所造成的结果。比如上举顾宪之、梁武帝、颜之推均曾对佛教有过相当的研习，梁武帝本人曾数次舍身同泰寺，皈依佛门，其所撰《断酒肉文》更是作为汉传佛教确立素食传统的标志。

第四，斋会。斋会的常见形式之一是七七斋，即先祖去世后的丧祭，从死之日起每隔七日举行一次祭奠，要斋僧、诵经、超度，到七七四十九日止。《魏书》载北魏孝明帝时，灵太后之父胡国珍去世，下诏"自始薨至七七，皆为设千僧斋，令七人出家；百日设万人斋，二七人出家"（《外戚列传下》）。[3] 又《北齐书》载南阳王孙绰死后，"每至七日及百日终，灵晖恒为绰请僧设斋，转经行道"（《儒林列传》）。可见此制在北朝颇为流行，马新进而认为"到隋唐时期，成为乡间风俗"[4]。这种请来的和尚，后世称之为"香花僧"，直至 20 世纪仍活跃在丧祭之礼中。[5] 与七七斋密切相关的，"结合儒家丧礼中的百日、期年、三年等说法，又出现了百日斋、一年斋、三年斋等，三年丧期的整个过程都带上了佛教色彩"[6]。佛教色彩的进一步加强，使七月十五（中元节）的"盂兰盆会"进入祭祖制度，明清以来在地方志中多处能见到"中元各家以牲醴羹饭祈其先，缁黄之流读经供佛，谓之盂兰盆会"的记

---

1 〔清〕王夫之：《读通鉴论》卷十七，北京：中华书局，1975 年，第 489 页。
2 圣凯：《中国佛教信仰与生活史》，第 42 页。
3 参见顾涛：《汉唐礼制因革谱》卷五，第 835 页。
4 马新：《魏晋隋唐时期民间祭祖制度略论》，《民俗研究》2012 年第 5 期，第 31 页。
5 参见谭伟伦主编：《民间佛教研究·香花和尚篇》，北京：中华书局，2007 年。
6 海波：《佛说死亡：死亡学视野中的中国佛教死亡观研究》，西安：陕西人民出版社，2007 年，第 163—164 页。

载。[1]此日祭祖,请穿着袈裟的和尚参与,有逐渐代替原本四时朔望祭祖之势,成为一年内祠祭、墓祭的重要节日。

斋会的标志性仪节就是请和尚念经。《朱子语类》就曾记载朱熹弟子王过"每论士大夫家忌日用浮屠诵经追荐,鄙俚可怪"[2],可见祭祖中设置念经在宋代民间已颇流行,士大夫阶层也未能免俗。在宋代儒生看来是"鄙俚可怪",在今天佛学研究者看来则是"为亡者诵出经礼忏,以救度亡者,才显出生者对死者的追思与怀念"。[3]许烺光记载20世纪云南一个集镇的实况:"祭祖节期间,如果家里有钱,主人还要雇请一个或几个和尚来家里念经。……据说,主人请的和尚越多,和尚在家中念经的时间越长,这对于家中已故亲属和仍然在世的人的益处也就越大。""这一天,和尚需要的器具包括:一只木鱼,一堆铙钹,经书,雇主家的家谱,以及雇主家里所有活着的人的生辰年月和姓名。……在和尚受雇期间,他们只管念经,除了吃饭和抽烟以外,他们不受任何干扰。"[4]可见念经在祭祖礼中流传时间之长、地域之广。

第五,烧纸。如果说和尚念经进入祭祖,在儒家看来是"鄙俚可怪",那么烧纸钱进入祭祖,就更不能为士大夫所容忍了。从源流上看,《新唐书·王玙传》说"汉以来葬丧皆有瘞钱,后世里俗稍以纸寓钱为鬼事",至唐玄宗时祠祭史王玙"乃用之"。[5]据杨宽考证,"纸钱的开始应用,该在魏晋南北朝时",唐封演《封氏闻见记》"说纸钱起于魏晋时代,想来必有所据的"。杨先生进而又据南宋戴埴《鼠璞》之说和《马可波罗行记》,认为"纸

---

1 引文出明嘉靖年间的《象山县志》,转引自钱旦霞:《祖先祭祀中的亲属原理和佛教元素》,《广西民族大学学报》2009年第3期,第49页。
2 〔宋〕黎靖德编:《朱子语类》卷九十《礼七》,第6册2831页。
3 圣凯:《中国佛教信仰与生活史》,第17页。
4 许烺光:《祖荫下:中国乡村的亲属、人格与社会流动》,王芃、徐隆德译,台北:南天书局有限公司,2001年,第157—158页。
5 《新唐书卷一百九王玙传》,北京:中华书局,1975年,第4107页。按:此段为宋以后多部类书所收录,如《事林广记》《事物纪原》《爱日斋丛抄》等。

冥器的开始应用，或许是和佛教的火葬是有密切关系的"[1]。此仪入祭祖，同样延续到20世纪仍大盛，许烺光对之有详细记录："晚饭之后，'烧包'的仪式便开始了。每个包内装着一定数量的纸锭。包的上面写着祖先和他妻子的姓名，另外还写着送包人的后嗣的姓名，以及烧包的日期。包内还另外有一份请求祖先收包的恳求书。""按风俗习惯，送包人应给他的每一位直系男性祖先和他的妻子烧一个包。……对于新近去世的长辈，烧包的数目至少要双倍，而且包的做工更加考究，包内纸锭的数量也更多，每烧一个包，还要同时烧一些用纸剪裁的衣服裤子。"[2]对于祭祖焚烧纸钱的难以认同，历来不乏其论。如宋儒胡寅即大斥烧纸为"赂神"，认为"王玙行之，而世以为羞，则当时犹未尽用也；今举四海用之，而未有革之者，不亦悲乎"，张亦镜称引胡氏说，大赞"读胡氏此论，洵足破千古梦梦"。[3] 王治心面对烧纸，同样难遏其不屑："足以看见祭祖的一件事，已经不是原来的用意，而完全变为迷信的举动了。"[4]

不管怎样，以上五项仪节的进入祭祖礼，均与佛教的传入中国有或多或少的关联。祭祖礼在宋元之后的发展，越来越多地渗入佛教因素，相关资料散在明清地方志文献中。就常建华的梳理，即可见在以上五项仪节之外，还有旧俗"神主止设纸轴，书昭穆香火数字，甚至惑异端，刻观音、祖师像以祀"（嘉靖《建宁县志》），"中元以楮为衣冠，拜献于先祖，焚之，仍合族祭于祠，亦有用浮屠氏作为追荐者"（嘉靖《南康县志》），甚至到寺观之内立祠祭祖。[5] 甚至因为丧祭之礼请用和尚念经已形成社会风气，明清以来往往将丧祭礼委婉地称为举行"佛事"。祭祖如此，其他各类祭祀活动中的儒佛交织则更甚。

---

1 杨宽：《纸冥器的起源》，《古史探微》，上海：上海人民出版社，2016年，第472、473页。
2 许烺光：《祖荫下：中国乡村的亲属、人格与社会流动》，王芃、徐隆德译，第160—161页。
3 张亦镜：《祭先源流考》，《真光丛刊·关于宗教之考据文字》，第21页。按：林耀华《义序的宗族研究》附录《拜祖》袭用胡说，而删去张之评论，第249页。
4 王治心：《中国宗教思想史大纲》，第68页。
5 转引自常建华：《明代宗族组织化研究》，北京：故宫出版社，2012年，第37、39、86页。

儒佛弥散："落狗彘之下"还是"基层的活力"

对于佛教因素之渗入祭祖，甚至大行其道，占据并充斥了祭祖礼的主体，朱熹之后不少学者都是鄙夷不屑的，由此阻碍了对一个重要学术问题的深入探讨，那就是佛教因素何以能如此大张旗鼓地进入祭祖，造成这一历史局面的深层动因何在。

周代祭祖礼以立尸作为仪节的中心环节，主旨即是确立诚敬作为全部礼义的内核；秦汉以后立尸之仪废弃，诚敬以及由此延伸出来的相关礼义也必然随之渐趋淡化。相传为朱熹所作的《朱子家礼》在设计了四时祭祖的标准仪节之后，不忘给行礼者提出如下的说教："凡祭，主于尽爱敬之诚而已，贫则称家之有无，疾则量筋力而行之，财力可及者，自当如仪。"[1] 可是，抽掉了立尸之仪之后，剩下的"尽爱敬之诚"只能成为形式主义的一纸空文，《朱子家礼》的作者没有意识到，正是在与佛教、道教等其他信仰体系碰撞和交融之后，祭祖礼通过新的仪节彰显出了新的礼义内核。对此，杨庆堃的观点是值得借鉴的。杨先生说，"儒家思想的衰落是由于该学说缺乏超自然的解脱，不能解决不断变化的现实和人类对来世的执着及最终命运之间的矛盾"。[2] 杨先生说的"不能解决"，主要是就汉代以后的儒家而言，是立尸之仪废弃以后造成的现实困境。正是瞄准了这个巨大的心理缺口，佛教在传入中国之际找到了发展壮大的契机。儒家不仅在义理上大量吸收了佛学思想，正如杨先生所言"大乘佛教大慈大悲、普度众生的思想被融入儒学普世的仁爱和致力于道德责任实现的理念中。……许多基本的佛教信仰已经深深地浸淫了普通老百姓的道德生活"；而且在礼仪层面，"祖先崇拜作为原始宗教之源，也由于道教和佛教的参与而丰富起来，并在葬礼和祭祀中接纳了道教和佛教的神学思想和仪式"。[3]

---

1 〔宋〕朱熹：《家礼》卷五，《朱子全书》，第 7 册 941 页。
2 杨庆堃：《中国社会中的宗教》，范丽珠译，第 100 页。
3 杨庆堃：《中国社会中的宗教》，范丽珠译，第 100—101 页。

佛教信仰与祖先祭祀最关键的融合点，就是"报"的观念在祭祖礼中的激活和发展壮大。20世纪80年代，美国社会学家查尔斯（Charles F. Emmons）在香港经过大量实地调查所得到的结论，比较具有说服力。查尔斯指出，一方面，"佛教主张因果报应，宣扬善有善报、恶有恶报。中国的祖先崇拜中有一个基本思想，认为燃烧纸钱纸物给灵魂世界的祖先，祖先也就会给以回报，保佑活在人世的后代。这一基本思想与佛教主张的因果报应是完全一致的"，另一方面，"通过因果报应与祖先崇拜这根锁链，佛教迅速在中国的大地上扎下了根。中国的佛教教义中，也就接受了祖先崇拜的精神"。[1] 查尔斯显然没有认识到烧纸是汉代以后才生发出来的仪节，不过他敏感地意识到中国的祖先崇拜吸纳了佛教因果报应的思想观念。按照梁启超的观点，在儒家固有的观念中，"鬼神不能左右我们的祸福，我们祭他，乃是崇德报功。祭父母，因父母生我养我；祭天地，因天地给我们许多便利。父母要祭，天地山川日月也要祭。推之于人，则凡为国家地方捍患难建事业的人也要祭；推之于物，则猫犬牛马的神也要祭，如此'报'的观念系贯彻了祭的全部分"[2]。按照杨联陞（1914—1990）的论证，这"属于'报'的原义"，是在佛教来华前的东西，佛教传入中国以后，它的两大基本观念"业报和轮回"，对"中国原来的宗教的业报循环影响特大"。[3] 两相激荡，推动祭祖礼的礼义内核由早期的诚敬逐渐过渡到求报，一方面在世者向祖先报恩，另一方面也祈求祖先保佑在世者。历史学家杨联陞和社会学家查尔斯几乎同时发现了这一社会奥秘。

查尔斯同时还揭出，因果报应观与祖先崇拜的交融，使"佛教迅速在中国的大地上扎下了根"；用美国另一位学者芮沃寿（Arthur F. Wright, 1913—1976）的话说，"佛教常常被嫁接在现存的乡土信仰上"，"佛教在每个地方都与家

---

1 ［美］查尔斯：《鬼魂：中国民间神秘信仰》，沈其新译，长沙：湖南文艺出版社，1991年，第21页。
2 梁启超：《中国历史研究法补编》，《饮冰室合集》专集之九十九，第12册140页。
3 ［美］杨联陞：《原报》（1985），《中国文化中"报""保""包"之意义》，北京：中华书局，2016年，第15—17页。

庭崇拜相调和并交织在一起"，在这一过程中"佛教的象征和崇拜传遍了帝国的每一个角落"。[1] 这就是典型的所谓"佛教征服中国"。在征服中国的道路中，佛教同样大量吸收了祭祖的礼仪和观念，从而扎根中国乡土，传遍每一个角落。已有的研究至少在如下两个方面已经深入展开。张雪松对佛教组织模式上的"法缘宗族"建构进行研究，认为这与中国由血缘、地缘而产生的世俗宗族极为类似，仅就祭祖仪式上看，"传统佛教的祭祖仪式同一般世俗家族的仪式相比，并没有太大差别，甚至更为简单，主要是每月初一、十五祖堂内祭拜，祖师忌日上供，新年礼祖师塔，清明扫塔，每年常规的祭祀主要就是这四种。另外在重要的年节、主持换届等比较特殊的时候也会祭拜祖堂。祭祖活动的内容主要是上供菜、上香、磕头"；进一步比较可知，"中国佛教的组织性不同于西方'教会'制度，而是模拟中国家族宗法制度"。[2]

圣凯则对佛教忏法进行过系统的研究，在他看来，"佛教在中国文化的影响下，在无意识地对抗中国'礼'的过程中，逐渐地被融化了，于是产生如忏法等佛教礼仪"。[3] 比如，中国佛教忏法体系的真正建立者——天台宗的智𫖮，制作了《法华三昧忏仪》《方等三昧忏法》《请观音忏法》《金光明忏法》四部忏法。据日本盐人良道的研究，"智𫖮的伟大之处在于，用适应中国人的礼仪，然后加入自己的观法，欲使中国佛教的行仪实践化"。[4] 另外，就佛弟子在佛涅槃日设立涅槃会供养，也是参照儒家君子重视孝道、慎终追远的结果，从《释氏要览》的记载看，"当时僧团丧葬礼仪主要是读《涅槃经》及诸律，而穿丧服完全是为了随顺中国的儒家文化"。[5] 诸如此类，还有不少。由此圣凯提出了一个有待开拓的学术命题："佛教传入中国之前，中

---

[1] ［美］芮沃寿：《中国历史中的佛教》，常蕾译，北京：北京大学出版社，2017 年，第 50、60、74 页。
[2] 张雪松：《佛教"法缘宗族"研究——中国宗教组织模式探析》，北京：中国人民大学出版社，2015 年，第 29、141 页。
[3] 圣凯：《中国佛教信仰与生活史》，第 16、31 页。
[4] 参见圣凯：《中国佛教信仰与生活史》，第 116 页。
[5] 圣凯：《中国佛教信仰与生活史》，第 236 页。

土信仰呈多元化的特点，但是缺乏共同性的信仰对象。以祭礼为例，一个显著特点就是存在等级秩序，地位不同、祭祀对象有别。即使祖先的祭祀是遍行天下，但是仍然千差万别，缺乏一致性。……佛教信仰传入社会民间，在中华多样化的传统信仰之外增加了共同性的成分，使他们在一定程度上具备了共同的信奉对象、共同的信念与追求。"[1]圣凯同样忽略了先秦祭礼以祭祖为轴心、以立尸为中心环节，到秦汉以后发生了明显的转折，正是在中国祭礼演进的这一大框架中，佛教适时进入中国，并与民间祭祖发生深度融合，从而使因果报应观成为民间信仰的共同信念和追求。

在民间社会，佛教（包括道教）与戴着儒家大帽子的各类祭礼不断交织，形成明清以来三者无法分割的所谓民间信仰的复杂体系，历史上称为"三教合一"。杨庆堃从宗教的社会功能出发称之为"弥漫性宗教"，即弥漫于中国基层社会，无处不在，形成支撑底层民众精神社会的重要力量。从仪式上看，"佛教和道教的信仰制度、神明、仪式及出家人，被借用于弥漫性宗教的不同形式中，诸如祖先崇拜、民间神明及道德—政治的崇拜仪式"，也可以说，"佛教教条披上了儒家思想的道德外衣"，"佛教在入世方面大规模地渗入儒教，并成为中国世俗社会生活的重要部分"。[2]王见川等分析了宋元明清民间信仰的三大条件——非制度化、大众化或开放性、神异性，因此其特征"最突出的是信仰对象的多元化、多样性。马克斯·韦伯认为，中国的民间信仰是'功能性神灵的大杂烩'，而这也是中国宗教的特征"，由此直接造成"佛教、道教等组织性宗教与祠庙、神祠中的神灵信仰的互动越来越频繁，界限逐渐模糊，愈来愈呈你中有我、我中有你的状况"。[3]正是这种杂处与混融，产生了一些新教派，也滋生了民间各种肆意别创之举。[4]明清以来

---

1 圣凯：《中国佛教信仰与生活史》，第59页。
2 杨庆堃：《中国社会中的宗教》，范丽珠译，第229、218页。
3 王见川、皮庆生：《中国近世民间信仰：宋元明清》，上海：上海人民出版社，2010年，第5—7页。
4 参见［美］欧大年：《中国民间宗教教派研究》，刘心勇等译，上海：上海古籍出版社，1993年；马西沙、韩秉方：《中国民间宗教史》，北京：中国社会科学出版社，2004年。

直至今天，对此形成了各种完全不同甚至决然相反的看法。

儒生对祭祖不纯的反感，与僧人对佛教不纯的批斥可谓异曲同工。周启荣研究清代礼教主义兴起的思想动因，归纳出儒生们普遍对儒家礼教混杂佛教深表担忧，比如"高攀龙认为，佛教礼仪对儒家思想造成的'颠覆'效应极为骇人……高攀龙担心把参见佛教礼仪活动等同于履行儒家道德义务的这种做法必将限于南辕北辙的困境，因为佛教推崇的礼仪活动和举行这些活动的目的并不符合儒家道德规范"，又如"陈确和张履祥专门撰书阐释了丧礼和祭祖仪式中所涉各类礼教活动的具体操办方式，他们两人对佛教仪式被掺杂到此类礼教活动中的现象非常愤慨，并大加批判"。[1] 同样晚明以来寺中僧人对民间佛教的批判亦不乏其人，如紫柏真可（1543—1603）致函沈德潜大为感慨："二三年往来吴越间，初心窃谓宗门寥落，法道陵迟，假我门庭，炽然以魔习为传，以讹继讹，真伪不辨。……至于少林奉朝廷钦依，以传宗为名……亦不辨端倪，不知设此胡为，则宗风扫地可知矣！"[2] 灵峰智旭（1599—1655）同样批斥僧人俗化之流弊："今时丧心病狂无耻禅和，影响窃掠，听其言朝佛祖之先，稽其行落狗彘之下。复有一辈怯弱之人，我相习气放不下，名利关锁打不开，希望讨一适性便宜的路头，不肯彻底向一门中透去。禅不禅，教不教，律不律，行门不行门，依稀彷佛，将就苟且，混过一生，毫无实益。"[3] 这种由互相掺杂而走向世俗化、功利化，"真伪不辨"，乃至"落狗彘之下"，既无法入正统儒家之眼，也无法入正统佛家之眼。

可是问题并非如此简单。陈玉女在研究明代僧俗交涉之后，已认识到问题的复杂性依托于两种不同的立场：其一，"宗本、云栖、智旭等相继提出因应的念佛法门或善恶功过的劝善之道，但最终还是坚持信众必须跨越有所求的不当信仰动机，以达无所求之佛性境地"；其二，对于讲求"信

---

1 ［美］周启荣：《清代儒家礼教主义的兴起——以伦理道德、儒学经典和宗族为切入点的考察》，毛立坤译，天津：天津人民出版社，2017年，第69、225页。
2 ［明］真可：《寄沈德潜》，《紫柏大师集·僧忏选集》，上海：佛学书局，1934年，第92页。
3 ［明］智旭：《示象严》，《灵峰宗论·法语》，北京：北京图书馆出版社，2005年，第73—74页。

仰回馈"的大众来说,"倒不如民间宗教通过秘授口诀、手印、点玄关等仪式,宣称可以让人'立刻开悟、成佛',并且保证可以回到'真空家乡'与'无生老母'身边,获得永久的安置与幸福,要来得有所依靠"。[1] 立场转到民众心态这一边,或许也就能如欧大年(Daniel L. Overmyer)那样得出如下的结论:"民间宗教是一个完整和古老的宗教系统,是中国传统价值观念和道德规则的基石。正是民间宗教在仪式中和人际关系中表现出来的价值观念让这个社会继续运作。"[2] 正统儒家和佛教批判民间宗教的掺杂和混融,其实是不明民间祭祀以崇报为核心的礼义构成,而仍然站在主张诚敬为礼义内核的立场上,低不下高昂的头,也便无法全心投身于那片真实而广阔的中国乡土。

宗教的生命力,恰恰在于民众的信仰基础。依照杨庆堃的研究,中国社会长期以来"由出家人作为核心的有组织的制度性宗教,在中国社会的整个宗教生活中所能发挥的作用是极为有限的",出家人数量少,大部分寺庙缺乏专门出家人,而且出家人缺乏组织性的信徒团体,出家人及修行方式在社会功能上具有明显局限性,如此等等,因此弥漫性宗教在中国基层所起的作用大大超过制度性宗教。[3] 而就佛教而言,正是民间佛教获得了数量极其庞大的基础民众的支撑,才获得了较儒家、道教更为广阔的社会根基。李天纲对上海金泽地区的研究颇具代表性,他已找到"儒教、道教除了在上层、中层没有奥援之外,即使在基层的民众领域,佛教僧侣也远胜于那些有志于复兴儒教、道教的迂阔人士"这一现状的根源,那就是明清六百多年来,佛教一直保持走士大夫佛教和民众佛教相结合的复合道路,因此在晚清以来士大夫们撤出对三教支持的情况下,"佛教就'抛售'士大夫股","只得靠民众信仰独立支撑","离开了士大夫,佛教仍然活着,民众成为信仰的主流",

---

[1] 陈玉女:《明代佛门内外僧俗交涉的场域》,台北:稻乡出版社,2010年,第156—157页。
[2] 范丽珠、欧大年:《中国北方农村社会的民间信仰》,上海:上海人民出版社,2013年,第19页。
[3] 杨庆堃:《中国社会中的宗教》,范丽珠译,第233—263页。

这就是"民众佛教"带来的磅礴的"基层的活力"。[1] 而当20世纪以来原本属于儒家祭祀系统的宗祠、坛庙、神祠等被废弃之后,"儒教就不再延续,儒学才真正变成了'游魂'",相较之下,"僧侣们不愿放弃哪怕是乡镇上的一座小寺庙,而儒教、道教人士则放弃了祠坛宫观,移居到大都市的学堂、书斋、研究院中讲论儒学、道家,空论心性",因此"儒教、道教的财产被侵夺,最终失去了在民间的权力"。[2] 佛教正是拥有了"基层的活力",才使其于数百年的波折动荡中绵延传承至今,只要代表佛教的公共空间——寺庙还坚守着,就不会如儒家般成为无处着落的"游魂",一旦士大夫阶层找到了点燃其新生命的火种,佛教就可能获得新生而发展壮大。

---

[1] 李天纲:《金泽:江南民间祭祀探源》,北京:生活·读书·新知三联书店,2017年,第301页以后,引文见318、305、306页。

[2] 李天纲:《金泽:江南民间祭祀探源》,第318—319页。

卷四 礼法接轨

引 言

最近读了一些法学家的论作，这里引出如下两句话。一句出自一百年前获得密歇根大学法学博士学位的吴经熊（1899—1986），他说："法学的过去属于西洋，法律的将来或许属于中华。"[1] 吴先生说这句话显然不是为了要妄自尊大。如今快一百年过去了，若起吴先生于地下，不知他是否认同如今的中国法律，已经抵达他所期许的"未来"？

另一句出自曾任北京大学法学教授的蔡枢衡（1904—1983），他说："今日中国法学之总体，直为一幅次殖民地风景图。"[2] 蔡先生说这句话当然也不是为了要妄自菲薄，他只是觉得"初期模仿日本，后来效法西洋"，造成"今日中国法学中，未曾孕育中国民族之灵魂"。[3] 这样一幅"有人无我"的风景图，如今似乎风光依旧。且看新一代法学家於兴中的反思，他认为，"到现代为止，我们仍然没有在文化上可以称为'中国的'法理学"，"中国法理学应是中国特有的，而不是日本的、德国的或者英国的。相对于德国的概念法学、英国的分析法学、美国的经济分析法学等，可以称得上是中国法理学的特有理论或方法极少"。[4] 两相比较，於说多少有些袭了蔡先生的主意，由此也正可以看出，大半个世纪过去了，法理学中国自主知识体系的建构，依然道阻且长。

---

1 吴经熊：《六十年来西洋法学的花花絮絮》(1933)，《法律哲学研究》，北京：清华大学出版社，2005年，第214页。
2 蔡枢衡：《法治与法学》(1947)，《中国法理自觉的发展》，北京：清华大学出版社，2005年，第98页。
3 蔡枢衡：《法治与法学》，《中国法理自觉的发展》，第100—101页。
4 於兴中：《法理学四十年》，《中国法律评论》2019年第2期，第4页。

中华法系的提出与呼吁，历史其实并不短于西方法律的输入。[1] 我认为问题的根在于，中国法学的理论与价值观念，没能与儒家法传统的广袤沃土接上轨；更关键的是，对儒家法传统的主干，即礼治中所蕴含的法理，开发极其薄弱，抽绎不出精华，无法形成古今连贯的思考，无法为当代法学的很多核心问题提供丰厚的本土与传统资源。

按照章太炎的理解，"法者，制度之大名，周之六官，官别其守，而陈其典，以扰乂天下，是之谓法。故法家者流，则犹西方所谓政治家也，非胶于刑律而已"。[2] 在章氏心目中，周之礼治为大法，商鞅等战国法家为其流亚，张汤一路之刀笔吏则得其肤廓。中国法学史的研究，则循着张汤一路而上溯至商鞅，往"周之六官"方向的推进则几乎阙如。如今西方法学各大流派相互渗透，逐渐"合流"，走向综合法学。[3] 依博登海默（Edgar Bodenheimer, 1908—1991）的看法，"一系列社会的、经济的、心理的、历史的和文化的因素以及一系列价值判断，都在影响着和决定着立法和司法"，"法律是一个结构复杂的网络，而法理科学的任务就是要把组成这个网络的各个头绪编织在一起"[4]，这样一种法律体系，与古礼所呈现出来的"洪纤毕举""旁综九流，细破无内""无所不赅"的特征高度吻合[5]，刑律一端绝难睹其涯涘。回顾一百多年前，严复在翻译孟德斯鸠《法意》时，曾再三踌躇，因为他心里明白："西人所谓法者，实兼中国之礼典。……故如吾国《周礼》《通典》及《大清会典》《皇朝通典》诸书，正西人所谓劳士。若但取秋官所有律例当之，不相侔矣。"[6] 严复"但取秋官，不相侔"，与章太炎"胶于刑律"之说如出一辙，

---

1 参见张晋藩主编：《中华法系的回顾与前瞻》，北京：中国政法大学出版社，2007年；马小红、刘婷婷主编：《法律文化研究》第七辑"中华法系专题"，北京：社会科学文献出版社，2014年。

2 章太炎：《商鞅》，汤志钧编：《章太炎政论选集》，第68页。

3 参见吕世伦、王卫平：《现代西方法学三大主流派"合流"倾向初探》，《南京大学学报》1986年第3期。

4 [美]博登海默：《法理学：法律哲学与法律方法》，邓正来译，北京：中国政法大学出版社，2017年，第223页。

5 [法]孟德斯鸠：《法意》，严复译，第411页。

6 [法]孟德斯鸠：《法意》，严复译，第3页。

然而在面对"礼"这个庞杂的"混合体"时，他最终选择了"法"这个词去对译"劳士"（laws），由此成为20世纪拂晓之初，礼法断层的一个典型标本。

严复这么做，有着深刻而复杂的现实动因，黜"礼"隆"法"的思想观念在当时已获得知识界的普遍认同。东亚礼教的批判，开闸于日本明治维新时期的福泽谕吉，这股礼教批判的浪潮，对晚清至"五四"时期的中国思想界产生了深层次的诱发、解锁和冲击效应。反礼教思潮，同样曾借助章太炎的如椽笔力，经由陈独秀、吴虞等一批学者大张旗鼓地伐挞，短短几十年内在中国大地上急速演成激流。此时学人们一提起"礼"，那个庞然的"混合体"形象早已崩塌，"礼"的旧瓶中已只剩下虚仪与说教，包裹着的是绝对的三纲，"专制"与"吃人"成为两张仅存的黑标签。这一思潮的强烈冲击波和巨大惯性影响了整个20世纪，将儒家传统打入博物馆的"列文森问题"，60年代在大洋彼岸提出，80至90年代几乎席卷中国知识界每一位学人的头脑，2000年诞生了列文森《儒教中国及其现代命运》的第一个中译本。2009年郑大华、任菁的译本再版，2023年诞生了此书的第二个译本，2024年诞生了第三个译本[1]，可见"列文森问题"仍在中国知识界持续发酵、冲击、交锋、抗争。

周昌龙的观点我深表认同，即"五四知识分子虽然大力破坏传统中的各种机制，却并非拒绝此传统，而是意在复兴"，"反礼教的目的，就是要去除礼教中违反情理自然的部分，……恢复礼的自然本质"。[2]一百多年来，有一些学者已就礼治传统如何现代化，从不同的层面做过一些有益的探索，可惜这方面的总结与弘扬同样十分欠缺。礼法如何接轨已形成林林总总的诸家不同方案；蒲士（Meyrick Booth）性别伦理学说在中国的传播，引发了潘光旦"位育论""新母教"等理论的成型以及对"性与礼教"课题的初步探

---

1 ［美］约瑟夫·列文森：《儒教中国及其现代命运》，郑大华、任菁译，北京：中国社会科学出版社，2000年；桂林：广西师范大学出版社，2009年。［美］约瑟夫·列文森：《儒家中国及其现代命运》，刘文楠译，香港：香港中文大学出版社，2023年。［美］列文森：《儒教中国及其现代命运》，季剑青译，北京：中华书局，2024年。

2 周昌龙：《新思潮与传统——五四思想史论集》，第187、211页。

索；在城乡二元对立和呼唤新乡绅的提议中，文学家们已敏感捕捉到"送法下乡""乡土重建"的困境和危机。诸如此类，只是不同时期在不同学科群体中迸发出的若干探索性的尝试，其他各种曾经设计过的模式、付出过的努力，不能任其付诸东流。集腋成裘，聚沙成塔，当我们雪中围炉之时会发现，"礼治"的根脉并没有断，我们所拥有的资源竟比我们预想的要充足得多。

十三、百年来反礼教思潮的演生脉络

《礼记·王制》曰:"司徒修六礼以节民性,明七教以兴民德……"郑玄注:"司徒,地官卿,掌邦教者。"孔颖达正义释六礼为冠、昏、丧、祭、乡、相见,七教为父子、兄弟、夫妇、君臣、长幼、朋友、宾客。[1] 参诸《周礼·地官》,得见大司徒职掌修礼明教盖总计十二细目:祀礼教敬,阳礼教让,阴礼教亲,乐教和,仪辨等,俗教安,刑教中,誓教恤,度教节,世事教能,贤制爵,庸制禄。十二教与七教之别,清孙诒让括之曰:"此十二教为教官官法之总要,……彼七教系人言之,与十二教亦互通也。"[2] 由此可知,宗周王官之教学以礼为重要的组成部分[3],政教本合一,并由大司徒全面掌控,举国上下倡由礼教以化民性之风旨,故后世简称曰:"司徒,掌礼教之官。"[4] 此系"礼教"名义之所出。周秦以来之两千多年秉续此脉络而终未断绝。

要知礼教流衍,日久生弊,故常需因革损益,与时变通,此即《礼记·礼器》所谓"礼,时为大"之意。因此,揭櫫礼教之积弊者代不乏人,究其本意,正欲维系礼教"节文之"以"得其中"之要旨。但是,进入20世纪,"反礼教思潮"一时盛起,矛头所指直扑"礼教"本身,在短短几十年内使其几乎面临灭顶之灾。对此,学界往往笼统地归因于社会动乱与西化浪潮,而尚未能深察其源流症结,故相关问题之澄清亦颇不易施展。有必要

---

1 《礼记正义》卷十三,〔清〕阮元校刻:《十三经注疏》,第1342页。
2 〔清〕孙诒让:《周礼正义》卷十八,第3册705页。
3 据沈文倬研究,周代官学所受包括《诗》《书》、礼、乐四科,参见《略论礼典的实行和〈仪礼〉书本的撰作》(1982),《菿闇文存——宗周礼乐文明与中国文化考论》,第2—4页。
4 《汉书》卷八八《儒林传》"关内侯郑宽中有颜子之美质……未得登司徒,有家臣"句下颜师古注,第11册3605—3606页。

对"反礼教思潮"内在学理之演进脉络进行初步的梳理,以开启对礼治传统现代化的探索步伐。

清末新修刑律误遭弹驳催使"礼教"被架上审判台

1898 年 9 月,康有为(1858—1927)等百日维新被强行夭折于慈禧清廷之手。1901 年 1 月,时隔仅仅两年,清廷竟又主动下诏欲行变法,旋即由袁世凯、刘坤一等重臣保举沈家本主持此事。1902 年,修订法律馆成立。[1] 沈氏到任后即着手修订《大清刑律》,据原本删补成《现行刑律》,于 1910 年由清廷刊印临时施行,作为立宪前使用的过渡性法律;并同时展开新修《大清新刑律》。与前者不同的是,新律基本上属重起炉灶,革新幅度较大,故草案修成后一度遭到条驳,掀起很大争议,最终未能得到多数认同。[2] 法律史界称此次论争为"礼法之争",由此清末诸多矛盾激化,潜流涌现,无形间竟为"五四"反礼教树起了标的。

清廷能坚定变法之决心,实与时任湖广总督的张之洞(1837—1909)密不可分。张之洞和康有为是清末主张变法革新的两位首倡者。早在光绪二十年(1894),甲午海战爆发,张之洞在为孔广德所编《普天忠愤集》作序时即发出"泥法而流于弱,变法即转为强""变通陈法……力变从前种种积弊"之呼声。在康有为被光绪帝召对,上陈维新政见的戊戌年(1898),张之洞亦撰成《劝学篇》,系统阐述了"穷则变,变通尽利,变通趋时,损益之道,与时偕行"[3] 的变法主张。但是,张氏的变法主张与康有为等相较,有着针锋相对、不可调和的异质(详下),正是这异质使张氏之命运亦与康异辙。在戊戌

---

[1] 详细始末参见李贵连:《沈家本与清末立法》(1987),《近代中国法制与法学》,北京:北京大学出版社,2002 年,第 249—286 页。

[2] 参见李贵连:《〈大清新刑律〉与〈大清现行刑律〉辨正》(1982),《近代中国法制与法学》,第 401—409 页。

[3] 张之洞:《劝学篇》二《变法第七》,《张之洞全集》,石家庄:河北人民出版社,1998 年,第 12 册 9747 页。

政变后，张氏深得重用，地位上升，其变法主张也得以付诸实践。1901年，张氏在与两江总督刘坤一联衔上奏，而实由其主稿的《江楚会奏变法三折》中，明确提出"整顿中法者，所以为治之具；采用西法者，所以为富强之谋也"[1]，由此开清末修律之端。

可是数年后，张之洞的态度却急转直下。1907年（光绪三十三年）下半年，沈家本等将历经三载、数易其稿的《大清新刑律草案》分批上奏，清廷即交付各部院及地方巡抚考核签注。孰料，张之洞竟以时任军机大臣兼长学部的身份首发斥劾，其理由是"新定刑律草案多与中国礼教有妨"[2]，旋即群起附和，弹驳的名义均为新律背弃"礼教"。如署邮传部右丞李稷勋斥其"轻重失宜""亏礼害俗"，浙江巡抚增韫径指其"妨害礼教民情"，江苏巡抚陈启泰奏请"与礼教不合之处酌加修订"等[3]，如此演成群起而攻之之势[4]，最终殿以时任大学堂总监督的刘廷琛（1867—1932）1911年3月之奏。此奏最为激烈，几欲将新刑律全盘推翻，兹节录其所云如下：

> 臣今请定国是者，不论新律可行不可行，先论礼教可废不可废。礼教可废则新律可行，礼教不可废则新律必不可尽行。兴废之理，一言可决。法律馆既取平等，似以礼教可废，则当奏明礼教不能存立之故。此事关系至重，应请召集大小臣工详议，朝廷许可，然后遵照纂拟。断未有朝廷明崇礼教，该馆阴破纲常，擅违谕旨，自行其是。……若蒙请颁

---

1 关于《江楚会奏变法三折》的酝酿与出台，以及与《劝学篇》之间的关系，参见李细珠：《张之洞与清末新政研究》第二章《主稿〈江楚会奏变法三折〉》，上海：上海书店出版社，2003年。
2 宪政编查馆编：《刑律草案签注》，中国国家图书馆藏1910年印本。
3 参见《署邮传部右丞李稷勋奏新纂刑律草案流弊滋大应详加厘订折》（光绪三十四年三月初四日）、《浙江巡抚增韫覆奏刑律草案有不合礼教民情之处择要缮单呈览折》（光绪三十四年十二月十五日）、《江苏巡抚陈启泰覆奏新订刑律与礼教不合之处应酌加修订折》（宣统元年二月初二日），《清末筹备立宪档案史料》下册，北京：中华书局，1979年，第854—855、856、858页。
4 各部院、巡抚奏折之主要内容及出处，参见高汉成：《签注视野下的大清刑律草案研究》第二章《大清刑律草案签注内容解读》，北京：中国社会科学出版社，2007年。

布，天下哗然，谓朝廷已废礼教，是皇上无废礼教之意，该大臣陷皇上以废礼教之名，后世史册书之曰，中国废礼教自我皇上始，臣窃痛之。如朝廷以礼教实不可废，则是非不能两存，礼律必期一贯，群言淆乱，折衷圣人，应请明谕中外，申明宗旨，以定国是。严饬该馆，凡新律草案中，此等条文概行删除净尽，不准稍有存留，悉本中国礼教民情，妥为修正，服制图尤关重要，不得率行变革。[1]

刘氏所言俨然将新律与"礼教"判若水火，真"不啻垂涕而道之"，如此"危言悚论"[2]给在位者以高压，造成的实质性后果是朝廷不断妥协：要求《大清新刑律草案》回改，将原律有而被沈氏等所弃之若干条目仍旧补回；沈家本亦于1911年3月被迫辞去修订法律大臣和资政院副总裁之职。[3]

需要指出的是，张之洞掀起让草案背负背弃"礼教"之罪名，实有污蔑沈家本等人之嫌。据沈家本光绪三十三年十一月二十六日（1907年12月30日）奏进草案分则时所陈，"是编修订大旨，折衷各国大同之良规，兼采近世最新之学说，而仍不戾于我国历世相沿之礼教民情"[4]。又参加起草新律的日本法学博士冈田朝太郎（1868—1936）亦曾特意撰文表明"大清新刑律重视礼教"，指斥刘廷琛等所言"尤与论理相背"。[5]沈氏与冈田之说并非纯系强辩，问题尚有深入辨析的必要。

若进一步追究刘廷琛申斥的理据，其本人有所明示："三纲五常，阐自唐虞，圣帝明王，兢兢保守，实为数千年相传之国粹，立国之大本"，因此，"因

---

1 《大学堂总监督刘廷琛奏新刑律不合礼教条文请严饬删尽折》（宣统三年二月十三日），《清末筹备立宪档案史料》下册，第888—889页。
2 《清朝续文献通考》卷二百四十八《刑七》引刘廷琛此折后刘锦藻案语，上海：商务印书馆，1936年，第9938页。
3 参见李贵连：《清末修订法律中的礼法之争》（1982），《近代中国法制与法学》，第110—136页。
4 《沈家本等奏进呈刑律分则草案折》，朱寿彭编：《光绪朝东华录》第5册，北京：中华书局，1958年，第5809页。
5 [日]冈田朝太郎：《论〈大清新刑律〉重视礼教》（1912），王健编：《西法东渐：外国人与中国法的近代变革》，北京：中国政法大学出版社，2001年，第153—155页。

修改法律而毁灭纲常则大不可"。[1] 由此明白可见，刘氏之所谓"礼教"即指"三纲五常"，简称"纲常"。"三纲"之称本自董仲舒《春秋繁露》，至《白虎通义·三纲六纪》引《礼纬·含文嘉》明确指为"君为臣纲，父为子纲，夫为妻纲"，五常本系"君臣、父子、夫妇、兄弟、朋友"五伦立言，此为"三纲"所淹没。刘氏之本意即谓《草案》有违"三纲"纲纪。此非刘氏之独见，弹劾新律诸臣无疑均持有此观念，他们究查新律的基准均在于是否违背"三纲"。[2] 也就是说，此番频频上奏指斥之措辞字面上明用"礼教"，内在则实指"三纲"。一明一暗，无意间植入了"礼教＝三纲"的逻辑认识，而这并非沈家本"历代相沿之礼教民情"之所指，亦与周秦以来礼教之本意不相吻合。

先秦儒家之礼教观若以子思学派为代表，则无疑根植于人之情性，强调人我双方的对待与互等，求得人性合于理性。[3] 就"三纲"所确立的君臣、父子、夫妇三项关系而言，礼教本来对双方均提出相应要求，"君君，臣臣，父父，子子"（《论语·颜渊》）、"夫妻胖合"（《仪礼·丧服传》）等平等理念是其精髓。两汉以来的社会制度正是以共同节制君臣、父子、夫妻双方为其主流理念，故获得了长久的延续性。正是基于此，陈寅恪谓"吾中国文化之定义，具于《白虎通》三纲六纪之说，其意义为抽象理想最高之境，犹希腊柏拉图所谓Eídos者"[4]。若就此立论，将"三纲"等同于礼教尚不至于太过牵强，然而问题并非如是简单。周秦礼教思想衍化为汉代的"三纲"学说，却带来了巨大的弊端。对此，徐复观有深入的研究，其云：

> 在先秦儒家的伦理思想中，却找不出"三纲"的说法，而"三纲"

---

[1] 《大学堂总监督刘廷琛奏新刑律不合礼教条文请严饬删尽折》（宣统三年二月十三日），《清末筹备立宪档案史料》下册，第887页。

[2] 参见《清末筹备立宪档案史料》下册所收奏折，及高汉成《签注视野下的大清刑律草案研究》第二章《大清刑律草案签注内容解读》。

[3] 参见彭林：《始者近情 终者近义——子思学派对礼的理论诠释》，《中国史研究》2001年第3期。

[4] 陈寅恪：《王观堂先生挽词》（1927），《陈寅恪集·诗集》，北京：生活·读书·新知三联书店，2001年，第12—13页。

说法的成立,乃在专制政治完全成熟以后的东汉。……纲纪,主要是由"大小"、"上下"而来,亦即由外在权威而来,这是法家思想挟专制之威,篡夺了儒家的人伦思想,乃儒家人伦思想的一大变化,实亦中国历史命运的一大变局。[1]

徐先生认为儒家以人情为根基的礼教思想变成君、父、夫的三纲纲纪,是"经法家转手后的汉人说法",这正是礼教衍化所致流变,君权、父权、夫权单方面的过度强调,恰恰是礼教所生发的时代积弊。因此,若不加细分,将礼教等同于三纲这一历时变异而造成的名实错位,便使礼教被动地蒙上了三纲之积弊,而这正是礼教倍受社会民众谴责的根源所在。

刘廷琛等如此指斥沈家本实际上导源于张之洞。当年,张氏曾经由支持康有为变革,不久即转为力诋"康党"祸乱,如此急转直下系源于张、康变法观念的同中有异,而其中的异质更具有决定性。张、康的异质就在于对待"三纲"的持论上。康有为是清末反对"三纲"的先行者,在其早年的作品《康子内外篇》(1886)中即认为"尊君卑臣,重男轻女,崇良抑贱"绝非义之至理,故"吾谓百年之后必变三者:君不专、臣不卑,男女轻重同,良贱齐一"。[2] 这一观点奠定了康氏日后言行的基调。康氏维新派的主力谭嗣同更在生前撰成《仁学》(1899),衍伸康氏之学说。[3] 谭曰:

> ……数千年来,三纲五伦之惨祸烈毒,由是酷焉矣。君以名桎臣,官以名轭民,父以名压子,夫以名困妻,兄弟朋友各挟一名以相抗拒,而仁尚有少存焉者得乎?(八)……二千年来君臣一伦,尤为黑暗否塞,

---

[1] 徐复观:《中国孝道思想的形成、演变及其在历史中的诸问题》,《中国思想史论集》,第165—167页。

[2] 康有为:《康子内外篇·人我篇》,《康有为全集》第1集,上海:上海古籍出版社,1987年,第189—190页。

[3] 钱穆有云:"至当时有切实发挥《大同书》含义,著书而传诵一时者,则为谭嗣同之《仁学》。"《中国近三百年学术史》,北京:商务印书馆,1997年,第739页。

无复人理，沿及今兹，方愈剧矣。(三十)君臣之祸亟，而父子、夫妇之伦遂各以名势相制为当然矣，此皆三纲之名之为害也。(三十七)[1]

谭氏将三纲之流弊目之为孔学"仁之乱也"，而称之为"名教"，亦即所谓死守名分而不知变通，此等"俗学陋行"使教义日衍其弊，故此"非名罪也，主张名者之罪也"，对此死板的教条须"冲决罗网"，"惟变法可以救之"。

而张之洞的认识与康、谭适成针锋相对之势。代表张氏变法主张的《劝学篇》在序言中即明确指出："三纲为中国神圣相传之至教，礼政之原本，人禽之大防"，"不知本，则有非薄名教之心"。[2] 其篇中更有所言：

"君为臣纲，父为子纲，夫为妻纲"……圣人所以为圣人，中国所以为中国，实在于此。故知君臣之纲，则民权之说不可行也；知父子之纲，则父子同罪、免丧废祀之说不可行也；知夫妇之纲，则男女平权之说不可行也。

张氏显然将"三纲"视作礼教之核心，绝不可更易。其说实非空穴来风，其所弹射的正是《劝学篇》序言所谓的"邪说暴行，横行天下"，对照其篇中所言：

近日微闻海滨洋界有公然创废三纲之议者，其意欲举世放恣黩乱而后快，怵心骇耳，无过于斯！[3]

由此可知，张氏暗地所针对的非"康党"之流而何？其用意无疑是要"绝康、梁并以谢天下耳"。[4]

---

1 谭嗣同：《仁学》，蔡尚思、方行编：《谭嗣同全集》，第299、337、348页。
2 张之洞：《劝学篇·序》，《张之洞全集》，第12册9704页。
3 张之洞：《劝学篇一·明纲第三》，《张之洞全集》，第12册9715—9716页。
4 辜鸿铭：《张文襄幕府纪闻》卷七《清流党》，《辜鸿铭文集》，长沙：岳麓书社，1985年，第8页。

张之洞通过诋康日隆其名,而当其得见沈家本等所修新律同样已触动"三纲"纲纪,无视其《劝学篇》之宗旨时,自然不容姑息,将之目为康氏等同类,而施之以同样激烈的批驳。此种心态,自不难揣度。康、沈之间,尚可再补证一例。

清廷延揽修律人才之初,袁世凯等曾有意推荐香港议政局议员何启(1859—1914)参与修律。但此人曾与胡礼垣(1847—1916)合撰有《〈劝学篇〉书后》,逐篇驳议张书,其驳张氏"三纲"有曰"三纲之说非孔孟之言也","三纲之说,出于《礼纬》,而《白虎通》引之,董子释之,马融集之,朱子述之,皆非也","是化中国为蛮貊者,三纲之说也"[1]。故二人被张氏斥为"丧心病狂无忌惮""宗旨专助康、梁"[2],因而力辟之,故何氏终未能就任。由此可见,张氏守持《劝学篇》为其毕生之信念,既前有何氏此案,数年之后其与沈家本等生隙,自在情理之中。

但在1908年前,张之洞在驳斥沈家本时所用措辞仍只限于"纲纪""名教"之类,而并未直接使用"礼教"一词。如1906年沈氏等曾先上奏《刑事民事诉讼法》以与刑法相配,张之洞得见后即予以逐条驳议,时在1907年,张氏9月3日上折严厉揭出:"袭西俗财产之制,坏中国名教之防,启男女平等之风,悖圣贤修齐之教,纲沦法斁,隐患实深。"[3]张氏转而径直使用"礼教"一词,则起于1908年。导因是1907年12月30日沈氏等不顾张氏情面,在上奏《大清新刑律》分则时反而自我辩护曰,新律"不戾于我国历世相沿之礼教民情",由此开启了张氏等签驳之措辞直接称言"礼教"之端(具见上文)。"三纲"说得到了清廷的认同,此有宣统元年正月二十七日(1909年2月17日)谕旨为证:

---

[1] 何启:《〈劝学篇〉书后·明纲篇辩》,郑大华点校:《新政真诠:何启、胡礼垣集》五编,沈阳:辽宁人民出版社,1994年。
[2] 张之洞:《致保定袁制台、江宁刘制台》,《张之洞全集》,第11册8754页。
[3] 张之洞:《遵旨核议新编刑事民事诉讼法折》(光绪三十三年七月二十六日),《张之洞全集》第3册1773页。

惟是刑法之源，本乎礼教。中外各国礼教不同，故刑法亦因之而异。中国素重纲常，故于干犯名义之条，立法特为严重。良以三纲五常，阐自唐虞，圣帝明王，兢兢保守，实为数千年相传之国粹，立国之大本。今寰海大通，国际每多交涉，固不宜墨守故常，致失通变宜民之意，但只可采彼所长，益我所短。凡我旧律义关伦常诸条，不可率行变革，庶以维天理民彝于不敝。该大臣务本此意，以为修改宗旨，是为至要。[1]

三纲成为"国粹""大本"，有此圣谕撑腰，遂大开各地巡抚护张之风，而在张氏去世之后，又由宪政编查馆参议劳乃宣（1843—1921）继起大肆弹驳，无怪乎法律史家杨鸿烈（1903—1977）称"这一场大论战，胜利仍属旧的礼教一派"[2]。

但是，这表面的"胜利"实则收效甚微。新律自有架构，木已成舟，企图回改无疑比推倒重来更加困难，加上张之洞的溘然辞世，劳乃宣等虽气焰炽盛，然修改的幅度终究是有限的。[3] 而带来的更重要的影响却是，这表面的"胜利"使民众对"礼教"普遍产生误解甚至厌恶，礼教等同于绝对的"三纲"之观念已深入人心，由此终将"礼教"架上了审判台，成为社会普遍攻击的目标。

章太炎《尊荀》《订孔》之"刍狗"为反礼教凿开门户

礼教根植于人之情性，此乃古礼之基础，张之洞本人并非不知此。[4] 如

---

1 《修改新刑律不可变革义关伦常各条谕》，《清末筹备立宪档案史料》下册，第858页。
2 杨鸿烈：《中国法律思想史》，上海：上海书店出版社，1984年，第332页。
3 据高汉成研究，"且不论签注的意见远不止《修正刑律草案》所提及的471人次，即使这些，被采纳的也不到五分之一。对草案总则的修改更加有限，总共只有6处，这和签注的意见之大是极不相称的。签注的大量意见，被汇集在了附则之中，另案处理"，《签注视野下的大清刑律草案研究》，第186页。
4 如《劝学篇》一《明纲第三》有谓："圣人为人伦之至，是以因情制礼，品节详明。西人礼制虽略，而礼意未尝尽废，诚以天秩民彝，中外大同。人君非此不能立国，人师非此不能立教。"见《张之洞全集》，第12册9716页。

果说张氏由反康到后来反沈是主观蓄意所为,他使礼教名实发生错位,最终成为众矢之的,则当属无意所致。与此差不多同时,另有一位学者同样因刻意反康,在无意间为"反礼教"推波助澜,最终直接酿成五四新文化运动的社会激流,他就是章炳麟(太炎)。将"五四"之根源推导至康、章,学界似已达成共识,兹节引余英时之说以为代表。余先生云:

> 要分析"五四"与传统之间的复杂关系,我们便不能不上溯到清末民初的中国思想界,而康有为与章炳麟两人更是占据了中心的地位。……不但五四运动打破传统偶像的一般风气颇导源于清末今古文之争,而且它的许多反传统的议论也是直接从康、章诸人发展出来的。[1]

如果说得更明白一些,应当是直接从章氏之反康发展出来的。章氏之反康可谓前后一贯,至中年以后尚未变,其于 1922 年致柳诒徵书中仍有所谓"鄙人少年……与长素辈为道背驰,其后深恶长素孔教之说,遂至激而诋孔。中年以后……深知孔子之道,非长素辈所能附会也"[2] 云云。今究其大端,康、章之大分水岭实在对孔、荀二子之态度上,此由《訄书》增损《订孔》《尊荀》二篇之旨趣即可概见一斑[3],兹撮述如下。

章太炎《訄书》初刻本刊行于 1900 年春,首列《尊荀》篇,矛头所指乃康有为。学界多因梁启超、夏曾佑、谭嗣同着力排荀,以为章氏尊荀是针对此而来[4],其实未得章氏真正之靶心。梁氏等排荀本系一尊康有为之学旨,

---

[1] 余英时:《五四运动与中国传统》(1979),《中国思想传统的现代诠释》,南京:江苏人民出版社,2006 年,第 279—280 页。

[2] 章太炎:《致柳翼谋书》,汤志钧编:《章太炎政论选集》,第 764—765 页。

[3] 对此,学界研究已颇丰富,较新的成果可参阅刘巍:《"订孔"非"反孔"说》,《从接今文义说古文经到铸古文经学为史学》一文附录,见彭林编:《清代经学与文化》,北京:北京大学出版社,2005 年,第 377—386 页;薛裕民:《晚清"排荀"与"尊荀"》,台湾成功大学中国文学研究所硕士学位论文,2005 年 6 月。

[4] 参见朱维铮:《晚清汉学:"排荀"与"尊荀"》,《求索真文明——晚清学术史论》,上海:上海古籍出版社,1996 年。按:今人多承袭朱说。

章氏之论亦直接对康氏。康氏生平著述中多次流露出抑荀之意，以《礼运注·叙》所言最为明了，康云：

> 浩乎孔子之道，荡荡则天，六通四辟，其运无乎不在。……始误于荀学之拘陋，中乱于刘歆之伪谬，末割于朱子之偏安，于是素王之大道暗而不明，郁而不发，令二千年中国安于小康，不得蒙大同之泽，耗矣哀哉！[1]

章氏之对待荀子则完全相反，1897年所撰之《后圣》已直白此意，章云："自仲尼而后，孰为后圣？曰：水精既绝，制作不绍，浸寻二百年以踵相接者，惟荀卿足以称是。"继续演绎，更有所谓"同乎荀卿者与孔子同，异乎荀卿者与孔子异"之激烈论调。[2] 由此相承，《訄书》初刻本再倡其意而将《尊荀》弁诸《儒墨》篇之前，而直以孔、荀为法古变制之模范，帜之以与康党立异。

章氏深察于礼教应随时世流变而不断变革之理念，其云"世有文质，事有缓急，古法不可以概今兹，今事亦不可以推古昔"，"夫不察古今宪度，不同利害相反，欲以一觌相齐，盖多类此。仆谓考迹成事者，则宜于此焉变矣"。[3] 若就礼制具象而言，自有其当变与不当变之两端。试观章氏所云：

> 夫体国经野，设官分职，《周礼》六官皆然，而吉、凶、宾、军、嘉五礼，为春官大宗伯所掌（此封建时代之礼制，后世有不能沿袭者）。……以五礼为纲，其目三十有六。周代众建诸侯，礼则宜然。后世易封建为郡县，五礼之名，已不甚合。

如此之类自当随世更张，然就礼之大要言之，其又云：

---

[1] 康有为：《孟子微　中庸注　礼运注》，北京：中华书局，1987年，第235页。
[2] 章太炎：《后圣》，汤志钧编：《章太炎政论选集》，第37、39页。
[3] 章太炎：《与简竹居书》，《太炎文录初编》卷二，收入《章太炎全集》（四），第164、167页。

> 余以为观象授时、体国经野、设官分职、学校制度、巡狩朝觐，皆可谓之经礼。《左传》所谓礼"经国家、定社稷、序民人、利后嗣"，《孝经》所谓"安上治民莫善于礼"是也。[1]

此乃礼制之精蕴，万世不可移易。章氏所论孔、荀法古变制之本意即在此。

其后排荀之风渐熄，故章氏至 1904 年《訄书》重订本则删去《尊荀》，但又增列《订孔》，此举无疑亦系针对康氏而发，因其"深恶长素欲立孔教，遂至激而诋孔"，对此王汎森已有详论[2]。在章氏看来，康有为立教之举已大破礼制"安上治民"之本意，深蕴私心于其间。细细排比康、章之言论，相信不难领会此点，此不赘。问题的关键在于，章氏之所谓追慕者们多未识章氏礼学之精要，故未能得其钳键。职是之故，康、章对孔、荀之异趣恰好为弃不变之后者而汲汲于宜变之前者的"浅人所取"，并逐渐演成洪流。

可是这个责任恐怕章太炎难辞其咎。论述一旦因驳难而起，往往不易保持平和之态，而易生激烈过头之势。章氏著述本系由康激起，订孔过头，则成反孔，其最激烈者莫过于 1906 年发表的两场演讲，一是在出狱后至东京加入同盟会时所作的《东京留学生欢迎会演说辞》，二是因国学讲习会成立而演讲之《论诸子学》，后改题作《诸子学略说》发表于《国粹学报》。此二篇讥孔子"湛心利禄"，志气"一日短一日"，斥"孔教最大的污点，是使人不脱富贵利禄的思想"等。正所谓有一言而可以兴邦，一言亦可丧邦，章氏此论一出，真可谓"所向披靡，令人神旺"[3]，有学者径称章氏为新文化运动中打倒孔家店"这一潮流的先导者"[4]。对这一脉络学界已多有关

---

[1] 诸祖耿等记录：《章太炎国学讲演录·史学略说》，第 224—225 页。
[2] 王汎森：《章太炎的思想（1868—1919）及其对儒学传统的冲击》，台北：时报文化出版事业公司，1985 年，第 183—184 页。
[3] 鲁迅：《关于太炎先生二三事》(1937)，《且介亭杂文末编》，收入《鲁迅全集》第 6 卷，2005 年，第 566 页。
[4] 侯外庐：《中国近代启蒙思想史》第三章《章太炎的科学成就及其对于公羊学派的批判》，北京：人民出版社，1993 年，第 188 页。

注¹，兹不赘。须知此年章氏39岁，时隔十六年后，章氏回顾此两篇之言论，已然鄙弃之为"刍狗"²；可是，此"刍狗"所产生的炽烈影响，非章氏所能预料，亦非其所能掌控，"孔教＝礼教"一股脑儿群起而攻之。章氏十六年后兴叹"前声已放，驷不及舌"，已纯属徒然。

举一细节略做呈现。据陈万雄之考察，"由章士钊、陈独秀创办的《国民日日报》(1903年)，内中批判传统文化的文章颇多，而且相当激烈"。如《箴奴隶》一文怒斥"感受了三千年奴隶之历史，熏染数千年奴隶之风俗"，前者是"独夫民贼"的"专制"，后者则是"纲常名教"。³此类论调显然一承上述谭氏《仁学》而来。陈先生推断，《箴奴隶》等文很可能出自陈独秀之手；若然，试与陈独秀1916年的言论做一比较，其云"儒者三纲之说为一切道德政治之大原"，"所谓名教，所谓礼教，皆以拥护此别尊卑、明贵贱之制度者也"。又云"孔教之精华曰礼教，为吾国伦理政治之根本"，"愚以为三纲说不徒非宋儒所伪造，且应为孔教之根本教义"。⁴十多年以后，在陈独秀的观念里，原来的"三纲""名教"已逐渐等同于"孔教"，也等同于"礼教"，"三纲＝孔教＝礼教"的理念无疑已成为陈氏论述之主轴。⁵就陈氏思想的渊源上看，批"三纲"直接承自康、谭，"三纲＝礼教"则很可能间接来自前述新律猛遭弹驳之反弹；而"三纲＝孔教"当来自章太炎之反孔无疑，这一步极为关键，俨然架起了陈氏立说的台基。没有章氏那两场演讲，新文化运动的诸多激烈言论便不至于那么理直气壮。就这个意义上说，称章氏为反礼教凿开了门户，是一点也不过分的。

---

1 如王汎森《章太炎的思想（1868—1919）及其对儒学传统的冲击》即系统清理了章太炎对钱玄同、吴虞、鲁迅、胡适、傅斯年、顾颉刚六人的影响，第204—217页；亦可参卢毅：《章门弟子与五四思想革命》，《广东社会科学》2007年第2期。

2 章太炎：《致柳翼谋书》，汤志钧编：《章太炎政论选集》，第763页。

3 陈万雄：《五四新文化的源流》第五章《辛亥革命时期的反传统思想》，北京：生活·读书·新知三联书店，1997年，第119页。

4 分别见陈独秀：《一九一六年》《吾人最后之觉悟》《宪法与孔教》，《独秀文存》，合肥：安徽人民出版社，1987年，第34、41、73页。

5 对以陈独秀等为代表的"五四"反礼教思潮，周昌龙曾勾勒出其发展的主线条，参见《新思想与传统——五四思想史论集》。

衍成激流的"清道夫"吴虞之思想趋向解析

　　以上仅就大处着眼，若具体到反礼教思潮，问题尚呈现出更为丰富的多元性。欲对这一思想脉络做进一步的澄清，陈独秀尚缺乏典型性，必须将目光集中到吴虞（1872—1949）身上。吴虞是"五四"反礼教运动唯一的理论建构者，青木正儿曾说："现代中国底新人物，都是反对儒家底旧道德的多，但是象吴氏那么热诚来呼号非儒论的，一个也没有。"[1] 因此，笔者检阅吴氏《虞山日记》（1911—1912）、《爱智日记》（1913—1919），试勾勒其思想原委之大端于下。

　　吴虞虽与章太炎无直接之师承关系，然其受章氏之影响是显而易见的。吴氏对章太炎之推崇在其日记中随处可见，如其曾多次开列自己需精读之书目，《訄书》《太炎文录》等赫然在列。一是1912年1月1日云："今年宜研究子史、文学、哲学，勿预外事以自扰也。"所列书名除外国法哲学著作外，总计《抱朴子》《文心雕龙》《新论》《訄书》四部。[2] 二是1915年6月18日云："经既非吾所好，专精之史、子、集，录下。"上起《史记》《汉书》，下讫《章太炎文录》，其中宋代以降书除张之洞诗、吴之英诗（吴氏曾从受学）外仅此一部。[3] 另一处是在1916年1月29日记，与此略同。又如其曾称誉章氏评孔、荀、刘歆之语"精识独出，真振古奇人也"[4]，又自谓作文"大概近效太炎、申叔一派"[5]，等等。当然，吴虞对章氏并非顶礼膜拜，其往往自视可超迈之，故揭其短而云"余谓太炎学深而才小，小崖（按：当指熊小岩）颇许为知言"，"太炎小学、经学、文学是其特长，史学不熟，精于子书"。[6] 又云："章太炎、王壬秋（王闿运）皆怪人也。章富于世界知识，其学去国家社会近，……近则影响政治，切激人心，而常不免祸。王怪于旧，章怪于新也。"[7]

1　[日]青木正儿：《吴虞底儒教破坏论》，王悦之译，《吴虞集》附录，成都：四川人民出版社，1985年，第482页。
2　吴虞：《吴虞日记》上册，成都：四川人民出版社，1984年，第22页。
3　吴虞：《吴虞日记》上册，第193页。
4　吴虞：《吴虞日记》上册，1912年8月1日，第55页。
5　吴虞：《吴虞日记》上册，1915年2月5日，第173页。
6　吴虞：《吴虞日记》上册，1912年8月2日，第56页。
7　吴虞：《吴虞日记》上册，1915年9月21日，第216页。

再深究其细端，吴虞其实并未熟读章太炎文集，其受章氏之影响主要来自《诸子学略说》一文，对此，前贤已就其著述创发此论。[1] 今补证由吴虞日记所得之若干细节。吴氏最早提及《诸子学略说》是在1912年1月7日，其云："国学扶轮社印《章谭合钞》，太炎后来之文多录入。《诸子学略说》攻孔子处尤佳。"此后，吴氏即有意单独抽印此篇，以扩大宣传，2月11日记："章太炎《诸子学略说》少荆、伯康愿印五百部，明日即往昌福公司交涉。余意甚快。"12日记："早孙少荆来，同至昌福公司印《诸子学略说》，索价三十五元五百本。旋过源记，陆寅生愿印，遂将样本付之。"29日记："在源记见《诸子学略说》底本颇精雅，五六日后当出版，为之快慰。"3月11日记："午后过源记，云《诸子学略说》明日可出版。"14日记："源记送来《诸子学略说》十本"，"余赠意如、王子云《诸子学略说》各一本，又送陆泽之一本，令恒儿交去"。15日记："午饭后，过志古堂订《诸子学略说》。"28日记："《公论日报》今日登孙逸仙'孔教批'及'如是我闻'一段，反对孔丘，实获我心。四川反对孔子，殆自余倡之也。《诸子学略说》广告，今日亦登出。"[2] 吴氏在得见《诸子学略说》后的短短不到三个月内，情绪大为促动，其关切之巨、推广之急跃然纸上。盖得此名流之言论，吴氏认为其所作所为已然得到了某种正当性的社会支持。

此问题之一方面。章氏的过激言辞充其量只不过为吴虞的思想主张壮了胆、撑了腰，吴氏思想内核的形成主要还是来自其对西方政法学说的认同与取鉴。早在1905年秋，吴虞赴日本就读于东京政法大学速成科，据其回忆，曾修习宪法、民法、刑法、国法学、政治学、经济学、财政学、国际法、国际私法、行政法、警察法等课程[3]，然于1907年即回国[4]。短期的学习无疑激起了他对西方政法思想极大的崇仰之情，将之与传统儒家学说相较，吴氏明

---

[1] 参见王汎森：《章太炎的思想（1868—1919）及其对儒学传统的冲击》，第208—209页。
[2] 吴虞：《吴虞日记》上册，第23、28、31、34—36页。
[3] 吴虞：《致青木正儿》，《吴虞集》，第393页；《吴虞日记》上册，1913年4月25日，第84页。
[4] 故不可笼统地称吴虞毕业于东京政法大学，对此周昌龙有详论，参见《新思想与传统——五四思想史论集》第四章《吴虞与中国近代的反儒运动》，第105—107页。

显倾向于前者。这在 1906 年回国前所作的五言中即有所流露，其诗有"贤圣误人深""孔尼空好礼""最怜平等义"数句。[1] 回国以后，吴氏仍一直规约自己每日要温习西方政法学译著，其在 1912 年 1 月 1 日所列书单中仅有四部中国书（见上），另外十三部均为西人著作：《法意》《群学肄言》《社会通诠》《群己权界论》《天演论》《政治讲义》《社会学》《社会进化论》《政治学》《比较宪法》《国法学》《法学通论》《哲学兼法学》。[2] 其后的日记中每每提到日课此类书籍之情况，并有云：

> 此后于孟德斯鸠、卢梭、斯宾塞尔、弥勒、约翰、甄克思、伯仑知理诸家学说之外即仍温习之，但能精熟其用已无穷，不在多阅零编断简收集不完全之知识也。[3]

由此可见，吴氏对西方思想学说之崇拜心情是一贯的。其回国后日参西人之学说，亦著有《比较宪法讲义》《经济学讲义》《政治学讲义》等，吴氏之名因此而显，并于 1918 年 5 月受聘于四川政法学校，讲授法制史、政治学等课。[4] 这一学术经历实际上奠定了吴氏学说之根基。

当然，吴虞少时曾有一定的国学基础，其在张之洞创办的尊经书院读书，受学于王闿运、廖平、吴之英等学者。虽然"就传统学术训练而言"吴氏可谓"一无所成"[5]，但传统学术之纲目总不至于不晓，故在其接受西方学说后回头比较、刺取传统之弊端时，仍可谓有径可循。据吴氏自述：

> 自留学日本，闻宪法，民、刑法，归国后证以《大清律例》、《五礼

---

1 吴虞：《中夜不寐偶成八首》，《吴虞集》，第 283—284 页。梁启超对此评价甚高，谓"天下几人学杜甫，谁得其皮与其骨，此诗近之矣，爱不释手"，并收入《饮冰室诗话》，故流传甚广。
2 吴虞：《吴虞日记》上册，第 22 页。
3 吴虞：《吴虞日记》上册，第 84 页。
4 吴虞：《吴虞日记》上册，第 220、390 页。
5 周昌龙：《新思想与传统——五四思想史论集》第四章《吴虞与中国近代的反儒运动》，第 104—105 页。

通考》及各史议礼、议狱之文,比校推勘,粗有所悟入。辛亥遇难,遁迹穷山,日读《庄子》、孟德斯鸠《法意》,于专制、立宪之优劣,儒家立教之精神,大澈大悟,始确然有以自信其学矣。然学术知识虽渐有系统,而于安身立命之地,终觉茫无所归着。[1]

相对于西方法律,吴氏取中国古代礼律与之相对垒,故其视角较同辈人显得更到位。同样,对于晚清新修之刑律,吴氏当然不可能不予以关注。1912年8月23日吴氏即购得"《新刑律》一册,去银二角四分",1918年5月18日为备课之需又"同少荆至商务馆取《新刑律释义总则》一本"。[2] 此律很可能是中华民国刚成立时所定的《暂行新刑律》,然其内容与沈家本等所修订者大致相同。吴氏对弹驳新律的守旧派深表反感,曾痛斥"满清时,京师大学堂监督刘廷琛者,素主'三纲'之说",情急之下竟做出如下判断:

  呜呼!孔孟之道在六经,六经之精华在满清律例,而满清律例则欧美人所称为代表中国贵贱阶级制度之野蛮者也。[3]

这句话道出了吴氏反礼教之根源在于对清旧律的极大不满。

  在揄扬比对中,又因吴虞对张之洞本就较为熟悉,故无形间便粗率地将张氏过火的"礼教"论挪移过来,礼教=绝对"三纲"的色彩附着于其对历代礼制文献的考察过程中。这应该说是吴氏礼教批判的逻辑归属所在。见到章太炎的文章与己合拍,便如吃了一颗定心丸。因此,吴氏根本没有心思参透章氏之著述,如其对章氏之"尊荀"便无心理会,亦不理会章氏"订孔"实与反孔根本不同,章氏之精意究竟何在。[4] 章氏后来发出"前声已放,

---

1 吴虞:《吴虞日记》上册,1915年8月31日,第208页。
2 吴虞:《吴虞日记》上册,第61、390页。
3 吴虞:《儒家主张阶级制度之害》,《吴虞集》,第95、98页。
4 参见刘巍:《"订孔"非"反孔"说》,《从援今文义说古文经到铸古文经学为史学》附录。

驷不及舌,后虽刊落,反为浅人所取"[1]之叹,正指吴氏等片断性误取其说而言。吴氏截取了章氏之反孔和康、谭等之排荀,由此将"三纲"之弊统归于孔、荀一脉相承之儒教的全部,从而得出儒家礼教必须铲除的主观结论。

而 1917 年以后受到陈独秀和《新青年》的推捧,更加剧了吴虞的这一做法。览吴氏日记可知,1917 年前吴氏著述寄送四川各报刊,发表颇有难度,退稿、拖延是常事,故 1916 年 12 月,吴氏写信致陈独秀,自述学术经历,毛遂自荐,并向《新青年》投稿。正因吴虞由法制史入手阐发礼教弊端之视角尤为独特,故得到陈氏极力支持,吴氏之著述即刻公之于世,并随着《新青年》的影响使吴氏日隆其名。对此,吴虞十分自负,曾曰:"《新青年》三卷一号将一、二卷目录特列一页,上署大名家数十名执笔,不意成都一布衣亦预海内大名家之列,惭愧之至。"[2]职是之故,吴氏投其所好,重理旧作,并创论新制,全力推演"三纲=礼教"之思想[3],其批判礼教之力度可谓日甚一日。兹举一例。1915 年 10 月 12 日吴氏成有《儒家重礼之作用》一文,投往《甲寅》杂志社,未刊,按其常例当转投《新青年》,然吴氏并未像其他几篇文章一样,而是在此基础上重新撰作了《礼论》,据其日记,《礼论》作于 1917 年 3 月 25 日,吴氏弃其旧作,将此新作投《新青年》,5 月即登于三卷三号上。今睹《礼论》全文,旨在昌议"礼刑皆以尊卑贵贱上下之阶级为其根本","而吾国专制之祸于是益烈矣",然篇中又多处引录司马光、苏轼甚至孟德斯鸠之语以明"礼之作用",逻辑线索颇有矛盾而相互交织。[4]新作中显然有 1915 年旧作正面阐述之遗存,可能因史料翔实不忍抛弃,故新窜入数语以作弥缝。可惜旧作散佚,无从明白比对。更为极端的是,两年以后吴虞受鲁迅《狂人日记》促动,新撰《吃人与礼教》一文,文章拟作于 1919 年 8 月 28 日,29 日即成稿,11 月登于《新青年》六卷六号上。此

---

[1] 章太炎:《致柳翼谋书》,汤志钧编:《章太炎政论选集》,第 765 页。
[2] 吴虞:《吴虞日记》上册,1917 年 5 月 19 日,第 310 页。
[3] 吴虞曾因《新青年》陆续刊发其著述而慨叹曰:"余之非儒及攻家族制两种学说,今得播于天下,私愿甚慰矣。"见《吴虞日记》上册,1917 年 3 月 25 日,第 295 页。
[4] 吴虞:《礼论》,《吴虞集》,第 129—137 页。

文臆采若干史例，竟将"吃人"二字完全归咎于"讲礼教"[1]，至此吴氏已尽弃旧说，观点无限绝对化。

吴虞反礼教思想在理论上存在着明显的疏漏与失误，吴氏本人之言行间亦充满着矛盾，对此已有学者进行过详细的解剖[2]；笔者更由其思想生成之脉络上予以澄清，以见其理论之逻辑框架。若究吴氏理论之核心，不过是将张之洞等"礼教＝三纲"说高悬为标杆，大张旗鼓地予以挞伐；因其能顺应新文化运动诸旗手之呐喊宣言，遂一时被推向浪尖，使反礼教急速演成激流。析吴氏取资之滋养，于粗涉西方政法学说之外，谓其"大抵袭章炳麟、康有为、梁启超早年之余论"[3]，基本上是可以成立的。

鼓吹反礼教之余波三迭与再度张扬

新文化运动反礼教之激流渐趋平静之后，才真正意义上唤起了人们对"礼""礼教"之深入反思，前后有不少学者欲以扼腕止步，并思索回归之途辙。可惜，鼓吹反礼教之余波交织迭兴，一旦相关研究取得一定成绩，便有学者予以痛斥，强行将探索的势头扼杀，将认识拉回到吴虞等所获得的结论上。如此摇动捭阖，前后至少有三轮。

其一在20世纪40年代，以朱光潜《乐的精神与礼的精神》(1942)为发端，提出"礼融贯真善美为一体"，"礼乐是治国的最好工具"[4]，由以澄清若干误解。接着李翊灼（证刚）等提出"复兴中国民族，应自复兴中国之固有文

---

1 这实际上与鲁迅的"吃人"针对民间的陋俗恶习也完全不同，参见周策纵：《五四运动：现代中国的思想革命》，周子平等译，南京：江苏人民出版社，1999年，第311—314页。
2 任卓宣早在1968年即对吴虞等观点进行过驳论，见《孔孟学说的真相与辨正》第三章《驳吴虞的反孔排儒论》，台北：帕米尔书店，1968年初版，1977年三版。后有周昌龙对吴虞反儒礼论的系统检讨，见《新思想与传统——五四思想史论集》第四章《吴虞与中国近代的反儒运动》。唐振常则系统梳理过吴虞思想与生活之悬隔，参见《章太炎吴虞论集》，成都：四川人民出版社，1981年。
3 钱基博：《现代中国文学史》，长沙：岳麓书社，1986年，第68页。
4 朱光潜：《乐的精神与礼的精神》，《朱光潜全集》第9卷，第103、111页。

化始"，而"复兴中国民族之固有文化，亦宜莫先于复兴礼学"。[1]1944年《文化先锋》杂志连续刊登王梦鸥、燕义权、王冠清等文章，讨论古代礼乐教化之精神价值。[2]而此前国民政府即已委派戴季陶主持全面兴作礼乐，制定《中华民国礼制》，有制礼通议五章、戴氏读礼札记和同人论列有关礼制各文件等收入《学礼录》以为证。[3]此举遭到杜国庠（1889—1961）等的激烈反对[4]，后因战事而中断。其二是60年代，以周谷城《礼乐新解》（1962）为代表，意在以马克思主义重新评价传统礼乐之功用，得出"人生不能一刻没有礼乐"的结论[5]，不料遭到群起攻击，针对周先生此文出现一系列的驳议，《新建设》编辑部将其结集成书出版[6]，后因"文革"而中断。其三是80年代，因钱穆长期弘扬儒家礼学思想，1984年于台北东大图书公司出版《现代中国学术论衡》，1986年在长沙岳麓书社新版，再度明确主张"孔子之教，可谓之礼教。中国之政治，亦可谓之礼治"，"不通礼，无以明中国之文化，亦无以治中国史"。[7]此举引起强烈反响，客观上促使蔡尚思撰成《中国礼教思想史》（1989年成书）[8]，试图刻意再度掀起全面批判礼教思想之浪潮。今限于篇幅，仅以蔡先生为例略做梳理，详细的检讨俟诸异日。

《中国礼教思想史》是蔡尚思晚年反对礼教之代表作，此书从历代文集中勾稽各家相关之言说与论述，试图展现"礼教"思想演变之过程，全

---

1 李翊灼：《复兴礼学之管见（上）》，《中国学报》1943年第1卷第2期。
2 参见王梦鸥：《礼教与社会生活》、燕义权：《儒家历史观（二）·礼乐篇》、王冠清：《三民主义礼乐论纲要》，分别见《文化先锋》1944年第3卷第10、11、22期。
3 参见戴季陶：《学礼录》。
4 参见杜国庠：《略论礼乐起源及中国礼学的发展——给提倡制礼作乐的先生们的一个答复》，《群众周刊》1944年第9卷第20期，收入《杜国庠文集》，北京：人民出版社，1962年。
5 周谷城：《礼乐新解》，《周谷城学术论著自选集》，第445页。与周先生20年代的著述比较，此文之分析体系明显借鉴了马克思主义美学观，参见《孔子的政治学说及其演化·礼》（1927），《周谷城史学论文选集》，北京：人民出版社，1983年，第346—349页。
6 如马奇《关于〈礼乐新解〉》、殷学东《评〈礼乐新解〉》、陆贵山《评周谷城调和阶级矛盾的"时代精神"论和唯心主义的艺术观》等，见《关于周谷城的美学思想问题》第1、2辑，北京：生活·读书·新知三联书店，1964年。
7 钱穆：《现代中国学术论衡》，第18、119页。
8 蔡尚思：《中国礼教思想史》，香港：中华书局，1991年；上海：上海古籍出版社，2006年。

书将礼教发展分为如下六个时代：出现与争鸣（春秋战国）→被独尊（汉唐）→变本加厉（宋元明清）→被冲击（清末民初）→走向崩溃（"五四"时期）→不断争鸣（"五四"后）。姑且不论这一分法线条之粗疏与失真，仅就每一部分观其具体章节，即可知其概括之不能成立。如第二章汉唐礼教被独尊的时代，下分十四节，然有八节是在介绍当时反对"礼教"之言行[1]，占近60%，反对者占大半，如何能说明其"被独尊"？又如第三章宋至清礼教变本加厉的时代，下分二十五节，其中有十二节明确为男女地位问题[2]，有三节明确为君权问题[3]，更有三节明确标示主三纲说[4]，能以绝对的三纲涵盖者超过70%，由此可见蔡先生批判之礼教仍然难出三纲之范畴。对此，蔡先生已有明确的交代："礼教思想不限于三纲，而不能不承认三纲是其中心"，"宗法礼教的内容很多，而最集中表现于君、父、夫三个特权"。[5] 这一认识导致蔡著的落脚点发生严重偏移，同样是将三纲之积弊蔓延于礼教。批判夫权、君权的色彩弥漫于蔡著，在开篇即怒斥："礼教并不限于妇女的贞节，还有男子的忠臣孝子。妇女对丈夫必须遵守不合理的贞节，其实男子到死也要对国君尽不合理的忠，对家父尽不合理的孝，同于妇女对丈夫的贞节。忠臣、孝子、节妇、贞女的本质，全是名异而实同的。"（1—2页）全书各章节对各家之抑扬基本上都是贯彻着这一思路，因此，蔡氏此著实际上是一部批判三纲积弊

---

[1] 第三节为司马迁打破宗法血统，第四节为曹操等的非孝论，第六节为何晏等使礼教玄学化，第七节为阮籍等痛斥礼教，第八节为谢安夫人等反对片面礼教，第九节为颜之推的子孙与我无关说，第十节为佛教大师反세俗，第十一节为敢于背叛礼教的女皇帝。

[2] 第八节为李贽的男女二元论，第九节为徐允禄痛斥妇人失节事大，第十三节为王源等主张僧道婚配，第十四节为程羽文拟将历史人物重新婚配，第十五节为黄中坚认为男女关系出自天然，第十六节为袁枚的男女情感主义，第十九节为李汝珍对调男女地位，第二十节为俞正燮同情妇女处境，第二十一节为明清《女四书》，第二十二节为明清开明者论妇女问题，第二十三节为明清鼓吹压迫妇女者，第二十四节为李渔等宣扬妇女小足美。

[3] 第二节为夏竦反对宦官制度，第十节为黄宗羲等大反君权，第十一节为张履祥反对虐待奴婢。

[4] 第五节为许衡等深化三纲说，第七节为林兆恩的"三一教"与三纲主义，第二十五节有邓廷罗的三纲一体论。

[5] 蔡尚思：《中国礼教思想史》，上海：上海古籍出版社，2006年，第7、8页。

的言行大汇集。

蔡尚思这一做法不足为怪，其思想正是沿袭张之洞等所开启的"礼教＝三纲"之路径一贯而来。蔡先生对张之洞的言论十分重视，通过其言论便明确可见，如其云："后人如马融、何晏、朱熹、顾炎武、王夫之、张之洞等，都认为'不可变革者'是指三纲五常之类。张之洞述之很详，这也有孔子之言为证。"[1] 蔡先生早年即撰有《伦理革命》(1930年出版)，其观点明显袭自谭嗣同之批三纲，谭氏《仁学》仅取五常中朋友一伦，云"五伦中于人生最无弊而有益，无纤毫之苦，有淡水之乐，其惟朋友乎"，"余皆为三纲所蒙蔀，如地狱矣"[2]，蔡先生则斥儒家五伦为"小人伦观"，当予以解构重组。蔡先生主编的《谭嗣同全集》据其自己回忆"此书搜集于解放前，出版于解放后"[3]，可见其早年对谭氏著述之重视与熟悉。康、谭等的反三纲无疑是蔡先生思想的主要来源。

蔡尚思的独特之处是在将批三纲与批孔结合起来，欲以证成"孔子的思想，实际上已经以三顺三纲为礼教的中心"的结论，由此，"孔子便成为儒家礼教思想的祖师"[4]，故欲反三纲，必自孔子为起点。批孔批儒在20世纪曾先后多次形成热潮[5]，蔡先生之批孔正是顺应了这一潮流有意所作的变动。蔡先生全面批孔始于1946年初步写成的《孔学总批判》[6]，后经修订扩充收入《中国传统思想总批判》上卷 (1950年出版)。此文劈头即明确标榜"孔子是古来中国一切旧理论的师表，恶势力的灵魂"，下分八节述论孔学：

> 一、是工农的敌人，富贵的恩人；二、是女性的敌人，男性的恩人；三、是社会国家的敌人，家庭宗族的恩人；四、是民主自由的敌

---

[1] 蔡尚思：《中国礼教思想史》，第22页。
[2] 谭嗣同：《仁学》，蔡尚思、方行编：《谭嗣同全集》，第349—350页。
[3] 蔡尚思：《蔡尚思学术自传》，《蔡尚思全集》第8册，第968页。
[4] 蔡尚思：《中国礼教思想史》，第7、6页。
[5] 可参阅林甘泉主编：《孔子与20世纪中国》，北京：中国社会科学出版社，2008年。
[6] 蔡尚思：《孔学总批判》，《民主》周刊1946年第21—22期。

人，君主独裁的恩人；五、是文明人道的敌人，野蛮礼教的恩人；六、是天真精神的敌人，虚伪形式的恩人；七、是彻底一贯的敌人，中和矛盾的恩人；八、是创作革新者的敌人，传述袭故者的恩人。[1]

其中，礼教只是儒家学说当受批判之一方面，"三纲说"则被列入家庭宗族的条目下，与"野蛮礼教"并非同类。而且，此时蔡先生仍多处倡议孔子"仁义"的思想，至1962年的《孔子思想核心剖视》尚认为孔子的思想核心是"仁"。[2]

将孔子的思想核心定作"礼"是蔡尚思晚年思想的突变。1982年的《孔子思想体系》正式提出"孔子思想体系的中心是礼"，并作为全书第九章单独予以论述。但是该书第四章在论述"仁"时仍然主张，"孔子的伦理思想是他的哲学思想的主要成份，也是他的政治思想理论依据。而'仁'，则是孔子伦理思想的结晶"，"'克己复礼为仁'，是孔子哲学思想的轴心。他的其它哲学观念，都绕着这个轴心旋转"。[3]蔡先生最终将孔子的思想体系定格为"礼"，是在撰作《中国礼教思想史》的过程中，其曾单独写成《孔子的礼学体系》一文先行发表[4]，后收入该书，作为第一章第一节，其目的正是欲将孔子作为"礼教系统的祖师"，为礼教思想确立统系。蔡先生为了延续批孔的风潮，使之与批判礼教合流，不惜将"三顺三纲"也挂牌给孔子，这与四十多年前《孔学总批判》的论证逻辑是完全不同的。不光孔子是如此，第二节论述孟子、荀子同样抓住所谓"孟子的君、父、夫三个特权思想"和"荀子的唯礼主义——君臣、父子、夫妇三伦无比重要"。如果不对蔡先生前后著述进行纵向的脉络分析，何以导致这一逻辑是无法明了的。

---

[1] 蔡尚思：《中国传统思想总批判》，《蔡尚思全集》第4册。
[2] 蔡尚思：《孔子思想核心剖视》，《文汇报》1962年7月10日，收入《蔡尚思全集》第8册，第535页。
[3] 蔡尚思：《孔子思想体系》，《蔡尚思全集》第4册，第490、493页。
[4] 蔡尚思：《孔子的礼学体系》，《孔子研究》1989年第3期，收入《蔡尚思全集》第8册，第716—728页。

若欲揭橥蔡尚思本人对礼的看法，同样不能以《中国礼教思想史》作为绝对的代表作。如果回顾蔡先生20年代的著述，可以《孔子哲学之真面目》（1930年出版）为例略做回视。在此书中，蔡先生提出："'命'与'名'乃孔子或儒家之归宿所在。"对于礼乐教化，蔡先生认为：

> ……荀子总而言之曰："礼者，人道之极也。"（《礼论》）上来所说，大意不差！吾在前曾以为：盖人之有仁，方名称其实，而行礼亦在乎成人也，又奚止此？
>
> 如今法治家欲以刑政维持世风，宗教家欲以信仰收拾人心；而孔子之于人世，既不取强迫法——如法治家之当世赏罚，又不用骗诱法——如宗教家之他界苦乐，而独以礼乐感化人心，养成世风，所谓"化民成俗"是也。此其根本要点，最不容忽！[1]

由"礼乐"内化人心，外养民俗，正得乎儒家礼教之大旨。又其将礼教与法律之功效做比较而云：

> 法律施于已形之后，礼教养于未然之前，法惟防闲人使不至于非为妄作，礼更督责人使人不可不守规循矩，礼法之大不相同者此也。换言之，此乃儒法之所以大不相同——儒家尚教化，法家重刑政。[2]

此论礼教之功用系由儒家、法家原始典籍中直接抽绎而来，未受世风之熏染，故当时学界称之为"蔡德化"，期待其"成一新孔子"。[3] 可惜，蔡先生之思想在30年代后路径大变，直至晚年再度激变，遂与其早年竟成南辕北辙。细味吴、蔡思想发展之进程，不难看出其间有着趋同于流俗之若干共性。

---

[1] 蔡尚思：《孔子哲学之真面目》，《蔡尚思全集》第1册，第63、67—68页。
[2] 蔡尚思：《孔子哲学之真面目》，《蔡尚思全集》第1册，第65页。
[3] 见《伦理革命》卷首所附《李翊灼先生之亲祝词》《吴和声君之祝词》，《蔡尚思全集》第1册。

"列文森问题"的阴霾

毋庸置疑，传统礼教思想作为"抽象理想之物"，其原本所赖以依托的那套"有形之社会制度"[1]近代以来发生了剧烈变化，这无疑是反礼教思想兴起的社会导因。追踪这一思潮的演生脉络可知，自晚清发端以来即高举反"三纲"之鲜明旗帜，经五四新文化运动而衍成激流，由是名实错位加剧，误读日益深重，俨然已将礼教作为绝对"三纲"之积弊的代表词，此风一直延续到80年代末。若就反三纲之积弊而言，压制人性和单向禁锢正是礼教失度之表现，正如周谷城所言："礼乐的功用亦有限度，超过某种限度，则其功用便变成与原来方向相反的东西。"[2]因此，历来要求变革之呼声其实从未止歇，其本旨恰恰在于要使礼教趋于中和，不能超出节制人性之限度。但是，近百年来无形间极度夸大了礼教之失度面，将绝对"三纲"等同于礼教本身，进而把异化、变质了的"三纲"连同全部的礼教一股脑儿掀翻并扔弃了。

抽绎反礼教思潮演生的思维逻辑，晚清以来悄然发生了一次急转弯，即将礼教的悠久传统视作囫囵的一个整体，淡化了其中理一分殊的多层次、多维度，抹平了师法与家法之间的正统、异端之争，甚至彼此之间针尖对麦芒的殊死论战，一致调转了枪口，朝向西方通过枪炮硬传进来的异文化。换句话说，面对"事若冰炭"的"欧洲近制"[3]，传统内部的差异似乎已变得不值一提。反礼教思潮的这一思维逻辑，到了20世纪60年代列文森（Joseph R. Levenson, 1920—1969）的《儒教中国及其现代命运》[4]中得到了理论上的精准概括。列文森指出，"当一个新的也更加名副其实的西方异端出现在中国所有思想派别的面前时"，"中国各思想派别之间的小分歧和小冲突已变得无足轻

---

1 陈寅恪：《王观堂先生挽词》（1927），《陈寅恪集·诗集》，第12—13页。
2 周谷城：《礼乐新解》，《周谷城学术论著自选集》，第443页。
3 采章太炎语，参见《五朝法律索隐》，《章太炎全集》（四），第78页。
4 Joseph R. Levenson, *Confucian China and It's Modern Fate: A Trilogy*, Berkeley and Los Angeles: University of California Press, 1968.

重",也就是说,"当他们感觉到西方的严重威胁时,中国各思想派别的第一反应就是放弃了他们之间的谁旧谁新的争论","现在当西方文化对儒教本身提出挑战时,所有这些争论的发动者都面临着真正的危险,大家只能是风雨同舟,有难同当了"。[1]这就是费正清(John King Fairbank, 1907—1991)"冲击—回应"模式的核心要义。在这一逻辑支撑下,摆在近代中国知识分子面前的实际上只有两条路,一条是固守传统(旧礼教)以抵抗西方的洪水猛兽,一条是放弃传统以追赶西方的现代化步伐。两条南辕北辙的路,在晚清实际上都有一批知识分子选择,然而在清王朝最后十年内外各种困境交叠的催迫下,"他们或者沿着传统的老路走下去,但这不可能消除内忧外患,摆脱贫弱恶性循环的厄运,他们或者走现代化的新路,这是一条有前途的道路,它至少能富强国家"。[2]走前面这条路的,无形间成为守旧派,变成了腐朽的清政府的一丘之貉;走后面这条路的,则成为新时代的弄潮儿,逐渐变成了革命派。

列文森进一步推论,"幽灵般的君主制和幽灵般的儒教在枯萎中最终联合了起来",而当君主制最终被革命派所推翻,儒学"本身也就成了一个历史遗留的概念","民国下的儒学也随之变成了历史的陈迹"。[3]在思想的谱系中,推论到这一步实际上已经离列文森最终的结论只有一步之遥了。当革命派一旦嗅到了儒学被蓄意塑造成"回击西方文明的武器",用"'国粹'来抑制现代化"的气息时,以下的观念——"孔子的学说是封建的思想意识,它既不适合现代中国,也不适合现代世界"就在他们心中生了根,因此,以孔子为代表的儒学传统,最终只能成为"博物馆中的历史收藏物",必须"从现实的文化中驱逐出去"。[4]儒家传统的"博物馆化",就是列文森留给20世纪中国思想界的一个巨大的包袱。

---

[1] [美]列文森:《儒教中国及其现代命运》第一卷第三章,郑大华、任菁译,桂林:广西师范大学出版社,2009年,第39、45页。

[2] [美]列文森:《儒教中国及其现代命运》第二卷第一章,郑大华、任菁译,第145页。

[3] [美]列文森:《儒教中国及其现代命运》第二卷第九章、第三卷第一章,郑大华、任菁译,第243、259页。

[4] [美]列文森:《儒教中国及其现代命运》第三卷第四章,郑大华、任菁译,第320页。

罗志田曾追究列文森"博物馆说"的历史渊源，从清末民初直至列文森之前的趋新士人言论中，找出了一条从"现代"里驱除"古代"、将之"送进博物馆"的观念乃至言说方式一脉相承的线索。[1] 归根究底，实际上就是现代化与传统、新思潮与旧礼教，一新一旧势同水火的思维方式已在晚清以来的知识群体头脑中凝固，列文森只是做了一种理论模式的概括。且看陈独秀当年所说是如此的决绝："吾人倘以新输入之欧化为是，则不得不以旧有之孔教为非。倘以旧有之孔教为是，则不得不以新输入之欧化为非。新旧之间，绝无调和两存之余地，吾人只得任取其一。"[2] 陈独秀的"孔教"，就是列文森的 confucian（译作儒教），其核心应当就是"礼教"。列文森问题的实质，说得更直接一点，就是"礼教已死"。

　　柯文（Paul A. Cohen）指出，"列文森假设儒教与近代社会基本上水火不容，并认为只有摧毁传统秩序之后才可能建立新的近代秩序，对这种看法 50 和 60 年代许多其他学者都表示赞同"。[3] 列文森之后直至当今，孔子的"仁"经新儒家的努力，似乎已带上了一丝复苏的体温；而宗教、伦理、制度层面的"礼"，却依然紧锁在博物馆的橱窗里，甚至因为无人问津，终将被博物馆的策展人移出展厅，置入地库了。1988 年，余英时揭示出了这一困境："近百余年来，中国的传统制度在一个个地崩溃，而每一个制度的崩溃即意味着儒学在现实社会中失去了一个立足点。等到传统社会全面解体，儒学和现实社会之间的联系便也完全断绝了。""儒学和制度之间的联系中断了，制度化的儒学已死亡了。……儒学死亡之后已成为一个游魂了。"[4] 余先生这么说，是依托于他在美国对列文森问题甚嚣尘上的切身感受。同样在 1988 年的 9

1　罗志田：《送进博物院：清季民初趋新士人从"现代"里驱除"古代"的倾向》，《裂变中的传承——20 世纪前期的中国文化与学术》，北京：中华书局，2003 年。
2　陈独秀：《答佩剑青年（孔教）》(1917)，《独秀文存》卷一，第 660 页。
3　[美] 柯文：《在中国发现历史——中国中心观在美国的兴起》，林同奇译，北京：中华书局，2002 年，第 75 页。
4　余英时：《现代儒学的困境》，何俊编：《余英时学术思想文选》，上海：上海古籍出版社，2010 年，第 283—284 页。

月,借香港中文大学二十五周年纪念讲座的契机,余先生道出了他深深的焦虑:"如果我们以五四为起点,我们不妨说,经过七十年的激进化,中国思想史走完了第一个循环圈,现在又回到了五四的起点。西方文化主流中的民主、自由、人权、个性解放等观念再度成为中国知识分子的中心价值。全面谴责中国文化传统和全面拥抱西方现代文化似乎是当前的思想主调。……中国只有彻底扫清原有的文化传统,归宗于蓝色的海洋文化,才能真正得到解救。"[1]而正是在这一年,蔡尚思开始紧锣密鼓地投入《中国礼教思想史》的写作,1991年蔡著终于在香港中华书局正式出版,这是"礼"被打入地库的标志。蔡著在21世纪的前十年、第二个十年分别再版,可见"礼教已死""儒学游魂化"的阴霾至今挥之难去。

然而列文森本人并非对儒家心存恶意,也没有"五四"那一代对礼教切肤的仇恨。同样在1988年,杜维明在台湾大学做系列讲座"现代精神与儒家传统",其中第八讲专门分析列文森问题,他说,1971年他去加州大学接替列文森的讲席,接触了很多列文森的同事、学生、家人,在列文森的心目中,"儒家所代表的所谓士大夫的典范,在现代工业文明的分工越来越明细的情况下是不能生存的"。"列文森认为,这不能生存不仅是儒家的命运,也是所有重要的精神文明的命运。这些文明将来都要被以西方为代表的、以工具理性为主的价值所取代",因此,"他(指列文森)的学生常常说他曾为儒家文化悲泣流泪。他并不认为儒家文化的销声匿迹是件好事"。[2]杜维明之接替列文森,关键就在于他要跳出列文森的悲观,而开出一条新路,因此他断然宣布"我不想完全顺着列文森的思路来谈,因为他的思路有些地方已过时了"。[3]同样面对"五四"时代,杜先生注意到了另外一个博大的面向:

---

[1] 余英时:《中国近代思想史上的激进与保守——香港中文大学廿五周年纪念讲座第四讲》,《钱穆与现代中国学术》,第182页。
[2] 杜维明:《现代精神与儒家传统》第八讲《儒教中国及其现代命运》,北京:生活·读书·新知三联书店,2013年,第343—344页。
[3] 杜维明:《现代精神与儒家传统》第八讲《儒教中国及其现代命运》,第345页。

其实，不仅陈独秀、鲁迅、胡适属于五四时代，熊十力、梁漱溟、张君劢、冯友兰也属于五四时代。虽然反传统是这一时代的主流，但在这期间，知识分子对传统文化的挖掘、研究，其成就也远远超出了1949年以后的工作。可以说，五四时代的中国知识分子，已经开始踏踏实实地构建中国的现代文化。[1]

因此走出"列文森问题"的阴霾，走向开掘、深挖儒家传统，以实现创造性的转化，构建中国的现代文化，是另一个"五四"，是"五四"精神中更为深远也更为艰巨的一面。这一面，在费正清—列文森的思维结构中完全属于盲区。

受"五四"主流冲击最深重的，杜维明同样已经意识到了："在我看来，现在大家对'礼'的理解非常片面。从'吃人的礼教'提出来以后，人们对于'礼'基本上从它的糟粕，从它的阴暗面，从它残酷的约束性来理解，大不了举出什么贞节牌坊啦、'饿死事小，失节事大'啦等等的东西来。可是我觉得，我们应该了解中国文化之所以能够有一个相当长的发展过程，和在这个发展过程中被'礼'所转化的'法'有密切的关系。"[2] 那么，儒家传统的现代转化，最困难的毫无疑问也就是"礼"的转化。期待学术界诞生一部新的《中国礼教思想史》，驱散阴霾，调转航向，这是接续"另一个五四"的题中要义。

---

[1] 杜维明：《创造的转化》，《儒学第三期发展的前景问题：大陆讲学、答疑和讨论》，北京：生活·读书·新知三联书店，2013年，第98—99页。
[2] 杜维明：《创造的转化》，《儒学第三期发展的前景问题：大陆讲学、答疑和讨论》，第88页。

十四、礼法断层的发生学谱系

传统的"礼"与现代的"法"之间,横亘着一道深壑。尝试对礼与法进行接轨者,一百多年来不乏其人,早在1919年,胡适在《中国哲学史大纲》中就曾叩问:"今试问人'什么叫做礼'?几乎没有一人能下一个完全满意的界说。"他以28岁留美博士的身份给出如下界定:"礼的第一个作用,只是家庭、社会、国家的组织法(组织法旧译宪法)。"[1] 胡适只是用随文夹注的方式提示了一下礼与宪法之间具有可比性,未做分析,故而长期以来并未引起法学家们的留意。

胡适之后,说礼相当于自然法者有之,对等于习惯法者有之,类似于民法者有之,近来又有张千帆、马小红等再度试图将礼与宪法接榫,可惜他们均未采鉴胡适此说(详见下文)。诸说之间分歧颇大,前后未能形成接力效应,各家的证据均较为单薄,往往流于印象式的比附。学者们想要填平礼法之间鸿沟的用心固然可嘉,但在考虑如何接轨之前,首先需要勘察礼与法的断裂是如何造成的,两者间的断层究竟有多深。职是之故,有必要回到礼法断裂的历史现场,梳理出其间头绪。

礼法断裂的历史现场

法学界之所以忽视胡适对于礼法关系的认识,一方面或许是因为胡适的专业并非法学,但更重要的一面乃是在百年前的反礼教思潮中,胡适正是领

---

[1] 胡适:《中国哲学史大纲》,第99、102页。

军的旗手之一,学术界更关注的是他的这一面。

　　让我们回到历史现场。1921年胡适为《吴虞文录》作序,称"吴先生和我的朋友陈独秀是近年来攻击孔教最为有力的两位健将",他总结说这位"只手打孔家店的老英雄"所使用的方法是,"证明这种种礼法制度都是一些吃人的礼教和一些坑陷人的法律制度",最后胡适自己也禁不住疾声大呼:"正因为二千年吃人的礼教法制都挂着孔丘的招牌,故这块孔丘的招牌——无论是老店,是冒牌——不能不拿下来,捶碎,烧去!"¹胡适的话在"打倒孔家店"的一众摇旗呐喊者中最为理性,他一针见血地指出吴虞、陈独秀等人之所以要反孔(包括反儒),本质上是反"吃人的礼教法制","孔丘"只不过是块挂着的招牌。

　　吴虞的论作最经不起推敲,他走上反礼教之路,带着极强的功利色彩。当年偏在四川一隅的他是投了陈独秀之所好,1917年连续在《新青年》发表六篇论作,助成了陈氏的主张,由此名声大噪;1918年更是读到了鲁迅的《狂人日记》,于是炮制出了他那篇惊世骇俗的《吃人与礼教》(1919),说"孔二先生的礼教讲到极点,就非杀人吃人不成功","讲道德说仁义的人,时机一到,他就直接间接的都会吃起人肉来了"。²他那等同于异化了的道德之"礼教",与胡适所概况的"礼法制度"是颇有一些距离的。周昌龙认为吴虞"在非孔反儒上用力之专、思想之激、立论之偏,则犹在陈(独秀)、胡(适)之上"³,我们只需将他的作品编年,前后对读便可看出各篇作品间,尤其是在1917年前后的逻辑矛盾。

　　陈独秀才是"'五四'反孔反礼教运动的'总司令'"⁴,他从1916年发表《宪法与孔教》,直至1919年发表《孔教研究》,其间写了多篇论作及多封书信明确倡导反礼教,观点鲜明,逻辑清晰,无疑引领了这一思潮的走

1　胡适:《〈吴虞文录〉序》,《胡适文存》卷四,上海:亚东图书馆,1921年,第257—259页。
2　吴虞:《吃人与礼教》,《吴虞集》,第171页。
3　参见周昌龙:《新思潮与传统——五四思想史论集》第四章《吴虞与中国近代的反儒运动》,第128页。
4　蔡尚思:《中国礼教思想史》,第198页。

向。比如他在《宪法与孔教》中将"孔教之精华曰礼教，为吾国伦理政治之根本"与法治之"所谓平等人权之新信仰"视为"不可相容"的死对头，声称两者必须彻底决裂。[1] 又如他在 1917 年初给吴虞的复信中提示他要着力攻破"儒术孔教"中"尤与近世文明社会绝不相容者，其一贯伦理政治之纲常阶级说也"，从而为"吾国之政治、法律、社会道德"清道，此年 3 月又明确界定"礼为宗法社会奴隶道德之根本作用"。[2]《新青年》此年所刊发吴虞《家族制度为专制主义之根据论》《读荀子书后》《礼论》《儒家主张阶级制度之害》等文，显然是"陈指到哪、吴打到哪"的结果。我们抓住陈独秀，便可抉出反礼教思潮爆发的深层暗流。

林毓生曾敏锐地发现，1916 年 11 月创刊的《新青年》"是在袁世凯的帝制运动正式开始一个月以后出版的"，前后又有康有为、陈焕章的"孔教会"，推立孔教为国教，张勋扶植溥仪复辟等一系列政治事件，"正是由于这样一种直接背景，陈独秀才满腔怒火地将孔教作为一个整体给予一系列猛烈的抨击"[3]。也就是说，这些政客们都要搬出"孔丘的招牌"，由此造成"反传统主义者认为儒教与专制从来就是预先安排在一起的"，包括陈独秀在内，他们的论证逻辑都"被直接的现实和情绪的牵连所破坏"。[4] 黄克武进一步分析了袁氏帝制、张勋复辟与"尊孔之间没有必然的关系"，"但是帝制和复辟却增加了人们对孔教运动的反感"，对引爆陈独秀等激烈反孔起了刺激作用。[5] 陈独秀自己也明白表示，他坚决与"康南海以礼教代法治之说"势不两立，既然"孔教与帝制，有不可离散之因缘"，那么要行法治，"非独不能

---

[1] 陈独秀：《宪法与孔教》，《独秀文存》卷一，第 73—79 页。
[2] 陈独秀：《答吴又陵》（孔教）、《答傅桂馨》（孔教），《独秀文存》卷三，第 646、663 页。
[3] 林毓生：《中国意识的危机："五四"时期激烈的反传统主义》，贵阳：贵州人民出版社，1986 年，第 111—113 页。
[4] 林毓生：《中国意识的危机："五四"时期激烈的反传统主义》，第 31 页。林先生也分析了陈独秀的论证逻辑所存在的问题——"把孔教传统作为整体来批判时采用的是一种形式主义的论证"，而且"他对形式主义的谬误缺乏认识"，见该书第 115 页。
[5] 黄克武：《民国初年孔教问题之争论（1912—1917）》，《近代中国的思潮与人物》，北京：九州出版社，2016 年，第 323—331 页。

以孔教为国教",且须矫枉而过正,"应毁全国已有之孔庙而罢其祀"。[1] 后来鲁迅也曾袒露过心声,1918 年他之所以开始创作小说《狂人日记》,"见过辛亥革命,见过二次革命,见过袁世凯称帝,张勋复辟,看来看去,就看得怀疑起来,于是失望,颓唐得很了",给了他"提笔的力量"。[2]

以上分析固然不乏其理由,但是反礼教的狮子吼,如果只是因政治运动的刺激而迸发出来的情绪化反弹,在理论和逻辑上均经不起严格推敲,那些视礼、法如水火的话,可以在一段时间内让人谈"礼"色变,但绝不至于到了半个世纪之后,仍会引发大洋彼岸的高调论述——让孔子回到博物馆中(列文森语)。由此可见,紧盯着反礼教思潮,头绪无法理清,症结难以破解。

学者们已经注意到,在"五四"反礼教之前,晚清修订新律引发的礼法之争,已经酿成礼与法之间不可弥合的坎。按李贵连之说,1902 年,诏令开馆修律,沈家本、伍廷芳受命参酌各国法律,"近代法律改革正式拉开序幕","一批以西方现代法学理论为支撑的法律和法律草案也相继出台,并初成系统",由此"师法欧美成了中国法的新传统"。[3] 在这一过程中,维护传统的礼教派,与师法欧美的法理派展开了激烈的论争,最后看似礼教派在表面上获得了"胜利",实际上是把"礼教"等同于"绝对三纲",将其架上了审判台,遭受社会舆论的强烈谴责,这是引发民初反礼教思潮更为深层的导因(参见第十三篇)。正是晚清修律中强硬的礼教派及其在民国的流亚们掀起的一系列反抗与挣扎,使礼与法之间的裂隙加宽,最后遭受反礼教思潮的猛烈炮轰,礼法彻底断裂。[4] 而法理派则借助了现实政治迫切需求

---

[1] 陈独秀:《答〈新青年〉爱读者(孔教)》、《驳康有为致总统总理书》、《再论孔教问题》,《独秀文存》卷三、卷一,第 715、71、94 页。

[2] 鲁迅:《〈自选集〉自序》,《南腔北调集》,收入《鲁迅全集》第 4 卷,北京:人民文学出版社,2005 年,第 468 页。

[3] 李贵连:《1902:中国法的转型》,桂林:广西师范大学出版社,2018 年,第 1—4 页。另外可参李细珠:《张之洞与清末新政研究》,上海:上海书店出版社,2003 年,第 269 页。

[4] 张仁善认为,1910 年《大清新刑律》的最终颁布,"标志着清末礼法分离的基本实现",1912 年 1 月民国《暂行新刑律》的公布,标志着"礼法彻底分离",此说忽略了礼法之争与反礼教思潮的内在关联。参见《礼·法·社会——清代法律转型与社会变迁》,北京:商务印书馆,2013 年,第 216、350 页。

的东风，在这一过程中持续努力，按杨鸿烈之说，1918 年的《刑法第二次修正案》"已能将欧美的法律思潮咀嚼消化，所以才能够拿来与本国固有的法律思想'冶为一炉'"，1925 年之后又"制定许多名贵的法典，另辟中国法系的新纪元"，"造成了一种不流血的礼教革命"，直至 1928 年的《中华民国刑法》，"和现代任何国家最进步的刑法典相较衡，当亦无多逊色"。[1] 因此，自 1902 年以来礼与法持续二十余年的撕裂，取得最终胜利的无疑是法理派。

在清末修律过程中，礼教派与法理派的争论在深度上远超"五四"反礼教思潮，对此梁治平指出："法理派直接由道德与法律问题切入，以道德、法律范畴置换传统的礼、法概念，可以说是在传统的架构中破屋而出，不啻为一件具有革命性的创举。"[2] 换句话说，"将近代西方的'道德'和'法律'这一对范畴，套用于中国传统的'礼''法'之上"，由此"彻底颠覆了传统的礼法观念"，"礼、法之争为道德与法律之辨所替代，其实际的结果则是，无论观念上还是制度上，道德都被逐出法界"。[3] 梁先生的揭示可谓卓见，这正是礼法断裂的裂缝与决口所在。将"礼"对应于"道德"，是导致"礼教"等同于"绝对三纲"的逻辑前提，也是"五四"以后把"讲道德说仁义"与"吃人"挂钩的潜在导因。沈家本等虽然心知肚明道德不是"礼"的全部，但是在理论的推导中他不得不这么做。胡适对这一点其实也是心知肚明的，所以他在 1919 年说没人能对"礼"下一个界说。陈独秀则是彻底接受了法理派的推导，在他心目中"礼"已经基本流落为纲常伦理、"奴隶道德"的一面。

法理派拿"道德—法律"这一界说范畴，将传统的"礼"与"法"强硬切割开来，这一思维方式当然来自欧美的政治类型学，所以礼教派与法

---

[1] 杨鸿烈：《中国法律思想史》第五章《欧美法系侵入时代》，第 336—362 页。
[2] 梁治平：《礼教与法律：法律移植时代的文化冲突》，上海：上海书店出版社，2013 年，第 65—66 页。
[3] 梁治平：《"礼法"探原》（2015），《为政：古代中国的致治理念》，北京：生活·读书·新知三联书店，2020 年，第 331 页。

理派的冲突本质上是一种中西法律观念间的分歧。吴飞指出:"清末礼法之争的一个内在原因,就是大多数参与者尚未能在现代法学与传统礼学之间找到一个恰当的结合点。沈家本等人已经接受了西方法学的很多原则,而接受这些原则,往往意味着不自觉地接受了这些原则背后的人性和制度原理。这些原理如何纳入中国人的思考框架之中,是清末法学家提出但无法回答的问题。"[1] 表面上看是礼法的断裂,背后则是西方法学与中国礼学之间因龃龉而无法衔接,不管是礼教派的短暂胜出,还是法理派的最终获胜,都未能在学理上处理好这一问题。

礼法断层的一个标本:严复译《法意》

汉唐以来的制度传统,礼法本为一体之两面,"礼"为影响典章制度最深最巨者,也是构成儒家法传统的主体。自1902年之后,经修律引发的礼法之争直至一系列政治运动引爆的反礼教思潮,前后二十余年的剧烈震荡,礼与法最终断裂开来,乃至渐行渐远。检讨完礼法断裂的历史现场,我们面临一个更为重要的问题,即造成礼法断裂的动力来源是什么?进一步探索这个问题,就必须从历史的台前进入到幕后。

与清末修律所掀起的法律改革几乎同时,1902年之后,严复着手翻译孟德斯鸠的名著 De l'Esprit des Lois (1752),取名《法意》,1904年至1909年间陆续出版共7册,同时在《广益丛报》连载,直至1913年由上海商务印书馆出版全本。[2] 正是一批早期引介西方法学成果的先行者们(包括严复在内),毫不含糊地将西方constitution和laws之类的政治概念译成"法"[3],而拒绝选用传统学术范畴中对应度同样很高,甚至更高的"礼",这一行胜于言的

---

1 吴飞:《人伦的"解体":形质论传统中的家国焦虑》,北京:生活·读书·新知三联书店,2017年,第14页。
2 参见许明龙:《孟德斯鸠与中国》,北京:国际文化出版公司,1989年,第110—112页。
3 严复所依据的母本是孟德斯鸠法文原著的英译本 The Spirit of the Laws,所以他在随文的按语中有称"劳士",即laws的音译。

果断行动，是造成礼法断裂的更为潜层、更为隐微的根本性导因。[1] 而严复译《法意》，成稿一段即付印一册，译本随文插入330多条"复案"，这些按语正是伴随严复翻译此书的实时心理体验，透露出他当年内心情感的细微波动，由此给我们观察礼法断层提供了一个典型的标本。

在《法意》第一卷开始的案语中，严复即坦陈：

> 西文"法"字，于中文有理、礼、法、制四者之异译，学者审之。
>
> 西人所谓法者，实兼中国之礼典。中国有礼、刑之分，以谓礼防未然，刑惩已失。而西人则谓凡著在方策，而以令一国之必从者，通谓法典……故如吾国《周礼》、《通典》及《大清会典》、《皇朝通典》诸书，正西人所谓劳士。若但取秋官所有律例当之，不相侔矣。[2]

在第十卷的案语中又说：

> 今之所谓公法者，即古之所谓五礼也，其事兼吉、凶、军、宾、嘉。[3]

可见在翻译此书的前几年中，严复充分考虑到了传统的"礼"（如吾国《周礼》《通典》及《大清会典》《皇朝通典》诸书）与英文 laws（劳士）的对应关系，他充分认识到拿《周礼·秋官》所掌的刑、律来对应西方的"法"，是龃龉不相侔的，

---

[1] 如果追溯将 laws 译成"法"的源头，1864年美国传教士丁韪良（W. A. P. Martin）所译惠顿（Henry Wheaton）《万国公法》（Elements of International Law）远在严复译《法意》之前，而且丁氏也关注到《周礼》中存在古代中国国际公法的遗踪。参见汪晖：《现代中国思想的兴起》上卷第二部《帝国与国家》，北京：生活·读书·新知三联书店，2015年，第707—721页；范广欣：《以经术为治术：晚清湖南理学家的经世思想》，南京：南京大学出版社，2016年，第427—440页。但是，在丁韪良心目中，用"国际法"的概念是天经地义的，尚未形成对中国传统"礼"概念的冲击。

[2] [法]孟德斯鸠：《法意》一/1、一/3，严复译，第3、7页。

[3] [法]孟德斯鸠：《法意》十/4，严复译，第198页。按：此句中"五礼"，原作"五体"，乃排印错误，兹据商务印书馆1915年繁体字版径改。

西来的"法"概念应当对应于传统的吉、嘉、宾、军、凶整套五礼系统。

苏力也意识到了问题的严重,他说,"严复似乎私心认为西文之'法'更类乎于中国的'礼'",但是"这位自称'一名之立,旬月踟蹰'的翻译家,最终选择了'法'而拒绝了'礼'"。苏力甚至提出一个尖锐的问题:"严复在翻译西学时,曾不惜劳力运用了许多几乎被人遗忘的古词,以求翻译之'信达雅';为什么在'法'的翻译问题上作了这种损害了其第一要求'信'的迁就?"[1]换句话说,如果严复执意用"礼意"当书名,凭他在学术界的地位,很可能会产生力鼎千钧之效,可是他偏偏在这个关键概念的译法上,在"理、礼、法、制四者",尤其是"礼、法"之中,最终选用了"法意"作书名。

傅斯年曾严厉批评严复翻译的《法意》,说"严几道先生译的书中,《天演论》和《法意》最糟"。[2] 这是傅氏以其所倡导的"直译"和白话文标准来衡量严氏译文的意气之评。[3] 殊不知在《法意》的案语中,严复自称"孟原文造意至深……必反复玩味而后得之","不佞译文,亦字字由戥子称出,学者玩之"[4],可见《法意》的翻译充分融入了严复自己的理解与识断,对此他是颇为自负的。尤其是书名和关键概念,和《天演论》一样,是严复"旬月踟蹰"的结果。在严复着手翻译《法意》之前,此书已有中译本叫作《万法精理》,严复曾痛斥此译本质量极差,称"《万法精理》等编,大抵不知而作,屡以己意,误己误人,于斯为极"[5],甚至连这个书名也鄙弃之。自严译本诞生之后,"历史的选择恰恰和傅斯年的判断相反,……严复的译作中又

---

[1] 苏力:《"法"的故事》,《制度是如何形成的》,第142页。

[2] 傅斯年:《译书感言》(1919),欧阳哲生编:《傅斯年文集》第一卷,北京:中华书局,2017年,第206页。

[3] 参见欧阳哲生:《严复评传》附录一,南昌:百花洲文艺出版社,2015年,第177—178页。按:欧阳哲生在书中更引录贺麟对严译的批评,说得比较显露:"一则因为他欲求旧文人看懂,不能多造新名词,使人费解,故免不了用中国旧观念译西洋新科学名词的毛病;二则恐因他译术尚未成熟,且无意直译,只求达旨,故于信字,似略有亏。"

[4] [法]孟德斯鸠:《法意》四/2、十一/3,严复译,第48—49、219页。

[5] [法]孟德斯鸠:《法意》四/2,严复译,第49页。

偏偏是《天演论》(其次又偏偏是《法意》) 的影响最为久远"[1]。

苏力之问值得深思，他自己曾给出一个推测，说"可能严复寄希望于清代中央政府推行变革"，也就是欲与"中国当时正在或将要进行的由政府组织的以法律移植为特征的变法"相呼应。[2] 此说用在沈家本身上，是十分贴合的。1907 年，沈家本在为《新译日本法规大全》作序时，曾抄录严复"西文'法'字有'理'、'礼'等异译"，"古来法制之书，莫详于《周官》"等几大段话[3]，考虑到沈氏早年曾系统研治过《周礼》，他之所以抄录严说，一定是深表认同的，或者说这一认识在 19 世纪修习经史出身的沈、严一代学人心目中，属于彼此的共识。但是，从沈家本进入 20 世纪先后编撰《历代刑法考》，主持修订《刑事民事诉讼法》《法院编制法》《大清新刑律》《大清刑事诉讼律》《大清民事诉讼律》等一系列政务、著述实践来看，礼书在沈家本心目中的地位，已远逊于刑、律。沈氏这一番身体力行，目的正是寄希望于清政府能推行制度革新，也就是所谓的"变法"。而严复对于通过清政府推行变法却颇有微词，在《法意》第十二卷的案语中，他忍不住回忆"戊戌之岁，清朝方锐意变法"，主张变法的康党"某侍御"弹劾排挤对手许应骙，严复惊叹："夫其人躬言变法，而不知其所谓变者，将由法度之君主而为无法之专制乎？……近世浮慕西法之徒，观其所持论用心，与其所实见诸施行者，常每况而愈下，特奔竞风气之中，以变乱旧章为乐，取异人而已，卤莽灭裂，岂独某侍御言失也哉！"[4] 严复之翻译《法意》，固然对西方法治思

---

[1] 高惠群、乌传衮：《翻译家严复传论》，上海：上海外语教育出版社，1992 年，第 63 页。
[2] 苏力：《"法"的故事》，《制度是如何形成的》，第 142—143 页。按：苏力对严复选择"法"的用意，另有两项推测，均指向"法"可变而"礼"不可变，显然欠妥。礼制的演变本就以"因革"相称，"因"就是延承，"革"就是变革，礼的增损、变革甚至彻头彻尾地改易，在历史上十分常见。苏力此说应当是受孟德斯鸠"东方诸国其宗教、礼俗、德行、法令不变"(孟德斯鸠《法意》第十四卷第四章标题) 的观点影响。
[3] 沈家本：《新译法规大全序》，《寄簃文存》卷六，北京：商务印书馆，2015 年，第 212 页。
[4] [法] 孟德斯鸠：《法意》十二/11，严复译，第 271—272 页。按：据茅海建考证，此处"某侍御"指的应该是杨深秀、宋伯鲁二人，参见《从甲午到戊戌：康有为〈我史〉鉴注》，北京：生活·读书·新知三联书店，2018 年，第 474—478 页。

想输入中国产生了实际的效用，对黜"礼"隆"法"起到了推动作用，却不能倒果为因，说翻译《法意》的初衷是为了暗推"变法"。

严复在旬月踟蹰后，最终放弃选用"礼"来对接西方的"法"，其心理的决定力量来自何处，同样当从《法意》的随文"复案"中去寻觅端倪。如果说上引第一、十卷的三处"复案"，尚流露出严复在翻译《法意》前就具有将"礼"对等于"法"（劳士）的固有认识，那么到了第十九卷的"复案"，其思想已发生不折不扣的大转折。

孟德斯鸠于第十九卷概况中国政体独具的特点，严译作"彼方合宗教、法典、仪文、习俗四者于一炉而冶之。凡此皆民之行谊也，皆民之道德也。总是四者之科条，而一言以括之，曰礼"[1]。此四项，按照许明龙的翻译是"宗教、法律、习俗和风尚"[2]。严复在案语中盛赞这是"孟德斯鸠之伟识"，说"其言吾治，所见之明，所论之通，乃与近世儒宗，欣合如是"。所谓"近世儒宗"指的是曾国藩；所谓"欣合如是"，乃是严复拿孟德斯鸠四者冶于一炉之"礼"，与曾氏对《周礼》《春秋释例》《通典》《日知录》《礼书纲目》《五礼通考》等的归纳，即所谓"察其纤悉""洪纤毕举""旁综九流，细破无内""先圣制礼之体，其无所不赅"等特征相互印证[3]，透射"礼"因层累、积叠呈现出包罗万象、交织混杂的特性。经汪晖的研究可知，清儒自顾炎武以来，即以礼制论为内在结构，将"各种礼仪、制度、文物、典章、风俗及其演变"融入一种"混合制度"的解释框架中，由此确立了"追究先王精义，恢复道德实践与礼乐风俗"作为清代考证学的任务。[4] 此后自江永的《礼书纲目》85卷至秦蕙田的《五礼通考》262卷，体量越来越庞大，边界越来越模糊，传统的吉、嘉、宾、军、凶五礼分类系统显然已不敷实用，面对新的社会现实问题、知识范畴更显捉襟见肘。而接受了西方学科分类逻辑

---

1 ［法］孟德斯鸠：《法意》十九/17，严复译，第410—411页。
2 ［法］孟德斯鸠：《论法的精神》十九/17，许明龙译，北京：商务印书馆，2009年，第325页。
3 关于曾国藩所建构的礼学，具有无所不在的延展度，参见范广欣《以经术为治术：晚清湖南理学家的经世思想》对曾国藩"礼学经世"说的阐释，第240页以下。
4 汪晖：《现代中国思想的兴起》上卷第一部《理与物》，第373—381页。

的严复,一旦见到孟德斯鸠对中国古礼的清晰化分类,无疑是欣然接受了,因为孟德斯鸠正是在认识到"礼之为事,顾不大耶"的前提下,将这一混沌杂糅的"混合体"初步切分出了四大门类,这是相较于"中国政家不独于礼法二者不知辨也,且举宗教、学术而混之矣"的独创性学术观点。[1] 同时,这一四分框架也是引导严复走出传统礼学迷宫、拥抱孟德斯鸠政体类型学的心理触机和逻辑前提。

在接受了孟德斯鸠"礼学四分"的类型学框架基础上,严复进一步接受了孟氏将"礼"的精义与"俗"相合,将"法"的界定与"制"相应的深层思路,也就是形成"礼俗—法制"两大学理板块的认识路径。严译《法意》有云:"礼文、风俗,皆民之所率由,而非作宪垂制者之所定立也。"用许明龙的译文就更显直白:"习俗和风尚是法律不曾、不能或不愿确立的习惯性行为。"[2] 职是之故,法律与礼俗便形成两个对峙的学术范畴。严译《法意》又说:"礼之与法,不可混而一之物也。法者,以有民而立之者也……礼者,关于内行者也;俗者,关于外行者也,而二者皆成于习惯也。"[3] 作为社会教化层面的仪文、习俗,"不惮琐屑,详其节目,著为礼经","如是之繁猥";作为国家制度层面的规章,"顾支那为民上者之治其国也,不以礼而以刑"[4],由此与西方的 laws 相对应。经过这一学术洗礼,严复固有的对"法"的认识——"但取秋官所有律例当之,不相侔矣",便逐渐趋于瓦解。也就是说"礼"的主体被界定为习俗与风尚,无限上升接近于宗教的学术范畴,那么至少制定法意义上的"法"概念,主体部分就必然与"刑""律"相对应了,最多再加上礼制中偏于强制性的部分。观严复的按语"人类之足以闵叹,岂独法制、礼俗之间然哉"云云[5],自上而下的法制与源自民间的礼俗之间的楚

---

1 参见 [法] 孟德斯鸠:《法意》十九/17,严复译,第 411—412 页。
2 [法] 孟德斯鸠:《法意》十九/16,严复译,第 409 页;孟德斯鸠:《论法的精神》十九/16,许明龙译,第 325 页。
3 [法] 孟德斯鸠:《法意》十九/16,严复译,第 409 页。
4 [法] 孟德斯鸠:《法意》十九/19、十九/17,严复译,第 416、412 页。
5 [法] 孟德斯鸠:《法意》十九/2,严复译,第 396 页。

河汉界,在他心理底层已然清晰如画。

严复得了孟德斯鸠礼、法分界的学术认识,无疑自觉非常满足。观其各卷间案语对孟德斯鸠的评论,第六卷前还能屡见他对此书的非议[1],第七卷之后便只可见到他对孟氏的揄扬之辞了,或称"最为精湛明确",或称"不觉首俯至地,而叹孟德斯鸠之精识为不可及也",或称"此惊心动魄之言也"等[2]。直至《法意》第二十六卷的案语,严复举出西汉琅邪太守朱博的经典案例,便可以一锤定音以见严复的转变:

> 故西汉朱子元,可谓知法意者矣。史言"文学儒吏时有奏记称说云云,博见谓曰:'如太守汉吏,奉三尺律令以从事耳,亡奈生所言圣人道何也!'"此真截断众流语。[3]

朱博之事见于《汉书》,其以"三尺律令"治齐郡,此乃国家层面的制定"法",不采"耆老大儒""文学儒吏"等重习俗的礼教之言,目的是要一改齐郡过于"舒缓养名"的风俗,颜师古注:"言齐人之俗,其性迟缓,多自高大以养名声。"[4]朱博是看到了齐郡多年来形成了以礼制抵抗律令之弊端,也就是政治行政效率低下,儒生好高骛远不切实际,故而有意偏向律令,提升"吏"的地位,以求平衡儒生与汉吏。朱博并不是不知礼、律相济的价值,他是有意地要偏于律令一端,而严复此处显然属于断章取义,在孟德斯鸠礼俗与法制决然分离的学术路径中来解读朱博,称其为"知法意者"。可见严复之所谓"法",就是国家制定的、由上而下的规则,而具有习惯特征

---

1 比如严复曾说"孟之说亦过高已""甚矣,孟氏之重其言过矣""此亦孟书之一短也""孟氏此书文辞,颇为时人所讥,以为征引之繁,往往伤冗;又文气不完,辄即作结""孟氏论赦之言浅矣"等。分别见孟德斯鸠《法意》五/17、五/19、六/4、六/13、六/16,严复译,第97、103、112、125、131页。

2 [法]孟德斯鸠:《法意》十一/6、十一/13、十一/19,严复译,第229、244、258页。

3 [法]孟德斯鸠:《法意》二十六/1,严复译,第624页。

4 《汉书》卷八三《朱博传》,第10册3400页。

的"礼",已摈斥在他的"法"概念之外了。严复的这一处理,与上述梁治平所指出的清末修律中,法理派将"礼"对应于伦理道德并逐出法律界的做法,几乎是如出一辙的。

这一心理认同一旦建立起来,将中国政治之归入"专制政体"的窠臼,就成为必然的趋势。严复译《法意》有云:"专制之精神,可一言而尽也,曰使民战栗而已。夫使其民而怯懦、而愚顽、而志气销萎矣,则其所以治之者,又奚取多立法制为!"[1]尽管在孟德斯鸠视域里,并没有刻意贬低东方专制的意图,中国也不是他认为典型的专制政体,但是"孟氏所区,一国之中,君有权而民无之者,为之君主。君主之有道者曰立宪,其无道者曰专制也。民有权而自为君者,谓之民主,权集于少数者曰贤政,权散于通国者曰庶建也"[2]。也就是说,君主之治不管"公治"还是"独治",都在其所设置的法国政治理想"民主"的对立面。由此归结到《法意》最核心的一句话:"盖专制之君,以一身而兼三物,为宪法,为国家,为王者。"许明龙译作:"君主既是君主,又是法律和国家的化身。"[3]严复说孟德斯鸠的这一结论是"先获我心"的,观其所下案语:

> 中国数千年间,圣贤之君无论矣,若其叔季,则多与此书所以论专制者合。然则中国之治,舍专制又安与归?

> 中国之治制,运隆则为有法之君主,道丧则为专制之乱朝,故其中谈治之策,经世之文,皆当本君主之精神而观之,而后知其言之至善。脱以民主之义绳之,则大谬矣。[4]

---

1 [法]孟德斯鸠:《法意》五/14,严复译,第85页。许明龙译作:"专制政体的原则是畏惧。不过,对于那些怯懦、愚昧和委靡的民族来说,法律无需很多。"孟德斯鸠:《论法的精神》五/14,许明龙译,第65页。
2 [法]孟德斯鸠:《法意》五/16,严复译,第96页。
3 [法]孟德斯鸠:《法意》五/14,严复译,第86页;孟德斯鸠《论法的精神》五/14,许明龙译,第65页。
4 [法]孟德斯鸠:《法意》五/14、五/19,严复译,第87、100页。

礼与法一旦断裂，立法权与行政权又不分离，则必然陷入孟德斯鸠及孟氏之后西方现代政治学理论的死胡同，即"坏皇帝"问题，也就是在中国古代政治模式下，国家的治理必须有赖于君主的德行，如果君主"道丧"，流为专制政体就成为制度设计上难以自足的泥潭。"坏皇帝"问题，也就是所谓的"专制"，是将"礼"剥离出"法"的范畴，在学理上无法跳脱的思想之轭，由此构成中国与欧洲的二元差异，孟德斯鸠"礼学四分"的类型框架无疑是这一理论模式的关口所在。在这个意思上，将孟德斯鸠列为"西方思想家中第一个将中国划入'专制政体'的"[1]，是有道理的。同样，严复对孟德斯鸠思想复杂度的理解也超过梁启超等人，"断言'政府以专制为常'的中国人，在严复之外没有第二个"[2]。

李猛曾经指出，"孟德斯鸠在运用西方术语描述中国的'礼'的时候面临了相当大的困难"，在如何处理中国类型问题上展现出了孟氏富有洞察力的识见，但是"中国的'礼教'是孟德斯鸠对法的精神的考察中似乎难以克服的障碍"，他最终未能妥善解决这一挑战，由此留给后人一个巨大的泥沼，"支配了后来两个世纪对中国礼教传统的理解"，不管是在西方还是在东方。[3] 从中国近代思想史上看，孟德斯鸠的礼法分合框架不仅深刻影响了严复，也影响了同时代一大批有识之士，构成了晚清至民国礼法断层、裂成鸿沟的观念之源，更与反礼教思潮中将礼教和帝制相捆绑的认识论一脉相承。甚至当代的中西方学术界，仍然遮蔽在这一政治类型学模式的荫庇之下，比如那位断言"政治终结论"的福山（Francis Fukuyama），便毫不客气地指出中国传统制

---

1 侯旭东：《中国古代专制说的知识考古》(2008)，《近观中古史——侯旭东自选集》，上海：中西书局，2015年，第313页。按：黄敏兰不同意这一观点，说"孟德斯鸠不是第一个说中国专制的，也不是唯一批判中国专制和落后的西方人"，此说固然也没错，但恰恰忽略了孟德斯鸠理论的严密逻辑。参见《质疑"中国古代专制说"依据何在》，《近代史研究》2009年第6期，第82—83页。

2 [日] 佐藤慎一：《近代中国的知识分子与文明》，刘岳兵译，南京：江苏人民出版社，2011年，第268页。

3 李猛：《礼的精神：孟德斯鸠论礼与"东方专制主义"》，彭林等主编：《礼乐中国——首届礼学国际学术研讨会论文集》，第287、290—291页。

度上最根本的问题就是"中国人从未能解决坏皇帝的问题"。[1] 福山的学说又一次自西徂东辐射过来,深刻影响了中国理论界的前沿。

至此,清末礼法之争中暴露出来的中西方法律传统间的冲突,在严复翻译《法意》的心路历程中得到了纤悉毕具的展现。这一张力使严复"旬月踟蹰",最终将"礼"从"法"的概念中割裂出去,形成"法制"/"礼俗"两分的理论框架,在严复看来如果不这样做,西方法理的体系性建构便无法通过中文翻译得到"信达雅"的最佳处理。从这个意义上说,严复所译《法意》,成为近代史上礼法断层的一个典型标本,孟德斯鸠"礼学四分"的类型学认知框架,经由《法意》对近现代以来的中国法学产生了深远影响。

开闸者福泽谕吉的冲击波

严复对《法意》的观点俯首称是,尤其是在接触到孟德斯鸠"礼学四分"的政治类型学后,迅速改变了自己早年对中国古"礼"的认知,究其内因,当然是源自传统吉、嘉、宾、军、凶分类系统对"礼"这个杂糅的混合体难以包容。但是,能够让诸如严复这样经史根柢厚实的学人,在短期内断然放弃"礼"拥抱"法",绝非仅仅因对西方政法学说的折服所能解释,黜"礼"隆"法"的观念必定在此前已有过相当长一段时间的积淀与发酵。

孟德斯鸠学说对中国产生影响,当然不是开始于1902年严复翻译《法意》。[2] 早在1899年,梁启超就在《清议报》上发表《蒙的斯鸠之学说》,这是孟德斯鸠最早介绍入中国的开端。《清议报》的创办地点在日本横滨,彼

---

1 [美]福山:《政治秩序的起源:从前人类时代到法国大革命》,毛俊杰译,桂林:广西师范大学出版社,2014年,第285页。
2 就严复本人而言,他在留英期间曾于1878年与驻英公使郭嵩焘见面,就已认识到"律法思维上的差异,导致了中国与西洋在'富强'问题上的差距","他决定翻译法国启蒙思想家孟德斯鸠的《论法的精神》,其动机恐怕在此时就已经萌发"。[日]永田圭介:《严复:中国近代探寻富国强兵的启蒙思想家》,王众一译,苏州:苏州大学出版社,2014年,第55页。

时梁启超正流亡在日本，他得以深入了解并大力推介孟德斯鸠，所借助的是何礼之的日译本《万法精理》。在严复之前，此书的中译本《万法精理》也正是从这一日译本迻译而来。[1] 换句话说，孟德斯鸠最早进入中国，是借道了日本。据侯旭东研究，明治维新以来"日本思想界的翻译与认识成为后来中国思想界流行的'专制主义''专制政体'说的直接源头"，孟德斯鸠就是主要代表之一[2]；具体到法学方面，自黄遵宪以来，直至清末新政中的沈家本，在引介日本明治维新以来法学成果上均可谓不遗余力[3]。由此启发我们，日本明治维新时期的思想对近代中国产生的剧烈影响不容忽视。

"明治维新之父"福泽谕吉（1835—1901），对黄遵宪和梁启超两人的思想均起到巨大冲击作用，对此学界已有共识。[4] 黄遵宪于1877年起担任驻日使馆参赞，历时八年完成被誉为"明治维新史""中国研究日本的空前的著作"的《日本国志》，此书是近代日本法律，包括西方政法思想借助日本为跳板批量介绍入中国的先锋[5]，也是将福泽谕吉引介入中国的开端。此后梁启超对福泽谕吉给予大力宣传，在钦佩的程度上甚至高于孟德斯鸠。1899年，梁先生就称"日本演说之风，创于福泽谕吉氏，……斯实助文明进化一大力

---

1 参见许明龙：《孟德斯鸠与中国》，第108—110页；皮后锋：《严复大传》，福州：福建人民出版社，2013年，第268—270页。
2 参见侯旭东：《中国古代专制说的知识考古》，《近观中古史——侯旭东自选集》，第318—329页。
3 参见李贵连：《近代中国法律的变革与日本影响》（1994），《近代中国法治与法学》，北京：北京大学出版社，2002年。
4 参见[日]和田博德：《中国における福泽谕吉の影響》，《福泽谕吉全集》第19卷附录，东京：岩波书店，1962年；区建英：《中国における福沢谕吉理解——以清末期を中心に》，《日本历史》1992年2月第525号；肖朗：《福泽谕吉启蒙思想在近代中国的传播与影响》，《浙江大学学报》1999年第1期。按：石云艳曾对相关研究予以综述："关于梁启超如何把福泽谕吉的功绩、著作介绍给中国的研究早在20世纪中叶就已开始，60年代日本学者和田博德发表一系列论文，考察了清末民初以梁启超为代表的中国启蒙思想家、知识分子翻译福泽著作、介绍福泽业绩的情况。八九十年代以后日本学者狭间直树、石川祯浩、今永清二，中国学者夏晓虹、区建英、高力克、肖朗、刘岳恩、郑匡民等从不同的侧面介绍、论述了福泽的启蒙思想及其对当时的知识分子特别是对梁启超的影响。"《梁启超与日本》，天津：天津人民出版社，2005年，第171页。
5 李贵连：《近代中国法律的变革与日本影响》，《近代中国法制与法学》，第71页。

也","福泽氏,日本西学第一之先锋也"。[1]1902年,对福泽予以全面评介:

> 能运他国文明新思想,移植于本国,以造福于其同胞,此其势力亦复有伟大而不可思议者,如法国之福禄特尔、日本之福泽谕吉、俄国之讬尔斯泰诸贤是也。……福泽谕吉,当明治维新以前,无所师授,自学英文,曾手抄《英华字典》一过。又以独力创一学校,名曰庆应义塾,创一报馆,名曰《时事新报》,至今为日本私立学校、报馆之巨擘焉。著书数十种,专以输入泰西文明思想为主义。日本人之知有西学,自福泽始也。其维新改革之事业,亦顾问于福泽者,十而六七也。[2]

由此可见,梁启超对福泽谕吉是专门予以了系统的钻研,对他的生平业绩如数家珍,对其移植西方文明新思想的贡献向往有加。梁启超自1899年之后数年内发表的论文,在内容上甚至文风上均受福泽谕吉《文明论概略》的影响,就在1902年,梁先生甚至发出了"耗矣哀哉,吾中国至今无一福泽谕吉其人也"[3]的慨叹。

严复因留学英国,故不主张借道日本来译介、传播欧洲启蒙思想,在他的著述中也未明确提到过福泽谕吉,但是不能因此就否定他同样受到日本明治维新,尤其是受到福泽谕吉思想的影响。严复自1895年结识黄遵宪、1896年结识梁启超,之后对两人的言行颇为关注。据黄克武研究,梁启超在东渡日本后逐渐脱离康有为路线,向严复模式靠拢,与严复持续关注梁启超,对其在日本《清议报》、中国《新民丛报》上发表的言论多有评骘有很大关系。[4]而这一段时期,也正是梁启超极力推介福泽谕吉的时期。严复之所以不满意梁启超式的"东学",主要是因为他提倡应直接从英文来译介西方学说与思想,他所希冀的不是步日本学坛的后尘,而是由自己来充当移植

---

1 梁启超:《自由书·传播文明三利器》,《饮冰室合集》专集之二,第6册41页。
2 梁启超:《论学术之势力左右世界》,《饮冰室合集》文集之六,第1册115—116页。
3 梁启超:《论教育当定宗旨》,《饮冰室合集》文集之十,第2册61页。
4 黄克武:《严复与梁启超》,《近代中国的思潮与人物》,第277—296页。

西学之先锋人物的角色。从这个意义上说,"中国至今无一福泽谕吉"式的学术空白,经由梁启超的揭橥,对精通英语的严复来说恰恰构成了巨大的共鸣和莫大的向往。严复以其所学所长想要实现的对于当时中国的价值,正如福泽谕吉式的对明治日本的影响力。今天的学界也正是把严复之于中国的启蒙意义,与福泽谕吉之于日本相提并论,认为"严复与福泽谕吉在开国主义的启蒙传播上做了大概差不多的工作",并将两者放在同一平台上予以深入比较。[1]

福泽谕吉思想与身处古今思想大变局时期的严复以及其他启蒙思想家之间,还有另外一层撇不掉的深层联系。19世纪中后期的东亚,福泽谕吉乃是礼教(儒教)批判的开闸者,从日本刮来的这股黜"礼"之风,对当时整个中国知识界无疑都产生了诱发、解锁和冲击的心理效应。这一点是至今学术界尚未充分认识到的。

福泽谕吉的研究,长期以来因为他的《脱亚论》被视作后来日本推行军国主义、发动战争的理论渊源而偏于一隅。对此,丸山真男(1914—1996)曾揭露出了问题的症结,他指出福泽"所说的'脱亚',实际上是指'脱清政府'和'脱儒教主义'"[2]。在《福泽谕吉的儒教批判》一文中,丸山说得非常透彻:

> 谕吉曾经在《劝学篇》和《文明论概略》中对过去的日本进行了猛烈的批判,我们不难看出,这种批判被原封不动地复制到支那身上。[3]

---

[1] 参见王中江:《严复与福泽谕吉:中日启蒙思想比较》,开封:河南大学出版社,1991年;北京:中国人民大学出版社2020年,引文见第138页。另外还有高增杰:《东方近代初期的多元文明理论——以中日近代思想家严复和福泽谕吉为中心》,《日本学刊》1996年第4期;张华:《中朝日近代启蒙思想——以严复、俞吉浚、福泽谕吉的思想为中心》,北京:中央民族大学出版社,2012年。

[2] [日]丸山真男:《福泽谕吉与日本近代化》作者序,区建英译,上海:学林出版社,1992年,第9页。

[3] [日]丸山真男:《福沢諭吉の儒教批判》(1942),[日]松泽弘阳:《福沢諭吉の哲学(他六篇)》,东京:岩波书店,2001年,第32页。按:此采用乔志航中译,转引自[日]中岛隆博:《启蒙与宗教——胡适与福泽谕吉》,乔志航译,《现代哲学》2017年第3期,第131页。

丸山果然堪称"福泽迷",他发掘出了中日间思想史上的真正难题,如今在理论上要"超克"的不仅仅是福泽的"脱亚论",更在于如何面对和看待福泽在《劝学篇》(1872—1875)和《文明论概略》(1875)这两座理论高峰中所建构的"脱儒教主义"。韩东育虽然不同意丸山对福泽的美化,但是他同样认为"按福泽的逻辑,'脱亚'只是想远离儒教文化氛围",即"福泽对于被儒教主义浸入骨髓的朝鲜和清国现状的焦躁和绝望"。[1]不管福泽的反儒教针对的是旧日本,还是"朝鲜与清国",其开启的对儒学质疑、批判乃至决裂的浪潮,无疑构成了明治思想带给晚清直至新文化运动的强烈冲击波。

福泽的"儒教批判",本质上又是对礼教的批判,此由《文明论概略》所构建的理论体系可一览无余。《文明论概论》的思想来源,福泽自己已交代来自法国首相基佐(François Pierre Guillaume Guizot, 1787—1874),"基佐的'文明'观可以看作是19世纪初欧洲'文明'观的一个缩影"[2],实际上也就是对孟德斯鸠等欧洲早期启蒙思想的概括与总结。在移述和阐发了基佐的文明观基础上,具体到儒学,福泽辨析其与西方宗教、佛家和神道家的不同在于"专讲人伦社会的道德和礼乐六艺之事,一半是属于有关于政治的学问"。[3]在这里,福泽无疑看到了儒学的两条主脉络,一是人伦道德,二是有关于政治。问题恰恰是出在福泽对礼乐的理解上,他认为:

> "礼"就是以尊敬长上为主,使人民自然地知道君威的尊贵;"乐"就是在默默之中和谐愚民,使其自然产生景仰君德的感情。以礼乐征服人民的思想,以征伐制服人民的膂力,使民众在不知不觉之中各安其

---

[1] 韩东育:《福泽谕吉与"脱亚论"的理论与实践》,《古代文明》2008年第4期,第76、78页。按:韩先生这一论断实际上就是出自丸山真男:"当他(指福泽)看到朝鲜和中国清代儒教主义根深蒂固的现实,并为此感到焦躁和绝望时,又反而产生出了一种确信,认为推进东洋近代化的使命应由日本来承担。"丸山真男:《福泽谕吉(1834—1901)》,《福泽谕吉与日本近代化》,区建英译,第3页。

[2] 刘文明:《欧洲"文明"观念向日本、中国的传播及其本土化述评——以基佐、福泽谕吉和梁启超为中心》,《历史研究》2011年第3期,第67页。

[3] [日]福泽谕吉:《文明论概略》,北京编译社译,北京:商务印书馆,1960年,第155页。

所，褒扬善者以满足人民的喜悦心情，惩罚恶者以警戒人民的恐惧心情，如此恩威并用，人民便似乎感觉不到痛苦了。然而，不论褒扬或惩罚，都是由君主决定的。……这样，一国的君主既然成了福祸的主宰，人民也就自然把君主当做超人来景仰了。[1]

福泽显然是偷偷地缩小了礼、乐的概念，将忠君，也就是"三纲"之一的君臣关系，抽绎出来作为"礼乐"的全部定义，由此，"礼"这一包罗万象的"混合体"被单一化，福泽的目的无疑是要将其安插到基佐式的19世纪欧洲政治文明框架中。经由这一定义，礼乐中"属于有关于政治的学问"这一半被极大地收缩，最后只剩下"孔孟的学说，是讲正心修身的伦常道理的，毕竟是讨论抽象的仁义道德的，所以也可以称为伦理学"，"假如现在还想以内在的无形道德，施于外在有形的政治，想用古老的方式处理现代的事务，想用感情来统御人民，这未免太糊涂了！"[2] 换句话说，"企图以情感与法律相结合的方式来维系民心，这也绝不适合现代的情况"，这是因为，当这一"伦理学"一旦要与政治发生联系，将异化为一种"儒术"："日本的儒者中，最有才智和最能干的人物，就是最巧于玩弄权柄和最为政府所重用的人。"[3] 而儒术，归根结底仍是道德层面的东西，是在实践中所体现出来的德性，按福泽之说更多的是负面之德，也就是所谓恶德。王家骅揭示出"福泽谕吉批判儒学的泛道德主义，区别道德与政治，认为道德与政治是不同的范畴"[4]，殊不知福泽通过这一批判，正是要将礼乐与法制彻底切断联系，为西方政治制度的植入腾出空间。

因此，福泽逻辑推导的阀门与孟德斯鸠"礼学四分"的类型学可谓暗合，即将"礼"从政法的范畴中切割出去，强力突显"礼"中习俗道德的

---

1 [日]福泽谕吉：《文明论概略》，北京编译社译，第111—112页。
2 [日]福泽谕吉：《文明论概略》，北京编译社译，第56页。
3 [日]福泽谕吉：《文明论概略》，北京编译社译，第186、155页。
4 王家骅：《论福泽谕吉对儒学的批判与继承》（1992），《中日儒学：传统与现代》，北京：人民出版社，2014年，第116—117页。

一面。"礼"与"法"分割之后,礼的表层礼仪便无处附着,福泽将其界定为"政府的虚威"。所谓"虚威"是相对于"政府的实威"而言的,"在最初成立政府建立国家体制时,都是为了保持国家政权,维护国体;为了维护政权,当然不能没有权威,这种权威叫作'政府的实威'"。具体而言,"唯有根据道理,制定法律,然后用政治法律的实威,使他们遵守",而虚威则是"制定出一套官阶、服饰、文字、语言等尊卑的体制,周唐的礼仪就是这些东西"。一言以蔽之,虚实的区别,也就是福泽视域中的礼法之别,礼的功能在于"粉饰",弊病在于"弃实而就虚,一味粉饰外形","迷惑于旧习",眼光是墨守的、复古的[1];政令法律则要充分考虑国情,改革进取,"以西洋文明为目标",心态是创造的、敢作敢为的。礼学的这一弊病,被福泽推导到极致,因不知变通而活力流失,形成了一种守旧、崇古、不敢突破、教条固化的思维方式和行为作风。福泽揭露出当时的日本社会"活泼的精神完全丧失","完全丧失了'敢做敢为的精神'","沉溺于停滞不动的深渊中",认为"这就是为什么日本在德川统治二百五十年间极少有人敢于创造伟大事业的根本原因","而且已经危及我们国家的命脉"。[2] 由此构成福泽反礼教最核心的思路。

在晚年《福泽谕吉全集》的绪言(1897)中,福泽说得更为露骨。他指出日本社会本来为"武士道精神所熏陶,其活泼聪颖、磊落不羁,几乎成为天性,大胆至极","正是这些不学无术之辈完成了维新大业"。[3] 言下之意,受了"儒教主义"重文循礼教育的人,活泼的天性被束缚,所以福泽高呼必须唾弃儒学,恢复"灵敏活泼,敢作敢为"的这种"我国文明的根本"。[4] 经过二十多年的思想积聚,晚年在《自传》中福泽说出了如下这段话——"在那种束缚人的礼教之下,人们怎能活得下去! ……我不愿为古人的礼教所束

---

1 [日]福泽谕吉:《文明论概略》,北京编译社译,第26—28页。
2 [日]福泽谕吉:《文明论概略》,北京编译社译,第157、165、186页。
3 [日]福泽谕吉:《〈福泽谕吉全集〉绪言》,附录于《福泽谕吉自传》,马斌译,北京:商务印书馆,2016年,第278页。
4 [日]福泽谕吉:《文明论概略》,北京编译社译,第174页。

缚"¹。这句话实际上是福泽反对儒学、反礼教的总基调。弃儒学（礼教）之后从何处寻求精神资源，那就是"博览各国的书籍，精通世界的事情，根据世界的公法谈世界的公事；对内修炼智德以求个人独立自由，对外遵守公法以炫耀一国之独立"，一句话，即"以学习洋学为当务之急"²，福泽的《劝学篇》便由此展开。

福泽谕吉的礼教批判，采用了扬此抑彼的推论思路，竭力彰显心性道德论的一面，而刻意贬抑制度典章的一面，其主观目的非常明确，那就是为西方的政治学说腾出空间，以输入"洋学"为现代化的唯一路径。从这个意义上说，福泽后来发表《脱亚论》的思想根源在十年前《文明论概略》中已播下种子，而礼教批判正是其动力之源。福泽的这一思想在19世纪后半叶一旦传入中国，即因近代中国与明治日本的相似性而迅速蔓延开来。严复在这样一股潮流中不可能置身事外，从严复译《法意》所采用的黜"礼"路径，与福泽在推论上的高度相似性即可得到印证。严复之所以在接受了孟德斯鸠学说后迅速放弃他原有对礼学的认识，日本燃起的这股礼教批判浪潮对整个东亚的冲击作用不容小觑，它给严复在观念上和思想上解了锁、松了绑。

而且，福泽的礼教批判对中国思想界的深刻影响，不仅局限于晚清，对后来新文化运动的反礼教思潮起的作用同样不容小觑。新文化人所扛的"道德伦理革命"大旗，正是这一冲击波孕育下的产物。作为"五四"健将们之导师的章太炎，曾将福泽谕吉引为同道，章氏称"若中江笃介、福泽谕吉诸公，诚可为东方师表也"。³我们读章太炎《诸子学略说》中所说的"大儒之用，无过三公，其志亦云卑矣"，"苦心力学，约处穷身，心求得售，而后意歉，故曰：沽之哉，沽之哉！不沽则吾道穷矣"，"儒家之湛心荣利，较然可知"，"用儒家之道德，故艰苦卓厉者绝无，而冒没奔竞者皆是"等过激言

1　［日］福泽谕吉：《福泽谕吉自传》，马斌译，第229页。
2　［日］福泽谕吉：《学问论·告别故乡中津记》，《福泽谕吉教育论著选》，王桂译，北京：人民教育出版社，2005年，第8页。
3　章太炎：《俱分进化论》，《太炎文录初编·别录卷二》，收入《章太炎全集》（四），第391页。

论[1],与福泽《文明论概略》中"尊奉孔孟的人,即使是读书万卷,如果不从政,就丝毫没有别的用处","亟亟于统治愚民,所以参与政治的念头也非常急切","只知道依附当代的权贵,甚至唾面自干而不以为耻"等用语[2],几可谓如出一辙。《新青年》在创办之初,1915年第一卷第二号刊登的陈独秀文章就引用福泽谕吉之语,福泽在当时中国的影响几乎家喻户晓[3]。吴虞《礼论》中的"礼乐"观,正是摘引了福泽谕吉《文明论概略》中对"礼""乐"的定义,其云:

> 福泽谕吉之论吾国曰:支那旧教,莫重于礼乐。礼者,使人柔顺屈从者也;乐者,所以调和民间郁勃不平之气,使之恭顺于民贼之下也。呜呼!以福泽谕吉之言,证司马、明允、子瞻、东莱之说,而后知圣人之嘉惠吾卑贱下民者至矣![4]

吴虞实际上是在抄录了司马光、苏洵、苏轼、吕祖谦的几段话之后,将福泽的结论直接抄来,作为自己的观点。接着,他又搬出孟德斯鸠的"礼学四分"学说。吴虞在搬抄各家观点时因未经过融会贯通,因而生疏与拼接、夹生与虚夸之处显而易见。

即便是反礼教最具深度的鲁迅,同样受到福泽谕吉的影响。鲁迅在《狂人日记》中之所以能从"歪歪斜斜的每叶上都写着'仁义道德'几个字"看了半夜,"从字缝里看出字来,满本都写着两个字是'吃人'"[5],与福泽被激发出来的"在那种束缚人的礼教之下,人们怎能活得下去"的体认,不能说

---

1 章太炎:《诸子学略说》,《章太炎学术史论集》,北京:中国社会科学出版社,1997年,第172—174页。
2 [日]福泽谕吉:《文明论概略》,北京编译社译,第56、154页。
3 参见和田博德:《中国における福澤諭吉の影響》、卞崇道:《福泽谕吉的资本主义现代化道路》,《外国哲学史研究集刊(六)——东方哲学研究》,上海:上海人民出版社,1984年。
4 吴虞:《礼论》,《吴虞集》,第135页。
5 鲁迅:《狂人日记》(1918),《呐喊》,收入《鲁迅全集》第1卷,北京:人民文学出版社,2005年,第447页。

没有任何关系。鲁迅说"我看不见读经之徒的良心怎样,但我觉得他们大抵是聪明人,……古书实在太多,倘不是笨牛,读一点就可以知道,怎样敷衍、偷生、献媚、弄权、自私,然而能够假借大义,窃取美名"[1],与福泽对"伪君子"的分析——"听到克己复礼的讲解之后,在思想上有人得到很大的启发,有人竟发生极大的误解,有人蔑视它,也有人虽然了解却故意装模作样以欺人,这样千差万别的情况,真伪异常难辨。如果有人虽然蔑视这个教训,但在表面上却伪装以欺人,或者相信自己所误解的一套,而把假的克己复礼信以为真的话,旁人对他是无可奈何的。……这就是社会上出现伪君子的缘故"[2],是何等的相似。有学者已指出"鲁迅的思想与福泽谕吉的关系更为相近,他们所思考的中心都是关于人的精神的转变即国民性改造的问题","鲁迅当时的思考明显是受到了福泽谕吉的影响"[3]。不过必须指出,章太炎、鲁迅等人置身于中国近代社会结构发生急剧转型、外来思想学说对于传统伦理制度形成猛烈冲击的漩涡之中,他们对于伦理道德、礼法秩序等问题的反思与实践,在广度与深度上均已远远超过日本明治时期的福泽谕吉。正是由于"五四"一代知识分子对中西急剧输入的各种思潮的过滤与融汇,福泽的影响已显得不那么彰显而趋于潜层。

黜 "礼" 的延续与礼法接轨的困境

福泽谕吉的"脱儒教主义",作为礼教批判开闸者,对整个东亚思想界均产生巨大冲击,在近代中国所引发的连锁反应也极为深远。严复所译《法意》标志着礼法断层已然定型,其后因礼教派的垂死挣扎而爆发的反礼教思潮,使礼法之间的链接彻底震裂。此时学人们一提起"礼",早已不是19世纪以

---

1 鲁迅:《十四年的"读经"》(1925),《华盖集》,收入《鲁迅全集》第 3 卷,第 138 页。
2 [日]福泽谕吉:《文明论概略》,北京编译社译,第 87—88 页。
3 张福贵、靳丛林:《中日近现代文学关系比较研究》,长春:吉林大学出版社,1999 年,第 56 页。按:不过也有学者不认为鲁迅的观点与福泽谕吉具有本质的差异,参见董炳月:《鲁迅留日时期的文明观》,《鲁迅形影》,生活·读书·新知三联书店,2015 年,第 67—72 页。

前那个杂糅的"混合体","礼"的旧瓶中已只剩下虚仪与说教,包裹着绝对的"三纲",令人想起"专制"与"吃人"。因此,当胡适在1919年贸然流露出中国的"礼"与西方的"宪法"具有可比性时,根本无人予以理会。

此后在西方中心主义多角度、多层次的辐射与影响下,礼法之间的鸿沟益趋宽深。汪晖已指出,"战后形成的费正清学派为代表的'挑战—回应'模式,它把中国的近代变迁看成是中华帝国对欧洲资本主义挑战的回应……可以说是'脱亚入欧论'的翻版"[1]。较"挑战—回应"模式更显直接的,要数20世纪50年代魏特夫(Karl A. Wittfogel, 1896—1988)的"东方专制主义"和60年代列文森的儒学"博物馆化"。鄙斥为"专制",要将之"博物馆化",也就是要割断其与现实的联系,也就是要将之摒弃。这个要割断和摒弃的,与其说是"专制",或者说是"儒学",都不如钱玄同当年所呼喊的来得直接:"这个什么'礼',已经在一九一一年十月十日给中国'人'陈列到博物馆里去了。"[2]制度层面的"礼",才是西方移植过来的"法"的绊脚石;要为"法"的传入清道,就必须在思想和观念上将"礼"打入冷宫。可以说,中国百余年来黜"礼"隆"法"的学术生态,挥之不去的实际上就是那张若隐若现的"福泽罗网",难怪近来有学者高呼,说"福泽谕吉应该是一个必须被超越的人物"[3]。

要超越的其实不是福泽的礼教批判本身,而是黜"礼"隆"法"的思维固化,是对那个多年来被打入博物馆中的"礼"置若罔闻,将那个包罗万象的"混合体"弃之如敝屣。那么首要的一步,就是要在现代法学的学理框架中来重审"礼"的传统,将这个混合体中具有现代性的资源抉发出来,并

---

[1] 汪晖:《现代中国思想的兴起》下卷第二部《科学话语共同体》附录二《亚洲想像的谱系》,第1575—1576页。

[2] 钱玄同:《请看姚明辉的〈三从义〉和〈妇顺说〉》(1919),《钱玄同文集》第一卷《文学革命》,北京:中国人民大学出版社,1999年,第382页。按:罗志田曾追究列文森博物馆说的历史渊源,认为它与清末民初趋新士人从"现代"里驱除"古代"的一贯倾向一脉相承,参见《送进博物院:清季民初趋新士人从"现代"里驱除"古代"的倾向》,《裂变中的传承——20世纪前期的中国文化与学术》,但是罗先生恰恰没有关注到钱玄同此说。

[3] [日]中岛隆博:《启蒙与宗教——胡适与福泽谕吉》,乔志航译,《现代哲学》2017年第3期,第131页。

给予法理学意义上的合理解释，也就是将传统与现代学术体系找到对应和连接的口，故而可称之为礼法接轨。在礼法断层愈演愈烈的大潮之下，尝试进行礼法接轨的学者同样不乏其人，他们提出的探索方案也不尽一致，兹略举数例。

在胡适之后，仍有学者提出礼可与宪法相对接。其中影响较大的可以王世杰、钱瑞升《比较宪法》(1927)为例，书中明确指出"中国自与其他国家一样，历来亦自有其宪法；这种宪法并且已久具成文宪法的形式"，又在脚注中补充交代："《周礼》颇具成文宪法的形式；论者遂有以《周礼》为中国成文宪法的起源者。"[1] 此说提出七十多年后，至2001年由张千帆做出了初步的论证，明确界定"'礼'可以被定性为一部由不同时代的人们制定并逐渐修正的不断进化的宪法"。[2] 张先生说他曾受了胡适1953年发表于美国的一篇英文论文(把《周礼》当作"乌托邦宪法")的启发。[3] 2021年，马小红再度倡议，"'礼'在中国古代无疑具有'宪法'的地位与作用"，"礼无疑应当是接纳舶来宪法的平台"。[4]

殊为可惜的是，前后几位学者彼此缺乏参考，未能形成接力效应，尤其是对胡适在《中国哲学史大纲》中对礼的界说未予留意。因此，各家之间虽在结论上相仿，但在论证逻辑上并不一致，学理分析也显得较为单薄。如果仅仅将《周礼》对应于成文宪法，这显然不是"礼"的全部，礼与不成文宪

1　王世杰、钱瑞升：《比较宪法》，北京：商务印书馆，1999年，第16页。

2　参见张千帆：《传统与现代：论"礼"的宪法学定性》，《金陵法律评论》2001年春季卷；张千帆：《为了人的尊严：中国古典政治哲学批判与重构》第四章《在自然法与一般法之间——关于"礼"的宪法学分析》，北京：中国民主法制出版社，2012年，引文见第184页。

3　胡适的英文论文是"The Natural Law in the Chinese Tradition", in *Natural Law Institute Proceedings*, Vol. 5, University of Notre Came Press, 1953；收入周质平编：《胡适英文文存》二《中国哲学与思想史》，北京：外语教学与研究出版社，2012年，第333页。

4　马小红：《清末民初礼与宪法关系的反思——兼论中国古代社会的共识》，《现代法学》2021年第4期，第3、11页。按：马小红在《礼与法：法的历史连接》(79页)一书中即已初步提出"礼与宪法具有类似之处"的观点；在该书修订本的附录《专题之二："礼治"的改造》中也论及"礼治"与宪法的关系(《礼与法：法的历史连接》，北京：北京大学出版社，2017年，第458页)。

法之间交织程度之高是众所周知的。参照卢梭《社会契约论》中对法律的分类，政治法、民法、刑法之外还有第四种法律"风俗和习惯，尤其是舆论"，卢梭认为"这是各种法律之中最重要的一种，……只有它是国家真正的宪法"，"个别的规章只不过是穹隆的支架，而唯有慢慢形成的风俗才是最后构成穹隆顶上的不可动摇的拱顶石"。[1] 卢梭所谓"真正的宪法"，显然与"礼"的关系至为密切，有学者正是立足于这一思路，将"礼"中偏于风俗和习惯的一面对应于西方的自然法。

将礼对等于自然法，最早是由梅汝璈（1904—1973）于1932年提出来的。梅先生认为，"'礼'在英文中最相称的名词应该是'自然法'（Natural Law, The Law of Nature）"，而且说"'礼'（自然法）与'法'（现实法）非但不对峙或抵触，而且它们彼此还是相扶相助的"。[2] 此后，中外学界持此观点者不乏其人，比如李约瑟在《中国科学技术史》第二卷《科学思想史》中便指出，相对于"法家把他们的全部重点放在'成文法'（'法'）上"，"儒家则与此相反，他们坚守一套古代的风俗、习惯和礼仪，……这就是'礼'，我们可以把它等同于自然法"。[3] 另外，还有梅仲协的论文《法与礼》（1969）、梁治平的专著《寻求自然秩序中的和谐》（1991）做出的论证也曾为学界所关注。[4] 不过，倡导这一中西对接方案的学者，大都认为礼与自然法之间只可大致对应，并不具有严格的对等性，比如李约瑟有一处提到"法理学上的自然法"这个概念，后加括号随文注，说"有点相当于'礼'字"[5]，梁治平在着力论证"礼在本质上

---

[1] ［法］卢梭：《社会契约论或政治权利的原理》第二卷，李平沤译，北京：商务印书馆，2011年，第61—62页。

[2] 梅汝璈：《中国旧制下之法治》，梅小璈、范忠信选编：《梅汝璈法学文集》，北京：中国政法大学出版社，2007年，第313、314页。

[3] ［英］李约瑟：《中国科学技术史》第二卷《科学思想史》第十八章，何兆武等译，北京：科学出版社，2018年，第579页。对于李约瑟"礼即自然法"的观点之分析，参见肖洪泳：《西方汉学家论中国自然法传统》，《政法论坛》2022年第4期。

[4] 参见两家对礼等同于自然法之说的综述，见俞荣根：《儒家法思想通论》第二章，南宁：广西人民出版社，1998年，第41—44页；梁治平：《寻求自然秩序的和谐：中国传统法律文化研究》第十二章，北京：商务印书馆，2013年，第324—347页。

[5] ［英］李约瑟：《中国科学技术史》第二卷《科学思想史》第十八章，何兆武等译，第582页。

可说是'自然的'",同时也比较分析了"二者的歧异,尤其是根本上决定其文化蕴涵的思维方式的深刻差别"[1]。长期浸润在西方法治环境中的两位海外华人,最近已直言不讳:"中国没有日耳曼世界那种自然法的概念。"[2]

此外,还有学者提出"礼"应界定为与成文法相对的习惯法,认为"中国社会唯一适用的法律是没有实在性和公共性的称为礼的习惯法"[3];也有学者将部门法一一与"礼"匹配,认为政事法+民事法庶几近似,陈顾远便是这一观点的倡导者。在成书于1935年的《中国法制史》中,陈先生就反对将"法"置于"礼"的对立面,主张采用广义的"法",即制度之统称,"对于中国法制史之范围,不仅限于法律一端,举凡典章文物刑政教化,莫不为其对象",认为"儒家之礼治,不特高居刑律之上,抑且深入刑律之中,使刑律之为礼化也"。[4]沿着这一思路,陈先生于1959年完成《儒家法学的价值论》,提出了他的代表性观点:"儒家重礼,礼乃无文字的信条,追溯今日政事法、民事法于古代,舍礼莫求。"[5]在1964年出版的《中国法制史概要》中对于早年考虑欠周的政事(组织法规、人事法规)、民事(家族制度、婚姻制度、食货制度)两大块予以了详细论述,并试图对礼与法进行整体性对接:

> 儒家将礼之地位推崇如此之高,致与现代所称之法相等,于是遂以成年制度表示于冠礼中,以婚姻制度表示于婚礼中,并于丧礼中表示家族及亲属,于军礼中表示军法及战律,于宾礼中表示出国际和平法则,于祭礼中表示宗法社会组织。推而如《周礼》为纪制度者,礼书或《礼

---

[1] 梁治平:《寻求自然秩序的和谐:中国传统法律文化研究》第十二章,第342、334页。

[2] 黄基明:《王赓武谈世界史:欧亚大陆与三大文明》,刘怀昭译,香港:香港中文大学出版社,2018年,第185页。

[3] Robert M. Unger, *Law in Modern Society: Toward a Criticism of Social Theory*, Free Press, 1977, pp. 93-96. 中译文引自张冠梓主编:《法律人类学:名家与名著》,济南:山东人民出版社,2011年,第352页。

[4] 陈顾远:《中国法制史》,上海:商务印书馆,1935年,第2、58页。

[5] 陈顾远:《儒家法学的价值论》,范忠信等编:《中国文化与中国法系》,北京:中国政法大学出版社,2006年,第397页。

志》为纪各朝改物立仪者，亦皆以礼是称，礼也者，广义之法也，律亦受其支配也。[1]

陈先生试图将"礼"拆解开来，与现代各部门法的分枝逐一对接，这正如张维迎、邓峰所指出的，"从部门法的角度来说，礼的内容包括了今天的诸多法律部门，从宪法、行政法、经济规则、婚姻家庭以及本文所强调的民法"，同时，"礼的执行是多重的，是由其规则中同时具有现代意义上的宪政、行政和民事规则而决定的"。[2]

这一处理固然是综合吸收了各家对接方案的优长、做出妥协和平衡的结果，但是同样造成了另外两项弊端。其一如徐忠明所指出的，"对于中国法律史研究来说，几乎所有的理论和方法都是进口货或舶来品，因此，用西方学者在研究西方社会过程中形成的理论成果来分析和解释中国法律史，难免'枘凿'，得出的结论也难免'尴尬'"[3]，可见如此硬对接，势必造成严重的榫口不咬合、轨道对不准等诸多问题。其二更为严重的，则如刘广安所说，仅仅这样"简单地从现代部门法体系出发，随意选择分割传统法典内容和法律体系，使传统法律体系的整体性和历史性受到了破坏，导致了许多认识上的主观性和结论的片面性"[4]，换句话说，分道接轨本身实际上消解了"礼"的整体性。

因此，只能退回到陈顾远对"礼也者，广义之法也"大脉络的认定上。此后，马小红着力倡导现代"法"的历史连接应当是传统的"礼"[5]，正是对陈顾远此说的再延伸。她指出用现代法的概念剖析中国传统社会的法，"法

---

[1] 陈顾远：《中国法制史概要》，第329页。
[2] 张维迎、邓峰：《国家的刑法与社会的民法——礼法分野的法律经济学解释》，《中外法学》2020年第6期，第1413、1418页。按：此文虽然已吸收了多位学者的研究，但并未留意到最为关键的陈顾远之说。
[3] 徐忠明：《关于中国法律史研究的几点省思》，《现代法学》2001年第2期，第11页。
[4] 刘广安：《中国法史学基础问题反思》，《政法论坛》2006年第1期，第29页。
[5] 参见马小红：《礼与法》，北京：经济管理出版社，1997年；《礼与法：法的历史连接》，北京：北京大学出版社，2004年；2017年修订本。

的精神、理念、理论等内容则用'礼'字来表达","古之礼字有今之法意,今之法字有古之礼意",正是经过了晚清以来的礼法断层,造成"礼字的含义逐渐萎缩",法字的内涵"不断扩容,其将古代社会中礼所包含的有关部分,如法的价值观、精神、理论等纳入其中"。[1]这正是经过清末修律、《法意》传播、民初反礼教直至此后几代中国法学家持续黜礼隆法的直接结果。问题已经非常明朗,礼法接轨之所以难以奏效,问题的根是在学术界试图用西方法学的"确定性"来解析那个混沌杂糅的混合体——"礼"[2],而"礼"恰恰难以精确切割以对应于某一具体法律的枝与叶,将在法理层面与现代法学的整个根株相呼应。

王赓武指出:"'礼'是个绝妙的概念。在某种程度上说,它是中国的法治替代品。"[3]所谓"绝妙的概念",正是难以向这个曾经在传统世界发挥着有效法律效力的"混合体"轻率动刀。那么,是否应当就此放弃百年来礼法接轨的各项探索,从而宣告传统的礼与现代的法之间鸿沟难填,只能听之任之甚至分道扬镳呢?我认为这种畏难退缩的思路,正是列文森要将"礼"紧锁入博物馆的再延续,在观念上仍泥于严复以来铁板一块的"法制"/"礼俗"两分框架,在根本上并未摆脱礼教批判的"福泽罗网"。由于近代中国在社会结构、经济体制、生活方式、价值观念等方面发生了深刻的转变,一旦对"礼"动起刀来,势必牵一发而动全身,关联到对维持礼治的土壤与地基及其现代化路径的整体洞察和推究。为此,学术界的思路逐渐从正对着"礼"做批判性解构,转向对中国社会转型做分学科、多角度地分解考察,近年来在政治伦理、社会经济、城乡基层、民俗地域等诸多方面均取得了有益的探索。但也正是由于分科的逐渐细密,壁垒渐趋深重,"礼"的整体性被强硬肢解,各个学科各取其中的一手一足。

---

1 马小红:《中国法史及法史学研究反思——兼论学术研究的规律》,《中国法学》2015年第2期,第231页。
2 对此,胡永恒已有一定的反思,参见《方向与方法:反思中国法律史研究》,北京:社会科学文献出版社,2022年,第22—26页。
3 黄基明:《王赓武谈世界史:欧亚大陆与三大文明》,刘怀昭译,第52页。

看似对于传统社会和现代中国的各个方面的研究都取得了丰硕成果，却在一定程度上造成了两者之间的鸿沟越来越宽深，传统的礼与现代的法之间愈发变得渺不可及。礼法接轨的当代困境，恰恰就是出在不敢向作为混合体的"礼"动刀，而只满足于各学科内部的隔离式取样化验。百年来礼法接轨的各种尝试与探索，相较于古代"礼治"的复杂性而言，基本上仍处于盲人摸象的境地。要想突破这一困境，唯一的路便是直面礼治本身。对"礼"的制度做解析与开发的路径，固然可以分学科、分层次、分类别，但是研究者必须对这个杂糅的混合体有足够的体认，把握住"礼治"的整体架构和内在活力，从而在研究中融入一种突破学科局限的努力。

　　想当年，福泽谕吉能够直刺礼教的弊端，是因为他对经史义理的传统有着足够的积淀。他在《自传》中坦陈，"我却是一个读过大量汉文书的人，……我从少年时代就跟随一位严师学过艰涩的经史，而且是相当地用功。《左传》《战国策》《史记》《汉书》固不待言，就连《诗经》《书经》那样的经义和《老子》《庄子》那种微妙有趣的哲学也都听先生讲过，而且自己也曾研究过，这是丰前中津藩的大儒白石先生所赐。我明知经史之义而装不知，却屡次抓住汉学的要害，不管在讲话或写作上都毫不容情地予以攻击"[1]。正是早年入于经史、中年出乎经史的相同经历，章太炎才将福泽引为同道。"五四"反礼教的志士们，诸如傅斯年、钱玄同、鲁迅等，无不对礼教、法度下过一番庖丁解牛的工夫。鲁迅能将一柄尖刀直刺进"吃人的礼教"，那是因为他"几乎读过十三经"[2]，对古礼的学识迥出侪辈。当年直刺"礼"之弊端者的这一番学养与工夫，如今要试图抉发"礼"之精华者，又何尝能够逾越得过！

---

[1] [日]福泽谕吉：《福泽谕吉自传》，马斌译，第170页。按：福泽所说的"大儒白石先生"，指日本汉学家白石常人（1815—1883），福泽在他的指导下，系统研读过一批汉文经史典籍，就《左传》就反复读过十一遍。

[2] 鲁迅：《十四年的"读经"》，《华盖集》，收入《鲁迅全集》第3卷，第138页。

十五、蒲士性别伦理观在中国的传播

1992年，哈佛大学费正清东亚研究中心主办"性别与中国"国际学术研讨会，被视为"中国妇女的解放运动已经在国际社会上出现"的标志。[1]而在国内，差不多同时却以郑也夫为代表提出了尖锐的质疑："在这近四十年的妇女解放运动中……女子的价值与特征遭受了最大的沦丧。"[2]郑说引发了一场关于女性与家庭问题的激烈论争。历史的真实恰是如此微妙，一方面，中国为妇女解放的不懈努力已然得到世界的关注，另一方面，男女平等、女权等一度看似无可质疑的话语逻辑却身不由己地被请进可质疑、能讨论的境域。21世纪以来，前后又有王贤才、张晓梅等从当代妇女的困境和妇女如何真正实现自我价值等角度明确倡议妇女当尽职于家庭[3]，此风与女权主义所倡导的女性当走向社会看似完全相反，故有学者将之统归入"妇女回家"论。[4]

妇女解放受质疑在中国的肇端

英哲伯林（Isaiah Berlin，1909—1997）曾说过："思想不会从真空中诞生，也

---

1 ［美］默尔·戈德曼：《中国妇女对于解放的新观点》，杨德译，收入李小江、朱虹、董秀玉主编：《性别与中国》，北京：生活·读书·新知三联书店，1994年，第16页。
2 郑也夫：《男女平等的社会学思考》，《社会学研究》1994年第2期。
3 王贤才：《男女平等与回归家政》，《民主与科学》2001年第2期；张晓梅：《三八女性提案：鼓励部分女性回归家庭是中国幸福的基础保障》，http://blog.sina.com.cn/s/blog_47768d4101017xsd.html，访问时间：2011年3月。
4 参见宋少鹏：《"回家"还是"被回家"？——市场化过程中"妇女回家"讨论与中国社会意识形态转型》，《妇女研究论丛》2011年第7期。

不会不孕而育。"[1] 即以"妇女回家"论为线，其在20世纪曾有过厚实的历史积累，30年代、40年代和80年代都曾演绎过热烈的论战，而尤以30年代所论者最为丰盈。[2] 然今人对其间脉络之梳理尚嫌过于粗略，对此论在中国之肇端的认识仍存在模糊之处。例如对于"妇女回家"论之缘起，诸家看法即颇不一致，有的认为"'妇女回家'是从遥远的德国贩来的"，与希特勒纳粹主义相联系[3]，有的认为"将妇女群众从抗日救亡运动中驱赶回家庭，做封建主义的贤妻良母"，是"复古政治逆流的一个组成部分"[4]，有的则指出"由于战火造成社会的动荡不安，为了减轻男子的就业压力"，因此"'妇女回家'论又一时甚嚣尘上"[5]。又如就其近身之导火索而言，一般认定为林语堂（1895—1976）在上海中西女塾的讲演《婚嫁与女子职业》，因其中明确指称"我国女子最好的归宿还是婚嫁"，"出嫁是女子最好、最相宜、最称心的职业"。[6] 然林先生此次讲演时间在1930年6月，而文稿正式发表于《时事新报》，则在1933年9月，稍后收入其散文集《我的话（上）：行素集》，至1934年8月由上海时代图书公司发行，至此方在社会上引起广泛关注，其间实有三年多的时间差。另有学者则追踪到《正论》第3期刊发的金铎《从立法院修改刑法引起的妇女运动谈到妇女解放》一文[7]，然此文发表时间在

---

[1] "Ideas are not born in vacuum nor by a process of parthenogenesis." See Isaiah Berlin, *Vico and Herder: Two Studies in the History of Idea*, New York: The Viking Press, 1976, p.xv. 此处依汪荣祖中译文，见《康有为论》，北京：中华书局，2006年，第17页。

[2] 参见欧阳和霞：《回顾中国现代历史上"妇女回家"的四次争论》，《中华女子学院学报》2003年第3期。

[3] 计荣主编：《中国妇女运动史》，长沙：湖南出版社，1992年，第103页。此后岳庆平更明确指出："'妇女回家'论在30年代的中国曾一度盛行，它与当时希特勒之德国所倡导的'妇女回家'说遥相呼应。"《家庭变迁》，北京：民主与建设出版社，1997年，第130页。

[4] 中华全国妇女联合会：《中国妇女运动史》第四章，北京：春秋出版社，1989年，第339页。

[5] 余华林：《女性的"重塑"——民国城市妇女婚姻问题研究》，北京：商务印书馆，2009年，第437页。

[6] 林语堂：《婚嫁与女子职业》，《林语堂文集》第9卷，北京：作家出版社，1996年，第509、510页。

[7] 吕美颐：《评中国近代关于贤妻良母的论争》，《天津社会科学》1995年第5期。按：吕文将金铎此文系于1931年11月，恐系沿中华全国妇女联合会《中国妇女运动史》之误，第340—341页。

1934 年 11 月，又远在林先生讲演之后。

其实，正值林语堂发表讲演之时，留美归国的新月派学者刘英士（1899—1985）正全力翻译英人 Meyrick Booth 所著 Woman and Society（《妇女与社会》）一书，刘译其名为蒲士，译本易题为《妇女解放新论》，1931 年 11 月由上海新月书店出版。蒲士此书正是西方质疑妇女解放运动的名著，英文本出版于 1929 年[1]，经刘先生之努力在不到两年的时间即在中国出版汉译本，其进度之速一方面因新月派的西文功底深湛，另一方面恐怕与新月派成员潘光旦（1899—1967）密不可分。潘先生在一见到此书之英文本时，即曾盛感"德不孤，必有邻"，其在击节叹赏之余，于《中国评论周报》撰成书评一篇予以慎重介绍[2]，以图广其传播。在刘英士译本即将问世之际，他又专门撰文介绍蒲士学说，赞叹："购读英人蒲士新著的这本《妇女解放新论》，细玩内容，触处都是'实获我心'之论。我若有此材料，有此笔墨，我的志愿之一也就是要写这样的一本书。"[3] 此文首发在潘先生本人主编的《优生》月刊第 1 卷 3 期（1931 年 9 月），又弁于刘译《妇女解放新论》之首以为序言。正所谓无独有偶，时任清华大学中文系教授的俞平伯（1900—1990）在读到此书后亦惊叹"读后之影响，是'先得我心'，正是我要说而不大敢又不大说得好的话"[4]，并同样写就书评一篇（1932 年 1 月）予以介绍，文章收入《杂拌儿之二》（上海：开明书店，1933 年 2 月）。蒲士此书经由潘、俞二位学界名流之推荐，影响迅速在国内传播，《时事新报》1933 年 9 月之所以决定刊出林语堂三年多前讲演的旧稿，恐怕正是受了西洋袭来的这股蒲士之风的影响。

基于以上史实，可以认为蒲士的《妇女与社会》一书为 20 世纪 30 年代

---

1 Meyrick Booth, *Woman and society*, Londun: Unwin Brothers Ltd. & New York: Longmans, Green and Co., 1929.

2 参见《潘光旦生平和著作年表》，《潘光旦文集》第 11 卷，北京：北京大学出版社，2000 年，第 685 页。

3 潘光旦：《妇女解放新论——介绍英人蒲士氏的学说》，《人文史观》，收入《潘光旦文集》第 2 卷，北京：北京大学出版社，1994 年，第 421 页。

4 俞平伯：《读〈妇女解放新论〉书后》，《俞平伯散文杂论编》，上海：上海古籍出版社，1990 年，第 414 页。

新贤良论战的衍生在思想界做了一定的铺垫，中国"妇女解放"论在根源上受到西欧类似风潮的影响。蒲士此书已经由妇女解放问题直蹈入性别伦理研究的范畴，其在传入中国以后一度生根，不仅在新贤良论战中可见其映像之弥散，而且催生蝉蜕出一种本土化的理论体系，即潘光旦的"位育论"。21世纪以来对妇女运动的质疑在学理层面实际上未能接踵 20 世纪 30 年代而有更深度的掘进，甚至出现相当程度的断层。新中国成立以后蒲士此书在国内几乎销声匿迹，相关研究完全空白。

蒲士在妇女运动之积弊中辟一新境

蒲士（Meyrick Booth，1883—?），英国社会学家和翻译家。曾留学德国耶拿大学（Friedrich Schiller University of Jena），专攻哲学及心理学，生前游历德、奥、意、瑞士诸国，撰写了多部学术著作。其中较为著名的有四部：（1）《倭铿的哲学与影响》(Rudolf Eucken: his philosophy and influence，1914），（2）《德国的社会重建》(Social Reconstruction in Germany，1919），（3）《妇女与社会》(Woman and Society，1929），（4）《青年与性别的心理学研究》(Youth and Sex: a psychological study，1932）。另有英文译著三部：（1）弗厄士德（Friedrich Wilhelm Foerster）的《婚姻与性的问题》(Marriage and the Sex-problem，1911），（2）倭铿的《现代思想主潮》(Main Currents of Modern Thought: a study of the spiritual and intellectual movements of the present day，1912），（3）《倭铿文选》(Collected Essays of Rudolf Eucken，1914）。Rudolf Christoph Eucken（1846—1926），旧译作倭铿（今译作鲁道夫·奥伊肯），德国近代哲学家，曾于 1908 年获诺贝尔文学奖，其以"精神生活哲学"来统括自己的思想体系，旨在探索生命哲学问题，在精神人格与人生价值的研究领域卓有建树。蒲士至耶拿大学从其受学，深得真传。

就蒲士所著《妇女与社会》一书而言，其思想构架立足于其对所处社会弊病之理论批判与反思，其性别伦理观的树立，入口处正是对当时西方激进的妇女解放运动所做的深度剖析。此书第一章导言即以"今日的危机"（crisis

入手，劈头即指出"'解放'（emancipation）这一个甜醉的名辞，和新社会的缔造不是同义"（2页）[1]，"近代之所谓妇女解放云者，所解决的问题和它所惹起的问题数目相等"（10页）。随即逐一揭出由这种运动所造成的一系列社会问题，称之为"时代的病象（symptoms）（62页）、"恶势力（vicious）的范围"（69页）、"一串积弊"（the worst evils）（304页）等。具体而言，蒲士所云积弊之范围主要包括如下五项。

第一，独身、离婚激增与生育率下降。蒲士指出："现代大多数女子所受的教育，差不多完全是准备她们度那独身的生涯的。"（6页）由此造成的结果，其引维德克奴贝（Wieth-Knudsen）对北欧婚姻研究的数据证明，"离婚的案子日多，结婚的人数日少"（133页）已属显而易见之现状。与此前相较，"六十年前，中等阶级的女子至少有80%能得结婚的机会，今已降至40%以下了（大学毕业的女生结婚率不及25%）"（77—78页）；而且，"近来知识较高的阶层中间，生育率突然降减"（174页），"用脑者的生育率已比那些用手者的生育率相差甚远"（303页）。若究其缘由，当出于这样一种价值观，即"舍弃教女为人妻的念头，而以养成女子经济独立的能力为先急之务"（77页），此观念与行动相互推波便造成婚姻和生育之失利："凡足以扶植家庭生活的一切都被人家不分皂白地遏抑，而足以助长个人独立的一切却又受着非分的鼓励"（266页）。由此更将进入一个怪圈："女子们必须自食其力，因为她们不能结婚。为什么不能结婚？因为自食其力的女子太多。"（78页）

第二，失业与薪俸普遍降低。女子之步入职业界，势必冲击原有就业岗位之数目，从而造成大量男子"不得不遭失业的痛苦"（15页）。蒲士指出："青年妇女们的侵入劳动市场，势如蜂拥……竞争日渐剧烈，男子们的工资和薪俸日渐降低，……同时遂有许多资格丰富的男子反没有找得工作的希望。"（118—119页）而女工同样因劳力过剩而趋于廉价。在蒲士看来，"男子的基本功能是为社会供结食用"，"生计上的成败，对于青年男子确是一个生死

---

[1] 本篇引用蒲士《妇女与社会》均依刘英士中译本《妇女解放新论》，上海：新月书店，1931年，仅均随文夹注页码。重要概念则用括号注出英文原文。

问题，而对于加入竞争的女子则殊不然，因此"大批的女子加入已患人满的职业界"便是一种"浪费的竞争"（wasteful competition），"其举动实是反社会的（anti-social）"（80—81页）。其反社会之极端化可表现为如下"民病国弱"的恶性循环："工资太低，女工太贱，无数已婚的妇女得被雇佣，男子反多失业，因欲救济失业而征重税，因征重税而致商业凋敝，因为商业凋敝而致工资更低。"（302页）

第三，女子健康受损与精神困苦。蒲士指出：妇女运动使"无数的青年女子被逼着在工厂与公司中担任酬报甚微的苦工，忍度一种困顿的生活"（15—16页），这种生活纯粹是出于经济利益之考虑，其一方面不合女子之生理，长此以往"她的健康也许要摧毁"（64页），"差不多在所有一切男女共同工作的机关中，妇女患病的报告都是远过男子"（54页），"有35%以上的重病是为受过高等教育的女子所犯，此等病人有许多永久不能回复健康"（56—57页）。另一方面这种现状又与女子的心理不相吻合，"那些工厂、工场和'写字间'"的工作，"十分单调，几乎一点没有什么生趣"（263页），"大半是毁灭灵魂的，不合卫生的，且与女子的需要与倾向又无特别关系"（315页），无怪乎"妇女自然要觉得自己好像一条出水的鱼（a fish out of water）"（29页）。蒲士曾做过一个尖锐的对比："一个妇女从朝至晚，在一个气闷的办公室中，帮助一个与己无关的男子做事，可以算是'自由'的；而反视那在自己的家中，帮她自己和她的意中人做事的女子为'奴隶'！"（19页）如果女权运动确是这样一个逻辑，那么解放了的妇女恰恰又沦落为"经济的奴隶"（an economic slavery）（19页），她们所过的不啻为一种"酬报甚低而又干燥无味的奴隶生活"（302页）。

第四，男子责任心与丈夫气概的流失。男子因为经济地位的失利，无法独立担负起赡养家庭的责任，甚至较女子尚处于劣势。蒲士举证英国劳工部的调查数据，以确证"在失业队中，男子的数目反较妇女为大过"（74页）。面对此种现状，"试思一个独身的女子，每星期的工资既有四镑之多，又可享着算得舒服的自由生活，为什么再要抛弃这种生活，以嫁一个赚钱仅能及她自己的男子"(287页)，由此势必造成"男子因为缺乏丈夫气概，以致被人厌恶"(171页)。男子本有地位的被迫挤占，又加上女性本有的优势男子无法具备，故"她的心中实在瞧不起他"，甚至他将成为"女友掌中的玩物"(111—112页)，或者男子"乃为经济的原因而不结婚"(76页)，不堪负担家庭之责任，乃至玩世不恭，消极厌世。

第五，儿童失教及社会道德堕落。蒲士指出，"现在许多小孩和青年的所以失教者，一种主要的原因就是因为妇女们的心力专注在别的方面"，"凡在女工最多的城市中，儿童生活必定大受忽略，道德堕落亦成普遍现象"(249页)。另一方面，由于失业增加、婚姻不谐所产生的"堕落现象"亦日渐攀升，女权主义在打倒一夫一妻制的家庭生活的"废墟"上，"所提倡的自由恋爱，多夫制度，以及杂乱交媾等等替代家庭的新式花样"(285—286页)，更为此风推波助澜。因此，"全社会的道德情形"不够健全，与失业的无法免除、结婚机会的降低、儿童得不到"适当的保护"均有丝缕的关系(272页)，而完整家庭(实由女子所凝构)的破裂恐为其关捩所在。

对这一连串积弊表象可做理性的归结，蒲士将其囊括为如下两条。其一是女子的伪男性化。蒲士指出，妇女解放如果仅仅是为了打破原有的家庭格局，使女子盲目地步入劳动力市场，步男子之后尘，"像这样的女性主义，应该叫作男性主义(masculinism)，因为它的含义不过是女子模仿男子"(101页)，用潘光旦的译法，则叫作"男化运动"。[1] 这实际上是"使妇女们侵入男性所固有的范围"，"不是妇女们征服了一个新的世界，而是男子们扩张了他们的势力范围"(25—26页)，其宗旨是使"女子应做一个独立自主而男性化的独身女子，……使女子的工作与游戏的方法，与男子的大致相同"(5页)。从根本上说，是"男性的全部人生观念、价值标准和一切权谋术数，今竟全被

---

[1] 潘光旦：《妇女解放新论——介绍英人蒲士氏的学说》，《人文史观》，收入《潘光旦文集》第2卷，第423页。

许多妇女们生吞活剥地接受了下来"(256页),可以称作是一种"伪男性主义(pseudo-masculinism)的哲学"(21页)。

其二是生活的机械化。蒲士指出,在"工业化的现代世界",人人"专重外物","逼令女性依着现代唯物主义(modern materialism)的方针来图发展","化妇女为赚钱机械"(63页),而许多女子也便"就任外力的摆布,以为她们将来只要能够加入一种事业,就可享受完满的快乐了,那怕她们对于所欲经营的工作,实在缺乏一切真正的才能"(64页),这无疑可视作"对于工业制度和生活机械化的消极接受"(259页),由此造成种种身心的受阻与扭曲。所导致的现状是:"在于今日,不但我们的汽车、房屋、家具和服饰都是一模一样了,就是我们的观念和理念亦已互相雷同。我们的前途也许要变为一个神志昏迷的活死人,度着一种可怕的,没有灵性的,单调的工厂生活和机械生活,结果将使西方文明中的精华丧失。"从理论上分析,这实际上是一种"生活的机械化——就是外物与内心的格式化"(the typification of all that is around us and within us)(251页)。

以上两条若再做收束,其症结可归结为一点,即无视性别的本质差异。蒲士正是在对妇女解放进行了层层的抽丝剥茧之后,力图为之辟一新境,他提出"缔造新社会的开始步骤就是要从那种不分性别的功利主义中间解放出来"(263—264页)。蒲士反复强调,"现状的所以混乱,其症结在乎想把性别一层置之不论"(15页),说到底,妇女解放在宏伟的口号下实际上"缺乏一种确定的性哲学"(32页),或者说"对于性的差别没有明确的哲学"(37页)。因此,建立一种"适当的积极的人生哲学"(94页)便成为事关妇女解放航向的根本问题。

从性际异质论到女性人格论的伦理逻辑

刘英士中译本何以改易原书名,其本人曾做如下之交代:"本书原名'妇女与社会',将付印时,邵洵美先生指出市上已有一本内容不同而名称相同的书籍[1]，故为避免误会起见，改名为'妇女解放新论'。"(译者序，1页)然而如此修改反而将原书之纵深面隐没了[2]，故学界一度亦并未认同[3]；实际上，在蒲士的社会学体系中，对妇女解放的质疑不过是其思想与理论的一个喷发口而已。

蒲士由归结妇女解放的积弊而起，立意为妇女运动拨正航向，要建设所谓"真正积极的女性主义"(61页)，由此实际上已步入更为宏阔和深邃的社会伦理境域。他说："妇女问题实与整个的社会机体有关，想要解决这个问题，我们必须具有关于人性、心理学(社会的与个人的)、社会学、生物学和生理学的知识。"(66页)如此多学科的理论交织，构成了蒲士独特的性别伦理观，其笔触直指两性生理、心理异质论，由此直贯入女性人格之塑造与伦理道德、种族绵延等范畴，无怪乎潘光旦称《妇女与社会》"恐怕要算他一生的大手笔"[4]。下面即以伦理观为主线，逐层梳理其在蒲士的论述体系中如何流布、扩散直至完成最终的学理建构。

蒲士学说的逻辑起点无疑是两性的本质差异。如上文所及，他要建立的积极的人生哲学即以性际差异为"关键之所在"(13页)。他说："性的两极的完满发展，实为一种不可缺少的原动力。"(37页)这一原动力是与自然界的普遍规律相顺应的，"须知物有两极为宇宙间不易的定律，人类文明之所以能得极端的和谐发展者，全视性有两极"(81页)。不过对于这一殊属显见的男女两性差异，却因其平易反不为人所深察，甚至有人欲刻意消泯之，如妇女运动中即有人"声称男女之间，除了身体的差异之外，别无差异，并认身体的

---

[1] 邵洵美所言恐指德人倍倍尔（August Bebel，1840—1913）所著 *Die Frau und der Sozialismus*，此书由沈端先（夏衍，1900—1995）中译，书名作《妇女（人）与社会》，上海：开明书店，1927年。此后生活·读书·新知三联书店1955年修订版改书名作《妇女与社会主义》。

[2] 笔者推测，刘英士改用此译名大概是直接移用潘光旦序文之题名，但潘先生撰文介绍蒲士学说则具有明显的针砭时弊之目的。

[3] 如俞平伯即指出："我觉得书籍同名也并不要紧，而'妇女解放新论'一名或者能招揽顾客，却未免有点庸俗。"《读〈妇女解放新论〉书后》，《俞平伯散文杂论编》，第418页。

[4] 潘光旦：《妇女解放新论——介绍英人蒲士氏的学说》，《人文史观》，收入《潘光旦文集》第2卷，第430页。

差异实际上亦不重要"(12页),而就妇女自身而言,虽不至于如此绝对,但亦"未能对于她们自己这一个性别的性质和能力充分看重"(24页)。那么,究竟男女两性间的差异具有哪些表现?其差异究竟重要到何许程度?蒲士继而从生理与机体特征、心理与个性能力、社会职责乃至种族使命等方面予以分析。

首先,女子之生理与男子异质。蒲士说:"普通妇女都比普通男子小些、轻些(约轻十五磅至二十磅)。她们的筋肉重量不但在总量上轻于男子的,而且在其全身中所占的比重亦较男子的筋肉在其全身中所占的比重差些。即在血液的组织和循环上,和无管腺(the ductless glands, 即内分泌)的性质和功能上,两性间亦有重大的差别。"(187—188页)进而缕析男女的机体构造在体格、脑组织、血液、筋肉、腺体、内分泌直至神经系统等方面所存在的差异,而且这些差异之间互相关联,构成一个复杂的有机体。这里举筋肉系统为例,蒲士指出普通男子的筋肉重量约45至50磅,普通妇女则在25至30磅,这是自然造就的常态,与女子的整个机体、心理以及"行经、分娩以及授乳功能"(222页)等直接关联,如果欲人为打破这种常态,通过强化运动单方面使女子筋肉趋于发达,则"实是反常的"(54页)。蒲士引美国产科医生恩格尔曼的话说"剧烈的筋肉运动和一切过分的筋肉发达对于将成年的女子实无利益,其结果也许真要使她们将来减少为母的能力"(49页),"现在似乎已经证实筋肉系统充分发达的妇女,在生育时所受的痛苦特甚"(53页)。反之,"已经大众公认为出类拔萃的母亲的意大利妇女,在尚未出嫁之前,往往非常纤弱,非常娇柔,完全不适于盎格鲁萨克逊族女子的剧烈运动;但至将要临盆的时候,对于当前的痛苦和危险,能够处之泰然"(55页)。非特如此,更"有许多严重的神经昏乱病亦为身体强壮的女运动家所犯",因此,对于女子而言,"健康并不光是一个强壮问题",而是要"恃身心的调和,以及目的和手段的相应"(54—55页)。换言之,"如果普通妇女的筋肉系统得与男子的同等发达,而且同样发展"(189页),无疑是伪男性主义的典型诉求。

其次,女子之心理与男子异质。心理学的研究已证明"心与身间实有一种不可分离的关系"(182页),即所谓"身心交感",与女子独特的生理器质相顺应,其在心理层面同样具有"特殊本能、特殊情绪和特殊心力"(184页),这是性际的深层差异。先就与身体器官联系最为直接的,处于生理与心理之间的神经系统而言,男女即有不同的发展路径,女子偏重于发展"交感神经系统"(sympathetic nervous system),而男子偏重于发展"脑脊髓神经系统"(cerebro-spinal nervous system)(194—195页)。由此往内在心理向度延伸,更可形成一系列的差别,兹列简表如下:

表7 男女特征的差异

	女性特征(偏向)	男性特征(偏向)
神经	交感神经系统	脑脊髓神经系统
思维	偏于潜意识与情感	偏于意识与物质
性情	主观、本能、直觉、情绪化	客观、理性、抽象、分析
情绪	敏感、忠贞、顺适、温柔、机敏	强健、独立、专致、勇猛
个性	母性本能、善应世态、同情心重、触物即悟、善体人情	意志坚强、决心刚毅、气概凛然、抽象推理
才力	忍耐力、适应力和悟解力	创造力和发动能力
相对弱点	临事惊慌、主见不定、易动声色、气馁胆小	柔韧性差、不善迁移、自尊自大、循规蹈矩

在女性常态的"型式性格"中,不难理解其"兼具两种矛盾"的方面,即一方面因对情绪的反应敏捷,往往临事懦弱、恐惧,甚至仓皇失措,动辄流泪,但是另一方面真要"到了万不得已的时候,总能够表现一种的确可惊的勇敢之气和牺牲精神"(198—199页)。为了充分说明这一点,蒲士同样举了一位医生的话:"妇女在施行手术之前,莫不表示各种不安与惊慌,如在过后却能活着;男子咬紧了牙关,好像一点不怕,结果却是死了。"(196页)这种极端情况说明女子"机体—性格"的有机特性,使得"同样经过一种患难,妇女比较男子担当得起",这是女子在人类社会进化中形成的"天然能力的一个部分"(199页),或者说是"自然的设计之一"(195页)。如果我们拿男

子的优势与标准来判定，满眼看到的便只是女子的"弱点"，随处的"责备"便将成老生常谈（223、201页），久而久之女子自身也便不自信起来，终至于"把自己的个性沉没在男性的个性中，也许要失去妇女的本身价值"（31页）。

蒲士的一系列观点是建立在近代哲学与心理学研究已经取得重大突破的基础之上的，在《妇女与社会》一书中他前后多次引用到二三十位心理学家（尤其是性心理学）、心理学派小说家以及妇产科医生的著作，特别是对于霭理士（Havelock Ellis, 1859—1939）、霍尔（Stanley Hall）、孟根（H.L. Mencken）、卢多维息（A.M. Lodovici）、哈门士（G. Heymans）等学者尤为推重。蒲士说："性心理学界有一大堆证据，足可证明若干种确定的心理特征和情绪特征确与性有连带关系。这些证据系由十余国的学者，用了严格的客观方法，各自独立地搜集而成，不可视为具文。"（187页）而"妇女运动诞生于近代心理学发展之前，实为至不幸事"（66页），其不幸便在于整个运动的哲学基础是"维多利亚时代那些功利派哲学家所提倡的原子论和个人主义"（the atomism and individualism of the Victorian utilitarians）（90页），"尤其是在穆勒那种完全违反心理学的思想方法的有力的，而且很带危险性的影响之下"（66页），是所谓的"无性哲学"（sexless philosophy）（247页）。因此，充分吸收"新近关于性心理学方面的研究"的丰富成果，并将之"灌入女权主义的思潮中"，那么妇女运动"便要改换趋向"（67页）。此为蒲士学说的重心与基石所在，几占《妇女与社会》一书四分之一篇幅，且弥漫渗透于全书各个章节。

再次，女子之社会职责与男子异质。由生理与心理的性际异质将步入蒲士所讨论的主要议题，即男女社会职责之必然分化。与女子身心功能相适应的基本社会职责是以生育与母教为主导的家庭生活的世界，这是妇女的第一世界。蒲士指出"妇女是生命的创造者，幼儿的教育者"，"家庭是妇女的特殊地盘，男子们无论如何不能把这地盘争夺过来"（106—107页）。由这一世界往外发展，同样应当"尽量扩充那些适合于妇女心理的工作"（254页），大力发展"特别适于女性的工作领域"（305页），即妇女的第二世界。如果发展得宜，这个世界本身就已不比男子的强势领地狭窄，它包括传统领域的如看护

（医院、私家和婴儿看护）、**教育婴儿**（幼儿园、寄养园）、**佣妇**（包括烹饪及洒扫）、**办理伙食**（饭店、旅馆、寄宿舍和茶馆等处）**和制造服装及缝纫业等**；也包括新近开辟的领域，如**医业**（包括产科、妇科、儿科、牙科及卫生指导）、**教育**、**视察**（为政府视察工厂、工场及卫生状况）、**公益**、**宗教**、**建筑**（主在屋内装潢与陈设）、**艺术**（文学、音乐、绘画、雕刻及舞蹈）、**农场业**（种植花果，饲养牲畜以及养鹅养蜂）**和书记及图书馆员等**（参见311—315页）。这些职业实际上与女子的第一世界胎息相通，是在充分考虑了两性身心差异后做出的社会分工，与"挖煤、航海、铸铁、开石、司机等工作"（117页）之属于男性典型职业者相当。当然，具体到某一个体，完全可以有所交叉而不必拘泥。往深一层言，职业分工的目的在于"使每个女子所恃以表现她的人格的机会，等于各个男子所恃以表现他的人格的机会"，而不是一味地使两性趋同，这才是男女"纯正的机会平等"（123页）。就这个意义上讲，"充实妇女的生活，给她们若干比较宽裕的发展机会，使其所得的机会不比男子的卑微"，才是"妇女解放的主要目标"（17页）。

但是，妇女的这"两个世界"恰恰是认识产生严重障碍之处。其障碍表现在："所有一切偏重女性的业务"，例如"现在的家庭庶务和保育儿女等工作，都被贱视，而且酬劳甚微"（38页）。这种社会观念渐渐"在妇女心中种下了一个自卑的意识"，于是"她觉得她是一个牺牲者"，"自幼就养成了一种自惭形秽的心理"（28页）。因此，激进的妇女解放便一以在符合男性身心的事业和领域中争夺地盘为宗旨，"把最优秀的妇女从结婚与为母的场合中逐渐牵走"（60页），男女平等实际上被框定在男性的职责范围内做分摊，即期望"使妇女们在男性事业方面得与男子平等"（110页）。由此，女子特有的职责范围被冷遇、弃置，正是在这个意义上，蒲士指斥女权运动已"变成为争权夺利的逐鹿运动"（148页）。

这种障碍是社会普遍价值观念的偏执所致："世间最可笑的思想实莫过于错认办公室为自由的天堂，而以家庭为一种金饰的囚笼。"（263页）而解决的途径无疑亦要在人的观念上做文章，要使人们认识到与女子身心相符的"妇女的生活和事业，价值不亚于男子的"（99页），"例如提高家庭工作、看护工作和幼稚教育的地位，使之亦得成为庄严郑重的职业，也要人家走来科学地研究它们，费了巨资以酬报它们，而且另换一副眼光来重视它们"(253—254页)。蒲士指出："女性事业的价值提高，才是女权主义者向前进步的正轨。"(39页)而这一观念在某种程度上更需要男子一方，尤其是男权主义者首先改变。而要彻底扭转这一观念，必须依托于更深一层的认同，即人们是否认识到"女子所特有的终身事业是结婚与生育"(4页)，"我们的全部文明是以家庭和母道为基础"(104页)。

至此实际上已然跃入蒲士学说的底层，即女子对于伦理道德与种族绵延有着男子无法替代的功效。这个问题植根于男女之最大异质，即女子的生育。蒲士说，妇女的"主要任务是在肉体上创造生命和培养生命"(202页)，"这是'自然'为了保持种族起见而给与女性的一种适应能力"(199页)，是"男女们经过了亿万年的进化而始得来的各种性质"(194页)。"'自然'为欲保持生子所必需的活力起见，又使历代的为母者倾其大部精力于种族的蕃殖上面"，为此"妇女则必牺牲一生最好的光阴"(223页)。与生育相连属者，即为哺乳与养育，"带领小孩起来，需要多么的牺牲自己地去迁就迎合，多么的和颜悦色地去表示同情，多么的见色知情地去直觉儿意"(200页)，而更为重要的是，"她们在事实上掌管全部的幼儿生活，教之于最易就范的时期"，故在六岁以前对儿女情性与人格之养成影响至重，往往是对下意识的本能的潜移默化，甚至可以说"母亲的影响不是影响，而是一种尤其重要、尤其基本的势力"，在这一点上看"父亲对于儿女的影响，比起母亲的影响来，什九是等于零"(106页)。因此，人类需要完满的家庭生活和谨严的母教，而家庭的凝聚力很大程度上将有赖于女性(即妻子、母亲)，这样便不难理解如上文所指出的孩童失教与青年放荡等道德堕落的积弊，何以"大半应当归咎于家庭生活的颓废"(249页)。

再换一个方向思考，反观婚姻，"它叫两个本来独立的人格同为一个较高的实体——家庭——而牺牲其唯我独尊的思想"(155页)，对于该家庭来说，男子的义务在提供物质所需和建立社会地位，而妇女则成为"人格生活和个性生活的源泉"(246页)。两者各司其职,共同构建家庭的完满。蒲士指出,"所有她的天性特征和本能特征……都是为欲发展人格生活与强烈人格生活所必要的",因为人类需要"一种注重精神生活和人格生活的新文化",需要"更加丰富,更加深刻,而且更加个人化的生活方式",而"妇女们正可恃其天赋的特长,来做一番必要的事业"(246—251页)。人类正在努力抵制工业文明和功利主义带来的"格式化",从这个意义上来看待女性对于婚姻与家庭的"天赋的特长",无怪乎蒲士要发出"惟有妇女们可以拯救文明的厄运"(248页)的呼声。

更从优生学角度言,女性对于种族优良种子的繁衍,对于种族品质的改善尤为钤键,她们的特殊性格和种族任务尤其表现在"建设最上品的人民之家庭生活才是目前一桩顶顶要紧的事情"(295页)。因此,蒲士不惜花费较大篇幅证明虽然人类优秀文化的创造者基本上是男性,但女性在对这一切的造就实具胎孕之伟力,"妇女因为身兼妻母之职,实把民族的运命执在掌握之间"(107页),"男女双方对于文明史上的影响,实际上竟不能够分疆划界"(217页)。用一句话归结女性对于社会种族之伦理作用,即"妇女们是家庭生活的柱石,又是社会风化的转移者,她们对于道德问题的态度较之男子的尤为重要"(285页),这是妇女之"种族使命"所在。经乎此,妇女运动庶几可从"极端的个人独立自由的旧目标"递进到"社会与种族的安全与繁荣的新目标"[1],彻底改变"这种个人与种族(以家庭为代表)间的敌对现象"(155页),此已奔入人类命运之演进这个深重的话题。至此,蒲士的女性人格学说已和盘托出。

新贤良论战中的蒲士映像

早在1925年,蒲士的另一本著作《倭铿的哲学与影响》已由瞿世英(菊

---

[1] 潘光旦:《妇女解放新论——介绍英人蒲士氏的学说》,《人文史观》,收入《潘光旦文集》第2卷,第430页。

衣，1901—1976）为之中译，题名《倭伊铿哲学》，作为《尚志学会丛书》之一由商务印书馆出版。只是此译本封面仍标蒲士的英文名，在序言中将其译作"步兹"，致使不少学者未能及时将两书的作者合为一人看。

　　蒲士真正引起中国学界的注意，是在《妇女与社会》一书经由潘光旦、俞平伯两位的推介之后。尤其是潘先生之评论，引起了学界不小的震动，该文劈头就说："我久矣感觉到女权运动或女子解放运动是没有下文的，要有，也是思想复杂、章法凌乱的一篇东西。"[1]《女声》杂志在第 1 卷 8 期（1933 年 1 月）以补白方式刊出三段"潘光旦言论"[2]，即摘自此文，其中一段还特别标注"潘光旦引蒲士语"。杂志社欲以此树立标杆而引发弹射，故冠以《障碍妇运前途的怪言论》的醒目标题。潘光旦此时已获美国哥伦比亚大学生物学硕士学位，回国出任吴淞中国公学部社会科学院院长，他在看到此段补白后，同月即在其主编的《华年》周刊以编辑部的名义发表《再提"妇运"前途——答〈女声〉半月刊编者》予以申辩，再度明确其立场：若按当下之发展路向，"'妇运'的没有前途，我们并不惊讶，也不可惜"[3]。如此一来，中国的妇女解放之受质疑的社会影响力渐趋加强。

　　此后，潘先生在若干篇杂论与短评中不断表露其观点，而以 1934 年 11 月在北平各界妇女联合会成立大会上的讲演《妇女问题总检讨》[4]为一巅峰。潘先生的言论引起不少学者或明或暗的驳斥，左翼作家马子华（1912—1996）可视为其中的典型代表。马先生已知潘先生的观点导引自英人蒲士，故于 1936 年撰成专文《蒲士妇女解放论批判》，将鹄的与锋芒由潘明确转向蒲士。马先生指出："很多人引用他（蒲士）的话作为经典吓人。我们

1　潘光旦：《妇女解放新论——介绍英人蒲士氏的学说》，《人文史观》，收入《潘光旦文集》第 2 卷，第 420 页。
2　中华全国妇女联合会编著的《中国妇女运动史》在梳理抗日救亡运动中妇女界的言论时，已经注意到潘先生这段言论，然误将其出处注为《女声》1 卷 22 期，第 341 页。
3　《再提"妇运"前途——答〈女声〉半月刊编者》，《华年》1933 年 1 月第 2 卷 3 期。
4　潘光旦：《妇女问题总检讨》，《北平晨报》1934 年 12 月 1 日"妇女青年"版，收入《潘光旦文集》第 8 卷，北京：北京大学出版社，2000 年。

的'优生学家'潘光旦还以为'德不孤，必有邻'那么的赞许，甚至于一根线儿拉成一个道统那么的眩耀于人。"[1] 应该说马先生抓住了这股思潮开启的阀门，然而尚未看到兹事体绝非如"一根线儿拉成一个道统"那么的简单。

30年代有关妇女运动的论争适与国民政府发起的新生活运动相合流，使问题益趋复杂化。1934年2月，蒋介石在江西南昌作《新生活运动之要义》的讲演，力倡礼义廉耻的传统价值观；与此相应，对女子的要求便是实施贤妻良母观念的引导与教育。国民党党报《中央日报》、党刊《正论》等大力宣扬妇女回归家庭的主张[2]，上文提到的金铎之文即属其例。南京的妇女类杂志《妇女共鸣》于1935年特辟一期"贤良问题专号"，与之响应。以宋美龄领导的新生活运动妇女指导委员会又于1936年11月创办《妇女新生活月刊》，更为之张目。由此引发各类报刊的一系列超出学术本身的争论，正反双方各因其立场的差异而执持己说，声势绵延直至40年代。[3] 为了将这一潮流与"五四"以来娜拉出走以后在中国引起的回归传统贤妻良母的呼声相区别，学界称之为"新贤良主义"。

我曾将新贤良论战双方的言论略事梳理，基本赞成马子华将其归结为"'妇女回到家庭去'跟'妇女走到社会来'这两个口号是两个阵营的喇叭"之说[4]。其实，摒弃宣传口号与耳食应和，新贤良论者大多未出蒲士对妇女运动积弊归咎之余论，正面的立论与建设者绝少。其中，真正能体现出"新贤良"之"新"的，留美归国的陈衡哲（1890—1976）或可视为数一数二的杰出代表。陈衡哲于1930年重任北京大学历史系教授，其著有《新生活与妇女解放》，作为叶楚伧主编的《新生活丛书》之一，于1934年7月由南京正中

---

1 马子华：《蒲士妇女解放论批判》，《女子月刊》1936年9月第4卷9期，第25页。
2 中华全国妇女联合会：《中国妇女运动史》第四章，第340—341页。
3 参见中华全国妇女联合会：《中国妇女运动史》第四章，第341—347页；吕美颐：《评中国近代关于贤妻良母的论争》，《天津社会科学》1995年第5期；夏蓉：《20世纪30年代中期关于"妇女回家"与"贤妻良母"的论争》，《华南师范大学学报》2004年第6期。
4 马子华：《蒲士妇女解放论批判》，《女子月刊》1936年9月第4卷9期，第25页。

书局出版。在此书中，她对"妇女解放"做出崭新的定义，即"解放是一件自内向外的行为，是妇女人格与才能的发见与恢复"，"解放的意义，即是把我们从物欲的追求中解放出来，从虚荣心的引诱中解放出来，从羡富慕贵、耻贫耻贱的得失恐惧心中解放出来"。[1] 抉发个性，涤除物欲，偏重于内在，与对"解放"之一般理解为外在的独立、自由大相径庭，这一论调可谓与蒲士对妇女解放流弊于"生活的机械化"之说相接榫。陈著所论最终亦收束到女性人格论，其云："总而言之，妇女乃是一个民族生活方程的创造者、实行者、节制者，生活上鼎立三权的总主宰者。她是一个民族生命的血脉。"[2] 全书立说之核心同样在家庭，着力论证者为如下两个方面：其一，"生活的大本营在家庭，而家庭的钥匙却又握在妇女的手中。她把一个家庭依了她的人格，范成了一个格式，造成了一个风气，等候她的丈夫和子女的来临"[3]；其二，"家庭在一个民族中的又一种功用——教育的根本地盘"，与"学校与军队所施的教化，是偏重在外表的"不同，家庭对于子女甚至男子的性情培育则是内在的[4]。此书在蒲士中译本问世三年后出版，其与蒲士的性别伦理观纤悉相契。

陈衡哲的这一思想在差不多同时的《国难与知识界的妇女》(1933年3月)、《妇女问题的根本谈》(1934年4月)、《复古与独裁势力下妇女的立场》(1935年7月)等文中亦有充分表述，最能代表其观点的是如下一段话：

> 一个女子是一个家庭的中心点，而家庭又是国家与民族的中心点。没有一个家庭的程度是能高出于它的主妇的，也没有一个国家与民族的程度是能高出于它的家庭的。[5]

---

1 陈衡哲：《新生活与妇女解放》，南京：正中书局，1934年，第10、33页。
2 陈衡哲：《新生活与妇女解放》，第83页。
3 陈衡哲：《新生活与妇女解放》，第28页。
4 陈衡哲：《新生活与妇女解放》，第57、14页。
5 陈衡哲：《复古与独裁势力下妇女的立场》，《衡哲散文集》，石家庄：河北教育出版社，1994年，第74页。

"女子→家庭→国家与民族"的伦理学说在30年代的新贤良论战中不啻为清芬挺秀。而就陈衡哲本人的思想发展来看,较之于其20年代所主张的兼顾家庭事务与社会服务的两重职业观[1],显然已是高出一筹;高出的部分,正在于家庭中心观、女子人格论,这与蒲士性别伦理观的精髓相辉映。陈衡哲虽未直接引录蒲士之名,但其植入蒲士学说之内核则是显而易见的。因此,完全有理由可以说,蒲士的性别伦理观不仅对30年代的新贤良论战具有开启之功,且在地基上决定了其"新"所能达到的高度。

性别伦理观之蝉蜕:潘光旦的"位育论"

真正在理论上融汇蒲士学说的合理内核,并进行内化、整新从而独创出富有个性的思想体系者,仍当数潘光旦。潘先生关于女性、家庭等问题有着长期一贯的独立思考,其在1928年出版的《中国之家庭问题》和《人文生物学论丛》(《优生概论》)两书[2]即可视为其早年的学术积累与探索。至30年代,潘先生经由女性(女子个性)与优生两大理论支柱直通入成体系的民族品质论的构建。标志着潘光旦自觉建构这一学术理念的最终完成,当数1931年11月其在《时代评论》创刊号发表的《民族元气何在?》一文。[3] 在此文中,潘先生对晚清民国以来的社会革新与所谓的思想解放痛下针砭:

> 我们二三十年来在政治上、教育上、经济上,不算不努力,但是因为不问民族的本质,有许多失之操切的地方和因操切而产生的错误,结果,不但不能唤出人才,培植人才,反而埋没了不少的人才的原料,使元气越来越亏损。一言以蔽之,二三十年来的革新运动对于人才确乎有

---

1 参见陈衡哲:《妇女与职业》(1926),《衡哲散文集》,第98—119页。
2 潘光旦:《中国之家庭问题》,上海:新月书店,1928年;《人文生物学论丛》,上海:新月书店,1928年。
3 潘光旦《民族元气何在?》一文同时发表于《优生》第1卷5期(1931年11月),后辑入《人文史观》,改题为《民族元气篇》(一)。

一种消极的淘汰的作用。[1]

民族元气的斫丧关键在人才的滑失，而人才的造就必须"反求诸己"，必须"为自己诊断处方"。潘先生这一番激砭无可否认是受到了"国难的深重刺激"，是痛感于在"国人为民族和国家寻求出路的声浪"中，"一切的一切都谈到了"，却无视其视为根本的优生学。[2] 优生学作为潘先生在理论上的逻辑极端，若发掘其深层的理路，恐怕正是借助了蒲士学说作为喷薄口。

将潘光旦联系到蒲士，不仅是因为潘先生此文在时间上恰好接续了其推介蒲士之文的发表，而且还可以通过俞平伯在读完蒲士著作后的感受中获得印证。俞先生说"女人为什么时时想越职呢？一方面是个人主义的急进，一方面是社会制度的错误"，"当传统的美德渐趋没落的时候，我们对女人不应期望得太多。我们不相信她们会着眼于辽远的种族社会，而决然放弃安富尊荣的个人主义、金钱主义，虽然这些反自然的举动归根也得不到什么幸福的。女人的地位实在是两难"。[3] 因此，谋求彻底解决妇女问题便不宜武断地单方面诉诸"妇女回家"，而必然上升到更深一层的德性培植上。蒲士在对妇女解放积弊的分析中辟出一新境，潘先生同样在对"二三十年来的革新运动"的反思中开掘出前进的道路，两者取径相侔且指向趋于同一靶心——个体人格，优种繁衍。在这一取径道路上，潘光旦形成了他影响深远的理论核心——位育论。

1932年4月，潘先生新办《华年》周刊，在创刊号阐明此刊宗旨的《华年解——助少壮求位育，促民族达成年》一文中正式向社会抛出"位育"这一新名词，由此引发诸多读者询解，接着潘先生又在《华年》第2期发表《"位育"？》一文予以阐释，这样"位育论"便迅速在社会上引起反响。[4] 同

---

1 潘光旦：《民族元气篇》"一、论元气之一般斫丧"，《人文史观》，收入《潘光旦文集》第2卷，第435页。
2 参见吕文浩：《中国现代思想史上的潘光旦》第五章，福州：福建教育出版社，2009年，第131页。
3 俞平伯：《读〈妇女解放新论〉书后》，《俞平伯散文杂论编》，第416、417页。
4 参见潘乃谷：《潘光旦释"位育"》，潘乃穆等编：《中和位育——潘光旦百年诞辰纪念》，北京：中国人民大学出版社，1999年，第23页。

时，这也说明位育论至此已在潘先生的心目中形成完整的体系。《华年》周刊也成为潘先生充分表述这一思想的重要舞台。潘先生这一个性化的理论命题，意在处理生物个体与社会群体"两纲"间之协调关系，而以个人人格为中心的所谓"个别教育"则是位育论在理论探索之后的经世的入口。潘先生曾经说过："教育只有一个目的，就是每一个人的人格的培养。教育究为何来，究为何而存在？那'何'字只指一个东西，就是每一个人的人格。"[1] 个人人格奠定国民素质，其背面便反衬出民族品质，因此，"教育的目的是人格的养成，在每个个人人格养成即自由人格养成的基础上才谈得上建设自由社会，追求社会进步"[2]。费孝通在潘先生诞辰一百周年纪念讲座上指出"他的人格就是位育概念的标本"[3]，理论与实践完全合拍。潘先生此后自觉开辟的各大研究领域，诸如性心理、人才遗传、社会教育乃至民族史源等，表面看似纵横蔓延，实际上均以培育人格品性、改善民族品质为归宿。这一理论是蒲士之女性人格论经由中国"五四"以来的社会实际问题之催生，在一代忧国忧民的知识分子身上发生了蝉蜕的产物，也是"五四"破旧以后，新一代的知识分子谋求开新无法绕过去的硬骨头。

从潘先生1932年以后的学术事业中再度提炼蒲士学说的因子，并非一件困难的事，限于篇幅，这里仅从如下三个方面梳理出一些直接的印迹。首先，潘先生在30年代以后着手翻译霭理士性学三书。霭理士是20世纪早期西方两性关系研究的先驱人物，为潘先生所私淑，其早年于清华学校即曾读过霭氏六大册的《性心理学研究录》，翻译霭氏著作正是潘先生一生的心愿，然此事之正式提上日程则在1931年以后。潘先生所译霭氏《性的教育》与《性的道德》系出自《性心理学研究录》第六卷"性与社会的关系"的第

---

[1] 潘光旦：《教育——究为何来》(1948)，《潘光旦文集》第10卷，北京：北京大学出版社，2000年，第247页。
[2] 吕文浩：《一论潘光旦的学术思想与教育见解——以个人人格为中心之分析》，潘乃穆等编：《中和位育——潘光旦百年诞辰纪念》，第452页。
[3] 费孝通：《想起潘光旦老师的位育论》，陈理等主编：《潘光旦先生百年诞辰纪念文集》，北京：中央民族大学出版社，2000年，第2页。

二、九部分,二书分别于 1934 年 8 月、9 月由上海青年协会书局出版。霭著出版于 1910 年,潘先生借读时在 1920 年,直至 1934 年春季方始措手经营译事[1],此一方面有赖于潘先生学术积累的成熟,另一方面因出于张竞生等谬谈性学的刺激[2],但同时切不可无视蒲士著作对潘先生的推助。霭氏与蒲士均为英国人,霭氏较蒲士年长二十四岁,霭氏之观点与蒲士合辙且所著较其大为精深。蒲士完全肯定霭氏的学术贡献,称其为"心理学大家和名闻世界的性心理学专家"(48 页),且多次引荐"阅者对这方面如想详细研究,可去探索霭理士的各种著作"(193 页),"读者对此如欲进而研究,则请参考霭理士的名贵著作"(226 页),对之推重如此。而蒲士较霭氏之推进,如潘先生所言在于"男女职业平等的试验又添上二十多年的经验以后,这种遗憾已一变而为切肤的痛苦",故其于妇女运动之弊"讨论得最精到"。[3]潘先生由推介蒲士重新回到霭理士,在学思历程上可谓逻辑的必然。在选译完此二小册的同一年,潘先生读到了霭氏新著《性心理学》(1933 年英文版),其后又花费两年有余的时间予以译注,其事已绵延进入 40 年代(1939 年 11 月至 1941 年 11 月)。

其次,潘先生 1934 年任清华大学社会学系教授以后开设"家庭问题"课程。今据张凤新晚年回忆 1939 年秋季修习此课,可知课程大纲如下:男女生理之比较—男女智力之比较—男女生命力之比较—婚姻—育婴—遗传概论—结论。[4]与上文所述蒲士从性际异质论到女性人格论的论述逻辑对照可知,两者有着惊人的相似。要知著述往往代表一位学者的新见,而授课则更多体现其学术之承传、思想之来源。在费孝通"几年来我一直在四处寻觅潘先生在

---

[1] 潘先生在《性心理学》译序中说:"在民国二十三年的春季,译者特地选译了两篇,《性的教育》与《性的道德》,每篇成一本小书,交由上海青年协会书局出版。以此比霭氏的等身的著作,可以说是腋之于裘,勺水之于沧海,但历年私许的愿,总算是还了一些了。"《潘光旦文集》第 12 卷,北京:北京大学出版社,2000 年,第 208 页。
[2] 参见吕文浩:《中国现代思想史上的潘光旦》第七章,第 197—198 页。
[3] 潘光旦译注:《性的道德》译序,《潘光旦文集》第 12 卷,第 107 页。
[4] 张凤新:《怀念潘师光旦先生——回忆"家庭问题"概况》,潘乃穆等编:《中和位育——潘光旦百年诞辰纪念》,第 145—157 页。

清华讲课时的学生听讲笔记,但至今没有如愿"[1]之际,张先生提供的这份回忆录适可谓弥足珍贵,因为由此建立起了潘先生与蒲士的直接联系,确实可以"供大家深入探讨'潘光旦的学术研究和社会思想的奥秘'参考"[2]。

再次,潘先生在40年代初提出"新母教"说。潘先生对于妇女问题的看法与蒲士相合,其本人早已承认,又经近十年之蕴育,潘先生的女性观完全成熟,这可以其辑入1944年出版的《优生与抗战》(《人文生物学论丛》第七辑)第四篇"优生与家庭"中的三文《妇女与儿童》(1939)、《关于妇女问题的讨论》(1939)和《新母教》(1942)为代表。潘先生用生、养、教来概括妇女与儿童间密切的有机关系,并进而将其确立为"从民族的休戚关系看,更是民族的终天大事","在民族演化的机构里,在女子的最深沉的本能的认识里","产生、养育与教导健全的子女才是真正的目的",因此,在教育这"一桩最大最难的事业"里,"母教又是这桩事业里最最基本的部分"[3]。潘先生提出了一整套前后相续的"新母教"五个阶段的理论,而相比之下"他,做男子的,做父亲的,拆穿了说,不过是一个工具,恋爱、婚姻与家庭是运用这工具的一些方法"[4]。促使潘先生确立女性在整个人生教育过程中的地位的,我们从他自己的言论"欧美自大战以后,妇女运动已经能按照上述的三点而逐渐纠正,详见蒲士、卢道维畸(即蒲士多次提到的卢多维息)一类作家的著述"[5],可十分清晰地感知到蒲士的影响。

与"新母教"的提出差不多同时,潘光旦的"人格论"也渐趋丰满。这可以辑入1946年出版的《自由之路》第四篇"教育刍议"中的数篇文章为代表。如《论品格教育》(1940)一文劈头即指出,"只有可以陶冶品格的教育才是真正完全的教育。这一层近来很少人了解,连教育家自己都不大理会",

---

1 费孝通:《想起潘光旦老师的位育论》,陈理等主编:《潘光旦先生百年诞辰纪念文集》,第2页。
2 高山杉:《中西现代哲学史上的潘光旦》,《东方早报》2009年8月30日。
3 潘光旦:《新母教》,《优生与抗战》,收入《潘光旦文集》第5卷,北京:北京大学出版社,1997年,第147—148、141页。
4 潘光旦:《新母教》,《优生与抗战》,收入《潘光旦文集》第5卷,第148页。
5 潘光旦:《妇女与儿童》,《优生与抗战》,收入《潘光旦文集》第5卷,第152页。

并进而详析品性养成之步履,"最困难的还是第三部分,即个人的修省,特别是意志与裁节能力的培植"。[1] 对潘先生的这一思想,吕文浩有很好的研究,他指出"个人人格至少有通性之同,个性之异,男女之分三目","如果再加上个人心理生活的意志、情绪、理智三方面,那么人格便具有经纬交错的六个方面"[2],兹不赘。至今广为传颂的《大学一解》(1941),由潘光旦撰文,梅贻琦(1889—1962)修订,正是在潘先生人格论的主导理念下方形诸文字。[3]

若欲再深一层探究蒲士学说何以能在潘先生身上发生蝉蜕,孕育潘先生这一思想之沃壤无疑是其内在因缘,依其本人所说"是从中国原有的道德教育系统里抽绎出来的","中国礼教文化的中心精神,也是我们品格教育应有的鹄的"。[4] 中西伦理观的化合与新生,事实证明是完全可能的,只是这一过程非经历一番千锤万凿的磨砺而不可得。

一千件婚恋的微观史

20世纪30年代借助蒲士学说之译介,中国学术界掀起新贤良论战,其中陈衡哲、潘光旦等人可为杰出的代表,尤其是潘先生的"新母教""位育论"等思想,构成性别伦理思想一个具有原创性的理论高峰,其中所包孕的内涵,断然无法用"妇女回家"的简单逻辑加以框定。

1939年,面对社会上劈头盖脸的误读与批判,潘先生已经明确表示:"作者决不会主张'把妇女,受了教育,尤其是受了高等教育,连同在社会上好不容易挤得一个小角落立足的妇女,统统赶回家去,关在家里,让社会

---

[1] 潘光旦:《论品格教育》,《自由之路》,收入《潘光旦文集》第5卷,第365、371页。
[2] 吕文浩:《一论潘光旦的学术思想与教育见解——以个人人格为中心之分析》,潘乃穆等编:《中和位育——潘光旦百年诞辰纪念》,第450页。
[3] 参见潘光旦:《大学一解》(稿),《潘光旦文集》第9卷,北京:北京大学出版社,2000年,第528—540页。按:此文与正式发表于《清华学报》的《大学一解》(经梅贻琦修订)略有不同,可兹比参。
[4] 潘光旦:《论品格教育》,《自由之路》,收入《潘光旦文集》第5卷,第370、373页。

上一切的事业完全归男子一手来经营'。这是大可以请张女士及其他智识界的妇女放心的。事实上，在《妇女与儿童》里，作者也似乎没有妄作主张到此种地步。"¹ 这种认识在蒲士的著作中同样有直观的显露，如蒲士说"妙龄女郎深闺刺绣以待字人的时代早已过去了，我们也不想开倒车去迎回来"（77页）；又说"不过仅抱一种消极的态度，也是无济于事。因为妇女运动确是一种伟大的历史事实，不容否认，也不容阻挠。如果想开倒车，适足表示愚蠢"（286页）。当今我们回溯这一段思想史，绝不可忽视这一点，如果简单粗暴地将这些反思妇女与家庭问题的言论，在学理上统归入"妇女回家"论，无疑失之于疏阔而偏离史实，将引发严重的误解是可以想见的。

倒是同样学出清华、留学欧美的哲学家贺麟（1902—1992），道出了那一代清华学人的共同心声——"我在这中国特有的最陈腐、最为世所诟病的旧礼教核心三纲说中，发现了与西洋正宗的高深的伦理思想和与西洋向前进展向外扩充的近代精神相符合的地方"，"现在的问题是如何从旧礼教的破瓦颓垣里，去寻找出不可毁灭的永恒的基石。在这基石上，重新建立起新人生、新社会的行为规范和准则"。² "旧礼教"在五四新文化运动中曾被吊打得体无完肤，时至1940年，潘、贺两位竟不约而同地要从"破瓦颓垣里"将其重拾起来，并殷切期望尝试借助中西融汇以赋予其创造性的转化。

潘光旦其实早在清华学校读书期间，就试图用以西释中之法直刺"旧礼教"的经脉。1922年，他就在听了梁启超的课之后写出了题为《冯小青考》的作业，1924年即在《妇女杂志》发表，此后又不断补充、增益，1927年由上海新月书店出版，书名为《小青之分析》，1929年再版，书名改为《冯小青：一件影恋之研究》。³ 潘先生乃由清人编辑的地方杂史类文献《武林掌

---

1 潘光旦：《关于妇女问题的讨论》，《优生与抗战》，收入《潘光旦文集》第5卷，第158—159页。其中提到的张女士是指同年发表在《今日评论》第1卷上的张敬《智识界妇女的自白》一文。
2 贺麟：《五伦观念的新检讨》（1940），《文化与人生》，第65、67页。
3 潘光旦本人曾回顾此书从初稿到出版、修订的全过程，参见霭理士《性心理学》之潘光旦译序，以及此书第三章潘光旦译注⑲，《潘光旦文集》第12卷，第206、384页。

故丛编》所收陈文述（1771—1843）《兰因集》中，见到这位明代女子冯小青的事迹，对其16岁嫁人为妾、不容于正妻、被夫君冷落，18岁即染病幽居而死的生平，抱以极大的同情，1922年潘先生写出这一单篇论文时才23岁，初步尝试用甫传入中国的弗洛伊德学说通过文本解析对冯小青的内心进行释读。《冯小青》研究的意义，与妇女解放的历史潮流合辙，因此有学者将潘先生的宗旨归结为揭露封建传统对女性之压迫，说此文"犹如一把投向道学先生营垒的匕首，其反封建的倾向是何等鲜明，其冲决封建罗网的科学精神是何等可贵"。[1] 然而如此评价其实与潘光旦的学术宗旨并不契合，反封建的这一标签用以概括1924年的《冯小青考》或许勉强可以贴得上，但远不足以表现潘先生一贯践行的学术路径。

比较1924年的《冯小青考》与1929年的《冯小青：一件影恋之研究》，前者仅包含"历史的小青""性心理学的及文学的小青""余论"三小节，后者在篇幅上大事增扩，包括"小青事考""小青之分析""余论""附录"四章，每章下又分若干节，就第二章下即详分"引言""精神分析派之性发育观""自我恋""小青之影恋""小青之死与其自觉程度""小青自我恋之病源论""小青变态心理之余波"七小节。[2] 可见此文在1922年写就之后，得到梁启超的认同，并很快公开发表，给予潘先生极大的信心，之后在美国如饥似渴地吸收西方性心理学相关理论成果之后，对中国古代婚姻、女性问题经过了一个系统的酝酿、发酵，在扩充、增补、加详冯小青研究的过程中，潘先生实际上形成了一条中西化合的独特路径，并延展出了一个崭新的学术领域。

1922年写作《冯小青考》初稿时，潘先生不过是将冯小青痴迷于自画像的文本记载，与变态性心理中自恋的一种"影恋"挂起钩来。而在1929年版的书稿中，潘先生对冯小青内心世界的挖掘，以及对其婚恋生活与性心理之间的关联，进行了入木三分的推阐，其中最为核心的一环，便是从文本

---

[1] 萧国亮：《影恋与社会病》，《读书》1991年第1期，第29页。
[2] 潘光旦：《冯小青考》，《潘光旦文集》第8卷；《冯小青：一件影恋之研究》，《潘光旦文集》第1卷，北京：北京大学出版社，1993年。

的正妻"奇妒"、夫君"亦不甚相顾"的字里行间，透辟入为文本所遮蔽、为古代文人所隐讳的冯小青与其夫君的婚姻生活。潘先生指出冯小青嫁人为妾，"年仅十六，如以年月之确数论，或尚不及十五。常人以此妙龄，营婚姻生活，已不无问题，况体气脆弱若小青者乎"，"夫以妙龄弱质，委诸'憨跳不韵'富家儿郎之手，其性生活与性心理之不受重大打击者几希矣"，故此，冯小青是在"性发育本未完全"的节点上，"为不堪性经验之蹂躏"而"受重大之打击"，由此造成"欲性之流乃循发育之途径而倒退，其最大部分至自我恋之段落而中止；嗣后环境愈劣，排遣无方，闭室日甚，卒成影恋之变态"。[1] 这一推阐开辟了一个博大的中国传统学术的空白地带——古代女性个体的私密经历与微观的内心世界。由此可见，冯小青的背后，"中国女子之体力脆弱，精神郁结者，为数必大，而智识阶级中之女子为尤甚。此其原因大都与性心理或性心理之不能自然发展有密切关系"，"小青不过沧海之一粟耳"。[2] 在1922年文稿的余论部分，潘光旦对此虽略有所发，然远不如1929年说得这么直接透彻，这么斩钉截铁，此时的潘先生显然已经充分意识到这才是他愿意付出巨大的努力来开拓的宏大事业。

1922年至1929年之间，潘光旦留学美国、回国在多所大学寻求教职，是其生活变动频率非常高、思想非常活跃的一段时期。1929年，正是蒲士《妇女与社会》英文版问世的那一年。刘英士如此迅速地将之译成中文，译毕即迅速在已经出版了《冯小青》的新月书店出版，潘先生之鼎力相助可想而知（详上文）。潘光旦受了英国性别伦理学术前沿的冲击，一方面决定将"冯小青"的研究推向精深，另一方面则延续这一中西化合的推阐路径，选定翻译霭理士的性学三书，这是蒲士曾经参考过的英国性心理学研究的一座高峰。在翻译霭氏著作的同时，潘先生另一头则从大量中国经史子集各类文献，尤其是杂史、笔记乃至戏曲、小说等民间底层材料中勾稽有关个体性经验与婚恋的案例，与霭氏所揭出的各种心理现象互证、共参。此时

---

[1] 潘光旦：《冯小青：一件影恋之研究》，《潘光旦文集》第1卷，第33—34页。
[2] 潘光旦：《冯小青：一件影恋之研究》，《潘光旦文集》第1卷，第39页。

潘先生将大量精力投注于翻译霭氏著作，显然已来不及再像写作《冯小青》般对每一个中国古代的案例予以精细解剖，而只是借助为霭氏《性心理学》作注的方式，将大量微观事例发掘出来。此书的注释达到"约十万言"，除了少量的霭氏自注及引用书目外，潘先生补充的"中国的文献与习惯中所流传的关于性的见解与事例，所占当在十分之七以上"，其目的正是"意在与原文相互发明，或彼此印证，也所以表示前人对于性的问题也未尝不多方注意，所欠缺的不过是有系统的研究罢了"。[1] 直至1941年，潘译霭理士的《性心理学》完稿，1946年由商务印书馆出版，此书创造了翻译作品的一种新体例。

舒芜曾专门评价"潘氏译注最大的特点是有学问，并且是与中国实际相结合的学问"，并举了若干例证来说明潘注的"妙语解颐，准情酌理，入木三分"。[2] 其中有些译注潘光旦只是收集了可与霭氏之说相印证的一些记载，有些译注则兼备史料与分析，甚至自成一个论说体系，几成一篇论文的雏形。比如在霭理士讲到"影恋"的部分，潘先生作注交代了他此前研究过的冯小青案例，此外又觅得清人乐宫谱《蕊宫仙史》的一则新例，作为补充。[3] 又如霭理士在谈到婚姻问题时引用了蒙田之说，表明在传统的欧洲，"婚姻是看作一种神圣的责任，不是由神道命定，便是由国家裁成"，[4] 在此潘先生做了一条很长的译注，逾3500字，将中国古代婚姻同样具备神道命定的现象分作三层，分别举证大量古代文献实例，进而对三种婚姻观的延伸意义做出阐释。[5] 潘先生界定的神道命定的第一层，即婚姻和天命有关，古人所谓的"天作之合"，所举事证包括明清戏曲类文献《天福缘》《杜鹃声》《奈何天》《玉楼春》《楼外楼》五种；第二层与"月下老人"的神话相关，详细引

---

[1] 霭理士《性心理学》之潘光旦译序，收入《潘光旦文集》第12卷，第210页。
[2] 舒芜：《有学问的译注——〈性心理学〉译注品评》(1989)，潘乃穆等编：《中和位育——潘光旦百年诞辰纪念》，第408—410页。
[3] 潘光旦：《性心理学》第三章译注⑨，《潘光旦文集》第12卷，第384页。
[4] ［英］霭理士：《性心理学》，潘光旦译，《潘光旦文集》第12卷，第545页。
[5] 潘光旦：《性心理学》第六章译注㊲，《潘光旦文集》第12卷，第602—606页。

证了唐李复言《续玄怪录》的《定婚店》一则、清袁枚《续子不语》的《露水姻缘之神》一则；第三层则与祖宗崇拜相关，这在儒家经典《春秋左氏传》《仪礼·士昏礼》《礼记·曾子问》中即有规定。然后，潘先生进而分析中国的神道裁定和基督教的神道命定，性质上具有很大的区别，末了又赘引清王士禛《池北偶谈》的《鸳鸯镜》一则的梦境，云此例可介于第二、第三层之间。这一长译注，基本形成潘光旦对中国古代婚姻由神道命定的一项专题研究，其完成度可以说已超过60%。

从潘光旦集中精力修订《冯小青》，到此后借助翻译霭理士而大肆发掘中国婚恋事例"约十万言"的努力，我们不难看到霭理士《性心理学》所涵盖的各种性现象，尤其是一些不太为大众所熟悉的包括影恋在内的各种性冲动，物恋、兽毛皮革恋、窃恋、裸恋、虐恋等各种性的歧变，同性恋等性的逆转，以及婚姻所涉及的其他方方面面，都可以在海量的中国历史文本中找到事证。潘先生的译注已然为中西参合、互通互证铺设好了一座座桥梁，只待一篇篇如《冯小青》般的个案的精细化研究浮出水面。从这个意义上，孙飞宇认为："纵观潘先生毕生的学问历程，'冯小青'一文有着特殊的地位。他的许多研究虽然没有直接提及'冯小青'这个主题，然而却和该主题有着明显的关系。"比如，"有意识跳出了中国传统文化对于冯小青的理解，选择了新立场和新视角，并且大胆使用了来自西方的理论资源"，这种对中国传统婚恋理解方式和研究方法的范式转变，此后"尤以他在霭理士《性心理学》译本中所添加的大量'译者注'为典型"，甚至"在1934年完成的著名研究《中国伶人之血缘之研究》中，潘先生几乎延续了同样的研究兴趣和结构"。[1] 实际上，《中国伶人之血缘之研究》正可以看作《冯小青》之后潘先生完成的第二项专题研究，在《性心理学》第五章的译注中潘先生同样将此书成果引录进去了。另外，有关同性恋的举证与分析，潘先生俨然也已基本完成史料的收集和初步分析，形成一篇近三万字的论文初稿，所以最终只能从译注中单取出来，

---

[1] 孙飞宇：《自恋与现代性：作为一个起点的"冯小青研究"》，《社会学评论》2021年第2期，第7—8、14页。

作为该译本的一个附录。[1] 潘先生在文末署 1942 年 12 月 25 日脱稿，可见其在全书译毕后的一年，主要从事的就是这第三项专题研究。

潘光旦在《性心理学》译注的过程中，充分关注到霭理士所参考过的美国妇科专家迭更生（Robert Latou Dickinson，1861—1950）和皮姆（Lura Beam）女士合作的专著《一千件婚姻的研究》（A Thousand Marriages: a Medical Study of Sex Adjustment, 1931）。[2] 我推测，潘先生私心想要完成的应当正是对中国历史上"一千件婚恋的微观史"的发掘与解剖，只不过迭、皮二人是从现实的调查中获得个案，潘先生则是要通过对历史文献的披沙拣金获得事证。在潘先生这个毕生以之的大课题中，"性与礼教"的关系才能走出"反封建"或"妇女回家"左支右绌的简单化站队，走向贺麟所倡导的中西资源共享、共融的学术探究的大空间中去。这一学术大空间，用潘先生自己的话说就是："西洋近代的性道德就和中国固有的性道德，慢慢的走上了同一的大路。"[3]

古代日常生活中那丰富的个体婚恋体验，那活生生的每一个男男女女的微观世界，被几句空洞的礼教说教掩盖得密不透风，这正是"五四"反礼教要凿破的那间"铁屋子"。《冯小青》的研究打开了那间"铁屋子"的窗，"一千件婚恋的微观史"所瞄准的则是要彻底地将其拆毁了然后重建，唯其如此，礼教的真精神方才能闪出夺目的光彩。

---

1 潘光旦：《中国文献中同性恋举例》，《性心理学》译注附录，《潘光旦文集》第 12 卷，第 684—714 页。
2 潘光旦在译注中前后六次交代霭理士引用这部著作，是霭氏参考频率最高的一书。分别参见潘光旦：《性心理学》第三章译注㊱㊻，第四章译注②，第六章译注㉗㊶⑯，《潘光旦文集》第 12 卷，第 375、382、459、600、606、618 页。
3 霭理士《性的道德》之潘光旦译序，《潘光旦文集》第 12 卷，第 114 页。

十六、乡绅之治及其东山再起

事到如今,除了"穿戴着古衣冠,冒充着神灵"的僵尸们,非要"到民间去作祟"[1]外,大家对于中国城乡均须现代化,大概很少有人再持反对意见了。问题在于,现代化的进程连番碰到瓶颈,照搬和袭用国外的体制、理念,颇难推进中国现实问题的实质性解决,苏力早就指出,"仅仅靠'依法治国,建设社会主义法治国家'的口号,靠几位法学家或抄或编几本外国人的书,不可能指望法治的形成"。[2]于是呼唤挖掘自身文明传统的资源,便显得与当年打破铁屋子一样势在必行了。

当《共产党宣言》中"把农业和工业结合起来,促使城乡之间的对立逐步消失"的愿景[3],在中国特色的冲击下似有渐行渐远的趋势,学者们不得不做出回应:"我国要实现现代化,最大的一个瓶颈就是城乡二元结构和城市化水平问题。"[4]那么,勾通城乡,为乡村注入城市资源,不知不觉间便被提上了议事日程。呼唤新乡绅的出现,正是针锋相对于这一最大瓶颈所做出的巨大转身。

---

1 周予同:《僵尸的出祟——异哉所谓学校读经问题》(1926),朱维铮编:《周予同经学史论著选集》,上海:上海人民出版社,1983年,第591页。
2 苏力:《送法下乡——中国基层司法制度研究》(修订本),北京:北京大学出版社,2011年,第8页。
3 [德]马克思、恩格斯:《共产党宣言》,《马克思恩格斯选集》第1卷,北京:人民出版社,1972年,第273页。
4 李培林:《小城镇依然是大问题》,《甘肃社会科学》2013年第3期。

呼唤新乡绅的背后

2014 年,似乎是问题积聚到高潮,发生碰撞与交锋极为激烈的一年。

春节刚过,在亚布力中国企业家论坛第十四届年会(2014 年 2 月 11 日)的分会场上,地产大亨任志强高调宣称:"有乡绅就留得住乡愁,没有乡绅就留不住乡愁,没有乡愁。"他举例让毛振远回沙洋,潘石屹回天水,"回去当乡绅,你把学校、医院、公共设施都弄完了,这样就慢慢的延续下来了"。[1] 紧随其后,《南方都市报》发表社论,倡导要想逆转"劳动力大量外流,导致乡村陷入急剧衰败的境地",必须催生一个"新乡绅"阶层。[2] 当年打倒的土豪劣绅们,似乎尸骨尚未寒透,"新乡绅"的步伐已随着传统文化的复兴款款而来。

学术界的回应几乎与此同步。阳信生在 2014 年 5 月出版的著作中,明确指出"新乡绅的回归,似乎成为一种必然的选择",又说:"我们认为,培育现代'新乡绅'不一定能解决农村所有的问题,但可以促成某些关键问题的真解决,是一个真问题。"[3] 阳先生的结论显然不是空穴来风,由他所引录的十年来一系列的研究成果[4],再加上中国几百年来乡村社会素有乡绅自治的持久传统,便可知这一呼声具有相当的心理基础和社会背景。只是就阳先生所开列的如何培育现代新乡绅的政策设计与现实路径来看,似乎尚未铺筑出一步一个脚印的坚实的路,也尚未觅得可资借鉴的成功案例,因此在我看来仍处于粗线条的纸上谈兵阶段。可见,实践与理论均刚刚起步,夸下海口的自不乏其人,真要甘心回归乡村去当乡绅,这个决心不是那么容易下的。

背后的问题有必要深入研讨,其中至关紧要的一个方面,乃依托于学界

---

[1] 《围炉漫谈:我们的乡愁》分论坛实录,凤凰财经网,http://finance.ifeng.com/a/20140212/11637818_0.shtml,访问时间:2014 年 12 月 12 日。

[2] 《留住我们的"乡愁",需要催生新乡绅阶层》,《南方都市报》2014 年 2 月 15 日。

[3] 阳信生:《乡镇体制改革与现代乡村社会重建研究》,北京:光明日报出版社,2014 年,第 181、182 页。

[4] 阳信生:《乡镇体制改革与现代乡村社会重建研究》,第 174—176 页注释。此后又有学者过进行类似的呼吁,参见刘毓庆:《乡绅消失后的乡村命运——兼谈"叶落归根"的意义》,《中华读书报》2015 年 12 月 16 日。

如何看待城市化的现状。

依照加拿大《环球邮报》记者桑德斯（Doug Saunders）的观点，"乡村的命运主要取决于国家如何经营大城市"[1]，周其仁当即斩钉截铁地宣告"城市化大潮不可阻挡"，人口向大城市聚集，这个"城市化的普适道理，放之四海而皆准"[2]。如此一来，近年来气势汹汹的进城大军潮便找到了理论支撑。若是进一步采取桑德斯的逻辑，21世纪人类将"彻底从乡间的农业生活移入城市"，"到了本世纪末，人类将成为一个完全生活在城市里的物种"[3]；那么衡之中国这个发展中国家，"扣除没有在城市安居和落户的2.6亿农民工，中国到2012年底的城市化率最多达到35%，要达到70%左右的世界平均城市化水平，至少还要20年时间；达到80%的发达国家的城市化率，还要更长时间"[4]，这便是童大焕看待城乡问题的逻辑前提。由此看来，即使是北上广等特大城市，就人口密度而言仍大有余裕，问题出在城市的管理堵而不疏，经营欠当。童先生有大城市生活的丰富经验，此言切中软肋，可见城市治理之难。2013年十八届三中全会延续着"全面放开建制镇和小城市落户限制……严格控制特大城市人口规模"的思路，这下，身在江湖，心居魏阙的童先生，便有些按捺不住了，为了彻底破除束缚，解放思想，他不惜将他那把锋利的倚天剑，指向一代元老费孝通。童先生认为，以上国策乃由"就地城镇化"的思想导夫先路，费先生当年所研究的吴江开弦弓村难辞其发端之责。[5]此即童先生惊呼的所谓"费孝通陷阱"。此陷阱的提出，同样是在2014年。

至此，童先生实际上底盘尽露，必将被反将一军。且不说费先生的《江村经济》英文版（1939）面世时，开弦弓村尚未城镇化，即使到了80年代

---

1 ［加］桑德斯：《落脚城市：最后的人类大迁徙与文明的未来》，陈信宏译，上海：上海译文出版社，2012年，第125页。
2 周其仁：《城市化大潮不可阻挡》，《经济日报》2012年4月13日第2版。
3 ［加］桑德斯：《落脚城市：最后的人类大迁徙与文明的未来》，陈信宏译，序言。
4 童大焕：《中国城市的死与生：走出费孝通陷阱》，上海：东方出版社，2014年，第113页。
5 童大焕：《中国城市的死与生：走出费孝通陷阱》，自序二。

以后，费先生三访此村，也只是将其所代表的"工业下乡"，作为农村脱贫的路子之一，他称之为"苏南模式"。就费先生调查所及，尚有建筑队进城承包工程的徐州模式、手工业流动运销网络的温州模式等[1]，后两者无疑均可归入浩浩荡荡的进城大军之列。其实聚集大城市也好，就地城镇化也罢，模式不同而已，有利即有弊，难怪费孝通在吴江之后，满中国跑，身先士卒调研多地多种路子，充分认识到各地"因地制宜，不同模式"的必然。依着费先生晚年的告诫，"必须防止偏重于模式之'异'，而忽略其所'同'"，相异的模式底下，蕴藏着的"同"在于，"怎样把农村中潜在的巨大的剩余劳动力转化成生产力"[2]，模式之"异"只是在转化的方法上各显神通罢了。不管是哪种模式，人才要能尽其用，要能"转化成生产力"，才是问题能够迎刃而解的关键。

人力资源奔流入大城市，在初见甜头的同时，弊端也随之暴露出来。林文勋说，"在现代化进程中，中国农村逐步失却了一个中坚力量——乡村精英"。[3] 对此，童先生也并未有意忽略，他说："农村的许多土地都荒芜没人种了，年轻人外出打工挣的钱比在农村辛苦种地挣得多，农村也就剩下妇女、老人和留守儿童，被人戏称为3861部队的这些人了。"[4] 在大军涌流的背后，乡村面临着人才凋零的严重困境，如若依着童先生那绝对意义上的"自由选择为王"，势将走向一条死胡同："难道大城市永远膨胀下去，小城镇和乡村永远衰落下去？我想，大方向肯定是这样的。"[5] 这么看，当年广袤的革命根据地纷纷完成了它的使命，退出历史舞台从而自生自灭将成为唯一的选择。如果真是这样，姑且不说城市知识群体的极度膨胀，会造成人力资本相当程度的浪费，我想恐怕连声势猛烈的进城大军自身也不会欣然同意。如此看来，

---

1 费孝通：《农村、小城镇、区域发展》，《费孝通集》，北京：中国社会科学出版社，2005年，第414—417页。
2 费孝通：《中国城乡发展的道路》，《费孝通集》，第371页。
3 林文勋：《历史与现实：中国传统社会变迁启示录》，北京：人民出版社，2010年，第82页。
4 童大焕：《中国城市的死与生：走出费孝通陷阱》，第109页。
5 童大焕：《中国城市的死与生：走出费孝通陷阱》，第76页。

所谓"费孝通陷阱"其实并不存在，倒是"童大焕陷阱"难免接踵而至。不过，若用源头来命名的话，或许称作"桑德斯陷阱"更为合适，毕竟桑氏是满世界走访了二十多个城市，才挖掘出"落脚城市"这一原创性命题的。

正是在这样的现实和学理背景下，"新乡绅"的呼声应运而生。既然挡不住涌向城市的猛烈步伐，也便需要有人自愿地逆流而动，回归乡村。童大焕已敏锐地意识到这一点，并且指出回乡村反哺的"现代城市文明的携带者绝对不是手无寸铁的年轻人，不是刚刚毕业的大学生，而是真正见过大世面、经历过大沧桑、有着大视野的功成名就的中老年人"，乡下的泥巴，只有"到了成功人士手里才有可能变成金子"，"在乡民和年轻大学毕业生眼里和手上就只能是泥土"。[1] 此说精到。只是萦绕在我心头尚有另外一层困惑与担忧，这一股"功成名就的中老年人"的势力，这一批非笃信桑德斯、生于斯长于斯的狐死首丘者们，也就是所谓的"新乡绅"，所积聚的能量真的可能挽大厦于将倾，从而补救浩浩汤汤的进城大军所难以顾及的身后恶果吗？

费孝通生前似乎有意对此展开追踪调查，他在晚年回顾："我在 30 年代抗战时期在西南后方进行农村调查时曾注意到这种在社会上具有特殊地位的知识分子，曾想做专题研究，但这个愿望并没有完成。"这种知识分子就是"历来被称作士绅的人物"。[2] 可惜，费先生终究未能遂愿。[3] 在这一股新乡绅东山再起的浪潮中，嗅觉最为敏锐的当数文学家，他们已将触须伸向这一社会热点，以小说的形式呈现出了他们的思考。刘庆邦的《黄泥地》和贺享雍的《人心不古》，正是在这一领域探索和开拓的力作。[4] 这两部现实主义长篇小说，竟不约而同地诞生于 2014 年。

---

[1] 童大焕：《中国城市的死与生：走出费孝通陷阱》，第 79 页。
[2] 费孝通：《江村经济》附录三《重读〈江村经济〉序言》，上海：上海人民出版社，2007 年，第 303 页。
[3] 费孝通对乡绅问题的框架式叙述，可参见《中国士绅》，1953 年英文本由美国芝加哥大学出版社出版，有中译本。
[4] 现当代长篇小说中书写乡绅形象的总体情况，参见雷鸣：《新世纪长篇小说"乡绅"书写的文化征候》，《江西社会科学》2018 年第 4 期。

房国春和贺世普：两位新乡绅

以文学作品来讨论社会历史问题，法学界已做出了很好的尝试，并有学者在理论上进行过总结与评论。[1] 我认为苏力以电影《秋菊打官司》和《被告山杠爷》为对象展开的农村法治现状分析堪为成功的典范。在苏力看来，"以文学艺术作品作为素材来进行法社会学研究不仅完全可能和可行，而且具有一些独到的优点"[2]。哪些独到的优点，到了他十年后出版《法律与文学》的时候，做出了明确的交代："文学作品或历史故事，由于其浓缩和象征性，反而可能为宏观理解和把握历史提供一种以史料为中心的传统史学难以替代的进路。"[3] 如今我们要讨论的新乡绅问题，尤其是对于探索新乡绅的内心世界，以及乡绅与村民之间复杂微妙的关系，文学作品的优势进一步显现出来，这是大部分史料，即使是回忆录、访谈和口述等都很难匹及的。

刘庆邦与贺享雍可以作为当代乡土小说家的两位重要代表。刘先生曾以《平原上的歌谣》(2004)、《遍地月光》(2009) 等乡土小说享誉文坛，《黄泥地》的问世可以看作是他的乡村三部曲构建完成的标志。刘先生19岁之前在农村长大，之后又有煤矿工作的经历，多年来对乡村的体察与发掘到《黄泥地》中房国春形象的塑造，可谓臻于时代的巅峰。贺享雍则在1996年即创作出川味长篇乡村小说《苍凉后土》，同题19集电视连续剧使其在民间赢得了口碑。近五六年来，贺先生反刍前半生在农村务农、工作的切身经验，全力投入叙事体长篇系列小说《乡村志》十部的写作，《人心不古》即是其中第三部。两位作家一在北京，一在四川，几乎同时各自进行着独立的创作，两著差不多同时发表。[4]《黄泥地》中的房国春和《人心不古》中的贺世普，

---

[1] 参见沈明：《法律与文学：可能性及其限度》，《中外法学》2006年第3期；徐忠明、温荣：《中国的"法律与文学"研究述评》，《中山大学学报》2010年第6期。

[2] 苏力：《从文学艺术作品来研究法律与社会？》，《法治及其本土资源》，北京：北京大学出版社，2015年三版，第43页。

[3] 苏力：《法律与文学：以中国传统戏剧为材料》，北京：生活·读书·新知三联书店，2006年，第27页。

[4] 刘庆邦：《黄泥地》，《十月》2014年第2期，北京：十月文艺出版社，2014年11月。贺享雍：《人心不古》，成都：四川文艺出版社，2014年。

一个是县第一高中的高级教师，一个是县重点中学的校长，两人均有固定的收入来源，具有一定的经济实力，在县上的人脉与社会资源也比较丰富，一个在房户营村，一个在贺家湾，无疑都属于"功成名就的中老年人"的代表。刘庆邦在小说中已明确指认"房国春之所以热衷于管村里的事，是他有乡绅情结"[1]，而贺世普，形象一呈现出来便被学者称之为"现代乡绅"[2]。两个人物形象，基本上可以合二为一。

房国春与贺世普回乡后所取得的绩效，应当可为新乡绅们鸣锣开道。贺世普从县中校长的职位上退休，家乡的村书记便请他回老家，新成立村矛盾纠纷调解小组，并出任组长。贺世普回乡后确曾大展身手，在调解贺中华、贺长安两家纠纷（险些酿出人命）、整治村里公共卫生、组织春节戏班演出、阻挡强挖村头古树等村中大事上，体现出了连村书记在内任何一个村内人员都无法取到的成效。用村书记的话说：

> 贺中华和贺长安两家的纠纷我调解了大半年，路跑大了，嘴巴磨起了果子泡，他们一点也不理睬我。可昨天老叔不费吹灰之力，就把他们的纠纷给摆平了！所以我说老叔是啥子水平？那可是飞机上挂茶瓶——高水瓶（平）！老叔随便拿张纸画个人脑壳，都比我面子大！[3]

贺世普的"面子大""高水瓶"，在房国春身上几乎是一模一样的。"由于房国春在房户营村德高望重，村里出现一些连村干部都处理不了的纠纷，他能妥善处理"，在村民们眼中，"他是房户营村最有胆量的人，最敢于坚持真理的人，堪称是房户营村的中流砥柱"。[4] 这便是新乡绅所具备的典型特征，他们见多识广，曾经叱咤过风云，曾经站在聚光灯下过，如今回乡博得的面

---

[1] 刘庆邦：《黄泥地》，北京：十月文艺出版社，2014年，第295页。
[2] 邓经武：《寻找乡绅：贺享雍小说〈人心不古〉的社会学阅读》，《阿坝师范高等专科学校学报》2014年第4期。
[3] 贺享雍：《人心不古》，第30页。
[4] 刘庆邦：《黄泥地》，第88、44页。

子、所具有的威望、背后的柱础正是来自徘徊在一亩三分地中的村民们对他们的钦慕、羡艳、攀附……

那么，进一步该怎么办？会发生什么样的事？贺世普要做的，便是引领村民们，教化他们，让他们慢慢也觉悟起来、层次高起来。当再一次牵涉到贺中华的另一起纠纷发生时，老叔的处理方式就完全不同了。贺中华之弟贺建华的死亡抚恤金五万元，以贺中华之名存入银行，弟媳苗莉（保管存单）带一男一女两孩子改嫁（既改嫁，按农村习惯便不算贺家人，女儿自然更没法算），商定这笔钱待今后用在贺建华之独子结婚安家上（只要他还姓贺，永远是贺家人）。谁知贺中华竟因故私下到银行挪用了其中一万元，转存了另外四万元。此事若是由村书记来调解，恢复原状即可，可贺世普却深知男女平等的国法，这次"绝不做和事佬，得依照国家法律办事"："第一，贺建华的抚恤金，其配偶苗莉是第一继承人，该怎样使用是苗莉的权利，从今天起贺中华和贺兴华就交给苗莉！第二，国家规定，男女都一样，小慧也是他爸爸的法定继承人，她也有权使用父亲这笔赔偿金，任何人也不能干涉！"[1] 从这一刻起，老叔已然不再就事论事，他要做的是以一儆百，"习惯要服从法律！我看贺家湾的主要问题就是法制意识淡薄，所以大家才想怎么样就怎么样"，他要担当这个"法官"的角色，目的就是让这帮"脸上挂着恭敬的颜色"之徒，"认真学法，让每个人都懂得依法办事，村里纠纷自然少了"。[2] 这似乎与法律界自秋菊打官司以来颇为流行的"送法下乡"，本质上是暗合了。贺世普要做的，不正是"今天的司法下乡是为了保证或促使国家权力，包括法律的力量，向农村有效渗透和控制"吗？可是，老叔却哪里知道，在乡民们脑袋里，祖祖辈辈就有"法"，只不过这个法"并非国家的制定法，不过是乡土社会中人们分享的一种习惯性行为规则"。贺世普哪里知道，"即使经历了50多年的时间以及当代中国社会的巨大变革，制定法的规则还是没有根本改变这种已深深扎入我们灵魂和躯体中的习惯"。[3] 他却要固执地坚持"习惯要服从法律"，

---

1 贺享雍：《人心不古》，第143页。

2 贺享雍：《人心不古》，第140、146页。

3 苏力：《送法下乡——中国基层司法制度研究》（修订本），第27、182—184页。

那么他的失败就注定了。

贺世普不会也不愿看到的事实是，当年建华死于煤矿，是贺中华扛着一瓶农药到煤老板那里争取得来的这五万元。如今，贺中华抓到在他鱼塘电鱼的小偷，毒打到半死，不想小偷竟以人身伤害起诉起贺中华来，"偷东西还偷出理了，还要我赔他两万多块钱，那今后大家都去做小偷好了"[1]，这是乡民们的逻辑。可是，这哪里敌得过在城里洗心革面所受到的远渡重洋来的"法律面前人人平等"的贺校长的逻辑！贺世普哪里晓得这一趟学费，对一个农民来说意味着什么：

> 我看老叔是饱汉不知饿汉饥！他现在不管在家里怎么耍，每月三千多块退休工资都照拿不误。可我们这些盘泥巴的，盘一年到头，纯收入都可能不到三千块！他不是和我们一路的人，怎么能晓得我们的苦楚？[2]

这是当年与贺中华吵到你死我活的贺长安的话，这一句"他不是和我们一路的人"，把老叔和贺家湾村民们之间的阶层划分得泾渭分明，把这对乡村的狭路人最终拉到心心相印的一条绳上。贺中华一遍又一遍地在心里刻下了这句话，刻得越深，老叔与他们的裂痕也就越难以弥缝了。可是文学的叙事将更为戏剧性。当贺世普的妻妹佳桂迫于家暴，喝农药自尽之际，法律的正义促使贺世普为了将佳桂之夫告上法庭，逐渐走向与他的两儿子，与贺家湾的全体村民，最后与自己的丈母娘、佳桂的娘家人纷纷对峙对立。当贺世普发现，活人重于死人，乡情重于国法，贺家湾竟然弥漫在如此深重的老旧思想中，那么所谓正义、权威与热心，岂不恰好给自己贴上了"异己"的标签？此时的贺世普，获得了与乡民们同样的心境，"觉得贺家湾人和自己也不是一路的人"[3]。

1　贺享雍：《人心不古》，第 156 页。
2　贺享雍：《人心不古》，第 159 页。
3　贺享雍：《人心不古》，第 270 页。

房国春同样采用的是法治途径，不过在具体方式上刚好与贺世普相反，他使用的是由下向上的信访。他所要处理的是房户营村村支书的飞扬跋扈、不得民心问题，他抓住的是房守本、房光民两任父子支书打着筹资翻建小学的旗号，对抗中央 1986 年第 7 号文件精神，挖可耕地烧砖这个硬伤疤，于是通过一级级向上反映，由县纪委到省纪委，最终将村支书的问题进行了有力曝光，达到了撤去现任村支书职务的目的。可是到这一步，距离房国春诉诸法律的诉求还差得远呢，因为在这一过程中房国春全家遭受了村支书之母（也是上任村支书之妻）宋建英的多次恶劣辱骂，自己的妻子又被其将手指头掰断。他要达成的是以下三项诉求："第一项，立即开除房守本和房光民的党籍。第二项，把打人者宋建英抓起来，并绳之以法。第三项，宋建英必须赔偿伤者的医疗费、交通费、误工费和精神损失费。"[1] 这在城市人看来是如此合情合理的逻辑，没想到到了乡村里，竟变成了"我一定要和他们斗争到底"的顽固不化。即便就赔偿医疗费一项，其实乡里已经责成宋建英赔偿，可是"她又哭又闹，说房国春是讹诈她，到头来，她连一分钱都没赔给房国春家，而且从没有停止过对房国春家人的辱骂"，在这种情况下，房国春"从此踏上了漫漫的上访之途"，"从县里上访到地区，从地区上访到省会，又从省会上访到北京，一访就是十多年"。[2] 这是怎样的一条不归路，最终让房国春越陷越深，状告的对象逐层累增，成为"永不满足的'老上访'"[3]，由此让人生厌生怵，他在村里的威信也便扫地殆尽。

和房国春一样从村子里走出来的房光东，就职于煤炭工业部下属的某报社，应该说同样也有资格回村承担乡绅角色的，但是他对村里的事始终保持沉默，避之唯恐不及，绝不参与村里的任何纠纷。难道是房光东积极性不高，对生他养他的村庄没有感情吗？恐怕不是，房光东的觉悟足以让他对房国春所提的诉求持支持态度，但是他深刻地意识到，一旦他与村里任何一方

---

[1] 刘庆邦：《黄泥地》，第 231—232 页。
[2] 刘庆邦：《黄泥地》，第 233—238 页。
[3] 刘庆邦：《黄泥地》，第 258 页。

产生纠纷,"只能是两败俱伤,并结下世仇"。在他的心目中,房国春的做法不是正确与否的问题,更不是品格高下的问题,而是:

> 别看房国春念过大学,并不是一个有文化的人;房国春看似聪明,其实心眼儿并不多;房国春自以为什么都懂,其实他连起码的人情世故都不懂。[1]

房国春那"为民请命,血战到底!牢底坐穿,在所不惜!"的知识分子情怀,在房光东一家的眼中变成了"连起码的人情世故都不懂"。事实上也确实如此,在房户营村村民的心目中,他们把房国春为他们斗争所付出的代价——关进看守所,和土地改革时期曾被投入大牢的两个地主联系在了一起,"到了房国春,他是该村被投入大牢的第三人,……关进牢里,他们想,房国春在房户营村恐怕真的要被一笔勾销了"。[2] 房国春几乎与贺世普一样,一步一步走到村民们的对立面,那么他们的下场也便不约而同地可以想见了。

当房国春的"二儿子和大女儿拉着一辆平板架子车,把爹从看守所里拉了出来"的时候,他的家,没几年工夫,就已经从村子里的"文化中心、话语中心,甚至是政治中心",变成了如今荒草丛生、无人问津的破败样子。[3] 他的妻子最终选择了上吊,他的大儿子因遭遇车祸死在打工回家的路上,他的弟弟连病带饿死在屋里的被子里,他做乡绅的资本已经荡然无存,而且"村里的舆论便呈现出一边倒的趋势,几乎都认为房国春在外边犯下了罪"。[4] 而此时的贺世普呢?当他的妹夫加盖旧房挡住了他的房屋采光,自身的利益受到了侵犯,他便拿起法律的武器捍卫自己的权益,"尽管法律在你一边",

---

[1] 刘庆邦:《黄泥地》,第292—293页。
[2] 刘庆邦:《黄泥地》,第275—276页。作者清楚地揭示出村民们的认知基础:"他们不知道看守所和监狱的区别,把所有关押人的地方都说成是大牢。在他们看来,大牢是很厉害的,有着无可争辩的权威性。"
[3] 刘庆邦:《黄泥地》,第286—289页。
[4] 刘庆邦:《黄泥地》,第275页。

但当他面对"几十页纸，每页纸上都密密麻麻地写满了贺家湾村民的名字，每个名字后面又都盖着一个鲜红的指印"时，巨大的人情力量，无情地压倒了这位新乡绅的权威。当法庭庭长终于说出"说明民意不在你这一边"时[1]，不仅贺世普当年所拥有的资本瞬间大厦倾覆，而且"让每个人都懂得依法办事"的矛头已然倒戈相向。他所能做的，也就是逃离贺家湾。

雄心勃勃要在村里大展宏图的房国春和贺世普，终究不会明白北大法学教授精心研究后早已得出的结论："全面了解甚至是提前了解对于中国现代化社会或即将到来的现代化社会非常重要的游戏规则，而这些知识中，至少有相当数量，在一个目前还不那么现代化的基层社会中用处不大，甚至根本无用。"[2] 那么在插手村务之前，他们有没有考虑过费孝通更早就曾揭示出的那个"知识分子怎样才能下乡是重建乡土的一个基本问题"，若是"太偏重了文字教育、卫生等一类并不直接增加农家收入的事业"，终究难以奏效的。[3] 要是考虑过，他们俩恐怕就不会那么雄心勃勃了。

陈庄长葬礼的礼意

房国春和贺世普的困境，引发我们思考乡绅的社会地位和职能。瞿同祖在《清代地方政府》中列举传统乡绅除了给州县官提出咨询建议外，还参与下列地方行政：（1）公共工程和公共福利，（2）教育活动，（3）保甲管理，（4）地方民团（团练）。[4] 瞿先生竟完全忽略了乡绅的另外一项重要职能——调解乡村纠纷，也就是费孝通《乡土中国》中所说的"乡公所"中的那位"很会说话的乡绅"，对于无讼社会的塑造与维系有不可低估的作用。与瞿著相较，从实地调研抽绎理论的周荣德（1916—？），对传统乡绅社会事务的概括

---

1 贺享雍：《人心不古》，第319—320页。
2 苏力：《送法下乡——中国基层司法制度研究》（修订本），第274页。
3 费孝通：《乡土中国与乡土重建》，台北：风云时代出版社公司，1993年，第276、280页。
4 瞿同祖：《清代地方政府》，英文本由哈佛大学出版社出版，1962年，参见范忠信等中译本，北京：法律出版社，2011年，第290—295页。

就显得精准得多,周先生说:"士绅执行许多任务,最重要的任务是充当社会领袖,组织社区的防卫,调解人民日常的纠纷,关心人民生活,为社区人民树立楷模,以及帮助人主持婚丧事宜。"成为一村一地的"社会领袖",这是至关紧要的一项,这建立在"他们得到民众的认可、信任、钦佩、尊敬和服从"的基础之上。[1] 执住了这个牛耳,就能理解后面的数项职能处理的效果如何,将直接关乎这个"社会领袖"地位的稳固与延续,房国春和贺世普的问题恰恰出在了这里。

周荣德已精准地揭橥出:"一个士绅调解纠纷的才能可以影响他的社会地位和名誉。一个尽责的士绅想保持他处事公平的名誉,他就不能使他的个人感情影响他的裁判。如果有士绅试图利用诉讼剥削农民,他就会背上一个'劣绅'的臭名。"[2] 那么用"送法下乡"来代替乡绅的权威去处理乡间纠纷,也当秉持这一基本原则,否则很快就会变成上有政策、下有对策,甚至变成与"劣绅"同一类的"劣司法"。在《人心不古》中,为什么县法庭庭长最终也没有站在贺世普这一边,几十页纸的"鲜红的指印"已将天平那一边的秤砣压得死死的,凭贺世普单个乡绅的力量远远不足以撬得动。而在《黄泥地》中,房国春的问题似乎更为严重,他显然是被房守现一伙给撺掇利用了,整个事件都是由他们一手推动,他们深知房国春作为知识分子的弱点。撤去房光民的村支书之职是房国春不徇私利的功绩,然而渔翁得利的却正是房守现这个幕后推手,是房守现的儿子房光金接替了村支书职位,而此人之恶劣、可耻,实有过之而无不及。可是,房国春这个新乡绅被推到了这片黄泥地的泥坑里,不能自拔而又至死不悟,被高子明用当地的土话骂作"信尿"[3]。

---

[1] 周荣德:《中国社会的阶层与流动——一个社会中士绅身份的研究》,英文本由美国 Atherton Press 出版,1966年,参见作者中译本,上海:学林出版社,2000年,第94—99页。

[2] 周荣德:《中国社会的阶层与流动——一个社会中士绅身份的研究》,第101页。

[3] 刘庆邦:《黄泥地》,第302—303页。信尿,是河南方言词汇,又作卤球、信球,"河南方言做事鲁莽谓之卤;鲁莽的人谓之卤种;过分鲁莽的人谓之卤球;胡言乱语不知天高地厚的人谓之卤球货。"参见刘宏、赵祎缺:《河南方言词语考释》"441. 卤球/信球"条,郑州:河南人民出版社,2012年,第251页。

与房国春的惨淡死去和贺世普的狼狈逃窜形成鲜明对照的，恐怕当数八十年前王统照（1897—1957）长篇小说《山雨》[1]中塑造的陈宜斋这一位传统乡绅，即陈家庄的庄长。

让我们先看小说结尾那一场凄风冷雨中的陈庄长的葬礼。作者是通过进城打工者奚大有回乡的所见所闻，将陈庄长人生终点的整个仪式呈现出来。在奚大有好不容易回村的这一两天，借助这场典礼，竟"差不多把全村的老、小、以及女人们都看见了"[2]，全村二百多户人家，平常要聚齐是不大容易的，还有那镇上首富裕庆店的王老板、钻营买卖的老江湖魏老二，竟也赶了三十里地奔回来。"雨象麻杆似的湿透了各人的单衣"，魏老二说出了埋藏其间的真谛："倒遇着这样的天气，真象老陈一辈子就是阴阴沉沉地混！"[3]这句话道出了如陈庄长般的大多数传统乡绅的人生足迹：

> 陈庄长在这个荒村作首事不下三十年，他小心了一辈子，如今带了皮鞋的伤痕要安息在土底下，自然惹起全村子的哀悼。他们不会作文字，也没有巧妙的言语来赞美，敬重这位旧生活迫压下的"好人"，从他们的面色与诚实的眼睛里，流露出他们的嗟叹神情，就像这老人死去是他们的村子快到了"大变"时候一般。人民被失望的忧愁笼罩住。[4]

老人的死去标志着村子的"大变"，全村子无论谁在这一场合的缺席，在他自己内心都交代不过去。由这一段对陈庄长的盖棺定论可见，对于全村父老而言，这老人是他们的主心骨，村上的大事小事只要老陈在，似乎就没有摆不平的时候，就没有过不去的坎，他是村子的头和首，跟着他，村民们是被照应着的，心里是踏实的。如今，陈庄长故去了，没有第二个人可以接替

---

1 王统照：《山雨》，1932年底完稿，由叶圣陶校订，上海：开明书店，1933年，今据《王统照文集》第3卷，济南：山东人民出版社，1981年。
2 王统照：《山雨》，《王统照文集》第3卷，第287页。
3 王统照：《山雨》，《王统照文集》第3卷，第289—290页。
4 王统照：《山雨》，《王统照文集》第3卷，第287—288页。

他，一旦无首，"大变"不就要接踵而至了吗？更不要说，在这战祸四起的乱世。

想老陈那"带了皮鞋的伤痕"，正是那一次在打了败仗的军队过境，榨取各村的尾稍上留下的重伤。老陈和其他几十个乡村的庄长、乡董们，一边在镇上聚议哀求，"写立字据，盖上手模"，垫借了金额，"限定的日子内还钱"，上供给军队，另一边又带着乡民去军队长官门前施"苦肉计"，跪求。眼看着被蹂躏得遍体鳞伤的村子可以暂时喘口气的当口，两个瑟缩无力的老人不知天高地厚，最终未忍住与军官们发生了口角，老陈看不得那血腥的场面再起，结果军官们"这股没住够的愤气"便发泄到拦在中间的老陈的胸骨上，顿时"在石阶前倒下，磕落了他仅有的两个门牙"，待到抬回家里，"口里不时的往外喷血，左肋骨肿胀着，什么话说不出来"。[1]这恐怕是房国春和贺世普都坚决不会做的，也是这些在法律面前人人平等的信念下成长起来的新乡绅们不屑去做的。要知道从此以后，老陈就没有再能起得来。

从家境而论，陈庄长确实家有将近二十亩地，是村中极少数的富裕人家，若划成分的话必入地主的行列；可是对这样一位富绅，村民们并没有说出"不是和我们一路的人"这样的话，当然更不会有"连起码的人情世故都不懂"的质疑，反而在龙钟的黄老婆子嘴里，说出了"老好人陈老头子也过去了，完了！……完了！就剩下咱这些不中用的"[2]。一个目不识丁的铁匠的老婆，恐怕再没有别的更高的评价可以拿来评论别人的了。在黄老婆子的记忆里，兵荒、劳役、土匪、乞灾、偶发事件……那一桩桩、一幕幕，哪一项老陈不是和村民们同甘共苦，不是站在村民们的前头先扛着。就说那一次分差给败兵押送，各村分派了车辆、人丁，"这花白胡子的老人从镇上喘着气跑回来"，面对困苦惨淡的村民们，他是如何应对的：

陈老头急得要向大家跪求了，他说他情愿出钱雇人一辆。在这年代

---

[1] 王统照：《山雨》，《王统照文集》第3卷，第209、215页。
[2] 王统照：《山雨》，《王统照文集》第3卷，第286页。

谁情愿？怨天？跑不掉有什么法子可想？到后来好容易凑上两辆，车子有了，人呢？老实的农人他们被逼得无可如何，情愿将瘦骨棱棱的牛马与他们的财产之一的车辆，白送上替他们"赎罪"！可是谁也没有勇气去作推夫。除掉陈老头花钱多，雇了两个年轻人外，还差五六个。时候快近黄昏了，再不去就要误差。晚风凛冽之中，陈老头在农场里急得顿脚，大家纵然对这位老人同情，却没有说话的。[1]

村民们可以撒泼骂祖宗，可是军令如何抗得住。"农村不像城里，事情可多了，动不动就要争吵或打架。……这农村的事，往往是按住葫芦浮起瓢，这边生了肌，那儿又开了口"[2]，这是几十年后贺家湾的村长贺端阳嘴里的话。真可见虽然世易时移，制度与人事变了一茬又一茬，然而农村还是那个农村，事情还是那么多事情。只要那个他们"认可、信任、钦佩、尊敬和服从"的陈庄长还在，村民们相信他们头上的天就不会塌下来。

　　纵然大祸临头，村民们知道也还有他们的陈庄长在前面给他们作挡风牌。诸如此类，《山雨》给出了足够的实景，我们足以相信老陈自己说的，"我人是老了，我可还有一颗人心！我到镇上到城中去办事，我并不像别人求好处，使分子，我为的大众。不然，我这把年纪向那些人脸前犯丑，值得过吗？"[3]这是由衷之言。我们也相信，费孝通说过的"'天高皇帝远'中间夹着'官僚—绅士'这一层，使人民并不直接和'政治老虎'对着面"[4]，确实是中国传统乡村社会"绅权缓冲"的精义。

　　自己的儿子陈葵园，跑到镇上当了官差，投机钻营发了迹，老陈却认为是自己最大的耻辱："他是他，我是我！他做他的官差，我吃我的米饼子！他与我没有关系。"这是老陈当着众人的话。米饼子，是老陈与陈家庄村民

1　王统照：《山雨》，《王统照文集》第 3 卷，第 122 页。
2　贺享雍：《人心不古》，第 31 页。
3　王统照：《山雨》，《王统照文集》第 3 卷，第 76 页。
4　费孝通：《乡土中国与乡土重建》，第 274 页。

们成为一路人的标志,那二十亩地,是他在陈家庄立足的根。"他在城中干的什么,天知道!居然成了少爷胚子"[1],走到了"少爷胚子"的道上,显然就和陈家庄人不是一路人了。老陈死的那几天,"葵大爷请不下假来",不过"葵大爷在外边替他开吊,办理一切,家中与外边分开办",自然相应地,"有赙仪都往他的公馆里送,陈家的人情还是照着乡间的老风俗办"[2],两条路上的人,到了末了仍是碰不到头的。陈葵园要是能活到今天,若是想荫袭当年他父亲在陈家庄的祖业,揽起那一片乡愁,回去重做一代新乡绅,老陈恐怕第一个要站出来反对。

房国春早被原村支书通过高音大喇叭宣布永远开除了村籍,贺世普也终究走不到贺家湾人那一路上去,而另一边,陈宜斋自然也带不了陈家庄人走出一条新的路。这就是传统乡绅与新乡绅之间难以弥合的坎!陈庄长难道会不明白,"眼看着像'树倒猢狲散',大家终有一个你东我西的日子来到,这多少年来不变的农村要大大变化"[3],自己踩在这片黄土地上,连土香都能闻得到,可是面对着这"大变",终究只是无可奈何。

韩丁问题:难以逾越的坎

阳信生似乎有意严格区别新乡绅和传统乡绅,一方面他明确认为:"到了今天,传统乡绅的回归已经成为一种空洞的想象。"另一方面却又指出农村"乡绅阶层"的缺失带来巨大问题,"听由政治强权、黑社会和贪腐村官的鱼肉,乡村社会的道德理想和文化精神将日趋失落,中国乡村将陷入更大困境、面临更大的危机"。有鉴于此,他呼唤"以乡土为本位的,是扎根农村、自觉服务农村和农民的现实力量",也就是新乡绅的诞生。[4]我想,阳先

---

1 王统照:《山雨》,《王统照文集》第 3 卷,第 76—77 页。
2 王统照:《山雨》,《王统照文集》第 3 卷,第 281、287 页。
3 王统照:《山雨》,《王统照文集》第 3 卷,第 218 页。
4 阳信生:《乡镇体制改革与现代乡村社会重建研究》,第 180—181 页。

生如果看到《山雨》中的陈庄长，一定会欣喜过望，不过不知道陈庄长是他所界定的遥远的传统乡绅，还是新乡绅所要培育的典范？

其实，即使如陈庄长般的传统乡绅，也难保都会得了如他那般的好下场。《山雨》的作者对此心知肚明，他的笔下，"在较为安靖时候的官府，绅士，虽然连他们自己不肯自认是伪善者，他们还像是对于地方上的一切事是该负责任的。……于是往往对于团集办法，仪注，款项，加劲地做去，这里头有好多便宜。现在这些官府，绅士，他们已经变了面目，比从前的乡下统治者更见得伶巧，也学了多少新的方法"[1]。早在1908年，民间就已经把乡绅斥为"平民之公敌"，此后历经革命的浪潮，打倒土豪劣绅成为长期的社会政治诉求。[2] 在阶级斗争的疾风暴雨中，地主乡绅纷纷倒台，无一幸免。美国记者韩丁（William Hinton, 1919—2004）的纪实文学名著《翻身》[3] 为我们记下了张庄农民翻身解放的全过程。

伪善与自肥的土豪劣绅形象，逐渐成为研究古代社会史学者们的共识。在中国古代乡村垦荒式的著作《中国乡村》中[4]，萧公权所要展现给读者的，正是在19世纪帝国控制下的乡绅阶层逐渐劣化的必然：

> 虽然并不是所有绅士都是自私的或欺压村民的，但是"公正绅士"的稳定作用被"劣绅"的行径抵消了。……他们牺牲别人以自肥，但很少把精力和财力用来发展自己的村子。他们中许多人选择居住在镇或城里，特别是在取得相当财富和地位之后。在那里，他们找到更大的安全感，更有威望，活动的范围更大。让自己的家乡自生自灭，听任环境决定。[5]

---

1 王统照：《山雨》，《王统照文集》第3卷，第83页。
2 王先明曾梳理过乡绅阶层在20世纪前期逐渐消退的过程，参见《乡绅权势消退的历史轨迹——20世纪前期的制度变迁、革命话语与乡绅权力》，《南开学报》2009年第1期。
3 [美] 韩丁：《翻身——中国一个村庄的革命纪实》，英文本由美国兰登书屋出版，1966年；韩倞等译，北京：北京出版社，1980年。
4 萧公权：《中国乡村——论19世纪的帝国控制》，英文本由美国华盛顿大学出版社出版，1960年；中文版张皓、张升译，台北：联经出版事业公司，2014年。
5 萧公权：《中国乡村——论19世纪的帝国控制》，张皓、张升译，第376页。

萧著通过史料发掘，"无耻的绅士"的各种卑劣行径遭到了揭橥，不过与韩丁亲身访谈所披露的狂妄地主们给人的震撼，仍不可同日而语。萧先生在写作时当然没有看到韩著，但是他在1949年出国留学前的所见所闻，恰恰与1948年在中国山西农村调研的韩丁别无二致，史学论著与纪实文学作品再一次实现完美互补。[1]

在萧公权著作中，"一个地方如果没有一名有影响的绅士，就无法抵抗压迫"的正面意义，被有意无意地挤到了一个不起眼的脚注中。[2]究竟是史料的严重局限，还是先入为主的观念形成了盲点？乡绅若是真的预备东山再起，学界理应诞生一部新著，来发掘与分析乡绅在传统社会中所发挥的实实在在的功能，以与萧著相抗衡。仅仅只是蜻蜓点水般地指出这一群体"在乡村积极探索将国家'礼治'法则秩序化、日常化、生活化的政治实践，促进了乡村社会风尚的文明化和民众行为的规范化，成为乡村社会的'稳定器'"[3]，那是远远不够的。

不过较这一任务更难逾越的，尚有另外一个巨大的坎，摆在新乡绅的面前。

《山雨》在开篇第一幕就烘托出陈庄长的如下一幅形象：在陈家庄一个逼仄地窖子中，农民们团缩在这里吞云吐雾，毋宁说是在编着席子搞些副业，不如说是为了熬过这寂冷的黑夜，"不管是一家或是几家合开的窖子，晚上谁都可以进去谈话，睡觉，无限制也无规例，更用不到虚伪的客气，甚至有几个赌友玩玩印着好汉的纸牌也不会令人讨厌"[4]；吸着青烟的老陈夹杂在三五成群的身影中，若不做特殊的交代，读者是分辨不出"陈老人迟缓沉重的口音"与其他人有何特殊之处的。这是陈庄长在庄子上之所以能赢得信任和声望的厚实的群众基础。

---

1 现代文学作品中也有不少描写伪善、巧取豪夺的"土豪劣绅"，参见晏洁：《论中国现代文学多重视角下的"乡绅"叙事》，《文学评论》2004年第1期。
2 萧公权：《中国乡村——论19世纪的帝国控制》，张皓、张升译，第372页注219。
3 林文勋：《历史与现实：中国传统社会变迁启示录》，第61页。
4 王统照：《山雨》，《王统照文集》第3卷，第13页。

那个高唱吸烟有害健康的贺世普，那个从来不曾到灶屋里去过的房国春，在陈庄长面前尚可以"新乡绅"自居，却终究要在远渡重洋来华的美国人韩丁面前低下那高昂的头颅。当年美国的一名牵引车技师，被联合国救援重建组织派到中国来，被困于内战中[1]，一个连中文都听不大懂的老外，竟然能调研出每一个张庄农村人细微的内心情感世界。就在地主劣绅被打倒的那一刻，新的问题已然接踵而至，而且一点也不比之前简单，《翻身》后五百页的篇幅均着力于此。引起笔者更大兴趣的是，农民们竟愿意把跟邻里都不会说的悄悄话告诉这个老外韩丁，"把各种秘密，严肃的和荒唐的，都无保留地交给了他"，让他直面于那一个个上不了台面的原初动机，为什么？这是因为"他同农民一起吃饭，一起劳动，一起学习，一起讨论，身上沾满了泥巴，心中转变了感情"。[2] 怎么转变的，请容许我再举一个韩丁如何体验"革命热"的例子吧。

在刚到张庄不久，某天晚上回到住处，韩丁便发现他的肩膀和脖子里，染上了虱子，蔓延到了后腰上、肚子上，无处不在，他第一次接触到了当年农村这风行的虱子咬人的火辣辣的"革命热"：

> 果然，这些无孔不入的吸血鬼已经找到我身上来了！
> 检查过外衣，我又把裤子脱下来，裤子也和外衣一样爬满了虱子。
> ……只有一个办法，就是把这些虱子捉下来捏死，再把衣服穿上。我很清楚应该怎样抓虱子。农民们总是坐在暖和的日光下面，把衣服摊开了放在膝盖上，寻觅着那些慢慢蠕动的小虫。只要捉住一个就用两个大拇指的指甲把它挤破。这情形我看见过多少次呵！可是那天晚上，在灯前拿着衣服，我实在不敢下手，心里一想到那些虱子如何被逮住挤

---

[1] 黄仁宇对韩丁来华始末及其著作《翻身》有详细评介，参见《黄河青山：黄仁宇回忆录》，张逸安译，北京：生活·读书·新知三联书店，2001年，第290页以下。
[2] 白夜：《写在〈翻身〉的前面》，见[美]韩丁：《翻身——中国一个村庄的革命纪实》，韩倞等译，第3页。

死，溅得到处是血，就感到一阵恶心。后来我把衣服铺到地上，找来了一双筷子，把里子上的虱子夹掉，好像在宴会上拣着什么好菜似的。我把他们一只一只地放到一块表面很平的砖块上，然后用石块碾死。

没想到，这件丑事很快被人发现，传遍了全村子。能不能深入到人民中去，就看你能不能心甘情愿地忍受这种虱子咬人的火辣辣的"革命热"，韩丁将这比喻成"我平生第一次受到'火'的洗礼"。[1] 从某大学来到张庄的徐教授，"他嫌恶大庙通铺上的铺草，生怕别人把什么病传染给他。不管他把自己的衣服和身体弄得如何干净，虱子还照样往他身上爬，这使他大为苦恼。徐同志从自己身上抓住虱子的那种深恶痛绝的劲头，谁也赶不上"。在韩丁看来，这正是"一切知识分子的通病"。[2] 韩丁虽然有着美国的国籍，但是他是技工出身，没有那么大的派头，融入这场"革命热"的通道便顺利敞开："很快，我就能像一个老手一样熟练地抓虱子了。谁要是再轻率地拿筷子和砖头的事情取笑我，我就伸出手指来，让他们看看指甲上面沾满的血迹。"[3]

走过了这道坎，这位美国佬注定所向披靡，所有一切农村的脏乱差，还有什么下不去手的。就像到害了结核病的农户甄忠喜家吃派饭，在"整个屋子的空气里充满着那个女孩从溃烂的肺里呼出来的腐败的气味"，夹杂着尿臊、鸡屎、麦根燃烧的烟，从那家里端出来的那碗"煮疙瘩，里面掺着不知道是哪一顿剩下的干馍块"，是嫌弃碗筷上面"已经沾染了结核病的细菌"，还是"作出若无其事的样子吃饭"[4]，便成为韩丁能否赢得农民，农民是否愿意和你推心置腹的一道门槛，而且这个抉择是必须在第一时间容不得半点迟疑就迅速做出的。

"如果你不愿意与人民同甘共苦，你就得不到他们的信任。"[5] 韩丁问题显

1　[美] 韩丁：《翻身——中国一个村庄的革命纪实》，韩倞等译，第330—331页。
2　[美] 韩丁：《翻身——中国一个村庄的革命纪实》，韩倞等译，第460页。
3　[美] 韩丁：《翻身——中国一个村庄的革命纪实》，韩倞等译，第331页。
4　[美] 韩丁：《翻身——中国一个村庄的革命纪实》，韩倞等译，第333页。
5　[美] 韩丁：《翻身——中国一个村庄的革命纪实》，韩倞等译，第333页。

得如此质朴而又深刻。用当代法学家的话转换一下,"乡绅存在的根基并不系于高高在上的国家,而是深深地扎在乡里社会。……乡绅公共身份的授予者在下,而不在上",一句话,"乡绅与乡民一样",具有"乡土性"。[1]这也就是韩丁问题的实质,也是房国春、贺世普和《山雨》中的陈庄长之间难以逾越的真正的心槛。在这个问题上,时代的新与旧,似乎显得没有那么重要。郝志东曾引用李昌平的话,尖锐地指出"甚至问到知识分子参与农村发展是否是一件好事,因为知识分子不见得知道农村到底需要什么,他的疑问也许是对的"[2],为什么不知道农村到底需要什么,正是因为有这个坎横亘在新乡绅与农民们之间。

预备东山再起的新乡绅们,面对已然旧貌换新颜的乡村,不管困难会有多大,恐怕绝不至于再如韩丁当年般,需要经历那么一番炼狱了。然而韩丁问题却实实在在地跨越了时空,横亘在每一位新乡绅的面前。他们若是越不过这个坎,走不到村民们的心中,赢不得村民们的认可与信任,染不上泥土般灰扑扑的"乡土性",那么房国春和贺世普的梦魇便永远挥之不去。

---

1 徐祖澜:《历史变迁语境下的乡绅概念之界定》,《湖北社会科学》2016年第6期。
2 郝志东:《知识分子和农村发展:以山西省平州县为例》,黄宗智主编:《中国乡村研究》第5辑,福州:福建教育出版社,2007年,第153页。

余论　礼学研究与中国式现代化

在两百年前的学者眼中,"礼之外,别无所谓学也。"[1] 礼学研究,终究是一项狐狸所追逐的事业。我所说的,就是英人伯林笔下所描摹的"狐狸"。

伯林在《俄国思想家》(1978)中说,世上有一类人"凡事归系于某个单一的中心识见、一个多多少少连贯密合条理明备的体系,而本此识见或体系,行其理解、思考、感觉;他们将一切归纳于某个单一、普遍、具有统摄组织作用的原则,他们的人、他们的言论,必惟本此原则,才有意义",而另一类人则"追逐许多目的,而诸目的往往互无关联,甚至经常彼此矛盾,纵使有所联系,亦属于由某心理或生理原因而做的'事实'层面的联系,非关道德或美学原则;他们的生活、行动与观念是离心而不是向心式的;他们的思想或零散或漫射,在许多层次上运动,捕取百种千般经验与对象的实相与本质,而未有意或无意把这些实相与本质融入或排斥于某个始终不变、无所不包,有时自相矛盾又不完全、有时则狂热的一元内在识见"。在伯林看来,"两类之间,有一道巨壑","前一种思想人格与艺术人格属于刺猬,后一种属于狐狸"。[2] 依据这一分野,"但丁属于第一个、莎士比亚属于第二个范畴;柏拉图、卢克莱修、帕斯卡尔、黑格尔、陀思妥耶夫斯基、尼采、易卜生、普鲁斯特是刺猬,惟程度有别;希罗多德、亚里士多德、蒙田、伊拉斯谟、莫里哀、歌德、普希金、巴尔扎克、乔伊斯则是狐狸"。[3] 刘东尖锐地指出,其实伯林本人"正是他自己所描绘的那只'思想的狐狸'",伯林身

---

1 〔清〕凌廷堪:《复礼上》,《校礼堂文集》卷四,第27页。
2 〔英〕以赛亚·伯林:《俄国思想家》,彭淮栋译,南京:译林出版社,2011年,第25—26页。
3 〔英〕以赛亚·伯林:《俄国思想家》,彭淮栋译,第26页。

上透射出浓郁的"狐狸式的天性"。[1]

我之静下心来阅读伯林,已是来到清华之后。当年一头猛扎在汉魏两晋南北朝礼制庞杂无序的密林中,待夜阑人阒之际便开始闲适地翻读伯林,借此休养生息。亏了译林出版社的"人文与社会译丛"一册一册地将伯林的书渐次地转译过来,便宜了像我这样的人,我的思绪得以在另一片迥异的文化丛林中穿梭。

伯林43岁那年(1952),在英国BBC所做的六次演讲,对我造成的冲击不小。这个系列演讲后来由哈代(Henry Hardy)编订出版,是伯林逝世之后的2002年,起了个震撼人心的书名——《自由及其背叛:人类自由的六个敌人》。"自由",是伯林毕生学术聚焦的鹄的。我读的是译林出版社2011年的重印本,那一年我在清华接手了一门人文基础课——儒家经典研读(《论语》)。来自大洋彼岸的那一声声炽热的肺腑之言,猛烈地撞击着我,让我那铜墙铁壁似的包裹得严严实实的内心松弛开来,豁开一个裂口,最终大敞开来,大无畏地拥抱了鲁迅、"五四"、反礼教、新文化……一轮一轮的课程改革,一遍一遍地自我洗涤,一届一届地师生互动,这门课获得了新的生命,注入了活泼泼的气息,2021年以全新的面貌"孔子和鲁迅"跻身于清华大学通识荣誉课。"鲁迅"般的桀骜充盈入我的内心,成为与"孔子"的传统并驾的半壁江山,触媒就是伯林的这部杰作。

2020年初,译林出版社又以"伯林文集"的形式推出《自由及其背叛》的第二版。在疫情弥漫的宁静校园中,我再次捧读这部素面精装的新版,咀嚼伯林所勾画的"自由"的六位叛敌,猛然间竟将我二十年来投身礼学研究的心路历程贯通了起来。我那狐疑不定、东闯西撞、孑然一身的学术足迹,原来依然有着一条主线可资皈依,朝向了一个看得见光的方向,一时顿感欣慰,有如当年俞平伯读到英人蒲士的书,抑不住要发出"先得我心"的惊叹。[2] 因为从此以往,我可以昂起耷拉的头颅,松开眉心的川字结,踏着六

---

[1] 刘东:《柏林:跨文化的狐狸》,《自由与传统》,北京:北京大学出版社,2015年,第98页。
[2] 俞平伯:《读〈妇女解放新论〉书后》,《俞平伯散文杂论编》,第414页。

亲不认的步伐，朝着自己认定的"弥赛亚"奋勇前进了。

我的心路历程的六个阶段，刚好可与伯林笔下的六位人物相印合。

爱尔维修（Claude-Adrien Helvétius，1715—1771）

> 在中国的政治制度下，官员本身就很明智，他们不听从群众的意见，而是通过制定法律逐渐将其引向一种更幸福、更自由和更文明的存在状态，这些法律是群众理解不了的，但是这些法律引导他们不知不觉沿着良好的方向前进，也就是走向他们自身的幸福。[1]

我之下定决心要去撬开礼学的大门，是在2004年夏天。当年高雄师范大学经学研究所甫成立，我便得到黄忠天所长的邀请，前往进行学术交流，期间我购买到了学海出版社影印的张尔岐《仪礼郑注句读》。这个版本影印自乾隆八年（1743）高廷枢的和衷堂刻本，精校精刊，品质上乘，殊不易得。张尔岐是清初第一代礼学家，当年披荆斩棘、从零开始点读《仪礼》的艰难困局历历如在眼前："愚三十许，时以其（指《仪礼》）周孔手泽，慕而欲读之，读莫能通，旁无师友可以质问，偶于众中言及，或阻且笑之。闻有朱子《经传通解》，无从得其传本，坊刻考注解诂之类，皆无所是正，且多谬误，所守者唯郑注、贾疏而已。注文古质而疏说又漫衍，皆不易了，读不数缮辄罢去。至庚戌岁，愚年五十九矣，勉读六阅月乃克卒业焉。"[2] 张氏当年那种初触《礼经》"遇难而止""屡读屡止"的感觉，正切中了二十年前我的心境。

张尔岐从30岁踟蹰到59岁，方才疏通读毕《仪礼》，我借了张氏这部经过分章、句读、精注的文本，差不多半年就攻入了这座宝山。进得山来，竟同样浮现出当年张氏眼眸前的光景："其俯仰揖逊之容，如可睹也，忠厚

---

1 ［英］以赛亚·伯林：《自由及其背叛》，赵国新译，南京：译林出版社，2019年，第26页。
2 ［清］张尔岐：《仪礼郑注句读·序》，第22—23页。

蔼恻之情，如将遇也；周文郁郁，其斯为郁郁矣，君子彬彬，其斯为彬彬矣。虽不可施之行事，时一神往焉，仿佛戴弁垂绅从事乎其间，忘其身之乔野鄙僿，无所肖似也。"[1] 我冥冥中得了张氏的神助，当年差点就自诩自己私淑蒿庵（张尔岐号蒿庵居士）了。

2004 年，正值我在南京大学中文系步入博士生涯的当口上。当年的我，已在南大中文的殿堂里厮混了七年多，确实有数位师友劝我可以考虑申请到其他学校攻博，经反复思量，我依然决定留在南京。因为，南大中文深厚的经学传统，我还没有参悟透，金陵礼学绵长的治学路数[2]，我还没有学到手。经学与礼学，是南京古典学术最精深之处，我若半途游走，可不就真落入了张尔岐所说的"望辟雍之威仪，而却步不前"[3]的窘境了吗！

然而真的是独学而无友啊！借着张尔岐《仪礼郑注句读》这根拐棍，走一步看一步，摸着石头，深一脚浅一脚，我亦步亦趋地闯进《礼经》经注那渊博的世界。想来，彼时我的内心是铁定地信服孔子所说的"周监于二代，郁郁乎文哉"（《论语·八佾》）。周之礼乐，代表着中国古人心目中曾经拥有的最幸福、最自由和最文明的存在秩序，我誓将其中的精蕴抉出。刺破上古锷未残，是当年立下的雄心。

卢梭（Jean-Jacques Rousseau，1712—1778）

> 他说："我们必须运用理性。"他用的是演绎推理的方法，在获得结论的时候，这种推理方法有时很有说服力，明晰易懂，表达极为得体。现实中情况却是，这种演绎推理方法就像一种逻辑紧身衣，他用这种严密的逻辑来支持人的内心当中固有的、如火的、几乎是疯狂的幻想……你似乎在读逻辑论证，它辨析概念，有效地从前提得出结论，而在这一

---

[1] 〔清〕张尔岐：《仪礼郑注句读·序》，第 24 页。
[2] 参见顾涛：《求经之路：由小学通往经学史学》，《礼学翠微》，第 12—18 页。
[3] 〔清〕张尔岐：《仪礼郑注句读·序》，第 24 页。

过程中，它向你灌输的却是一些激烈的东西。[1]

锚定了《仪礼》，接着就是确定博士论文的选题。没想到，我很快就从"私淑蒿庵"的欣欣然中跳脱出来，一头扎入"金坛铁粉"（段玉裁是江苏金坛人）的狂热之中。刺猬式的专精，当然是写作博士论文的崇高目标，于是选题范围逐渐缩小，越缩越小，直至将显微镜对准了《仪礼》文本的每一个细胞。

第一篇《士冠礼》一开头就记载到"布席于门中，阑西阈外"，一下子蹦出两个小精灵、拦路虎——标记两扇庙门中央相交处下方所立短木的"阑"、标记庙门门限即门下横木的"阈"，何以郑玄要注出"古文阑为槷，阈为蹙"？可见郑玄还看到了另外一个汉代的"古文本"，这两个字的写法与今传本大不相同。崇古的心态，强烈地驱使我去追逐那个已然逝去的《仪礼》古本，也就是曾经写作"槷西蹙外"的那个汉代抄本。于是逐一勾连郑玄注出的"古文……为……"，又有"今文……为……"，如此悉数计入，竟得总数551条，一时大惊！

由此一发不可收拾，既然通过郑注能复现出如此丰富的《仪礼》汉本信息，那么西汉还有武威出土的竹木简本，东汉还有残存的熹平石经，这两大块虽然不全，但累计起来规模依然可观，与今传本文字差异的数量超过郑注所标。那个格挡大门的"阑"，在武威汉简甲本中便有另外一个写法，作槷（槷，右下一撇乃钞手误添）。如此零星地一个一个烛照，每一个"异文"都被视为瑰宝，一千多条异文足已构筑起一个庞大、多棱的《仪礼》汉代文本世界。这个多层立体的文本世界，在郑玄之后已渐渐散佚在历史的洪流中，然而它才是距离"周文郁郁"的理想更为贴近的一个物质空间，它所散发出来的扑朔迷离的诱人气质将我拽入其间。

得下大力气考求造成每一条异文差异的缘由。擂台一旦搭起，惠栋、沈彤、段玉裁、程际盛、李调元、徐养原、宋世荦、胡承珙、黄以周、胡培

---

[1] [英]以赛亚·伯林：《自由及其背叛》，第56页。

犟等清学名家相继登场，陈梦家、陈邦怀、刘文献、王关仕、沈文倬等现代干将亦不甘示弱，终究乾嘉考据学头号人物段玉裁以绝对的优势拔得头筹。在他仅成一卷的《仪礼汉读考》第一条，段玉裁即明确揭橥"执声与臬声同在古音弟十五部（按：即脂微合韵）"，闑之古文为槷，乃"假借字"。[1] 在那本足以标志清代学术巅峰的《说文解字注》中，段氏将散于《说文》前后的"闑，门梱也""梱，门橜也""橜，弋也，一曰门梱也""弋，橜也，象折木衺锐者形"四条妙手勾连起来，精辟地指出："门梱、门橜、闑，一物三名矣，谓当门中设木也。"[2] 可见，武威汉简作"梽"，乃"杙"之俗字，古字正作"弋"，其义正是门梱。[3] 段玉裁若晚逝一百五十年，当他看到河西走廊地下迸出这个"梽"字，必将拍案叫绝。至此，汉代流传的《仪礼》文本中表示门梱有使用"闑""槷""梽"三种形体，其形音义的关联谱系浮出水面。

这是一项严密的逻辑推理，其间迸发出朴素的理性精神。抱着"发明一个字的古义，与发现一颗恒星，都是一大功绩"的理念[4]，我对金坛段氏的钦慕如日中天。其后近四年的时光，如痴如醉，几乎疯狂，段注就像一个黑洞般吞噬了我源源不断的精力。一千多条异文在我的博士论文中被整合为640对异文组+29列异文群，依形、音、义为分析框架，形成三级八系二十二类的组合结构，每一条异文均可从中获得尽可能周全的解读。在我看来，"《仪礼》是我的论文的躯壳，段注才是论文的地基"。[5] 经由金坛段氏，小学考据的实证之法深深地融进了我的血液。

这是一段几乎忘我的学术生命，2007年获得博士学位，留校任教，我对实证研究的崇拜有增无减。如果生活的物理空间没有改变，我想我至今仍

---

1 〔清〕段玉裁：《仪礼汉读考》，《清经解》第84种，收入〔清〕阮元、王先谦编：《清经解 清经解续编》，第4册5045页。
2 〔清〕段玉裁：《说文解字注》六篇上"梱"字条，第256页下。
3 参见顾涛：《〈易〉"剢刜""虩虩"、〈礼〉"槷""闑""貮"异文构成分析》，《礼学翠微》，第202—205页。
4 胡适：《论国故学——答毛子水》，《胡适文存》卷二，第2册286页。
5 顾涛：《"活经学"的两条路：二十年的探索》，《耕读经史》，第4页。

将绵延着清代朴学细胞式、专而深的微观研究路数。那么,《仪礼》在汉以前的传钞与流传踪迹,殆将有希望得到最大可能的复原。

费希特（Johann Gottlieb Fichte, 1762—1814）

> 费希特完全成熟时期的哲学中的真正自我,不是你,不是我,也不是任何特定的个体,也不是由个体组成的任何特定群体。它是所有人共有的东西;它是一个拟人化的体现原则,这个原则就像泛神论的神性一样,通过明确的重心、通过我、通过你、通过其他人来表现自己。它在世界上体现为真正的社会,社会通常被视为一些人的集合,有一股超自然的理论将人们紧密联系起来,就像一个大火源散发出许多小火苗一样。[1]

2009 年,我的人生发生了重大转变。这一年我辞去南大文学院的教职,北赴正在轰轰烈烈复建文科的清华。实在是造化弄人!我在南京所笃信的清代考据的科学精神,乃是梁启超极推崇的,《清代学术概论》曾将"清儒之治学,纯用归纳法,纯用科学精神"视为方法论之极则,"凡今世一切科学之成立,皆循此步骤"。[2] 不想,来到了梁启超当年生活过的这个物理空间,我却对这一理性的科学方法不再那么沉迷与执着了。

如今回想起来,萌蘖当起于纪念沈文倬先生。沈先生是当代公认的礼学名家,2009 年 10 月 21 日辞世。11 月 7 日,在厦门举行的第三届中国经学国际学术研讨会上,彭林先生等倡议在沈先生逝世一周年之际,编一册文集以识纪念。随即,2010 年 1 月,收到沈菰教授寄来的其父未刊手稿复印本五种,各项编辑工作随之开启。2010 年 10 月,《中国经学》第 7 辑"纪念沈文倬先生逝世周年专辑"如期出版。趁着这一契机,我将沈先生重量级的学术文集《菿闇文存》精读一过,编制出《菿闇文存索引五种》(甲、学说观点

---

[1] ［英］以赛亚·伯林:《自由及其背叛》,第 88 页。
[2] 梁启超:《清代学术概论》,北京:东方出版社,1996 年,第 56—57 页。

索引、乙、名辞类目索引、丙、征引人名索引、丁、近人文献索引、戊、异文释读索引）。[1]沈先生对《仪礼》这部书的性质界定，就像狮子吼一样将我唤醒。在《莉闇文存》首篇考证《仪礼》成书年代的经典论作中，沈先生明确指出："用文字记录下来的各种礼典，我们称之为'礼书'，是记录'礼物'、'礼仪'和它所表达的礼意的文字书本，现存的《仪礼》十七篇就是它的残存部分。"[2]《仪礼》已然是"残存"，我之魂牵梦绕所要追逐的"汉本"，岂不更是"残存之残存"？我之迎风奔跑的这个方向，已与探求"周文郁郁""君子彬彬"的初衷背道而驰。

随即勒马回头，脱下"小学"的紧身衣，由字到词，以词连句，进入礼典，疏通礼仪，抉发礼意，又是一番加鞭疾驰。幸好当时凌廷堪的《礼经释例》，已由彭林先生点校在台北出版，借着这部点校本作为"指南车"，我很快把握住了仪节书写的各项通例和变例。于是以《士昏礼》《乡射礼》两篇为窗口，对整篇的仪节进行复原、重现。这一探索过程，实际上是重蹈了一轮20世纪60年代孔德成在台湾大学主持的《仪礼》复原实验小组的研究心路。在台北中华书局出版的《仪礼复原丛刊》基础上，我希望继续前进的，是由古典婚礼指向家庭这块道场，由射礼进入乡治这片空间；抉出婚礼的礼意内核在夫妻合体、家庭和睦，射礼的礼意内核在文武兼修、威敬乐群。说来惭愧，两项研究均未能充分延展，前者应付了民政部召开的"全国婚姻家庭论坛"，后者纳入了清华大学中国礼学研究中心的《中国礼仪传承丛书》[3]，均因塞责现实的需求而匆匆交稿，属于急就章。

抓住古典婚礼的礼意，穿越古今仪节的变迁，应当针对当今独身、离婚、丁克、啃老，以及生育率下降、只生不养、家教缺失、幼教贫乏等一系列社会、性别、伦理问题给出中国方案。《中国的射礼》尤其不能令我自己满意，当时虽然否了康有为以枪击代弓矢的变通之策，更是不赞同雅歌投

1　顾涛：《莉闇文存索引五种》，《中国经学》第7辑，第192—236页。
2　沈文倬：《略论礼典的实行和〈仪礼〉书本的撰作》，《莉闇文存——宗周礼乐文明与中国文化考论》，第7页。
3　顾涛：《中国的射礼》，南京：南京大学出版社，2013年。

壶、钻研箭术之类的泥古不化，但我对于精神与肉体、体质与品格、文化与武化，乃至修身与践履、个性与集体等，尚缺乏深度考察，在中国式现代化的鸿沟面前显得一筹莫展。《中国的射礼》需要全面修订、扩充、大修，甚至重写。

跳出"小学"的细胞取样化验式研究，共性、集合、群体、规则，就成为礼典研究必不可少的观察视角。同时，由婚礼入祭礼，由射礼至乡礼，由周礼而及汉唐、元明的礼制变迁，这是一条由小学通往经学、史学的拓展式道路。在"一代之礼宗"（江藩语）凌廷堪的眼中，"礼也者，不独大经大法悉本夫天命民彝而出之，即一器数之微，一仪节之细，莫不各有精义弥纶于其间"。[1] 从 2009 年至 2019 年，沿着凌氏"复礼"的路，上下而求索之，由数个大火源又散发出许多小火苗来，我又撒丫子奔跑了十年。

黑格尔（Georg Wilhelm Friedrich Hegel, 1770—1831）

> 模式比个体更重要。个体是什么？单独把个体拿出来，就像单独的一小块颜色、单个的声音、脱离了句子的单词一样，都是不可理喻的，因为只有当单词组成句子，才有意义，颜色和音响，无论在自然界还是在艺术中，只有放在它们实际出现的特定背景下，才有意义。……我之为我，乃是因为我独特地处在由我所在的时代和地点构成的社会背景中。有无数根隐形的线将我和我的同类，我的家庭成员和所在城市的居民，我的种族、宗教和国家，生者、死者还有未出生的婴儿联系在一起。[2]

2009 年，与礼典的解析几乎同时展开的，是对礼制史的求索。这同样是受了沈文倬先生的影响。我在《汉唐礼制因革谱》的"叙说"中已揭出沈先生所言对我当时的冲击，他说历代礼制史料"一着手就错综复杂，满目荆

---

[1]〔清〕凌廷堪：《复礼中》，《校礼堂文集》卷四，第30页。
[2]〔英〕以赛亚·伯林：《自由及其背叛》，第122—123页。

棘，并且文字艰涩，异说纷颐，欲求整个系统，困难万端"[1]。冒着偏向虎山行的大不韪，我决定蹚入这块荆棘丛生的荒地。

于是，我与第四位清代礼学名家秦蕙田相识、相知。秦蕙田的名，我是早有耳闻的，他是我的故乡乡贤，金匮秦氏与寄畅园年少时就曾在我心中埋下过种子。在迈入这片荒漠之初，就遇上这么一位熟人，惶恐与怵惕一下子打消了大半，我心里想着，像当年进驻段注般，只消把秦蕙田的这部《五礼通考》262卷吃透，绿洲定会闪现在眼前。没想到，天下没有两片相同的树叶，人生也没有两条完全相同的路。

《五礼通考》的正式编纂，虽然从乾隆十二年（1747）才开始，当时秦蕙田45岁，但是此书的根柢是扎在秦氏青年时期的"读经之会"。秦氏回忆，从雍正二年（1724）到乾隆元年（1736），也就是从他22岁到34岁考中进士的十二年青春岁月，"与蔡学正宸锡（蔡德晋）、吴水部大年（吴鼐）、学士尊彝（吴鼎）、龚布衣绳中（龚灿）为读经之会"，该读书会的流程是："人各治一经，裒集先儒经解，每经至千余卷。遇疑难处则博综群言，旁参确证，默坐澄思，研究秒忽，穷日夜不少息。时瞀然以解，则取异同错出者考之，是非歧似者辨之，义理未发者说之，未可遽定者存之。每会以旬日，会则交相订正，不蓄疑也，互为录藏，无忘所能也。或古人先得我心者仍之，言不必自己出也。要以详说反约，归于一是而已。"[2] 这十二年的精读、沉思、质疑与辩难，打下了《通考》的学术根基。因此，《五礼通考》对每一部礼典多精于周代仪节的考定，因为根基在此时已夯实，而疏于两汉以降的源流沿革。待到秦氏中年之后决定全面开启编纂《通考》，蔡德晋、吴鼐两位故友已亡去，秦氏本人公务繁忙，亦断难全力以赴[3]，故而礼制沿革的部分，明显重于史料汇

---

1 沈文倬：《"蜡"与"腊"》，《菿闇文存——宗周礼乐文明与中国文化考论》，第859页。
2 〔清〕秦蕙田：《味经日钞自序》，徐世昌编纂：《清儒学案》卷六七《味经学案》，北京：人民出版社，2010年，第4册1751页。
3 秦蕙田前后曾网罗近20位学者参与《五礼通考》的编纂、校刻，参见张涛：《述〈五礼通考〉之成书》，方光华、彭林主编：《中国经学论集》，西安：陕西人民出版社，2009年，第297—305页。

辑而弱于分疏与解析。

我抱定了要从礼制的沿革变迁中端详出一些制度演变的规律，《五礼通考》已无法成为我向上攀登的云梯。同时还基于一项非常现实的原因，在我投身礼制沿革的那些年，方向东、王锷两位先生主持的《五礼通考》点校本迟迟未能面世，我从早稻田大学图书馆下载到一个光绪六年（1880）的江苏书局重刊本，这个无标点的电子版更是延缓了我的阅读速度。至迟在 2010 年上半年，我便决定抛开《五礼通考》这根拐棍，一头猛扎进二十四史的礼乐志，重起炉灶，大干一场。

2010 年几乎花了整整一年时间，我穿梭在繁花似锦的十七史礼乐志中，有如进了桃花岛的桃花阵，任凭你有千般本事，终究是被围困在千头万绪的枝杈、花瓣之中，越是想要在细节上穷尽地网罗、精密地勘察，一下子又突入到十七史的本纪、列传中，越是迷了方向，乱了阵脚。一年下来，脉络、路径、结构、机理几乎一无所见，感同身受到了沈文倬所说的"欲求整个系统，困难万端"。

十七史的史料，与三礼经注终究不是同一个系统的文献，要想由小学、经学入史学，看来我还有一个"高门槛"——史料编年需要跨越。这是司马光当年成就《资治通鉴》的法宝，至今仍是历史学家的看家本领。悟到了这个机关，一下子就如白登之围的一角被解开，失了魂的刘邦得以纵骑"从解角直出"（《史记·匈奴列传》）。其后的数年便只是体力活，从公元前 206 年逐年逐月逐日直至公元 741 年，每一条礼制史料均在这九百多年的时间谱系中找到了安身立命之所，每一家的考证辨析也可随之稳稳地落地。这个谱系中的每一件礼事，每一项仪节，每一个人物，每一场议礼，都在一个纵横关联的序列中，由多根隐形的线彼此联结，牵一发而动全身，共同构成一个因革变迁的模式。

在清华园中，我也觅得了属于自己的一方静谧的生存空间。在清华的前十年，没有分配到办公室，每天奔赴图书馆安营扎寨，在那个临时属于我的"四立方"空间中紧锣密鼓地战斗到繁星点点。2018 年 10 月，《汉唐礼制因革谱》终于呱呱落地。五年来，收到来自多方的各种评论，有美誉，更有弹斥，有一位博士生给我发来邮件，竟抉出书中500余则"疑误"之处，让我由衷地为之感动。如今在新建的人文楼里，已经有了属于我的一间斗室，然而华发苍颜，斗志衰减，全面地启动修订，还能吗？能吗？

迈斯特（Joseph de Maistre，1753—1821）

> 1792年那一代人与众不同之处在于，他们对整个旧秩序的否定彻底得令人称奇。他们不仅摒弃它的罪恶，而且摒弃了它的所有美德。他们不想让任何旧的东西留存下来，他们想摧毁整个邪恶制度，将它连根拔起，从而建立某种全新的、绝对纯正的东西。他们不想作出任何妥协；他们不想让他们的新城市建立在旧废墟的基础上。[1]

撰写《汉唐礼制因革谱》的十年，我主要是在清华的图书馆中度过，老馆、逸夫馆的好多角落都留下过我的身影，我也亲身经历了文科馆、李文正馆的落成。在图书馆写作和在办公室写作有一个很大的不同，那就是图书馆是各种书籍的海洋，写累了可以在海纳百川中自由地徜徉，我经常被各种学科的图书所吸引。有朋友说我发表论文的领域比较纷杂，不够专一，很可能与这样一种写作、读书的经历有关系。

在《〈仪礼〉汉本异文构成分析》煞尾之际，我读到了清华大学教授杨树达对章黄学派"所谓开倒车"的微讽。[2] 其实早在杨树达之前，在乾嘉学派如日中升之时，章学诚就在他的名著《文史通义》中对清学的巅峰人物高邮王念孙予以激烈的抨击，其云："王氏诸书，谓之纂辑可也，谓之著述，则不可也，谓之学者求知之功力可也，谓之成家之学术，则未可也。今之博雅君子，疲精劳神于经传子史，而终身无得于学者，正坐宗仰王氏，而误执

---

[1] ［英］以赛亚·伯林：《自由及其背叛》，第176页。
[2] 参见顾涛：《求经之路：由小学通往经学史学》，《礼学翠微》，第18—19页。

求知之功力，以为学即在是尔。……指功力以谓学，是犹指秫黍以谓酒也。"[1]依着章氏的标准，段王之学都不过充当一瓮"秫黍"，那么更何况我的博士论文。来清华之后，多位师友曾劝说可以修订出版我的博士论文，殊不知我已失却了重操旧业的信心。

  从小学的桎梏中走出，不想又跌入到历史文献的汪洋泥沼之中。学界对《汉唐礼制因革谱》最高的评价是"本书对汉唐礼制文献的勾稽考辨堪称登峰造极"[2]，这个评价并未让我感到由衷的欣慰，因为在三年前，在拙著即将问世的前夕，钱穆对"纸片经学""死经学"的轰炸已引发我深刻的反思，诺维克（Peter Novick）讥诮碎片化微观研究"仿佛'以色列中没有王'"，已让我按捺不住。[3] Jo Guldi 和 David Armitage 两位美国教授合著的 *The History Manifesto*，我反复地读了好几遍，他们对全球历史学整体现状的针砭鞭辟入里——"能够大量利用原始文献简直成了史学家修成正果不可或缺的律条，被认为是熟知方法论、高深理论、史学背景、通晓史料的专业的主要标志之一。""文献愈不为人知、愈艰涩难解，便愈被人看好，因为孤僻的文献方显史家治史的功力，证明其谙熟史料、真正地乐此不疲，且对……各种理论问题均能条分缕析，有独到见解。"[4]因此，李峰说中国的历史研究深受乾嘉学派文献考证的习惯性思维影响，将历史学几乎等同于研究"事实究竟怎样"的考证学[5]，这一现状其实与世界范围内历史研究的整体螺蛳壳化已经合流，而非中国特色。我撰作这部《因革谱》的初衷是想要走出平面的礼制事实描述，走向动态的礼治机理勾稽，如今从读者反馈的角度来看，初衷并未达成，落入了孤芳自赏。可见写作模式对读者的影响不容小觑。

---

1 〔清〕章学诚：《文史通义·博约中》，叶瑛：《文史通义校注》卷二，第161页。
2 杨英：《改革开放四十年来的中古礼学和礼制研究》，《文史哲》2020年第5期，第102页。
3 参见顾涛：《长时段经学史倡议书》，《耕读经史》，第98—103页。
4 ［美］乔·古尔迪、［英］大卫·阿米蒂奇：《历史学宣言》，孙岳译，上海：格致出版社、上海人民出版社，2017年，第51、53页。
5 李峰：《西周的政体：中国早期的官僚制度和国家》中文版序。

我想要挣扎着走出这片碎片化的汪洋，于是有意识地改换了一种写作模式，用论文体努力将蕴涵在《因革谱》中隐而未发的若干结构性特征予以概括和提升。《封禅礼的经学意旨》《乡礼的礼义及其历史演变》《祭祖的礼仪层次及其与佛教的互渗》《魏晋以降的礼俗与观念变迁》等篇就是这样一种新的尝试。经由这几篇，倒是凿开了一道天窗，透进些许光亮和新鲜的气息。然而这毕竟只是举例，只是几个个案，只是万花筒中的数幅图像，离我期待的"礼治三千年"的整体结构和主干脉络还差之甚远。

需要更坚决地"冲决网罗"！不由地反思：我所期待的结构、脉络、序列、系统，是否西方学术所独擅的思维模式，在中国的学术传统中难道向来阙如？若果真如此，与其去残垣断壁的废墟间捡得一砖半瓦，套入一个西方社会科学借来的新体系，不如怀着"彻底之觉悟，猛勇之决心"，"不塞不流、不止不行"[1]。趁着疫情肆虐的空档期，我将十多年来从事细胞式考证的几篇粗制品、半成品结集起来（即《礼学翠微》），"反复看看自己写下的这些文章"，当真"反刍有反刍的滋味，尤其是把前后的见闻，串联起来加以思考，有时也会出现些新的体会"[2]。

首先反刍的便是我所效法的几部清学巨著。《说文解字注》《五礼通考》之类，固然段氏、秦氏在史料上下的工夫不可谓不小，但在结构与系统上同样耗费了他们巨量的心血。就像李开先生所指出的，段注"在实证和理性思维两大端左右逢源"，观"其庞大的逻辑系统与系统中各要素的关系皆有内在联系"，可知"其逻辑力量和逻辑理性在汉语汉字系统中的独特体现，恐怕彼时是举世无双的"[3]。段玉裁在完成《周礼汉读考》后，《仪礼汉读考》只写出一卷就没再接续下去，我认为主要的原因是他已经把全部的精力扑到《说文解字注》的撰作之中。这个由古音十七部所猬集的九千多字构成的

---

[1] 陈独秀：《宪法与孔教》，《独秀文存》卷一《论文》，第64页。
[2] 费孝通：《行行重行行：1983~1996》前言，北京：生活·读书·新知三联书店，2021年，第4页。
[3] 李开：《第一次西学东渐与乾嘉学派》，《文史研习和理论学语》，南京：江苏教育出版社，2005年，第421—422页。

精密系谱，可将六经、子史庞杂的字词音义、训诂整合到一起，形成一个无法拆解的集合。这才是段氏身心所萃之处，《汉读考》乃至此前《诗经小学》《古文尚书撰异》等零散的考证成果均可被吸附、安置入其中。梁启超《清代学术概论》以来的研究均只辐辏于清儒细胞式的"点"上的铢分毫析，此不过是他们"科学精神"的一端。

沿着这个思路往清代以前推衍，中国四部学术在逻辑结构上不乏一流的杰作，只不过学者们大多不好抽象思辨，结构的精密用力在谋篇布局、序列体例、叙事修辞等具体的操作过程中。即使对旧史学殊为不满的梁启超，也不得不承认《史记》《通典》《通志》《资治通鉴》《通鉴纪事本末》《明儒学案》独具创作之才而不可抹杀。[1] 这一认识一旦凿开，中国制度史上体大思精的两座高峰——《周礼》和《通典》，便将从瓦砾堆中重焕出熠熠的光。

杜佑的《通典》可谓制度史上推求结构与脉络的中国式标杆，在唐代即以"至精至纯"著称学界。然而如今我们却将《通典》供奉到"百科全书"的祭坛之上，明珠一旦暗投便将蒙尘失色。中国古代的百科全书当以《北堂书钞》《艺文类聚》等为始祖，《通典》在知识的整全和史料的新颖两个维度上均收效甚微，在细节的考证上更显不出威力，甚至不时露出贻人口实的错讹。杜佑的绝大用心，恰恰是在制度沿革变迁的主动脉和大关节上，只不过他的写作方式并非采用理论概括，而是简严的事件叙述。我们首先要做的是凌廷堪式的一番工作，也就是完成对制度史上《通典》书写模式的释例，然后才谈得上抉其制度设计之精义。

2022年秋冬，我下决心新开"《通典》研究"课程，主办"《通典》与中国制度史"学术工作坊，另辟新赛道，按下重启键。不想前面一马平川，山峦叠翠，似曾相识却又宛然崭新的一层层新知、一道道新景映入眼帘，让人惊艳。《通典》是如此，作为政治学典范的《资治通鉴》，作为上古音义体系的《说文》段注等，亦复如是。西方学术所擅是将覃思所得通过概念与演

---

1 梁启超：《新史学》，《饮冰室合集》文集之九，第1册5—6页。

绎以说服的方式呈现出来，中国的学术传统则是将经验通过叙述与白描的方式让人自行感悟所得。我们要做的，不是取旧有的原质，另借一套欧美学者从彼国历史文化、社会制度、经济发展水平的实践中所概括出来的理论，将两者粗暴地拼合起来的研究模式，而是要在两大学术传统的大峡谷间架起一座桥梁，将古代经典著作"结构"中所蕴藏的绵密构思、隽永寓意用现代学术话语推演出来。

张国刚先生提醒我，不该忽略了《周礼》，诚是！《周礼》比《通典》的误解更深重，比《通典》的利用更稀薄，连梁启超都为之却步。撷其一鳞半爪，整体视若敝屣，已成为学术界对《周礼》的普遍心态。可是，中国制度史的研究如何可以绕开《周礼》？源之不清，流千里而犹浊。我在2017年曾经密集梳理过一遍《周礼》的研究史，又去扶风周原怀了一通古，直至2018年春天参加北大组织讨论郭伟川先生的新著《〈周礼〉制度渊源与成书年代新考》，感觉眼前还是一片黑。经由一学期《通典》课程的点燃，我才感觉破茧在即，2023年总算把搁置了五年多的旧文翻腾出来，修缮一新。12月13日大雪纷飞中，应赵永磊兄的邀请，我在人大教学楼的一角，与同学们分享最新的思考，竟取得了超乎意料的效果。

圣西门（Claude Henri de Saint-Simon，1760—1825）

圣西门相信，迈斯特与他切齿痛恨的人（伏尔泰的追随者，实际上甚至包括伏尔泰本人）有某种共同之处。伏尔泰是迈斯特的死对头，迈斯特谈到这个可怕魔鬼的狰狞笑容时，极为愤恨，圣西门却说，也许未来的社会就在于迈斯特与伏尔泰的结合。[1]

总算翻过了几座大山，赫然映入眼帘的便是那一道天堑。

1934年，陈寅恪先生坦承，他的"思想囿于咸丰、同治之世，议论近

---

[1] ［英］以赛亚·伯林：《自由及其背叛》，第194页。

乎湘乡、南皮之间"。¹ 章太炎在光绪年间，曾想要一步跨越过去，先写了《谢本师》，又发出了"儒家之病，在以富贵利禄为心"的狮子吼²，不想新文化运动的风头刚过，章氏就后悔"前声已放，驷不及舌"³，遂躲进苏州国学讲习会的小楼，思想大踏步回到湘乡曾国藩以前。

曾国藩对政治、社会、制度、风俗的认识，是那一个时代儒家学者们的内心共识。严复翻译孟德斯鸠的《法意》，曾在这一天堑间痛苦地挣扎。他一边将曾氏的话奉为至言："古之学者，无所谓经世之术也，学礼焉而已。"举证的典型，正是"《周礼》一经，自体国经野，以至酒浆巫卜，虫鱼天鸟，各有专官，察其纤悉"，直至《通典》《礼书纲目》《五礼通考》，"自天文地理，军政官制，都萃其中，旁综九流，细破无内"。故而严复得出结论："吾国之礼，所混同者，不仅宗教、法典、仪文、习俗而已，实且举今所谓科学历史者而兼综之矣。"⁴ 另一边，严复经"旬月踟蹰"，将西方所输入的制度模式翻译为"法"。由此，在这一现代化的法律体系中，"礼"无处安身，它被定义为一个混沌杂糅的"混合体"，永久地被搁浅在前现代的沙滩上。

我也曾以初生牛犊的心去试探了一下天堑的深度，在不同时间从不同角度做过一些探索。比如去追踪反礼教思潮的演生脉络，考察英人蒲士的理论如何着陆20世纪30年代的中国，思考新乡绅的文化复兴能否在乡村落地生根，但终究还是落入了礼法接轨榫卯对不准的焦虑之中。与其在这一节点上踌躇，我索性就将自己的探索历程汇集为一册《礼治三千年》，作为我的礼学研究第四书，原原本本地呈现出我步履铿锵的心路历程。每一篇均曾期冀在探索方法上有所突破，有些地方胆子大了一些，篇与篇之间则仅以一个大逻辑贯连起来。如今看来，走了很多弯道，掉入了不少坑，也碰了无数次的壁，这些都是可以供同道者们汲取教训的。如果说有什么心得，那就是

1　陈寅恪：《冯友兰中国哲学史下册审查报告》，《金明馆丛稿二编》，第285页。
2　章太炎：《诸子学路说》，汤志钧编：《章太炎政论选集》，第289页。
3　章太炎：《致柳翼谋书》，汤志钧编：《章太炎政论选集》，第765页。
4　[法] 孟德斯鸠：《法意》卷十九，严复译，第411页。

"礼"这个包罗万象的混合体，亟须纳入到现代学术体系中进行研究，而不能因其门槛过高而闭门内卷。

卡脑袋的理论瓶颈问题其实比较明朗了——礼学的研究水平远远落后于中国式现代化的实践步伐。

在中国式现代化的百年奋斗历程中，中国优秀传统文化的基因早已进入现代并生发出勃勃生机，中国制度传统的独特优势也早已融入中国道路的历史选择之中。习近平总书记指出"一个国家选择什么样的国家制度和国家治理体系，是由这个国家的历史文化、社会性质、经济发展水平决定的"，"中国特色社会主义制度和国家治理体系是以马克思主义为指导、植根中国大地、具有深厚中华文化根基"。[1] 最近又进一步指出："中国式现代化赋予中华文明以现代力量，中华文明赋予中国式现代化以深厚底蕴。中国式现代化是赓续古老文明的现代化，而不是消灭古老文明的现代化；是从中华大地长出来的现代化，不是照搬照抄其他国家的现代化；是文明更新的结果，不是文明断裂的产物。"[2] 礼治传统并不曾因当年激烈的反礼教而被全盘抛弃，而是在一番革故鼎新、扬弃沉渣的淬炼中成为中国式现代化最基本的文化基因。

只是，我们对礼治传统及其创造性转化的研究，却非常的贫乏。有学者指出，"到现代为止，我们仍然没有在文化上可以称为'中国的'法理学"，"中国法理学应是中国特有的，而不是日本的、德国的或者英国的。相对于德国的概念法学、英国的分析法学、美国的经济分析法学等，可以称得上是中国法理学的特有理论或方法极少"。[3] 我认为这是来自法学界的极为深刻的反思。其实按照如今的学科分设，政治学、社会学、经济学、管理学等社会科学大致处于近似的局面，都还没有对中国道路的历史必然、文化内涵和独

---

1 习近平：《坚持和完善中国特色社会主义制度、推进国家治理体系和治理能力现代化》，《习近平著作选读》第二卷，北京：人民出版社，2023年，第277、279页。
2 习近平：《在文化传承发展座谈会上的讲话》，《求是》2023年第17期。
3 於兴中：《法理学四十年》，《中国法律评论》2019年第2期，第4页。

特优势形成深广的理论探索。这项探索一旦伸向历史纵深，都将与那个庞杂的"混合体"——礼治传统——形成联动与互通。

同时，历史学者对礼治传统本身的研究，同样无法惬人心意。我们需要在新史学的洪流中稳住脚跟，有定力，不跟风，不随波，回向中国制度史的主干体系，回到国家制度和基层治理的大格局，由微观走向宏观，出理论，出思想，做一番艰难困苦的开山工作。有鉴于礼的"混合体"性质，研究者也就必然具备一定狐狸式的研究特性。文史哲艺、政经法教，乃至古今、中西、文理等人为的分野与壁垒，在礼学研究的急迫需求面前将很快被冲破、被消解。礼学研究是一个绝佳的跨学科研究平台，院系、学科、专业等的隔阂将为之消融，当单枪匹马终究开拓不了多少地盘之时，团队协作、学科交叉的研究模式将成为常态。

盼望着，礼治的深厚传统与中国式现代化百年实践的理论和制度创新，能尽快在连续性的文明脉络中寻找到连接的榫与卯，给出令人满意的历史书写。

写于 2024 年入冬，圆明园东墙外

主要参考书目

征引古籍

〔清〕阮元校刻：《十三经注疏》，北京：中华书局，1980年
〔梁〕皇侃：《论语义疏》，东京：日本怀德堂，大正十二年（1923）刊印本
〔唐〕李鼎祚：《周易集解》，成都：巴蜀书社，1991年
〔宋〕王与之：《周礼订义》，文渊阁《四库全书》本
〔宋〕朱熹：《仪礼经传通解》《家礼》《晦庵先生朱文公文集》，《朱子全书》，上海：上海古籍出版社；合肥：安徽教育出版社，2002年
〔宋〕朱熹著，黄榦编：《仪礼经传通解正续编》，北京：北京大学出版社，2012年影印
〔宋〕朱熹：《四书章句集注》，北京：中华书局，1983年
〔元〕敖继公：《仪礼集说》，文渊阁《四库全书》本
〔清〕李道平：《周易集解纂疏》，北京：中华书局，1994年
〔清〕王夫之：《周易外传》，北京：中华书局，1977年
〔清〕段玉裁：《古文尚书撰异》，《清经解》第80种，收入〔清〕阮元、王先谦编：《清经解　清经解续编》，南京：凤凰出版社，2005年
〔清〕皮锡瑞：《今文尚书考证》，北京：中华书局，1989年
〔清〕江永：《周礼疑义举要》，《清经解》第29种，收入〔清〕阮元、王先谦编：《清经解　清经解续编》，南京：凤凰出版社，2005年
〔清〕万斯大：《周官辨非》，《万斯大集》，杭州：浙江古籍出版社，2016年
〔清〕孙诒让：《周礼正义》，北京：中华书局，1987年
〔清〕张尔岐：《仪礼郑注句读》，台北：学海出版社，1997年影印清刻本
〔清〕段玉裁：《仪礼汉读考》，《清经解》第84种，收入〔清〕阮元、王先谦编：

《清经解　清经解续编》，南京：凤凰出版社，2005 年

〔清〕褚寅亮：《仪礼管见》，《续修四库全书》影印浙江图书馆藏清乾隆刻本，上海：上海古籍出版社，2002 年

〔清〕胡培翚：《仪礼正义》，上海：商务印书馆，1934 年；《儒藏·精华编》47—48，北京：北京大学出版社，2016 年

〔清〕凌廷堪：《礼经释例》，台北："中研院"中国文哲研究所，2002 年

〔清〕王夫之：《礼记章句》，《船山全书》第 4 册，长沙：岳麓书社，2011 年

〔清〕孙希旦：《礼记集解》北京：中华书局，1989 年

〔清〕王聘珍：《大戴礼记解诂》，北京：中华书局，1983 年

〔清〕黄以周：《礼书通故》，北京：中华书局，2007 年

〔清〕王引之：《经义述闻》，南京：江苏古籍出版社，2000 年影印

〔清〕严杰：《经义丛钞》，《清经解》第 178 种，收入〔清〕阮元、王先谦编：《清经解　清经解续编》，南京：凤凰出版社，2005 年

〔清〕臧琳：《经义杂记》，《清经解》第 22 种，收入〔清〕阮元、王先谦编：《清经解　清经解续编》，南京：凤凰出版社，2005 年

〔清〕皮锡瑞：《经学历史》，周予同注释，北京：中华书局，1959 年

〔清〕皮锡瑞：《经学通论》，北京：中华书局，1954 年

〔清〕皮锡瑞：《汉碑引经考》，《皮锡瑞全集》第 7 册，北京：中华书局，2015 年

〔清〕秦蕙田《五礼通考》，南京：江苏书局，光绪六年（1880）重刊本；北京：中华书局，2020 年

〔清〕俞樾：《茶香室经说》，南京：凤凰出版社，2021 年

〔南唐〕徐锴：《说文解字系传》，北京：中华书局，1987 年影印

〔清〕段玉裁：《说文解字注》，上海：上海古籍出版社，1981 年影印

〔清〕桂馥：《说文解字义证》，北京：中华书局，1987 年影印

〔清〕朱骏声：《说文通训定声》，北京：中华书局，1984 年影印

〔清〕王筠：《说文句读》，北京：中国书店，1983 年影印

〔清〕徐灏：《说文解字注笺》，《续修四库全书》影印清光绪二十年（1894）徐氏刻民国四年（1915）补刻本

黄寿祺、张善文：《周易译注》，上海：上海古籍出版社，1989 年

杨伯峻：《春秋左传注》，北京：中华书局，1990 年

黄怀信等：《大戴礼记汇校集注》，西安：三秦出版社，2005年

〔汉〕司马迁：《史记》，北京：中华书局，1982年

〔汉〕班固：《汉书》，北京：中华书局，1962年

〔汉〕荀悦：《两汉纪》，北京：中华书局，2002年

〔刘宋〕范晔：《后汉书》，中华书局，1965年

〔梁〕沈约：《宋书》，北京：中华书局，1974年

〔梁〕萧子显：《南齐书》，北京：中华书局，1972年

〔唐〕姚思廉：《梁书》，北京：中华书局，1973年

〔唐〕李百药：《北齐书》，北京：中华书局，1972年

〔宋〕欧阳修：《新唐书》，北京：中华书局，1975年

〔宋〕司马光：《资治通鉴》，北京：中华书局，1956年

〔元〕脱脱：《宋史》，北京：中华书局，1985年

〔清〕梁玉绳：《史记志疑》，北京：中华书局，1981年

〔清〕王夫之：《读通鉴论》，北京：中华书局，1975年

〔清〕王鸣盛：《十七史商榷》，上海：上海古籍出版社，2013年

〔清〕赵翼：《廿二史札记》，北京：中国书店，1987年

宪政编查馆编：《刑律草案签注》，中国国家图书馆藏1910年印本

故宫博物院明清档案部编：《清末筹备立宪档案史料》，北京：中华书局，1979年

〔梁〕慧皎：《高僧传》，北京：中华书局，1992年

〔隋〕王通：《文中子》，阮逸注，上海：扫叶山房书局，1926年

〔唐〕杜佑：《通典》，北京：中华书局，1988年

〔唐〕萧嵩等：《大唐开元礼》，北京：民族出版社，2000年影印

〔唐〕玄应：《一切经音义》，上海：上海古籍出版社，1986年影印

〔唐〕张彦远：《历代名画记》，北京：人民美术出版社，2004年

〔唐〕王琚：《射经》，《说郛》本

〔宋〕黄伯思：《跋北齐勘书图后》，《东观余论》卷下，北京：人民美术出版社，2010年

〔宋〕洪迈：《夷坚志》，北京：中华书局，2006年

〔宋〕黎靖德编：《朱子语类》，北京：中华书局，2020年

〔宋〕李昉等编:《太平御览》,北京:中华书局,1960年影印

〔宋〕王溥:《唐会要》,北京:中华书局,1960年

〔宋〕王钦若等:《册府元龟》,北京:中华书局,1960年影印

〔宋〕王应麟:《困学纪闻》,上海:上海古籍出版社,2015年

〔宋〕章如愚:《群书考索》,北京:书目文献出版社,1992年影印

〔元〕马端临:《文献通考》,中华书局,2011年

〔明〕孙毂编:《古微书》,《丛书集成初编》本

〔明〕高颖:《武经射学正宗》,台北:林忠明编印本,1985年

〔明〕高颖:《武经射学正宗指迷集》,台北:林忠明编印本,1985年

〔明〕邱浚:《大学衍义补》,《四部丛刊》本

〔明〕真可:《寄沈德潜》,《紫柏大师集·僧忏选集》,上海:佛学书局,1934年

〔明〕智旭:《示象严》,《灵峰宗论·法语》,北京:北京图书馆出版社,2005年

〔清〕王先谦:《荀子集解》,北京:中华书局,1988年

〔清〕孙诒让:《墨子间诂》,北京:中华书局,2001年

〔清〕郭庆藩:《庄子集释》,北京:中华书局,2004年

〔清〕陈立:《白虎通疏证》,北京:中华书局,1994年

〔清〕俞樾:《诸子平议》,上海:上海书店出版社,1988年

〔清〕王念孙:《读书杂志》,南京:江苏古籍出版社,2000年影印

〔清〕永瑢等:《四库全书总目》,中华书局,1965年

〔清〕顾镐:《射说》,唐豪编:《清代射艺丛书》,上海:上海市国术馆,1936年;太原:山西科学技术出版社,2008年影印

〔清〕刘奇:《科场射法指南车》,唐豪编:《清代射艺丛书》,上海:上海市国术馆,1936年;太原:山西科学技术出版社,2008年影印

刘锦藻编纂:《清朝续文献通考》,上海:商务印书馆,1936年

王天海:《荀子校释》,上海:上海古籍出版社,2005年

黎翔凤:《管子校注》,北京:中华书局,2004年

周勋初修订:《韩非子校注》,南京:凤凰出版社,2009年

许维遹:《吕氏春秋集释》,北京:中华书局,2009年

徐震堮:《世说新语校笺》,北京:中华书局,1999年

王利器：《颜氏家训集解》，北京：中华书局，1993 年
李小荣：《弘明集校笺》，上海：上海古籍出版社，2013 年
王邦维：《南海寄归内法传校注》，北京：中华书局，2020 年
〔清〕严可均辑：《全上古三代秦汉三国六朝文》，北京：中华书局，1958 年影印
〔宋〕陈傅良：《止斋先生文集》，收入《陈傅良集》，杭州：浙江古籍出版社，
  2022 年
〔宋〕程颢、程颐：《二程遗书》，上海：上海古籍出版社，2000 年
〔宋〕黄庭坚著，屠友祥校注：《山谷题跋》，上海：上海远东出版社，1999 年
〔宋〕李觏：《李觏集》，北京：中华书局，1981 年
〔宋〕欧阳修：《居士外集》，《欧阳修全集》，北京：中国书店，1986 年
〔宋〕司马光：《司马光集》，成都：四川大学出版社，2010 年
〔宋〕王安石：《王安石文集》，北京：中华书局，2021 年
〔宋〕叶适：《水心别集》，《叶适集》，北京：中华书局，1961 年
〔宋〕叶适：《习学记言序目》，北京：中华书局，1977 年
〔明〕王阳明：《观德亭记》，《王文成公全书》卷七，《四部丛刊》影印本
〔清〕段玉裁：《经韵楼集》，上海：上海古籍出版社，2008 年
〔清〕胡培翚：《研六室文钞》，《胡培翚集》，台北："中研院"中国文哲研究所，
  2005 年
〔清〕黄式三：《经礼曲礼说》，见程继红：《黄式三黄以周礼学文献辑笺》，南京：
  凤凰出版社，2017 年
〔清〕黄宗羲著，陈乃乾编：《黄梨洲文集》，北京：中华书局，1959 年
〔清〕凌廷堪：《校礼堂文集》，北京：中华书局，1998 年
〔清〕凌廷堪：《校礼堂诗集》，纪健生：《凌廷堪全集》第四册，合肥：黄山书
  社，2009 年
〔清〕阮元：《揅经室集》，北京：中华书局，1993 年
〔清〕孙星衍：《问字堂集 岱南阁集》，北京：中华书局，1996 年
〔清〕张尔岐：《蒿庵集》，济南：齐鲁书社，1991 年
〔清〕章学诚著，叶瑛校注：《文史通义校注》，中华书局，1985 年
徐礼节、余恕诚：《张籍集系年校注》，北京：中华书局，2011 年

研究论著

(中外混编，按姓氏拼音字母排序)

A

［日］安居香山、中村璋八辑：《纬书集成》，石家庄：河北人民出版社，1994年

B

白悦波：《政术与学术：关于〈通典〉的创作初衷及其相关问题的考察》，杜文玉主编：《唐史论丛》第31辑，西安：三秦出版社，2020年

柏俊才：《梁武帝萧衍考略》，上海：上海古籍出版社，2008年

［德］Bebel, August（倍倍尔）：《妇女与社会主义》(修订版)，沈端先译，北京：生活·读书·新知三联书店，1955年

［英］Beebee, T.（比毕）等：《分子生态学》，张军丽等译，广州：中山大学出版社，2009年

［日］本田成之：《中国经学史》，孙俍工译，上海：上海书店出版社，2001年

［英］Berlin, Isaiah, *Vico and Herder: Two Studies in the History of Idea*, New York: The Viking Press, 1976

［英］Berlin, Isaiah（伯林）：《俄国思想家》(1978)，彭淮栋译，南京：译林出版社，2011年

［英］Berlin, Isaiah（伯林）：《自由及其背叛》(2002)，赵国新译，南京：译林出版社，2019年

卞崇道：《福泽谕吉的资本主义现代化道路》，《外国哲学史研究集刊（六）——东方哲学研究》，上海：上海人民出版社，1984年

［美］Bodenheimer, Edgar（博登海默）：《法理学：法律哲学与法律方法》，邓正来译，北京：中国政法大学出版社，2017年

［英］Booth, Meyrick, *Woman and society*, Londun: Unwin Brothers Ltd. & New York: Longmans, Green and Co., 1929

［英］Booth, Meyrick（蒲士）：《妇女解放新论》，刘英士译，上海：新月书店，1931年

卜宪群：《春秋战国乡里社会的变化与国家基层权力的建立》，《清华大学学报》2007年第2期

C

蔡衡枢：《中国刑法史》，北京：中国法制出版社，2005年

蔡尚思：《孔学总批判》，《民主》周刊1946年第21—22期

蔡尚思：《中国传统思想总批判》（1950），长沙：湖南人民出版社，1981年

蔡尚思：《中国礼教思想史》，香港：中华书局，1991年；上海：上海古籍出版社，2006年；上海：复旦大学出版社，2015年

蔡尚思：《蔡尚思全集》，上海：上海古籍出版社，2005年

蔡枢衡：《中国法理自觉的发展》，北京：清华大学出版社，2005年

仓修良、魏得良：《中国古代史学史简编》，哈尔滨：黑龙江人民出版社，1983年

曹元弼：《礼经校释》，《续修四库全书》影印清光绪壬辰（1892）刻本

曹元弼：《礼经学》，《续修四库全书》影印清宣统元年（1909）刻本；北京：北京大学出版社，2012年

曹元弼：《复礼堂文集》，台北：文史哲出版社，1973年

常建华：《明代宗族组织化研究》，北京：故宫出版社，2012年

晁福林：《先秦社会形态研究》，北京：北京师范大学出版社，2003年

陈独秀：《独秀文存》，合肥：安徽人民出版社，1987年

陈顾远：《中国法制史》，上海：商务印书馆，1935年

陈顾远：《中国婚姻史》，上海：商务印书馆，1937年

陈顾远：《中国文化与中国法系》，台北：三民书局1969年初版，1970年再版，1977年三版

陈顾远：《中国法制史概要》，北京：商务印书馆，2011年

陈衡哲：《新生活与妇女解放》，南京：正中书局，1934年

陈衡哲：《衡哲散文集》，石家庄：河北教育出版社，1994年

陈金木：《皇侃之经学》，台北：台北编译馆，1995年

陈来：《古代宗教与伦理：儒家思想的根源》，北京：生活·读书·新知三联书店，2009年

陈来：《宋元明哲学史教程》，北京：生活·读书·新知三联书店，2010年

陈来：《二十世纪思想史研究中的"创造性转化"》，《中国哲学史》2016 年第 4 期

陈梦家：《商代的神话与巫术》(1936)，《陈梦家学术论文集》，北京：中华书局，2016 年

陈槃：《春秋列国的教育》(重订本)，《旧学旧史说丛》(上)，上海：上海古籍出版社，2010 年

陈其泰：《〈史记〉"八书"历史编纂首创性价值析论》，《史学月刊》2015 年第 6 期

陈剩勇：《法、礼、刑的属性——对中国"法律"史研究方法论的一个反思》，《浙江社会科学》2002 年第 5—6 期

陈剩勇：《最后的礼学家》，《中国经学》第 7 辑，桂林：广西师范大学出版社，2010 年

陈戍国：《论六经总以礼为本》，《礼学与中国传统文化——庆祝沈文倬先生九十华诞国际学术研讨会论文集》，北京：中华书局，2006 年

陈戍国：《中国礼制史·秦汉卷》，长沙：湖南教育出版社，1993 年

陈戍国：《中国礼制史·魏晋南北朝卷》，长沙：湖南教育出版社，1995 年

陈万雄：《五四新文化的源流》，北京：生活·读书·新知三联书店，1997 年

陈寅恪：《金明馆丛稿初编》，北京：生活·读书·新知三联书店，2001 年

陈寅恪：《冯友兰中国哲学史下册审查报告》(1934)，《金明馆丛稿二编》，北京：生活·读书·新知三联书店，2001 年

陈寅恪：《隋唐制度渊源略论稿》，北京：生活·读书·新知三联书店，2004 年

陈寅恪：《唐代政治史述论稿》，北京：生活·读书·新知三联书店，2004 年

陈寅恪：《王观堂先生挽词》(1927)，《陈寅恪集·诗集》，北京：生活·读书·新知三联书店，2001 年

陈玉女：《明代佛门内外僧俗交涉的场域》，台北：稻乡出版社，2010 年

陈志远：《宋初祇洹寺踞食论争考》，《六朝佛教史研究论集》，台北：博扬文化事业有限公司，2020 年

陈锺凡：《经学通论》，南京：东南大学出版社，1923 年

陈锺凡：《诸子通谊》，台北：商务印书馆，1977 年

程元敏：《三经新义辑考汇评》，上海：华东师范大学出版社，2011 年

［日］池田秀三：《〈毛诗笺〉在郑学中的意义》(2007)，洪春音译，石立善主编：《古典学集刊》第 1 辑，上海：华东师范大学出版社，2015 年

［美］Cohen, Paul A.（柯文）：《在中国发现历史——中国中心观在美国的兴起》，林同奇译，北京：中华书局，2002 年

D

戴季陶：《学礼录》，南京：正中书局，1945 年

戴季陶：《戴季陶先生文存续编》，台北：中国国民党中央委员会党史史料编纂委员会，1967 年

邓国光：《唐文治经学研究——20 世纪前期朱子学视野下的经义诠释与重构》，《中国经学》第 9 辑，桂林：广西师范大学出版社，2012 年

邓国光：《唐文治礼学及其〈礼记大义〉初探》，彭林等主编：《礼乐中国——首届礼学国际学术研讨会论文集》，上海：上海书店出版社，2013 年

邓国光《杜佑〈通典〉的经学本质》，《经学义理》，上海：上海古籍出版社，2011 年

邓经武：《寻找乡绅：贺享雍小说〈人心不古〉的社会学阅读》，《阿坝师范高等专科学校学报》2014 年第 4 期

［美］Dennerline, Jerry P.（邓尔麟）：《钱穆与七房桥世界》，蓝桦译，北京：社会科学文献出版社，1998 年

董炳月：《鲁迅形影》，北京：生活·读书·新知三联书店，2015 年

董莲池：《说文解字考正》，北京：作家出版社，2005 年

［法］Doré, Henri（禄是道）：《中国民间崇拜》，高洪兴、沈婕、单雪等据英译本译出，李天纲审校，上海：上海科学技术文献出版社，2014 年

杜国庠：《略论礼乐起源及中国礼学的发展——给提倡制礼作乐的先生们的一个答复》(1944)，《杜国庠文集》，北京：人民出版社，1962 年

杜维明：《现代精神与儒家传统》，北京：生活·读书·新知三联书店，2013 年

杜维明：《儒学第三期发展的前景问题：大陆讲学、答疑和讨论》，北京：生活·读书·新知三联书店，2013 年

杜正胜：《编户齐民：传统政治社会结构之形成》，台北：联经出版事业有限公司，2018 年

E

［英］Ellis, Havelock（霭理士）:《性的道德》《性心理学》，潘光旦译注，潘乃穆、潘乃和编:《潘光旦文集》第12卷，北京：北京大学出版社，2000年

［美］Emmons, Charles F.（查尔斯）:《鬼魂：中国民间神秘信仰》，沈其新译，长沙：湖南文艺出版社，1991年

F

［美］Falkenhausen, Lothar von（罗泰）: "Li Feng, *Bureaucracy and the State in Early China: Governing the Western Zhou*"，《浙江大学艺术与考古研究》第1辑，杭州：浙江大学出版社，2014年

范广欣:《以经术为治术：晚清湖南理学家的经世思想》，南京：南京大学出版社，2016年

范丽珠、欧大年:《中国北方农村社会的民间信仰》，上海：上海人民出版社，2013年

范忠信等编:《中国文化与中国法系—陈顾远法律史论集》，北京：中国政法大学出版社，2006年

费孝通:《乡土中国》，北京：北京大学出版社，1998年

费孝通:《乡土中国与乡土重建》，台北：风云时代出版社公司，1993年

费孝通:《费孝通集》，北京：中国社会科学出版社，2005年

费孝通:《江村经济》，上海：上海人民出版社，2007年

费孝通:《中国士绅》(1953)，赵旭东、秦志杰译，北京：生活·读书·新知三联书店，2009年

费孝通:《想起潘光旦老师的位育论》，陈理等主编:《潘光旦先生百年诞辰纪念文集》，北京：中央民族大学出版社，2000年

费孝通:《行行重行行：1983~1996》，北京：生活·读书·新知三联书店，2021年

冯天瑜、何晓明、周积明:《中华文化史》，上海：上海人民出版社，1990年

［美］Fingarette, Herbert（芬格莱特）:《孔子：即凡而圣》，彭国翔、张华译，南京：江苏人民出版社，2010年

［日］福泽谕吉:《文明论概略》，北京编译社译，北京：商务印书馆，1960年

［日］福泽谕吉:《福泽谕吉自传》，马斌译，北京：商务印书馆，2016年

［日］福泽谕吉：《福泽谕吉教育论著选》，王桂译，北京：人民教育出版社，2005年

傅道彬：《"六经皆文"与周代经典文本的诗学解读》，《文学遗产》2010年第5期

傅道彬：《乡人、乡乐与"诗可以群"的理论意义》，《中国社会科学》2006年第2期

傅斯年著，欧阳哲生编：《傅斯年文集》第一卷，北京：中华书局，2017年

［美］Fukuyama, Francis（福山）：《政治秩序的起源：从前人类时代到法国大革命》，毛俊杰译，桂林：广西师范大学出版社，2014年

G

甘怀真：《唐代京城社会与士大夫礼仪之研究》，台湾大学历史学研究所博士论文，1993年

［日］冈田朝太郎：《论〈大清新刑律〉重视礼教》(1912)，王健编：《西法东渐：外国人与中国法的近代变革》，北京：中国政法大学出版社，2001年

高汉成：《签注视野下的大清刑律草案研究》，北京：中国社会科学出版社，2007年

高惠群、乌传衮：《翻译家严复传论》，上海：上海外语教育出版社，1992年

高明士：《论隋唐学礼中的乡饮酒礼》，杜文玉主编：《唐史论丛》第8辑，西安：三秦出版社，2006年

高山杉：《中西现代哲学史上的潘光旦》，《东方早报》2009年8月30日

高增杰：《东方近代初期的多元文明理论——以中日近代思想家严复和福泽谕吉为中心》，《日本学刊》1996年第4期

葛兆光：《中国思想史》(2001)，上海：复旦大学出版社，2018年

葛志毅：《战国秦汉之际的受命改制思潮与封禅——对封禅礼形成的学术思想探源》，《学习与探索》2006年第5期

［法］Gernet, Jacques（谢和耐）：《中国与基督教——中西文化的首次撞击》，耿昇译，北京：商务印书馆，2013年

［美］Goldman, Merle（戈德曼）：《中国妇女对于解放的新观点》，杨德译，李小江、朱虹、董秀玉主编：《性别与中国》，北京：生活·读书·新知三联书店，1994年

辜鸿铭：《张文襄幕府纪闻》，《辜鸿铭文集》，长沙：岳麓书社，1985年

顾颉刚：《顾颉刚古史论文集》卷一、卷八、卷十一，《顾颉刚全集》，北京：中华书局，2011年

顾颉刚：《史林杂识初编》，《顾颉刚读书笔记》，北京：中华书局，2011年

顾迁：《清代礼学考证方法研究》，南京大学文学院博士论文，2011年

顾树森：《中国历代教育制度》，南京：江苏教育出版社，1981年

顾涛：《蓟闇文存索引五种》，《中国经学》第7辑，桂林：广西师范大学出版社，2010年

顾涛：《中国的射礼》，南京：南京大学出版社，2013年

顾涛：《汉唐礼制因革谱》，上海：上海书店出版社，2018年

顾涛：《耕读经史》，南京：凤凰出版社，2021年

顾涛：《礼学翠微：由小学通往经学史学》，上海：上海交通大学出版社，2022年

[美] Guldi, Jo（古尔迪）、[英] Armitage, David（阿米蒂奇）：《历史学宣言》，孙岳译，上海：格致出版社、上海人民出版社，2017年

郭锋：《杜佑评传》，南京：南京大学出版社，2004年

郭沫若：《荀子的批判》，《十批判书》，北京：人民出版社，1954年

郭沫若：《金文丛考·周官质疑》，《郭沫若全集·考古编》第5卷，北京：科学出版社，2002年

郭齐家：《中国古代学校》，北京：商务印书馆，1998年

郭伟川：《〈周礼〉制度渊源与成书年代新考》，北京：国家图书馆出版社，2016年

H

海波：《佛说死亡：死亡学视野中的中国佛教死亡观研究》，西安：陕西人民出版社，2007年

韩东育：《福泽谕吉与"脱亚论"的理论与实践》，《古代文明》2008年第4期

韩昇：《杜佑及其名著〈通典〉新论》，刘东主编：《中国学术》第26辑，北京：商务印书馆，2008年

韩兆琦、张大可、宋嗣廉、梁燕玲编著：《史记题评与咏史记人物诗》，《史记论著集成》第2卷，北京：商务印书馆，2015年

郝志东：《知识分子和农村发展：以山西省平州县为例》，黄宗智主编：《中国乡村研究》第5辑，福州：福建教育出版社，2007年

何炳棣：《何炳棣思想制度史论》，北京：中华书局，2017年

何立平:《巡狩与封禅:封建政治的文化轨迹》,济南:齐鲁书社,2002 年

何启:《〈劝学篇〉书后·明纲篇辩》,郑大华点校:《新政真诠:何启、胡礼垣集》五编,沈阳:辽宁人民出版社,1994 年

何荣俊:《魏晋南北朝家族研究:以庐江灊县何氏为例》,台湾成功大学历史研究所硕士学位论文,2010 年

[日] 和田博德:《中國における福澤諭吉の影響》,《福泽谕吉全集》第 19 卷附录,东京:岩波书店,1962 年

贺麟:《文化与人生》,上海:上海人民出版社,2011 年

贺享雍:《人心不古》,成都:四川文艺出版社,2014 年

[美] Hinton, William (韩丁):《翻身——中国一个村庄的革命纪实》(1966),韩倞等译,北京:北京出版社,1980 年

洪诚:《读〈周礼正义〉》,《洪诚文集·雒诵庐论文集》,南京:江苏古籍出版社,2000 年

侯家驹:《周礼研究》,台北:联经出版事业有限公司,1987 年

侯外庐:《中国近代启蒙思想史》,北京:人民出版社,1993 年

侯外庐等:《中国思想通史》,北京:人民出版社,1957 年

侯旭东:《"制度"如何成为"制度史"》,阎步克等:《多面的制度:跨学科视野下的制度研究》,北京:生活·读书·新知三联书店,2021 年

侯旭东:《中国古代专制说的知识考古》(2008),《近观中古史——侯旭东自选集》,上海:中西书局,2015 年

侯旭东:《什么是日常统治史》,北京:生活·读书·新知三联书店,2020 年

胡留元、冯卓慧:《夏商西周法制史》,北京:商务印书馆,2006 年

胡适:《胡适文存》,上海:亚东图书馆,1921 年

胡适:《中国哲学史大纲》,北京:商务印书馆,2011 年

胡适:"The Natural Law in the Chinese Tradition", in *Natural Law Institute Proceedings*, Vol. 5, University of Notre Came Press, 1953,收入周质平编:《胡适英文文存》二《中国哲学与思想史》,北京:外语教学与研究出版社,2012 年

胡新生:《西周时期三类不同性质的射礼及其演变》,《文史哲》2003 年第 1 期

胡新生:《周代的礼制》,北京:商务印书馆,2016 年

胡永恒:《方向与方法:反思中国法律史研究》,北京:社会科学文献出版社,2022 年

[日] 户川芳郎：《人偶——偶谈之余终篇》，乔秀岩译，《中国经学》第 1 辑，桂林：广西师范大学出版社，2005 年

黄德宽主编：《古文字谱系疏证》，北京：商务印书馆，2007 年

黄基明：《王赓武谈世界史：欧亚大陆与三大文明》，刘怀昭译，香港：香港中文大学出版社，2018 年

黄克武：《近代中国的思潮与人物》，北京：九州出版社，2016 年

黄敏兰：《质疑"中国古代专制说"依据何在》，《近代史研究》2009 年第 6 期

黄启方：《仪礼特牲馈食礼仪节研究》，台北：中华书局，1971 年

黄强：《"尸"的遗风——民间祭祀仪礼中神灵凭依体的诸形态及其特征》(上)，《民族艺术》1996 年第 1 期

黄仁宇：《黄河青山：黄仁宇回忆录》，张逸安译，北京：生活·读书·新知三联书店，2001 年

黄嫣梨：《中国传统社会的法律与妇女地位》，《北京大学学报》1997 年第 3 期

黄宇和：《三十岁前的孙中山》，北京：生活·读书·新知三联书店，2012 年

黄宇和：《孙中山的礼学渊源与实践》，《中国经学》第 11 辑，桂林：广西师范大学出版社，2013 年

J

[日] 吉川忠夫：《六朝精神史研究》，王启发译，南京：江苏人民出版社，2012 年

计荣主编：《中国妇女运动史》，长沙：湖南出版社，1992 年

纪志昌：《南朝"踞食论议"所反映儒、佛交涉的理论思维与文化意涵》，《台大文史哲学报》2012 年第 76 期

季旭昇：《说文新证》，福州：福建人民出版社，2010 年

暨远志：《胡床杂考——敦煌壁画家具研究之三》，《考古与文物》2004 年第 4 期

贾海生：《周代礼乐文明实证》，北京：中华书局，2010 年

姜亮夫：《楚辞通故》，《姜亮夫全集》(三)，昆明：云南人民出版社，2002 年

姜亮夫：《古汉语论文集》，《姜亮夫全集》(十八)，昆明：云南人民出版社，2002 年

蒋庆：《王道政治的特质、历史与展望》，《广论政治儒学》，北京：东方出版社，2014 年

焦桂美：《南北朝经学史》，上海：上海古籍出版社，2009年

金春峰：《周官之成书及其所反映的文化与时代新考》，台北：东大图书股份有限公司，1993年

金维诺：《〈捣练图〉与〈北齐校书图〉——欧美访问散记之二》，《中国美术史论集》上册，哈尔滨：黑龙江美术出版社，2004年

金毓黻：《中国史学史》，北京：商务印书馆，2010年

［日］金子修一：《关于魏晋到隋唐的郊祀、宗庙制度》（1979），谯燕译，收入刘俊文主编：《日本中青年学者论中国史·六朝隋唐卷》，上海：上海古籍出版社，1995年

荆门市博物馆：《郭店楚墓竹简》，北京：文物出版社，1998年

K

康有为：《康子内外篇》，《康有为全集》第1集，上海：上海古籍出版社，1987年

康有为：《孟子微　中庸注　礼运注》，北京：中华书局，1987年

柯金虎：《魏晋南北朝礼学书考佚》，台湾政治大学博士学位论文，1984年

［美］Kieschnick, John H.（柯嘉豪）：《佛教对中国物质文化的影响》，赵悠等译，上海：中西书局，2015年

［美］Kulp, Daniel Harrision（葛学溥）：《华南的乡村社会——广东凤凰村的家族主义社会学研究》，周大鸣译，北京：知识产权出版社，2011年

L

［英］Legge, James（理雅各）：《中国人关于神与灵的观念》，齐英豪译，福州：福建教育出版社，2018年

雷海宗：《中国文化与中国的兵》，北京：商务印书馆，2014年

雷鸣：《新世纪长篇小说"乡绅"书写的文化征候》，《江西社会科学》2018年第4期

雷闻：《郊庙之外——隋唐国家祭祀与宗教》，北京：生活·读书·新知三联书店，2009年

［美］Levenson, Joseph R., *Confucian China and It's Modern Fate: A Trilogy*, Berkeley and Los Angeles: University of California Press, 1968

［美］Levenson, Joseph R.（列文森）：《儒教中国及其现代命运》，郑大华、任

菁译，北京：中国社会科学出版社，2000 年；桂林：广西师范大学出版社，2009 年；季剑青译，北京：中华书局，2024 年

［美］Levenson, Joseph R.（列文森）：《儒家中国及其现代命运》，刘文楠译，香港：香港中文大学出版社，2023 年

李峰：《西周的政体：中国早期的官僚制度和国家》，北京：生活·读书·新知三联书店，2010 年

李贵连：《近代中国法制与法学》，北京：北京大学出版社，2002 年

李贵连：《1902：中国法的转型》，桂林：广西师范大学出版社，2018 年

李济：《跪坐蹲居与箕踞——殷墟石刻研究之一》，张光直主编：《李济文集》卷四，上海：上海人民出版社，2006 年

李江辉：《晚清江浙礼学研究》，西安：陕西人民出版社，2011 年

李开：《汉语语言研究史》，南京：江苏教育出版社，1993 年

李开：《文史研习和理论学语》，南京：江苏教育出版社，2005 年

李力：《1904—2009 年：百年来的殷墟甲骨文与商代法制史研究》，王沛主编：《出土文献与法律史研究》第 1 辑，上海：上海人民出版社，2012 年

李零：《先秦两汉文字史料中的"巫"（上）》，《中国方术续考》，北京：中华书局，2006 年

李猛：《礼的精神：孟德斯鸠论礼与"东方专制主义"》，彭林等编：《礼乐中国——首届礼学国际学术研讨会论文集》，上海：上海书店出版社，2013 年

李培林：《小城镇依然是大问题》，《甘肃社会科学》2013 年第 3 期

李天纲：《金泽：江南民间祭祀探源》，北京：生活·读书·新知三联书店，2017 年

李细珠：《张之洞与清末新政研究》，上海：上海书店出版社，2003 年

李小荣：《〈弘明集〉〈广弘明集〉述论稿》，成都：巴蜀书社，2005 年

李孝定：《甲骨文字集释》，台北："中研院"历史语言研究所专刊，1970 年

李旭曾：《从"以政立教"到"以教导政"——从经曲之辨看汉、宋礼学的秩序理路嬗变》，《暨南学报》2019 年第 10 期

李学勤：《"天亡"簋试释及有关推测》，《中国史研究》2009 年第 4 期

李翊灼：《复兴礼学之管见（上）》，《中国学报》1943 年第 1 卷第 2 期

李泽厚：《中国古代思想史论》，合肥：安徽文艺出版社，1994 年，

李泽厚：《历史本体论·己卯五说（修订本）》，北京：生活·读书·新知三联书店，2008 年

梁满仓：《魏晋南北朝五礼制度考论》，北京：社会科学文献出版社，2009年
梁启超：《新史学》，《饮冰室合集》文集之九，北京：中华书局，1989年
梁启超：《中国法理学发达史论》，《饮冰室合集》文集之十五，北京：中华书局，1989年
梁启超：《中国文化史》，《饮冰室合集》专集之八十六，北京：中华书局，1989年
梁启超：《中国历史研究法补编》，《饮冰室合集》专集之九十九，北京：中华书局，1989年
梁启超：《中国历史研究法》，上海：上海古籍出版社，2006年
梁启超：《清代学术概论》，北京：东方出版社，1996年
梁启超：《科学精神与东西文化》(1922)，《梁启超谈修身》，南昌：百花洲文艺出版社，2019年
梁启超：《中国近三百年学术史》，上海：东方出版社，1996年
梁漱溟：《东西文化及其哲学》，北京：商务印书馆，2010年
梁漱溟：《中国文化要义》，上海：上海人民出版社，2011年
梁治平：《"礼法"探原》(2015)，《为政：古代中国的致治理念》，北京：生活·读书·新知三联书店，2020年
梁治平：《礼教与法律：法律移植时代的文化冲突》，上海：上海书店出版社，2013年
梁治平：《寻求自然秩序的和谐：中国传统法律文化研究》，北京：商务印书馆，2013年
廖正雄：《杜佑〈通典〉的编纂创新及其史学思想》，台北：花木兰文化工作坊，2005年
林聪舜：《儒学与汉帝国意识形态》，上海：上海人民出版社，2017年
林甘泉主编：《孔子与20世纪中国》，北京：中国社会科学出版社，2008年
[日]林巳奈夫：《中国古玉研究》，杨美莉译，台北：艺术图书公司，1997年
林素英：《论乡饮酒礼中诗乐与礼相融之意义》，《井冈山大学学报》2011年第2期
林文勋：《历史与现实：中国传统社会变迁启示录》，北京：人民出版社，2010年
林耀华：《义序的宗族研究》，北京：生活·读书·新知三联书店，2000年
林语堂：《婚嫁与女子职业》，《林语堂文集》第9卷，北京：作家出版社，1996年
林毓生：《中国意识的危机："五四"时期激烈的反传统主义》，贵阳：贵州人民

出版社，1986 年
林沄：《豐豐辨》，《古文字研究》第 12 辑，北京：中华书局，1985 年
林沄：《天亡簋"王祀于天室"新解》，《史学集刊》1993 年第 3 期
凌纯声：《中国边疆民族与环太平洋文化：凌纯声先生论文集》，台北：联经出版事业有限公司，1979 年
刘大杰：《魏晋思想论》，《古典文学思想源流》，上海：上海书店出版社，2008 年
刘东：《柏林：跨文化的狐狸》，《自由与传统》，北京：北京大学出版社，2015 年
刘丰：《先秦礼学思想与社会的整合》，北京：中国人民大学出版社，2003 年
刘丰：《百年来〈周礼〉研究的回顾》，《湖南科技学院学报》2006 年第 2 期
刘丰：《王肃的三礼学与郑王之争》，《中国哲学史》2014 年第 4 期
刘广安：《中国法史学基础问题反思》，《政法论坛》2006 年第 1 期
刘宏、赵祎缺：《河南方言词语考释》，郑州：河南人民出版社，2012 年
刘家和：《儒家孝道与家庭伦理的社会化》(1999)，《史学、经学与思想：在世界史背景下对于中国古代历史文化的思考》，北京：北京师范大学出版社，2005 年
刘起釪：《〈周礼〉真伪之争及其书写成的真实依据》，《古史续辨》，北京：中国社会科学出版社，1991 年
刘庆邦：《黄泥地》，《十月》2014 年第 2 期，北京：十月文艺出版社，2014 年
刘师培：《典礼为一切政治学术之总称考》，《左盦外集》卷十，收入《刘申叔遗书》，南京：江苏古籍出版社，1997 年影印
刘师培：《周礼古注集疏》，《刘申叔遗书》，南京：江苏古籍出版社，1997 年影印
刘师培：《刘师培史学论著选集》，上海：上海古籍出版社，2006 年
刘师培：《中国中古文学史讲义》，上海：上海古籍出版社，2011 年
刘巍：《从援今文义说古文经到铸古文经学为史学》，彭林编：《清代经学与文化》，北京：北京大学出版社，2005 年
刘巍：《章学诚"六经皆史"说的本源与意蕴》，《历史研究》2007 年第 4 期
刘文明：《欧洲"文明"观念向日本、中国的传播及其本土化述评——以基佐、福泽谕吉和梁启超为中心》，《历史研究》2011 年第 3 期，
刘文英：《"仁"之观念的历史探源》，《天府新论》1990 年第 6 期
刘咸炘：《太史公书知意》，黄曙辉编校：《刘咸炘学术论集·史学编》，桂林：广西师范大学出版社，2007 年

刘咸炘：《中书》，黄曙辉编校：《刘咸炘学术论集·哲学编》，桂林：广西师范大学出版社，2010年
刘亚中、李康月：《"乡饮酒礼"在明清的变化》，《孔子研究》2009年第5期
刘毓庆：《乡绅消失后的乡村命运——兼谈"叶落归根"的意义》，《中华读书报》2015年12月16日
刘源：《商周祭祖礼研究》，北京：商务印书馆，2004年
刘泽华：《先秦政治思想史》，天津：南开大学出版社，1984年
柳诒徵：《中国乡治之尚德主义》，《柳诒徵说文化》，上海：上海古籍出版社，1999年
龙圣：《朔望烧香祭祖礼仪考源》，《民俗研究》2017年第2期
鲁西奇：《聚落、地域性联合与古代早期的社会控制——〈周礼〉乡里制考原》，《江西社会科学》2018年第4期
鲁迅：《呐喊》，《鲁迅全集》第1卷，北京：人民文学出版社，2005年
鲁迅：《华盖集》，《鲁迅全集》第3卷，北京：人民文学出版社，2005年
鲁迅：《而已集》，《鲁迅全集》第3卷，北京：人民文学出版社，2005年
鲁迅：《南腔北调集》，《鲁迅全集》第4卷，北京：人民文学出版社，2005年
鲁迅：《准风月谈》，《鲁迅全集》第5卷，北京：人民文学出版社，2005年
鲁迅：《且介亭杂文二集》《且介亭杂文末编》，《鲁迅全集》第6卷，北京：人民文学出版社，2005年
陆建华、夏当英：《南北朝礼学盛因探析》，《孔子研究》2000年第3期
逯耀东：《抑郁与超越：司马迁与汉武帝时代》，北京：生活·读书·新知三联书店，2008年
罗根泽：《管子探源》，北京：中华书局，1931年
罗志田：《送进博物院：清季民初趋新士人从"现代"里驱除"古代"的倾向》，《裂变中的传承——20世纪前期的中国文化与学术》，北京：中华书局，2003年
吕美颐：《评中国近代关于贤妻良母的论争》，《天津社会科学》1995年第5期
吕世伦、王卫平：《现代西方法学三大主流派"合流"倾向初探》，《南京大学学报》1986年第3期
吕思勉：《吕思勉读史札记》，上海：上海古籍出版社，2005年
吕思勉：《先秦史》(1941)，上海：上海古籍出版社，1982年

吕思勉：《中国社会史》，上海：上海古籍出版社，2007年

吕文浩：《中国现代思想史上的潘光旦》，福州：福建教育出版社，2009年

M

［英］MacGowan, John（麦高温）：《多面中国人》(Men and Manners of Modern China, 1912)，张程译，合肥：黄山书社，2011年

［德］马克思、恩格斯：《共产党宣言》，《马克思恩格斯选集》第1卷，北京：人民出版社，1972年

马明达：《中国古代射书考》，《暨南史学》第2辑，广州：暨南大学出版社，2003年

马西沙、韩秉方：《中国民间宗教史》，北京：中国社会科学出版社，2004年

马小红：《礼与法》，北京：经济管理出版社，1997年

马小红：《礼与法：法的历史连接》，北京：北京大学出版社，2004年；2017年修订本

马小红、刘婷婷主编：《法律文化研究》第7辑"中华法系专题"，北京：社会科学文献出版社，2014年

马小红：《中国法史及法史学研究反思——兼论学术研究的规律》，《中国法学》2015年第2期

马小红：《清末民初礼与宪法关系的反思——兼论中国古代社会的共识》，《现代法学》2021年第4期，

马新：《魏晋隋唐时期民间祭祖制度略论》，《民俗研究》2012年第5期

马叙伦：《说文解字六书疏证》，上海：上海书店出版社，1985年影印

马一浮：《尔雅台答问续编》，吴光主编：《马一浮全集》，杭州：浙江古籍出版社，2013年

马子华：《蒲士妇女解放论批判》，《女子月刊》1936年9月第4卷9期

马宗霍：《中国经学史》，上海：上海书店出版社，1984年影印

［英］Mackenzie, A.（麦肯齐）等：《生态学》，孙儒泳等译，北京：科学出版社，2004年

毛泽东：《反对党八股》，《毛泽东选集》第3卷，北京：人民出版社，1991年

茅海建：《从甲午到戊戌：康有为〈我史〉鉴注》，北京：生活·读书·新知三联书店，2018年

梅鹤孙：《青溪旧屋仪征刘氏五世小记》，梅英超整理，上海：上海古籍出版社，2004 年
梅汝璈：《中国旧制下之法治》，梅小璈、范忠信选编：《梅汝璈法学文集》，北京：中国政法大学出版社，2007 年，
蒙文通：《经学抉原》，上海：上海人民出版社，2006 年
孟聚：《魏晋南朝时期的何氏家族》，《魏晋南北朝史研究》，武汉：湖北人民出版社，1996 年
［法］Montesquieu（孟德斯鸠）：《法意》，严复译，北京：商务印书馆，1981 年
［法］Montesquieu（孟德斯鸠）：《论法的精神》，许明龙译，商务印书馆，2009 年

N

［英］Needham, Joseph（李约瑟）：《中国科学技术史》第二卷《科学思想史》，何兆武等译，北京：科学出版社，2018 年
［美］Nivison, David S.（倪德卫）：《章学诚的生平及其思想》，杨立华译，南京：江苏人民出版社，2008 年
牛运震：《史记评注》，西安：三秦出版社，2011 年

O

区建英：《中國における福沢諭吉理解——以清末期を中心に》，《日本历史》1992 年 2 月第 525 号
欧七斤编著：《上海交通大学史》第二卷《创建近代工科大学（1905—1921）》，上海：上海交通大学出版社，2011 年
欧阳和霞：《回顾中国现代历史上"妇女回家"的四次争论》，《中华女子学院学报》2003 年第 3 期。
欧阳哲生：《严复评传》，南昌：百花洲文艺出版社，2015 年
［美］Overmyer, Daniel（欧大年）：《中国民间宗教教派研究》，刘心勇等译，上海：上海古籍出版社，1993 年

P

潘光旦：《中国之家庭问题》，上海：新月书店，1928 年
潘光旦：《人文生物学论丛》，上海：新月书店，1928 年

潘光旦:《冯小青:一件影恋之研究》,潘乃穆、潘乃和编:《潘光旦文集》第1卷,北京:北京大学出版社,1993年

潘光旦:《人文史观》,潘乃穆、潘乃和编:《潘光旦文集》第2卷,北京:北京大学出版社,1994年

潘光旦:《自由之路》,潘乃穆、潘乃和编:《潘光旦文集》第5卷,北京:北京大学出版社,1997年

潘光旦:《优生与抗战》,潘乃穆、潘乃和编:《潘光旦文集》第5卷,北京:北京大学出版社,1997年

潘光旦著,潘乃穆、潘乃和编:《潘光旦文集》第8卷,北京:北京大学出版社,2000年

潘光旦著,潘乃穆、潘乃和编:《潘光旦文集》第9卷、第12卷,北京:北京大学出版社,2000年

潘光旦:《教育——究为何来》(1948),潘乃穆、潘乃和编:《潘光旦文集》第10卷,北京:北京大学出版社,2000年

潘乃穆、潘乃和编:《潘光旦生平和著作年表》,《潘光旦文集》第11卷,北京:北京大学出版社,2000年

潘乃穆等编:《中和位育——潘光旦百年诞辰纪念》,北京:中国人民大学出版社,1999年

彭林:《〈周礼〉主体思想与成书年代研究》,北京:中国社会科学出版社,1991年;北京:中国人民大学出版社,2009年增订版

彭林:《中国古代礼仪文明》,北京:中华书局,2004年

彭林:《中国礼学在古代朝鲜的播迁》,北京:北京大学出版社,2005年

彭美玲:《君子与容礼——儒家容礼述义》,叶国良、李隆献、彭美玲:《汉族成年礼及其相关问题研究》,台北:大安出版社,2004年

皮后锋:《严复大传》,福州:福建人民出版社,2013年

蒲慕州:《追寻一己之福——中国古代的信仰世界》,上海:上海古籍出版社,2007年

Q

钱旦霞:《祖先祭祀中的亲属原理和佛教元素》,《广西民族大学学报》2009年第3期

钱基博:《现代中国文学史》,长沙:岳麓书社,1986 年

钱穆:《中国近三百年学术史》,北京:商务印书馆,1997 年

钱穆:《两汉经学今古文平议》,北京:商务印书馆,2001 年

钱穆:《论语新解》,北京:生活·读书·新知三联书店,2002 年

钱穆:《中国史学名著》(1973),北京:生活·读书·新知三联书店,2005 年

钱穆:《现代中国学术论衡》,北京:生活·读书·新知三联书店,2005 年

钱穆:《中国学术思想史论丛》(3),北京:生活·读书·新知三联书店,2019 年

钱玄:《三礼通论》,南京:南京师范大学出版社,1996 年

钱玄同:《钱玄同文集》第一卷《文学革命》,北京:中国人民大学出版社,1999 年

钱锺书:《管锥编》,北京:中华书局,1986 年

[日] 浅井虎夫:《中国法典编纂沿革史》(1911),陈重民译,中国政法大学出版社,2007 年

[日] 乔秀岩、叶纯芳:《学术史读书记》,北京:生活·读书·新知三联书店,2019 年

秦晖:《传统中华帝国的乡村基层控制:汉唐间的乡村组织》,《传统十论》,上海:复旦大学出版社,2004 年

[日] 青木正儿:《吴虞底儒教破坏论》,王悦之译,《吴虞集》附录,成都:四川人民出版社,1985 年

邱仲麟:《敬老适所以贱老——明代乡饮酒礼的变迁及其与地方社会的互动》,《历史语言研究所集刊》2006 年 3 月第 76 本第 1 分

裘锡圭:《甲骨文中的几种乐器名称——释"庸""豐""鞀"》(1980),《裘锡圭学术文集·甲骨文卷》,上海:复旦大学出版社,2012 年

裘锡圭:《关于郭店简中的道家著作》(2002),《中国出土古文献十讲》,上海:复旦大学出版社,2004 年

瞿林东:《论〈通典〉的方法与旨趣》,《历史研究》1984 年第 5 期;《唐代史学论稿》,北京师范大学出版社,1989 年初版,2017 年增订本

瞿同祖:《清代地方政府》,哈佛大学出版社,1962 年英文版;范忠信等译,北京:法律出版社,2011 年

瞿同祖:《中国法律与中国社会》,北京:中华书局,2003 年

R

任慧峰：《关于先秦射礼的几个问题》，《齐鲁文化研究》第 8 辑，济南：山东文艺出版社，2009 年

任蜜林：《汉代内学——纬书思想通论》，成都：巴蜀书社，2011 年

任卓宣：《孔孟学说的真相与辨正》，台北：帕米尔书店，1968 年初版，1977 年三版

［法］Rousseau, Jean-Jacques（卢梭）：《社会契约论或政治权利的原理》第二卷，李平沤译，北京：商务印书馆，2011 年

阮芝生：《三司马与汉武帝封禅》，《台大历史学报》1996 年第 20 期

S

［加］Saunders, Doug（桑德斯）：《落脚城市：最后的人类大迁徙与文明的未来》（2010），陈信宏译，上海：上海译文出版社，2012 年

［美］Schwartz, Benjamin I.（史华兹）：《古代中国的思想世界》（1985），程钢译，南京：江苏人民出版社，2004 年

尚秉和：《历代社会风俗事物考》(1938)，北京：中国书店，2001 年

尚秉和：《周易尚氏学》，北京：中华书局，1980 年

尚玉昌：《行为生态学》，北京：北京大学出版社，2018 年

申万里：《宋元乡饮酒礼考》，《史学月刊》2005 年第 2 期

沈家本：《历代刑法考》，北京：商务印书馆，2011 年

沈家本：《寄簃文存》，北京：商务印书馆，2015 年

沈明：《法律与文学：可能性及其限度》，《中外法学》2006 年第 3 期

沈文倬：《宗周礼乐文明考论》，杭州：浙江大学出版社，1999 年

沈文倬：《菿闇文存——宗周礼乐文明与中国文化考论》，北京：商务印书馆，2006 年

沈文倬：《坐跪通释——从甲骨文、金文的一些象形文字说古人的坐》，彭林主编：《中国经学》第 4 辑，桂林：广西师范大学出版社，2009 年

圣凯：《中国佛教信仰与生活史》，南京：江苏人民出版社，2016 年

石亮全编撰：《通典：典制的百科全书》，沈阳：春风文艺出版社，1992 年

石云艳：《梁启超与日本》，天津：天津人民出版社，2005 年

时永乐：《古籍整理教程》，保定：河北大学出版社，2003 年

［日］狩野直喜：《中国学文薮》，周先民译，北京：中华书局，2011 年

宋少鹏：《"回家"还是"被回家"？——市场化过程中"妇女回家"讨论与中国社会意识形态转型》，《妇女研究论丛》2011 年第 7 期

宋永培：《说文汉字体系研究法》，南宁：广西教育出版社，1999 年

宋兆麟：《巫与巫史》，成都：四川民族出版社，1989 年

苏力：《制度是如何形成的》，北京：北京大学出版社，2007 年

苏力：《法治及其本土资源》，北京：中国政法大学出版社，1996 年初版；2015 年三版

苏力：《法律与文学：以中国传统戏剧为材料》，北京：生活・读书・新知三联书店，2006 年

苏力：《送法下乡——中国基层司法制度研究》（修订本），北京：北京大学出版社，2011 年

苏雪林：《屈赋论丛》，武汉：武汉大学出版社，2007 年

苏雪林：《屈原与〈九歌〉》，武汉：武汉大学出版社，2007 年

孙飞宇：《自恋与现代性：作为一个起点的"冯小青研究"》，《社会学评论》2021 年第 2 期

孙机：《中国圣火：中国古文物与东西文化交流中的若干问题》，沈阳：辽宁教育出版社，1996 年

孙启治、陈建华编：《古佚书辑本目录》，北京：中华书局，1997 年

孙人和：《左盦漫录・庙学明堂同地说》，《文史》第 2 辑，北京：中华书局，1963 年

孙英刚：《神文时代：谶纬、术数与中古政治研究》，上海：上海古籍出版社，2014 年

孙中山：《民权主义第一讲》，《孙中山全集》第 9 册，北京：中华书局，1981 年

孙作云：《诗经与周代社会研究》，北京：中华书局，1966 年

孙作云：《泰山礼俗研究》，《孙作云文集》第三卷《中国古代神话传说研究》（下），开封：河南大学出版社，2003 年

T

谭嗣同：《仁学》，蔡尚思、方行编：《谭嗣同全集》，北京：中华书局，1981 年

谭伟伦主编：《民间佛教研究》，北京：中华书局，2007 年

汤用彤：《魏晋玄学讲义稿》，《魏晋玄学论稿》，北京：商务印书馆，2020 年

唐豪:《中国武艺图籍考》,上海:现代印书馆,1940年;太原:山西科学技术出版社,2008年影印

唐文治:《礼记大义》,《无锡国学专修学校丛书》之二,1934年

唐文治:《十三经提纲》,《十三经读本》,施肇曾醒园刻本,1924年

唐文治:《茹经堂文集》,《民国丛书》第5编第94册;《茹经堂文集三编》,《民国丛书》第5编第95册

唐文治:《性理救世书》,《民国时期哲学思想丛书》第1编第99册,台北:文听阁图书有限公司,2010年

唐文治:《茹经堂新著》,《民国时期经学丛书》第3辑第8册,台北:文听阁图书有限公司,2009年

唐文治:《周易消息大义》,《民国时期经学丛书》第3辑第10册,台北:文听阁图书有限公司,2009年

唐文治著,唐庆诒补:《茹经先生自定义年谱正续编》,沈云龙主编:《近代中国史料丛刊三编》第9辑第90册,台北:文海出版社,1991年

唐文治:《论语大义》,上海:上海交通大学出版社,2016年

唐振常:《章太炎吴虞论集》,成都:四川人民出版社,1981年

[美] Teiser, Stephen F.(太史文):《许理和〈佛教征服中国〉三版序言:社会史与文化之间的对峙》,左娅译,姚平主编:《当代西方汉学研究集萃·宗教史卷》,上海:上海古籍出版社,2016年

田天:《秦汉国家祭祀史稿》,北京:生活·读书·新知三联书店,2015年

童大焕:《中国城市的死与生:走出费孝通陷阱》,上海:东方出版社,2014年

童岭:《晋初礼制与司马氏帝室——〈大晋龙兴皇帝三临辟雍碑〉胜义蠡测》,《学术月刊》2013年第10期

U

[美] Unger, Robert M., *Law in Modern Society: Toward a Criticism of Social Theory*, Free Press, 1977

V

[法] Vandermeersch, Léon(汪德迈):《跨文化中国学》(下),北京:中国大百科全书出版社,2020年

W

［日］丸山真男：《福沢諭吉の儒教批判》(1942)，松泽弘阳：《福沢諭吉の哲学（他六篇）》，东京：岩波书店，2001年

［日］丸山真男：《福泽谕吉与日本近代化》，区建英译，上海：学林出版社，1992年

汪晖：《现代中国思想的兴起》，北京：生活·读书·新知三联书店，2015年

汪荣祖：《康有为论》，北京：中华书局，2006年

王锷：《三礼研究论著提要》，兰州：甘肃教育出版社，2007年

王汎森：《章太炎的思想（1868—1919）及其对儒学传统的冲击》，台北：时报文化出版事业公司，1985年

王冠清：《三民主义礼乐论纲要》，《文化先锋》1944年第3卷22期

王国维：《观堂集林》，北京：中华书局，1959年

王国维：《宋元戏曲史》，上海：华东师范大学出版社，1995年

王家骅：《论福泽谕吉对儒学的批判与继承》(1992)，《中日儒学：传统与现代》，北京：人民出版社，2014年

王见川、皮庆生：《中国近世民间信仰：宋元明清》，上海：上海人民出版社，2010年

王锦贵：《试论〈通典〉的问世及其经世致用思想》，《北京大学学报》1987年第4期

王磊：《踞食论争与刘宋初期的政局》，《中山大学学报》2015年第5期

王美华：《礼制下移与唐宋社会变迁》，北京：中国社会科学出版社，2015年

王美华：《唐宋时期乡饮酒礼演变探析》，《中国史研究》2011年第2期

王梦欧：《礼教与社会生活》，《文化先锋》1944年第3卷10期

王朋兵：《两晋南朝庐江何氏家族之兴盛述论》，《古籍研究》2008年卷上

王世杰、钱瑞升：《比较宪法》，北京：商务印书馆，1999年

王统照：《山雨》，上海：开明书店，1933年；收入《王统照文集》第3卷，山东人民出版社，1981年

王先明：《乡绅权势消退的历史轨迹——20世纪前期的制度变迁、革命话语与乡绅权力》，《南开学报》2009年第1期

王贤才：《男女平等与回归家政》，《民主与科学》2001年第2期

王秀臣：《三礼用诗考论》，北京：中国社会科学出版社，2007年

王学典、李梅、孙延杰：《顾颉刚和他的弟子们》（增订本），中华书局，2011年

王伊同：《五朝门第》，北京：中华书局，2006年
王永平：《东晋南朝庐江何氏儒玄双修之家学及其相关之门风》，《东晋南朝家族文化史论丛》，扬州：广陵书社，2010年
王章涛编著：《阮元年谱》，合肥：黄山书社，2003年
王正：《"法儒"还是"儒法"？——荀子与法家关系重估》，《哲学研究》2017年第2期
王正：《礼与法：荀子与法家的根本区别》，《中国哲学史》2018年第4期
王治心：《中国宗教思想史大纲》(1933)，北京：商务印书馆，2015年
王中江：《严复与福泽谕吉：中日启蒙思想比较》，开封：河南大学出版社，1991年；北京：中国人民大学出版社，2020年
[美] Watson, James L.（华琛）：《中国丧葬仪式的结构——基本形态、仪式次序、动作的首要性》(1988)，湛蔚晞译，《历史人类学学刊》2003年第1卷2期
[美] Wright, Arthur F.（芮沃寿）：《中国历史中的佛教》(1987)，常蕾译，北京：北京大学出版社，2017年
邬可晶：《先秦两汉封禅研究》，浙江大学中国古典文献学硕士学位论文，2007年
於兴中：《法理学四十年》，《中国法律评论》2019年第2期
无名：《再提"妇运"前途——答〈女声〉半月刊编者》，《华年》1933年1月第2卷3期
吴达芸：《仪礼特牲少牢有司彻祭品研究》，台北：中华书局，1985年
吴飞：《人伦的"解体"：形质论传统中的家国焦虑》，北京：生活·读书·新知三联书店，2017年
吴宏一：《乡饮酒礼仪节简释》，台北：中华书局，1985年
吴经熊：《六十年来西洋法学的花花絮絮》(1933)，《法律哲学研究》，北京：清华大学出版社，2005年
吴丽娱：《论中古养老礼仪式的继承与兴衰》，《文史》2013年第4期
吴龙辉：《六艺的变迁及其与六经之关系》，《中国哲学史》2005年第2期
吴新雷编：《学林清晖：文学史家陈中凡》，南京：南京大学出版社，2003年
吴新雷等编：《清晖山馆友声集》，南京：江苏古籍出版社，2000年
吴虞：《吴虞日记》，成都：四川人民出版社，1984年
吴虞：《吴虞集》，成都：四川人民出版社，1985年
武树臣：《法家法律文化通论》，北京：商务印书馆，2017年

X

习近平:《坚持和完善中国特色社会主义制度、推进国家治理体系和治理能力现代化》,《习近平著作选读》第 2 卷,北京:人民出版社,2023 年

习近平:《在文化传承发展座谈会上的讲话》,《求是》2023 年第 17 期

夏蓉:《20 世纪 30 年代中期关于"妇女回家"与"贤妻良母"的论争》,《华南师范大学学报》2004 年第 6 期

肖洪泳:《西方汉学家论中国自然法传统》,《政法论坛》2022 年第 4 期

肖朗:《福泽谕吉启蒙思想在近代中国的传播与影响》,《浙江大学学报》1999 年第 1 期。

萧公权:《中国乡村——论 19 世纪的帝国控制》,华盛顿大学出版社,1960 年英文版;张皓、张升中译本,台北:联经出版事业有限公司,2014 年

萧公权:《中国政治思想史》,台北:联经出版事业有限公司,1982 年

萧国亮:《影恋与社会病》,《读书》1991 年第 1 期

谢保成:《隋唐五代史学》,北京:商务印书馆,2007 年

新建设编辑部:《关于周谷城的美学思想问题》第 1、2 辑,北京:生活·读书·新知三联书店,1964 年

邢福增、梁家麟:《中国祭祖问题》,香港:建道神学院,1997 年初版,2012 年三版

邢义田:《从"如故事"和"便宜从事"看汉代行政中的经常与权变》,《治国安邦:法制、行政与军事》,北京:中华书局,2011 年

徐复观:《中国孝道思想的形成、演变及其在历史中的诸问题》(1959),《中国思想史论集》,上海:上海书店出版社,2004 年

徐复观:《〈周官〉成立之时代及其思想性格》(1980),《徐复观论经学史二种》,上海:上海书店出版社,2005 年

徐复观:《先秦儒家思想发展中的转折及天的哲学大系统的建立》,《两汉思想史》第二卷,上海:华东师范大学出版社,2001 年

徐世昌编纂:《清儒学案》,北京:人民出版社,2010 年

徐兴无:《谶纬文献与汉代文化构建》,南京大学中文系博士学位论文,1993 年;北京:中华书局,2003 年

徐兴无:《经纬成文——汉代经学的思想与制度》,南京:凤凰出版社,2015 年

徐中舒主编:《汉语大字典》,武汉:湖北辞书出版社;成都:四川辞书出版社,1986 年

徐忠明、温荣:《中国的"法律与文学"研究述评》,《中山大学学报》2010年第6期

徐忠明:《关于中国法律史研究的几点省思》,《现代法学》2001年第2期

徐祖澜:《历史变迁语境下的乡绅概念之界定》,《湖北社会科学》2016年第6期

许道勋、徐洪兴:《中国经学史》,上海:上海人民出版社,2006年

许烺光:《祖荫下:中国乡村的亲属、人格与社会流动》,王芃、徐隆德译,台北:南天书局有限公司,2001年

许明龙:《孟德斯鸠与中国》,北京:国际文化出版公司,1989年

许维遹:《飨礼考》,《清华学报》1947年第1期

薛裕民:《晚清"排荀"与"尊荀"》,台湾成功大学中国文学研究所硕士学位论文,2005年

Y

闫宁:《齐梁〈五礼仪注〉修撰考》,《文史》2011年第4期

阎步克:《服周之冕——〈周礼〉六冕礼制的兴衰变异》,北京:中华书局,2009年

燕义权:《儒家历史观(二)·礼乐篇》,《文化先锋》1944年第3卷11期

阳信生:《乡镇体制改革与现代乡村社会重建研究》,北京:光明日报出版社,2014年

杨泓:《胡床》,孙机、杨泓:《文物丛谈》,北京:文物出版社,1991年

杨鸿烈:《中国法律思想史》,上海:上海书店出版社,1984年

杨华:《论〈开元礼〉对郑玄和王肃礼学的择从》,《中国史研究》2003年第1期

杨华:《朱熹与宋代的乡饮酒礼变革——兼论礼典设计对地方官僚政治的回应》,《武汉大学学报》2019年第3期,

杨宽:《西周史》,上海:上海人民出版社,2003年

杨宽:《古史探微》,上海:上海人民出版社,2016年

[美]杨联陞:《中国文化中"报""保""包"之意义》(1979),北京:中华书局,2016年

杨庆堃:《中国社会中的宗教》(修订版),范丽珠译,成都:四川人民出版社,2016年

杨森:《敦煌壁画家具图像研究》,北京:民族出版社,2010年

杨树达：《积微居金文说》，北京：中华书局，1997年
杨天宇：《郑玄三礼注研究》，天津：天津人民出版社，2007年
杨向奎：《绎史斋学术文集》，上海：上海人民出版社，1983年
杨向奎：《宗周社会与礼乐文明》（修订本），北京：人民出版社，1997年
杨英：《祈望和谐——周秦两汉王朝祭礼的演进及其规律》，北京：商务印书馆，2009年
杨英：《"封禅"溯源及战国、汉初封禅说考》，《世界宗教研究》2015年第3期
杨英：《改革开放四十年来的中古礼学和礼制研究》，《文史哲》2020年第5期
杨玉荣、王维：《尸祭礼俗消亡考》，《社科纵横》2009年第10期
杨志刚：《中国礼仪制度研究》，上海：华东师范大学出版社，2001年
杨志刚：《中国古代礼学论集》，上海：复旦大学出版社，2021年
姚大力：《司马迁和他的〈史记〉》，上海：复旦大学出版社，2016年
姚柯夫编：《陈中凡论文集》，上海：上海古籍出版社，1993年
姚中秋：《华夏治理秩序史》，海口：海南出版社，2012年
叶纯芳：《中国经学史大纲》，北京：北京大学出版社，2016年
叶国良、夏长朴、李隆献：《经学通论》，台北：大安出版社，2005年
叶国良：《礼学研究的诸面向》，台北：清华大学出版社，2010年
叶国良：《关于乡饮酒、养老、大酺的思考》，手稿未刊本，2018年
叶国良：《礼制与风俗》，上海：复旦大学出版社，2012年
阴法鲁：《〈诗经〉中的舞蹈形象》（1982），刘玉才编选：《阴法鲁文选》，北京：北京大学出版社，2010年
［日］永田圭介：《严复：中国近代探寻富国强兵的启蒙思想家》，王众一译，苏州：苏州大学出版社，2014年
游自勇：《汉唐时期"乡饮酒"礼制化考论》，《汉学研究》2004年12月第22卷第2期
于省吾主编：《甲骨文字诂林》，北京：中华书局，1996年
余华林：《女性的"重塑"——民国城市妇女婚姻问题研究》，北京：商务印书馆，2009年
余嘉锡：《余嘉锡文史论集》，长沙：岳麓书社，1997年
余英时：《中国思想传统的现代诠释》，南京：江苏人民出版社，2006年
余英时：《钱穆与现代中国学术》，桂林：广西师范大学出版社，2006年

余英时：《现代儒学的困境》，何俊编：《余英时学术思想文选》，上海：上海古籍出版社，2010年
俞平伯：《读〈妇女解放新论〉书后》(1932)，《俞平伯散文杂论编》，上海：上海古籍出版社，1990年
俞荣根：《儒家法思想通论》，南宁：广西人民出版社，1998年
乐胜奎：《六朝礼学的繁荣及其原因》，《光明日报》2005年9月27日
岳庆平：《家庭变迁》，北京：民主与建设出版社，1997年

Z

詹鄞鑫：《神灵与祭祀——中国传统宗教总论》，南京：江苏古籍出版社，1992年
张岱年：《中国哲学史大纲》，北京：中国社会科学出版社，1982年
张福贵、靳丛林：《中日近现代文学关系比较研究》，长春：吉林大学出版社，1999年
张冠梓主编：《法律人类学：名家与名著》，济南：山东人民出版社，2011年
张光裕：《仪礼士昏礼士相见礼仪节研究》，台北：中华书局，1971年
张华：《中朝日近代启蒙思想——以严复、俞吉浚、福泽谕吉的思想为中心》，北京：中央民族大学出版社，2012年
张晋藩主编：《中华法系的回顾与前瞻》，北京：中国政法大学出版社，2007年
张晋藩：《中国法制史》，北京：商务印书馆，2010年
张千帆：《传统与现代：论"礼"的宪法学定性》，《金陵法律评论》2001年春季卷
张千帆：《为了人的尊严：中国古典政治哲学批判与重构》，北京：中国民主法制出版社，2012年
张仁善：《礼·法·社会——清代法律转型与社会变迁》，北京：商务印书馆，2013年
张荣芳编撰：《通典：典章制度的总汇》，台北：时报文化出版公司，1987年；北京：九州出版社，2018年
张瑞璠：《中国教育史研究·先秦分卷》，上海：华东师范大学出版社，2009年
张寿安：《十八世纪礼学考证的思想活力——礼教论争与礼秩重省》，台北："中研院"近代史研究所，2001年
张涛：《述〈五礼通考〉之成书》，方光华、彭林主编：《中国经学论集》，西安：

陕西人民出版社，2009 年

张维玲：《宋太宗、真宗时期的致太平封禅》，《清华学报》（台北）2011 年第 43 卷第 3 期

张维迎、邓峰：《国家的刑法与社会的民法——礼法分野的法律经济学解释》，《中外法学》2020 年第 6 期

张宪华：《东晋南朝时期庐江何氏研究》(1993)，《皖江历史与文献丛稿》，芜湖：安徽师范大学出版社，2013 年

张祥龙：《〈尚书·尧典〉解说：以时、孝为源的正治》，北京：生活·读书·新知三联书店，2015 年

张心澂编著：《伪书通考》，上海：上海书店出版社，1998 年

张雪松：《佛教"法缘宗族"研究——中国宗教组织模式探析》，北京：中国人民大学出版社，2015 年

张亚初、刘雨：《西周金文官制研究》，北京：中华书局，1986 年

张一兵：《明堂制度渊源考》，北京：人民出版社，2007 年

张亦镜：《祭先源流考》，《真光丛刊·关于宗教之考据文字》，上海：中华浸会书局，1928 年

张政烺：《六书古义》，《张政烺文史论集》，北京：中华书局，2004 年

张之洞：《劝学篇》，苑书义等主编：《张之洞全集》第 12 册，石家庄：河北人民出版社，1998 年

张之洞著，苑书义等主编：《张之洞全集》第 3、11 册，石家庄：河北人民出版社，1998 年

章太炎著，汤志钧编：《章太炎政论选集》，北京：中华书局，1977 年

章太炎：《太炎文录初编》，《章太炎全集》（四），上海：上海人民出版社，1985 年

章太炎著，傅杰编：《章太炎学术史论集》，北京：中国社会科学出版社，1997 年

章太炎著，徐复注：《訄书详注》，上海：上海古籍出版社，2000 年

赵法生：《荀子的政制设计与学派归属》，《哲学研究》2016 年第 5 期

赵克生：《明代国家礼制与社会生活》，北京：中华书局，2012 年

赵容俊：《殷商甲骨卜辞所见之巫术》，台北：文津出版社，2003 年

赵妍杰：《家庭革命：清末民初读书人的憧憬》，北京：社会科学文献出版社，2020 年

赵永磊：《天道与人事——王肃褅郊祖宗说之复原》，《哲学研究》2023 年第 1 期

郑也夫:《男女平等的社会学思考》,《社会学研究》1994 年第 2 期

[日] 中岛隆博:《启蒙与宗教——胡适与福泽谕吉》,乔志航译,《现代哲学》2017 年第 3 期

中华全国妇女联合会:《中国妇女运动史》,北京:春秋出版社,1989 年

钟肇鹏:《谶纬论略》,沈阳:辽宁教育出版社,1991 年

周伯棣编著:《中国财政史》,上海:上海人民出版社,1981 年

周策纵:《古巫医与"六诗"考:中国浪漫文学探源》,上海:上海古籍出版社,2009 年

周策纵:《五四运动:现代中国的思想革命》,周子平等译,南京:江苏人民出版社,1999 年

周昌龙:《新思潮与传统——五四思想史论集》,南昌:百花洲文艺出版社,2004 年

周德良:《白虎通暨汉礼研究》,台北:学生书局,2007 年

周法高主编:《金文诂林》,香港:香港中文大学出版社,1975 年

周谷城:《周谷城史学论文选集》,北京:人民出版社,1983 年

周谷城:《周谷城学术论著自选集》,北京:北京师范学院出版社,1992 年

周其仁:《城市化大潮不可阻挡》,《经济日报》2012 年 4 月 13 日第 2 版

周启荣:《清代儒家礼教主义的兴起——以伦理道德、儒学经典和宗族为切入点的考察》,毛立坤译,天津:天津人民出版社,2017 年

周启荣:《"礼法儒家":从先秦文献论儒家政治思想中"法律"与"守法"的重要性》,杨华、薛梦潇主编:《经国序民:礼学与中国传统文化国际学术研讨会论文集》,上海:上海古籍出版社,2021 年

周荣德:《中国社会的阶层与流动——一个社会中士绅身份的研究》(1966),上海:学林出版社,2000 年

周善策:《封禅礼与唐代前半期吉礼的变革》,《历史研究》2015 年第 6 期

周予同:《僵尸的出祟——异哉所谓学校读经问题》(1926),朱维铮编:《周予同经学史论著选集》,上海:上海人民出版社,1983 年

周予同主编:《中国历史文选》,上海:上海古籍出版社,1980 年

朱大渭:《中古汉人由跪坐到垂脚高坐》,《朱大渭学术经典文集》,太原:山西人民出版社,2013 年

朱光潜:《乐的精神与礼的精神》,《朱光潜全集》第 9 卷,合肥:安徽教育出版社,1993 年

朱寿彭编:《光绪朝东华录》第 5 册,北京:中华书局,1958 年

朱谦之:《中国音乐文学史》,上海:商务印书馆,1935 年

朱维铮:《求索真文明——晚清学术史论》,上海:上海古籍出版社,1996 年

诸祖耿等记录:《章太炎国学讲演录》,北京:中华书局,2013 年

祝中熹:《古语辩义(四则)》,《古史钩沉》,上海:上海古籍出版社,2018 年

宗白华:《美学散步》,上海:上海人民出版社,1981 年

宗福邦、陈世铙、萧海波主编:《故训汇纂》,北京:商务印书馆,2003 年

邹昌林:《中国古礼研究》,台北:文津出版社,1992 年

邹昌林:《中国礼文化》,北京:社会科学文献出版社,2000 年

邹昌林:《中国古代国家宗教研究》,北京:学习出版社,2004 年

[日] 佐藤慎一:《近代中国的知识分子与文明》,刘岳兵译,南京:江苏人民出版社,2011 年

[荷] Zürcher, Erich(许理和):《佛教征服中国:佛教在中国中古早期的传播与适应》,李四龙、裴勇等译,南京:江苏人民出版社,2005 年

致　谢

　　本课题的研究从 2009 年开启，持续到 2023 年大致告一段落，不少篇目均经起草、交流、搁置、重写等往复的过程。期间我对礼学的理解不断有所提升，由此造成前后论述中会出现一些立足点迁移、取材纷杂，甚至看似逻辑不连贯、不自洽、不一致的地方。其中最反常规的，当数经唐文治的生平以发掘祭礼的礼意，经一幅画卷中的人物坐姿以探寻制度的变迁，经两部现代小说以考察礼法之间的断裂……诸如此类，均代表着我在某一时期的探索尝试，可见礼治研究手段与方法的多元。效果如何，留待读者检视，特此记录下各篇的写作时间。同时，走过的这些岁月，得益于多位师友来自各方面的无私帮助，我均铭感于心。下面提到的只是相关研究在进展中获得的一些具体助益，大多人与事均无法在此一一致谢。

　　卷一的第一篇《礼与法的语源和"经礼为法"的观念形成》，自 2020 年 7 月起笔，初稿曾在中国社会科学院古代史研究所进行学术交流（2021 年 7 月 5 日），承多位学者提出宝贵意见，谨致谢忱！2021 年 8 月修订完稿。曾刊载于《清华大学学报》2022 年第 1 期。

　　第二篇《"六经皆礼"说及其延伸路径》，初稿完成于 2013 年 8 月，提交南京大学文学院主办的"经学与中国文献文化国际学术研讨会"（2013 年 8 月 20—21 日）。修订于 2014 年 11 月，提交北京大学礼学研究中心"经学研究与礼学问题"座谈会（2014 年 11 月 8 日），大修完稿于 2015 年 7 月。此后再度提交中国社会科学院哲学研究所"经史传统与中国哲学研讨会"（2017 年 10 月 28—29 日），前后承多位先生赐教，谨此致谢。2017 年 11 月最终定稿。曾刊载于《中国哲学史》2018 年第 2 期。

第三篇《〈周礼〉的赋税制度及其与法家的关系》，初稿完成于2017年国庆，名为《〈周礼〉与法家的关系及研究的重新展开》，提交北京大学礼学研究中心主办的"郁郁周文——周代礼乐文明学术研讨会"（2017年10月21日，陕西扶风周原国际考古研究基地）。此后一度搁置，至2023年1月开始续写，确定以赋税制度为例做进一步解剖，8月处暑日定稿。12月13日，应中国人民大学历史学院赵永磊兄邀请，做《〈周礼〉研究如何重新展开》的学术报告，与同学们进行了热烈的讨论。曾刊载于《中外论坛》2024年第1期。

第四篇《制度史书写的〈通典〉模式》，初稿完成于2021年7月，提交中国社会科学院古代史研究所"中古中国制度·礼仪与精神生活国际学术研讨会"（2021年8月22日）。修订于2022年夏秋之际，提交"《通典》与中国制度史"学术工作坊（2022年11月5日，清华大学），会后增修定稿。曾刊载于《中国政治学》2023年第1期。

卷二的第五篇《古典婚礼根植于人之情性》，初稿完成于2009年11月，提交民政部主办的"全国婚姻家庭论坛——婚俗文化的现状与发展方向"研讨会（2009年12月7—8日，福建厦门）。会后有所订补，定稿于2010年1月。曾刊载于《清华大学学报》2012年第1期。2022年12月重写"余论"部分。

第六篇《射以观德的礼义生成》，初稿完成于2012年3月，提交清华大学中国礼学研究中心主办的"首届礼学国际学术研讨会"（2012年4月），承叶国良、陈致、南泽良彦、彭美玲、卢鸣东等师友惠示高见或赐寄文献，谨致谢忱。修订于2012年12月，再修于2013年6月。后经港台二刊三位匿名评审人提供珍贵意见，又修于2014年1月。2015年11月参加河北师范大学文学院学术沙龙，经诸位师生弹射，会后四修定稿。曾刊载于刘东主编《中国学术》第37辑，商务印书馆，2016年12月。

第七篇《"祭为四本"说的结构与指向》，初稿完成于2015年10月，提交北京大学礼学研究中心主办的"南菁书院与近世学术"研讨会（2015年10月23—24日，无锡江阴）。会后续有修订，定稿于2016年2月。曾刊载于吴飞主编《南菁书院与近世学术》，生活·读书·新知三联书店，2019年7月。2022

年 12 月修改了篇章标题及局部内容。

第八篇《封禅礼的经学意旨》初稿写成于 2017 年 12 月，提交北京大学中国古文献研究中心主办的"经学文献学国际学术研讨会"（2017 年 12 月）。先后得到吴国武、王志平、石立善、童岭等师友的指教与襄助，特致谢忱。2018 年 2 月修订定稿。曾刊载于《文史哲》2019 年第 3 期。

卷三的第九篇《魏晋以降的礼俗与观念变迁》，在中国艺术研究院主办的"中国艺术概念史"系列之二"汉魏时期：艺术觉醒与概念衍变"论坛（2022 年 3 月 7 日）线上报告论文初步思路，完稿于 5 月 10 日。曾刊载于《艺术学研究》2022 年第 4 期。

第十篇《六朝人精于礼学：以何佟之为例》，构思形成于 2013 年春讲授"中国经学史"课程之时，初稿完成于 2016 年 10 月，提交北京大学国学研究院主办"汉唐经学文献的整理与研究"学术研讨会（2016 年 10 月 29—30 日），经多位师友黾勉以教，12 月修补改定。曾刊载于《国学研究》第 39 卷，北京大学出版社，2017 年 12 月。

第十一篇《乡礼的礼义及其历史演变》，初稿完成于 2013 年 8 月，修订于 2014 年 3 月，搁置有年，2018 年 10 月起大修。提交武汉大学"礼学与中国传统文化国际学术研讨会"（2018 年 11 月 10—11 日），得到周启荣、汪中文、杨华、徐渊等师友的宝贵意见，谨致谢忱！2019 年 6 月三修，12 月据《文史哲》审稿意见四修。曾刊载于《文史哲》2022 年第 2 期，感谢邹晓东先生对行文做出的精湛润饰。

第十二篇《祭祖的礼仪层次及其与佛教的互渗》（조상제사 의례의 층위와 불교와의 상호 영향），完成于 2019 年 4 月。提交韩国佛教礼仪文化研究所"第十五届礼仪与宗教文化研讨会"（2019 年 5 月 25 日，首尔），承蒙法眼法师、泰昺法师、辛圭卓、郑基善、李诚云、陈明华、具美来、闵舜义、徐贞梅以及多位与会学者的指正，一并致以谢忱！曾以韩、中双语刊载于불교문예연구（《佛教文化艺术研究》）13 집，2019 年 6 月。

卷四的第十三篇《百年来反礼教思潮的演生脉络》，初稿完成于 2009 年

9月，提交第三届中国经学国际学术研讨会（2009年11月7—8日，福建厦门），承杨天宇、林素英、李雄溪、程克雅、汪春泓、戚学民等先生提出宝贵意见；后又经彭林、刘巍等先生审读，谨并致谢忱。曾刊载于香港《能仁学报》2015年8月第13期。2022年12月续写"'列文森问题'的阴霾"部分。

第十四篇《礼法断层的发生学谱系》，福泽谕吉部分初稿草于2020年9月，提交"中国边疆与亚洲研究"学术工作坊（2020年10月11日，清华大学）。2022年1月起重写，7月完稿，提交"论争时代的时代论争"半日谈（2022年8月21日，清华大学），承仲伟民、岳永逸、聂鑫、范广欣、胡永恒、吕文浩等同仁提供宝贵意见，谨致谢忱！9月中旬修订定稿。曾刊载于《史学月刊》2023年第5期。

第十五篇《蒲士性别伦理观在中国的传播》，完稿于2012年9月，修改于2014年4月。曾刊载于《伦理学研究》2014年第3期。2022年12月续写"一千件婚恋的微观史"部分。

第十六篇《乡绅之治及其东山再起》初稿完成于2015年4月，2017年1月增补，2018年8月大修，提交北京大学历史学系"城市与乡村：分隔、互动与融合"工作坊（2018年10月13—14日），承王元周、王娟、张亮等诸位老师提出宝贵意见，谨致谢忱。2019年1月再修定稿。曾刊载于《清华大学学报》2019年第4期。

美国杨百翰大学的韩大伟先生，2009年在厦门相识，多年来相谈甚欢、交谊至契，长篇邮件往来数十通，或英文，或汉语，随心所欲，谈论延及中西方诸多学术门类，先生惠我良多。2024年农历新年之际，我冒昧提出《礼治三千年》即将出版，能否请先生写一序言弁首，其慨然允诺。果不其然，7月盛夏，先生传来序言，令人振奋，由此也鞭策着我的学术需要再拓展、再延伸。斯之谓学无止境！